同花顺
同花顺投资理财丛书

同花顺
软件操作技巧与实战指南

同花顺 ◎ 著

电子工业出版社
Publishing House of Electronics Industry
北京·BEIJING

内 容 简 介

本书是同花顺官方推出的第一本关于同花顺软件实操技巧的权威图书，书中详细介绍了同花顺炒股软件的使用方法和技巧，并收集了同花顺软件海量用户的操作习惯及所遇到的问题，有针对性地给出了系统的实操指导。

同时，本书还对基础的股票投资知识和技巧进行了梳理和总结，并从实战角度，结合具体的案例和同花顺软件功能，提供了全面、多样的炒股方法，以满足不同读者的学习需求。

通读此书，不管你是投资新人还是老股民，是同花顺新用户还是老朋友，都能获益匪浅——既能更高效地使用同花顺软件进行炒股操作，也能学到股票知识、掌握炒股实战技法，提升自身的投资水平。

未经许可，不得以任何方式复制或抄袭本书之部分或全部内容。
版权所有，侵权必究。

图书在版编目（CIP）数据

同花顺软件操作技巧与实战指南 / 同花顺著.
北京：电子工业出版社，2024.11. —（同花顺投资理财丛书）. — ISBN 978-7-121-49067-5
Ⅰ. F830.91-39
中国国家版本馆CIP数据核字第2024U2L892号

责任编辑：高丽阳
印　　刷：中国电影出版社印刷厂
装　　订：中国电影出版社印刷厂
出版发行：电子工业出版社
　　　　　北京市海淀区万寿路173信箱　邮编：100036
开　　本：720×1000　1/16　印张：31.75　字数：660千字
版　　次：2024年11月第1版
印　　次：2024年12月第2次印刷
定　　价：118.00元

凡所购买电子工业出版社图书有缺损问题，请向购买书店调换。若书店售缺，请与本社发行部联系，联系及邮购电话：（010）88254888，88258888。
质量投诉请发邮件至zlts@phei.com.cn，盗版侵权举报请发邮件至dbqq@phei.com.cn。
本书咨询联系方式：faq@phei.com.cn。

同花顺投资理财丛书编委会

主　编：邹　鲁

副主编：廖造光　麻广林　马晓斌

编　委（按姓名拼音排序）：常起宁　贵云平　胡亚伟　盛　栋
　　　　盛　卉　徐一帆　杨光松　余燕龙　余志亮　张京舜
　　　　张　群　周　舟　朱胜国

前　言

自1990年12月上海证券交易所开业、中国股票交易市场正式诞生以来，A股市场已经走过了34年的历史。在这34年间，伴随着中国经济的高速发展和老百姓的日益富足，股票投资越来越受到人们的青睐，并在一轮又一轮的牛市行情中迎来了全民炒股的热潮。而随着互联网技术的成熟和股票交易制度的不断完善，我国也涌现出了一批优秀的金融信息服务机构，帮助投资者更便捷有效地完成股票投资操作，同花顺就是其中的一个卓越代表。

一直以来，同花顺专注于互联网炒股软件的开发和迭代，它以"让投资变得更简单"为理念，从股民的实际需求出发，不断丰富旗下炒股软件的功能。当前，同花顺软件已经成为中国股民进行炒股操作的首选平台，深受用户的认可和喜爱。

为了进一步提升用户体验，帮助广大股民将同花顺软件"玩得转、用得溜"，让它真正成为股民投资路上的得力助手，同花顺投资理财丛书创作团队从实战出发，推出了同花顺官方出品的《同花顺软件操作技巧与实战指南》一书。

本书作为同花顺官方推出的第一本关于同花顺软件实操技巧的权威图书，详细介绍了同花顺炒股软件的使用方法和技巧，并收集了同花顺软件海量用户的操作习惯及所遇到的问题，有针对性地给出了系统的实操指导。同时，本书还对基础的股票投资知识和技巧进行了梳理和总结，并从实战角度，结合具体的案例和同花顺软件功能，提供了全面、多样的炒股方法，以满足不同读者的学习需求。通读此书，读者既能更高效地使用同花顺软件进行炒股操作，也能学到股票知识、掌握炒股实战技法，提升自身的投资水平。

同花顺投资理财丛书创作团队在本书从策划、编撰到出版的全过程中，始终坚持以广大投资者和同花顺用户的现实需求为导向，希望帮助每一个投资者使用同花顺软件实现更方便、高效、有益的炒股操作，实现向投资高手迈进的目标。基于此，本书具有如下特色——

- 入门讲解，升级战法

无论读者是否炒股，是否接触过炒股软件，通过阅读本书，他们皆可快速学会使用同花顺软件，同时能学习到股票投资的基础知识和实战方法，完成从股票投资入门到精通的升级与转变。

- **全面实用，图文并茂**

本书对同花顺软件的基础功能和特色功能，都做了详细介绍和操作说明，并通过双色排版、图文并茂的方式，逐步引导读者掌握软件的基本操作、高级功能及个性化设置，确保读者能够充分利用同花顺软件的强大功能进行投资分析。

- **注重实战，构建体系**

本书不限于软件操作的技巧讲解，还深入探讨了股票投资的基础知识和实战技巧。从K线形态分析、移动平均线应用、成交量研判到技术指标使用，再到运用同花顺软件进行选股、择时和买卖的各种技巧与方法，全方位地覆盖了炒股实战的各个环节，帮助读者构建完整的投资知识体系。

- **实盘案例，深度解析**

书中的每一个知识点都配有实盘案例，通过对实盘案例的解读和复盘，让读者能够直观感受到炒股实战的复杂性和挑战性。同时，结合同花顺6000多万名用户的炒股数据，为读者提供了宝贵的投资心得和避坑指南，帮助读者少走弯路，提高投资成功率。

本书由同花顺投资理财丛书编委会策划并执笔创作，在同花顺内部各团队的大力支持下，对同花顺软件各项实用功能进行详细讲解，同时尽可能多地为读者提供实战技巧。但鉴于软件功能的不断迭代以及创作团队自身水平的限制，书中难免有疏漏和不妥之处，敬请广大读者批评指正。如果读者在阅读本书过程中出现任何疑问，或有任何建议，可以通过微信公众号"同花顺理财"或"同花顺投资助手"给我们留言反馈。

同花顺投资理财丛书编委会
2024年9月

（书中有涉及颜色描述的图片，因双色印刷无法呈现真实颜色，请对照软件查看）

目 录

入门篇

第1章 投资新手炒股须知 ········· 002

1.1 开户 ········· 002
- 1.1.1 开户的条件 ········· 002
- 1.1.2 选择证券公司的标准 ········· 003
- 1.1.3 开户的方式及流程 ········· 005
- 1.1.4 银证转账 ········· 008
- 1.1.5 转户与销户 ········· 009

1.2 A股市场简介 ········· 010
- 1.2.1 A股市场的历史沿革 ········· 010
- 1.2.2 主要板块介绍 ········· 011
- 1.2.3 主要股票种类 ········· 012
- 1.2.4 股市中的常用术语 ········· 013

1.3 股票交易的规则 ········· 018
- 1.3.1 股票交易的时间 ········· 018
- 1.3.2 股票交易的流程 ········· 018
- 1.3.3 股票交易的竞价方式 ········· 018
- 1.3.4 股票交易的数量和操作限制 ········· 019
- 1.3.5 委托价、成交价与均价 ········· 019
- 1.3.6 股票交易产生的费用 ········· 019
- 1.3.7 不同股票的交易规则 ········· 020
- 1.3.8 打新股 ········· 020

1.4 其他交易品种介绍 ········· 021
- 1.4.1 可转债 ········· 021
- 1.4.2 ETF ········· 022
- 1.4.3 REITs ········· 025

1.5 股市中的投资理念与常见风险 ·· 026
    1.5.1   股市中的常见风险和误区 ·· 026
    1.5.2   股票投资中的七个要点 ··· 027

第2章 炒股工具同花顺软件简介 ·· 035

2.1 同花顺是什么 ··· 035
2.2 同花顺的六大基本功能 ·· 036
2.3 同花顺特色介绍 ··· 037
2.4 安装、注册与登录 ·· 042
    2.4.1   PC版客户端的安装与注册 ·· 042
    2.4.2   App的安装与注册 ··· 043
    2.4.3   登录同花顺 ·· 043
    2.4.4   隐藏同花顺 ·· 044
    2.4.5   退出同花顺软件 ··· 044
2.5 同花顺PC版客户端页面介绍 ··· 044
    2.5.1   主窗口 ··· 044
    2.5.2   功能树 ··· 045
    2.5.3   工具栏 ··· 049
    2.5.4   菜单栏 ··· 055
    2.5.5   标题栏 ··· 056
    2.5.6   指数条 ··· 058
    2.5.7   左信息栏、中信息栏和右信息栏 ······························· 059
2.6 同花顺App页面介绍 ·· 059

第3章 同花顺看盘功能介绍 ··· 066

3.1 同花顺首页看盘 ··· 066
    3.1.1   综合看盘/数据看盘 ··· 067
    3.1.2   今日关注/近期热点 ··· 068
    3.1.3   外盘概况 ··· 069
    3.1.4   自选股/涨幅排名 ··· 069
    3.1.5   自选股新闻/投资参考/要闻精选 ································ 070
    3.1.6   涨跌停板/炸板个数/连续涨停 ···································· 070

　　　　3.1.7　赚钱效应/涨跌趋势 ··· 071
　　　　3.1.8　个股涨跌/新股申购/融资融券 ···················· 072
　3.2　使用同花顺分析大盘行情 ·· 073
　　　　3.2.1　大盘分时走势与K线走势 ····························· 074
　　　　3.2.2　资金流向 ··· 082
　　　　3.2.3　市场情绪 ··· 087
　　　　3.2.4　市场估值 ··· 088
　3.3　使用同花顺分析板块行情 ·· 091
　　　　3.3.1　热点板块 ·· 092
　　　　3.3.2　板块资金 ·· 096
　　　　3.3.3　板块情绪和AI板块景气度 ······························· 097
　3.4　使用同花顺分析股票行情 ·· 099
　　　　3.4.1　行情报价列表 ··· 099
　　　　3.4.2　竞价分析 ·· 103
　　　　3.4.3　龙虎榜 ·· 105
　　　　3.4.4　主力大单 ·· 108
　　　　3.4.5　涨跌停分析 ·· 109
　3.5　使用同花顺分析具体个股 ·· 111
　　　　3.5.1　个股分时走势 ··· 111
　　　　3.5.2　个股K线走势 ·· 120
　　　　3.5.3　成交明细与历史成交 ··· 122
　　　　3.5.4　超级盘口 ·· 124
　　　　3.5.5　价量分布 ·· 125
　　　　3.5.6　复权处理功能 ··· 126
　　　　3.5.7　大盘对照 ·· 127
　　　　3.5.8　个股全景 ·· 128

基础篇

第4章　基本面分析诊股 ·· 138
　4.1　宏观基本面分析 ·· 138
　　　　4.1.1　经济政策 ·· 138

4.1.2　经济指标 ·················· 139
　　　4.1.3　经济周期 ·················· 142
4.2　**行业基本面分析** ················ 144
　　　4.2.1　行业规模与增长潜力 ········· 144
　　　4.2.2　竞争格局 ·················· 145
　　　4.2.3　技术进步与创新 ············· 146
　　　4.2.4　政策环境 ·················· 146
　　　4.2.5　供需关系 ·················· 146
4.3　**公司基本面分析** ················ 147
　　　4.3.1　财务状况 ·················· 148
　　　4.3.2　业务运营 ·················· 152
　　　4.3.3　公司治理 ·················· 155
　　　4.3.4　公司估值 ·················· 156
4.4　**市场竞争分析** ·················· 157
　　　4.4.1　技术方面 ·················· 158
　　　4.4.2　客户方面 ·················· 158
　　　4.4.3　品牌方面 ·················· 159

第5章　K线分析 ···················· 165

5.1　**技术分析概论** ···················· 165
　　　5.1.1　技术分析的原理 ············· 166
　　　5.1.2　技术分析的常见方法 ········· 167
5.2　**单根K线分析** ···················· 167
　　　5.2.1　K线的定义及作用 ············ 167
　　　5.2.2　单根K线的形态 ·············· 168
5.3　**常见K线组合分析** ················ 173
　　　5.3.1　吞没线和孕育线 ············· 173
　　　5.3.2　好友反攻和淡友反攻 ········· 175
　　　5.3.3　曙光初现和乌云盖顶 ········· 177
　　　5.3.4　旭日东升和倾盆大雨 ········· 179
　　　5.3.5　启明星和黄昏星 ············· 181
　　　5.3.6　红三兵和黑三兵 ············· 183

5.3.7　升势三鸦和降势三鹤 ··· 185

第6章　形态分析 ·· 190
6.1　形态分析的原理与分类 ······································· 190
6.2　反转形态分析 ······································· 190
　　6.2.1　头肩底和头肩顶 ··· 190
　　6.2.2　双底和双顶 ··· 194
　　6.2.3　三重底和三重顶 ··· 196
　　6.2.4　V形底和倒V形 ··· 198
　　6.2.5　圆弧顶和圆弧底 ··· 200
6.3　整理形态分析 ······································· 203
　　6.3.1　三角形整理形态 ··· 203
　　6.3.2　旗形整理形态 ··· 205
　　6.3.3　矩形整理形态 ··· 207
　　6.3.4　楔形整理形态 ··· 208

第7章　均线分析 ·· 212
7.1　什么是均线 ······································· 212
7.2　均线形态分析 ······································· 213
　　7.2.1　均线多头排列 ··· 213
　　7.2.2　均线空头排列 ··· 215
　　7.2.3　均线黄金交叉 ··· 216
　　7.2.4　均线死亡交叉 ··· 217
　　7.2.5　银山谷和金山谷 ··· 218
　　7.2.6　死亡谷 ··· 219
　　7.2.7　蛟龙出海 ··· 220
　　7.2.8　断头铡刀 ··· 221
7.3　均线的买卖法则 ······································· 222
　　7.3.1　均线买点 ··· 222
　　7.3.2　均线卖点 ··· 225

第8章　趋势分析 ·· 230
8.1　什么是趋势和趋势线 ······································· 230

8.2 趋势线的常见形态 ········· 231
8.2.1 上升趋势线 ········· 231
8.2.2 下降趋势线 ········· 233
8.2.3 横盘趋势线 ········· 235
8.2.4 压力线和支撑线 ········· 236

8.3 趋势线的画法 ········· 238
8.3.1 趋势线的画法要点 ········· 238
8.3.2 使用同花顺画趋势线 ········· 239
8.3.3 使用同花顺画撑压线 ········· 241

第9章 技术指标分析 ········· 248
9.1 技术指标概述 ········· 248
9.2 MACD的分析运用 ········· 250
9.2.1 MACD黄金交叉实战分析 ········· 251
9.2.2 MACD死亡交叉实战分析 ········· 252
9.2.3 MACD背离实战分析 ········· 253

9.3 KDJ指标的分析运用 ········· 255
9.3.1 KDJ黄金交叉实战分析 ········· 256
9.3.2 KDJ死亡交叉实战分析 ········· 257
9.3.3 KDJ背离实战分析 ········· 258

9.4 布林线指标的分析运用 ········· 261
9.4.1 布林线指标的买卖法则 ········· 261
9.4.2 布林线指标的形态解析 ········· 263

9.5 其他常用指标的分析运用 ········· 265
9.5.1 乖离率指标 ········· 265
9.5.2 相对强弱指标 ········· 267
9.5.3 威廉指标的分析运用 ········· 268

第10章 量价分析 ········· 275
10.1 什么是量价分析 ········· 275
10.2 认识成交量 ········· 276
10.2.1 成交量指标 ········· 277

10.2.2 成交量形态 ········· 279
10.3 常见量价关系形态的实战操作 ········· 279
10.3.1 量增价涨 ········· 280
10.3.2 量增价跌 ········· 281
10.3.3 量增价平 ········· 282
10.3.4 量缩价涨 ········· 284
10.3.5 量缩价跌 ········· 285
10.3.6 量缩价平 ········· 286
10.3.7 量平价涨 ········· 287
10.3.8 量平价跌 ········· 288

进阶篇

第11章 同花顺智能功能 ········· 294
11.1 智能预警功能 ········· 294
11.1.1 短线精灵 ········· 294
11.1.2 股票预警 ········· 299
11.1.3 鹰眼盯盘 ········· 302
11.2 智能选股功能 ········· 304
11.2.1 问财选股 ········· 304
11.2.2 快捷优选 ········· 307
11.2.3 形态选股 ········· 310
11.2.4 选股平台 ········· 314
11.2.5 股票筛选器 ········· 321
11.3 形态预测功能 ········· 323

第12章 同花顺问财实用指南 ········· 329
12.1 使用问财分析大盘基本面 ········· 329
12.2 使用问财分析大盘技术面 ········· 332
12.3 使用问财分析大盘资金面与情绪面 ········· 333
12.4 使用问财寻找及判断市场热点 ········· 335
12.5 使用问财寻找价值洼地 ········· 337
12.6 问财选股实战操作 ········· 339

12.6.1	基本面选股	340
12.6.2	技术面选股	341
12.6.3	资金面选股	343
12.6.4	热度选股	344

第13章 同花顺交易功能进阶 348

13.1 使用同花顺双向下单快速做T 348
13.2 同花顺条件单功能的使用方法 352

13.2.1	条件单执行规则	354
13.2.2	条件单使用实操	358
13.2.3	同花顺App的条件单功能	360

13.3 同花顺特色交易功能 360

13.3.1	闪电下单	360
13.3.2	画线交易	364
13.3.3	核按钮功能	370
13.3.4	BS点标记功能	371
13.3.5	三种交易模式	373

13.4 交易快捷键 380

第14章 同花顺自定义设置与便捷功能 389

14.1 工具栏的自定义设置 389

14.1.1	删除工具栏中的工具	389
14.1.2	添加工具至工具栏中	390
14.1.3	调整工具栏图标间距	391
14.1.4	调整工具栏各工具图标顺序	392

14.2 自定义板块设置 392

14.2.1	自定义板块设置方法	392
14.2.2	动态板块功能	395
14.2.3	表头编辑功能	398

14.3 自定义页面设置 403
14.4 同花顺便捷功能 409

14.4.1	区间统计	409
14.4.2	测量距离	409

14.4.3　大字报价 ………………………………………… 411
14.4.4　平移曲线 ………………………………………… 412
14.4.5　快捷键使用大全 ………………………………… 413

实战篇

第15章　同花顺短线选股实战技巧 ………………………… 422
15.1　同花顺短线选龙头 ………………………………………… 422
15.1.1　热点龙头战法 ……………………………………… 422
15.1.2　短线擒龙战法 ……………………………………… 426
15.1.3　涨停聚焦捕捉龙头战法 …………………………… 430
15.2　同花顺短线选牛股 ………………………………………… 433
15.2.1　懒人选牛股法 ……………………………………… 433
15.2.2　三金叉选牛股法 …………………………………… 435
15.2.3　短线强势选股四步法 ……………………………… 437
15.2.4　蒸蒸日上选股法 …………………………………… 439
15.2.5　外资看好金叉趋势选股法 ………………………… 441
15.2.6　低位选股法 ………………………………………… 442
15.2.7　反转抄底选股法 …………………………………… 444
15.2.8　机构资金跟随选股法 ……………………………… 445
15.2.9　叠加指标选股法 …………………………………… 446
15.2.10　规避主力陷阱选股法 …………………………… 448

第16章　同花顺炒股实战技巧 ……………………………… 452
16.1　筹码分布实战技巧 ………………………………………… 452
16.1.1　低位单峰密集形态 ………………………………… 454
16.1.2　高位单峰密集形态 ………………………………… 454
16.1.3　上涨多峰密集形态 ………………………………… 456
16.1.4　下跌多峰密集形态 ………………………………… 459
16.2　九转指标核心使用战法 …………………………………… 462
16.2.1　九转指标的逻辑原理 ……………………………… 462
16.2.2　九转指标的逃顶和抄底实战 ……………………… 462

16.2.3　九转指标的个股波段操作 ················ 464
　16.3　超短分时战法 ································· 465
　　16.3.1　突破做多：分时线突破前期高点 ············ 466
　　16.3.2　破位做空：分时线跌破前期低点 ············ 466
　　16.3.3　破线做空：分时线跌破均价线 ·············· 467
　　16.3.4　穿线做多：分时线上穿均价线 ·············· 468
　　16.3.5　压力做空：分时线在均价线下方附近受到压力 ···· 469
　　16.3.6　支撑做多：分时线在均价线上方附近受到支撑 ···· 470

附录A　同花顺付费产品：专业服务让你笑傲股市 ············· **473**

01 入门篇

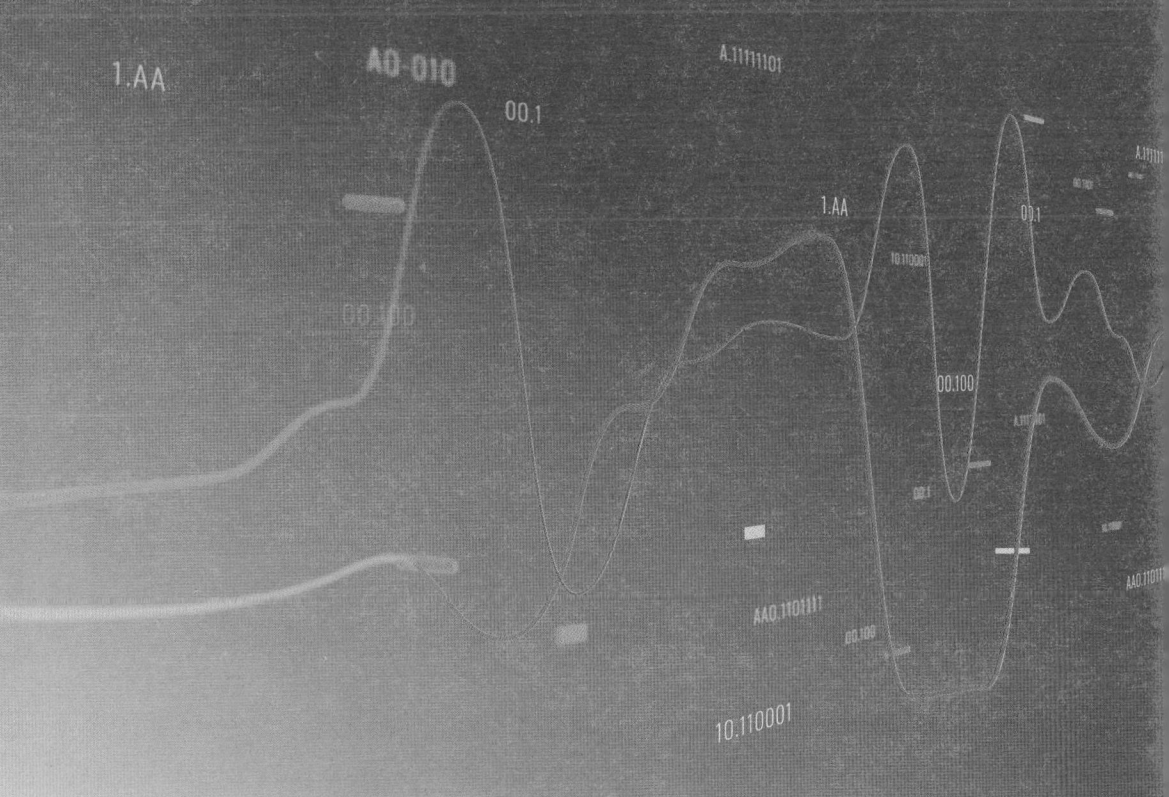

第 1 章
投资新手炒股须知

对于投资老手来说，本章内容可能早已熟知，可以跳过本章继续阅读。不过，我们仍然想要从头开始简要说明一下，对于新入市的投资者来说，第一次进行股票交易之前需要做哪些准备，我们常说的A股市场到底是什么，股票投资者那些常说的"黑话"是什么意思，股票交易有些规则和要点，以及在股票交易中我们应该持有怎样的基本原则，会遇见哪些风险。通过这些内容，投资新手可以快速建立股票投资的基本认知，学会上手炒股的基本操作。

1.1 开户

对于想要入市的新手来说，炒股的第一步是开通账户。只有完成股票账户的开通，投资者才能进行股票的委托交易，也就是进行炒股。很多人往往觉得开户很麻烦，其实，现在开通股票账户非常方便，下面我们简单介绍一下开户的相关知识——条件、流程和具体操作。

1.1.1 开户的条件

1. 对投资人的要求

在A股市场中，投资者需要满足一定的条件才能进行开户。首先，投资者必须年满18周岁，具备完全民事行为能力。此外，投资者需要提供有效的身份证明，如身份证或护照。对于非中国公民，还需要提供相应的居住证明和工作许可证明。

（1）年龄限制。年龄小于16周岁的投资者不能开通证券账户；年满16周岁但不满18周岁的投资者，需要提供收入证明才能去营业部开户；年满18周岁但不满70周岁的投资者，可通过手机或电脑申请开户；年满70周岁的投资者只能去营业部现场办理开户。

（2）投资者资格要求。A股只有境内机构、组织或个人可以投资，也就是说只有境内投资者可以开通A股账户。投资者在一个证券公司只能开通一个账户，最多可以开通三个不同的证券公司的账户。

（3）风险认知。证券公司可能要求投资者具备一定的投资知识、风险意识和风险承受能力，并需要阅读相关风险提示和签署免责声明。

（4）交易经验。目前A股创业板和科创板要求投资者具备两年的股票投资交易经验，并且风险测评为进取型以及以上类型。对于主板股票的交易经验则没有硬性的要求，不过由于主板股票数量更多、价格波动更大，因此投资者在实战前应该具备足够的交易基础知识，做好相应的心理准备。

2. 资金要求

对于资金要求，不同的证券公司可能会有不同的最低标准。一般来说，大多数证券公司对于新开户的投资者没有严格的资金门槛，但为了进行交易，投资者至少需要准备足够的资金购买一手（即100股）股票。目前A股开户是没有资金要求的，开户后可以买卖沪市和深市的股票。但如果想开通创业板交易权限，则需要在开通前20个交易日日均资产为10万元及以上；如果想开通科创板交易权限，则需要在开通前20个交易日日均资产为50万元及以上。

3. 风险等级测试

为了保护投资者，证券公司通常会要求新开户的投资者进行风险等级测试。这个测试旨在评估投资者的风险承受能力和投资经验，以确保他们能够理解并承受投资可能带来的风险。股票风险等级测试是证券公司根据《证券期货投资者适当性管理办法》的要求，对投资者的风险偏好、风险承受能力、投资经验等进行评估，以确定其适合购买或接受的产品或服务的风险等级。

在股票开户过程中，投资者需要完成风险等级测试问卷。这份问卷包括年龄、收入、资产、投资经验、投资目标、投资期限、收益预期、亏损容忍度等方面的问题。根据投资者的回答，系统会分配一个风险承受能力等级，包括保守型（C1）、稳健型（C2）、平衡型（C3）、积极型（C4）和激进型（C5）等。

填写风险等级测试问卷时，投资者应如实提供个人实际情况，以便系统准确评估风险偏好和适合度，确保投资者在适当的风险承受能力范围内进行合理投资。如果发现自己的风险承受能力等级与想要办理的业务或开通的权限不匹配，或者对系统给出的评估结果不满意，投资者可以申请重新进行风险等级测试，每天最多可进行3次测试。

1.1.2 选择证券公司的标准

按照规定，买卖上市公司股票都需要经过股票交易所。而交易所实行会员制，一般只有证券公司才能成为交易所的会员，并且获得交易所的交易席位。因此，投资者需要通过证券公司进行股票的委托和交易。

目前市面上有上百家证券公司，投资者想要入市炒股时，都会面临这样的问题：如何选择证券公司？一般需要对比证券公司的哪些项目？如何才能避免"踩坑"？下面我们从几个方面介绍有关事项。

1. 了解证券公司的资质

证券公司是经中国证监会（中国证券监督管理委员会）批准设立的金融机构，一般又称券商，从事证券经纪、证券自营、证券投资咨询等业务。中国目前拥有100多家合法合规的证券公司，我们可以在中国证监会官网查询具体名单。选择合法合规的证券公司可以确保资金安全，避免受到诈骗或违规操作的影响。投资者应通过官方渠道获取准确信息，以避免与假冒或套牌的"证券公司"产生联系。

并且，中国证监会每年都会对证券公司进行评级，投资者在进行选择时一定要注意选择评级较高的证券公司，人们耳熟能详的大公司相对更加值得信赖，而连名字都没听过的证券公司，基本上就可以排除了。

> **Tips** 每年中国证监会根据《证券公司分类监管规定》，以证券公司风险管理能力、持续合规状况为基础，结合公司业务发展状况，将证券公司分为A（AAA、AA、A）、B（BBB、BB、B）、C（CCC、CC、C）、D、E等5大类11个级别。其中，A、B、C三大类中各级别公司均为正常经营公司，其类别、级别的划分，仅反映公司在行业内业务活动与其风险管理能力及合规管理水平相适应的相对水平。D类、E类公司分别为潜在风险可能超过公司可承受范围及因发生重大风险被依法采取风险处置措施的公司。证券公司分类评价每年进行一次，评价期为上一年度5月1日至本年度4月30日，因此这又被称为证券公司的"年度大考"。
>
> 但评级结果自2022年开始就不对外公开，而是由各地证监局"一对一"通知证券公司。因此普通投资者可以关注各大财经媒体的报道，获得有关信息。证券公司分类评级只是投资者选择证券公司的一个参考因素，投资者还需要根据自己的实际需求和风险承受能力，综合考虑证券公司的服务质量、交易费用、客户满意度等因素，做出最适合自己的选择。

2. 比较不同证券公司的佣金费率

证券公司在为客户买卖股票时收取的费用比例就是佣金费率，通常以万分之几表示。较低的佣金费率意味着较低的交易成本和较大的收益空间。因此，在选择证券公司时，应尽量选择佣金费率较低的。目前市场中的佣金费率一般在万分之1到万分之3之间，不同的证券公司可能有不同的优惠政策或活动。投资者在选择证券公司之前，可以咨询多家公司并进行比较，争取获得最低的佣金费率，通过节省交易成本来增加收益。由于证券账户通常是长期使用的，因此费用差异的影响会随着时间的推移逐渐扩大。

3. 关注不同证券公司的服务质量

服务质量是指证券公司在为客户提供股票交易服务时所展示的专业水平和态度。一家优质的证券公司会派遣专业、热情、耐心的客户经理为客户解答疑问和处理问题，同时提供完善、便捷的线上线下业务办理渠道，确保交易结算和资金划转的及时准确。相反，服务质量差的证券公司可能会出现客服电话难以接通、业务办理拖延等问题，给客户带来不必要的麻烦和损失。因此，在选择证券公司时，应关注其服务质量，可以通过网上查询、咨询朋友或亲自体验等方式，选择服务质量较高的证券公司。对于新手来说，这一点尤为重要，因为他们可能会在初期遇到许多问题，如果证券公司服务不好，他们可能会走很多弯路。

1.1.3 开户的方式及流程

1. 营业厅开户

在传统的营业厅开户，投资者需要携带身份证前往证券公司的实体营业部。开户流程通常包括以下步骤。

（1）填写开户申请表，如图1-1所示。

姓名		性别		国籍		职业	
身份证号码					有效期		至
移动电话		固定电话			电子邮箱		
经常居住地址	省（直辖市、自治区）			市（区）		邮编	
通信地址	省（直辖市、自治区）			市（区）		邮编	
资金来源	□自有 □借款 □银行贷款 □其他			是否从事过股票交易		□是 □否	
从事股票交易的目的				□投机		□套利 □其他	
是否与他人股票账户存在关联关系				□是		□否	
指令下达人	□客户本人 □见右表	姓名		联系电话			
		身份证号码				有效期	至
		联系地址				邮编	
资金调拨人	□客户本人 □同指令下达人 □见右表	姓名		联系电话			
		身份证号码				有效期	至
		联系地址				邮编	
结算单确认人	□客户本人 □同指令下达人 □同资金调拨人 □见右表	姓名		联系电话			
		身份证号码				有效期	至
		联系地址				邮编	
客户股票结算账户	户名（客户本人银行卡户名）						
	股票保证金存管银行名称1（明确到具体网点）						
	银行账号						
	股票保证金存管银行名称2（明确到具体网点）						
	银行账号						

本人有能力承担风险，并保证资金来源的合法性和所提供资料的真实性、有效性，保证在交易期间电话始终处于可接听状态，保证所有相关事宜均由本人亲自办理。

申请人签名（签字留样）：　　　　　申请日期：　　年　　月　　日

图1-1

（2）提供身份证明和银行卡信息。

（3）进行风险等级测试，如图1-2所示。

投资者风险测评问卷（个人）

风险提示：投资需承担各类风险，本金可能遭受损失。您在产品购买过程中应当注意核对自己的风险识别和风险承受能力，选择与自己风险识别和风险承受能力相匹配的产品。您所选择的产品如果超过您的能力，您将自行承担此投资的风险。

1．您的主要收入来源是（　）
　A. 工资、劳务报酬
　B. 生产经营所得
　C. 利息、股息、转让等金融性资产收入
　D. 出租、出售房地产等非金融性资产收入
　E. 无固定收入

2．您的家庭可支配年收入（折合人民币）为（　）
　A. 50万元以下
　B. 50万～100万元
　C. 100万～500万元
　D. 500万～1000万元
　E. 1000万元以上

3．在您每年的家庭可支配收入中，可用于金融投资（储蓄存款除外）的比例为（　）
　A. 小于10%
　B. 10%至25%
　C. 25%至50%
　D. 大于50%

4．您是否有尚未清偿的数额较大的债务？如有，其性质是（　）
　A. 没有
　B. 有，住房抵押贷款等长期定额债务
　C. 有，信用卡欠款、消费信贷等短期信用债务
　D. 有，亲戚朋友借款

5．您的投资知识可描述为（　）
　A. 有限：基本没有金融产品方面的知识
　B. 一般：对金融产品及其相关风险具有基本的知识
　C. 丰富：对金融产品及其相关风险具有丰富的知识

图1-2

（4）签署相关协议，包括《证券委托交易协议书》《指定交易协议书》等。

（5）设置交易密码和资金密码。

完成以上步骤后，投资者将获得交易账户和资金账户。

2. 网络营业厅开户

随着互联网的发展，越来越多的证券公司提供在线开户服务。网络开户的流程通常包括以下步骤。

第一步：在证券公司官网或App上注册账户。

第二步：上传身份证正反面照片及手持身份证的照片。

第三步：填写个人信息和银行卡信息。

第四步：完成风险等级测试。

第五步：阅读并同意服务协议。

第六步：设置交易密码。

网络开户简化了开户流程，投资者可以足不出户完成开户。

下面，我们以用同花顺开立股票账户为例，为大家简要展示网上开户的流程。

我们需要先下载同花顺App并登录，找到"交易"菜单，点击进入开户大厅，或使用"问财"小助手，输入"开户"，直达开户大厅，如图1-3所示。

在开户大厅选择证券公司（券商）后，点击后面的"开户"按钮，即可跳转至第三方服务，进入开户页面，如图1-4所示。

图1-3 　　　　　　图1-4

在完成手机号注册之后，就进入相关流程的操作，主要包括上传证件照片、完善个人信息、进行风险测试、开立账户和签署协议、设置交易密码、绑定银行卡、根据实际情况填写回访问卷、进行视频见证等步骤，如图1-5所示，最后提交申请，最快3分钟即可完成开户申请手续。

```
手机号注册 → 上传身份证照片
                      ↓
风险测试 ← 资料完善
  ↓
开立账户和签署协议 → 设置密码
  ↓
问卷回访 ← 三方存管
  ↓
视频见证 → 提交申请
```

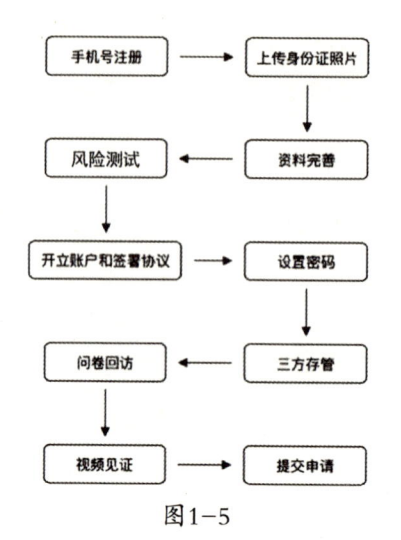

图1-5

在提交申请之后，一般经过1个交易日，投资者就可以收到审核通过的短信，通知开户完成。

> **Tips** 截至2024年9月，同花顺软件支持87家证券公司的开户、登录和交易服务，是国内支持券商数量最多的平台，为广大投资者提供了便捷的交易通道和全面的市场信息。

3. 开通其他业务的方式及流程

除了基本的股票交易账户，投资者还可能需要开通融资融券、期权交易等其他业务。这些业务的开通流程通常需要投资者满足更高的资金要求，达到更高的风险等级，并且可能需要额外签署一些协议，如图1-6所示。

1.1.4　银证转账

银证转账是指投资者在银行账户与证券账户之间（单向或双向）进行资金划转。投资者可以通过银行柜台、网上银行、证券公司交易平台等多种方式进行银证转账。银证转账通常需要一定的手续费，费率因银行和证券公司而异。银证转账是投资者在证券交易中不可或缺的一环。它允许投资者在银行账户和证券账户之间自由划转资金，以便于进行股票的买卖操作。银证转账通常包括两种类型：单向银证转账和双向银证转账。

单向银证转账：指的是资金只能从银行账户转入证券账户，或者只能从证券账户转出到银行账户，不能双向操作。

双向银证转账：指的是资金可以在银行账户和证券账户之间双向自由划转。

投资者在进行银证转账时，需要注意以下几点。

（1）转账时间：银证转账通常只在交易日的工作时间内有效，非交易时间转账可能会延迟到下一个交易日处理。

（2）手续费用：不同的银行和证券公司可能会收取不同的手续费用，投资者在转账前应了解清楚相关费用。

（3）转账限额：部分银行可能会对单笔或单日的转账金额设置限额，投资者需要提前了解这些限额，以免影响交易。

基本信息（客户填写）			
客户姓名		客户代码	
证件类型		证件号码	
证件有效期	□长期有效 □有效日期：　年　　月　　日至　　年　　月　　日		
通信地址			
邮政编码		电子邮件	
固定电话		移动电话	
申请信息（客户填写）			
办理信用三方存管	存管银行		
	银行结算账户		
申请授信额度	融资额度		
	融券额度		
	合计		
账户信息（客户填写）			
开户营业部		普通账户 开户时间	
普通资金台账		存管银行	
普通证券账户 （上海）		普通证券账户 （深圳）	
普通账户资产总值			
金融资产、总资产（客户填写）			
资产类别	金融资产/总资产	资产价值	
金融资产总值（已提供证明文件）			
资产总值（已提供证明文件）			

图1-6

1.1.5　转户与销户

1. 转户

证券转户是指将持有的证券账户从一个经纪商或托管机构转移至另一个经纪商或托管机构的过程。以下是证券转户流程的详细说明。

选择目标证券公司：选择希望将证券账户转入的目标证券公司。要确保目标证券公司符合自己的需求，包括佣金费率、交易平台、客户服务等方面。

开通新账户：在目标证券公司开通一个新的证券账户。通常需要填写相关的开户申请表，并提供身份证明等必要文件和资料。

提交转户申请：联系目标证券公司，提交转户申请。在申请中需要提供原有证券账户的信息，以便目标证券公司能够发起转户请求。

完成转户流程：目标证券公司会与原证券公司进行协调，将投资者的证券资产从原有账户转移到新账户。转户的时间和具体流程可能因证券公司而异。

2. 销户

证券销户是指将某个证券账户永久关闭，解除与该证券公司的关联，不再持有和交易任何证券或资产。当投资者决定停止使用某个证券账户时，可以选择销户。以下是对证券转户流程的详细说明。

清空证券账户：在决定销户之前，先清空账户内的所有证券持仓和资金余额。这可能涉及股票卖出和资金提取等操作。

准备销户申请材料：联系原有证券公司，了解销户的具体流程和所需的申请材料。通常需要填写销户申请表，并提供身份证明、银行账户信息等。

提交销户申请：将填写好的销户申请表和其他所需文件提交给原有证券公司。确保按照证券公司要求的方式和渠道进行申请提交。

完成销户流程：原有证券公司收到并审核通过销户申请，就会处理销户请求，清算账户内的资产，并最终关闭该证券账户。销户的具体时间和流程可能因证券公司而异。

1.2 A股市场简介

所谓A股市场，正式名称是人民币普通股票市场，A股是我国境内的公司发行的，供境内机构、组织或个人以人民币认购和交易的普通股票。A股市场是中国股票市场的重要组成部分，与B股市场和H股市场一起构成了中国股票市场。自1990年年底创建以来，A股市场以上市公司的数量之多和市场的总市值之高，成为中国股票市场的代表。

1.2.1 A股市场的历史沿革

A股市场自1990年上海证券交易所和深圳证券交易所的成立开始，经历了从无到有、从小到大的发展过程。最初，A股市场主要面向国内投资者，随着中国经济的快速发展和资本市场的逐步开放，A股市场逐渐成为全球投资者关注的焦点。

1. 上海证券交易所

上海证券交易所（简称上交所）是中国最早的证券交易所之一，成立于1990年11月26日，以服务大型国有企业为主，主板市场为其主要板块。上海证券交易所的成立标志着中国资本市场的正式开启。最初，上交所仅有8只股票上市，俗称"老八股"。随着中国经济的快速发展，上交所逐渐吸引了更多的公司上市，形成了以主板市场为主的交易体系。上交所主板市场以大型蓝筹股为主，这些公司往往具有稳定的盈利能力和良好的公司治理结构。

2. 深圳证券交易所

深圳证券交易所（简称深交所）成立于1990年12月1日，起初以服务中小企业为主，后来逐渐发展成为包含主板、中小板、创业板的综合性交易所。深圳证券交易所的成立进一步推动了中国资本市场的发展。深交所起初推出了中小板市场，为中小企业提供了融资平台。2009年，深交所又推出了创业板市场，旨在支持创新型、成长型企业的发展。创业板的推出，标志着中国资本市场向更加多元化和层次化的方向发展。

3. 北京证券交易所

北京证券交易所（简称北交所）于2021年9月3日注册成立，是经国务院批准设立的中国第一家公司制证券交易所，受中国证监会监督管理，经营范围为依法为证券集中交易提供场所和设施、组织和监督证券交易以及证券市场管理服务等业务。2022年11月21日，北交所首个指数——北证50成份指数（指数代码：899050）正式发布实时行情。2023年2月13日，北交所融资融券交易业务正式上线。2023年2月20日，北交所正式启动股票做市交易业务。自2023年12月1日起，北交所正式启动公司债券（含企业债券）发行备案、簿记建档等发行承销业务。2024年1月15日，北交所公司和企业债券市场正式开市。

1.2.2 主要板块介绍

A股市场包含多个板块，每个板块都有其特定的定位和上市条件，下面我们简要了解一下。

1. 主板市场

主板市场是A股市场的主要组成部分，上市企业多为大型、成熟企业，具有较高的市值和稳定的盈利能力。主板市场是中国资本市场的核心，上市企业多为大型国有企业和知名民营企业。这些企业往往具有较高的市值、稳定的盈利能力和良好的企业治理结构。主板市场的上市企业涵盖了金融、能源、制造、消费等多个行业，是中国经济发展的重要支柱。

2. 创业板市场

创业板市场是深圳证券交易所的一个板块，专为创新型、成长型企业设立，上市条件相对宽松，更注重企业的发展潜力和创新能力，对企业的盈利能力要求相对宽松。创业板市场的推出，为中国的高新技术企业和创新型企业提供了融资平台，促进了中国创新型企业的发展。

3. 科创板市场

科创板市场是上海证券交易所的一个板块，旨在支持科技创新企业。科创板市场是上海证券交易所的一个板块，旨在支持科技创新企业。科创板市场的上市条件强调企业的科技含量和成长性，对企业的盈利能力要求较低。科创板市场的推出，是中国资本市场服务科技创新的重要举措，有助于推动中国科技创新的发展。

4. 北交所市场

北京证券交易所（简称北交所）是由新三板精选层变更设立，是为创新型中小企业量身打造的交易所。对于中小企业而言，北交所的设立提供了一个更加便捷、高效的融资渠道，通过更加灵活的上市标准和完善的转板制度，北交所为处于成长期、具有发展潜力的中小企业提供了资金支持，加速了它们的成长壮大。

> **Tips** 北交所与新三板的关系：新三板全称为"全国中小企业股份转让系统"，主要为非上市股份公司融资、并购等相关业务提供服务。北交所以新三板精选层为基础组建，并与创新层、基础层一起组成"升级版"新三板。

1.2.3 主要股票种类

在我国，股票可以从多个维度进行分类，如按上市地区和面向的投资者的不同，可以分为：

（1）A股：人民币普通股，是由中国境内公司发行，以人民币认购和交易的普通股股票，其中A股又可按上市板块分为主板股票、创业板股票、科创板股票等。

（2）B股：人民币特种股，是以人民币标明面值，以外币认购和交易的股票，主要面向外国投资者和中国港澳台地区投资者。

（3）H股：国企股，是注册地在内地、上市地在香港的中资企业股票。

（4）A+H股：在中国A股市场和香港市场同时上市的股票。

（5）N股：在中国注册，在美国纽约上市的外资股。

不过我们日常所说的A股市场，主要是指A股，即人民币普通股。

如按照市值不同，A股市场上的股票可以划分为大盘股、中盘股、小盘股和微盘股。一般来说，沪深300指数包含A股市值规模最大的前300只股票，代表大盘股；中证500指数包含第301～800只股票，代表中小盘股；中证1000指数、中证2000指数分别包含第801～1800只股票和第1801～3800只股票，代表小盘股；中证2000之后的指数则代表微盘股，不同的平台有自己的微盘指数。

如按上市公司业绩的情况，A股市场上的股票可以划分为蓝筹股、绩优股、绩差股和ST股。其中ST股分为ST股和*ST股，ST股是指因财务状况或其他状况出现异常而被特别处理的股票，*ST股则是指因连续亏损等原因被给予退市风险警示的股票。

此外，股票还可以根据利润和财产分配方式划分为普通股和优先股，根据投资主体划分为国有股、法人股和社会公众股。

特殊类型股票有其特定的交易规则和风险特点，投资者在选择投资对象时需要仔细研究。

> **Tips** 在股票市场中，不同类型的股票具有不同的代码，A股股票代码分类如下。
> （1）沪市A股主板股票代码：以600、601、603、605开头；B股买卖的代码以900开头。
> （2）深市A股主板股票代码：以000开头；B股买卖的代码以200开头。
> （3）深市中小板股票代码：以002开头。
> （4）深市创业板股票代码：以300开头。
> （5）沪市科创板股票代码：以688开头。
> （6）北交所股票代码：以43、83、87、88开头。
> （7）沪市新股申购的代码以730开头；深市新股申购的代码与深市股票买卖代码一样。
> （8）配股：沪市以700开头，深市以080开头。
> （9）权证：沪市以580开头，深市以031开头。

1.2.4　股市中的常用术语

熟悉股市的常用术语，不仅可以帮助投资者在日常交流中更准确、迅速地沟通，还可以更好地理解股市的运作和特点，以及更好地了解市场趋势、公司业绩、投资策略，做出明智的决策。下面我们将根据不同的板块来介绍常用的股市术语。

1. 股票指数、大盘

股票指数：股票指数是用来反映特定市场或特定行业股票整体表现的衡量指标。一般是通过挑选一定数量的代表性股票，根据其价格或市值加权计算得出。股票指数通常用于跟踪市场的整体走势、评估投资组合的表现以及作为投资工具的基准。常见的股票指数包括上证指数、深证成指、沪深300、中证500等。

大盘：大盘是指股票市场整体的走势或水平，它能够反映整个市场的状况。在国内，大盘一般是指沪市的上证指数以及深市的深证成指。大盘通常被视为经济活动和市场情绪的晴雨表。

2. 牛市、熊市、震荡市

牛市：牛市是指股票市场整体价格上涨的时期，通常伴随着乐观情绪和投资者的积极买入态势。在牛市中，股票指数呈现出持续上升的趋势，投资者倾向于买入股票，预期未来会有更多的利润机会。牛市往往与强劲的经济增长和积极的市场预期相关。

熊市：熊市是指股票市场整体价格下跌的时期，通常伴随着悲观情绪和投资者的卖出压力。在熊市中，股票指数呈现出持续下降的趋势，投资者倾向于卖出股票以避险。熊市通常与经济衰退、不利的市场因素和投资者对未来前景的担忧相关。

震荡市：震荡市是指股票市场波动幅度相对较小、走势不明确的时期，股价在一个相对狭窄的区间内上下波动。在震荡市中，股票指数的涨跌幅度相对平缓，投资者可能会观望并采取更保守的投资策略。震荡市常出现在缺乏明确趋势的阶段或市场不确定性加大时。

3. 利空、利多、看空、看多

利空：利空是指市场对某一事件、消息或因素持悲观态度，预期会对股票或整个市场产生负面影响，导致股价下跌或市场下行。投资者将基于利空预期采取相应的投资策略，如卖出股票。

利多：利多是指市场对某一事件、消息或因素持乐观态度，预期会对股票或整个市场产生积极影响，导致股价上涨或市场上行。投资者将基于利多预期采取相应的投资策略，如买入股票。

看空：看空是指个别投资者对某只特定股票或整个市场持悲观态度，认为价格会下跌或市场趋势向下，因此选择卖出或避开该股票或市场。看空意味着投资者预期会有利空因素出现。

看多：看多是指个别投资者对某只特定股票或整个市场持乐观态度，认为价格会上涨或市场趋势向上，因此选择买进或看好该股票或市场。看多意味着投资者预期会有利多因素出现。

4. 涨幅和跌幅、涨停和跌停、开盘价和收盘价、最高价和最低价、停牌

涨幅和跌幅：涨幅是指股票或股票指数的价格上涨的幅度，而跌幅则是价格下跌的幅度。涨跌幅度通常以百分比来表示。

涨停和跌停：涨停是指股票在一天的交易中股价涨幅达到上限，无法再进一步上涨的情况，而跌停则是股票在一天的交易中跌幅达到下限，无法再进一步下跌的情况。我国股票市场中，在全面注册制下，沪深主板市场中的股票，其上市后前5个交易日不设涨跌幅限制，其后的交易日涨跌幅限制是10%，而*ST或ST股票的涨跌幅限制是5%。科创板、创业板的股票，如果是首次公开发行上市，那么上市后的前5个交易日不设涨跌幅限制，之后的交易日跌停限制是20%。

开盘价和收盘价：开盘价是指股票在每个交易日早盘竞价集中撮合后的价格，而收盘价是指股票在每个交易日尾盘竞价集中撮合后的价格。

最高价和最低价：最高价是指当日所成交的价格中的最高价位，最低价则是指

当日所成交的价格中的最低价位。最高价和最低价有时只有一笔，有时不止一笔。

停牌：停牌是指由于某种消息或某种活动引起股价的连续上涨或下跌，由证券交易所暂停其在股票市场中进行交易，待情况澄清或公司恢复正常后，再在市场中交易。

5. 基本面、市盈率、市净率、市值、流通市值、净利润、归母净利润、增发、配股

基本面：基本面包括公司的盈利能力、财务状况、产业竞争力和市场前景等因素。基本面分析师通常会考虑公司的财务报表、行业分析、市场趋势和宏观经济因素等，以便做出投资决策。

市盈率：市盈率是用来衡量股票和其每股收益的价格关系的指标。市盈率是用股票的市价除以每股收益得出的。较高的市盈率意味着投资者需要用更高的价格来获取每单位的盈利，较低的市盈率则表示价格相对较低或盈利水平相对较高。市盈率可以作为评估股价是否合理的指标，但需要结合其他因素进行综合分析。

市净率：市净率是用来衡量股票市价与每股净资产之间的关系的指标。市净率是用股票的市价除以每股净资产得出的，而每股净资产是公司净资产除以总发行股份得出的。市净率可以用于评估股价相对于其账面价值的便宜程度或昂贵程度。较低的市净率可能暗示着较低的估值或较低的风险，但也可能意味着市场对公司的前景存在疑虑。

市值：市值是指一个公司的全部已发行股票在股票市场中的总价值。市值是用股价乘以总发行股数来计算的，是衡量公司规模和市场价值的指标，可以用来比较不同公司的相对价值或市场地位。

流通市值：流通市值是指公司所有流通的股票在市场中的总价值。流通股票指的是可以自由买卖的股票，不包括被限制交易的股票，如仅限公司内部持有或特定股东持有的股票。流通市值较为准确地反映了市场对公司可自由交易的股票的估值。

净利润：净利润是指一个公司在特定时间周期内实现的总收入减去总成本后所剩下的利润。净利润可以反映公司的盈利能力。

归母净利润：归母净利润是指净利润中归属于普通股股东的部分。当公司拥有多种股票或特定股东有优先权时，归母净利润用于表示普通股股东享有的利润份额。

增发：增发是指已上市的公司通过向指定投资者（如大股东或机构投资者）或全部投资者额外发行股份募集资金的融资方式，发行价格一般为发行前某一阶段的平均价的某一比例。

配股：配股是指向原股票股东按其持股比例，以低于市价的某一特定价格配

售一定数量新发行股票的融资行为。配股与增发具有显著的不同，配股是向原有股东发行新股，以维持其持股比例不变，而增发则可以向原有股东或所有投资者发行新股，可能导致股权结构的变化。

6. 机构、庄家、游资、主力、散户

机构：机构是指专业的投资机构，如基金公司、保险公司等。机构通常管理着大量的资金，其投资决策往往基于深入的研究和分析。机构投资者通常具备较强的实力和专业的团队，其买卖操作对市场有较大的影响力。

庄家：庄家是指在市场中以短期利润为目标，并通过操纵市场情绪和行情来获取利润的专业投资者或机构。庄家通常积累了大量的黑马股或掌握消息优势，以此进行买卖操作。庄家的行为往往会使市场产生较大的波动。

游资：游资是指那些资金相对充裕、短期交易频繁的投资者，有时也指他们所投的资金。游资通常追求短期的利润，经常根据热点板块或市场情绪进行投资，并且在股票涨跌幅较大的时候频繁进行买卖。

主力：主力是指占据市场筹码较多、对股价影响较大的大型机构或投资者，有时也指他们所投的资金。主力往往拥有较强的资本实力，可以通过大额买卖引起股价的波动。上面提到的机构、庄家、游资都是主力。

散户：散户是指股票市场中的普通个人投资者，他们通常以小额资金进行买卖，持有较少的股票。散户的交易量较小，投资决策通常受到市场情绪、媒体报道和短期走势的影响。

7. 成交量、成交额、量比、仓位、建仓、平仓、清仓、买盘和卖盘

成交量：成交量是指在一定时间内市场中或某只股票的交易数量，即买入或卖出的股票数量。成交量是衡量市场活跃度的重要指标，较高的成交量通常意味着市场交易活跃，反之则表示交易较为冷清。

成交额：成交额是指在一定时间内市场中或某只股票的交易金额总和，即买入或卖出股票的价格与成交量的乘积。成交额反映了市场资金的流动情况，可以衡量资金规模和交易活跃程度。

量比：量比是指当前成交量与过去某段时间平均成交量之间的比值。通过比较当前的成交量与过去的成交量，可以帮助投资者判断市场的交投（交易和投资）力度和市场情绪。较高的量比通常表示市场交投活跃，而较低的量比则可能意味着市场较为冷静。

仓位：仓位是指投资者持有的股票或其他投资品种占总投资资金的比例。

建仓：建仓是指投资者开始购买股票建立自己的头寸。当投资者选择一定的股票进行购买时，就可以说他们建仓了。

平仓：平仓是指投资者出售手中持有的股票，结束对该股票的持仓。当投资者决定卖出已持有的股票时，就可以说他们平仓了。

清仓：清仓是指投资者将手中持有的全部股票都卖出，以结束对所有股票的持仓。清仓意味着投资者不再持有任何股票，将全部资金转化为现金或用于其他用途。

买盘和卖盘：买盘是指投资者买入的股票的需求量，代表着买方的需求；卖盘则是指投资者卖出的股票的供给量，代表着卖方的供给。一般来说，当股票的买盘大于股票的卖盘时，就表示该股票市场投资者的买入量大于卖出量，那么股价短期内大概率会上涨。反之，当股票的卖盘大于股票的买盘时，就表示该股票市场投资者的卖出量大于买入量，那么股价短期内大概率会下跌。

8. 热门股、冷门股、蓝筹股、红筹股、白马股、成长股等

热门股：热门股是指在特定时间段内备受市场关注和投资者追捧的股票。这些股票通常因为某种热门事件、业绩表现或市场热点而吸引了大量的买盘，具有较高的市场关注度。

冷门股：相对于热门股，冷门股是指市场中不太受关注的股票。这些股票可能因为所属行业不是热门行业、公司业绩表现较为平淡或市场情绪不佳等原因而被冷落。

蓝筹股：蓝筹股是指在市场中具有稳定业绩、良好声誉且市值较高的公司的股票。这些公司通常在行业中具有领导地位，经营历史长久且相对稳定，被认为是较为可靠的投资对象。

红筹股：红筹股是指在中国内地注册但在香港交易所上市的中国公司的股票。这些公司通常是在中国内地以外的地区成立的，并通过香港交易所进行股票交易。

白马股：白马股是指具有稳定增长性和较低波动性的股票。这些股票通常属于大型、知名和成熟的公司，具有较高的市值和市场份额，被投资者视为风险相对低的投资选择。

成长股：成长股是指那些具有高增长潜力的公司的股票。这些公司通常具有高于市场或行业平均水平的业绩增长速度，并且预期在未来一段时间（如几年到十几年）内能够保持这种高增长态势。成长股的投资价值主要体现在其快速增长的业绩所带来的股价上涨潜力。

9. 融资、融券

融资：融资是指投资者向证券公司或金融机构借款来购买证券的行为。通过融资，投资者可以增加其投资资金，扩大投资规模，但需要支付利息。

融券：融券是指投资者在证券公司或金融机构的融资支持下，借入证券并卖出的行为。融券允许投资者进行卖空操作，即在市场下行时通过卖出借入的证券获利。

10. 分红、派息、除权、除息、贴权

分红：分红是指上市公司把自己的一部分利润按照一定的比例和规则，分给持有该公司股票的投资者。通常来说，股票分红有两种形式：现金分红和股票分红。

派息：派息是指公司将利润以现金形式分配给股东。派息通常以每股的金额或比例表示，股东可以按照其持股比例获得相应的派息。

除权：除权是指股票交易日前，公司宣布股权登记日（一般为派息日）后不再享有该股票相关权益，如派息、配股等。因此，股票除权后，其价格通常会相应调整。

除息：除息是指股票除去分红权益后的交易状态。在除息日后买入该股票的投资者将无法享受派息权益，因为只有在股权登记日之前持有的股东才有资格获得派息。

贴权：贴权是指在股权登记日之后买入股票的投资者仍然有资格享受新股认购、配售等权益，即保留了参与公司资本操作的机会。

1.3 股票交易的规则

股票交易遵循一系列的规则和程序，这些规则旨在确保市场的公平性、透明度和安全性。下面是投资者应该了解的一些常见的股票交易规则。

1.3.1 股票交易的时间

A股的交易日为每周一至周五，在国家法定节假日和证券交易所公告的休市日，市场休市。股票采用竞价交易方式，每个交易日的9:15至9:25为开盘集合竞价时间，9:30至11:30、13:00至14:57为连续竞价时间，14:57至15:00为收盘集合竞价时间。

1.3.2 股票交易的流程

投资者可以采用限价委托或市价委托的方式委托会员（通常指证券公司）买卖股票。限价委托是指投资者委托会员按其限定的价格买卖股票，会员必须按限定的价格或低于限定的价格申报买入股票，按限定的价格或高于限定的价格申报卖出股票。市价委托是指投资者委托会员按市场价格买卖股票。

1.3.3 股票交易的竞价方式

股票竞价交易采用集合竞价和连续竞价两种方式。集合竞价，是指对一段时间内接受的买卖申报一次性集中撮合的竞价方式。连续竞价，是指对买卖申报逐笔连续撮合的竞价方式。

股票竞价交易按价格优先、时间优先的原则撮合成交。集合竞价的所有交易以同一价格成交。

价格优先的原则为：较高价格买入申报优先于较低价格买入申报，较低价格卖出申报优先于较高价格卖出申报。

时间优先的原则为：买卖方向、价格相同的，先申报者优先于后申报者。先后顺序根据交易主机接受申报的时间确定。

1.3.4　股票交易的数量和操作限制

通过竞价交易买入股票或基金的，申报数量应当为100股（份）或其整数倍。卖出股票或基金时，余额不足100股（份）的部分，应当一次性申报卖出。

2023年8月10日沪深交易所发文称，研究将沪深两市上市股票、基金等证券的申报数量要求由100股（份）的整数倍调整为100股（份）起、以1股（份）递增，但截至2024年8月，该调整还未施行。

1.3.5　委托价、成交价与均价

在股票交易中，有几个重要的价格概念是需要了解的，包括委托价、成交价和均价。

委托价：委托价是投资者在下单时设定的希望买入或卖出股票的价格。对于买入委托，委托价应该是投资者愿意买入股票的最高价格；而对于卖出委托，委托价应该是投资者愿意卖出股票的最低价格。

成交价：成交价是股票在实际交易中完成交易时的价格。当买方和卖方的委托价相符合时，就会发生交易，并以该价格作为成交价。

均价：均价是在一段时间内进行多次买卖交易后的平均价格。例如，如果你进行了两笔交易（假设股数相同），一笔以10元/股买入，另一笔以12元/股买入，那么这两笔交易的均价将是(10+12)/2=11元/股。

均价通常用于计算投资组合的平均成本或盈亏情况。它可以提供更全面的视角，尤其是在进行多次交易或分批买卖股票时，可以更准确地了解整体交易的平均价格。

1.3.6　股票交易产生的费用

股票交易会产生一定的费用，包括印花税、券商佣金和过户费等。表1-1所示是A股投资者交易费用明细。

表1-1　A股投资者交易费用明细

交易费用	费率	收取方
印花税	成交金额的万分之5（仅卖出收取）	税务机关
券商佣金	成交金额的万分之1.5~万分之3（双向收取），单笔不足5元的按5元收取	券商（证券公司）
过户费	成交金额的万分之0.1（双向收取）	中国结算（中国证券登记结算有限责任公司）（证券交易所清算时代扣）

除印花税、券商佣金和过户费之外，股票交易还可能产生以下费用。

（1）交易所费用：根据交易金额，由交易所收取的一定比例的费用。

（2）结算费：由中国结算收取的费用，用于股票的结算和过户。

（3）通信费：部分券商可能会收取通信费，用于交易数据的传输。投资者在进行交易时，应该将这些费用考虑在内，以准确计算交易成本。

1.3.7 不同股票的交易规则

不同类型的股票，如主板、中小板、创业板股票，可能有不同的交易规则，投资者需要根据具体股票的规则进行交易，例如：

（1）涨跌幅度限制：主板股票通常有±10%的涨跌幅度限制，但在全面注册制下，新股上市后前5个交易日无涨跌幅限制；创业板和科创板的新股上市后前5个交易日无涨跌幅限制，5个交易日后涨跌幅限制比例为20%；北交所股票的涨跌幅限制比例为30%，其中新股上市交易首日、退市整理期首日无涨跌幅限制。

（2）交易单位：部分股票可能有不同的交易单位，如主板股票的交易单位通常为100股，而科创板股票的交易单位通常为200股。

（3）交易时间：某些特殊股票可能有不同的交易时间，如创业板和科创板股票有盘后固定价格交易时间（15:05—15:30），而某些ETF可能允许在非交易时间进行交易。

投资者在交易不同类型的股票时，需要仔细阅读相关规则，避免违规操作。

1.3.8 打新股

打新股是指在股票市场中购买新发行的股票。当一家公司首次公开发行股票时，投资者有机会购买这些新股，以参与公司的成长，获取未来收益。

以下是一些关于打新股的重要事项。

股票申购：在新股发行期间，投资者可以通过证券公司或在线交易平台提交申请购买新股。通常需要提供个人身份信息、资金账户等。

申购规则：每只新股的申购规则可能不同，包括申购价格、申购数量限制和申购资格等。投资者应仔细阅读招股说明书或相关公告，了解申购规则和要求。

配售方式：新股通常通过网上发行和配售两种方式进行。网上发行是向普通投资者发行，而配售主要面向机构投资者和特定对象。

中签与未中签：由于新股供不应求，投资者往往无法获得全部申购数量的新股。如果投资者没有分配到新股，就称为"未中签"，成功获得新股则被称为"中签"。

风险与收益：打新股具有一定的风险和机会，投资者应仔细研究公司的基本面和市场前景，评估风险并做出相应的投资决策。

长期投资：由于新股市场波动较大，投资者应将打新股视为长期投资策略，而非短期获利手段。

> **Tips** 不同板块的新股申购规则（见表1-2）。

表1-2　不同板块的新股申购规则

主板	申购额度：T-2日（含T-2日，T日为申购日）往前20个交易日对应市场日均非限售A股市值达到1万元，则深市每5000元市值对应500股的申购额度，沪市每1万元市值对应1000股的申购额度
	申购单位：深市500股，沪市1000股
	中签规则：发放配号，摇号抽签
	中签公布日：T+2
创业板	申购额度：T-2日（含T-2日，T日为申购日）往前20个交易日深市日均非限售A股市值达到1万元，则每5000元市值对应500股的申购额度
	申购单位：500股
	中签规则：发放配号，摇号抽签
	中签公布日：T+2
科创板	申购额度：T-2日（含T-2日，T日为申购日）往前20个交易日沪市日均非限售A股市值达到1万元，则每5000元市值对应500股的申购额度
	申购单位：500股
	中签规则：发放配号，摇号抽签
	中签公布日：T+2
北交所	申购额度：无持仓市值要求，申购时全额缴付申购资金
	申购单位：100股
	中签规则：比例配售，其中不足100股的部分汇总后按申购数量优先、数量相同的时间优先原则向每个投资者依次配售100股，直至无剩余股票
	中签公布日：T+3

1.4　其他交易品种介绍

1.4.1　可转债

可转债（可转换债券）是一种可以在特定条件下转换为股票的债券。它结合了债券和股票的特点，为投资者提供了固定收益和潜在的资本增值。可转债具有债券和股票的双重特性，投资者在投资可转债时，可以享受到以下福利。

（1）固定收益：可转债作为一种债券，可以为投资者提供固定的利息收入。

（2）转股权：在特定条件下，投资者可以将可转债转换为股票，获得股价上涨带来的收益。

（3）风险较低：相对于直接投资股票，可转债的风险较低，适合风险厌恶型投资者。

可转债的交易规则和基本策略如下。

（1）转股价值与溢价率：投资者在交易可转债时，需要关注其转股价值和溢价率。转股价值是指按照当前转股价格计算的可转债价值，而溢价率则是指可转债价格相对于其转股价值的溢价程度。

（2）强制赎回条款：许多可转债合约中包含强制赎回条款，即在特定条件下，发行人有权以面值加应计利息强制赎回可转债。投资者需要留意这些条款，以免错失卖出时机。

（3）基本策略：常用的可转债操作策略包括折价转股套利、双低套利、到期赎回套利。折价转股套利是当可转债的转股溢价率为负数，并且处于转股期的时候，就可以转换成股票来进行套利，具体操作是，在T日买入可转债后选择转股，在T+1日卖出股票，即可得到套利收益。双底套利是当可转债的价格和溢价率都很低时买入持有，等待价格上涨后售出的策略，该策略适合长期持有的投资者和投资新手。对于即将到期的可转债，上市公司会在到期日以约定价格赎回可转债，投资者在可转债价格低于赎回价格时买入可转债，等待到期赎回，以获得买入价和赎回价的差价利润，就是到期赎回套利。

1.4.2　ETF

1. 交易型开放式指数基金

交易型开放式指数基金（ETF）是一种跟踪特定指数的投资基金，可以在证券交易所进行买卖，具有流动性强等特点。ETF作为一种投资工具，具有以下特点。

（1）流动性强：ETF在证券交易所上市交易，具有与股票相似的流动性。

（2）费用低：相比于传统的共同基金，ETF通常具有更低的管理费用和运营成本。

（3）透明度高：ETF的持仓信息每天都会公布，投资者可以清楚地了解其投资组合。

投资者在ETF的选择上，可以考虑以下几点。

（1）跟踪误差：投资者在选择ETF时，应关注其跟踪误差，即ETF表现与其跟踪的指数之间的差异。跟踪误差越小，说明ETF管理得越好。

（2）流动性考量：由于ETF在交易所上市，因此其流动性通常较强。投资者应选择日均成交量较大的ETF，以便于买卖。

（3）费用比较：不同ETF的管理费用和运营成本可能不同，投资者应选择费用较低的产品以降低投资成本。

2. 可以T+0交易的ETF

T+0是一种证券交易与结算的制度。T+0交易是指"投资者当天卖出股票获得的资金在当天就可以用于买入股票、当天买入的股票在当天就可以卖出"的一种证券交易机制。T+0结算是指"证券买卖成交实际发生当天,证券和资金就清算交割完成"的一种证券交易机制。

目前我国证券市场采用T+1结算,即在证券成交后的第二个工作日完成清算交割。1995年,基于防范股市风险的考虑,沪深两市的A股和基金交易由T+0回转交易方式改回了T+1交易制度,一直沿用至今。在T+1的A股市场,主要有4类ETF能实现T+0交易,包括货币基金ETF、跨境ETF、债券ETF和商品ETF,我们平时接触较多的股票ETF都实行T+1交易。

(1)跨境ETF:这类ETF通常追踪海外市场的指数(见图1-7),由于涉及不同时区和市场规则,跨境ETF通常可以在交易日进行买卖,实现T+0交易。例如,易方达恒生H股ETF(510900)和华夏恒生ETF(159920)都是追踪香港股市的跨境ETF,投资者可以在交易时间内随时买卖。

代码	名称	代码	名称
159850	恒生国企ETF	159687	亚太低碳ETF
159612	标普500ETF	513300	纳斯达克
159655	标普ETF	159607	中概互联网ETF
159892	恒生医药ETF	513100	纳指ETF
513330	恒生互联	513520	日经ETF
513360	教育ETF	513500	标普500
513380	科技恒生	513890	HK科技
159750	香港科技50ETF	159941	纳指ETF
159823	H股ETF基金	513880	日经225
513080	法国ETF	159740	恒生科技ETF
159866	日经ETF	513530	港股红利
513010	港股科技	159741	恒生科技ETF基金
513800	东证ETF	159742	恒生科技指数ETF
159920	恒生ETF	510900	H股ETF
513600	恒指ETF	513290	美股生物
513280	港股生物	159615	生物科技ETF港股
513260	HSTECH	159747	香港科技ETF
513060	恒生医疗	513000	225ETF
513050	中概互联	159822	新经济ETF
513220	全球互联	513030	德国ETF
513180	恒指科技	159605	中概互联ETF
513580	HS科技	513130	恒生科技

图1-7

(2)债券ETF:债券ETF主要投资于国债、企业债等固定收益产品(见图1-8)。由于债券市场本身的流动性较强,因此债券ETF通常也可以实现T+0

交易。例如，海富通上证10年期国债ETF（511260）和国泰上证5年期国债ETF（511010）都是典型的债券ETF。

债券ETF名单	
代码	名称
511260	十年国债
159651	国开0-3ETF
159649	国开债ETF
511030	公司债
159816	0-4地债ETF
511380	转债ETF
511060	5年地债
511270	10年地债
511310	十年债

债券ETF名单	
代码	名称
511180	上证转债
159972	5年地债ETF
511360	短融ETF
511520	政金债
511220	城投ETF
511010	国债ETF
511020	活跃国债
159650	国开ETF

图1-8

（3）黄金ETF：黄金ETF追踪的是黄金价格，投资者通过购买黄金ETF可以间接投资黄金市场（见图1-9）。由于黄金市场24小时交易，因此黄金ETF通常也支持T+0交易。例如，易方达黄金ETF（159934）和华夏黄金ETF（518880）都是可以在交易日内随时买卖的黄金ETF。

黄金ETF名单	
代码	名称
159812	黄金基金ETF
159830	上海金ETF
159831	上海金ETF基金
159832	平安金ETF
159833	上海金基金ETF
159834	金ETF
159934	黄金ETF
159937	黄金ETF基金

黄金ETF名单	
代码	名称
518600	上海金ETF
518660	黄金ETF基金
518680	金ETF
518800	黄金基金ETF
518850	黄金ETF9999
518860	黄金ETFAU
518880	黄金ETF
518890	中银上海金ETF

图1-9

（4）货币ETF：货币ETF主要投资于短期且流动性强的货币市场工具，如银行协议存款、短期债券等（见图1-10）。由于货币市场的流动性强，因此货币ETF通常也支持T+0交易。例如，华宝添益（511990）和银华日利（511880）都是典型的货币ETF。

货币ETF名单		货币ETF名单	
代码	名称	代码	名称
511800	易货币	511860	博时货币
511600	货币ETF	511880	银华日利
511620	货币基金	511900	富国货币
511650	华夏快线	511910	融通货币
511660	建信添益	511990	华宝添益
511670	华泰天金	511930	中融日盈
511690	交易货币	511950	广发添利
511700	场内货币	511960	嘉实快线
511770	金鹰增益	511970	国寿货币
511920	广发货币	511980	现金添富
511810	理财金H	159001	货币ETF
511820	鹏华添利	159003	招商快线ETF
511830	华泰货币	159005	汇添富快钱ETF
511850	财富宝E		

图1-10

请注意，虽然这些类型的ETF支持T+0交易，但投资者在实际操作中仍需注意市场风险和交易成本。此外，不同的交易平台或证券公司可能对T+0交易有不同的规定和限制，投资者在进行交易前应充分了解相关规则和要求。

1.4.3 REITs

房地产投资信托（REITs）是一种投资于房地产领域的金融工具，允许投资者以较少的资金参与房地产投资，享受租金收入和资产增值。REITs作为一种房地产投资工具，适合以下类型的投资者。

（1）希望分散投资组合：REITs可以作为投资组合的一部分，帮助投资者分散风险。

（2）对房地产投资感兴趣：REITs允许投资者以较少的资金参与房地产投资。

（3）寻求稳定收益：REITs通常能够提供稳定的租金收入和潜在的资产增值。

REITs的投资考量如下。

（1）分红政策：REITs通常有较高的分红比例，投资者应关注其分红政策和分红稳定性。

（2）资产组合：REITs的资产组合包括商业地产、住宅地产、工业地产等，投资者应根据自己的投资偏好选择合适的REITs。

（3）市场环境：房地产市场的波动可能影响REITs的表现，投资者应密切关注房地产市场的动态。

> **Tips** 所谓信托，是一种以信用为基础的法律行为，一般涉及三方面当事人，即投入信用的委托人，受信于人的受托人，以及受益于人的受益人。委托人依照契约或遗嘱的约定，为自己或第三者（即受益人）的利益，将财产方面的权利转给受托人（自然人或法人），受托人按规定条件和范围，占有、管理、使用信托财产，并处理其收益。信托同样是一种有效的金融管理工具，它具有保障财产安全、避免过度担忧、促进家族财富的长期传承、为法律事务提供方便等多种功能。

1.5 股市中的投资理念与常见风险

股市是一个充满机遇与风险的地方，但人们往往会夸大股市里的机遇，将其视为一夜暴富的梦幻之地，或放大其中的风险，将其视为洪水猛兽，无法将两者平衡地看待。对于投资新手，只有充分了解风险、认识风险，才能控制风险。

接下来，我们将介绍股市常见风险和误区，并分享股票投资中的七个要点，这些要点将帮助投资者在风险与机会之间找到平衡，以实现稳健的投资回报。从投资理念的树立到风险管理，从组合投资计划的制定到资金安全保障，我们将逐一解析这些关键要素。通过深入了解这些要点，可逐步建立起一套适合自己的投资体系，为未来的投资之路奠定坚实的基础。

1.5.1 股市中的常见风险和误区

在股市中，投资者面临着各种风险和误区。了解这些风险和误区对于投资者制定明智的决策至关重要。以下为投资者在股市中常见的风险和误区。

1. 常见的股市风险

（1）市场风险：指因整体经济环境、政治因素或重大事件等导致市场波动而引发的风险。股市的价格会受到宏观经济变化、利率波动、通货膨胀，以及政策调整等因素的影响。

（2）行业风险：指特定行业面临的风险，由于技术进步、需求变化、法规政策变化等，某些行业可能会遭遇竞争加剧、产品过时等问题，这可能导致相关公司的股价下跌。

（3）公司风险：指与个别公司相关的风险，包括管理不善、财务状况恶化、商业模式失效等。公司可能面临的风险因素包括运营风险、法律风险、品牌声誉风险等。

（4）金融风险：指涉及金融市场的系统性风险，如利率风险、信用风险、流动性风险等。金融风险可能在整个市场中产生连锁反应，引发系统性风险。

（5）通货膨胀风险：通货膨胀会削弱货币的购买力，对股市产生负面影响。价格上涨可能导致公司成本上升、利润减少，从而影响股价表现。

（6）不确定性风险：指与政治事件、自然灾害等不可预测的因素相关的风险。这些事件可能引发市场恐慌情绪，导致股市剧烈波动。

（7）市场流动性风险：指在市场中买卖股票时遇到的流动性不足的风险。当市场流动性减弱时，投资者可能难以及时买入或卖出股票，从而增加交易成本和风险。

（8）操作风险：由于投资者的错误判断、错误决策或过度交易等引发的风险。操作风险可能导致投资者损失资金，或影响其投资组合的表现。

2. 常见的股票操作误区

（1）追涨杀跌：在股价上涨时买入，而在股价下跌时恐慌性卖出。这种行为可能导致错失买入机会或在市场低点卖出，从而蒙受损失。

（2）盲目追求短期利润：过于关注短期利润，频繁交易，而忽视了长期投资价值。频繁交易会产生高额的交易成本，并且无法获得持续稳定的回报。

（3）缺乏计划和纪律性：没有制订明确的投资计划，执行时缺乏纪律性。投资者应该有清晰的目标、适当的风险承受能力和退出策略，并坚持自己的决策。

（4）盲目跟风：听信他人的投资建议或盲目跟随市场热点，而没有进行充分的研究和分析。盲目跟风可能导致买进被高估的股票或错失真正的投资机会。

（5）依赖技术分析：过度依赖技术分析指标进行投资决策，而忽视了基本面因素和公司的真实价值。技术分析只是一种参考工具，应该与其他分析方法结合使用。

（6）情绪驱动交易：投资决策受到恐惧、贪婪等的影响，而非基于充分的分析和判断。情绪驱动可能导致违背理性的行为，并带来损失。

（7）过度杠杆操作：过度借款进行投资，增加了投资风险。杠杆操作可能导致亏损扩大，甚至引发严重的财务危机。

（8）忽视多样化：将所有投资集中于某一个行业或个股，缺乏投资的多样性。这样可能使投资者过度暴露于某一特定风险中。

投资者应该认识到这些操作误区，避免犯这些错误。建立明确的投资计划，坚守纪律，进行充分的研究和分析，并保持冷静和理性的投资态度，有助于避免这些操作误区带来的风险和损失。

1.5.2　股票投资中的七个要点

在股票市场中，投资者们追求的不仅仅是短期的收益，还有长期的、可持续的投资回报。为了实现这一目标，投资者需要掌握一套科学的、系统的投资方法，以规避投资风险，减小犯错误的可能性。下面介绍总结自前人的七个投资要点，希望能对投资者有所帮助。

1. 要点一：树立正确的投资理念

投资理念是投资者在市场中的行动指南，它决定了投资者看待市场的方式和行为模式。因此，树立正确的投资理念对于成功的股票投资至关重要。以下这些理念，是同花顺一向倡导并积极主张的，希望能帮助投资者树立正确的投资理念。

（1）价值投资：投资股票的本质是买卖上市公司的股权，买股票就是买公司，投资者要以踏踏实实的心态投资，投资者应该寻找被低估的、具有长期投资价值的优质公司，并通过长期持有来获取稳健的投资回报。价值投资实际上也是一种寻找被低估的股票的投资策略。投资者应该注重基本面分析，关注公司的盈利能力、财务状况、管理层素质等方面，选择具有低估值和高成长潜力的股票进行投资。

（2）分散投资：不要把所有的鸡蛋放在同一个篮子里。通过分散投资，投资者可以降低单一资产的风险，避免过度依赖某一只股票或某一个行业。

（3）风险控制：股票市场具有一定的风险性，投资者应该根据自己的风险承受能力和投资目标，合理配置资产，避免盲目追求高收益而忽视风险。

（4）独立思考：盲目跟风和听信小道消息是投资的大忌。投资者应该培养独立思考的能力，基于自己的判断和分析做出决策，同时保持开放的心态，不断学习和进步。

2. 要点二：理性看待投资风险

在股票市场中，风险是不可避免的。投资者应该理性看待投资风险，并采取相应的措施来控制风险，避免因过度追求收益而忽视了潜在的风险。

（1）了解风险：投资者应该了解股票市场的风险，包括市场风险、行业风险、公司风险等。了解风险可以帮助投资者更好地评估投资决策的风险和收益，从而做出更加明智的决策。

（2）评估风险：在做出投资决策之前，投资者应该对投资对象进行全面的风险评估，包括评估公司的财务状况、业务模式、行业地位，以及市场走势、政策变化等因素对投资的影响。通过评估风险，投资者可以更好地了解投资的风险水平，避免盲目追求高收益。

（3）定期回顾和调整：投资者应该定期回顾自己的投资组合，检查投资对象的基本面和市场走势，及时调整投资策略和资产配置。通过定期回顾和调整，投资者可以及时发现潜在的风险，采取相应的措施进行控制。

3. 要点三：制订合理的投资计划

投资计划是投资者在股票市场中行动的指南，它基于投资者的目标、风险承受能力和市场环境，为投资者提供了一种系统性的投资方法。下面是制订合理的投资计划的一些基本步骤。

（1）明确投资目标：在制订投资计划之前，投资者需要明确自己的投资目标，例如长期资本增值、短期收益等。明确的目标有助于投资者制订与目标相匹配的投资计划。

（2）评估风险承受能力：了解自己的风险承受能力是制订投资计划的重要前提。投资者可以通过风险评估工具（如风险问卷或风险矩阵），来确定自己的风险偏好和风险容忍度。这将有助于投资者在制订投资计划时做出更加明智的决策。

（3）配置资产：配置资产就是根据投资目标和风险承受能力，将资金分配到不同的资产类别、行业和股票中。投资者应该根据自己的风险承受能力和市场环境，制定合理的资产配置方案，以实现投资目标并控制风险。

（4）监控和评估：投资者应该持续监控投资组合的表现，并定期评估投资计划的执行情况。通过监控和评估，投资者可以及时发现潜在的风险和机会，并采取相应的措施进行调整和优化。

4. 要点四：保障资金安全

资金安全是股票投资中首要的考虑因素。在股票市场中，投资者应始终将资金安全放在首位，"尽量避免风险，保住本金"（沃伦·巴菲特语）。以下是一些保障资金安全的具体方法。

（1）确定止损点：止损点对应的是投资者能够接受的最大的损失。在买入股票前，投资者应该设定明确的止损点，一旦股价跌破止损点，应及时卖出股票以控制损失。通过设定止损点，投资者可以控制风险，避免损失过大。

（2）分批买入：分批买入是一种降低风险的策略。投资者可以将资金分成若干份，分批买入股票，避免一次性买入带来的风险。同时，在股价下跌时，投资者可以继续买入摊平成本，降低亏损的风险。

（3）控制仓位：控制仓位是保障资金安全的关键。投资者应根据自己的风险承受能力和投资目标，合理分配资产，控制仓位，避免集中投资于某一只股票或某一个行业，从而降低单一资产的风险。

（4）保持谨慎：在股票市场中，投资者应保持谨慎的心态，不盲目追涨杀跌。在市场波动较大时，投资者应冷静分析市场走势，避免因情绪影响而做出错误的决策。

（5）定期评估和调整：投资者应定期评估自己的投资组合，根据市场走势和自身情况调整仓位和投资策略。通过定期评估和调整，可以更好地控制风险，保障资金安全。

> **Tips** 安全边际原则是价值投资中的一个重要概念，由"证券分析之父"本杰明·格雷厄姆提出，其核心思想是在进行投资时，应寻求在内在价值远高于市场价值或市场价值远低于内在价值的股票进行投资，从而为投资提供"保险"。安全边际原则认为，只有当资产的价值被低估时，安全边际才为正值，投资者才应该考虑购买。当价值与价格相当或价值被高估时，安全边际不存在或为负值。

5. 要点五：全面了解，兼听则明

在股票市场中，信息的全面性和准确性至关重要。投资者应该通过多渠道获取信息，全面了解投资对象的基本面和市场动态，以便做出更加明智的决策。

（1）深入研究公司基本面：投资者应该深入研究投资对象的基本面，包括公司的财务状况、业务模式、行业地位、管理层素质等方面。通过阅读公司的财务报表、行业报告和新闻，以及与公司管理层交流等，投资者可以更全面地了解公司的经营状况和发展前景。

（2）关注市场动态：投资者应该关注市场动态，了解宏观经济、政策变化、国际市场等对股票市场的影响，同时，关注行业动态和公司新闻，及时掌握市场最新信息。

（3）多种信息渠道：投资者应该利用多种信息渠道来获取信息，包括但不限于证券研究报告、新闻媒体、社交媒体等。通过多渠道获取信息，投资者可以更加全面地了解市场和投资对象的情况。

（4）独立思考和判断：投资者应该培养独立思考和判断的能力，不盲目跟风或听信小道消息。在获取信息的基础上，投资者应结合自己的投资经验和知识，进行独立的判断和分析，避免被误导或产生过度反应。

（5）保持开放心态：股票市场是复杂多变的，投资者应该保持开放的心态，不断学习，不断更新自己的知识，同时，与他人交流和分享经验，取长补短，提高自己的投资水平。

6. 要点六：买入应谨慎，卖出应果断

在股票市场中，买入和卖出是投资者决策的关键。正确的买入和卖出决策能够帮助投资者在风险可控的情况下实现收益最大化。

（1）买入应谨慎：在决定买入股票时，投资者应谨慎分析投资对象的基本面和市场走势，充分了解投资的风险和机会。同时，根据自身的投资目标和风险承受能力，制订合理的买入计划，避免盲目跟风或冲动交易。

（2）止损应及时：在买入股票时，投资者应设置止损点，明确自己愿意接受的最大的亏损幅度。一旦股价跌破止损点，投资者应及时卖出股票，控制

风险。

（3）卖出应果断：在决定卖出股票时，投资者应果断行动，不受情绪或外界因素的影响。卖出决策应基于自身的投资目标、风险承受能力和市场走势等因素进行综合考量。同时，投资者应遵循预先制订的卖出计划，避免过于"留恋"或犹豫不决。

> **Tips** 止损是控制风险的必要手段，如何用好止损工具，投资者各有风格。
> 止损点的设置有多种方法，包括但不限于以下几种。
> 定额止损法：将亏损额设置为一个固定的比例，一旦亏损大于该比例就及时平仓。这种方法适用于刚入市的投资者或风险较高的市场中的投资者。
> 技术支撑位止损法：在盘整市中，以技术支撑位作为参考止损点。当个股或大盘形成特定的技术形态后，一旦跌破技术支撑位，就触发止损。
> 移动止损法：在建仓后，根据市场的活跃性、自身的损失承受能力以及价格的压力位或支持位情况，设立原始止损位。如果价格向期望的方向移动，就尽快将止损位移至平衡点（建仓价格）。
> 均线止损法：以均线指标作为止损信号，当股价跌破某一均线时触发止损。

7. 要点七：被套牢不要硬扛

在股票市场中，投资者有时会面临被套牢的情况，即买入的股价下跌，导致账面出现亏损。在这种情况下，硬抗并不是明智的选择。在被套牢时，以下几点会帮助投资者做出正确的决策。

（1）理性分析：在面临被套牢的情况时，投资者应首先进行理性分析，评估股票的基本面和市场走势。了解公司的财务状况、业务模式和行业前景，以及市场环境的因素，有助于投资者做出更明智的决策。

（2）重新审视投资目标：投资目标能在投资决策中起到指引作用，但在被套牢时，投资者应重新审视自己的投资目标，考虑是否需要调整。如果投资目标与市场走势不符，可考虑调整投资策略和资产配置。

（3）制定应对策略：根据理性分析和重新审视投资目标的结果，投资者应制定应对策略，这可能包括设定止损点、分批卖出、调整仓位、做T（含义见13.1节）等措施。制定应对策略有助于投资者控制风险，避免损失扩大。

（4）不要硬抗：有些投资者在被套牢时会选择硬抗，即持有股票等待市场反弹。然而，硬抗可能会使亏损进一步扩大，增加投资风险。在制定应对策略时，投资者应考虑适时卖出股票，锁定亏损或减少损失。

（5）保持心态平衡：面对被套牢的情况，投资者应保持心态平衡，避免情绪化决策。认识到投资亏损是股票市场中常见的情况，以此调整心态并保持冷静，投资者能够更好地应对挑战并做出明智的决策。

股票投资是一门学问。大家想在股市中赚钱，应牢记以上七个要点，树立正确的、合适的投资理念，并以此制订良好的投资计划。

同花顺炒股小妙招：投资者的练手利器——模拟炒股

对于投资新手来说，了解开户、股票交易规则、交易品种等可以在正式炒股之前打好认知基础，提升投资的理论水平。不过，"纸上得来终觉浅"，炒股需要实践，只有真正进入股票市场，才能感受炒股的魅力，提升炒股的能力，并最终获得炒股带来的财富。

但真正的投资毕竟需要真金白银，新手如果从来没有炒过股，那么一旦盲目进入股市，轻则只是交了一些学费，重则有可能"一夜回到解放前"，损失惨重。如何既能在真实环境中锻炼投资能力、提升投资水平，又能避免真金白银的损失呢？利用同花顺推出的"模拟炒股"功能，就可以做到这一点。

同花顺模拟炒股采用了真实的市场行情数据和股市实盘交易规则（如T+1交易规则）、交易时段，是最逼真的模拟炒股系统，可以让投资新手感受到股市的真实氛围，是一个广受欢迎的虚拟炒股平台。下面我们具体介绍一下同花顺模拟炒股功能的使用方法。

打开同花顺PC版客户端，在页面上方的"交易"菜单中点击"模拟炒股"命令，或在工具栏中点击"模拟"按钮，即可打开模拟炒股账户的委托下单登录窗口，如图1-11所示。

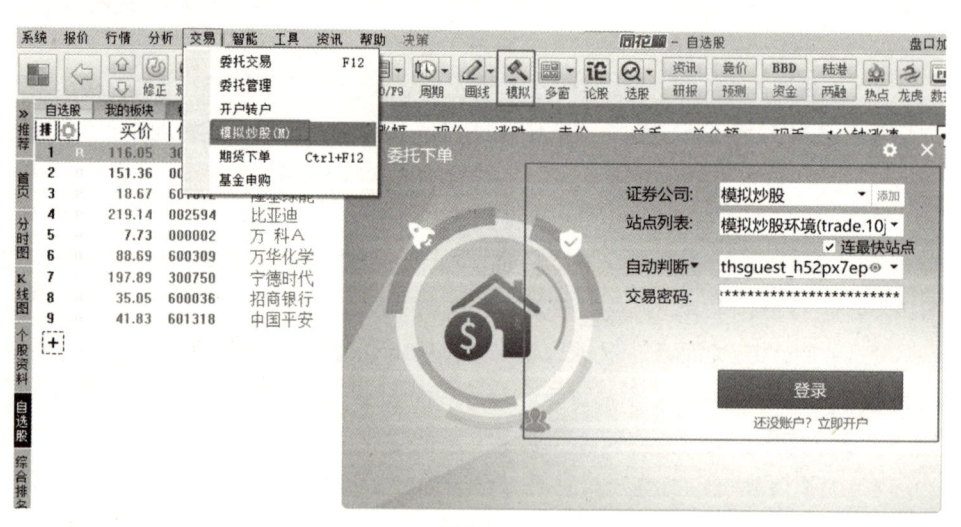

图1-11

登录后，用户可以进入模拟炒股账户的委托交易页面，如图1-12所示。对于每一位用户，同花顺都提供了20万元虚拟资金，用户可以使用这笔资金模拟炒股。

图1-12

当前有很多投资新手习惯使用手机进行投资，因此在同花顺App中，也设置了"模拟炒股"的功能，进入方式如下。

打开同花顺App，点击下方的"交易"菜单，在交易页面中最上方点击"模拟"按钮，即可进入同花顺App的模拟练习区，如图1-13所示。

同花顺App的模拟练习区同样为每一位用户提供了20万元虚拟资金。值得注意的是，虚拟资金可以重置，但每月限一次，用户需要答题并达到一定的正确率方能使用重置功能，且重置需要一个工作日后生效。此外，同花顺提供的工具箱中，还有"持仓AI分析""K线训练营"等功能，帮助用户在模拟炒股阶段提升股票的投资能力，如图1-14所示。

同花顺还提供了"模拟大赛"功能，用户点击进入该板块后，不仅可以自己创建模拟大赛并对大赛进行管理，还可以参加官方组织的模拟大赛（见图1-15），在比赛中感受炒股的刺激与乐趣，提升炒股水平，还有机会赢得官方提供的丰厚奖品。

图1-13

图1-14　　　　　　　　　　　图1-15

需要说明的是，由于模拟炒股没有真实资金亏损风险，无法让人感受到真实投资操作时的压力，因此对于用户来说，使用模拟炒股可能在心态锻炼上会有所欠缺。所以，用户在进行模拟炒股操作时，更应该从以下几个方面来锻炼自己、积累经验。

首先是多多熟悉股市交易规则、操作流程、交易工具，最好做到烂熟于心、理解透彻。对交易规则、操作流程、交易工具的熟悉和理解，有助于提升交易水平。

其次是多多尝试不同的投资策略和投资方法，并且一开始就认真对待，从而培养出良好的投资习惯，建立适合自己的投资体系和方法，并不断进行调整和优化。这也是我们克服人性弱点和心态影响的关键。

再次是多多尝试不同风险的股票品种或交易方法，了解不同情况下市场的反应和风险，进而锻炼自己选股能力和识别并规避风险的能力。

最后是在模拟实战中将所学知识加以运用，并对理论知识进行验证，从而快速提升自己的股票投资水平和投资思维。

模拟炒股对于新手来说是一种非常有效的感受市场氛围、积累炒股经验、熟悉炒股技巧、提升趋势识别水平和培养科学投资策略的工具，希望广大投资者能多多使用、多多练习。

第 2 章
炒股工具同花顺软件简介

孔子曾说："工欲善其事，必先利其器。"对于炒股来说，一个好的工具能够让投资者在炒股过程中事半功倍，显著提升投资效率和成功率。这样的工具不仅能够帮助投资者快速获取准确的市场信息，还能通过专业的技术分析，辅助投资者做出明智的决策。而同花顺软件，就是互联网时代投资者的炒股利器。

在本章中，让我们来一起认识一下投资者的好帮手——同花顺软件。

2.1 同花顺是什么

同花顺是伴随中国股市成长起来的第一代金融信息服务提供商和在线证券交易服务商，也是中国证券行业内最具影响力的金融科技公司。公司致力于为用户全方位提供财经资讯及全球金融市场行情，以及覆盖股票、基金、期货、外汇、债券等多种证券产品的在线交易服务。

而同花顺软件，则是一款专为广大金融投资者打造的网上证券交易分析软件，历经了多年技术创新和用户体验革新，时至今日，同花顺软件已成为中国投资者实战操作时的标准配置。无论是初入股市的新手，还是经验丰富的老手，都可以在同花顺软件中获得全面丰富的股市行情信息和一站式的投资交易服务，享受到"让投资变得更简单"的体验。

同花顺软件分为免费PC产品、付费PC产品、手机App产品、平板电脑产品等适用性强的多个版本。下面我们为广大读者介绍几款常用的免费版本。

同花顺统一版．同花顺统一版是目前PC端使用人数最多的炒股软件。它包含了同花顺的各项核心功能，如实时行情、研报资讯、技术分析工具、智能选股、便捷交易、理财投资等。本书在介绍同花顺PC版功能时，以统一版为叙述主体。

同花顺远航版．同花顺远航版是专为年轻一代提供的更加快速的PC版本，远航版包含统一版的核心特色功能，并且在统一版基础上进行了很多优化与创新，页面美观、软件流畅，受到了年轻一代用户的好评。

同花顺Mac版：同花顺Mac版是针对苹果电脑用户打造的版本。它专门针对苹果操作系统优化，具有漂亮的页面和流畅的用户体验。同花顺Mac版提供了同花顺的核心功能，包括实时行情、研报资讯、技术分析工具等，让苹果电脑用户也能方便地进行股市投资。

同花顺App版：随着移动互联网的普及，同花顺适时推出了为移动设备用户设计的股票投资软件。凭借着良好的设计和齐全的功能，同花顺App成了App Store中好评最多、星级最高的永久免费行情、免费交易软件，并多次荣获"最佳手机炒股软件"、手机证券软件"优秀用户体验奖"等荣誉。用户可以在智能手机上安装和使用同花顺App。同花顺App提供实时行情、研报资讯、自选股管理、交易下单、多样理财等功能，具有便捷、实时性强的特点，可以让用户随时随地掌握市场行情，进行投资决策。

2.2 同花顺的六大基本功能

作为证券行情和交易软件，同花顺具有以下六大基本功能。

实时行情：作为金融信息服务商，同花顺提供全球股票、期货、外汇、基金等多种市场的实时行情，并全天候实时更新显示，确保用户不会错过任何重要的价格波动和投资机会。

研报资讯：同花顺免费为广大用户提供大盘、公司资讯、信息地雷、财务图示、紧急公告、滚动信息等多种形式的资讯，并对个股资料、交易所新闻等资讯进行预处理，方便用户浏览、查询。同时，同花顺还汇聚了各大证券公司的研究报告和行业分析资料，通过专业的解读和分析，帮助用户更好地理解市场动向。

技术分析：同花顺内置了丰富的技术指标和图表工具，供用户使用。无论是均线策略的"信徒"，还是研究图表形态的高手，都能利用这些指标、工具进行技术分析，研判市场机会。

智能选股：同花顺配备了多种智能选股工具，可帮助用户快速筛选出符合条件的个股。无论是价值投资还是短线操作，同花顺都能根据用户设定的条件进行策略推送，为其寻找最佳投资标的。

便捷交易：同花顺融合了多家证券公司的股票交易接口，实现了便捷的交易操作。用户通过同花顺可直接进行委托下单，查看交易明细和资金账户，高效便捷地完成股票交易。

理财投资：除了股票，同花顺还提供基金、期货、债券等金融工具的交易服务，满足不同用户的投资需求。

除此之外，同花顺软件上还有上百项满足各类用户投资需求的功能，助力投资者轻松把握投资机会。

2.3 同花顺特色介绍

作为国内用户数第一、知名度最高的免费股票行情和交易软件，同花顺炒股软件不仅操作简单，使用便捷，还提供全国唯一的智能选股功能和独家的基本面分析型F10功能，且支持国内90%以上的证券公司，是用户徜徉股海的利器。总结来说，同花顺具有以下特色。

1. 专注专业，行业领先

同花顺公司是专业从事互联网炒股软件开发、提供炒股数据和财经信息服务的高新技术企业，经过多年的发展，同花顺已成长为国内领先的财经信息服务商。而经上海证券交易所内部测评，同花顺在技术层面居同行业首位。凭借领先的技术优势和持续多年的专注发展，同花顺推出的炒股软件不断为用户提供专业、及时的数据和个性化的资讯服务，以及便捷、安全、可靠的交易服务，深受投资者的喜爱。

2. AI模型，智能服务

近年来同花顺投入大量研究经费和专业技术人员，积极探索AI技术，开发出自研大模型HithinkGPT。通过对AI技术的引入，同花顺软件在资讯推荐上更加精准高效；同时，基于HithinkGPT同花顺对"问财"功能进行了升级，使其成为我国金融领域首个应用大模型技术的智能投顾（投资顾问）产品，可以为投资者提供智能选股、量化投资、技术分析、快速选股等服务，让用户可以通过自然语言的方式获得选股结果、行情趋势、个股研判等专业结果，让投资炒股变得更加简单。

3. 资讯全面、样式丰富

同花顺拥有强大的资讯整合和处理能力，能为用户提供大盘、公司资讯、信息地雷、财务图示、紧急公告、滚动信息、7×24快讯、股票直播、头条热门等多种形式的资讯渠道，并提供资讯产品免费定制服务，用户可以定制早盘必读、每日复盘、投资机会、公告速递、新股申购、财经要闻、公司要闻、大盘分析、公司研究、操盘必读、投资日历、全球市场、行业研究等十数个资讯产品。而且个股资料、交易所新闻等资讯都经过预处理，让用户能轻松浏览、快速查找。丰富的资讯与股票的行情走势密切地结合，使用户能方便、及时、全面地享受到全方位的资讯服务。图2-1、图2-2所示为同花顺软件界面。

图2-1　　　　　　　　　　　　　　图2-2

　　同花顺的F10功能将个股复杂的财务数据通过图形和表格的形式展现，将上市公司经营绩效清晰地展示，并可以在公司、行业之间做各种比较、计算，配以丰富的说明，即使没有财务分析经验的用户，也可以轻松进行分析，如图2-3所示。

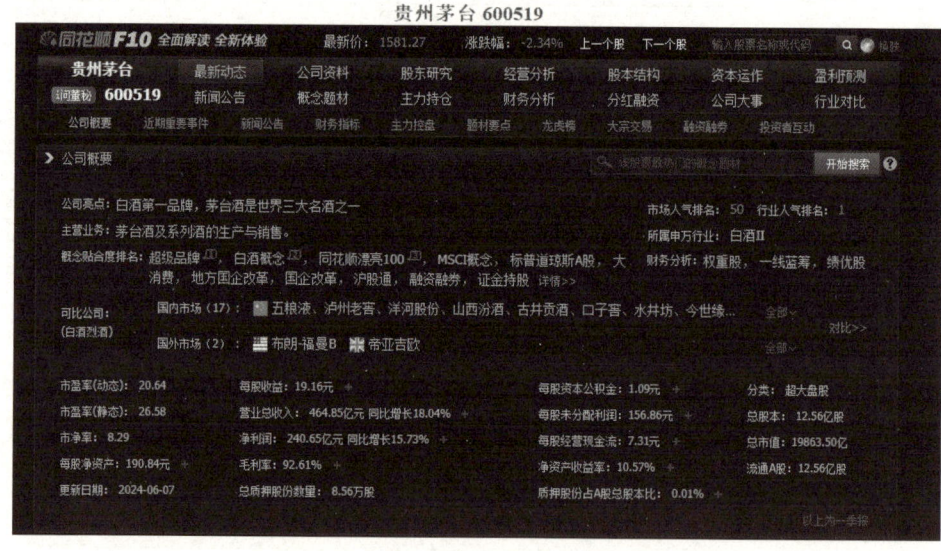

图2-3

4. 资金动态，一手掌握

　　同花顺软件在海量实时行情数据的基础上，结合自身在证券领域十多年的资深经验和专业能力，为用户提供了专业的深度资金分析系统，展示市场大盘的资金流向，找出主力大单异动股票，发现获利先机，并对盘中个股和板块主力动向做及时深入的分析、研判，帮助用户在盘中及时把握主力动向，做出更准确的投资决策。

5. 指标丰富，我编我用

　　同花顺推出了国内首个开放指标资源平台功能——指标广场，内含29 000多个指标，如图2-4所示。在这里，用户既可以根据自身需要安装指标，又可以上传指标供所有人使用。

图2-4

同时，同花顺在客户端系统内预置了近200个经典技术指标，并且为了满足一些高级用户的需求，还提供指标、公式编辑器，供其自行编写或修改各种指标、公式、选股条件及预警条件。

6. 应用中心，应有尽有

应用中心（应用商店）是同花顺为广大投资者精心推出的功能。在这里，同花顺提供了多达几百种的应用，从报价、分析，到打新、选股，再到资讯、数据、指标、理财、学习，各种不同应用可以满足广大投资者的投资需求，更有付费应用的免费试用体验功能，是投资者使用同花顺软件炒股的必备工具，如图2-5、图2-6所示。

图2-5

7. 云端体验，通行无阻

当用户注册同花顺账户成为会员之后，同花顺就成为用户的投资管家，为用户全面管理各类数据，实现自选股云端同步、画线云端同步、板块股云端同步、股市日记云端同步、自定义设置云端同步等功能，免去电脑、手机，或者公司、家里的各种重复操作，让炒股通行无阻。

8. 进阶训练，学以致富

同花顺推出了全新的在线理财教育平台——同花顺学投资（见图2-7），为广大投资理财用户提供专业的咨询及课程服务，打造全新的投资课程体验，内容覆盖综合理财、股票、基金、期货等，全面课程助力用户逐步成长，让用户学以致用、学以致富，"让投资变得更简单"。

图2-6

图2-7

9. 模拟炒股，实战演练

同花顺模拟炒股是国内最真实的虚拟炒股平台，全面覆盖手机、电脑客户端、电脑网页三大终端，实现行情和买卖交易联动，并采用真实的股票行情撮合成交，拥有无可比拟的优势。同花顺一直秉承"知识创造财富，工具辅助决策，信息领跑市场"的理念，致力于为投资者提供全面、及时、专业、个性化的一站式服务，将同花顺模拟炒股打造成投资者成长的家园。

10. 人性设计，五星服务

同花顺PC版客户端提供自定义页面和终端默认组合页面，将行情、资讯、图表、技术分析和财务数据有机组合，让用户能够多角度、全方位地观察、分析市场行情和个股动态，捕捉最佳交易时机。同时，从用户实际使用的角度出发，同花顺PC版客户端增加了很多人性化设计，诸如打印、输出图片、自动翻页、大字报价、复制识别、热键设置、在线服务等功能，方便用户实时盯盘、分析行情、查看个股动态。

同花顺App在互动性、投资教育方面则提供了更多的人性化便捷入口，如进入同花顺App首页后，以上拉方式呈现的重要信息展示区提供了关注、推荐、热榜、投顾4个模块，为用户提供了最新最热门的资讯和专业的投顾直播服务，如图2-8所示。

同时，在同花顺App的设置页面，同花顺提供了诸如字体大小、长辈版、主体换肤等功能，让中老年用户可以更方便地使用手机炒股，如图2-9所示。

图2-8 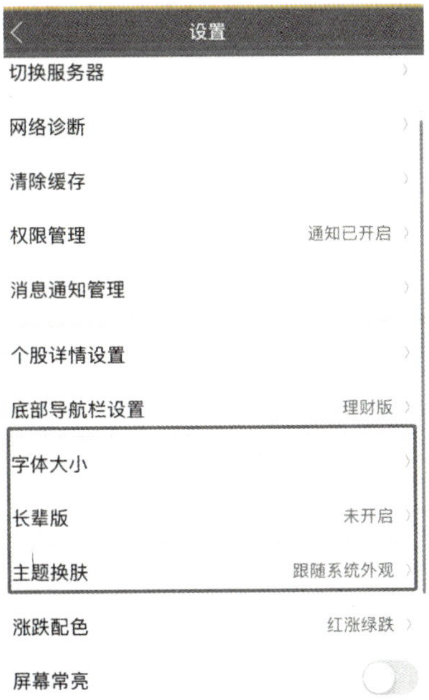   图2-9

2.4 安装、注册与登录

投资者如果想要使用同花顺软件进行股票操作，须先安装软件，并注册成为同花顺的用户，下面我们介绍同花顺PC版客户端和手机同花顺App的安装、注册与登录流程。

2.4.1 PC版客户端的安装与注册

虽然网络上有很多软件下载网站都提供同花顺软件的下载通道，但为了资金安全，我们建议直接进入同花顺官方网站，下载官方正版软件。

在浏览器中输入同花顺官方网址，进入同花顺官方网站。

在图2-10所示的位置，点击"软件下载"按钮，按照网站所示步骤操作即可下载同花顺PC版客户端软件。

图2-10

待软件安装成功后，双击同花顺图标打开应用即可使用。

如果首次使用同花顺软件，建议先注册后使用该软件，以便获得更好的使用体验。用户可以在打开同花顺软件后，在图2-11所示的位置点击"免费注册"按钮，按照网页提示利用手机号进行注册。

图2-11

2.4.2　App的安装与注册

移动互联网时代，随着手机功能的日益强大和人们对手机的依赖越来越重，更多投资者尤其是年轻的投资者开始选择在手机上进行炒股。同花顺也顺势开发了手机版，投资者可以通过手机自带的软件商店（苹果手机是App Store）搜索"同花顺"进行安装与注册（见图2-12），或通过手机浏览器输入官方网址进行安装与注册。

同花顺PC版客户端与同花顺App早已实现了云端同步，投资者只需要注册同花顺账号，即可同步登录PC版客户端和App，实现电脑端盯盘、手机端下单，以更及时、精准地捕捉短线交易机会。

2.4.3　登录同花顺

在同花顺PC版客户端登录页面（见图2-13）中，提供了以下几种登录方式，用户可以自行选择。

（1）通过在登录框输入用户名与密码登录同花顺PC版客户端。

（2）点击登录框右侧，通过短信、使用同花顺App扫码等方式登录同花顺。

（3）点击对应图标，通过微信、QQ、微博的方式进行关联登录。

图2-12

图2-13

Tips 用户可以点击"游客登录"按钮，以游客身份打开并使用同花顺PC版客户端的行情查看等功能。

2.4.4 隐藏同花顺

同花顺电脑版提供了一键隐藏功能，即通过快捷键（俗称"老板键"）将软件页面完全隐藏而不必关闭软件。如需再次使用软件，则重按此快捷键即可。该功能的默认快捷键为Alt+Z，用户也可以根据自己的习惯设定其他的按键，如图2-14所示。

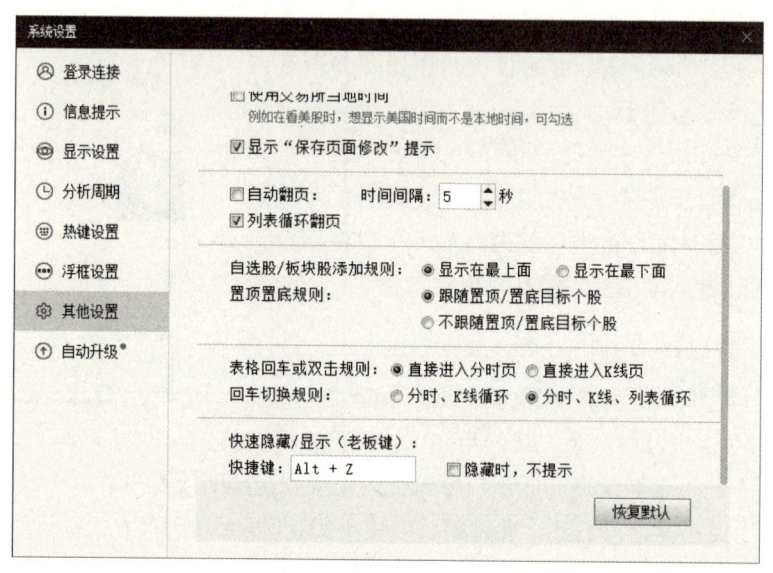

图2-14

2.4.5 退出同花顺软件

要想退出同花顺电脑版软件，有以下几种方法。

（1）按快捷键Alt+F4，等弹出退出页面后确认退出即可。

（2）点击终端页面左上方的"系统"菜单，点击"退出"按钮。

（3）直接点击终端窗口右上角的关闭按钮退出。

2.5 同花顺PC版客户端页面介绍

在完成同花顺软件的安装和注册之后，我们便可以正式使用同花顺软件了。比如，打开同花顺PC版客户端后，我们首先看到的是同花顺的主页面，具体如图2-15所示。

同花顺PC版客户端的主页面由主窗口、功能树、工具栏、菜单栏、标题栏、指数条和左、中、右信息栏等组成，这些板块有着不同功能，下面我们来了解一下。

2.5.1 主窗口

主窗口是我们打开同花顺软件后所看到的主要界面，其主要功能是显示各类信息，当投资者点击使用某个模块（如个股行情）时，相关信息会在主窗口中显示。

2.5.2　功能树

功能树位于主窗口的左侧，包括推荐、首页、自选股、综合排名、上证指数、深证成指、竞价分析等模块，如图2-16所示。

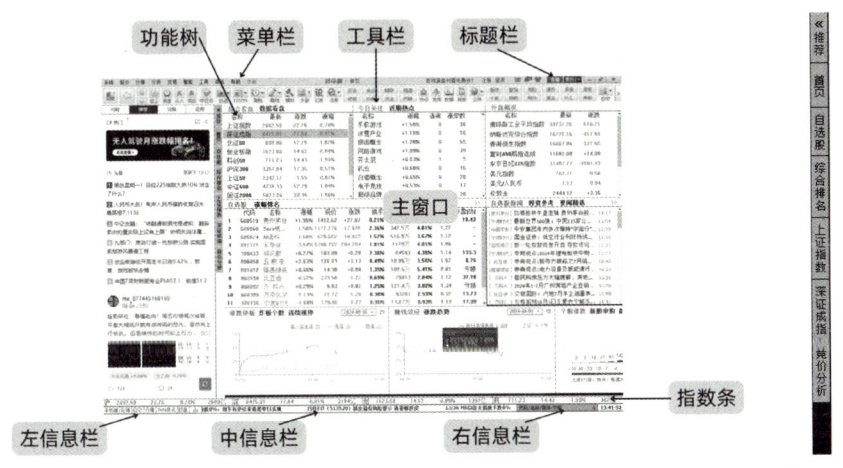

图2-15　　　　　　　　　　　　　　　图2-16

【推荐】该模块属于隐藏页面，点击"推荐"按钮，会在右侧弹出相关页面，主要包括问财、推荐、论股、应用4个子页面，如图2-17所示。

"问财"子页面提供了同花顺强大的智能选股和问答机器人功能，可以帮助用户选股、诊股、看行情、学投资，是广受同花顺用户喜爱的一项特色功能。

"推荐"子页面中主要呈现的是市场热点解读、头条文章、推荐个股的点评等内容。

"论股"子页面中可以查看选中个股的用户评论。

"应用"子页面则提供了丰富的软件功能，我们在日常操作时，可将常用的功能放置于此。

图2-17

【首页】首页是我们打开软件后第一眼看到的页面，如图2-18所示，点击"首页"按钮，我们在主窗口中可以查看当日股市整体情况以及自选股的概况、新闻等。

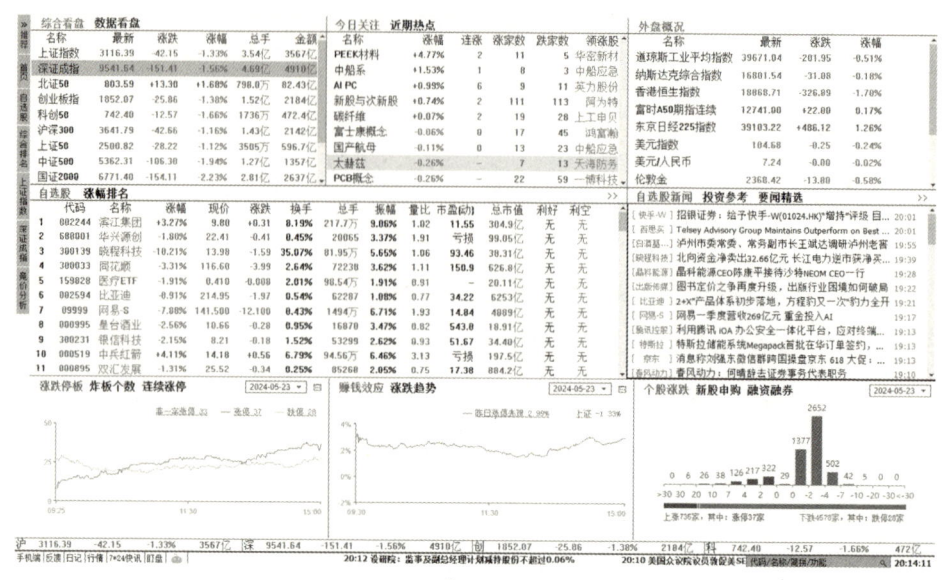

图2-18

在"自选股"模块中可以查看用户自己设置的自选股行情报价页面,点击选中个股,在右侧会展示该个股的分时走势图和K线走势图,如图2-19所示。双击该个股,会进入该个股的分时图页面,可查看该个股更加具体的实时行情。

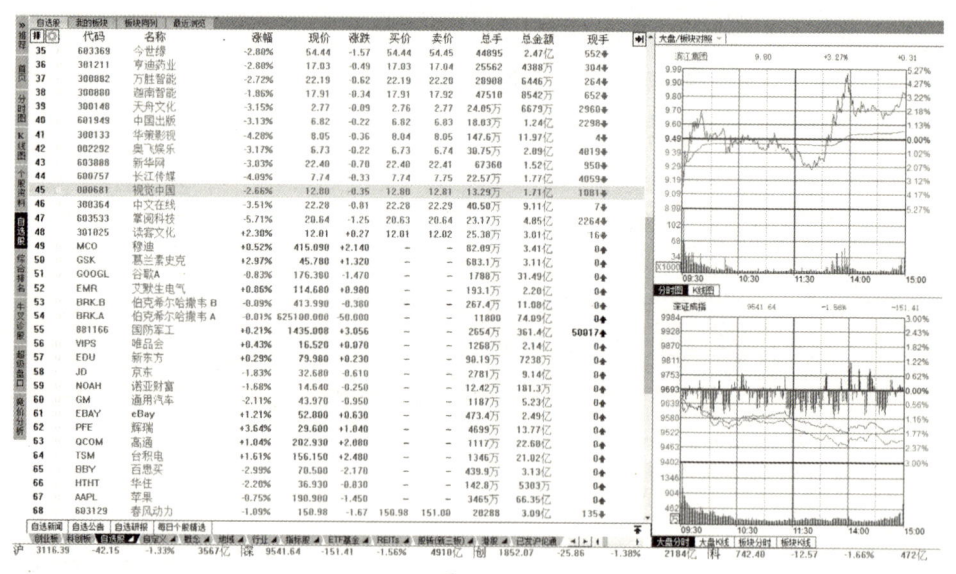

图2-19

在自选股行情报价的页面下方,还有自选新闻、自选公告、自选研报、每日个股精选等栏目,可以查看与自选股相关的内容。

【综合排名】这是同花顺软件根据一定周期(如1、3、5、10、15分钟)内按照涨幅、资金流入、成交量等进行排序的榜单,如图2-20所示。该模块共有基本栏目、资金栏目、自定义栏目3个栏目，每个栏目下有不同的榜单。在自定义栏目下，用户可以自定义想要的榜单。

在综合排名页面的右上角，可以切换"全屏"和"弹出"两种模式。在全屏模式下，整个屏幕都将展示综合排名，在每个榜单中可以看到更多的个股；在弹出模式下，综合排名可以和其他页面一起展示，但展示的个股较少。

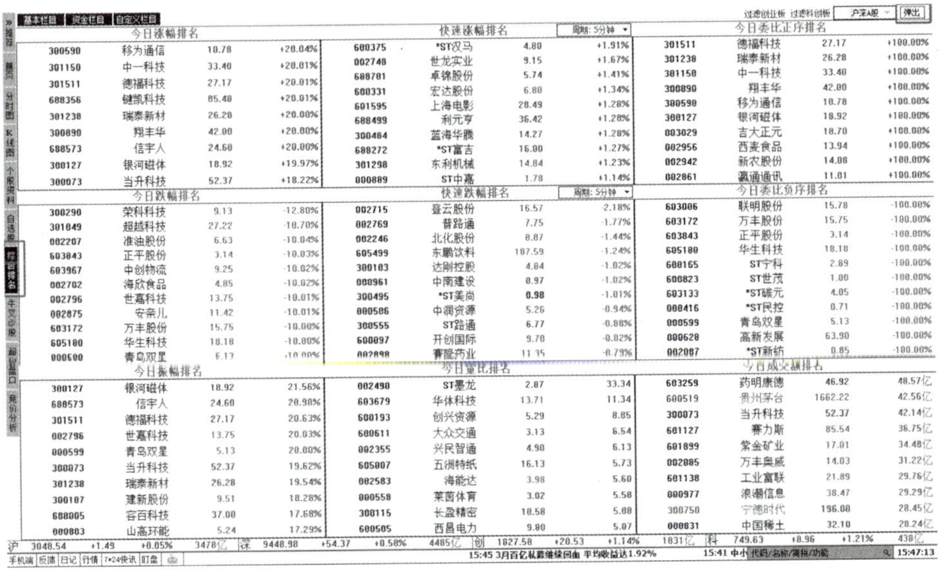

图2-20

"上证指数"全称为"上海证券综合指数"，是由上海证券交易所编制的股票指数，其样本股是在上海证券交易所全部上市股票，包括A股和B股，反映了上海证券交易所上市股价的变动情况，反映了市场的整体走势，是股市交易的重要风向标，为用户判断市场走势提供了参考依据。用户可在该页面查看上证个股的整体情况。图2-21为上证指数的分时走势图。

"深证成指"是深圳证券交易所的主要股指，它是按一定标准选出500家有代表性的上市公司作为样本股，用样本股的自由流通股数作为权数编制而成的股价指标。深证成指衡量了深圳证券交易所的股票市场整体状况，反映了市场的走势和趋势，也是用户参考的重要指标。用户可在该页面中查看深市个股的整体情况。图2-22为深证成指的分时走势图。

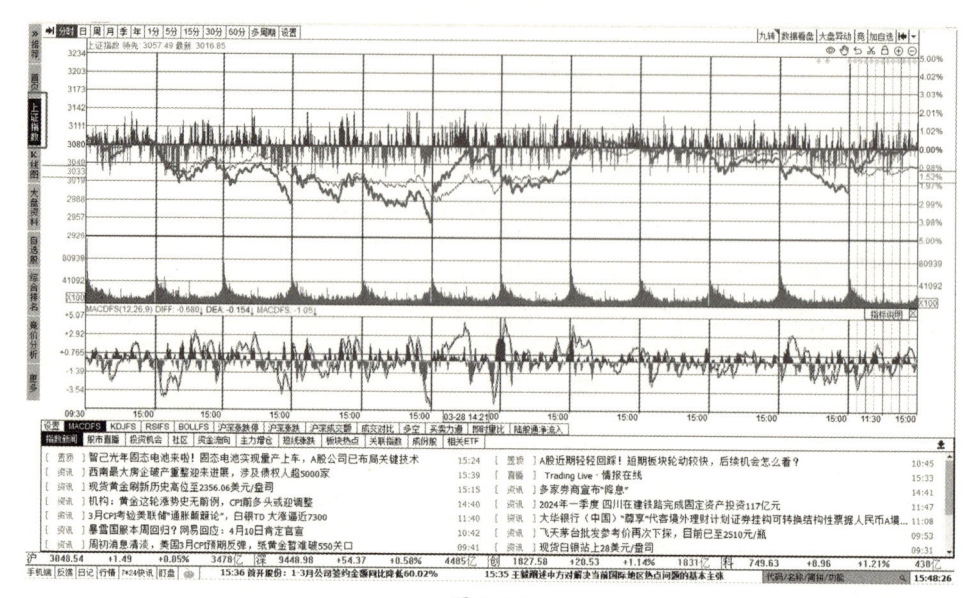

图2-21

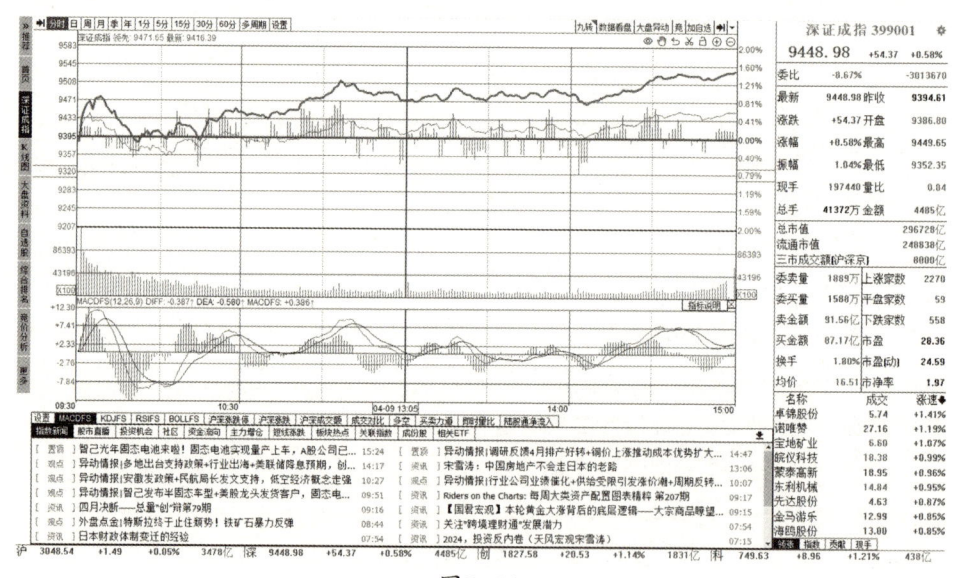

图2-22

> **Tips** 上证指数、深证成指和创业板指被称为A股三大指数，是反映大盘行情的主要指数。

【竞价分析】该模块旨在帮用户把握早盘集合竞价的机会，竞价分析有竞价首页、大盘竞价、个股早盘竞价、昨日涨停4个子页面，如图2-23所示。

在"竞价首页"中可以查看大盘早盘竞价、板块热点预测、早盘竞价监控等。

在"大盘竞价"中可以查看上证指数、深证成指、科创50、创业板指等指数的集合竞价情况。

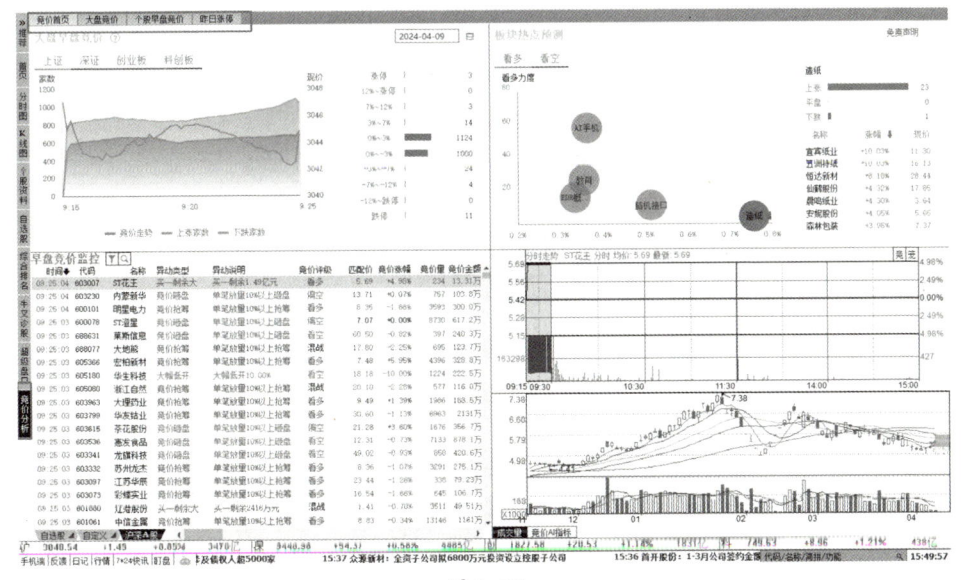

图2-23

在"个股早盘竞价"中可以查看个股早盘集合竞价的竞价涨幅、异动类型等数据。

在"昨日涨停"中能看到昨天涨停股票今天的竞价表现，帮助用户了解相关个股的竞价动态。

2.5.3 工具栏

同花顺PC版客户端的工具栏包含买入、卖出、选股、论股等功能，方便用户看盘使用，如图2-24所示。

图2-24

在工具栏空白处点击鼠标右键，会出现4个选项，分别是工具栏状态、小图标模式、恢复系统默认、自定义工具栏（这4个选项也可在"工具"菜单中的工具栏设置中找到），用户可选择工具栏显示状态、切换图标模式，也可以根据自身需要，定制属于自己的工具栏，如图2-25所示

图2-25

【应用中心】应用中心在工具栏的最右侧，它集合了同花顺为用户提供的各式各样的软件功能，用户可以添加常用的功能，如图2-26所示。

图2-26

在应用中心的右侧，是快速按钮，包括"方向"按钮和"修正"按钮，具体为返回、上翻、下翻、修正，如图2-27。

图2-27

点击"返回"按钮，可返回上一页面。

点击"上翻"按钮，可对行情报价、分时走势图或K线走势图进行向上翻页查看。

点击"下翻"按钮，可对行情报价、分时走势图或K线走势图进行向下翻页查看。

在查看的当前数据中，如果发现数据不全或者有错误，可点击"修正"按钮对数据进行修正。

【测速】用户觉得当前的行情数据显示的速度较慢时，可以点击"测速"按钮，选择最快的行情站点，如图2-28所示。

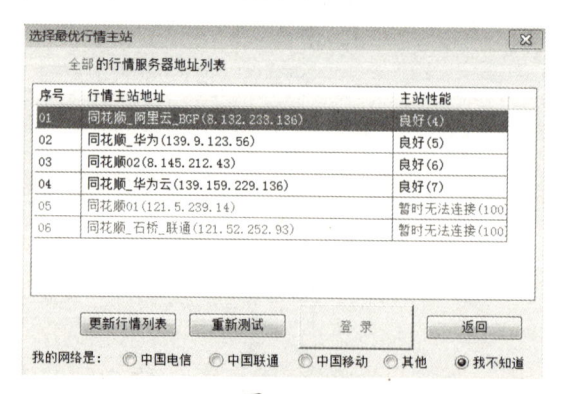

图2-28

【买入】在进入委托程序后，点击"买入"按钮可进行买入操作。

【卖出】在进入委托程序后，点击"卖出"按钮可进行卖出操作。

【模拟】点击"模拟"按钮后，用户可以登录模拟账户，进行模拟炒股。

【自选】点击"自选"按钮后，用户可以进入自己设置的自选股行情报价页面。

上面4个按钮如图2-29所示。

图2-29

【F10/F9】同花顺F10是非常重要的一项功能，也是同花顺用户经常使用到的。通过同花顺F10，用户可以获取详细的公司财务报表、资产负债表、利润表、现金流量表等信息，还可以查看公司的主要股东、股本结构、股东人数变动情况等数据。

F9是同花顺的牛叉诊股，通过技术面、资金面、消息面、行业面、基本面等多种维度对个股评分，为用户提供投资建议，对于股市新手来说是一项相当实用的功能，如图2-30所示。

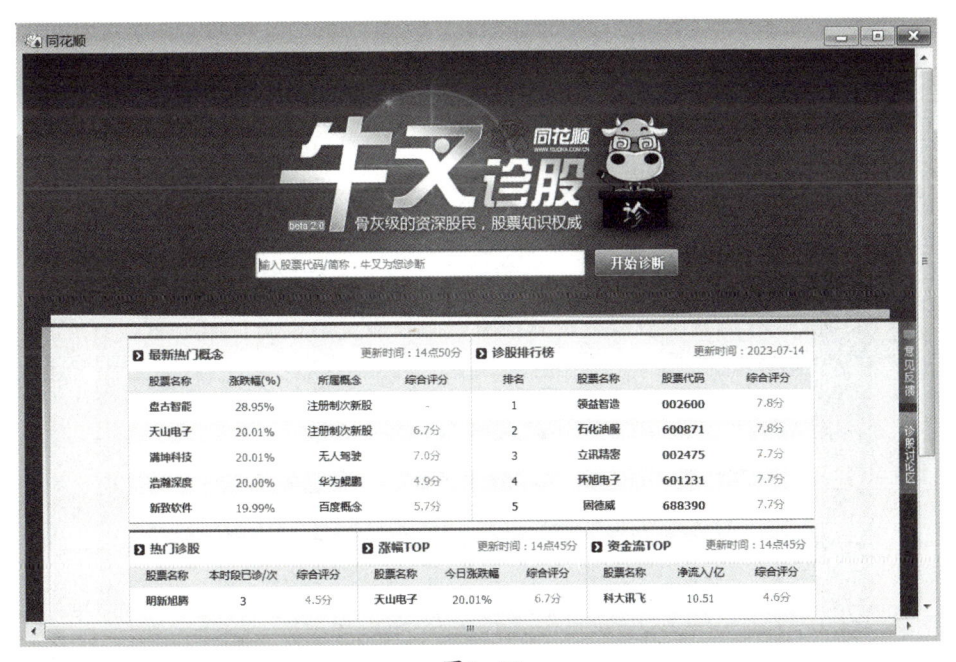

图2-30

【周期】在K线走势图中，点击该按钮可以在弹出的列表中选择K线的分析周期，即每一根K线所包含的时间长度，如图2-31所示。

图2-31

【画线】画线功能可供用户在分时走势图或K线走势图中画线，如图2-32所示。

图2-32

【论股】点击该按钮，会弹出论股页面，可以在这里与其他用户进行沟通、分享，也可以查看其他用户对特定个股发表的观点，如图2-33所示。

图2-33

【选股】点击该按钮，即可弹出问财页面。问财是一个功能强大的选股工具，通过问财，用户可以根据一系列的筛选条件和指标，筛选出符合投资偏好和

要求的股票，如图2-34所示

图2-34

【资讯】资讯页面提供了丰富的市场新闻和信息，可帮助用户及时了解股市动态、公司公告、行业新闻等内容。

【研报】研报为用户提供了全面的股票和行业研究分析，包括行业研报、个股研报、策略研究、宏观研究等内容。

【竞价】竞价分析旨在帮助用户把握早盘集合竞价的机会，有大盘竞价、个股早盘竞价、昨日涨停个股竞价等模块供用户使用。

【预测】预测功能主要用于预测个股未来可能的走势。

【BBD】BBD功能是衡量市场中主力资金多空力度的指标。当BBD为正且呈不断上扬走势时，表明市场中多方占优势；而当BBD为负且呈不断下探走势时，表明市场中空方占优势。

【资金】利用资金功能可以查看个股的资金流向，追踪股票的资金流动情况。

【陆港】利用陆港功能可以查看陆股通（北向资金）和港股通（南向资金）的资金流动情况，以及个股级别的陆股通信息，可以了解哪些个股受到了北向资金的追捧。

【两融】两融即融资融券功能，展示了市场整体的融资余额和融券余额，以及个股的融资余额和融券余额。

上面8个按钮如图2-35所示。

图2-35

【热点】利用热点功能可以查看市场赚钱效应，以及近期热点事件和关联股票的表现。

【龙虎】点击"龙虎"按钮，用户可在龙虎榜查看上榜个股当日买入和卖出金额前5名的数据，了解哪些个股受到了机构和游资的青睐。

【机构】利用机构功能可以查看机构的持仓和行业布局，同时也支持查看个股的机构持股变化情况。

【数据】利用数据功能可以查看融资融券、资金流向、业绩预告、产品价格、宏观数据等不同维度的数据，满足用户全方位的数据需求。

【新股】利用新股功能可以了解近期已上市新股的报价列表，以及待上市新股的申购信息，把握打新机会。

【创/科】该功能提供了科创板和创业板个股的报价列表，用户可查看所有创业板和科创板个股。

【全球】全球功能展示了全球大部分市场指数、商品期货、汇率的走势，用户可查看各国市场的涨跌情况。

上面7个按钮如图2-36所示

图2-36

【板块】利用板块功能可以查看所有行业和概念板块，以及板块包含的所有成份股，用户想要查看热门的概念和题材时，可以点击使用该功能。

【个股】个股页面是按照涨幅排序的所有个股的报价列表，支持按照总金额、总市值、涨速等进行排序。

【股指】利用股指功能可以查看股指期货的行情报价，想要参与股指期货的用户可使用该功能。

【指数】利用指数功能可以查看A股重要指数、全球主要指数、全球主要汇率，以及大宗商品的行情报价，用户想要了解金融市场的整体行情时，可使用该功能。

【期权】利用期权功能可以查看期权的行情报价，想要参与期权投资的用户可使用该功能。

【期货】利用期货功能可以查看商品期货、金融期货等多种期货品种的行情报价，想要了解或参与期货投资的用户可使用该功能。

【债券】利用债券功能可以查看可转债、国债、国债逆回购等债券行情的报价，想要参与债券投资的用户可使用该功能。

【基金】利用基金功能可以查看ETF、LOF（上市型开放式基金）等场内基金的行情报价，想参与场内基金投资的用户，可使用该功能。

【英股】英股功能提供了所有英股的行情报价，想要参与英股投资的用户可使用该功能。

【外汇】外汇功能提供了基本汇率、交叉汇率、反向汇率等汇率数据，外汇行情与股市之间同样存在着联系，想要参与外汇投资的用户可使用该功能。

【港股】港股功能支持查看港股整体的行情，也支持查看港股通个股的行情报价，想要参与港股投资的用户可使用该功能。

【美股】美股功能支持查看美股的整体行情，美股与A股之间也有着一定的联系，想要参与美股投资的用户可使用该功能。

上面12个按钮如图2-37所示。

图2-37

【自定】自定功能支持用户按照模块自定义专属页面，该功能适合对软件较为熟悉，有特殊需求的用户。

【多窗】多窗功能包含多股同列、分时K线同列、板块同列、大盘对照、多窗看盘、主力大单、副屏等多种功能，可满足用户多样化的需求。

【默认】用户可利用该功能设置登录后默认显示的页面，有首页、上证指数分时、自选股、同花顺讲股堂等可供选择。

上面3个按钮如图2-38所示。

图2-38

2.5.4 菜单栏

菜单栏位于软件页面的左上方，包括系统、报价、行情、分析、交易、智能、工具、资讯、帮助、决策等。软件的基本操作、功能都包含其中，方便用户快捷使用，如图2-39所示。

图2-39

【系统】在"系统"菜单中，可以进行软件升级、恢复默认页面、查看新版本说明、修正数据等操作。

【报价】在"报价"菜单中，可以查看自选报价、大盘指数、综合排名、陆港通等信息。

【行情】在"行情"菜单中，可以查看基金、债券、期货、期权、美股、英股、港股、外汇、REITs等行情报价数据。

【分析】在"分析"菜单中，可以查看成交明细、超级盘口、价量分布、个股全景等信息。

【交易】在"交易"菜单中，有交易管理、委托管理、开户转户、模拟炒股、期货下单、基金申购等功能。

【智能】在"智能"菜单中，有短线精灵、股票预警、鹰眼盯盘、小窗盯盘、选股平台、问财选股等功能。

【工具】在"工具"菜单中，有公式管理、数据下载及管理、系统设置、工具栏设置等功能。

【资讯】在"资讯"菜单中，有资讯首页、自选股资讯、实时解盘、操盘总纲及更多资讯等功能。

【帮助】在"帮助"菜单中，有学投资、视频学习、开户帮助、帮助说明书、快捷键列表、在线客服等功能。

【决策】在"决策"菜单中，可以查看小额付费和高端付费产品的购买情况。

2.5.5 标题栏

标题栏位于同花顺软件的右上方，有个人中心、消息中心、股票预警、皮肤设置、直播、委托交易等功能。图2-40所示为登录之前的标题栏。

图2-40

【个人中心】登录个人中心后，将鼠标光标移动至用户名上，即可看到用户的个人信息，点击用户名即可进入用户个人中心，如图2-41所示。

图2-41

进入个人中心后，用户可以在"个人主页"中进行基本信息设置和修改，例如形象、资产状况、投资特征、个人资料。

在"我的收藏"中用户可以查询收藏的文章、参加过的活动和赢得的奖励。

在"活动中心"中用户可以了解到当前同花顺平台举办的各种活动的信息，以及用户参与相关活动所获得的奖励信息。

在"课程学习"中用户可以获得同花顺官方制作和推荐的各种投资知识课程，提升自身的投资水平。

在"账号安全"中用户可以通过设置密码、绑定手机号、绑定第三方账号、实名认证等方式保护账号安全，了解密码丢失后的找回方法，同时可以通过风险认证来了解自身的风险承受能力。

在"我的服务"中用户可以查询到自己购买的服务记录和行情权限，并可以直接进行行情高级权限服务的购买。

【消息中心】点击信箱图标，可以进入消息中心，查看行情和订阅消息，如图2-42所示。

图2-42

【股票预警】点击铃铛图标，可进入股票预警页面（见图2-43），查看预警条件设置和预警结果，添加或删除股票预警，同时和同花顺App进行绑定，实现预警信息同步。

图2-43

【设置皮肤】点击衣服图标，用户可以设置页面皮肤。同花顺PC版客户端有3种背景可以选择，分别是黑色风格、白色风格和酷灰风格，背景还提供高清模式。不过，无论是设置皮肤还是开启高清模式，都需要重启软件后才能生效。

【直播】点击"直播"按钮，用户可进入"同花顺直播精选"页面，观看投顾专家的直播课程，如图2-44所示。

图2-44

【委托】点击"委托"按钮，用户可进入委托交易页面。如果是初次委托，系统将弹出证券资金账户登录页面，如图2-45所示（图中"帐"应为"账"）。用户也可以通过快捷键F12快速调出这个页面。

此外，点击"委托"旁的下拉按钮，还有中信建投、添加券商/账户、免费开户、自动启动交易、模拟炒股、委托管理、基金申购、手机交易等功能供用户使用，如图2-46所示。

图2-45 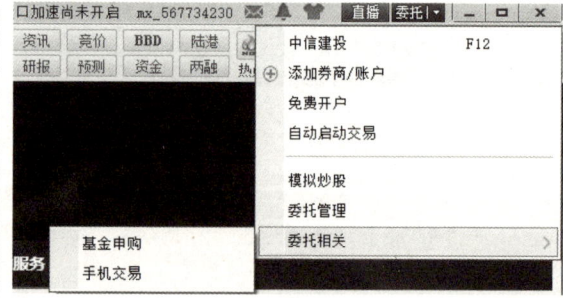　　　　　　　　　图2-46

2.5.6　指数条

指数条位于主页面下方，默认显示上证指数、深证成指、创业板指、科创50等指数的涨跌情况，用户点击鼠标右键可以自定义指数行情，如图2-47所示。

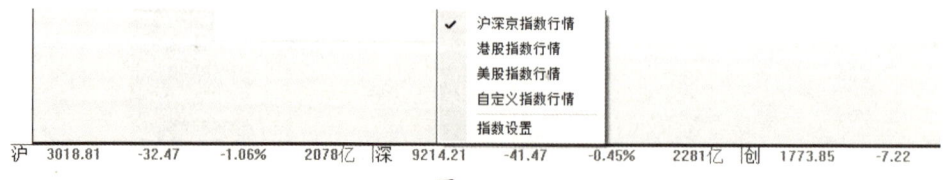

图2-47

2.5.7 左信息栏、中信息栏和右信息栏

左信息栏位于软件左下方，有手机端、反馈、日记、行情、7×24快讯、盯盘、问财智能助手等功能。用户若有需求，可进入相应页面使用相应功能，如图2-48所示。

手机端|反馈|日记|行情|7×24快讯|盯盘|

图2-48

中信息栏在左右信息栏中间位置，此处以滚动形式，实时显示7×24快讯，方便用户了解最新资讯，捕捉市场机会，如图2-49所示。

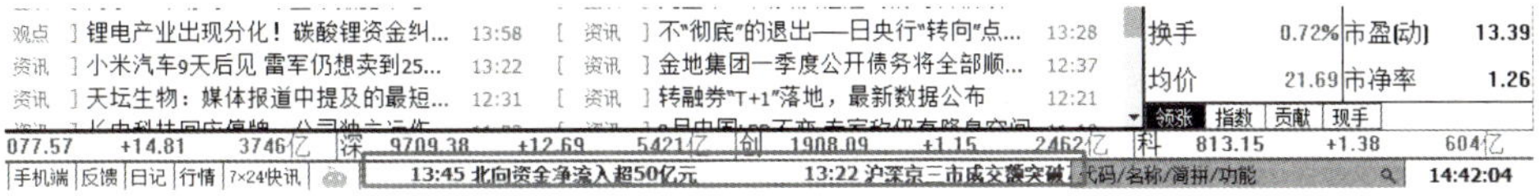

图2-49

右信息栏位于软件右下方，有搜索框，可通过代码、名称、简拼、功能等搜索个股。此外，在最右侧还可以显示系统时间，如图2-50所示。

代码/名称/简拼/功能　　15:05:22

图2-50

以上是同花顺PC版客户端主页面的具体组成和相关功能介绍，用户可以通过主页面了解实时行情、即时资讯、市场热点，以及运用各种功能进行炒股操作。

2.6 同花顺App页面介绍

同花顺App具有功能齐全、简洁易用的特点，是股票投资者使用最多的一款炒股App。其主页面菜单分为6栏，分别为：首页、行情、自选、交易、资讯、理财。下面我们简要介绍一下同花顺App的菜单布局。

【首页】同花顺App首页是主要应用集合区和重要消息显示区（根据自选股情况有针对地推荐，可上拉呈现）。主要应用集合区包含"我的应用"和"应用卡片"两个区域。其中用户可以根据自身需要，在"应用商店"→"我的"中进行编辑，设置个性化"我的应用"集合区，如图2-51所示。

而"应用卡片"区域的设置则是系统默认的，用户也可以通过选取卡片的方式，进行应用的设置，如图2-52所示。

同花顺App的应用商店中，提供了包括行情数据（股票、自选股等）、证券交易、选股诊股、券商精选、特色服务、社区咨询、业务办理、多元理财等8类应用功能，为用户选股炒股和投资理财提供多样化、全方位的功能支撑。

重要消息显示区是以上拉方式呈现的，主要包括关注、推荐、热榜、投顾4个模块（见图2-53），为用户提供最新最热门的资讯和专业的投顾直播服务。

图2-51　　　　　　　　　图2-52

【行情】行情栏目则显示了全市场的行情数据情况，主要包括全球指数行情、A股行情（大盘、板块、个股）、港股行情（含港股ETF）、美股行情（含美股ETF）、期货行情、ETF行情和可转债行情等，如图2-54所示。用户可以通过行情栏目及时把握市场行情趋势和投资热点动向，捕捉投资机会或进行分析复盘。

图2-53　　　　　　　　　图2-54

【自选】自选栏目主要提供自选股相关的实时行情数据，如图2-55所示。用户可以点击任意个股，进入该个股的分时走势图页面，了解更具体的行情走势情况。

【交易】交易栏目提供了股票账户的交易系统功能，总资产、总市值反映了股票账户资产情况。总盈亏和当日参考盈亏反映的是股票投资的盈亏情况。点击"持仓"按钮可以查看持仓情况。在该页面还可以进行委托交易、开通相关交易权限、进行交易设置和账户设置等，如图2-56所示。

图2-55

图2-56

【资讯】资讯栏目提供了丰富、全面、及时的市场资讯和热点新闻，包括要闻、快讯、概念广场、视频直播、机会、大盘、操盘必读、主题投资、日历、互动掘金等多个子栏目，如图2-57所示。用户应该密切关注资讯情况，以免错过投资机会。

【理财】理财栏目提供了更加丰富多样的投资理财工具和服务，主要包括基金、保险等方面的金融工具，帮助用户进行多元化的金融资产配置，以降低投资风险，如图2-58所示。

图2-57　　　　　　　　　　图2-58

🔖 同花顺炒股小妙招：使用"同花顺学投资"学习投资知识

  同花顺除了为广大用户提供最优质的金融行情信息和交易服务外，还一直致力于提供专业、丰富的投资教育服务，帮助用户提升投资知识水平和建立投资认知体系，从最早的"股民学校"开始，到如今升级版的在线理财教育平台"学投资"，全方位助力用户从股票"小白"成为炒股高手。

  同花顺学投资秉承着"学以致富"的理念，和各大金融机构合作，以专家的视角，为用户提供丰富、专业的投资课程和模拟投资的练习场，旨在帮助所有对投资感兴趣的用户树立良好的投资观念，积累人生财富。同花顺学投资平台首页如图2-59所示。

  作为一站式投资教育平台，同花顺学投资具有如下特点。

  全面性：同花顺学投资提供的课程覆盖股票、基金、期货、财商、求职考试等多个投资领域，满足用户多样化的学习需求。同时，平台提供了丰富的视频课程，包括基础课程、实战课程、专题课程等，帮助用户掌握投资技能。图2-60、图2-61展示了同花顺学投资涵盖的课程领域及系统分类。

图2-59

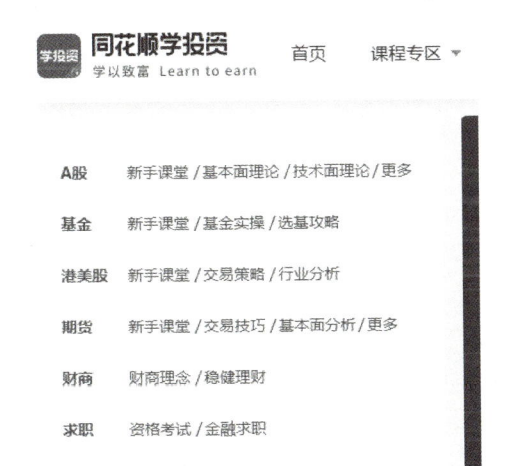

图2-60

图2-61

系统性：从基础知识、实战技巧、投资理念等多个维度，为用户打造系统化的学习路径，同时设立实战训练营，通过模拟交易、实战比赛等方式，提升用户的实战能力。

权威性：学投资平台邀请业内知名专家、资深投资人士进行授课（见图2-62），确保课程内容的权威性和实用性。平台会定期举办直播课堂，邀请业内"大咖"分享投资心得，与用户交流。

互动性：同花顺学投资平台设有问答、社群等互动功能，方便用户在学习过程中互相交流、分享经验，如图2-63所示。

图2-62　　　　　　　　　　　　图2-63

个性化：同花顺学投资会根据用户的学习进度和兴趣，推荐相应的课程和内容，实现个性化学习，如图2-64所示。

图2-64

同花顺学投资作为一款一站式投资教育平台，凭借其全面性、系统性、权威性、可互动性、个性化的特点，为广大用户提供了一个优质的学习环境。通过同花顺学投资，用户可以不断提升自己的投资能力，实现财富增值。在这个充满机遇和挑战的金融市场中，同花顺学投资将成为用户迈向成功的有力助手。

除此之外，同花顺学投资还与诸多优秀财经出版机构合作，开设了电子书阅读功能，用户可以在这里读到最经典的投资理财书籍和最新的投资技巧读物，在投资之余获得知识的滋养，在学习之中提升投资的能力，真正地实现"学以致富"。

用户可以通过多种方式进入同花顺学投资平台，例如可在手机端下载安装同花顺学投资App，或在同花顺App中的应用商店搜索"学投资"应用，对于同花顺PC版客户端的用户，则可直接点击菜单栏中的"帮助"→"学投资"按钮进入该学习平台。

第 3 章
同花顺看盘功能介绍

对于投资者来说，看盘和分析行情是最耗时间和精力的，但它是投资活动中至关重要的一环。同花顺炒股软件作为专业的实时交易与行情分析系统，在实时行情、数据分析、研报资讯等方面为投资者提供看盘和分析行情的诸多实用功能，成为广大投资者可依靠、可信赖的炒股看盘工具。在这一章，我们就来具体聊聊如何运用同花顺来进行看盘操作，把握市场行情动向。

3.1 同花顺首页看盘

同花顺首页是我们打开软件后首先看到的页面，系统默认的首页布局如图3-1所示。实际上，首页为投资者提供了非常丰富的关于行情的信息和数据分析结果，投资者可以通过首页了解到当日股市的整体概况和近期市场的基本趋势。

同花顺首页分为综合看盘/数据看盘、今日关注/近期热点、外盘概况、自选股/涨幅排名、自选股新闻/投资参考/要闻精选、涨跌停板/炸板个数/连续涨停、赚钱效应/涨跌趋势、个股涨跌/新股申购/融资融券等8个单元共18个模块，下面我们来分别介绍这18个模块所呈现的信息以及通过这些信息所能掌握的看盘行情。

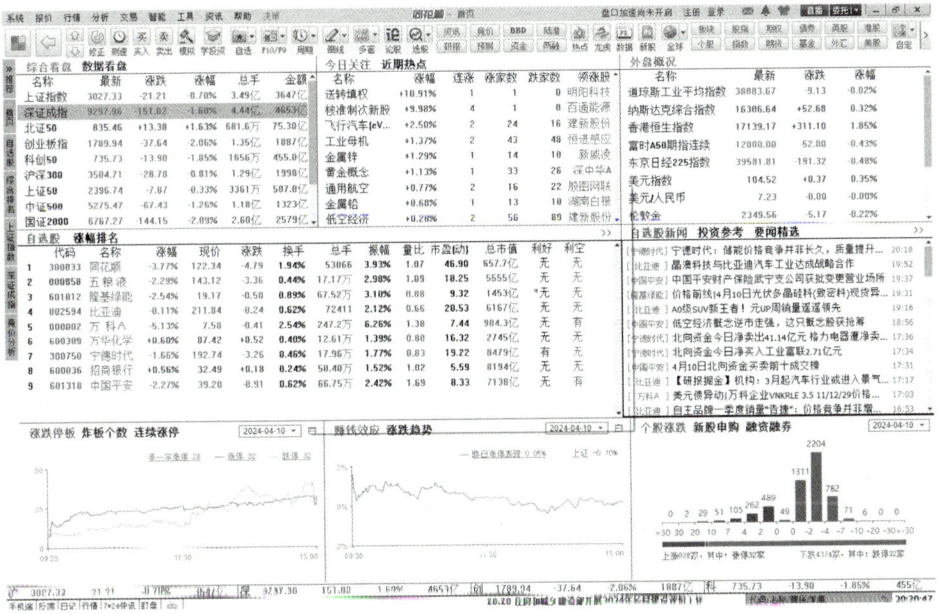

图3-1

3.1.1 综合看盘/数据看盘

综合看盘主要呈现的是A股重要股指的实时行情，包括上证指数、深证成指、创业板指等，如图3-2所示。由于这些指数基本代表了大盘的风向，因此投资者通过这些指数的涨跌情况，就可以判断当日整体的市场走向和市场情绪了。

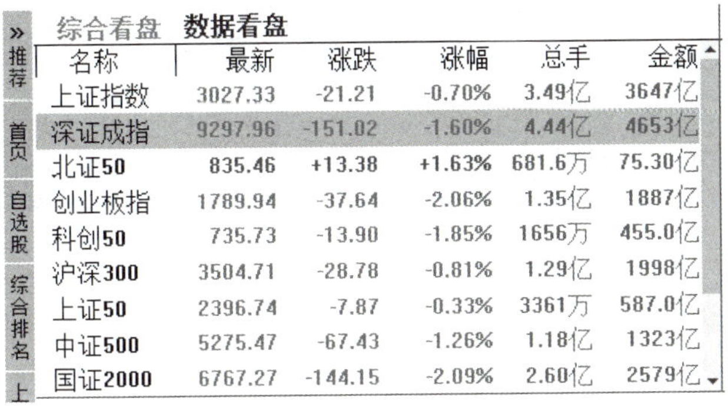

综合看盘 数据看盘

名称	最新	涨跌	涨幅	总手	金额
上证指数	3027.33	-21.21	-0.70%	3.49亿	3647亿
深证成指	9297.96	-151.02	-1.60%	4.44亿	4653亿
北证50	835.46	+13.38	+1.63%	681.6万	75.30亿
创业板指	1789.94	-37.64	-2.06%	1.35亿	1887亿
科创50	735.73	-13.90	-1.85%	1656万	455.0亿
沪深300	3504.71	-28.78	-0.81%	1.29亿	1998亿
上证50	2396.74	-7.87	-0.33%	3361万	587.0亿
中证500	5275.47	-67.43	-1.26%	1.18亿	1323亿
国证2000	6767.27	-144.15	-2.09%	2.60亿	2579亿

图3-2

综合看盘右侧的数据看盘模块，是同花顺跟进当前大盘行情、进行数据化呈现的一项特色功能，投资者可以一目了然地看到市场行情和赚钱效应。

点击“数据看盘”标签，进入数据看盘页面，如图3-3所示。在这里投资者可以看到根据市场强弱、资金动态、赚钱效应三个维度统计出来的大盘综合强度评分，评分越高，说明短期大盘走势越强。同时，投资者还可以看到当日的上证指数走势曲线，当日或某个交易日的涨跌统计图、涨跌停板统计图、赚钱效应统计图和境外资金统计图，根据这些统计图，投资者可以研判大盘行情及趋势，做出投资决策。

此外，该页面左侧还提供了看盘助手功能，投资者可以根据提示词获得相关看盘信息或以直接提问的方式获得盘面行情信息。

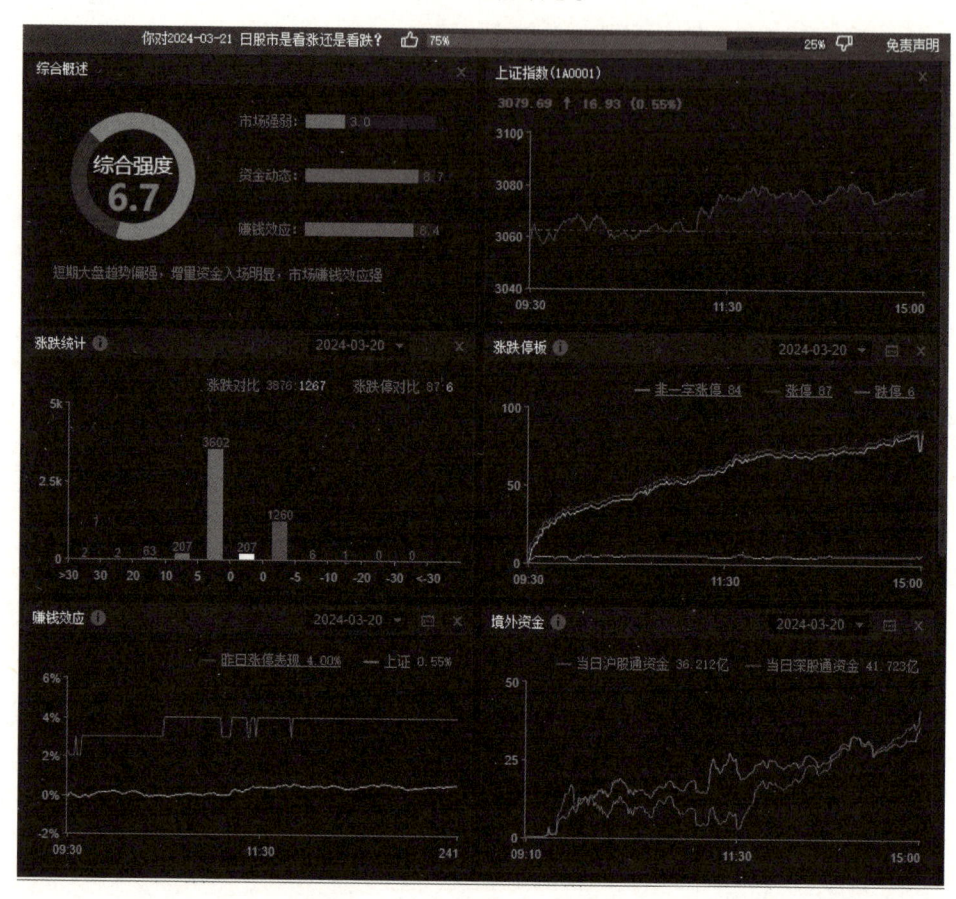

图3-3

3.1.2 今日关注/近期热点

今日关注是根据涨幅、连涨、涨家数、跌家数等维度统计出来的当日重点交易板块。投资者可以查看今日适合重点关注的板块，在这些板块中寻找异动、强势的个股进行进一步分析，以捕捉投资机会。

近期热点则提供了近一段时间内的热点板块排行，同样以涨幅、连涨、涨家数、跌家数等维度统计而来，反映了近一段时间内市场中的热点板块。

图3-4展示了今日关注的具体表现形式。

今日关注和近期热点相结合，投资者可以综合判断出哪些板块具有可持续性，哪些板块的热度可能已经临近尾声，进而了解、分析热点板块和涨停板情况，抓住潜在的投资机会。

今日关注　近期热点

名称	涨幅	连涨	涨家数	跌家数	领涨股
送转填权	+10.91%	1	1	0	明阳科技
核准制次新股	+9.98%	4	1	0	百通能源
飞行汽车(eV...	+2.50%	2	24	16	建新股份
工业母机	+1.37%	2	43	48	恒进感应
金属锌	+1.29%	1	14	10	新威凌
黄金概念	+1.13%	1	33	26	深中华A
通用航空	+0.77%	2	16	22	殷图网联
金属铅	+0.68%	1	13	10	湖南白银
低空经济	+0.28%	2	56	89	建新股份

图3-4

3.1.3　外盘概况

外盘概况主要呈现全球重要股市指数、汇率、期货的行情信息，由于全球市场的波动具有联动性，因此投资者应该全方位、及时了解全球各股票市场的主要行情，避免错过投资机会或止损时机，如图3-5所示。

外盘概况

名称	最新	涨跌	涨幅
道琼斯工业平均指数	38883.67	-9.13	-0.02%
纳斯达克综合指数	16306.64	+52.68	0.32%
香港恒生指数	17139.17	+311.10	1.85%
富时A50期指连续	11975.00	-77.00	-0.64%
东京日经225指数	39581.81	-191.32	-0.48%
美元指数	104.77	+0.63	0.60%
美元/人民币	7.23	+0.00	0.02%
伦敦金	2339.43	-15.30	-0.65%

图3-5

3.1.4　自选股/涨幅排名

自选股模块呈现的是自选股的涨跌情况，让投资者刚进入同花顺软件页面即可以查看自选股的行情报价概况，以便及时做出相关决策，如图3-6所示。

自选股右侧的涨幅排名模块，展示的是当日（交易日）沪深A股所有股票的涨跌幅度排名。通过涨幅排名，我们可以了解当日热门个股情况。

自选股　涨幅排名

	代码	名称	涨幅	现价	涨跌	换手	总手	振幅	量比	市盈(动)	总市值	利好	利空
1	300033	同花顺	-1.01%	121.11	-1.23	0.82%	22340	2.39%	1.62	46.42	651.1亿	无	无
2	000858	五粮液	-0.92%	141.81	-1.31	0.19%	72438	1.38%	1.61	18.08	5505亿	有	无
3	601012	隆基绿能	-0.42%	19.09	-0.08	0.38%	28.98万	2.03%	1.44	9.28	1447亿	无	无
4	002594	比亚迪	-1.10%	209.50	-2.34	0.32%	36713	1.03%	1.34	20.30	6099亿	无	无
5	000002	万科A	-1.72%	7.45	-0.13	1.15%	111.8万	2.64%	1.95	7.31	888.8亿	无	无
6	600309	万华化学	-1.03%	86.52	-0.90	0.13%	41678	1.38%	1.01	16.15	2717亿	无	无
7	300750	宁德时代	-0.51%	191.76	-0.98	0.27%	10.46万	2.80%	1.84	19.12	8436亿	有	无
8	600036	招商银行	-0.62%	32.29	-0.20	0.09%	18.26万	0.89%	1.32	5.55	8143亿	无	无
9	601318	中国平安	-0.61%	38.96	-0.24	0.21%	22.33万	1.20%	1.72	8.28	7095亿	无	无

图3-6

3.1.5 自选股新闻/投资参考/要闻精选

新闻资讯对于股市走势和个股行情的影响是非常大的，属于消息面的重要组成部分，因此同花顺在首页设置了新闻资讯单元，提供了自选股新闻、投资参考和要闻精选三个模块的资讯内容，分别搜集、展示了自选股相关的新闻信息、市场热点、动态新闻和全球实时头条要闻，让投资者可以及时了解相关新闻资讯，从而更好地进行股票的买卖操作，如图3-7所示。

图3-7

3.1.6 涨跌停板/炸板个数/连续涨停

该单元提供了涨跌停板、炸板个数、连续涨停三种图表数据信息，可以比较直观地反映出当前或某一交易日的市场热度变化情况。

利用涨跌停板图表可以查看当日或某个交易日的涨停和跌停个股数量的变化趋势，帮助投资者了解当日市场的热度，如图3-8所示。

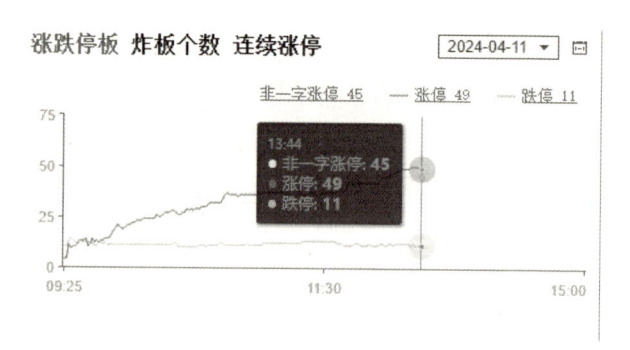

图3-8

炸板个数反映了当日或某个交易日的涨停炸板股票的数量，如图3-9所示。所谓炸板，是指股票在交易时迅速触及涨停，但随后出现大量卖单导致价格有所回落的现象。一般来说，股票炸板说明看空力量增强，因此炸板股票的后市涨势不太乐观。投资者可以查看具体炸板股票，并通过综合分析，判断投资机会。

图3-9

连续涨停统计了近期获得连续涨停的股票数量。连续涨停通常是市场情绪和投资者信心的体现，涨停天数越多，说明市场热度越高。投资者可以通过挖掘连续涨停的股票找到投资机会，但也需要警惕其中的投资风险，如图3-10所示。

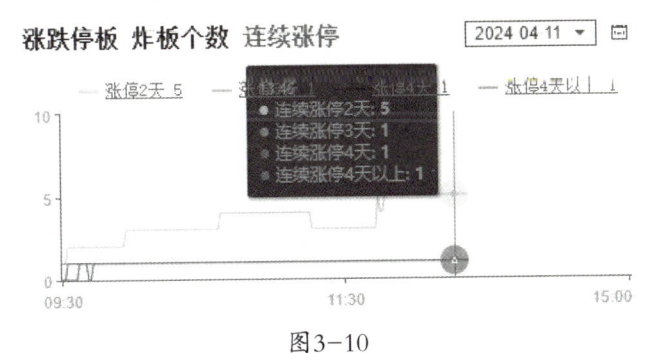

图3-10

此外，将鼠标光标移动至曲线位置，会弹出当前位置对应时间点的具体行情信息。

3.1.7 赚钱效应/涨跌趋势

在赚钱效应模块可以查看昨日涨停个股今日的表现，若昨日涨停个股的今日表现仍然较好（在图3-11中，1.43%代表昨日涨停个股的今日平均溢价），则表明股市大盘行情有较好的持续性，投资者可以考虑买入该股。

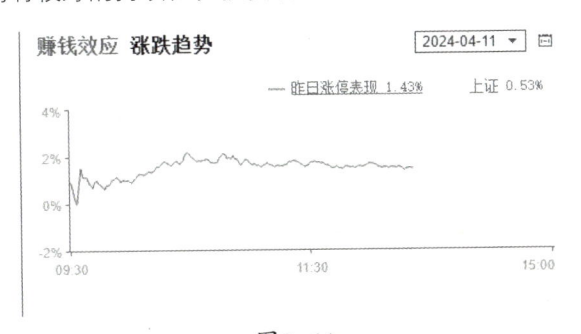

图3-11

涨跌趋势则统计了近一段时间市场中涨跌超过某一幅度的个股数量变化，投资者可以从侧面观察近一段时间的股票市场的行情走向，如图3-12所示。

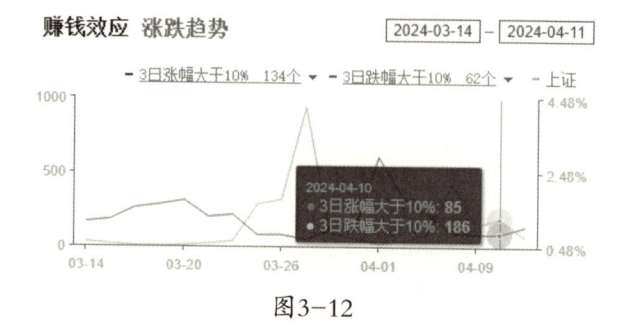

图3-12

Tips 赚钱效应是股票心理分析法中的一个重要概念，它描述的是股市持续攀升时，投资者将原本用于即期消费的资金转化为股票投资的过程。这种"过热"的投资行为导致社会财富集中于投资领域，减少了消费，而投资的部分不一定会有盈利。但用在具体的股票行情描述中，赚钱效应是指投资者在投资过程中所获得的收益，通常表现为投资回报率或收益率。它是投资者评估投资机会的重要指标之一，也是市场整体表现的重要参考因素。通常我们使用涨停数量、连板率等来衡量市场的赚钱效应。

3.1.8 个股涨跌/新股申购/融资融券

该单元包含个股涨跌、新股申购和融资融券三个模块的行情信息。

个股涨跌以柱状图呈现，投资者可以直观地了解当前市场的上涨和下跌股票数，以及个股涨跌幅的区间分布情况，进而判断市场的整体走向和热度，如图3-13所示。上涨个股数量多、涨停个股数量多，代表市场行情相对较好；下跌个股数量多、跌停个股数量多，则表示市场行情较差。

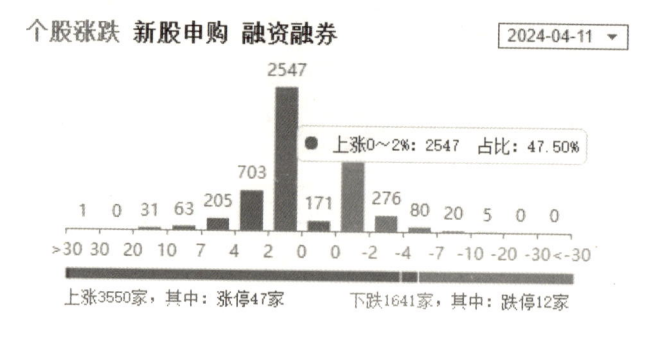

图3-13

新股申购模块则提供了近期即将上市的新股和新债（可转债）的信息，投资者可以及时了解新股新债的申购信息，把握"打新"的机会，如图3-14所示。

图3-14

融资融券模块有近一段时间的两融余额柱状图，如图3-15所示。一般而言，两融余额若呈增加趋势，代表股市行情利好。

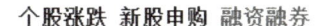

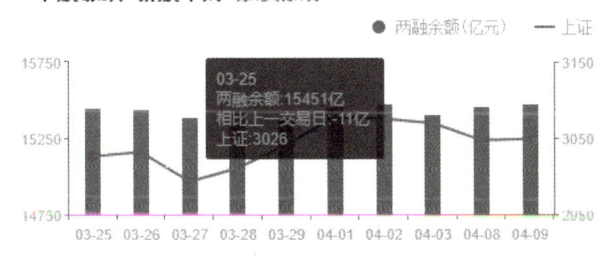

图3-15

综合而言，同花顺首页提供了较为丰富的行情信息，投资者在使用同花顺PC版客户端时，可以多多关注首页信息，了解整体市场情况。

3.2 使用同花顺分析大盘行情

对于想要进入股票市场的投资者来说，首先需要学习的就是如何看大盘，因为大盘能够科学地反映整个股票市场的行情，从大盘指数的涨跌可以判断股市整体的涨跌或股价走势，也可以判断市场中投资者的倾向，以及股市总体价格。一般情况下，大盘指数处于上涨趋势时，大部分个股是上涨的；反之，大盘指数下跌时，大部分个股是下跌的。

因此大盘行情的分析，对于投资者而言至关重要，因为它能够反映整个市场的走势和情绪，为投资者提供决策依据。通过深入分析大盘行情，投资者可以更好地把握市场趋势，避免盲目跟风，降低投资风险。

A股的大盘通常指的是上海证券交易所的上证指数（000001）和深圳证券交易所的深证成指（399001），这两个指数是反映A股市场整体走势的重要指标。由于上海证券交易所上市的公司数量多、规模大、影响力强，因此上证指数常被用作代表A股市场整体表现的重要参考。

下面我们将介绍如何通过同花顺软件相关功能对大盘行情进行查看和分析。

3.2.1 大盘分时走势与K线走势

前面提到，上证指数和深证成指常被用作代表A股市场整体表现，因此，要想了解大盘的行情走势，投资者可以观察大盘指数的分时走势和K线走势。下面介绍大盘分时走势和K线走势的具体功能和使用方法。

1. 大盘分时走势

投资者可在"首页"→"综合看盘"中双击"上证指数"选项卡，进入上证指数分时走势页面；使用同花顺键盘精灵功能，在键盘上直接输入"03"，并按Enter键，也可点击进入上证指数分时走势页面（深证成指为"04"）。

在图3-16中可以看到，在大盘分时走势图中有领先线和最新线两根线，领先线是黄线，代表所有成份股的算术平均涨幅，最新线是白线（或蓝线），代表所有成份股的加权平均涨幅。通过领先线和最新线，投资者可以看清楚上证指数的实时价格走势。

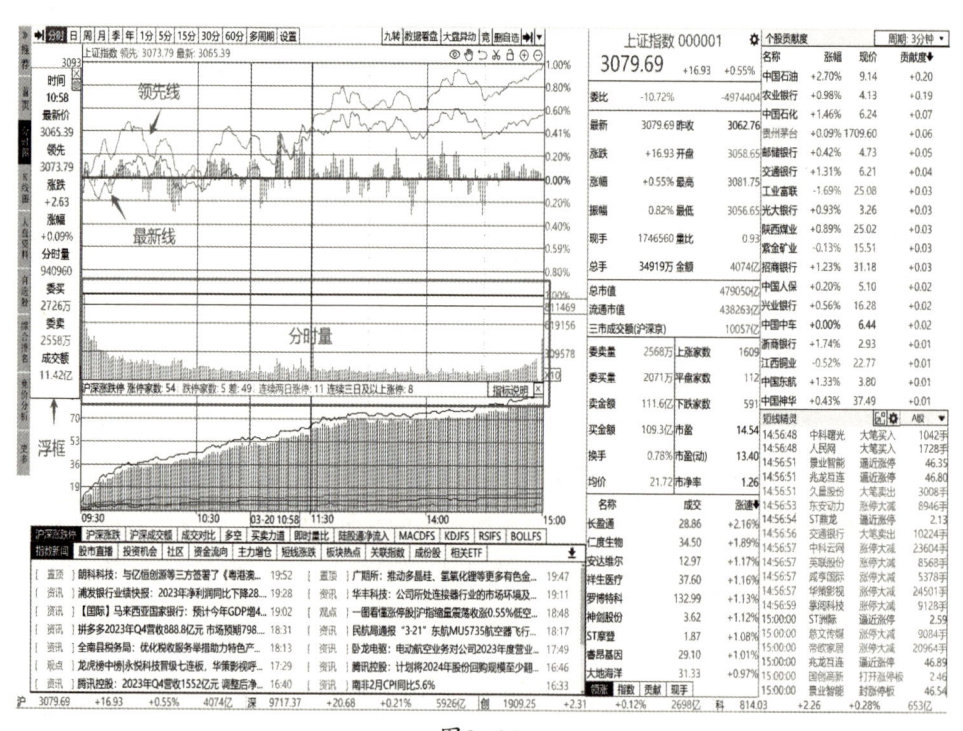

图3-16

分时走势图又称"分时图"，其中间有红绿柱线，代表所有股票买盘与卖盘数量的比例，红柱线较长意味着买盘的力量较强，市场行情向好。

分时图下方也有红绿柱线，此柱线代表分时量，分时量越高，柱线越长，黄色（或红色）柱线代表主动买入量，蓝色（或绿色）柱线代表主动卖出量，买入量越高，说明看多力量越强，市场行情越好。

在分时量柱线下方的指标栏中，同花顺提供了各式各样的大盘行情分析指标，主要包括沪深涨跌停、沪深涨跌、沪深成交额、成交对比、多空、买卖力道、即时量比、陆股通净流入、陆股通主力净流入，以及常用技术指标（MACDFS、KDJFS、RSIFS和BOLLFS）等，如图3-17所示。投资者可以点击切换想看的指标，通过指标数据和图表来判断行情。当不知道所选的指标如何使用时，可以查看指标栏右上角的"指标说明"。

图3-17

此外，分时图下面一栏，除了提供相关的指数新闻、股市直播、投资机会、社区等资讯内容，还有资金流向、主力增仓、短线涨跌、板块热点、关联指数、成份股、相关ETF等与指数相关的模块，投资者可利用这些模块查看市场中的新闻动态，也可以了解行情热点、资金流向等信息，如图3-18所示。

图3-18

大盘分时图的右方盘口模块，则展示了丰富的指数行情数据，包含指数名称及代码、委比、最新报价、涨跌幅等，在此还可以查看当日领涨的成份股、其他相关指数实时行情、指数的成份股对指数涨跌的贡献度情况，以及所有成份股的现手情况，如图3-19所示。

> **Tips** 委比是衡量某一时段买卖盘相对强度的指标，其计算公式是：委比=（委买量-委卖量）/（委买量+委卖量）×100%。其中，委买量是指委托买价最高的前五档买盘之和，委卖量指托卖价最低的前五档卖盘之和。委比的取值范围为-100%到+100%，当委比为正值并且数值较大时，说明市场买盘强劲。当委比值为负值并且数值较大时，说明市场抛盘较强。

075

图3-19

除此之外,在分时主图右侧点击向下箭头,选择"分时+报价+贡献度"的布局模式,可以查看位于右下角的"短线精灵"模块,实时监控A股或当前指数所有成份股的涨跌、成交、盘口、资金流向及板块热点,以迅速发现异动信息,及时把握市场机会,如图3-20所示。

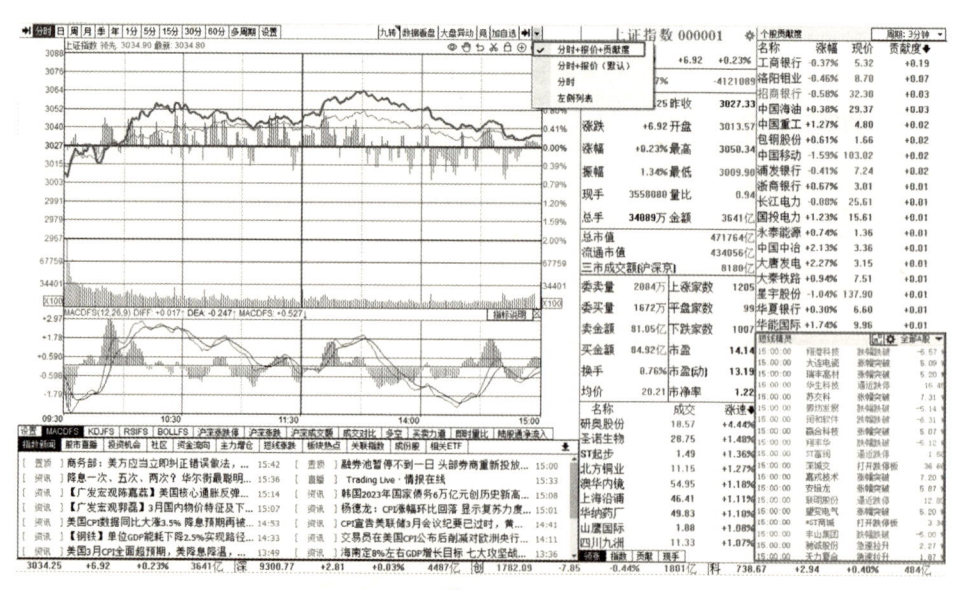

图3-20

大盘分时图页面非常详细地呈现了当日大盘行情的数据信息，投资者可以根据自身的习惯，了解相关行情走势。下面我们继续介绍几个非常实用的同花顺软件大盘行情分析功能。

【九转】九转是指九转指标，其核心功能为，发现当前股价走势的拐点，提高抄底、逃顶的成功率。同花顺问财大数据回测显示，九转指标基于个股逃顶和抄底的成功率为68.6%，基于指数逃顶和抄底的成功率为75.6%。投资者在点击使用该指标时，若指标出现"9"信号时，说明股价转向的可能性较大，如图3-21所示。

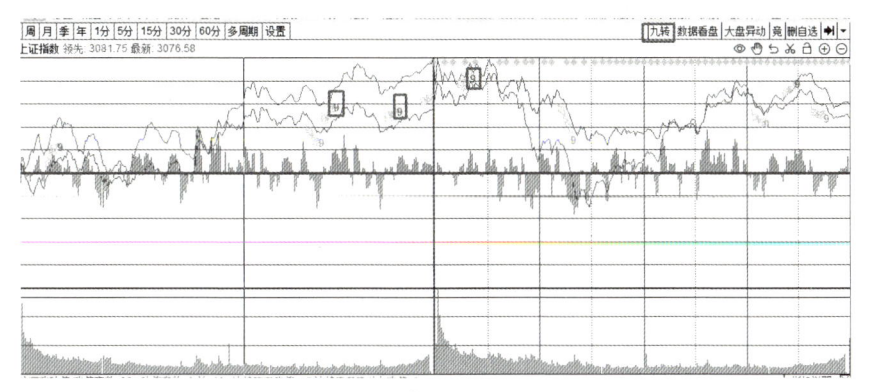

图3-21

【数据看盘】在分时图的右上方，有"数据看盘"选项卡，点击该选项卡，页面会自动跳转至数据看盘窗口页面。前面我们已经介绍过"数据看盘"窗口页面的相关功能了，此处不再赘述。不过大盘分时图中提供了快捷跳转选项卡，投资者可以利用起来。

【大盘异动】点击"大盘异动"选项卡，或按空格键，会弹出大盘出现异动的具体原因，投资者可以发现市场的热点和下挫的概念板块，及时了解行情异动信息，如图3-22所示。

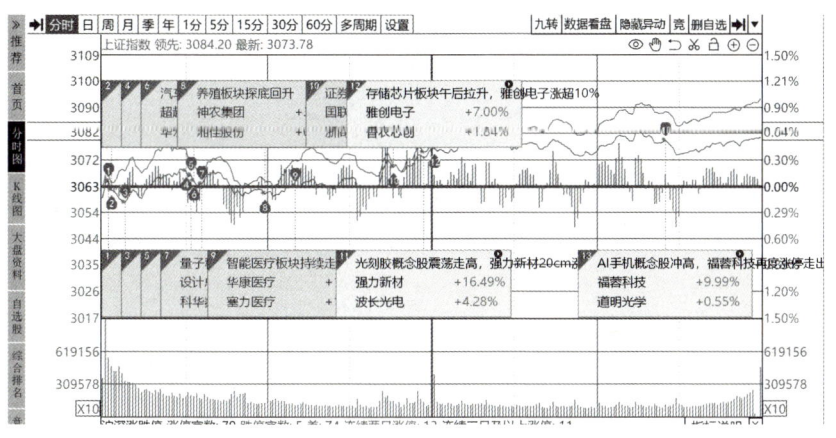

图3-22

此时"大盘异动"选项卡变为"隐藏异动"选项卡，点击选项卡或再次按空格键，可隐藏大盘异动的原因。

【动态强弱看盘模式】除了经典看盘模式，同花顺软件还推出了动态强弱看盘模式。在大盘指数分时图的盘口模块中，点击齿轮（设置）图标，选择"动态强弱看盘"，即可开启相关模式，如图3-23所示。

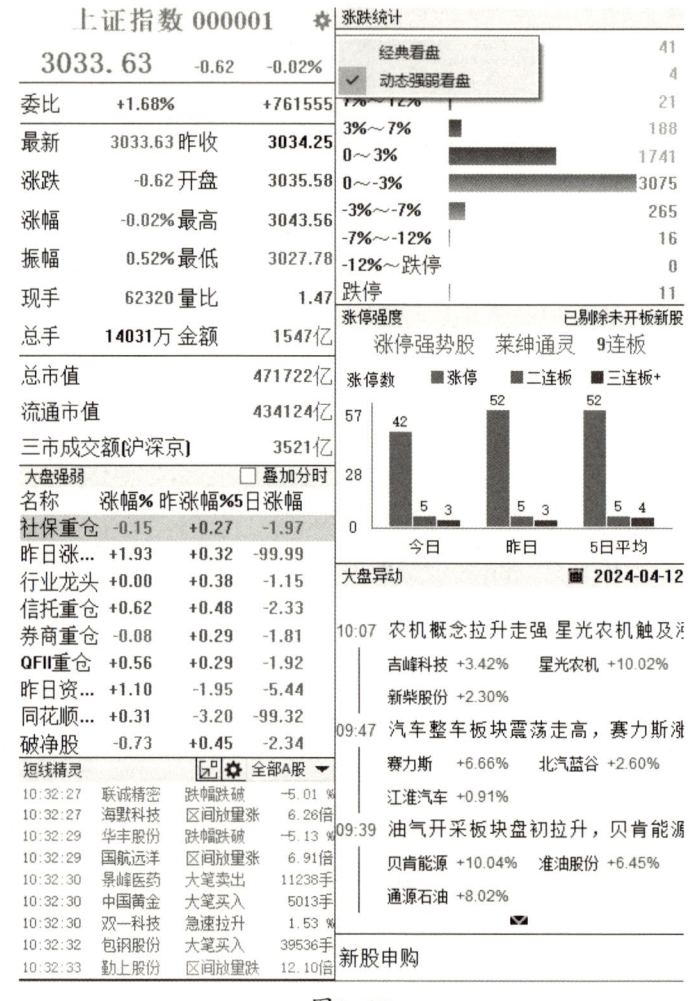

图3-23

在动态强弱看盘模式下，投资者可以实时地看到上证指数所有成份股的涨跌统计、大盘异动、新股申购信息和涨停强度统计图，直观感受当前市场行情和大盘走势。

2. 大盘K线走势

一般来说，大盘分时走势主要用于分析当日大盘行情趋势的变化情况，而大盘K线走势则用于分析历史走势和预测未来行情的变化趋势。

分析大盘K线走势一般用上证指数或深证成指的K线走势图，K线有日K线、周K线、月K线、季K线、年K线，以及分钟K线等。K线走势图又称"K线图"

以日K线为例，一根日K线包含了一天的开盘价、收盘价、最高价、最低价四个价格。在开盘价和收盘价之间的价格为K线的实体，若收盘价高于开盘价，则用红色的空心柱表示，若收盘价低于开盘价，则用绿色的实心柱表示。K线实体上方和下方的细柱，则为最高价和最低价距实体的价格。大盘K线图是用来表示大盘指数价格变化走势的图表。

投资者可以在大盘分时图页面，通过以下方式进入大盘K线图页面。

（1）点击分时图右上方的"日"字选项卡，或使用键盘精灵输入"36"后按Enter键进入大盘K线图页面。

（2）双击分时图页面，可直接进入大盘K线图页面。

（3）点击左侧"K线图"选项卡，进入大盘K线图页面。

（4）按F5或Enter键直接进入大盘K线图页面。

从图3-24中可以看到，大盘K线图页面与大盘分时图页面在布局、信息呈现上差异不大。此处我们不赘述K线图页面的基本信息，主要介绍一些方便投资者分析行情的实用功能。

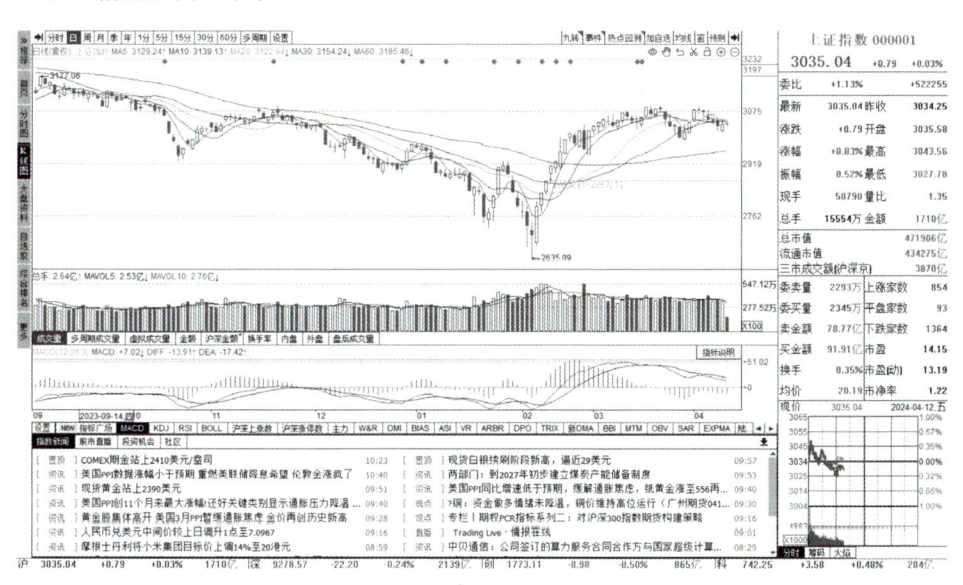

图3-24

【事件】点击K线图右上方的"事件"选项卡（按"Alt+空格键"组合键可快速调用），K线主图上会弹出不同时间点上的重点事件，帮助投资者了解和回顾历史大盘重要消息，如图3-25所示。

图3-25

【热点回溯】点击"热点回溯"选项卡，K线图上会弹出过去一段时间内市场中的热点板块和个股的行情信息，帮助投资者了解或回顾近期出现的热点和龙头股情况，挖掘潜在机会，如图3-26所示。

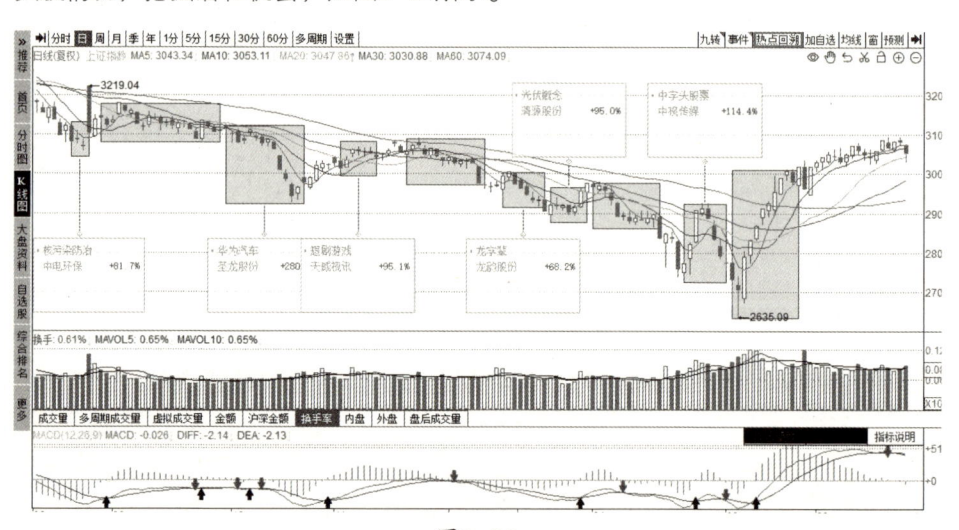

图3-26

【预测】预测功能是同花顺推出的一项重要功能，其原理是，依照当前指数或个股近期的K线形态，找出市场中所有指数或个股在历史上与之相似的所有形态，并通过统计多个相似形态后面的K线走势，对当前指数或个股未来走势进行预测。

点击"预测"选项卡，上证指数的K线图中会显示形态源（即近期的K线形态）、预测图，以及形态预测的参数设置窗口，如图3-27所示。

图3-27

如图3-28所示，在形态预测对话框中，投资者可以看到所匹配到的相似形态的代码，在此可以设置匹配度、匹配周期数、预测周期数，还可以增加参数设定，如增加成交量匹配、增加均线匹配。在数据的开始和结束时间、匹配的范围等参数设置完成之后，点击"重新预测"按钮，可以获得新的形态预测结果。

点击形态预测对话框左下方的"收益"按钮，会弹出收益测算对话框，如图3-29所示，投资者可以设置想要了解的收益情况，如3个周期内最高收益率大于2.0%的预测概率，点击"测算"按钮，得到的测算结果为概率为0.0%，说明从根据历史数据匹配得出来的形态预测的结果来看，未来该指数在3个周期内涨幅超过2.0%的可能性为0.0%。需要注意的是，形态预测仅仅是根据过往历史数据来进行大数据匹配，以分析指数或个股的未来走势，不代表真实情况，也不作为投资建议。投资者需要谨慎看待预测结果，根据实际情况做出投资决策。

图3-28

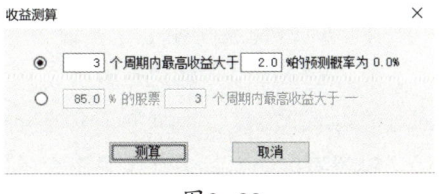

图3-29

以上是在同花顺软件中查看大盘分时图和大盘K线图、分析大盘行情的一些基础用法和特色功能介绍，建议投资者尤其是新手多多使用，了解和熟悉大盘分时图和K线图所呈现的信息，以及同花顺实用行情分析功能的使用方法，从而提高看盘和行情分析能力，快速把握市场大盘的行情走势，成为看盘高手。

3.2.2 资金流向

资金流向是影响A股市场涨跌的直接因素，因此，了解资金流向对于大盘行情分析判断具有非常重要的意义。

同花顺在A股市场实时交易数据的基础上，统计相关资金流向情况，投资者可以通过这些资金的流向统计结果，对大盘行情走势进行判断分析。

1. 大盘资金流向

打开同花顺PC版客户端，点击工具栏中的"数据"图标，进入数据页面后点击"资金流向"选项卡，即可查看A股市场中的资金流向情况，如图3-30所示。

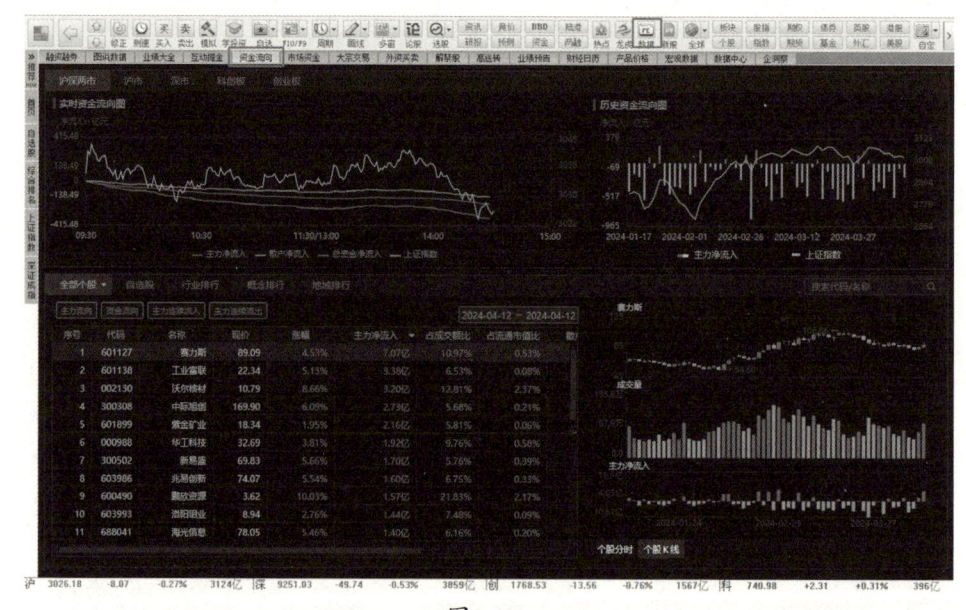

图3-30

在该页面中，投资者可以查看沪深两市、沪市、深市，以及科创板和创业板等的当日实时资金流向图和历史资金流向图。

【实时资金流向图】在实时资金流向图中，投资者可以看到主力资金净流入、散户资金净流入和总资金净流入的曲线图，这些资金的流向反映了投资者们对当前市场的态度，也决定了市场行情的走势。

投资者应该尤其关注主力资金的净流入情况。当主力资金流入时（即主力资金净流入为正时），通常意味着这些大资金持有者看好市场或个股的前景，愿意投入更多资金进行购买，从而推动股价上涨。相反，当主力资金流出时（即主力资金净流入为负时），可能意味着这些大资金持有者对市场或个股的未来持悲观态度，选择撤离，进而导致股价下跌。

【历史资金流向图】历史资金流向图主要呈现了过去三个月主力资金净流入的数据情况，投资者可以根据历史数据来评估主力资金对于市场的态度，进一步把握主力资金的运动规律。

2. 北向资金流向

点击工具栏中的"陆港"按钮，进入"陆港通"页面后点击"资金分析"选项卡，可查看北向资金和南向资金的数据情况，如图3-31所示。

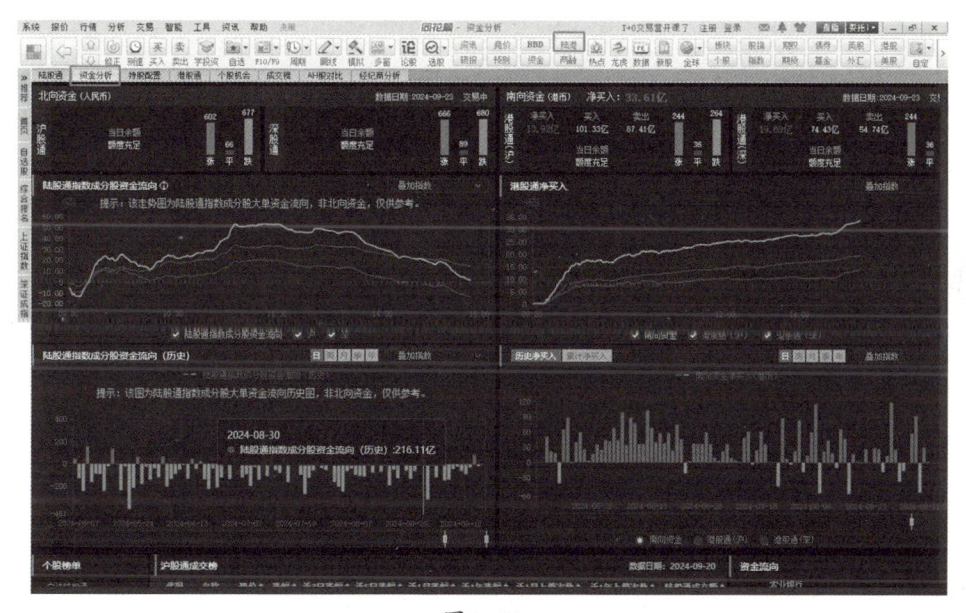

图3-31

北向资金，即指通过香港交易所投资内地股票市场的境外资金。这部分资金也被有些人称作"聪明资金"，因为它们的投资策略相对专业，注重价值投资，主要关注公司基本面而非短期波动。在一定程度上，北向资金的流入和流出往往被视为外资对A股市场的看法和预期的风向标。其流入通常被视为利好消息，反映了外资对A股的信心和乐观，A股大盘更容易出现上涨；而其流出则可能意味着外资对A股的担忧和谨慎，A股大盘可能出现下跌。

因港交所北向资金实时变化披露规则调整，从2024年5月13日开始港交所不再提供北向资金的相关实时信息，但投资者仍可以根据陆股通指数成份股资金流向等走势图，研判出北向资金的相关动向。

南向资金则是指从上海证券交易所和深圳证券交易所流入香港市场的资金。南向资金的流动通常意味着内地投资者对香港股市的前景持乐观态度，他们通过沪港通和深港通买入香港联合交易所的股票，导致资金流向香港市场，同时也有可能导致A股市场资金面紧张，降低A股股票的交易活跃度，会对股价产生一定的压力。

投资者应多多关注两种资金尤其是北向资金的动向，了解外资主力对于A股市场的态度及其具体流向，这有助于投资者综合研判大盘的行情走势和把握板块、个股的机会。

> **Tips** 陆港通，即内地与香港股票市场的互联互通机制。两市的互联互通机制始于2014年，在这种机制下，两地的投资者可以通过在对方所在地设立的证券交易服务公司，买卖规定范围内的对方交易所上市的股票。根据资金流向，陆港通可以分为陆股通和港股通。陆股通主要是指投资者委托香港经纪商，经由香港联合交易所在上海或深圳设立的证券交易服务公司，向上海证券交易所或深圳证券交易所进行申报（买卖盘传递），买卖陆港通规定范围内的上海证券交易所或深圳证券交易所上市的股票，可进一步细分为沪股通和深股通。港股通则是指投资者委托内地证券公司，经由上海证券交易所或深圳证券交易所在香港设立的证券交易服务公司，向香港联合交易所进行申报（买卖盘传递），买卖规定范围内的香港联合交易所上市的股票。

3. 两融余额变化

我们通过融资融券余额的变化可以判断市场行情走势。具体来说，融资余额是投资者借入资金购买股票的金额，融券余额是投资者借入股票卖出的金额。融资融券余额的变化可以反映市场的情绪和投资者的行为，从而影响股市的走势。因此投资者可以通过同花顺提供的两融余额数据来研判大盘行情。

点击工具栏中的"两融"按钮，进入两融页面，可以查看融资余额、融券余额的曲线图和历史数据情况，如图3-32所示。

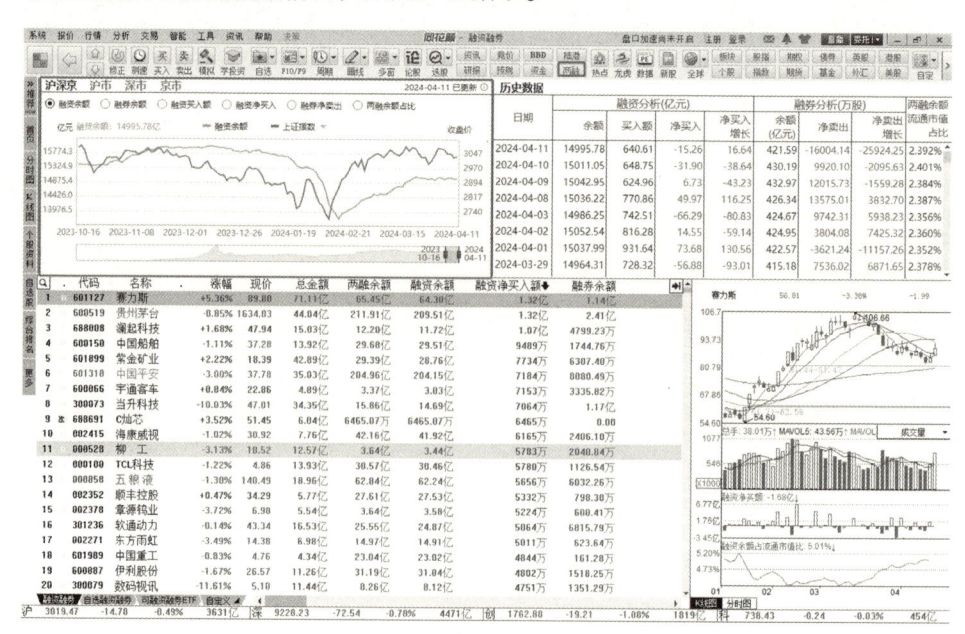

图3-32

融资余额的变化可以揭示市场中的资金流动情况，并反映出行情的变化趋势。融资余额的增加可能意味着有更多的资金流入市场，为市场提供了更强的流动性，有助于推动市场行情上涨。而融资余额的减少则可能意味着资金正在流出市场，市场流动性弱，可能会对市场行情产生不利影响。

同样，融券余额的变化也可以反映市场的行情，一般与融券余额变化和行情走势呈负相关性。不过由于A股市场中融资余额规模远远大于融券余额规模（据2024年4月12日数据，融资余额约为14 995亿元，而融券余额仅约为421.59亿元），因此综合来说，两融余额的增加，往往代表着交投活跃、行情看涨，投资者可以根据融资余额或两融余额的资金变化情况，来分析判断市场行情。

4. BBD指标

同花顺BBD指标（沪深多空趋势）系统是在沪深实时资金数据的基础上，利用统计学原理对资金进行系统划分和归类，并结合基金和私募等机构的资金进出规律，深挖出主力资金数据，将沪深市场所有A股的大买单与大卖单差值（大单净差）作为一个衡量市场中主力资金多空力度的指标，指引后市的涨跌，被誉为"大盘走势的先知"，投资者可以多加使用。

点击工具栏上的"BBD"按钮，即可进入沪深BBD页面，如图3-33所示。

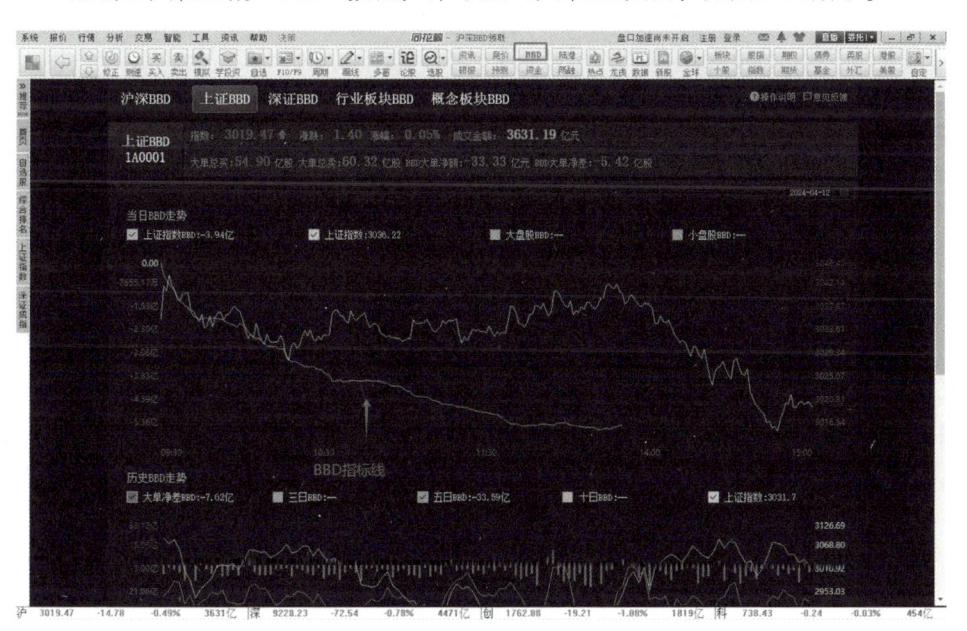

图3-33

在上证BBD选项卡页面，可以看到当日上证BBD（即上证A股的大单净差）的分时图情况和历史BBD走势情况。

在当日BBD走势图中，上证指数BBD的指标线以黄线显示，BBD指标的具体用法如下。

（1）若BBD指标线为正且呈现不断上扬走势，表明市场目前多方占优势。

（2）若BBD指标线为负且呈现不断下探走势，表明市场目前空方占优势。

（3）若BBD指标线在某一水平位置附近震荡，表明多空双方处于对峙状态，多空趋势需进一步明确。

而在历史BBD走势图（见图3-34）中，同花顺BBD系统将复杂的资金数据简化成"红绿柱"系统：红色代表主力资金流入，预示后市上涨；"绿色"代表资金数据流出，预示后市下跌！

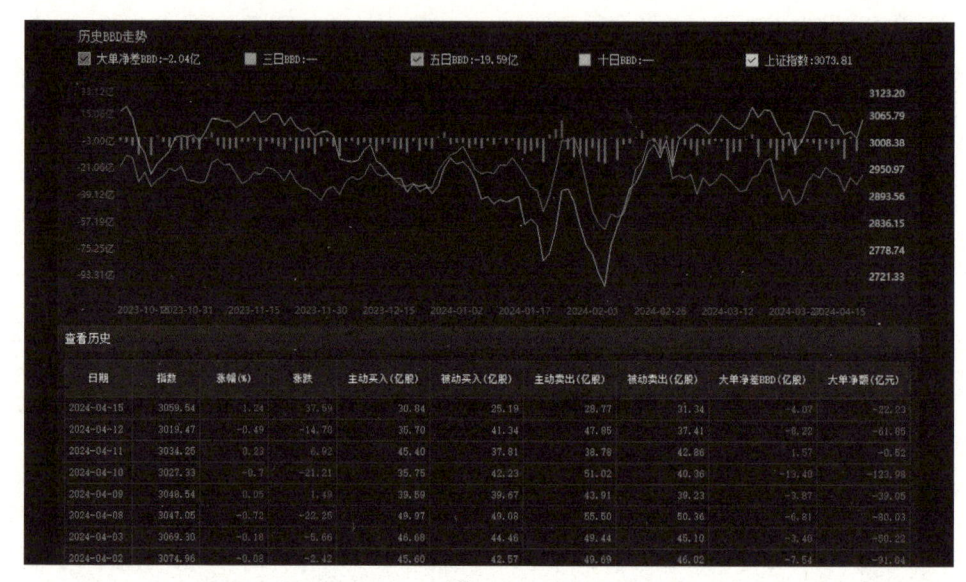

图3-34

在页面下方的表格中，还显示了历史上具体某一日的BBD数据情况，投资者可以查找相关数据进行复盘研究。

除了上证BBD和深证BBD，同花顺BBD系统还提供了行业板块BBD和概念板块BBD的功能，方便投资者了解具体某个板块的BBD情况，分析其主力资金流向，从而研判板块行情，助力投资者抓住热点板块和主力板块。

5. 使用同花顺App查看大盘资金流向

前面介绍了在同花顺PC版客户端查询、了解资金流向情况的功能说明，在同花顺App中，提供了更为简洁、全面的资金流向行情数据。

打开同花顺App，点击"行情"菜单，在"A股"→"大盘"页面中，上滑页面可以找到"资金流向"内容，投资者在这里可以查看关于"北向资金""大盘资金""增减持"等资金数据的当日实时情况和近半年历史数据，如图3-35所示。

每个图表下方都提供了相关的用法解读，使用起来非常方便。

点击该卡片右侧的"更多"按钮，还有"融资融券""新增开户""市场融资情况""限售解禁""新增基金规模"等图表可供选择，投资者可以根据自身所需，综合查看这些图表，了解资金的具体流向，进而研判大盘的行情走势，如图3-36所示。

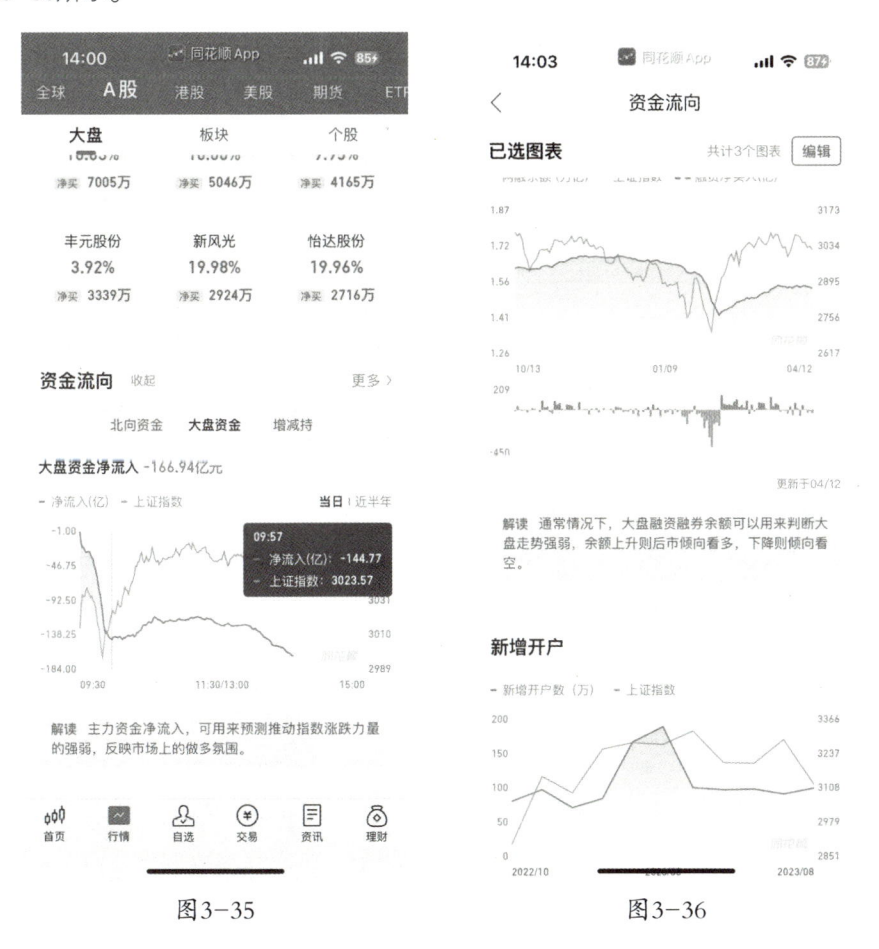

图3-35

图3-36

3.2.3 市场情绪

行情是千千万万个投资者的具体交易塑造的，而每个人的决策都会受到一系列投资情绪和其他人决策的影响。因此，通过了解市场情绪的信息，可以判断大盘行情的动向。

股市轮番上演的涨停、跌停、涨停炸板、跌停翘板，在一定程度上反映了市场的情绪。因此把近期涨停过、跌停过的股票组合起来，组成一个股票池，通过股票池指数的涨跌，可以判断短线情绪的好坏。这是同花顺推出的"同花顺情绪指数"背后的原理。

同花顺情绪指数的股票池由近五个交易日涨停过或跌停过的股票组成，通过每天更新该股票池（去除ST和新股）来保证指数的实时性。

使用键盘精灵输入"883404"或"THSQXZS",或直接输入"同花顺情绪指数",按Enter键即可进入同花顺情绪指数的分时图页面,如图3-37所示。

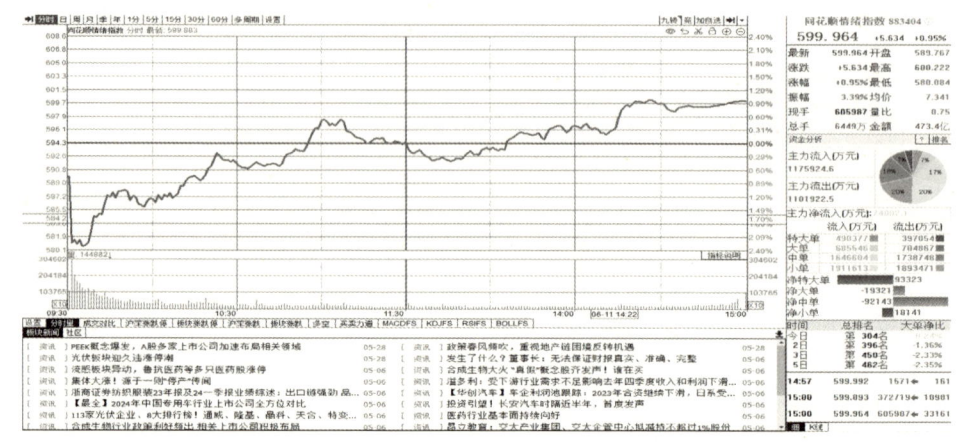

图3-37

通过该指数的分时图和K线图,投资者可以判断当日或近期市场短线情绪的变化情况,且可以将该指数添加至自选股中,以便随时了解市场情绪情况和赚钱效应。当然,判断市场情绪,光靠"同花顺情绪指标"还不够,投资者还应该结合融资买入额占比、市场换手率、沪深两市成交额及北上资金净流入额来判断。

在同花顺App中,也有关于大盘市场情绪的走势图。

打开同花顺App,点击"行情"菜单,在"A股"→"大盘"页面中,上滑页面可以找到"市场情绪"的卡片内容,如图3-38所示。该卡片内容不仅包括大盘、上证50情绪、创成长等当日或历史市场情绪走势图,还在"更多"中有科创50、中证红利、深证100等指数的市场情绪走势图,投资者不仅可以将该卡片内容与"同花顺情绪指数"综合使用来研判大盘整体的市场情绪,还可以了解不同板块的市场情绪,从中寻找市场情绪的信号,以更好地择时、选股,提高胜率。

3.2.4 市场估值

通常来说,市场估值被认为是市场情绪的温度计,我们常用指数的市盈率或市净率来反映市场估值的高低,指数的市盈率(PE)=全部成份股的市值之和/全部成份股的收益之和;指数的市净率(PB)=全部成份股的市值之和/全部成份股的净资产之和。对于市场指数而言,估值水平越高,说明投资者认为其潜在价值越高,愿意用更高的价格买入。

投资者可以通过市场估值、估值分位点来判断市场是处于高位还是低位,研判大盘的行情。

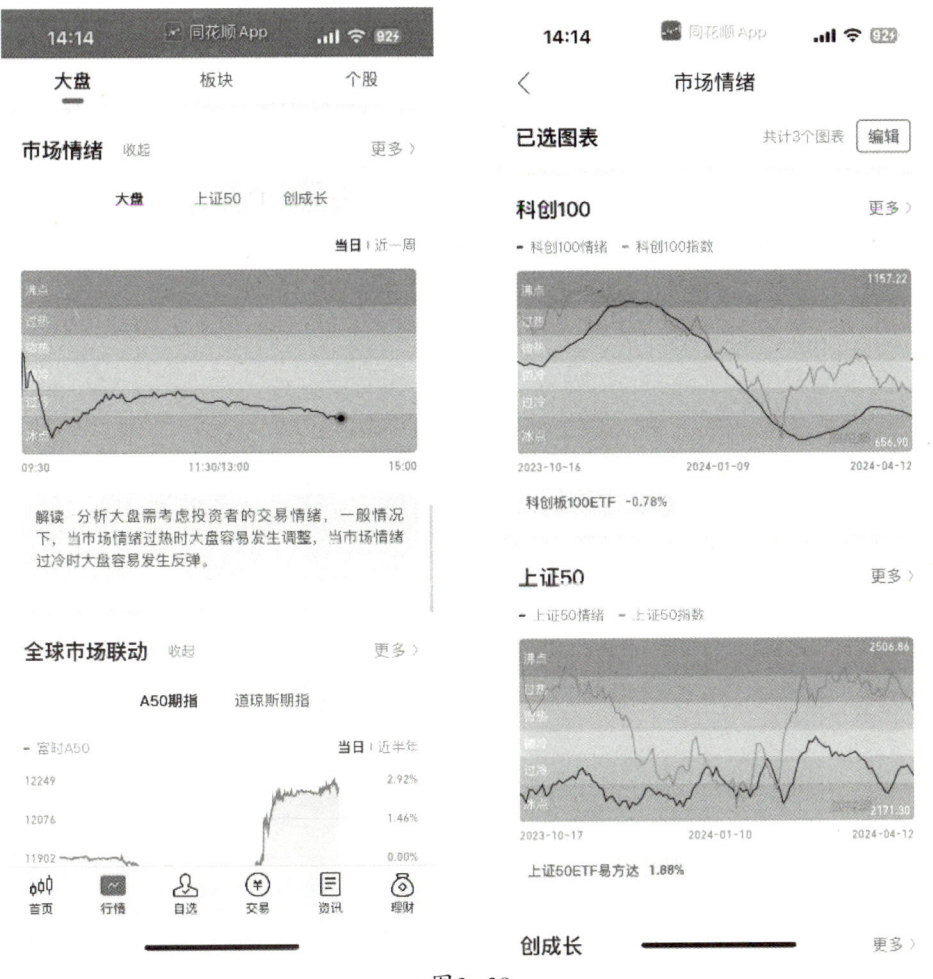

图3-38

点击工具栏中的"数据"图标，进入数据页面后点击"市场资金"选项卡，即可查看有关A股的实时估值情况和估值分位点，同时还可以获得同花顺系统对于当前大盘行情宏观方面的解析，如图3-39所示。

可以看到，在该页面的第一排中，呈现了当前市场的宏观情况，包括宏观概览、逻辑详解和宏观总结，投资者可以了解市场的风险评级、市场估值（上证PE、PB）概况、货币流动性情况。

第二排提供了指数估值、估值分位点，以及中位值、风险值的相关情况和具体走势图，投资者可以非常直观地了解当前市场是被高估还是被低估、市场风险评级情况等，以对市场行情进行大致的判断分析，避免陷入"高买低卖"的陷阱。

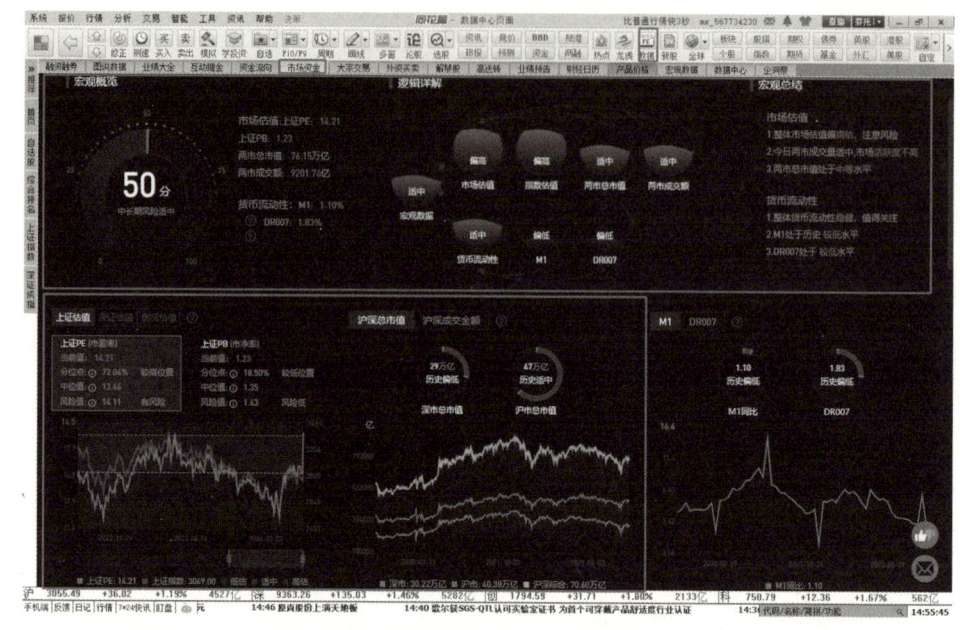

图3-39

在同花顺App的行情页面，投资者也可以找到"市场估值"的内容，快速了解当前A股、港股、美股等不同市场的估值情况，判断市场的行情，如图3-40所示。

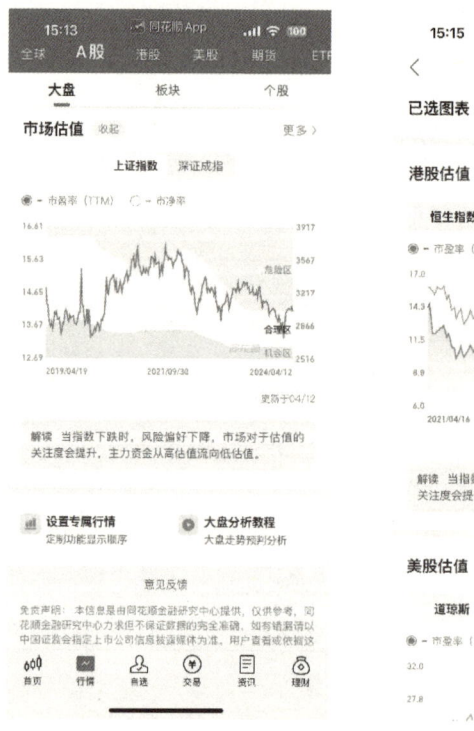

图3-40

3.3 使用同花顺分析板块行情

刚开始炒股的投资者，一定会经常听到行业板块和概念板块这两个名词，但不一定能分清它们的区别。

其实，行业板块指的是经济活动中的大类别，反映了不同行业或领域的公司集合。常见的行业板块包括金融、能源、科技、医疗等。而概念板块通常指的是特定时期或事件下受到市场关注和投资的行业或公司。简单来说，行业板块是相对稳定和长期存在的，代表了不同的经济活动领域，而概念板块则只在特定时期或事件下暂时受到市场关注的领域。

Tips 目前A股上市公司的行业分类主要有三大体系，分别是证监会行业分类、中证行业分类和申万行业分类。证监会行业分类是中国证监会为方便管理而制定的行业分类体系，共计有19个一级类别和91个二级类别（2023年下半年信息）；中证行业分类是中证指数有限公司推出的行业分类体系，共分为四级，计有11个一级行业、35个二级行业、98个三级行业和260个四级行业；申万行业分类是上海申银万国证券研究所有限公司推出的行业分类体系，包含31个一级行业、134个二级行业、346个三级行业。具体行业分类结果投资者可以进入相关官网进行查询。同花顺软件中的行业分类体系综合了三大体系并进行了优化，包含了76个一级行业和205个二级行业（2024年5月信息），更具实操性。

在了解了大盘行情之后，可以更进一步去了解市场的板块行情并进行分析。为什么要进行板块行情分析呢？

首先，板块行情分析能够帮助投资者更好地理解市场趋势和变化。不同板块在市场中的表现可能大相径庭，有些板块可能受到宏观经济和政策环境的积极影响而表现出色，而有些板块则可能面临困境。通过对板块行情的深入分析，投资者可以把握市场的整体趋势，从而做出更明智的投资决策。

其次，板块行情分析有助于投资者识别出具有投资潜力的板块和个股。板块内部往往存在龙头股和活跃股，这些个股的表现往往能够引领整个板块的走势。通过板块行情分析，投资者可以发掘这些具有潜力的个股，从而把握投资机会。同时，板块内部的个股之间往往存在一定的关联性，投资者可以通过板块分析，把握个股之间的联动效应，提高投资效率。

再次，不同的板块和个股具有不同的风险收益特征，投资者可以根据自己的风险承受能力和投资目标，选择适合自己的投资板块和个股，从而构建一个多元化的投资组合，降低整体投资风险。

最后，板块行情分析可以帮助投资者更加高效地跟踪市场动态和变化。通过对板块的持续关注和分析，投资者可以及时了解市场中的最新信息和变化趋势，从而快速做出反应，调整自己的投资策略。这有助于投资者在市场中保持敏锐的观察力和判断力，提高投资效率。

接下来的内容中，我们来具体介绍通过同花顺软件相关功能对板块行情进行查看和分析的实际操作步骤。

3.3.1 热点板块

点击同花顺PC版客户端顶部工具栏中的"板块"按钮，就可以进入板块页面。对于投资者来说，要想了解板块的行情，第一步可查看当前的热点板块是什么。

在"板块热点"页面，投资者可以看到今日热点板块的行情信息，如图3-41所示。

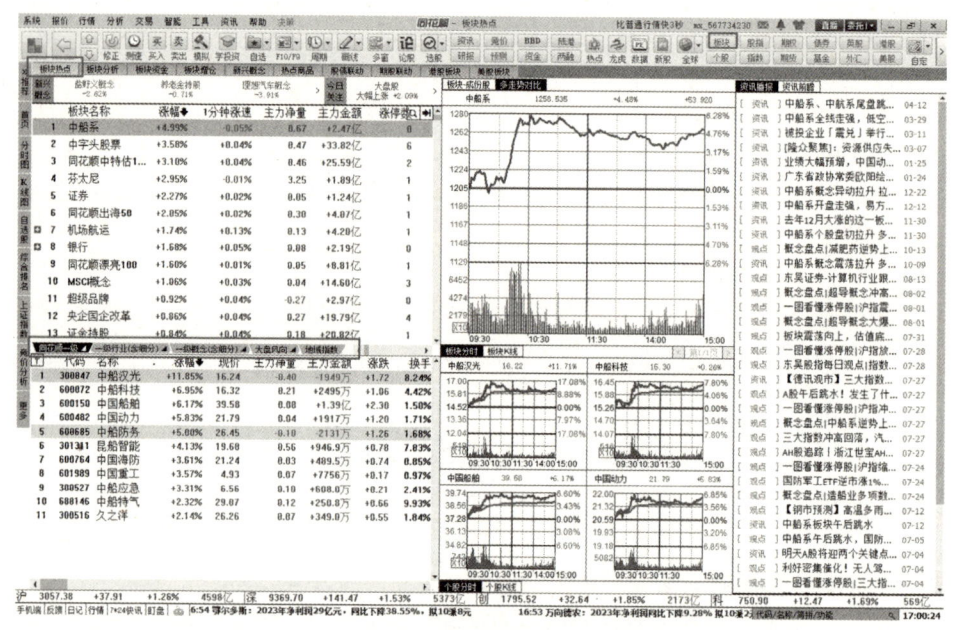

图3-41

在该页面的左侧，是今日涨幅靠前的板块以及它的成份股报价列表。投资者还可以点击板块列表单元下方的选项卡，以便自由切换板块分类，查看不同板块分类下（如行业板块或概念板块下）的板块报价列表。

在该页面的中间是板块的分时图以及对应成份股的分时图，投资者也可以通过单元下方的横向表头项标签，进行板块和个股K线的切换。

在页面的右侧，则是与选中板块相关的资讯播报，它会呈现与该板块有关的所有新闻资讯、观点评论等内容。而资讯前瞻中会呈现未来一段时间内可能出现的重要的新闻事件以及可能受益板块，为投资者提早进行板块布局提供信息。

点击进入"板块分析"子页面，可以看到关于热点板块更详细的信息，如图3-42所示。

图3-42

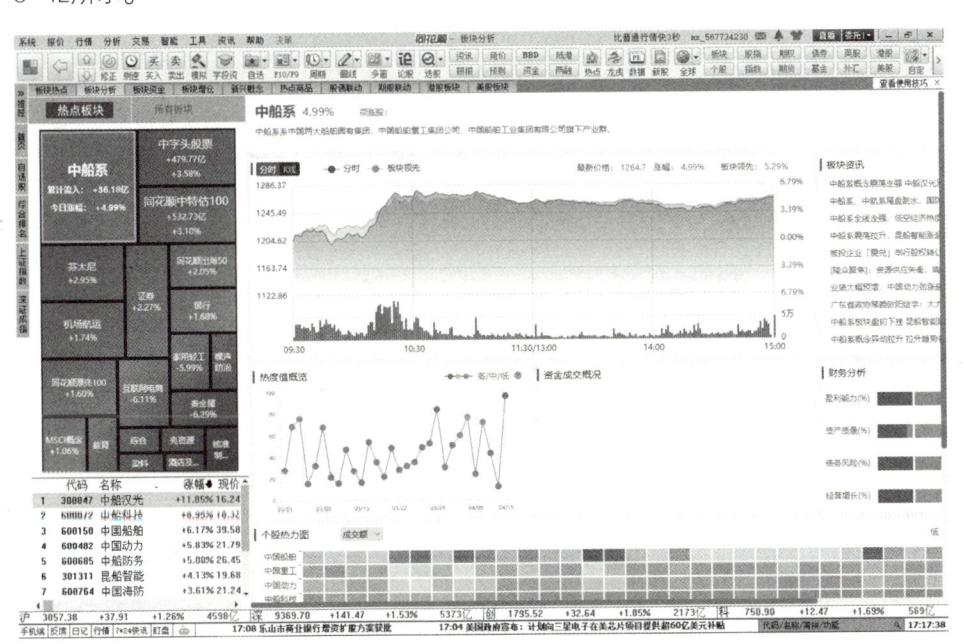

页面左侧单元的热力图，以方块的形式向投资者展示了今日表现最好的一系列板块和表现最差的一系列板块，投资者可以通过点击这些方块，查看其成份股的行情列表。

点击该单元右侧的"所有板块"选项卡，热点板块会切换成气泡图形式，投资者可以选择时间周期，自定义横坐标和纵坐标，并通过气泡位置分布来判断横纵坐标之间的关联性。

如图3-43所示，页面中间是分时图和K线图，分时模式下蓝线代表的是该板块所有股票的分时日均走势，表示所有股票的平均走势，而黄线表示分时股票的加权走势。一般来说，蓝线在上方，说明该板块中市值低的股票比较活跃，蓝线在下方，说明该板块中市值高的股票比较活跃。投资者可以根据两种线的位置，来筛选板块内的异动强势股。

K线模式展示了板块走势的历史表现，页面左上角有"技术形态点"开关，点击开启"技术形态点"，就能自动显示该板块K线图在历史上出现的技术形态。其中的红点表示利好的技术形态，绿点表示利空的技术形态，白点则表示不能判断的技术形态。将鼠标光标移动到具体点上，则会展示出具体的信息，如图3-44所示。

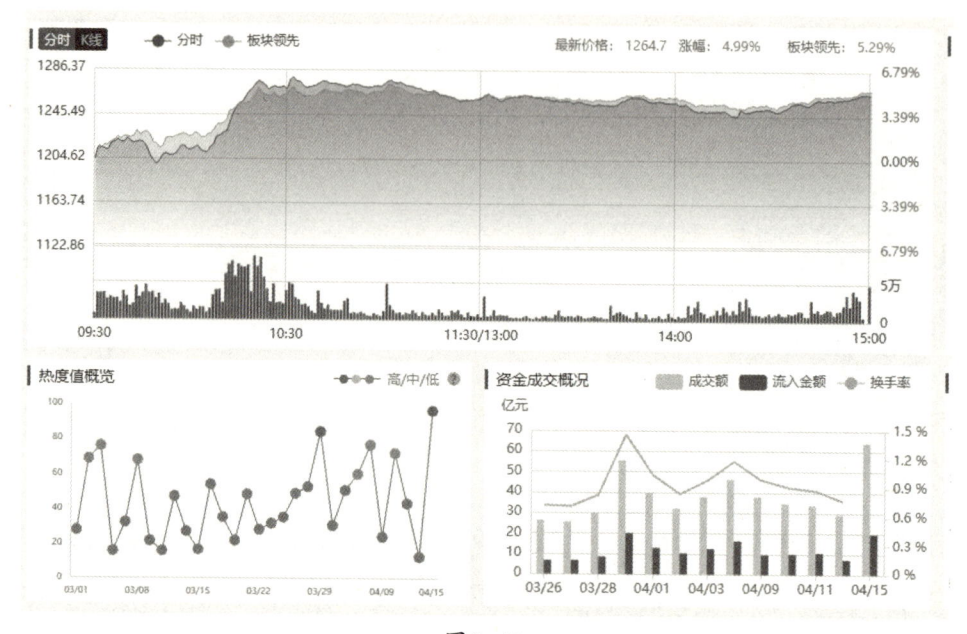

图3-43

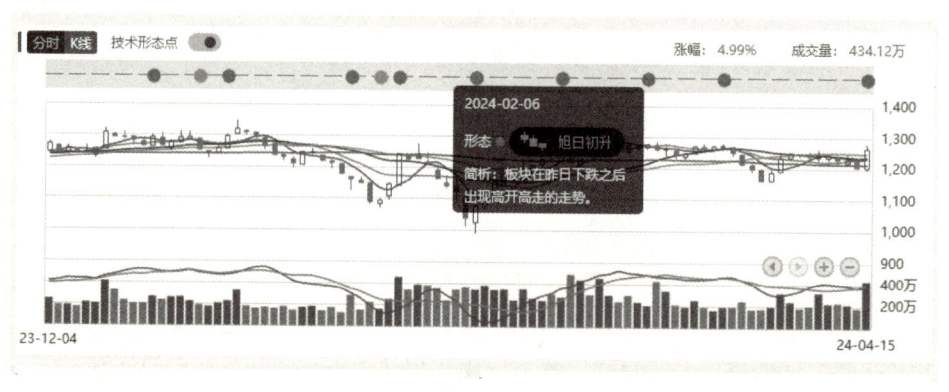

图3-44

页面中间的热度值单元，展示当天热度的具体数据，该数据值与板块当天实际涨跌幅和涨跌幅排名有关。板块当天的表现得越好，对应的分值就越高。我们可以移动鼠标光标到小圆圈上，查看当前热度的简略信息。

资金成交单元描述的是板块资金的流入流出情况。投资者可以通过换手率的变化，以及大单流入金额占总成交额的比例来了解资金流入情况，如图3-45所示。

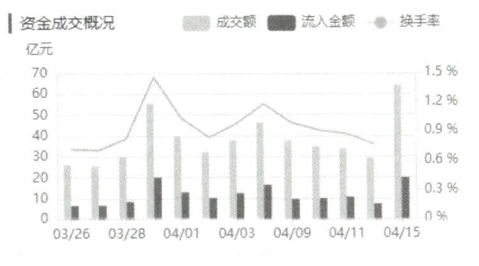

图3-45

财务分析单元是综合板块内所有股票的平均表现，进行板块与板块之间对比之后得到的结论。一般情况下，盈利能力越强越好，资产质量越高越好，债务风险越低越好，经营增长越高越好，将鼠标光标移动到数据项上，弹出的浮框中会显示具体的数值，如图3-46所示。

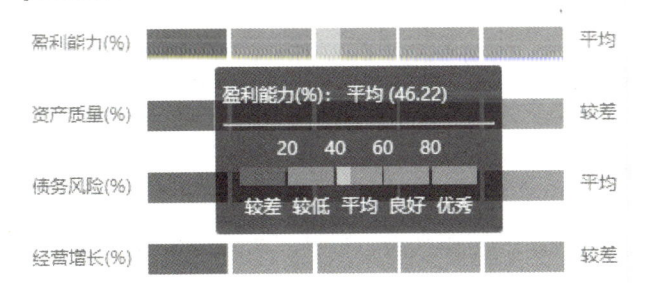

图3-46

最下方是个股热力图，这里展示板块内所有个股的热度，共有四个参数：成交额（默认）、涨跌幅、热度值、换手率，横向代表时间，纵向代表个股。我们在横向观察时，如果某个方块的颜色近期特别暗或者特别亮，则说明该股票可能存在异动。纵向观察时，如果某只股票相较于其他股票表现得更好，其颜色就会更亮。将光标移动到某个方块上，会显示出该方块所代表的日期、个股名称和成交额，如图3-47所示。

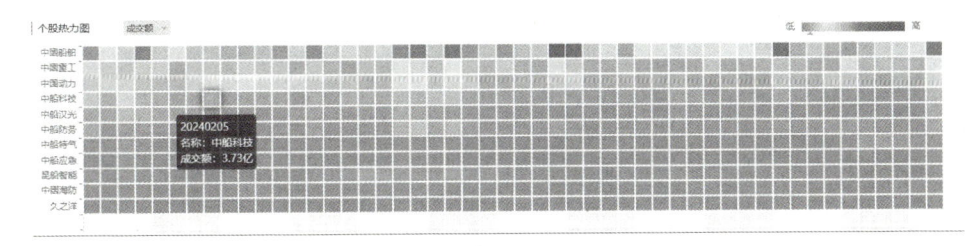

图3-47

综合而言，通过"板块热点"和"板块分析"两个页面，投资者可以掌握当日热点板块的行情数据及热力值情况，了解热点板块的异动原因和领涨股情况，全方位把控市场节奏。

在同花顺App中，投资者可以在行情页面中查看A股当日热点板块，如图3-48所示。值得一提的是，同花顺App将板块分为了四类：行业板块、概念板块、风格板块、地域板块（图中仅显示了后三者），投资者可以通过了解不同类别的板块涨幅情况，把握市场热度和趋势动向，及时发现投资机会。

3.3.2 板块资金

板块的热度主要是由资金流向决定的，当大量资金流入某个板块时，该板块的股票交易会变得更为活跃，股价也可能因此上涨。相反，当资金流出时，板块可能会变得相对冷清，股价可能下跌。因此，投资者在分析板块行情时，应该及时掌握板块资金的情况。

点击同花顺PC版客户端顶部工具栏中的"板块"按钮，进入板块页面，选择"板块资金"选项卡，即可查看当前板块资金流向实时数据，如图3-49所示。

图3-48

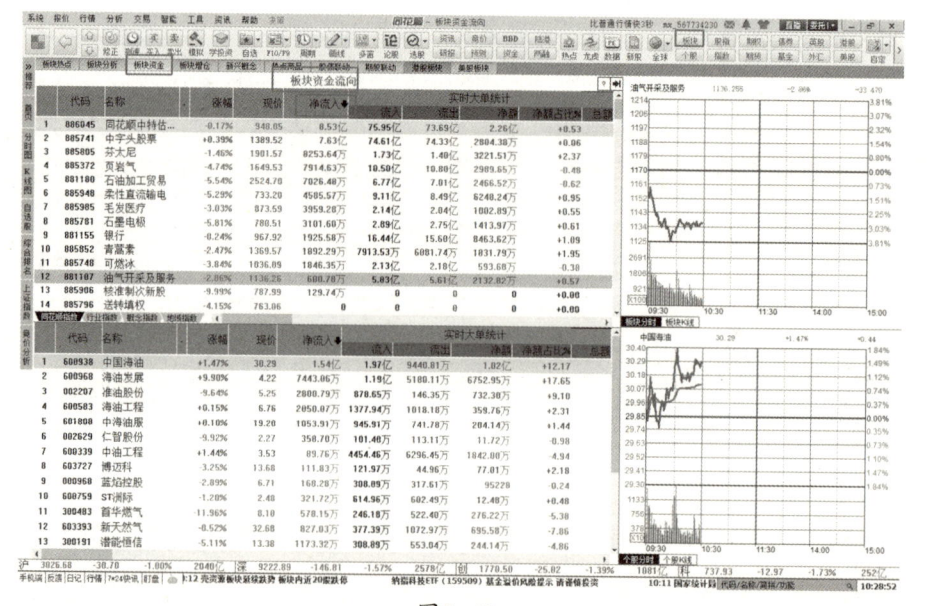

图3-49

投资者在该页面左侧可以看到板块资金流向情况，包括净流入排名靠前的板块及其净流入排名靠前的成份股，在页面右侧则是该板块及个股的分时图和K线图情况。

进入"板块增仓"子页面，即可查看当前板块主力增仓的实时数据情况，如图3-50所示。

图3-50

在该页面中，系统根据今日增仓占比对所有板块及其个股进行排名，投资者可以查看、了解主力资金流向了哪些板块，把握主力资金的偏好，提前做好投资布局。

在同花顺App中，投资者可以点击"行情"菜单，在"A股"→"板块"页面中查看主力资金流入板块的情况，或搜索并打开"资金流向"应用查看主力资金的流向情况。

投资者在关注板块行情走势时，需要密切关注主力资金的动向，以便更好地把握投资机会和应对风险。同时，也需要结合市场趋势和政策变化等因素进行综合分析，以做出更明智的投资决策。

3.3.3 板块情绪和AI板块景气度

除了了解热点板块和分析板块资金流向之外，投资者还可以通过同花顺板块情绪指标和AI板块景气度来分析板块行情。

打开同花顺App，点击"行情"菜单，在"A股"→"板块"页面找到"板块情绪"模块，可以看到不同板块的情绪指数图，如国证芯片、上证消费、科技50

等，如图3-51所示。

情绪指数是基于不同板块指数股票的价格、成交量、估值等多个维度数据的现价和历史均值，处理后得到的用以刻画市场情绪的中短期择时指标，其生成数值为0～100，且划分为冰点、过冷、微冷、微热、过热、沸点六个区域。当数值为0～35（冰点和过冷区域）时，说明该标的指数已经在情绪底部，处于"可进攻"区域；当数值为36～65（微冷和微热区域）时，该标的指数处于"攻守平衡"区域，需要结合其他指标共同判断未来指数的走势；当数值为66～100（过热和沸点区域）时，该标的指数在情绪高位，处于谨慎关注的防守区域。简单来说，当板块情绪过热时易发生调整，当板块情绪过冷时易发生反弹。

除了卡片上显示的三个板块情绪图之外，点击"更多"按钮，投资者还可以查看更多的板块情绪，涵盖制造、医药医疗、消费、科技和其他分类，如图3-52所示。

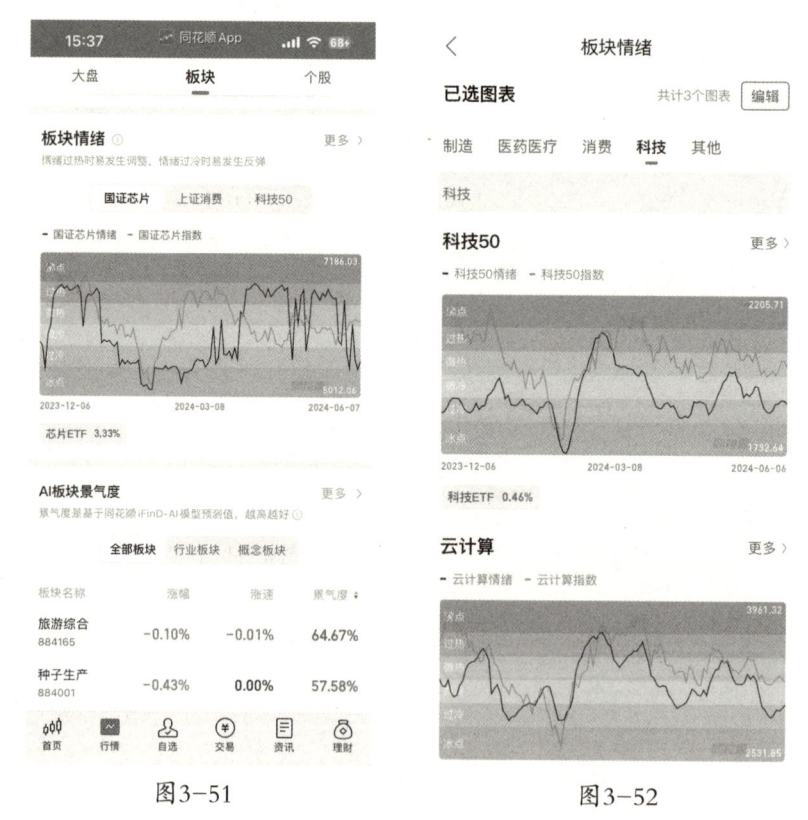

图3-51　　　　　　　　　图3-52

AI板块景气度是基于同花顺iFinD-AI模型，根据各行业的"业绩影响"这个核心指标构建预测值，从而科学预测板块的未来走势，板块景气度的预测值越高，说明该板块未来行情越好。投资者可以充分利用板块景气度指标，把握板块轮动，挖掘价值投资标的，辅助投资决策。

查看AI板块景气度的具体路径如下：打开同花顺App，点击"行情"菜单，进入"A股"→"板块"页面，下拉页面即可找到"AI板块景气度"内容，点击右侧的"更多"按钮，可以查看全部板块的行情报价列表。再点击"景气度"表头项，行情报价列表即以景气度降序排序，如图3-53所示。

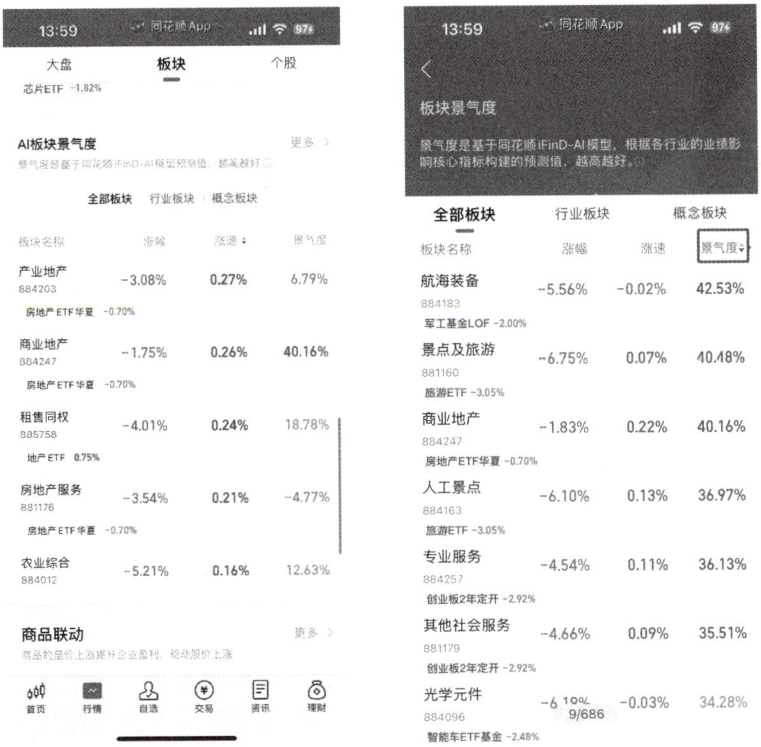

图3-53

3.4 使用同花顺分析股票行情

在了解了市场大盘的主要行情趋势和热点板块动向之后，投资者可以将看盘的重点投向市场中交易的股票，通过同花顺全方位、多角度的数据统计服务和报价功能，投资者能够快速、及时了解市场中的所有股票行情信息，查看当日的异动股。

下面我们来具体介绍通过同花顺软件相关功能对股票行情进行查看和分析的实际操作步骤。

3.4.1 行情报价列表

报价列表是同花顺软件最基础的功能之一，投资者可以通过报价列表了解市场的趋势变化，以及所关注板块、股票的行情，并利用系统排序等功能，对市场中所有股票进行筛选,从而及时、快速、准确地捕捉到异动股票,把握投资机会。

打开同花顺PC版客户端,点击工具栏中的"个股"按钮,就进入了股票行情报价列表页面,如图3-54所示。

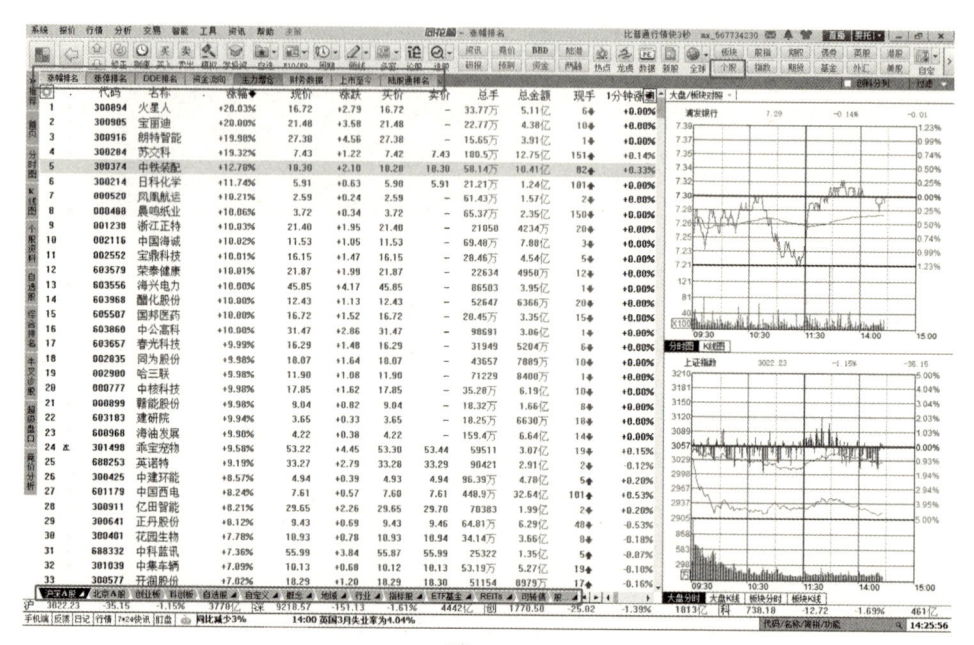

图3-54

从图3-54中可以看到,在行情报价列表的上方,系统提供了不同的排名选项,包括"涨幅排名""涨停排名""DDE排名""资金流向""主力增仓""财务数据""上市至今""陆股通排名"。而在行情报价列表的下方,投资者可以通过选择不同的标签,来查看该标签下的股票报价列表情况。如在下方标签列表中选择"自选股"标签,在上方排名选项中选择"涨幅排名"标签,即可查看自选股的股票涨停排名列表了,如图3-55所示。

在股票行情报价列表中,投资者可以通过"DDE排名""资金流向""主力增仓"三个排名列表查看市场资金流向了哪些个股,其中"资金流向"和"主力增仓"与板块资金分析中"板块资金流向""板块主力增仓"功能没有太大差别,此处不再赘述,只重点介绍一下DDE排名。

DDE的意思是"大单净量",同花顺"DDE资金动向"是将股票盘口主力大单的委托、成交数据进行还原分析,精确记录大资金吃进小单筹码,或者单笔大筹码出货给小资金的交易细节(包括大资金的主动性成交单和被动性成交单),帮助投资者在盘中实时把握主力资金动向,做出更准确的投资决策。

与主力增仓、资金流向统计模型的区别在于,它将大资金的主动成交和被动成交数据全部记录，能更真实地统计大资金的买卖数据。

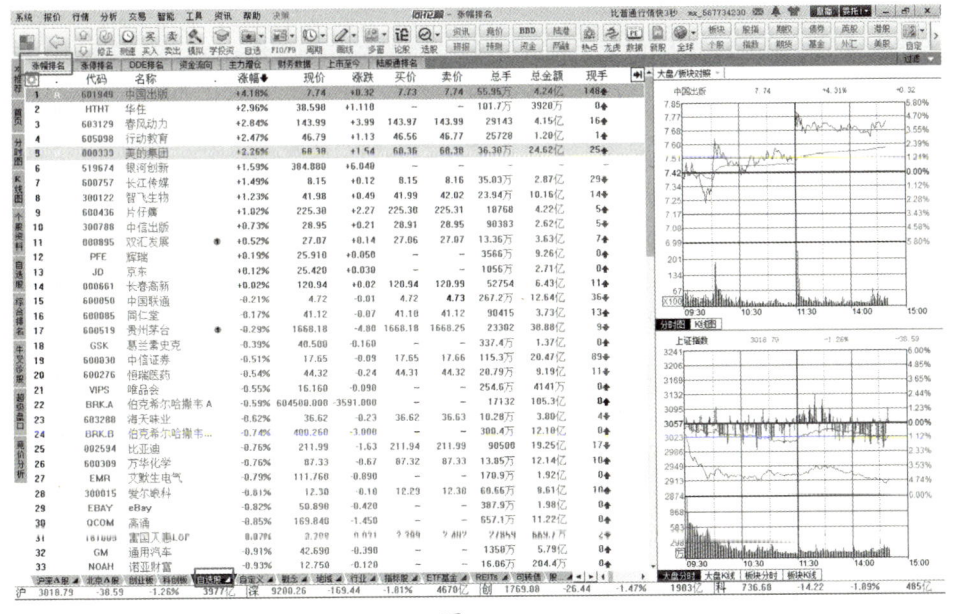

图3-55

DDE资金动向包含了三个关键指标：主力净量、散户数量和主力金额，如图3-56所示。

图3-56

"主力净量"表示当日主力买入净量占流通盘的比例，数值越大表明主力买入力度越大。通过此数据排序可以实时查看当天市场中大资金买入明显的短期强势个股。

"散户数量"表示该股当日散户的参与度高低,散户参与度低表明筹码在被少数大资金收集。

"主力金额"表示当日主力资金的净买入金额,金额越大表示大资金买入强度越大。

通过DDE资金动向,投资者可以观察到主力资金的真实动向,帮助发现市场中有潜力的强势异动股。

除从工具栏的"个股"按钮进入股票报价排名列表查看个股行情变化外,同花顺还提供了"综合排名"的功能,方便投资者快速了解全市场的股票排名情况。

利用"综合排名"功能可以查看各个市场股票的涨幅排名、涨速排名、振幅排名、成交额排名等,最常用的是沪深A股综合排名(快捷键是"80"),投资者想要快速查看某个市场的综合排名时,可以从相应命令菜单进入排名列表页面,也可以按快捷键快速查看,具体快捷键见图3-57。

综合排名	▶	沪深京A股综合排名	811
沪深京股票	▶	沪深A股综合排名	80
科创板	688	上海A股综合排名	81
创业板	300	深圳A股综合排名	83
股转系统(新三板)	▶	北京A股综合排名	810
陆港通	▶	上海B股综合排名	82
沪伦通	▶	深圳B股综合排名	84
多股同列	▶	上海债券综合排名	85
分时K线同列	▶	深圳债券综合排名	86
板块同列	59	上海基金综合排名	87
主力增仓	▶	深圳基金综合排名	88
资金流向	▶	创业板综合排名	803
多窗看盘	90	科创板综合排名	804
		港股综合排名	89

图3-57

例如,投资者想要查看"沪深A股综合排名",可以选择"涨幅排名"→"沪深A股综合排名",或使用键盘精灵输入"80"后按Enter键进入该排名页面。

此外,点击左侧的纵向选项卡列表中的"综合排名"选项卡,也可以打开"综合排名"页面(系统模式为"沪深A股综合排名"),如图3-58所示。

"综合排名"页面共有三个子页面,分别为基本栏目、资金栏目和自定义栏目。

基本栏目包含了今日涨幅排名、今日跌幅排名、今日振幅排名、快速涨幅排名(默认周期为5分钟)、快速跌幅排名(默认周期为5分钟)、今日量比排名、今日委比正序排名、今日委比负序排名、今日成交额排名等9个排名模块,每个排名都显示了排名靠前的个股数据信息。

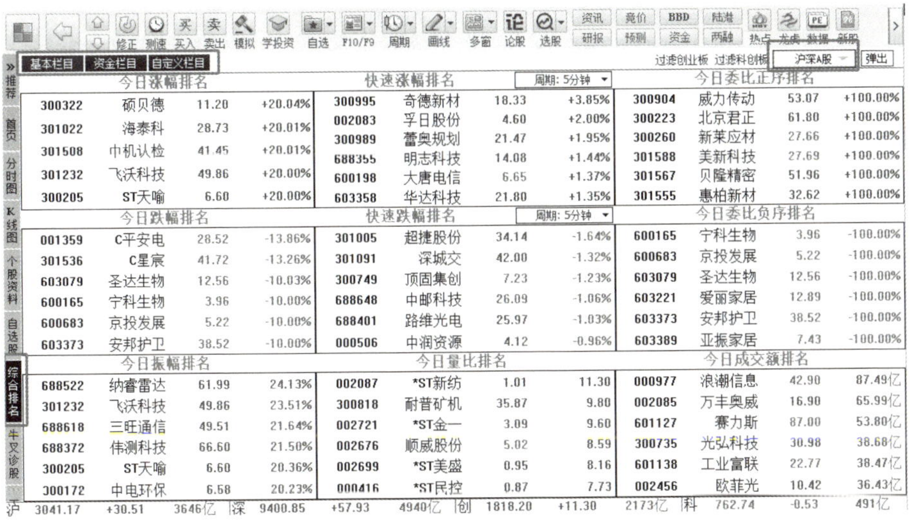

图3-58

资金栏目则是以资金流向为维度进行的排名，主要包含了今日资金净流入排名、今日大宗净流入排名、今日非大宗净流入排名、今日资金流速正序排名（默认周期为5分钟）、今日大宗流速正序排名（默认周期为5分钟）、今日非大宗流速正序排名（默认周期为5分钟）、今日换手排名、资金净买率排名、资金净卖率排名等9个排名模块，每项排名同样都显示了排名靠前的股票数据信息。从资金栏目的综合排名中可以看出市场的资金动向，对于投资者捕捉主力动作、抓住热门股票有很大帮助。

投资者还可以自定义栏目，将基本栏目中的排名模块和资金栏目中的排名模块进行自由组合，以适配自身的看盘风格和投资策略。

在"综合排名"页面的左上方，有一个下拉选项按钮，投资者使用该按钮可以快速切换不同市场范围的综合排名，如图3-59所示。

通过股票行情报价列表功能，投资者可以快速了解当前市场中各板块的股票行情报价的实时变化、涨跌幅度和资金流向，判断市场的热度以及相关股票的关注度，从而辅助投资决策。

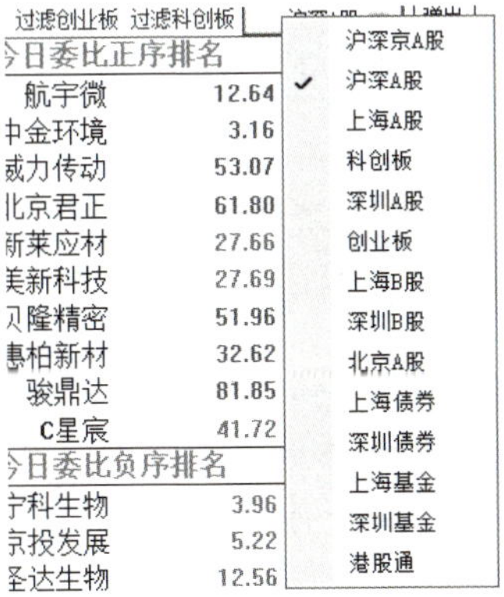

图3-59

3.4.2 竞价分析

我们知道，交易日的早上9点15分至9点25分是A股市场的集合竞价时段，集合竞价的结果可以提供关于市场预期和潜在价格走势的早期信号，因此对于想要了解当日股票行情的投资者来说，这是一个非常重要的看盘窗口。而同花顺竞价分析功能，就是通过特色指标筛选出当天竞价强势的股票行情列表，并帮助投资者"捕获"短线强势个股。

> **Tips** 集合竞价是对一段时间内接收的买卖申报一次性集中撮合的竞价方式，即在某一规定时间内，由投资者按照自己所能接受的心理价格自由地进行买卖申报之后，由电脑交易处理系统对全部申报按照价格优先、时间优先的原则排序，并在此基础上，找出一个基准价格，使它同时能满足以下3个条件：（1）成交量最大；（2）高于基准价格的买入申报和低于基准价格的卖出申报全部满足（成交）；（3）与基准价格相同的买卖双方中有一方申报全部满足（成交）。该基准价格即被确定为成交价格，所有交易以同一价格成交，未成交的部分将自动进入连续竞价阶段。集合竞价方式产生成交价格的全部过程，完全由电脑交易系统进行程序化处理，将处理后所产生的成交价格显示出来。集合竞价的目的是在一个公平、透明的方式下确定股票的开盘价格，它通常发生在每个交易日的开市初期，被视为预测当日股票走势的重要参考。

打开同花顺PC版客户端，点击工具栏中的"竞价"按钮，或点击首页左侧的选项卡列表中的"竞价分析"选项卡，可进入竞价首页，如图3-60所示。

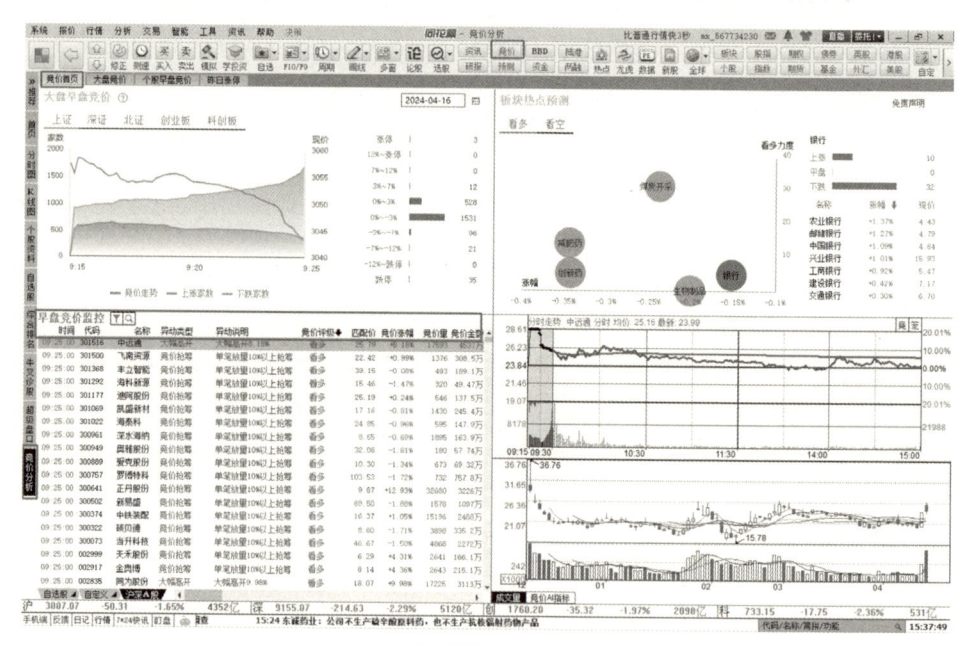

图3-60

可以看到，在竞价首页中提供了大盘早盘竞价、板块热点预测、早盘竞价监控股票列表及相关个股的分时图。其中，早盘竞价监控股票列表包含了异动类型、异动说明、竞价评级等特色指标，投资者可以点击不同的特色指标表头，对股票列表进行重新排序，从而筛选出竞价期间表现强势的个股或其他符合投资者偏好的异动个股。

此外，点击"早盘竞价监控"右侧的筛选按钮，可以选择竞价期间的异动类型，进一步筛选个股，如图3-61所示。

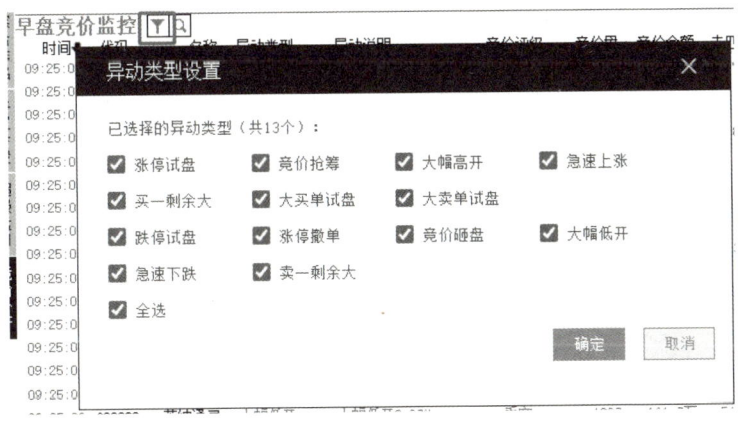

图3-61

点击进入"昨日涨停"子页面，投资者可以查看昨日涨停个股的今日竞价情况，以此了解和判断涨停板的持续性，如图3-62所示。这一功能对于投资者抓住连续涨停机会有很大帮助。

图3-62

3.4.3 龙虎榜

龙虎榜是每日根据股票的涨跌幅、成交量、换手率等指标选出的表现最为突出的股票的榜单。这个榜单由中国证监会认定，并由各交易所在每日收盘后公布，其主要目的是增加市场的透明度，让投资者了解当日股票市场的表现。可以说，龙虎榜是股市中异动股票的排行榜单或者异动股票的汇总。

那么，什么样的股票才能上龙虎榜呢？

从2007年起，交易所会在盘后公开当日涨跌幅超7%的股票的前5位买入和卖出席位。之后规则不断增加，截至2024年4月，上交所主板总共有16个上榜条件，深交所主板有17个，且不同的板块比如科创板、可转债、创业板等细分条件有所差异。总结起来，主要条件是：

第一，日涨幅偏离值达到7%的前5只股票。

第二，日跌幅偏离值达到7%的前5只股票。

第三，日振幅达到15%的前5只股票。

第四，日换手率达到20%的前5只股票。

第五，连续三个交易日内，涨幅偏离值累计达到20%的股票（不限前5只）。

龙虎榜的席位可以分为三类：一类是机构席位，比如公募基金、私募基金等，一类是游资席位，也就是自然人账户，再一类是深股通专用和沪股通专用席位，也就是我们常说的"外资"或"聪明资金"。

对于投资者来说，龙虎榜上的股票通常是当日市场中最活跃的股票，其涨跌幅、成交量等数据都能反映出市场的热点和交易活跃度，这些信息对于投资者来说具有重要的参考价值，有助于其了解市场的动态和趋势。

其次，龙虎榜上的股票往往是机构资金或游资的重点关注对象，其买卖情况可以反映出大资金的动向和意图。投资者可以通过分析龙虎榜数据，判断主力资金的流向和意图，从而辅助自己的投资决策。

Tips 在A股市场中，席位是指证券交易所向会员提供的可在交易大厅用于报盘交易的终端，只有会员才能在证券交易所申请和购买席位。席位代表了会员在证券交易所拥有的权益，是会员享有交易权限的基础。根据我国证券交易所现行制度的规定，证券交易所会员应当至少取得并持有一个席位。证券交易所会员可以向证券交易所提出申请购买席位，也可以在证券交易所会员之间转让席位。常见的席位有券商交易专用席位、QDII专用席位、基金专用席位、保险专用席位、游资席位等。

对于短线投资者而言，龙虎榜上的强势上涨个股可能短期内有继续冲高的潜力，而大额卖出的个股则可能面临回调压力。通过对龙虎榜数据的分析，投资者可以评估短线交易机会，同时警惕潜在的高位接盘风险或资金出逃迹象。

打开同花顺PC版客户端，点击工具栏中的"龙虎"按钮，即可进入龙虎榜首页，如图3-63所示。

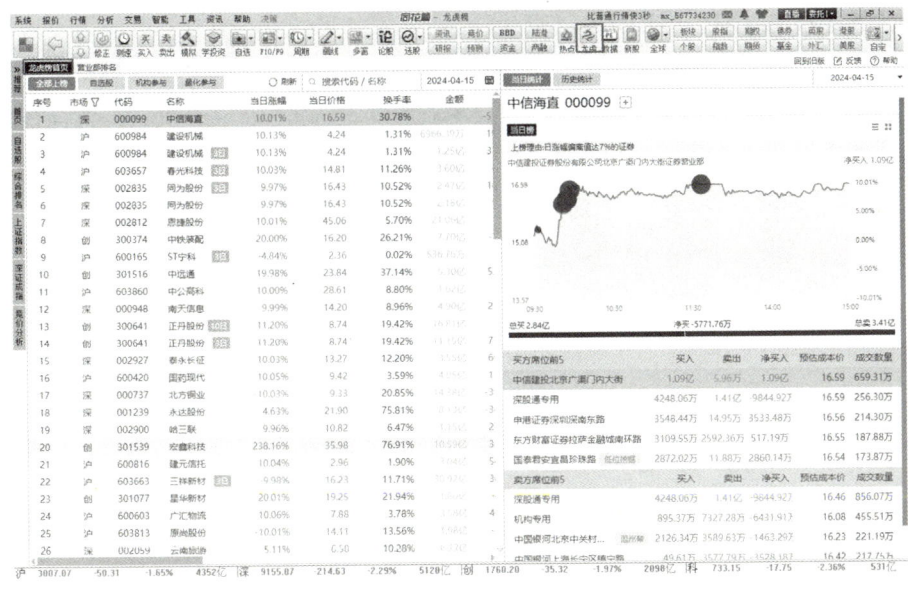

图3-63

通过图3-63所展示的龙虎榜首页，投资者可以查看所有上榜的股票报价列表信息以及个股上榜理由、买卖方席位前5位的信息，从而分析主力资金的动向和意图，抓住龙虎榜上异动个股的机会，为投资决策提供支持。

在"营业部排名"子页面中（见图3-64），投资者可以查看所有营业部上榜次数排名情况，以及营业部的交易策略和操作风格，分析营业部席位的买卖特点及成功率，决定是否跟着该营业部席位进行投资。

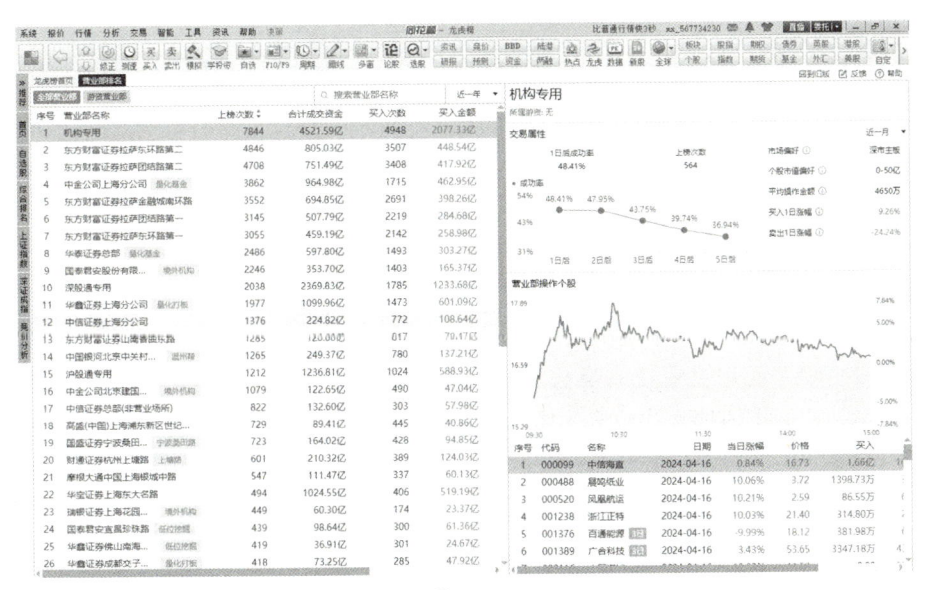

图3-64

需要注意的是，龙虎榜所提供的异动个股信息和席位操作信息，为投资者提供了重要的参考，但由于龙虎榜上的股票往往存在较大的价格波动和交易量，意味着它们具有较高的投资风险，因此，投资者在进行投资者决策时，仍需谨慎分析、理性投资。

3.4.4 主力大单

所谓主力大单，是指那些有能力影响股价运行趋势的委托（或成交）大单。同花顺主力大单功能可以帮助投资者快速捕捉市场中主力大单的动向，监控成交异动和走势异动的个股，是非常实用的看盘功能。

打开同花顺PC版客户端，点击菜单栏中的"报价"，选择"主力大单"，或者使用键盘精灵输入快捷键"91"后按Enter键，即可进入主力大单页面。

如图3-65所示，主力大单页面左侧为短线精灵，中间为个股的分时图和K线图，右侧为个股的盘口和成交明细。通过短线精灵的监控，投资者可以观察到当前全部市场或各板块中出现成交异动或走势异动的个股情况。

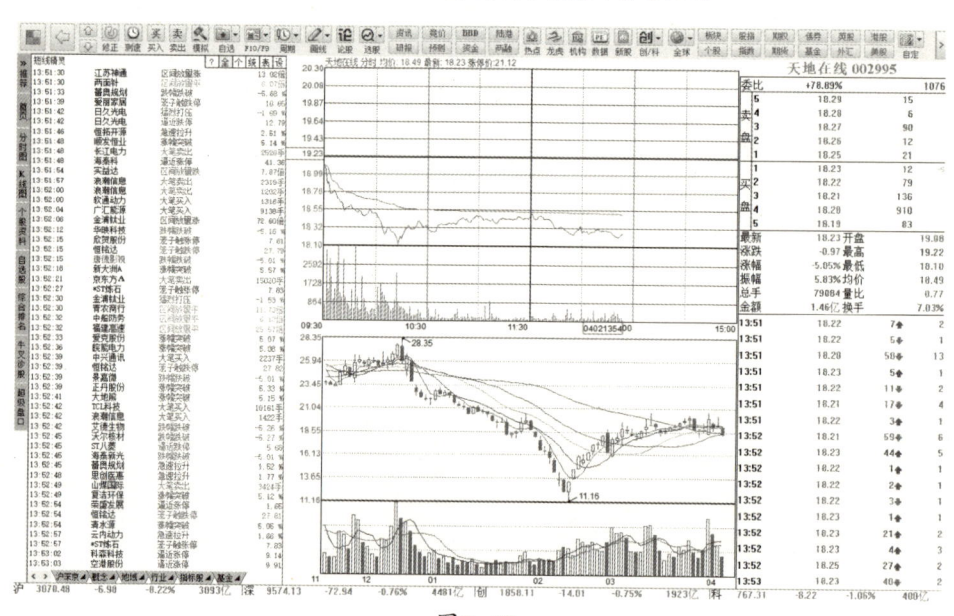

图3-65

投资者还可以在短线精灵板块右上方点击"设"图标，打开"短线精灵设置"窗口，自主设置短线精灵的监控标准，筛选出特定条件下的个股主力交易情况。例如，在"数据项选择"→"成交异动"选项中，选择"大笔买入"，并在右侧参数设置中设定具体的数据，如成交手数大于10 000手，成交金额大于500万元，并在"剔除范围选择"中选择所有项，如图3-66所示。

点击"应用"按钮确认后，主力大单页面就会进行更新，筛选出与设置参数相对应的异动列表，如图3-67所示。

图3-66

图3-67

3.4.5 涨跌停分析

在A股市场中，涨跌停的个股是最为明显的异动股，涨停股是每个投资者都想要追逐的，跌停股则是其极力想要避开的，因此，对于当日涨跌停的股票进行分析是十分必要的，这有助于投资者大致判断当前市场和个股的情绪，识别个股的短期走势，发现一些具有潜力的投资机会，规避潜在的投资风险。

打开同花顺PC版客户端，点击工具栏中的"热点"按钮，找到并进入"涨停分析"页面。

从图3-68中可以看到，页面的左侧是今日涨停的股票列表，下方是相关个股涨停的原因分析，页面的右侧则是相关概念板块、历史涨停分析和个股新闻资讯。

图3-68

点击进入"跌停分析"页面，同样可以看到今日跌停的股票列表以及跌停原因分析，如图3-69所示。涨停分析和跌停分析可以综合使用，有助于了解当前市场的热点概念和整体情绪。

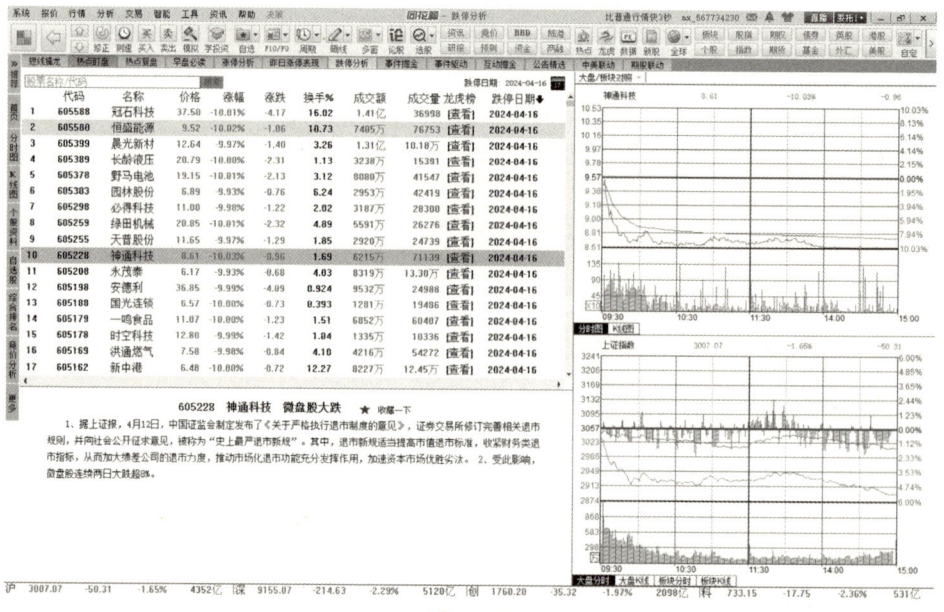

图3-69

点击进入"昨日涨停表现"页面，投资者可以查看昨日涨停表现（指数代码：883900）的分时图情况（见图3-70），该指数指向的是昨日涨停股票的今日表现，通常代表了市场中的赚钱效应。当昨日涨停表现指数的分时走势向上时，说明今日市场的活跃资金赚钱效应好，投资者可以适当买入；反之则表示今日市场的活跃资金赚钱效应不佳，投资者应该控制仓位、持币观察。

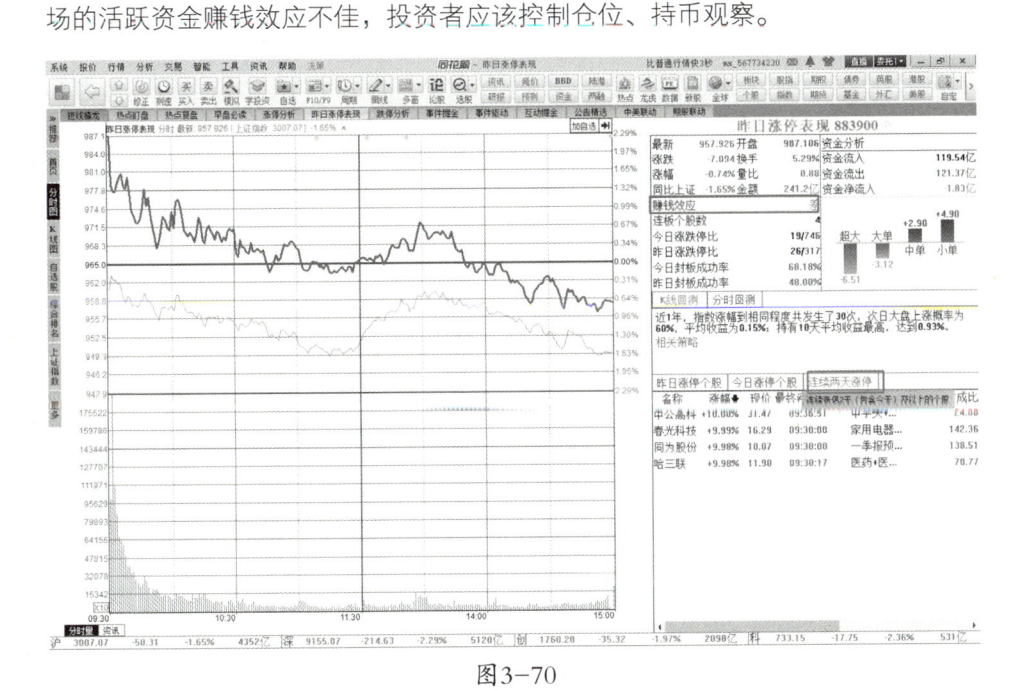

图3-70

在该页面左侧盘口，投资者可以直观地看到该指数的行情信息、赚钱效应评级、涨跌停统计数据、资金流向情况，以及涨停个股情况。"连续两天涨停"股票列表需要重点关注，它可以辅助投资者寻找连板的股票。投资者可结合其他维度的数据和具体个股的基本面，分析判断连板的可能性，抓住涨停连板强势股。

3.5 使用同花顺分析具体个股

3.5.1 个股分时走势

个股分时图展示的是个股当天的行情走势情况，投资者可以使用键盘精灵输入个股简称或个股代码，按Enter键，直接进入个股的分时图页面。例如使用键盘直接输入"THS"或者"300033"，按Enter键，可进入"同花顺"的分时图页面，如图3-71所示。

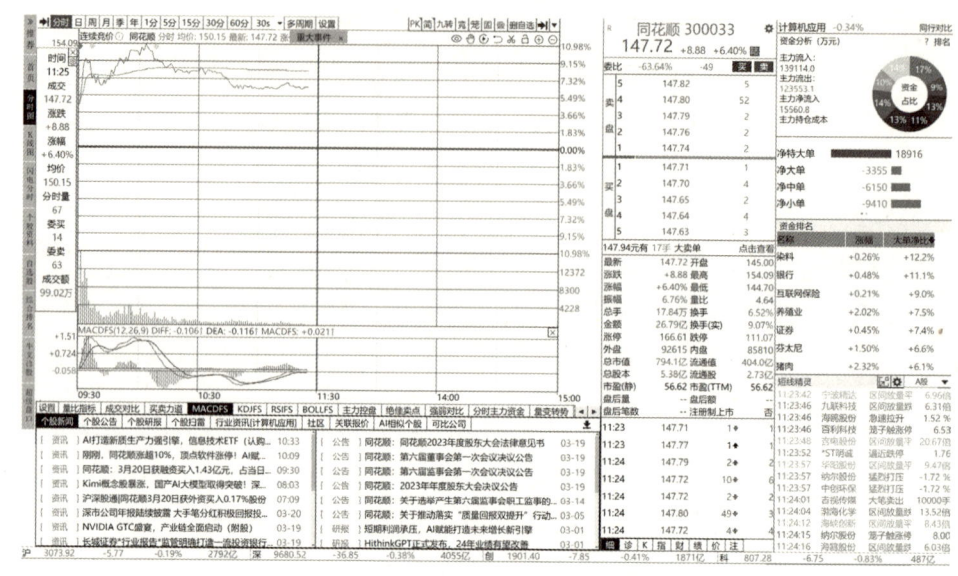

图3-71

个股分时图的行情数据、指标数据、新闻资讯等模块与大盘分时图类似，这里不再进行过多阐述。不同的是，个股分时图中的"领先线"（"均价线"）同样是黄线，而"最新线"（表示该股票即时成交的价格，也就是通常所说的分时线）显示为白线或蓝线。

接下来，我们对同花顺软件个股分时图页面中的快捷特色功能、个股盘口设置和不同盘口模块功能进行介绍，帮助投资者在实际看盘操作中更好地使用这些功能。

1. 快捷特色功能

大盘分时图有一些非常实用的大盘行情分析功能，如九转、数据看盘、大盘异动等，在个股分时图中，除九转功能之外，还有简、笼、叠等一些快捷特色功能，极大方便了投资者在看盘时分析个股，下面我们简要说明一下这些功能的用法。

【简】即简F10，是同花顺推出的简要版F10功能。点击该按钮，系统会弹出文本框，显示当前个股的基本面简要信息，如图3-72所示。

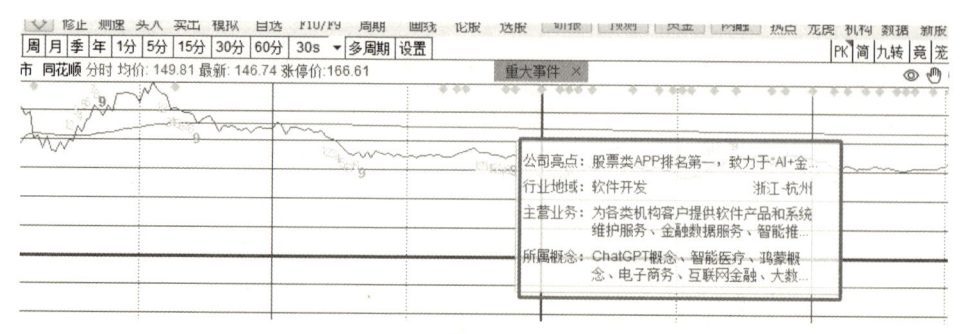

图3-72

在文本框中点击齿轮图标，投资者还可以对简F10的功能进行相应设置，如图3-73所示。

图3-73

【笼】即指价格笼子功能。所谓价格笼子，是指有效申报价格范围。这是全面注册制实施后，主板交易制度的重要变化。

> **Tips**《上海证券交易所交易规则（2023年修订）》对于价格笼子的表述如下。
> 3.3.14 买卖股票的，在连续竞价阶段的限价申报，应当符合下列有效申报价格范围的要求：
> （一）买入申报价格不得高于买入基准价格的102%和买入基准价格以上十个申报价格最小变动单位的孰高值；
> （二）卖出申报价格不得低于卖出基准价格的98%和卖出基准价格以下十个申报价格最小变动单位的孰低值。
> 前款所称买入（卖出）基准价格，为即时揭示的最低卖出（最高买入）申报价格；无即时揭示的最低卖出（最高买入）申报价格的，为即时揭示的最高买入（最低卖出）申报价格；无即时揭示的最高买入（最低卖出）申报价格的，为最新成交价；当日未成交的，为前收盘价。
> 开市期间临时停牌阶段的限价申报，不适用本条前两款规定。
> 根据市场情况，本所可以调整股票有效申报价格范围。

通俗一点解释，以A股买入为例，买入委托不得高于"卖一价格的102%"和"卖一价格+0.1元"中更高的那个值，超过即为废单。如果没有卖一价，取买一价；如果没有买一价，取最新成交价；如果没有最新成交价，则取前收盘价。

如图3-74所示，投资者点击开启价格笼子功能后，分时图上会叠加一条红色虚线和一条蓝色虚线，红色虚线代表连续竞价买入价上限，蓝色虚线代表连续竞价卖出价下限。也就是说，买入价上限不能超过红色虚线，卖出价下限不能低于蓝色虚线。虚线旁边会标出当前的笼子价格。

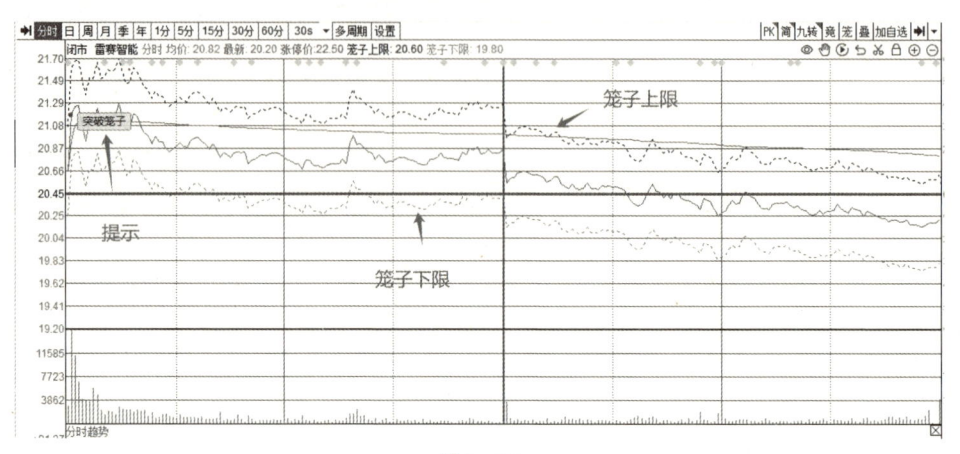

图3-74

当分时图最新价高于（或低于）上一分钟笼子价格时，会在最新价位置标注"突破笼子"（或"跌穿笼子"）。突破笼子代表着资金拉升意愿明显，做多动能强；反之，跌穿笼子代表着资金出逃意愿强烈，做空动能强。该功能可以有效提示投资者分时资金的异动情况。

【叠】即指叠加功能，开启该功能可以选择叠加指数以及其他个股或证券品种的分时图曲线。点击"叠"按钮，可以选择"叠加指定品种"命令，如图3-75所示。

图3-75

在调出的叠加品种功能菜单中，投资者可以选择想要叠加的品种，如叠加"上证指数"，点击确定后，分时图主图中即可出现所叠加的上证指数的分时曲线（最新线），不同品种的分时曲线颜色也不同，在分时图上方会有相应的显示，如图3-76、图3-77所示。

图3-76

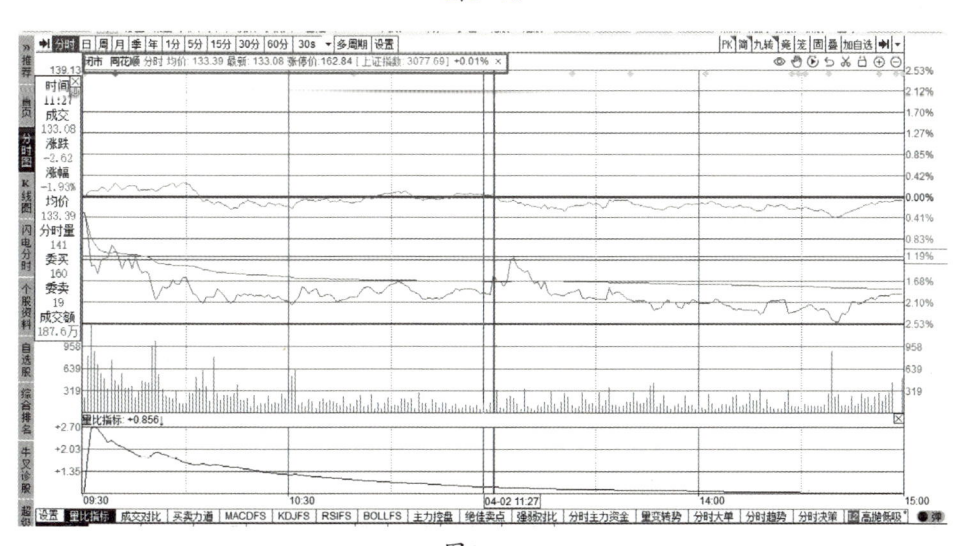

图3-77

另外，如果两只价格差距非常大的股票或指数叠加，因为价格间距较大，两只股票或指数的K线图就会变窄，甚至无法显示在同一页面中。比如，同花顺股票的价格在130元/股左右，而上证指数的价格指数在3000点附近，因此使用普通坐标时，两条走势曲线就不能同时出现在一个页面中，此时可以使用"切换坐标"功能。即点击鼠标右键，在弹出的快捷菜单中选择"切换坐标"→"百分比坐标"命令，即可让两条曲线同时显示，如图3-78所示。

如果叠加的品种较多，那么有可能导致分时图的均价线和最新线看不太清楚。此时点击鼠标右键，利用快捷菜单中的"编辑分时曲线"命令，可以对分时图中的曲线进行加宽处理，如图3-79所示。

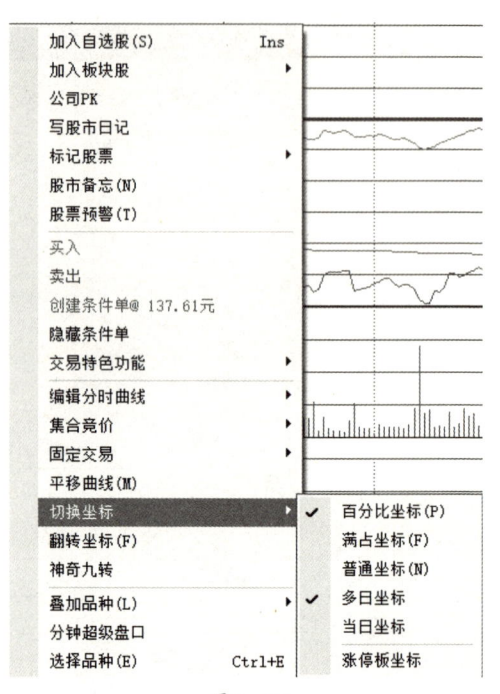

图3-78

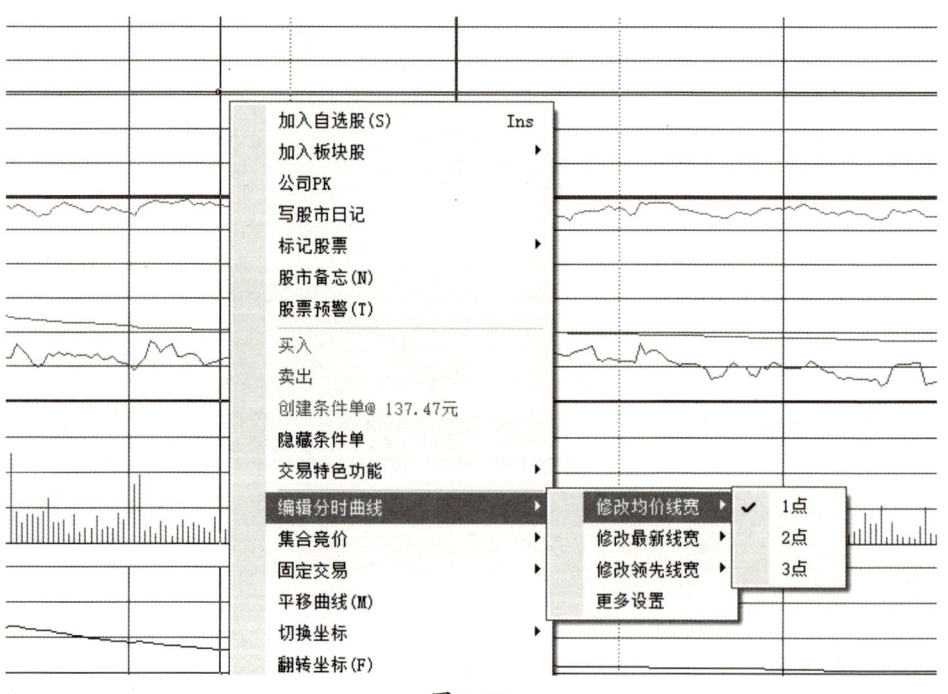

图3-79

如将均价线和最新线的宽度都修改为3点，两条曲线的显示就更加清晰了，如图3-80所示。

图3-80

2. 个股盘口设置

个股分时图盘口与大盘分时图盘口相比，在基本行情信息上多了一个"五档盘口"模块，这里可以显示个股实时的买盘和卖盘价格、委托数量。点击五档盘口右上角的"买""卖"按钮，可以直接进入委托交易窗口，快速下单，如图3-81所示。

点击个股名称旁边的齿轮（设置）图标，可切换看盘方案，投资者可以在系统方案中挑选适合自己的方案，也可以点击"盘口设置"，自定义自己想要的盘口方案，如图3-82所示。

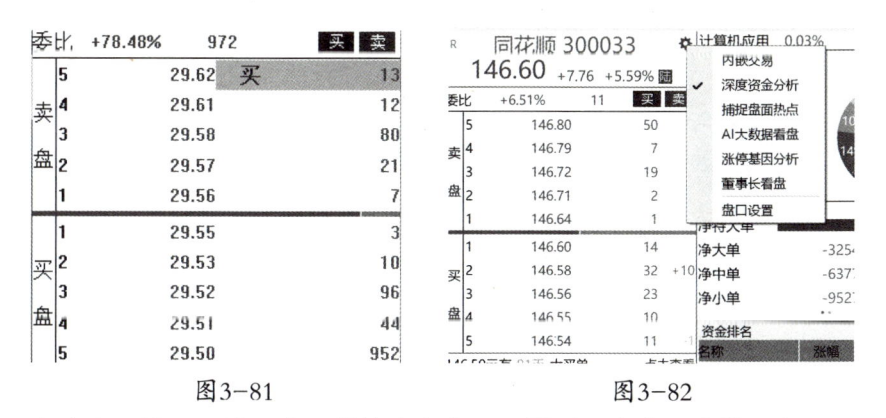

图3-81　　　　　　图3-82

点击盘口设置，进入盘口模块方案窗口页面后，点击"我的方案"后面的"+新建"按钮，可将喜欢的模块拖入左栏或右栏。每一栏最多支持四个模块，设置完成后，点击"应用"按钮，即可使用自定义的盘口方案，如图3-83所示。

图3-83

3. 不同盘口模块功能

同花顺系统提供了数十个盘口模块供投资者看盘时使用，我们对一些常用的模块进行功能说明。

【资金分析】同花顺资金分析系统是通过盘口成交数据解析主力资金进出，并结合自身在证券领域10余年的资深经验，研发出的专业主力资金跟踪利器。在该模块页面，系统会实时给出个股主力的流入和流出、主力净流入、主力持仓成本、特大单情况，以及板块资金排名等信息，如图3-84所示。

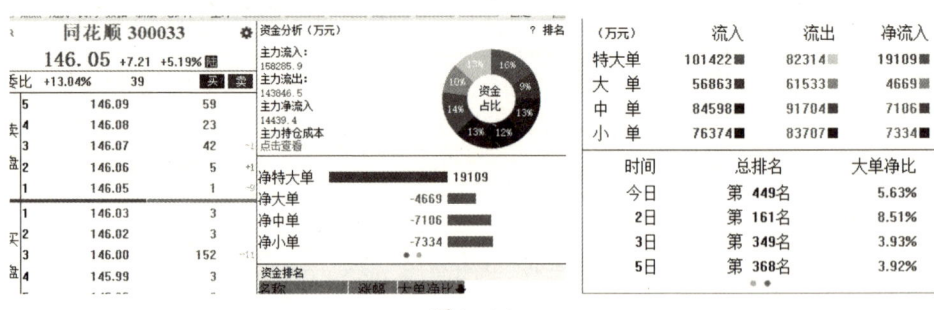

图3-84

一般来说，要想投资获得收益，必须追踪主力资金动向，针对个股股性的差异化，对盘中个股和板块主力动向做及时深入的分析、研判，在盘中及时把握主力资金动向，从而做出更准确的投资决策。

【业绩预测】该模块根据所有研究机构发布的研究报告的预测收益平均值来

预测该个股公司的未来经营业绩，并进行展示，如图3-85所示。

业绩预测		?全部
年份	每股收益	市盈率
2024	3.28	44.48
2025	3.87	37.70
2026	4.11	35.50

图3-85

点击该模块页面右上角的"全部"按钮，可以进入当前个股的价值分析页面，在此可以查看业绩预测、业绩预测详表和个股研报等信息，了解机构对当前股票的评级和未来走势的判断，如图3-86所示。

图3-86

【财务数据】该模块可提供当前个股的基本财务数据情况。同时，投资者还可点击右上角的"编辑"图标，选择要了解的财务数据指标，如图3-87所示。

> **Tips** 表决权差异是指，发行人依照《中华人民共和国公司法》第一百三十一条的规定，在一般规定的普通股份之外，发行拥有特别表决权的股份。每一特别表决权股份拥有的表决权大于每一普通股份拥有的表决权。这种制度简称"双层股权结构"——普通上市公司一般是一股一票，而采用双层股权结构的上市公司股份通常被划分为高、低两种表决权，这通常是上市公司的创业者用来掌握控制权的一种方式。

【涨停基因】该模块根据当前个股近一年时间的涨停情况进行数据统计和分析，并基于大数据模型给予股性评分，如图3-88所示。涨停基因有助于投资者了解当前个股在过去一段时间内的波动情况，但过往数据并不代表未来走势，因此涨停基因所给出的评分或分析仅作为参考，投资者仍需独立判断、自控风险。

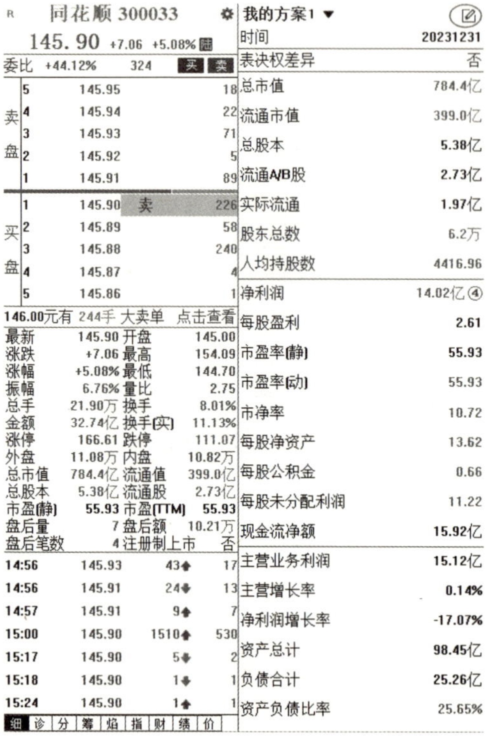

图3-87

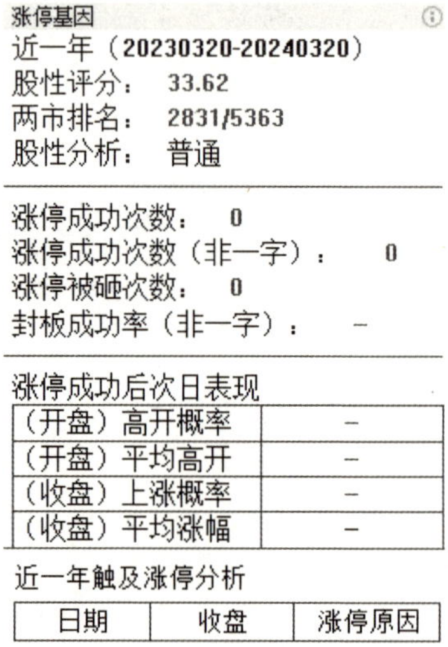

图3-88

【筹码分布】筹码分布即"流通股票持仓成本分布"，这是目前投资者常用的一种技术分析工具。通过该模块，投资者可以了解不同价位上投资者的持股数量、套牢盘、平均成本、获利盘、筹码区间、集中度、区间重合度等信息，如图3-89所示。

投资者点击模块左上角的"帮助"按钮，即可了解筹码分布的使用指南，学会如何利用筹码分布来捕捉投资机会。

3.5.2 个股K线走势

个股K线图是指可以查看个股的历史走势的K线图。通过观察个股K线图，投资者可以直观地了解股价的涨跌情况，而且K线图是技术分析的重要工具，投资者可以通过各种技术分析方法判断价格趋势，确定买入和卖出点位。因此对于投资者来说，查看个股K线图是看盘分析个股的重要一环。

与大盘K线图类似，投资者可以通过个股分时图以不同方式进入个股K线图。

图3-89

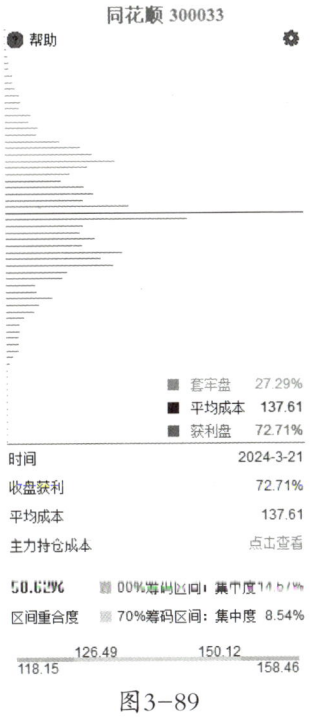

从图3-90中可以看到，个股K线图在布局上与大盘K线图、个股分时图十分相似，功能模块也基本一致，此处不再赘述。投资者在看K线图分析个股趋势时，除了观察K线本身，还应结合均线、成交量、技术指标等进行综合研判，提高看盘的准确性。

图3-90

此外，与大盘K线图、个股分时图相比，个股K线图还有一些独有的看盘功能，下面我们对这些功能进行介绍。

【发】即发行价线。使用该功能可以进行"前复权"和"后复权"，显示出该个股从上市发行开始的初始价格走势。所谓前复权就是保持当前的价格不变，把除权前的股价降低（K线向下平移）；后复权就是保持之前的价格不变，把除权后的价格增高（K线向上平移）。

【连板】点击该按钮，可以查看该个股最近半年连板相似股。需要注意的是，该个股近半年内有连板时才能查看相似股，如图3-91所示，点击"连板"按钮后，K线主图中会出现相似股图标，点击这些图标可显示具有相似连板的个股信息。

图3-91

【除权/复权】与"发"功能类似，该功能提供了除权和复权的相关功能，投资者可以根据需要，选择相应的复权方式，从而获得更准确的K线图。

3.5.3　成交明细与历史成交

成交明细功能旨在显示个股当日或实时的成交数据，包括成交时间、成交价格、现手数量和成交笔数。值得注意的是，交易日的成交明细数据是由交易所返回的数据，每3秒更新一次。

通过成交明细，投资者可以实时了解大单买卖的情况，判断市场主力资金的动向，根据成交量的变化趋势研判股价的走向，并识别市场的异常交易行为，如成交异动情况等。对于超短线选手来说，观察成交明细是必须要做的一项功课。

进入个股"成交明细"页面的方式如下：点击选中某板块列表中的个股，或进入该个股分时图页面后，利用菜单栏中的"分析"→"成交明细"命令，即可打开个股的"成交明细"页面，如图3-92所示。

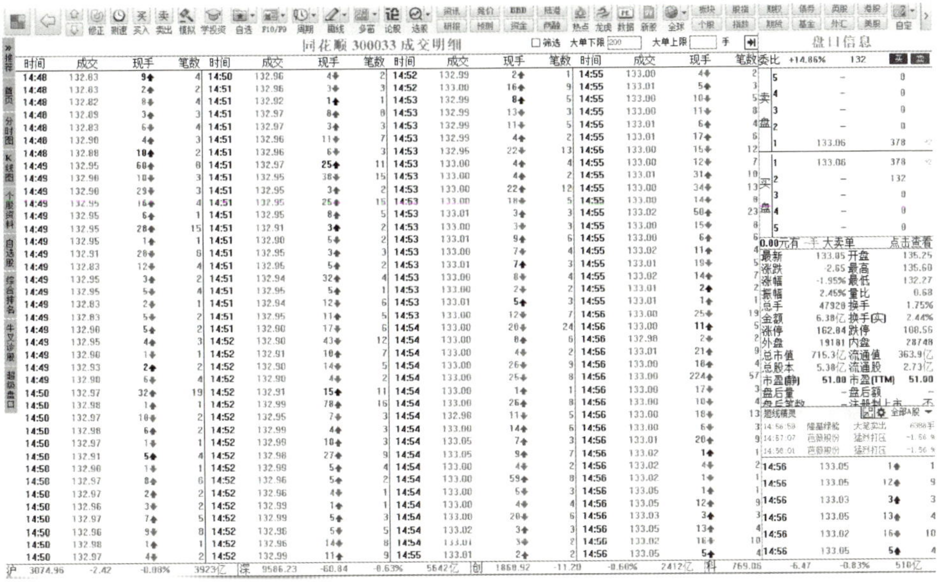

图3-92

"历史成交"功能与"成交明细"功能相似，其作用是，展示个股的历史成交数据，包括历史成交的开盘价、最高价、最低价、收盘价、涨幅、振幅、总手、金额、换手、成交次数等数据。

对于投资者来说，查看和深入了解、分析历史成交数据，除了能够像"成交明细"一样了解主力资金动向、识别市场的异常交易行为，还有以下作用。

（1）历史成交数据为投资者提供了市场走势的参考依据，有助于他们理解股价的波动原因和趋势。通过对比不同时间段的成交数据，投资者可以判断市场主力资金的进出情况，以及市场的供需关系，从而预测未来的股价走势。

（2）历史成交数据能够揭示股票的支撑位和压力位。支撑位是股价下跌时遇到的较强支撑点，而压力位则是股价上涨时遇到的较强压力点。通过观察历史成交数据中的成交密集区域，投资者可以识别出这些关键位置，从而制定合适的买卖策略。当股价接近支撑位时，投资者可以考虑买入；而当股价接近压力位时，则可能需要考虑卖出。

（3）历史成交数据还可以用于验证投资者的交易策略和思路是否正确。投资者可以将自己的交易策略与历史成交数据进行对比，观察交易策略在历史数据中的表现如何。如果交易策略在历史数据中表现良好，那么投资者可以更有信心地将其应用于实际交易中。

进入个股"历史成交"页面的方式如下：点击选中个股，或使用键盘精灵进入该个股分时图页面后，利用菜单栏中的"分析"→"历史成交"命令，即可打开个股的"历史成交"页面，如图3-93所示。

日线 同花顺300033 历史成交

时间	开盘	最高	最低	收盘	涨幅	振幅	总手	金额	换手%	成交次数
2024-02-19,一	127.00	128.88	124.81	128.80	+2.00%	3.25%	87,881	111,513	3.21	34349
2024-02-20,二	126.98	128.30	124.97	127.20	-1.24%	2.59%	77,895	98,780	2.85	29333
2024-02-21,三	125.00	134.54	124.18	129.02	+1.43%	8.16%	120,109	156,509	4.39	45310
2024-02-22,四	127.00	131.85	126.90	130.46	+1.12%	3.84%	78,616	102,088	2.87	31518
2024-02-23,五	131.00	132.50	128.78	130.62	+0.12%	3.23%	69,945	91,034	2.56	27113
2024-02-26,一	129.30	132.50	129.01	130.09	-0.41%	2.67%	62,561	81,734	2.29	25011
2024-02-27,二	127.00	135.50	126.62	135.45	+4.12%	6.83%	128,807	168,728	4.71	49734
2024-02-28,三	138.00	144.25	131.96	132.41	-2.24%	9.07%	171,913	238,622	6.29	63095
2024-02-29,四	130.31	137.19	130.31	137.07	+3.52%	5.20%	112,917	151,804	4.13	43214
2024-03-01,五	136.51	143.30	134.60	141.26	+3.06%	6.29%	119,361	165,722	4.36	42295
2024-03-04,一	142.00	147.90	141.40	143.46	+1.56%	4.60%	113,648	163,530	4.16	38528
2024-03-05,二	141.73	144.68	141.03	142.26	-0.84%	3.24%	76,032	108,079	2.78	30429
2024-03-06,三	141.65	145.00	138.00	142.30	-0.15%	4.29%	71,701	101,964	2.62	27254
2024-03-07,四	140.85	142.90	135.68	135.75	-4.60%	5.07%	82,142	113,714	3.00	35458
2024-03-08,五	135.75	138.55	135.28	137.55	+1.33%	2.41%	50,460	69,040	1.85	22114
2024-03-11,一	136.45	139.00	135.59	139.00	+1.05%	2.48%	60,673	83,593	2.22	26481
2024-03-12,二	140.37	141.01	136.61	138.52	-0.35%	3.17%	72,612	100,711	2.66	29917
2024-03-13,三	138.00	139.49	136.94	137.73	-0.57%	1.84%	58,843	81,362	2.15	24558
2024-03-14,四	137.30	138.30	136.11	138.02	+1.23%	3.04%	63,261	86,068	2.31	28319
2024-03-15,五	135.33	135.90	131.10	135.22	-0.60%	3.53%	82,902	110,342	3.03	35747
2024-03-18,一	136.05	139.95	135.54	139.22	+2.94%	3.26%	90,154	124,712	3.30	35478
2024-03-19,二	138.41	138.79	135.52	135.52	-2.64%	2.35%	65,246	89,258	2.39	28204
2024-03-20,三	135.01	140.00	135.01	138.84	+2.45%	3.60%	96,544	133,611	3.53	37523
2024-03-21,四	145.00	154.09	144.70	145.90	+5.08%	6.76%	218,991	327,413	8.01	81579
2024-03-22,五	145.90	146.80	140.30	143.78	-1.45%	4.57%	108,091	154,691	3.95	48154
2024-03-25,一	145.93	148.70	143.63	143.75	-0.02%	3.53%	115,158	168,162	4.21	51131
2024-03-26,二	145.87	143.68	136.86	138.00	-4.00%	4.74%	98,615	137,151	3.61	47179
2024-03-27,三	137.50	138.18	131.03	131.05	-5.05%	5.18%	76,467	102,082	2.80	32642
2024-03-28,四	131.19	136.95	129.78	134.82	+2.89%	5.47%	67,155	89,954	2.46	29424
2024-03-29,五	132.00	132.69	127.30	130.96	-2.86%	3.99%	47,306	61,870	1.73	20276
2024-04-01,一	131.90	135.70	131.90	135.70	+3.62%	2.90%	62,440	84,004	2.28	24355
2024-04-02,二	135.48	135.48	130.16	130.96	-1.95%	3.92%	48,425	64,499	1.77	20807

图3-93

需要注意的是，从板块列表或个股分时图及日K线图中进入"历史成交"页面时，显示的是该个股日线的历史成交数据。若是从其他周期K线图页面如15分钟K线图或周K线图页面进入"历史成交"页面，则会分别显示15分钟历史成交数据和周线历史成交数据，如图3-94所示。

周线 同花顺300033 历史成交

时间	开盘	最高	最低	收盘	涨幅	振幅	总手	金额	换手%	成交次数
2023-08-18,五	175.26	190.76	173.48	173.98	-3.82%	9.55%	387,641	699,840	14.28	178477
2023-08-25,五	171.53	173.01	160.60	163.28	-6.15%	7.13%	449,175	745,599	16.54	209734
2023-09-01,五	195.00	195.00	163.44	166.35	+1.88%	19.33%	548,689	948,519	20.21	222445
2023-09-08,五	167.00	169.47	155.60	161.47	-2.93%	8.34%	352,263	565,555	12.97	160851
2023-09-15,五	160.47	163.79	143.52	144.80	-10.32%	12.55%	383,651	582,896	14.13	175871
2023-09-22,五	143.61	153.04	141.14	152.02	+4.99%	8.22%	329,489	400,690	12.13	151014
2023-09-28,四	150.23	152.33	145.80	149.46	-1.68%	4.30%	240,038	357,930	8.84	104793
2023-10-13,五	147.90	162.61	144.31	151.12	+1.11%	12.24%	271,581	415,027	10.00	125285
2023-10-20,五	151.12	154.50	144.02	145.95	-3.42%	6.93%	240,170	358,214	8.84	110509
2023-10-27,五	144.00	146.48	134.39	141.14	-3.30%	8.28%	364,867	510,075	13.44	173849
2023-11-03,五	139.80	142.80	136.49	138.71	-1.72%	4.47%	225,293	315,461	8.30	105803
2023-11-10,五	141.47	154.55	140.91	149.86	+8.04%	10.05%	386,543	575,810	14.23	169791
2023-11-17,五	150.50	157.75	148.80	150.58	+0.48%	5.97%	265,222	405,164	9.77	120376
2023-11-24,五	150.07	154.78	140.63	141.28	-6.18%	9.40%	262,240	386,295	9.66	121765
2023-12-01,五	140.51	148.91	139.27	147.01	+4.06%	6.82%	225,200	321,173	8.29	104997
2023-12-08,五	146.00	162.09	144.50	159.30	+8.36%	11.97%	463,017	712,797	17.05	186124
2023-12-15,五	165.88	168.30	156.65	157.30	-1.26%	7.36%	399,280	646,703	14.70	173542
2023-12-22,五	157.50	162.60	148.00	149.04	-5.25%	9.28%	269,209	417,465	9.91	131619
2023-12-29,五	148.11	158.49	142.75	156.87	+5.25%	10.56%	287,133	432,526	10.57	135917
2024-01-05,五	155.99	157.86	148.38	148.90	-5.08%	6.04%	179,866	276,154	6.58	86099
2024-01-12,五	150.00	161.01	140.29	144.45	-2.99%	13.92%	444,997	665,507	16.27	198053
2024-01-19,五	142.00	146.99	122.35	123.11	-14.77%	17.05%	557,311	719,532	20.38	249938
2024-01-26,五	122.57	130.92	116.57	127.27	+3.38%	11.66%	511,659	640,346	18.71	219594
2024-02-02,五	128.00	128.74	108.04	112.50	-11.61%	16.42%	361,206	428,222	13.21	171433
2024-02-08,四	110.34	127.40	104.06	125.29	+11.37%	20.75%	469,458	493,583	15.31	161995
2024-03-01,五	127.00	134.56	124.18	130.62	+4.25%	8.28%	434,446	559,903	15.89	167623
2024-03-08,五	129.30	144.25	126.62	141.26	+8.15%	13.50%	595,559	806,659	21.78	223349
2024-03-15,五	142.00	147.90	135.28	137.55	-2.63%	8.93%	393,984	556,327	14.41	153783
2024-03-22,五	136.45	141.01	131.10	135.22	-1.69%	7.28%	338,269	462,075	12.37	145022
2024-03-29,五	136.05	154.09	135.01	143.78	+6.33%	14.11%	579,627	829,645	21.17	230938
2024-04-02,二	145.93	148.70	129.37	130.96	-8.92%	13.44%	404,733	547,194	14.80	180652
2024-04-05,五	131.90	135.70	131.90	133.06	+1.60%	2.90%	118,865	148,503	4.05	45162

图3-94

3.5.4 超级盘口

同花顺软件的"超级盘口"是一个可以让投资者深入观察和分析个股盘口详

细成交状况的功能。

打开同花顺PC版客户端,点击选中个股,或进入该个股分时图页面后,利用菜单栏中的"分析"→"超级盘口"命令(快捷键:Ctrl+T),即可打开个股的超级盘口页面。

在超级盘口页面(见图3-95)中,通过移动蓝色光标,投资者可以在右侧的盘口模块中看到光标所在位置的盘口信息,包括分时成交、盘口数据等,也就是说超级盘口可以回放个股当天的成交情况和分时盘口数据的变化情况,帮助投资者掌握个股当日的所有交易动态。通过下箭头快捷键,投资者还可以查看个股最近多日的超级盘口数据。这有助于投资者综合分析过去几日的盘口情况,发现潜在的趋势和规律。

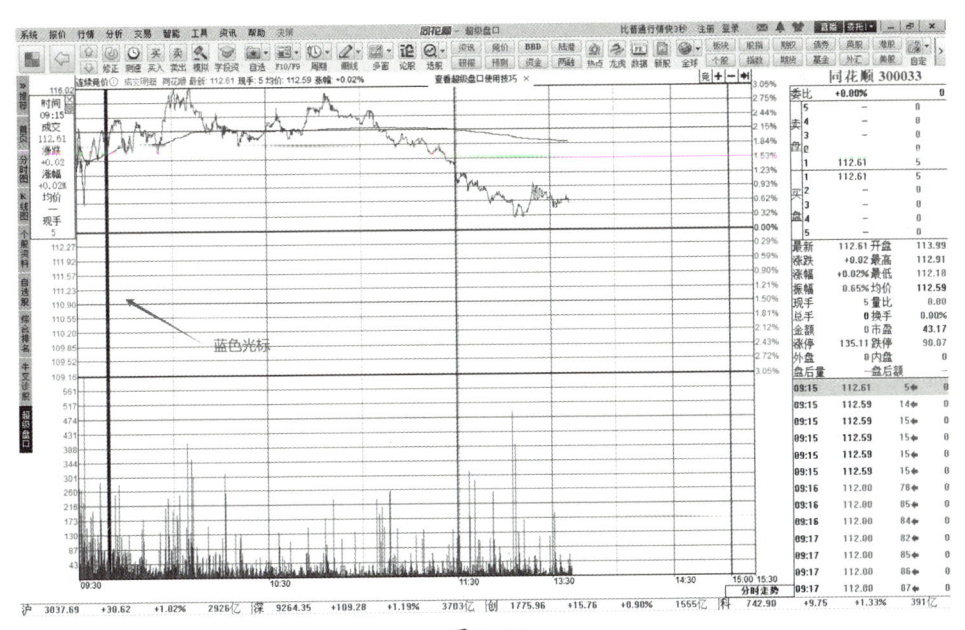

图3-95

对于投资者来说,超级盘口不仅能够提供丰富的盘口数据,帮助他们更全面地了解个股的交易情况,还能够帮助投资者快速回顾过去的交易情况,发现潜在的问题和机会,从而提升复盘效率。

3.5.5　价量分布

价量分布功能是同花顺软件提供的一种非常实用的技术分析工具,它主要用于显示成交价格及该价格对应的成交数量。具体来说,它表示的是每一只股票在一个确定的价位上有多少持仓筹码。

打开同花顺PC版客户端,点击选中个股,或进入该个股分时图页面后,利用菜单栏的"分析"→"价量分布"命令打开个股的"价量分布"页面,如图3-96

所示。

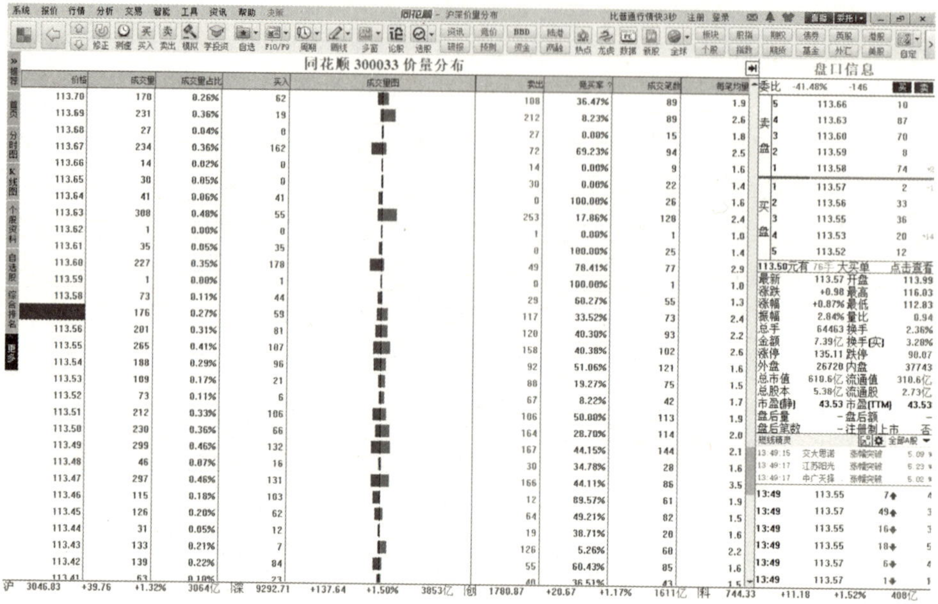

图3-96

投资者可以在该页面查看个股在每个价格位置的成交情况，而中间的红/绿柱代表在该价格下，主动买入/主动卖出的成交数量。使用该功能时，投资者可以查看哪个价格是成交数量最多的，也可以查看当天最高价和最低价的成交情况。

由于价量分布能够直观地展示当日的成交分布状态，因此在投资者分析盘口时非常有用。结合筹码指标一起使用（筹码分布功能的调用，详见3.5.1节中关于不同盘口模块的功能介绍），投资者可以判断个股在一定的价位上获利盘的数量占总股数的比值，以及该个股的平均持仓成本。这对于投资者分析股票的多空力量、市场趋势以及制定投资策略具有重要的参考价值。

3.5.6 复权处理功能

复权、除权是股市中常见的术语。股票复权就是让股票的价格恢复到除权除息之前的水平，使得公司的前后股价曲线保持连贯。一只股票在经过分红之后，因为每股的价值降低，所以在股价上也要有相应的表现。如果股票除权除息后不复权，那么会在K线图上，除权除息日那天就会出现缺口，让K线图不连贯。

在个股的K线图页面的"分析"→"复权处理"菜单中，有"向前复权"（快捷键：Ctrl+Q）、"向后复权"（快捷键：Ctrl+B）、"高级复权"、"除权（不复权）"、"成交量复权"等五个命令，其中，最常用的是"向前复权"，如图3-97所示。

向前复权：保持现在的股票价位不变，降低以前的股价，将除权前的K线向

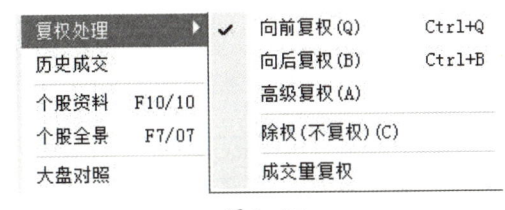

下平移，使图形吻合，来保持股价走势的连续性。向前复权的目的是，使历史价格更符合实际交易情况，让投资者更容易理解历史价格的走势，从而更好地了解股票的基本面和市场表现，因此也更适合长期投资者使用。

图3-97

向后复权：保持除权前的股票价位不变，而提高后面的股价，将除权后的K线向上平移，使图形吻合。向后复权的目的是使历史价格更符合实际的市值变化情况，更能反映公司的整体市值走势，对于短期投资者而言，向后复权能够提供更准确的未来预测。

高级复权：高级复权状态下，投资者可自上选择特定的时间段以及对应的复权方式，如图3-98所示。

除权（不复权）：保持现在和过去的股票价位都不变，不改变除权前后K线的位置。

图3-98

成交量复权：成交量复权不改变原有K线的复权方式，而是将成交量按照除权前后进行复权。

投资者可以根据自己的实际投资风格选择复权方式。

3.5.7 大盘对照

通常来说，个股的价格走势会受到市场的整体走势的影响，因此，投资者在查看、分析个股价格走势时，也需要同步对照大盘的走势。利用同花顺软件推出的"大盘对照"功能，可以在同一页面同时查看个股和对应大盘指数的分时图或K线图，方便投资者进行对照。投资者想要查看个股和大盘走势的对比图时，可以使用该功能。

选中个股或进入该个股分时图页面后，利用"分析"→"大盘对照"命令，即可打开个股的"大盘对照"页面，如图3-99所示。

可以看到，页面上方为个股的分时图，下方为对应大盘指数的分时图。投资者还可以切换为"K线对比"模式，进行K线图的对比。同时，页面右侧也提供了个股和大盘指数的盘口信息数据，方便投资者进一步了解个股和大盘的行情数据。

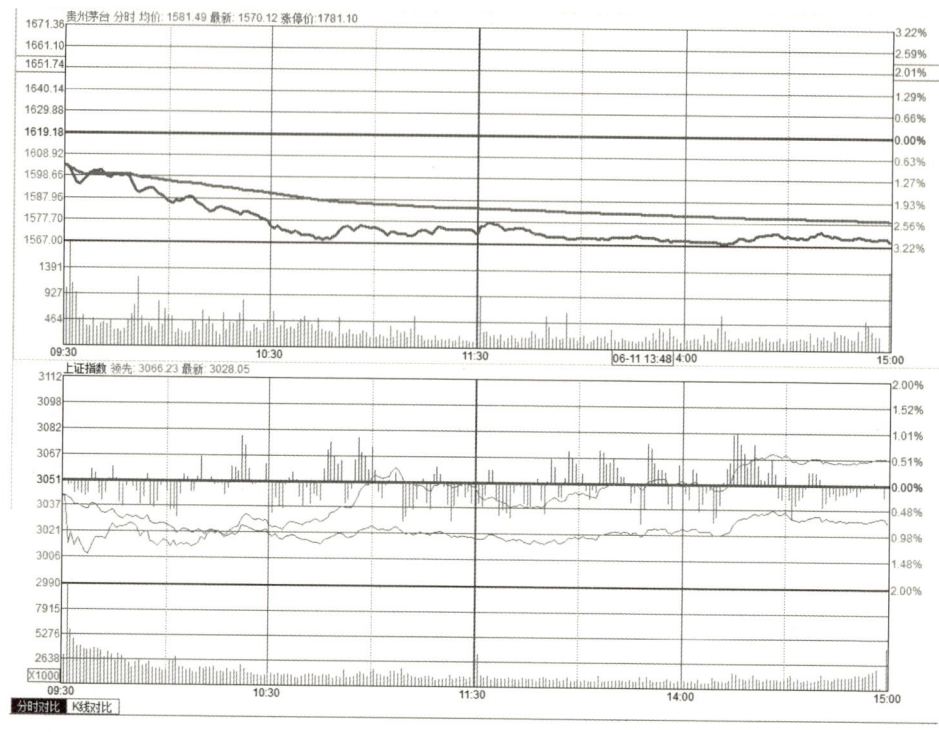

图3-99

3.5.8 个股全景

"个股全景"是一个提供个股所有信息的综合性工具，它包括分时走势、大盘对照、TICK走势（即超级盘口）、成交明细、价量分布、技术分析、财务图示等七个子页面，为投资者提供了全方位、多角度的个股分析视角。

选中个股或进入该个股分时图页面后，利用"分析"→"个股全景"命令，即可打开个股的"个股全景"页面，如图3-100所示。

在页面的最下方，投资者可以轻松地在各个子页面之间进行切换，以满足不同的分析需求。这一功能有助于投资者全面把握个股的动态，为投资决策提供有力的支持。

值得注意的是，在"技术分析"子页面中，投资者可以在页面右侧看到个股的筹码分布（见图3-100），而不必切换至个股分时走势页面或K线走势页面并进行盘口模块设置。

图3-100

同花顺炒股小妙招：多股同列与分时K线同列

大部分投资者关注着多只股票，需要同时查看多只股票的信息，而如果看盘时在多个股票页面之间频繁切换，不仅操作烦琐，还耽误时间，更严重的是可能错失投资机会。因此同花顺软件推出了多股同列功能和分时K线同列功能，让投资者可以一次性查看多只股票的走势图、报价信息、技术分析等，大大提高了分析效率。下面我们具体介绍一下这两种功能的使用方法。

同花顺的多股同列功能，可显示多只股票的分时图和K线图，主要包含2股同列、4股同列、6股同列、9股同列和16股同列，其快捷键分别为：Ctrl+2、Ctrl+4、Ctrl+L、Ctrl+9、Ctrl+6。

如图3-101所示，选择"报价"→"多股同列"→"2股"菜单命令，或按Ctrl+2组合键，即可进入"多股同列"页面，此时页面呈现的是2股分时图同列。

需要注意的是，用鼠标选择哪个板块，所展示就是哪个板块的多股同列。比如用鼠标在首页的"综合看盘"中选择了上证指数，那么进行2股同列时，系统默认展示列表中相邻的指数或个股，与上

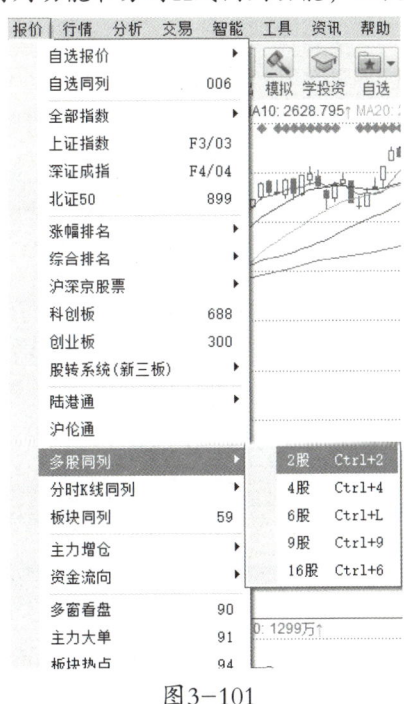

图3-101

证指数相邻的是深证成指，则所展示的为上证指数和深证成指的分时图同列，如图3-102所示。

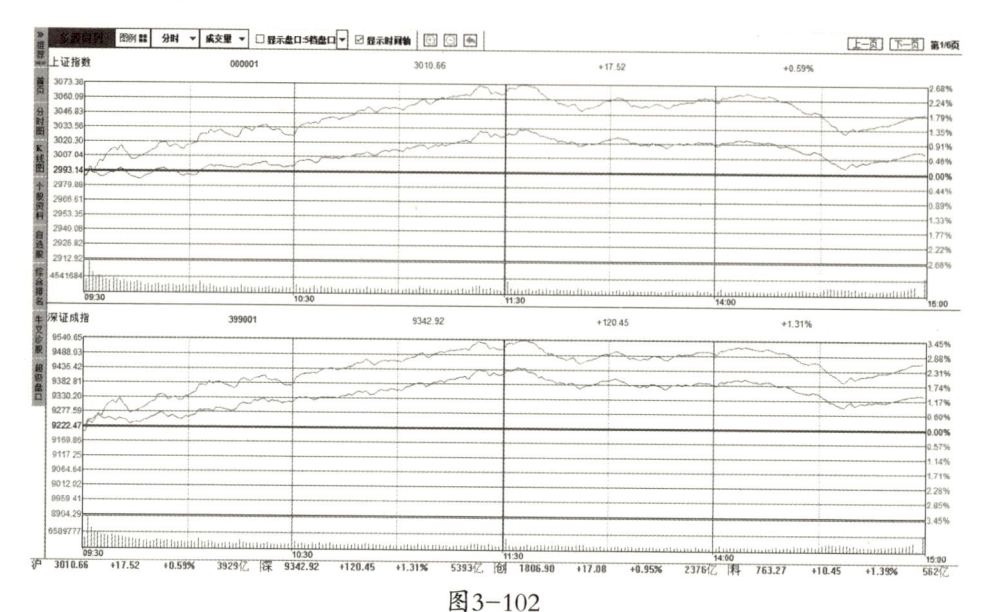

图3-102

在多股同列呈现页面的右上方，有一些相关的按钮，如"图例""分时""成交量"，以及其他一些按钮，下面简要说明一下。

用"图例"按钮可以选择多股同列的呈现方式，如左右同列方式，也可以直接切换多股同列数量，比如选择5行×4列，就可以显示20股同列，如图3-103所示。目前最多可支持6×6=36股同列。

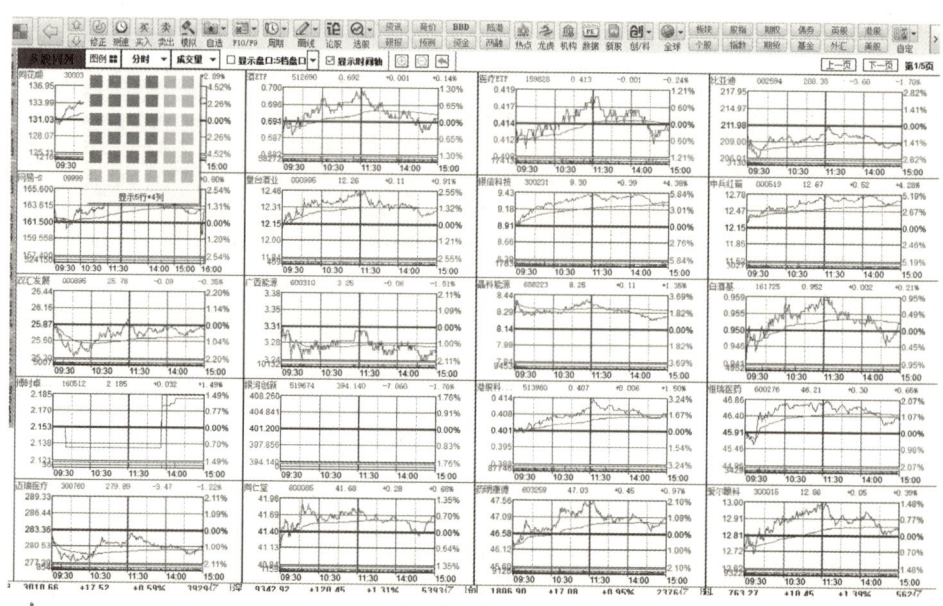

图3-103

"分时"下拉按钮中主要提供了更多周期的行情走势图，包括分时、日线、1分钟、5分钟、15分钟、30分钟、60分钟、周线、月线、季线、年线等不同周期的K线图，如图3-104所示。

"成交量"下拉按钮中则提供了不同的技术指标功能，在分时图页面下，这些指标包括成交量、量比指标、买卖力道、MACDFS、KDJFS、BOLLFS、RSIFS；而在K线图页面下，指标则是成交量、MACD、KDJ、BOLL、主力买卖。投资者可以根据自己的需求选择不同的技术指标，如图3-105所示。

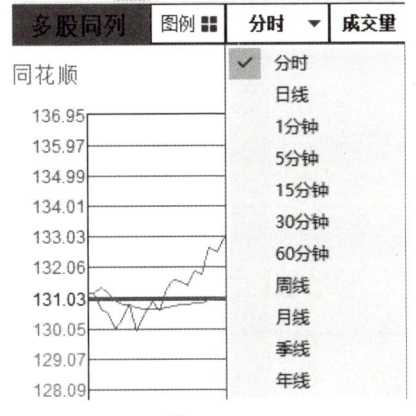

图3-104

图3-105

在"成交量"的右侧，有两个选项，分别为"显示盘口""显示时间轴"，投资者可以按需选择。

而同花顺软件的分时K线同列功能，可同时显示多只股票的分时图和K线图，目前支持2股、3股和4股。例如，投资者若想要同时显示2股的分时图和K线图，可选择"报价"→"分时K线同列"→"2股"菜单命令，如图3-106、图3-107所示。

分时K线同列与多股同列功能在操作方式上相似，此处不再赘述。

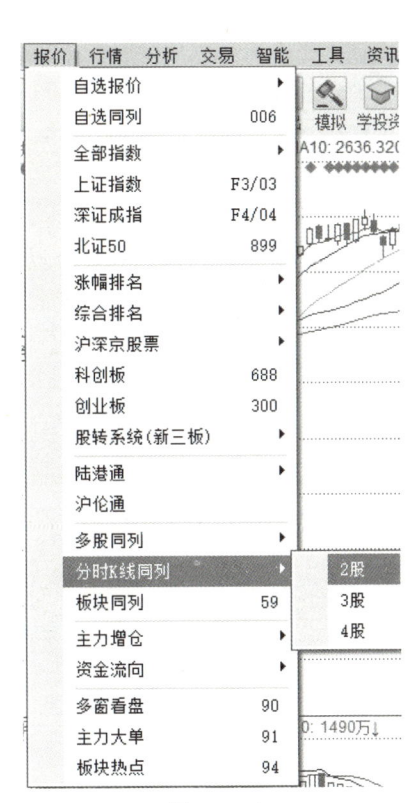

图3-106

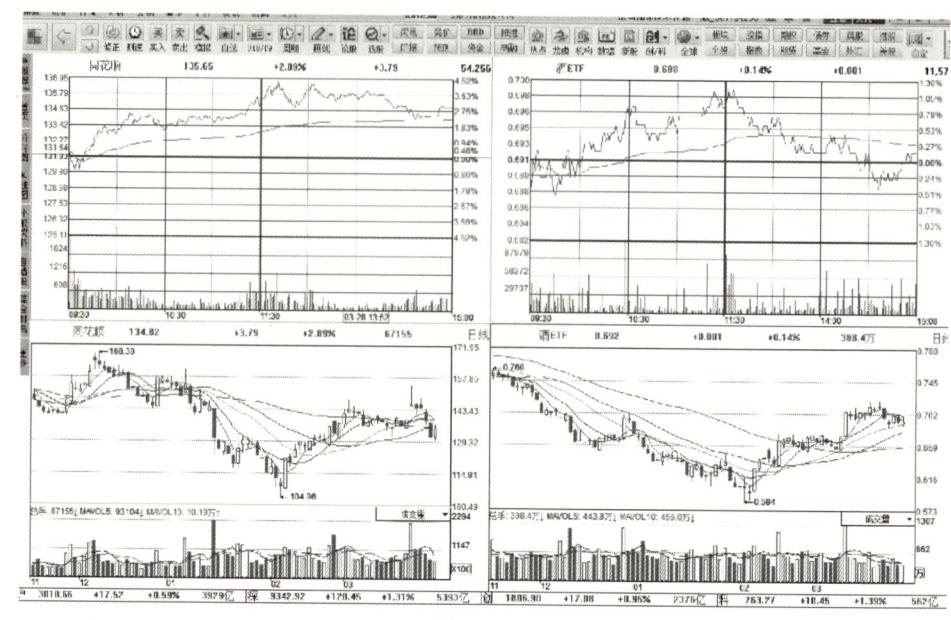

图3-107

🎲 同花顺炒股小妙招：公司PK功能

前面我们在介绍个股分时图的时候，也介绍了"叠加"功能，其可以对比当前个股和其他个股或指数等不同品种的价格走势，还介绍了"大盘对照"功能，其可以对比当前个股和对应指数。下面，我们再介绍一种更加强大的对比分析功能——公司PK。

打开同花顺PC版客户端，使用键盘精灵输入"PK"后按Enter键，或进入个股分时图页面，点击分时图页面右上角的"PK"按钮，进入"公司PK"页面，如图3-108所示。

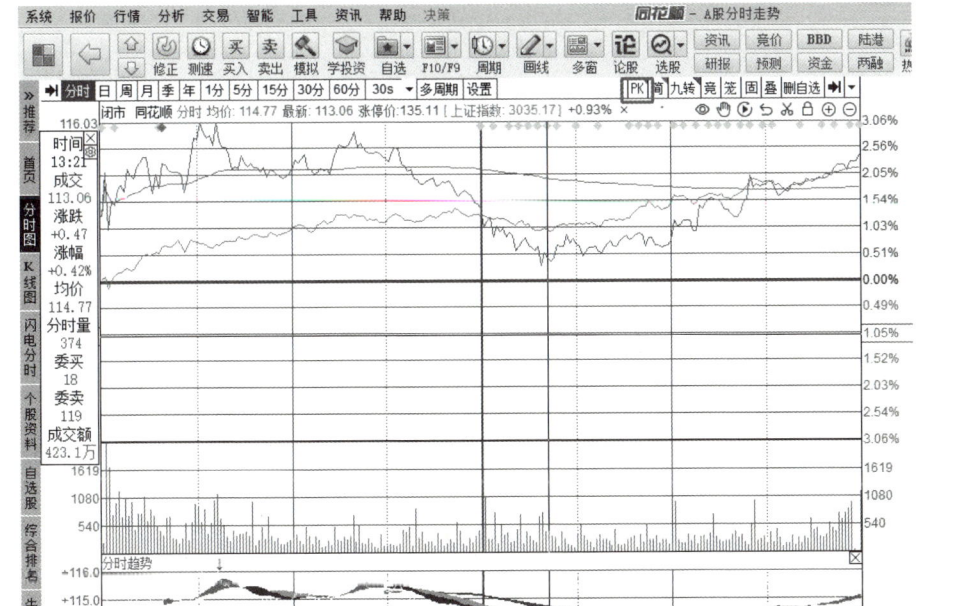

图3-108

在图3-109所展示的"公司PK"页面中，点击加号键，即可搜索、选择与当前个股进行PK的同行业公司或竞品，如图3-110所示。

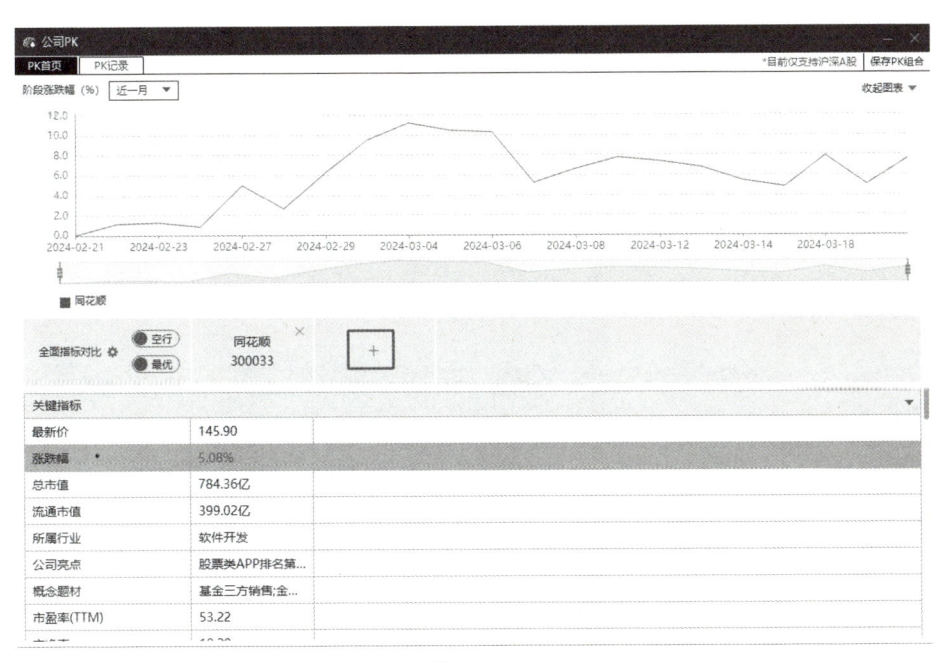

图3-109

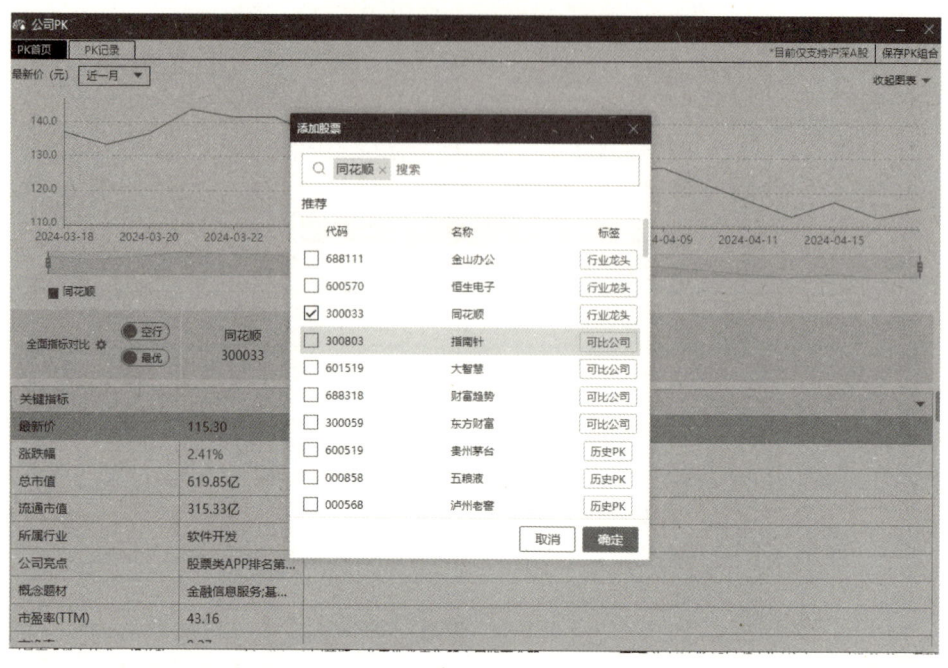

图3-110

选定PK对象后，点击"确定"按钮，系统会在关键指标栏显示不同股票的关键指标数据，并根据不同关键指标，在窗口上方生成对比图表，如图3-111所示。

图3-111

除了能让投资者轻松对比不同公司的股票表现，公司PK功能的最大用处是帮助投资者通过分析对比，在众多的投资选择中快速筛选出最具吸引力的标的，提高投资的成功率和收益率。下面我们通过案例的方式来说明该功能的具体使用方法。

首先，我们可以用问财选股，选出符合条件的潜在股票，如使用选股问句可选出净利润增长率排名靠前和高送转的股票，如图3-112所示。

图3-112

之后，我们可以使用PK功能，对赛托生物、复洁环保、金石资源、东方嘉盛这四只股票进行对比分析。

通过不同关键指标的对比，我们可以具体分析四只股票各自的特点和优劣。

例如，从股东人数来看（见图3-113），东方嘉盛的股东人数一直在明显增加，复洁环保则在缓慢增加，一般来说，股东人数增多，不太利于股票拉升。

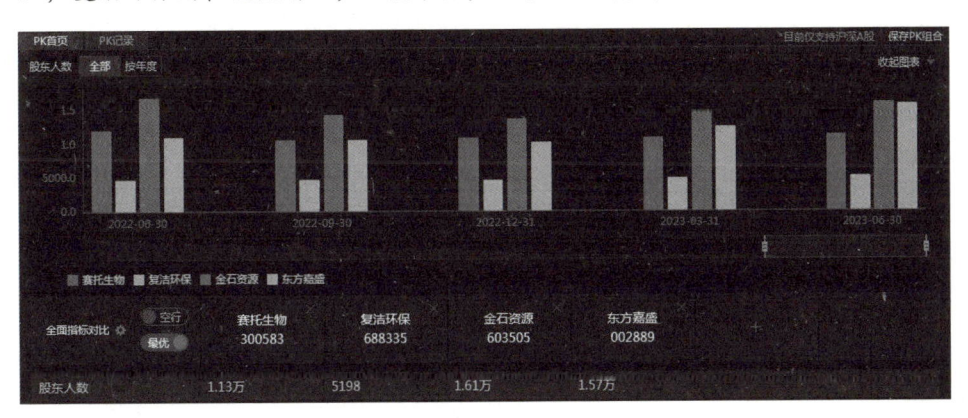

图3-113

从涨跌幅百分比来看（见图3-114），赛托生物经历了一次20个百分点的涨幅，而东方嘉盛处于一个平台期。

从盘子大小和股东控盘力度看（见图3-115），金石资源盘子比较大，相对来说股价波动幅度不会太大，不适合进行波段炒作。

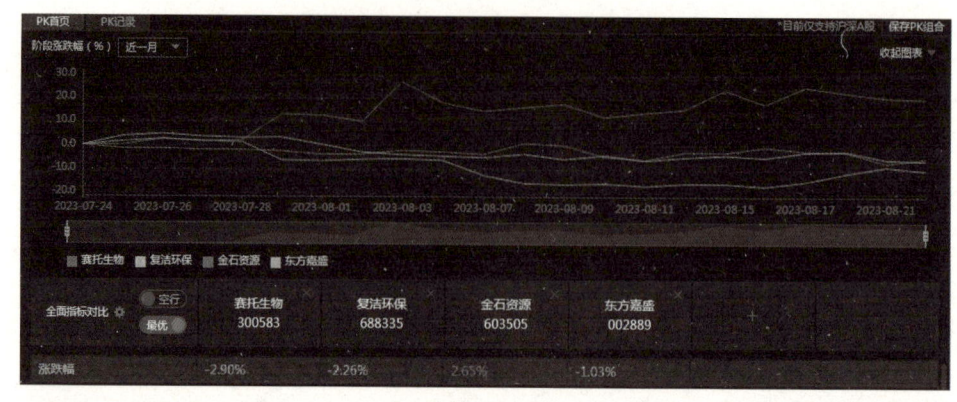

图3-114

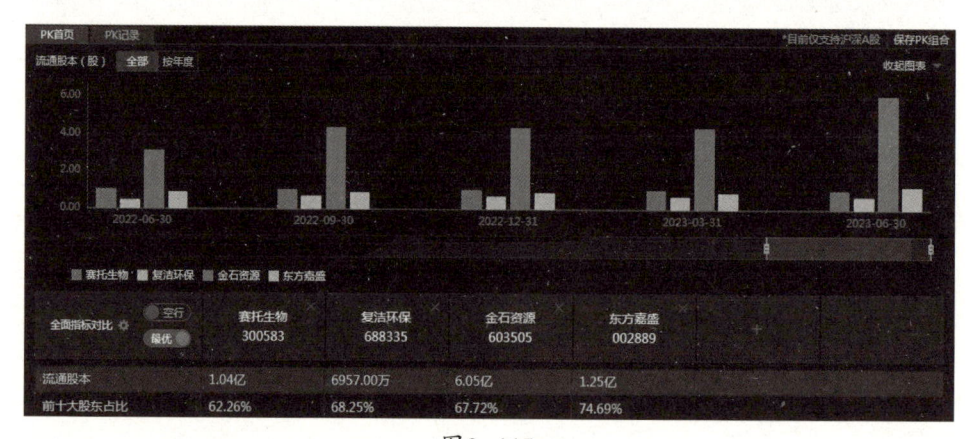

图3-115

从净利润的增长幅度来看（见图3-116），四只股票的扣非净利润都出现了不同程度的增长，说明都有潜在的投资机会。

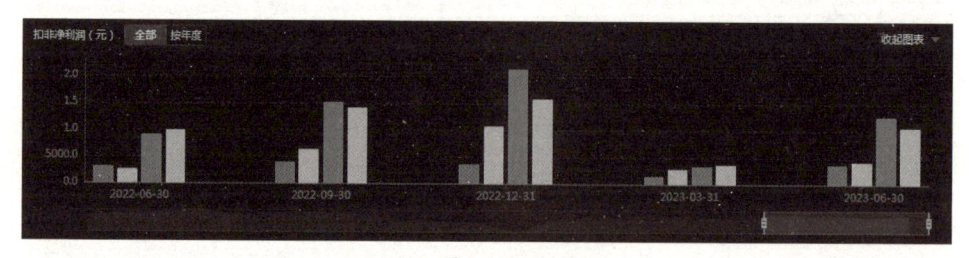

图3-116

综上所述，金石资源盘子太大，不利于股价拉升，剩下三只股票中，东方嘉盛的筹码趋于分散，赛托生物股价拉升幅度较大，可作为波段炒作标的，而复洁环保则是四个标的股票中比较适合"潜伏"的。

以上我们通过具体案例说明了公司PK功能的使用技巧，投资者可以多多使用，探索该功能的更多使用方法。需要说明的是，上述案例的PK结果，仅仅是通过该功能得到的分析结论，且已经不具时效性，不构成投资建议。

02 基础篇

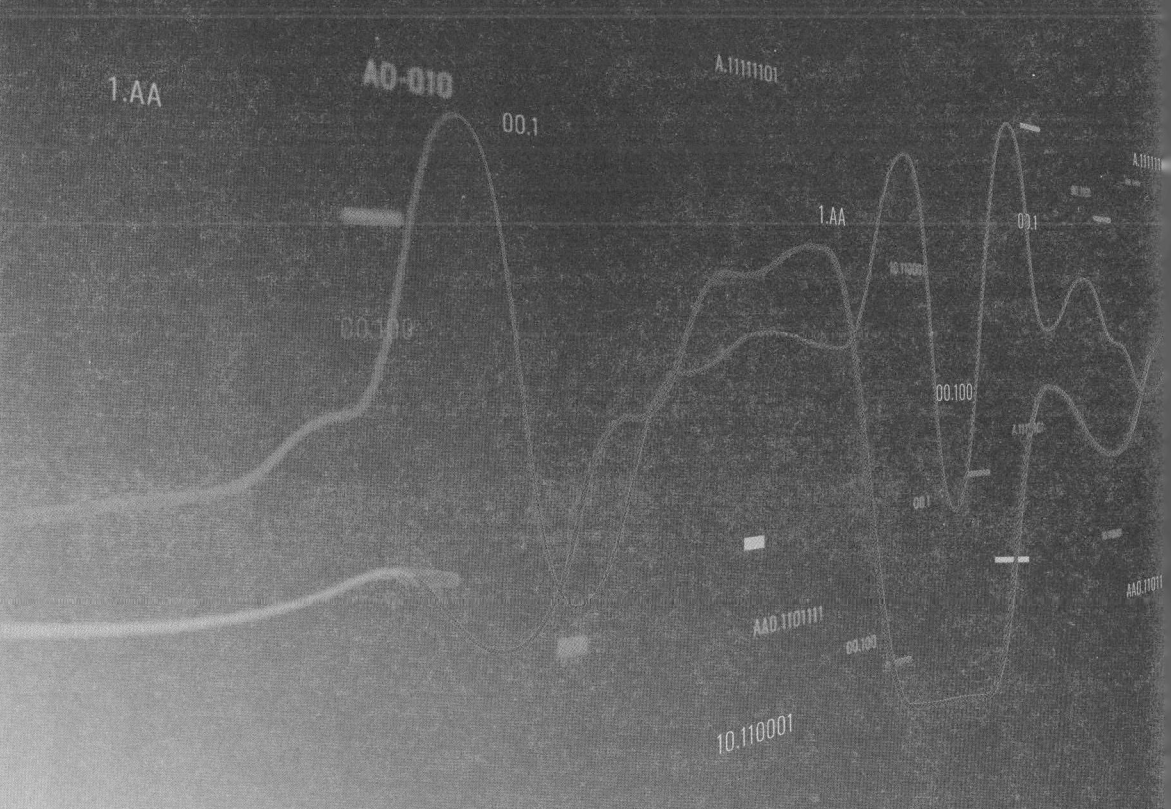

第4章
基本面分析诊股

基本面分析是一种评估股票投资价值和潜在回报的重要方法，可以帮助投资者深入挖掘公司的内在价值，并判断股票市场的未来走势，从而做出更加明智的投资决策。基本面分析主要包括宏观基本面分析、行业基本面分析、公司基本面分析，以及市场竞争分析，本章我们来具体介绍基本面分析的要点和方法。

4.1 宏观基本面分析

在评估市场趋势和预测未来表现时，宏观基本面的分析是至关重要的。宏观基本面主要包括经济政策、经济指标和经济周期等要素，这些要素对金融市场影响深远。

4.1.1 经济政策

政策是影响金融市场的重要因素。政府通过货币政策、财政政策和产业政策等手段，对经济进行宏观调控。

例如，货币政策的调整会直接影响利率和货币供应量，进而影响投资和消费，最终对经济增长和金融市场产生影响。财政政策则通过调整税收和政府支出来影响经济，其扩张性或紧缩性政策对金融市场同样具有显著影响。

此外，产业政策也会引导资金流向特定行业，改变市场结构。例如，随着政府对可再生能源扶持政策的出台（比如鼓励太阳能、风能等产业的发展），相关上市公司的股票往往会受到市场的积极关注。投资者看到这些政策信号，会认为这些行业将迎来发展机遇，从而增加对相关股票的购买，推动股价上涨。

举例来说，2024年4月28日成都市住建局发布《关于进一步优化房地产市场平稳健康发展政策措施的通知》，全域取消限购。该产业政策一推出，立即反映到了金融市场中。4月29日早盘，A股整体拉升走强，房地产板块领涨两市，板块内现涨停潮，荣盛发展、荣安地产、金地集团涨停，我爱我家、华夏幸福、大悦城、中交地产等涨幅居前，万科A大涨超7%，保利发展涨超4%。可见，经济政策对于A股市场有着非常重大的影响，投资者需要及时关注政策端的变化。

4.1.2 经济指标

经济指标是反映宏观经济运行状况的重要数据。这些指标包括国内生产总值（GDP）、消费者价格指数（CPI）、失业率、贸易差额等。打开同花顺PC版客户端，点击工具栏中的"数据"按钮，进入"宏观数据"子页面，投资者可查看各项宏观数据，如图4-1所示。

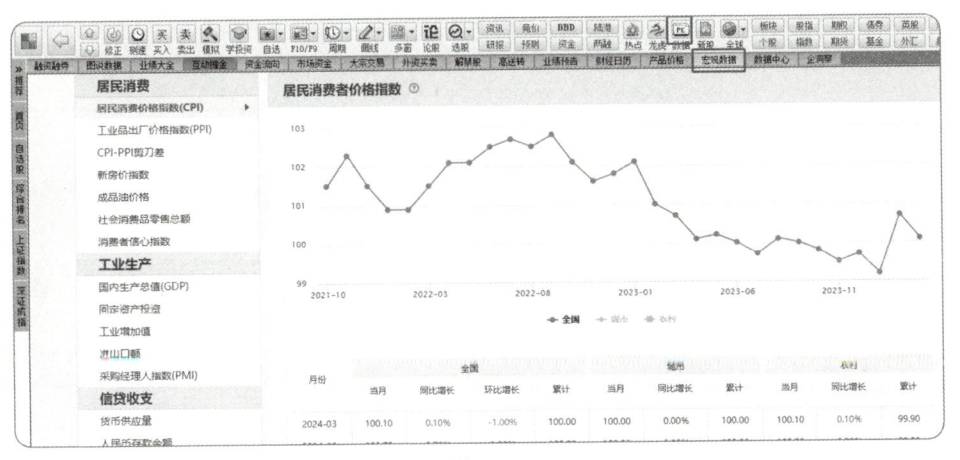

图4-1

下面简要介绍一下经济指标对于股票市场的影响。

1. GDP

GDP是衡量一个国家或地区经济总量的重要指标，其增长速度可以反映经济的健康状况。GDP增长率的变化直接反映了经济的整体运行状况。当GDP增长较快时，说明经济处于扩张阶段，企业盈利能力提高，市场信心增强，从而推动股价上涨。相反，当GDP增长放缓或出现负增长时，意味着经济可能陷入衰退期，企业盈利下降，投资者信心减弱，股票市场往往表现不佳。图4-2所示为同花顺统计的近些年GDP数据情况。

2. CPI

CPI反映了物价水平的变化，对于评估通货膨胀压力和货币政策效果具有重要意义。适度的通货膨胀有利于市场扩张，企业利润随商品价格上涨而增加，投资者信心增强，推动股市上涨。然而，当通货膨胀率过高时，会导致购买力下降，企业生产成本增加，利润减少，从而影响股票市场。此外，通货膨胀率的变化还会影响央行的货币政策，进而对股票市场产生影响。图4-3所示为同花顺统计的近些年CPI数据情况。

国内生产总值 ⓘ

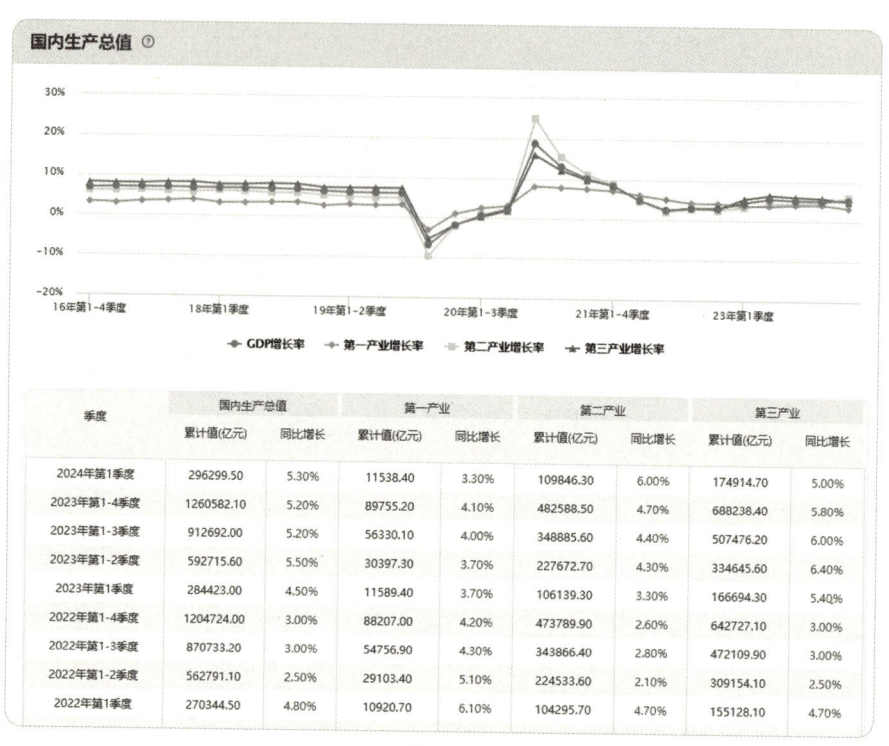

季度	国内生产总值 累计值(亿元)	同比增长	第一产业 累计值(亿元)	同比增长	第二产业 累计值(亿元)	同比增长	第三产业 累计值(亿元)	同比增长
2024年第1季度	296299.50	5.30%	11538.40	3.30%	109846.30	6.00%	174914.70	5.00%
2023年第1-4季度	1260582.10	5.20%	89755.20	4.10%	482588.50	4.70%	688238.40	5.80%
2023年第1-3季度	912692.00	5.20%	56330.10	4.00%	348885.60	4.40%	507476.20	6.00%
2023年第1-2季度	592715.60	5.50%	30397.30	3.70%	227672.70	4.30%	334645.60	6.40%
2023年第1季度	284423.00	4.50%	11589.40	3.70%	106139.30	3.30%	166694.30	5.40%
2022年第1-4季度	1204724.00	3.00%	88207.00	4.20%	473789.90	2.60%	642727.10	3.00%
2022年第1-3季度	870733.20	3.00%	54756.90	4.30%	343866.40	2.80%	472109.90	3.00%
2022年第1-2季度	562791.10	2.50%	29103.40	5.10%	224533.60	2.10%	309154.10	2.50%
2022年第1季度	270344.50	4.80%	10920.70	6.10%	104295.70	4.70%	155128.10	4.70%

图 4-2

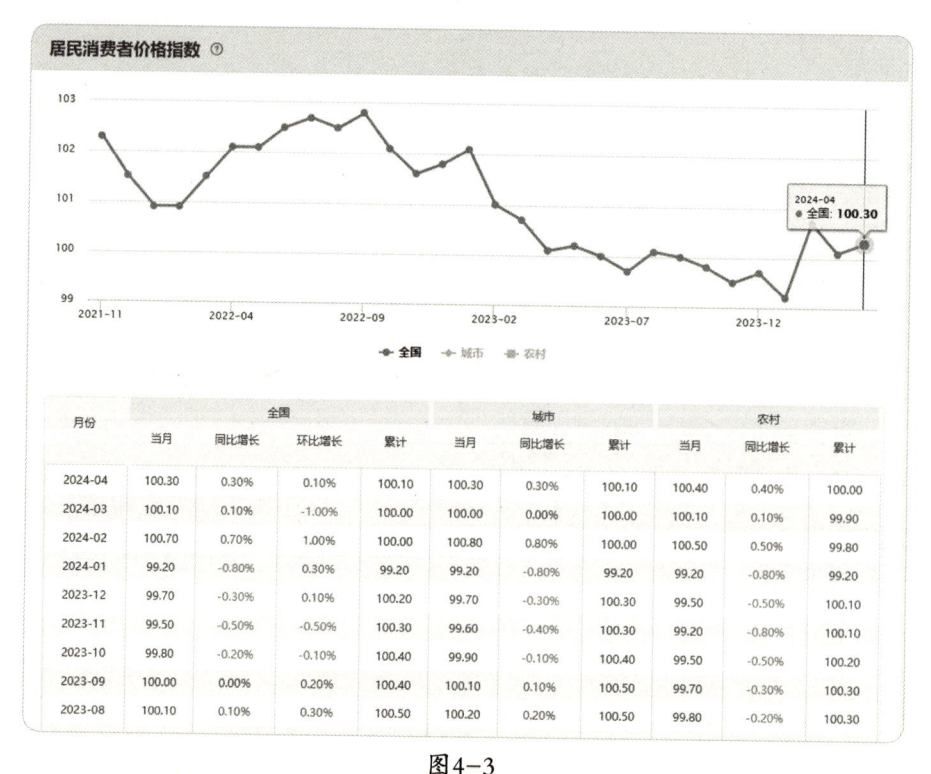

居民消费者价格指数 ⓘ

2024-04 全国：100.30

月份	全国 当月	同比增长	环比增长	累计	城市 当月	同比增长	累计	农村 当月	同比增长	累计
2024-04	100.30	0.30%	0.10%	100.10	100.30	0.30%	100.10	100.40	0.40%	100.00
2024-03	100.10	0.10%	-1.00%	100.00	100.00	0.00%	100.00	100.10	0.10%	99.90
2024-02	100.70	0.70%	1.00%	100.00	100.80	0.80%	100.00	100.50	0.50%	99.80
2024-01	99.20	-0.80%	0.30%	99.20	99.20	-0.80%	99.20	99.20	-0.80%	99.20
2023-12	99.70	-0.30%	0.10%	100.20	99.70	-0.30%	100.30	99.50	-0.50%	100.10
2023-11	99.50	-0.50%	-0.50%	100.30	99.60	-0.40%	100.30	99.20	-0.80%	100.10
2023-10	99.80	-0.20%	-0.10%	100.40	99.90	-0.10%	100.40	99.50	-0.50%	100.20
2023-09	100.00	0.00%	0.20%	100.40	100.10	0.10%	100.50	99.70	-0.30%	100.30
2023-08	100.10	0.10%	0.30%	100.50	100.20	0.20%	100.50	99.80	-0.20%	100.30

图 4-3

3. 货币供应量

货币供应量也称为货币存量或货币供应，是指在某一时点流通中的现金量和存款量之和。它是各国中央银行统计和公布的主要经济指标之一，对于宏观经济监测和调控具有重要意义。货币供应量可以根据流动性进行划分。例如，在我国现行的货币统计制度中，货币供应量被划分为三个层次：流通中的现金（M0），即单位库存现金和居民手持现金之和；狭义货币供应量（M1），是M0加上单位在银行的可开支票进行支付的活期存款；广义货币供应量，通常是在狭义货币供应量的基础上加上定期存款和其他存款。

货币供应量的增加，可以促进生产，稳定物价，有利于股票市场的繁荣。然而，如果货币供应量持续增加，也可能引发通货膨胀，使投资者转向其他投资工具，如贵重金属或不动产，从而对市场走势产生负面影响。

因此，货币供应量是影响市场走势的关键因素之一。中央银行通过调整货币政策，控制货币供应量，以维护市场的稳定和健康发展。而投资者也需要密切关注货币供应量的变化，以便及时调整投资策略，应对市场风险。

图4-4所示为同花顺统计的近些年我国货币供应量数据变化情况。

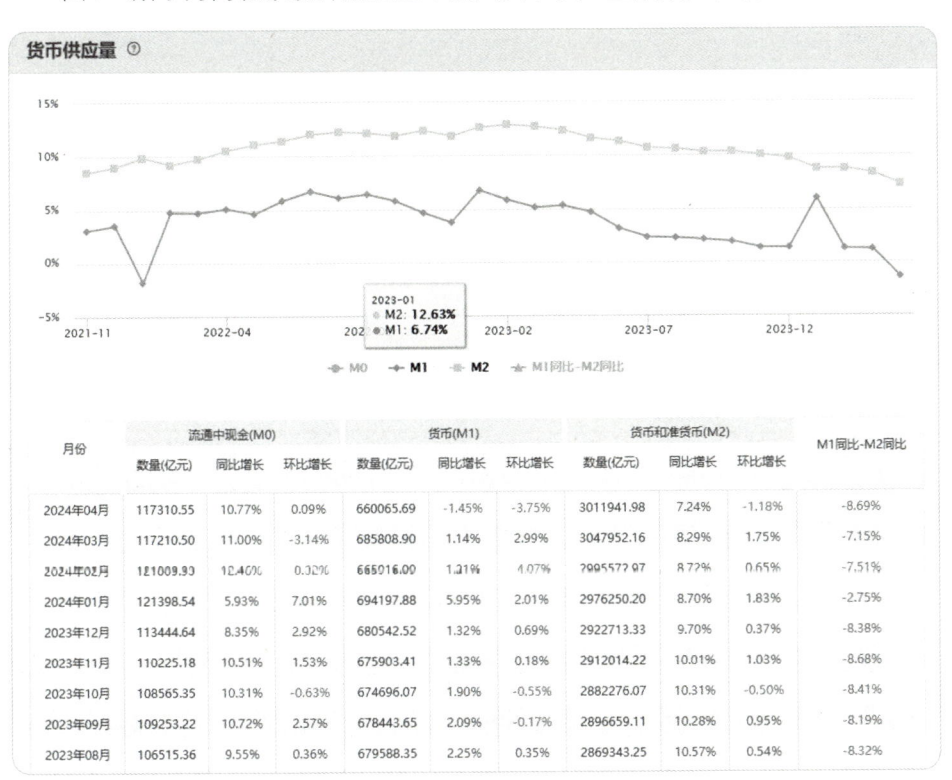

月份	流通中现金(M0) 数量(亿元)	同比增长	环比增长	货币(M1) 数量(亿元)	同比增长	环比增长	货币和准货币(M2) 数量(亿元)	同比增长	环比增长	M1同比-M2同比
2024年04月	117310.55	10.77%	0.09%	660065.69	-1.45%	-3.75%	3011941.98	7.24%	-1.18%	-8.69%
2024年03月	117210.50	11.00%	-3.14%	685808.90	1.14%	2.99%	3047952.16	8.29%	1.75%	-7.15%
2024年02月	121009.93	12.40%	0.32%	665916.00	1.21%	-4.07%	2995577.97	8.72%	0.65%	-7.51%
2024年01月	121398.54	5.93%	7.01%	694197.88	5.95%	2.01%	2976250.20	8.70%	1.83%	-2.75%
2023年12月	113444.64	8.35%	2.92%	680542.52	1.32%	0.69%	2922713.33	9.70%	0.37%	-8.38%
2023年11月	110225.18	10.51%	1.53%	675903.41	1.33%	0.18%	2912014.22	10.01%	1.03%	-8.68%
2023年10月	108565.35	10.31%	-0.63%	674696.07	1.90%	-0.55%	2882276.07	10.31%	-0.50%	-8.41%
2023年09月	109253.22	10.72%	2.57%	678443.65	2.09%	-0.17%	2896659.11	10.28%	0.95%	-8.19%
2023年08月	106515.36	9.55%	0.36%	679588.35	2.25%	0.35%	2869343.25	10.57%	0.54%	-8.32%

图4-4

4. 利率

一般来说，利率水平的变化与股价的变化呈负相关关系。当利率下降时，股票的价格往往上涨，而利率上升时，股票的价格则可能下跌。这是因为利率是资金借贷的成本，当利率下降时，企业的借款成本降低，利润可能增加，这提升了投资者对企业盈利的预期，从而推动股价上涨。反之，利率上升则增加了企业的融资成本，可能压缩利润空间，对股价形成压力。

其次，利率的变动会影响企业的借款成本和融资难度，进而影响其生产规模和盈亏幅度，最终影响企业股价。当利率上升时，企业的融资成本增加，可能导致其减少投资或缩减生产规模，从而影响其盈利能力和股价表现。

图4-5所示为同花顺统计的2011—2015年我国利率变化情况。

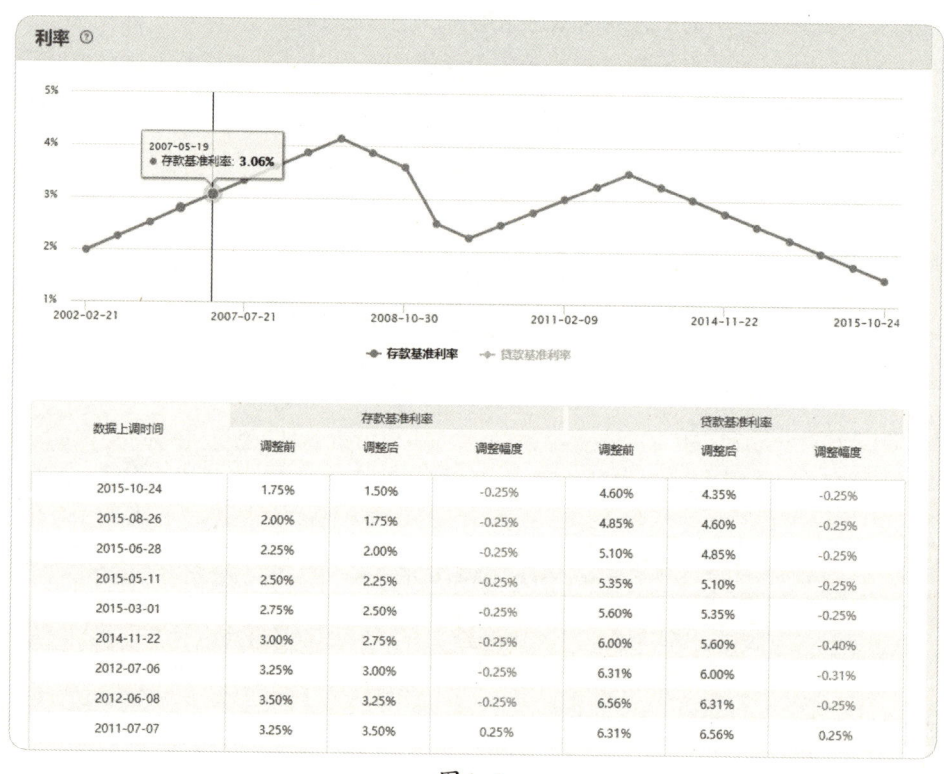

数据上调时间	存款基准利率 调整前	调整后	调整幅度	贷款基准利率 调整前	调整后	调整幅度
2015-10-24	1.75%	1.50%	-0.25%	4.60%	4.35%	-0.25%
2015-08-26	2.00%	1.75%	-0.25%	4.85%	4.60%	-0.25%
2015-06-28	2.25%	2.00%	-0.25%	5.10%	4.85%	-0.25%
2015-05-11	2.50%	2.25%	-0.25%	5.35%	5.10%	-0.25%
2015-03-01	2.75%	2.50%	-0.25%	5.60%	5.35%	-0.25%
2014-11-22	3.00%	2.75%	-0.25%	6.00%	5.60%	-0.40%
2012-07-06	3.25%	3.00%	-0.25%	6.31%	6.00%	-0.31%
2012-06-08	3.50%	3.25%	-0.25%	6.56%	6.31%	-0.25%
2011-07-07	3.25%	3.50%	0.25%	6.31%	6.56%	0.25%

图4-5

4.1.3 经济周期

经济周期是经济运行的自然规律，包括繁荣、衰退、萧条和复苏四个阶段。不同阶段的市场表现和风险特征各不相同，投资者需要根据经济周期的变化调整投资策略。例如，在繁荣期，市场通常表现较好，投资者可以更加积极；而在衰退期，市场风险升高，投资者需要更加谨慎。

自1980年代起，我国的经济增长经历了多个时期，每个时期都有其特点，对应的股票投资逻辑也有所不同。

1. 改革开放初期（1980年代）

此时期，我国开始实施改革开放政策，经济逐渐从计划经济向市场经济转型，GDP增长迅速，年均增长率较高。农业领域的家庭联产承包责任制改革、乡镇企业的兴起以及对外开放政策，吸引了外资和技术，促进了工业的发展。

在改革开放初期，股票市场尚处于萌芽阶段，投资渠道相对有限。此时期的投资主要集中在少数几家大型企业，且投资门槛较高，参与群体较为有限。由于市场刚刚起步，投资者对股票的认识和理解尚浅，市场波动较大。

2. 经济快速增长期（1990年代初期至中期）

此时期，我国GDP继续保持高速增长，工业化进程加速，基础设施建设大规模展开。国有企业改革、外贸体制改革以及城市化进程的推进，为经济增长提供了新的动力。

随着上海和深圳证券交易所的成立，股票市场逐渐发展壮大。此时期的投资热点主要集中在传统制造业、基础设施建设和房地产等领域。随着市场的逐步开放和规范化，投资者开始关注企业的基本面和盈利能力，投资理念逐渐成熟。

3. 经济结构调整期（1990年代末至2000年代初）

此时期，面对亚洲金融危机等国际经济环境的挑战，我国开始进行经济结构调整，注重提高经济增长的质量和效益。

面对国际环境的挑战和经济结构的调整，投资者开始关注企业的竞争力和创新能力。科技、消费和新兴产业逐渐成为投资热点。同时，随着市场的逐步成熟，机构投资者的比重逐渐增加，投资行为更加理性和专业化。

4. 稳定增长期（2000年代中期至今）

此时期，我国GDP保持相对稳定和持续增长，经济总量不断攀升，成为世界第二大经济体。

消费成为经济增长的重要驱动力，服务业比重逐渐上升，科技创新和绿色发展成为新的增长点。

在稳定增长期，随着消费升级和产业升级的推进，投资者开始关注品牌、服务和高端制造业。同时，随着资本市场的开放和国际化程度的提高，外资和境外投资者逐渐成为市场的重要参与者。在投资理念上，价值投资和长期投资逐渐成为主流，投资者更加注重企业的成长潜力和可持续性。

政策、经济指标和经济周期是宏观基本面分析的主要因素，通过对这些因素的综合分析，投资者可以更好地把握市场趋势，制定合适的投资策略。然而，需要注意的是，宏观基本面分析并非万能，市场还受到许多其他因素的影响，如市场情绪、地缘政治等。因此，在实际操作中，投资者还需要结合其他分析方法，全面评估市场状况。

4.2 行业基本面分析

行业基本面分析是投资者进行投资决策的重要依据，它涵盖了多个关键方面，了解了行业基本面，才能对一个行业有全面而深入的理解。

4.2.1 行业规模与增长潜力

行业规模与增长潜力分析是基本面分析的基础。投资者需要了解行业的整体市场规模，以及该规模在未来几年中的增长趋势。这可以通过研究历史数据、行业报告以及专家预测来实现。

同时，投资者还需要关注行业的增长驱动因素，如技术进步、政策支持、市场需求等，以判断行业的增长潜力。如近年来，随着互联网的普及和消费者购物习惯的改变，电商行业呈现出爆发式增长。市场规模不断扩大，吸引了越来越多的企业进入这一领域。从最初的B2C模式，逐渐发展出C2C、B2B等多种模式，涵盖了服装、家电、数码、生鲜食品等多个品类。尤其是在移动互联网的推动下，电商行业更加迅速地发展。通过手机App、微信小程序等移动端渠道，消费者可以随时随地进行购物，极大地提升了购物的便捷性。同时，电商平台也通过大数据分析、智能推荐等技术手段，不断提升用户体验，进一步促进了市场规模的扩大。

根据相关数据，中国电商市场的交易规模已经连续多年保持高速增长，成为全球最大的电商市场之一。预计未来几年，随着技术的不断进步和消费者需求的不断升级，电商行业的市场规模还将继续扩大。图4-6为我国近些年电商市场规模增长图。

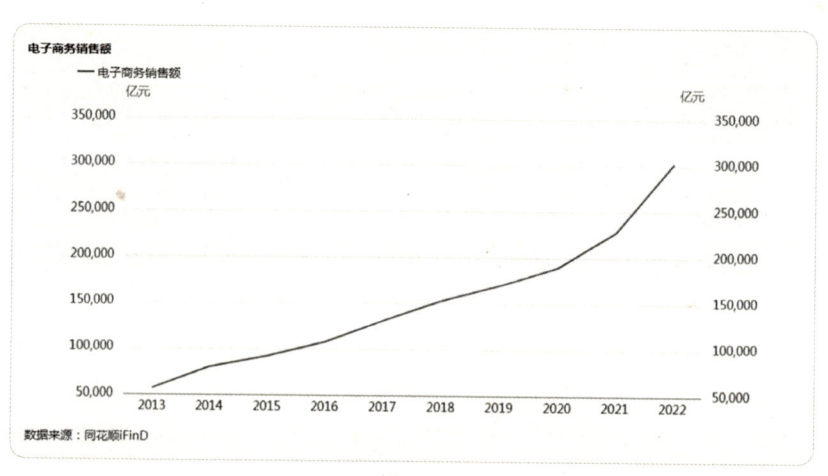

图 4-6

此外，与宏观经济具有周期性特征一样，任何行业都有其生命发展周期，主要包括四个发展阶段：幼稚期、成长期、成熟期、衰退期。

投资者可以通过市场增长率、需求增长率、产品品种、竞争者数量、进入壁垒及退出壁垒、技术变革等指标来识别行业的发展阶段。在不同的发展阶段，投资者可采用不同的投资策略，例如，在幼稚期，由于行业的前景尚不明朗，企业的发展也充满未知风险与挑战，因此投资者应该采取稳健保守的投资策略。进入成长期后，行业发展迅速，市场规模不断扩大，行业中的主要企业通常具有成长速度快、投资回报率高的特点，投资者可以积极介入，与企业共同成长。

而在成熟期和衰退期，一般来说行业已经趋于饱和，新机会已经不多，此时投资者应该使用稳健保守的投资策略。

不过，行业的发展与技术、政策、产品等因素息息相关，单纯地使用行业生命发展周期来判断投资机会并不可靠，容易错失机遇或陷入风险，投资者应该综合评判行业规模和发展趋势，谨慎分析，理性决策。

4.2.2 竞争格局

竞争格局与市场地位也是行业基本面分析的重要方面。投资者需要了解行业内主要企业的市场份额、竞争优势以及彼此的合作关系。这有助于判断行业的竞争态势，以及企业在行业中的地位和影响力。同时，还需要关注行业内潜在的新进入者和替代品，以评估行业的竞争风险。

一般而言，根据行业内企业的数量和规模，行业竞争格局可以分为完全竞争、寡头垄断、双头垄断、完全垄断四种，投资者可以通过分析企业所在行业的竞争格局，判断行业的发展前景和企业的行业地位。

竞争格局方面，我们可以用新能源汽车行业为例进行说明。新能源汽车行业近年来发展迅猛，吸引了众多企业纷纷涉足。这一行业的竞争格局呈现出多元化和激烈化的特点。

首先，汽车制造巨头如特斯拉、比亚迪、宝马、大众等，凭借强大的品牌影响力和技术研发实力，在新能源汽车市场中占据重要地位。而新兴科技企业如蔚来、小鹏、理想等，也通过独特的商业模式和技术创新，在新能源汽车市场中崭露头角。它们注重用户体验和服务创新，通过提供更加智能化、个性化的产品和服务，吸引年轻消费者的关注。此外，还有一些传统零部件供应商和电池制造商也积极转型，涉足新能源汽车领域，凭借在供应链和成本控制方面的优势，为新能源汽车行业提供了有力支持。可见，新能源汽车目前属于完全竞争的行业竞争格局。

在这样的行业竞争格局下，新能源汽车行业呈现出百家争鸣的局面。各企业之间的竞争不仅体现在产品质量和性能上，还涉及技术研发、品牌建设、市场拓展等多个方面。为了保持竞争优势，企业需要不断创新和进步，以适应市场变化，满足投资者需求。

4.2.3 技术进步与创新

技术进步与创新对行业发展的推动作用不容忽视。投资者需要关注行业内的技术创新趋势，以及这些创新如何影响行业的竞争格局、生产效率、产品质量等方面。同时，还需要关注企业的研发投入和创新能力，以判断其是否具备持续创新的能力，从而保持竞争优势。

人工智能行业是技术革新的典型代表。随着深度学习、大数据等技术的不断发展，人工智能在各个领域的应用越来越广泛。从智能家居到自动驾驶汽车，从医疗诊断到金融风控，人工智能技术的革新不断推动着相关行业的发展和变革。

4.2.4 政策环境

政策环境也是影响行业发展的重要因素。投资者需要了解政府对行业的政策支持或限制措施，及其对行业发展的具体影响。政策的变化可能会带来行业的机遇或挑战，因此投资者需要密切关注政策动向，以便及时调整投资策略。

在此方面，房地产行业受政策影响较大。政府对房地产市场的调控政策直接影响着房价、成交量以及行业的发展方向。例如，限购、限贷等政策的实施会对房地产市场的供求关系产生影响，进而影响房价的走势。同时，政府对土地供应、城市规划等方面的政策也会对房地产行业的发展产生深远影响。

4.2.5 供需关系

行业供需关系也是基本面分析的关键内容。投资者需要了解行业的供需状况，包括原材料供应、产品需求以及价格变动等因素。这有助于判断行业的盈利能力和风险水平。同时，还需要关注行业的产业链结构，以及上下游企业之间的合作关系，以全面了解行业的运营状况。

以光伏行业为例，其供需关系的变化直接影响了行业的整体发展。在光伏行业，供需关系的变化受到多种因素的影响，包括技术进步、政策调整、市场需求等。近年来，随着光伏技术的不断进步和成本的降低，光伏产品的供应量逐渐增加。同时，全球范围内对清洁能源的需求也在持续增长，推动了光伏市场的扩大。

然而，光伏行业的供需关系并非一直保持平衡。在某些时期，由于过度投资或市场需求不足，光伏产品可能出现供过于求的情况，导致产品价格下降，企业利润受到压缩。而在另一些时期，随着政策支持和市场需求的增长，光伏产品可能出现供不应求的情况，价格上涨，企业盈利能力增强。

行业基本面分析的要点包括行业规模与增长潜力、竞争格局与市场地位、技术进步与创新、政策环境以及行业供需关系等多个方面。投资者在进行基本面分析时，需要综合考虑这些因素，以便更准确地评估行业的投资价值和风险。

不过对于普通投资者来说，想要进行专业的行业基本面分析是有些难度的，尤其是对于不太熟悉的行业领域，需要花费很多的精力、时间。因此，同花顺推出了"研报大全"功能，投资者可以打开同花顺PC版客户端，点击工具栏中的"研报"按钮，即可免费查看各大券商发布的最新行业研报，以便进行行业基本面分析，如图4-7所示。

图4-7

4.3 公司基本面分析

公司基本面分析在投资决策中扮演着至关重要的角色。它主要关注公司的财务状况、经营表现、行业地位以及管理层能力等多个方面，旨在全面评估公司的价值和未来发展潜力。具体来说，公司基本面分析能够起到以下作用。

第一，评估公司价值。

通过对公司的财务报表（如资产负债表、利润表和现金流量表等）进行深入剖析，可以了解公司的盈利能力、偿债能力以及运营效率。这有助于投资者判断公司的真实价值和潜在风险，从而为投资决策提供重要依据。

第二，预测未来发展趋势。

基本面分析不仅关注公司的历史表现，还通过分析行业趋势、市场需求、竞争格局等因素，预测公司未来的发展前景。这有助于投资者把握市场机遇，提前关注具有成长潜力的公司。

第三，筛选优质投资标的。

基本面分析可以帮助投资者在众多的上市公司中筛选出财务状况稳健、经营表现优秀、行业地位突出的优质公司。这些公司往往具有较高的投资价值和较低的风险水平，是投资者理想的投资标的。

第四，辅助风险管理。

基本面分析有助于投资者识别公司潜在的风险因素，如高负债、低利润率、激烈的市场竞争等。通过及时关注这些风险点，投资者可以制定相应的风险管理措施，降低投资风险。

第五，提升投资信心。

通过深入了解公司的基本面情况，投资者可以更加确信自己的投资决策基于充分的信息和理性的分析。这有助于增强投资者的信心，提高投资决策的准确性和成功率。

公司基本面分析是投资者评估一家公司的重要过程，它涵盖了财务状况、业务运营、公司治理、公司估值等多个方面。下面将针对这些要点进行深入分析。

4.3.1 财务状况

财务状况分析是公司基本面分析的核心。通过分析公司的收入、利润、资产、负债等财务数据，投资者可以了解公司的盈利能力、偿债能力、运营能力、成长能力及现金流状况。下面将从上述几个方面来介绍公司财务分析的主要指标及分析方法。

> **Tips** 一般而言，对于上市公司的财务报告的分析可以从财务三表入手，分别是资产负债表、利润表以及现金流量表，三张报表能立体式地展现一家公司的财务状况，其中利润表、现金流量表属于期间报表，反映的是某一段时间内公司的经营业绩，资产负债表是期末报表，反映的是报表制作时公司的资产状况。

1. 盈利能力分析

盈利能力就是公司赚取利润的能力。在盈利能力分析中，常用的指标包括：

销售毛利率：衡量公司每1元销售收入扣除销售成本后，还有多少钱可以用于各项期间费用和形成盈利。销售毛利率越高，说明公司的成本控制能力越强。

销售净利率：反映公司每1元销售收入最终能转化为多少净利润。销售净利率的提升通常意味着公司的盈利能力在增强。

总资产收益率（ROA）和净资产收益率（ROE）：这两个指标分别反映公司利用全部资产和自有资本获取收益的能力。ROA和ROE越高，说明公司的盈利能力越强。

如图4-8所示，投资者可通过"同花顺F10"→"财务分析"中的"财务报表"功能查看相应的指标，以判断股票的盈利能力。值得注意的是，不同行业的盈利水平不尽相同。以销售毛利率指标为例，制造业销售毛利率范围很大，通常为10%~40%，具体取决于产品类型、生产过程和销售策略等因素。而软件业销售毛利率通常较高，为50%~70%，因为软件产品的复制成本较低，但开发成本和销售成本较高。医药行业销售毛利率因产品类型而异，一般来说，新药的销售毛利率较高，为80%~90%，而仿制药的销售毛利率较低，为20%~30%。

图4-8

2. 偿债能力分析

偿债能力分析主要关注公司偿还债务的能力，常用的指标包括：

流动比率和速动比率：这两个指标用于评估公司的短期偿债能力。流动比率和速动比率越高，说明公司短期偿债能力越强。

资产负债率：反映公司总资产中有多大比例是通过负债筹集的，衡量公司的长期偿债能力，其计算公式是期末负债总额除以资产总额。资产负债率过高可能意味着公司面临较大的偿债压力。

如图4-9所示，投资者可通过"同花顺F10"→"财务分析"→"财务指标"功能查看相应的指标，以判断公司的偿债能力。

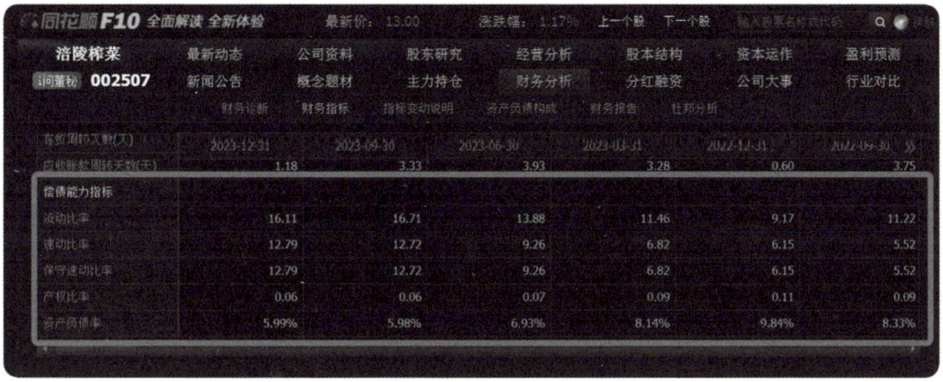

图4-9

资产负债率是衡量公司负债水平及风险程度的重要标志，通常以负债总额与资产总额的比值来表示。对于不同行业和公司，资产负债率的健康水平会有所不同，但一般来说，40%~60%被认为是相对健康的资产负债率范围。

（1）如果资产负债率低于40%，说明公司负债较少，意味着公司没有充分利用负债来进行经营活动，可能存在资金利用不充分的问题。

（2）如果资产负债率高于60%，说明公司负债较多，可能存在财务风险，投资者需要特别关注公司的偿债能力。

需要注意的是，资产负债率并不是越低越好，因为负债是公司经营的重要资金来源之一，如果负债率过低，可能会导致公司资金紧张，影响经营活动的正常进行。因此，在评估资产负债率时，需要综合考虑公司的经营风险、行业特点以及自身情况等因素。

3. 运营能力分析

运营能力分析主要评估公司资产管理的效率，常用的指标包括：

存货周转率：存货周转率是衡量公司存货管理效率的重要指标，它反映了公司从采购原材料到生产出产品，再到销售收回款项的整个过程的速度。存货周转率越高，说明公司的存货管理效率越高，能够更有效地利用存货进行生产和销售。一般来说，存货周转率的正常值应该为3~5，但具体数值会因公司所处行业、产品特性以及经营策略等因素而异。

应收账款周转率：应收账款周转率是衡量公司回收账款速度的重要指标，它反映了公司销售产品或提供服务后收回款项的速度。应收账款周转率越高，说明公司账款回收效率越高，越能够有效降低公司的资金风险。一般来说，应收账款周转率的正常值应该为5~10，但具体数值会因公司所处行业、客户结构以及收款政策等因素而异。

总资产周转率：总资产周转率是衡量公司资产利用效率的重要指标，它反映了公司从投入资产到产出产品或服务的整个过程的速度。总资产周转率越高，说明公司资产利用效率越高，越能够实现资产的增值。一般来说，总资产周转率的正常值应该为0.5~1，但具体数值会因公司所处行业、资产结构以及经营策略等因素而异。

投资者可通过"同花顺F10"→"财务分析"→"运营能力"功能查看相应的指标，辅助进行诊股和选股，如图4-10所示。

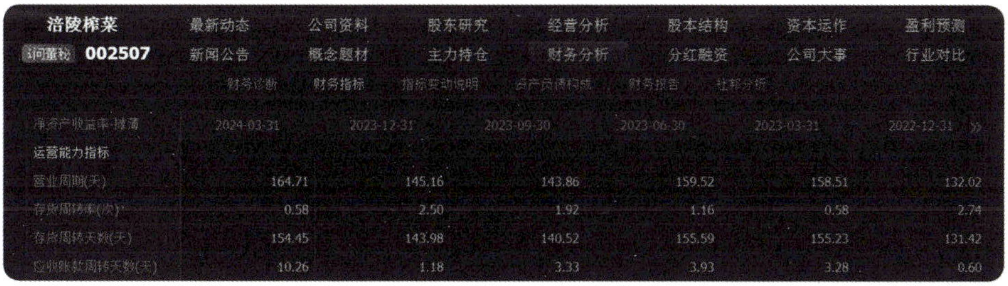

涪陵榨菜 问董秘 002507

最新动态 公司资料 股东研究 经营分析 股本结构 资本运作 盈利预测

新闻公告 概念题材 主力持仓 财务分析 分红融资 公司大事 行业对比

财务诊断 财务指标 指标变动说明 资产负债构成 财务报告 杜邦分析

净资产收益率-摊薄	2024-03-31	2023-12-31	2023-09-30	2023-06-30	2023-03-31	2022-12-31
运营能力指标						
营业周期(天)	164.71	145.16	143.86	159.52	158.51	132.02
存货周转率(次)	0.58	2.50	1.92	1.16	0.58	2.74
存货周转天数(天)	154.45	143.98	140.52	155.59	155.23	131.42
应收账款周转天数(天)	10.26	1.18	3.33	3.93	3.28	0.60

图4-10

4. 成长能力分析

成长能力分析主要关注公司的未来发展潜力，常用的指标包括：

营业收入增长率和净利润增长率：这两个指标分别反映公司营业收入和净利润的增长情况，是衡量公司成长性的重要指标。营业收入增长率反映了公司销售收入的增长情况。如果营业收入增长率较高，说明公司的产品或服务在市场中有较大的需求，并且公司在销售方面取得了较好的成绩。这通常是一个积极的信号，表明公司业绩有望持续增长。如果净利润增长率较高，说明公司的盈利能力较强，并且能够有效管理成本和费用。这通常也是一个积极的信号，表明公司业绩有望持续增长。

总资产增长率：总资产增长率反映了公司资产规模的扩张情况。如果总资产增长率较高，说明公司在业务扩张方面取得了较好的成绩，并且能够有效利用资产来实现增长。这通常也是一个积极的信号，表明公司业绩有望持续增长。

投资者可通过“同花顺F10”→“财务分析”→“成长能力”功能查看相应的指标，判断个股的成长能力，如图4-11所示。

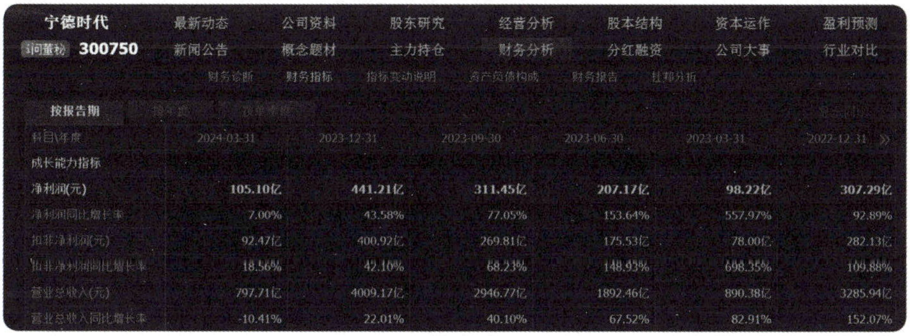

宁德时代 问董秘 300750

最新动态 公司资料 股东研究 经营分析 股本结构 资本运作 盈利预测

新闻公告 概念题材 主力持仓 财务分析 分红融资 公司大事 行业对比

财务诊断 财务指标 指标变动说明 资产负债构成 财务报告 杜邦分析

按报告期

科目\年度	2024-03-31	2023-12-31	2023-09-30	2023-06-30	2023-03-31	2022-12-31
成长能力指标						
净利润(元)	105.10亿	441.21亿	311.45亿	207.17亿	98.22亿	307.29亿
净利润同比增长率	7.00%	43.58%	77.05%	153.64%	557.97%	92.89%
扣非净利润(元)	92.47亿	400.92亿	269.81亿	175.53亿	78.00亿	282.13亿
扣非净利润同比增长率	18.56%	42.10%	68.23%	148.93%	698.35%	109.88%
营业总收入(元)	797.71亿	4009.17亿	2946.77亿	1892.46亿	890.38亿	3285.94亿
营业总收入同比增长率	-10.41%	22.01%	40.10%	67.52%	82.91%	152.07%

图4-11

5. 现金流状况分析

现金流状况分析主要关注公司现金流的生成和运用情况，常用的指标包括：

经营活动现金流量净额：反映公司通过日常经营活动产生的现金流量情况，是公司现金流的主要来源。

自由现金流：指公司在满足再投资需要之后剩余的现金流，可用于偿还债务、发放股利或扩大再生产。自由现金流的充裕程度是衡量公司财务健康状况的重要指标。

通过对以上几个方面的财务分析，投资者可以全面了解公司的财务状况和经营绩效，为投资决策提供有力支持。如图4-12所示，运用"同花顺F10"中的"财务诊断"功能可从上述几个方面对个股的财务状况进行整体判断。以贵州茅台（股票代码：600519）2023年3季报的财务数据为例，其现金流与运营能力较去年同期均有所提升，而盈利能力、成长能力以及偿债能力大体保持稳定。因此可以初步判断贵州茅台的整体财务状况要优于去年同期。

图4-12

同时，需要注意的是，财务分析并非孤立的过程，还需要结合公司的行业地位、市场竞争状况、管理层能力等因素进行综合分析。

Tips 在"同花顺F10"的"财务分析"中，系统在最后提供了"杜邦分析结构图"，它是一种利用几种主要的财务比率之间的关系来综合地分析公司财务状况的方法，其核心是将公司净资产收益率（ROE）逐级分解为多项财务比率的乘积，从而有助于深入分析比较公司的经营业绩。杜邦分析法可以有效地评价公司的盈利能力和股东权益回报水平，从财务角度分析公司绩效。

4.3.2　业务运营

业务运营方面，投资者需要关注公司的产品和服务、市场份额等。一个拥有优秀的产品和服务、稳定的市场份额的公司通常具有较强的竞争力。此外，了解公司的业务模式也是非常重要的，这有助于投资者判断公司的成长潜力和未来发展方向。

1. 产品和服务分析

产品和服务是公司运营的核心。优质的产品和服务能够赢得消费者的信任和忠诚，为公司带来稳定的收入和利润。因此，投资者需要关注公司的主要产品及服务的质量和市场接受度。一个能够持续推出创新产品并满足消费者需求的公司，通常具有较强的市场竞争力。

如图4-13所示，通过"同花顺F10"中的"经营分析"功能可查看公司的主营产品及其营收比重。以贵州茅台为例，其主营业务为茅台酒，营收比重为84.08%。因此投资者应主要对茅台酒产品进行分析，以此来判断贵州茅台的投资价值。

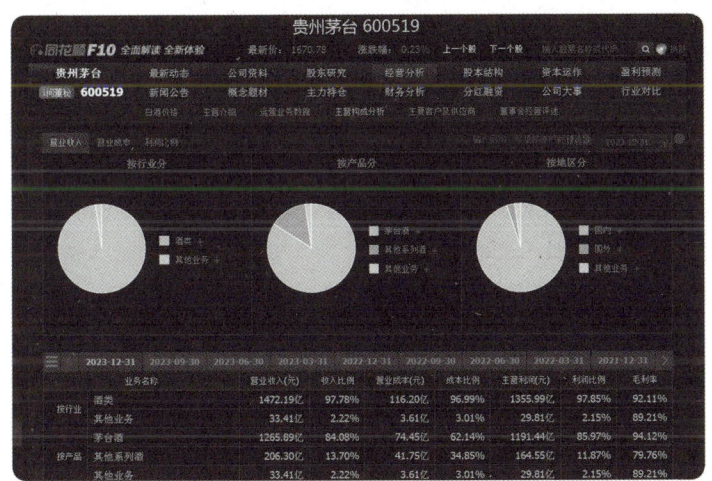

图4-13

2. 市场份额分析

市场份额是衡量公司在行业中地位的重要指标。在进行市场份额分析前，投资者需要明确公司的主营产品，一般进行市场份额分析时，我们分析占公司营收大头的主营产品的市场份额情况。

拥有较高市场份额的公司通常具有更强的议价能力和成本控制能力，能够更好地应对市场竞争和风险。投资者可以通过比较一段时间内公司在行业中的市场份额变化，来评估其竞争力和市场地位。对于一般的消费品和工业品公司而言，市场份额在30%以上就可以认为拥有绝对龙头的地位。而对于科技公司，尤其是互联网公司而言，头部效应更为明显，龙头公司往往占据50%以上的市场份额。

如图4-14所示，投资者可以通过"同花顺F10"中的"行业对比"功能，来粗略判断上市公司的行业地位和所占市场份额，如宁德时代（股票代码：300750）的营收总收入远超后面几名，说明在锂电池行业中，该公司占据绝对龙头地位。

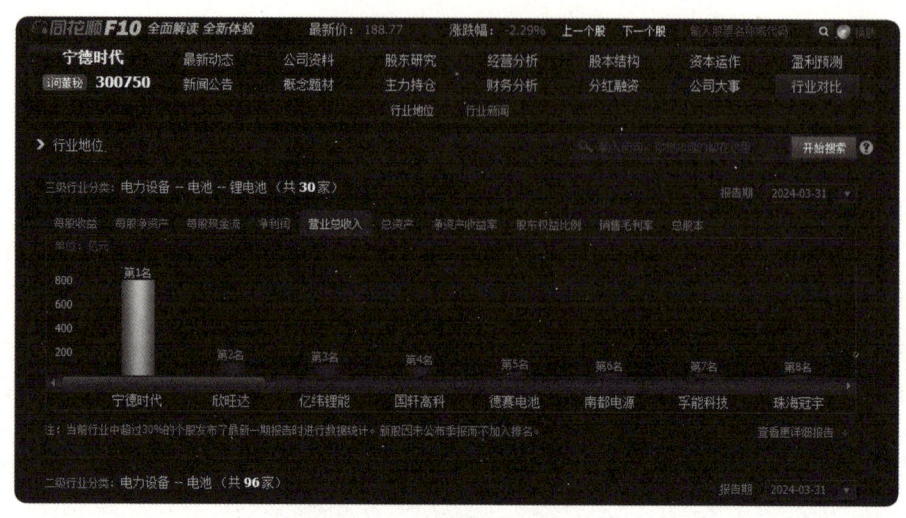

图4-14

3. 业务模式分析

了解公司的业务模式和扩张计划对于投资者判断公司的成长潜力和未来发展方向至关重要。不同的业务模式具有不同的盈利能力和风险特征，投资者需要根据公司的实际情况和市场环境来评估其业务模式的优劣。

同时，公司的扩张计划也反映了其未来的发展战略和目标，投资者可以通过分析公司的扩张计划来判断其成长潜力和市场前景。对于制造业公司而言，产能是判断其扩张情况的重要指标，但投资者还需要关注公司的产能利用率，如果产能利用率较低，公司的产能扩张可能并不能转化为销售收入。此外，公司的人员规模、研发投入以及营销投入都是判断公司扩张节奏的重要指标。

如图4-15所示，投资者可以通过"同花顺F10"→"经营分析"功能查看主营业务的相关情况，包括主营介绍、运营业务数据、主营构成分析等，以此来判断公司的业务模式和业务发展情况。

图4-15

4.3.3 公司治理

公司治理分析是投资者评估公司稳定性和长期投资价值的重要一环。它主要关注公司管理层团队的能力和效率，以及股权结构的合理性和稳定性。

1. 公司管理层团队分析

公司管理层团队是公司治理的核心，其能力、经验、诚信度和专业背景对公司的战略制定、决策执行以及风险控制等方面具有重要影响。一般来说，对于管理层团队的分析，主要包含以下几个方面。

能力和经验：投资者应关注公司管理者的职业背景、专业能力和行业经验。具备丰富经验和专业知识的管理者更有可能制定出符合公司实际情况和市场趋势的发展战略，并有效执行。

战略眼光和执行力：管理者应具备敏锐的市场洞察力和前瞻性的战略思维，能够准确判断市场趋势并制定相应的战略，同时，还需要具备强大的执行力，确保公司战略能够得到有效实施。

诚信和道德水准：管理者的诚信和道德水准直接关系到公司的声誉和长期发展。投资者应关注管理者是否遵守法律法规，是否履行对公司的忠实义务，以及是否关注股东利益。

2. 股权结构分析

股权结构是公司治理的基础，它决定了公司控制权的分配和股东之间的利益关系。股权结构分析主要从以下几方面着手。

大股东持股比例：大股东持股比例的高低直接影响到公司的决策效率和稳定性。如果大股东持股比例过高，可能导致内部人控制问题，损害中小股东的利益；而如果大股东持股比例过低，可能导致决策效率低下，难以形成有效的战略决策。

股权分散程度：股权分散程度反映了公司股东之间的制衡关系。适度的股权分散有助于平衡各方利益，防止单一股东或利益集团对公司进行过度控制。然而，如果股权过于分散，可能导致股东之间缺乏共同利益，难以形成有效的公司治理机制。

机构投资者持股情况：机构投资者通常具备专业的投资能力和丰富的资源，他们的持股情况对公司治理具有重要影响。机构投资者持股比例较高的公司往往能够获得更好的监督和指导。

如图4-16所示，投资者可使用"同花顺F10"中的"股东研究"功能来分析公司股权结构的相关情况。以贵州茅台为例，贵州茅台的最新一期股权结构呈现出多元化、集中化的特点。茅台集团作为控股股东，对贵州茅台的经营和发展起着关键作用；贵州省国资委通过茅台集团间接持有贵州茅台的股份，为公司提供政策支持和资源保障；其他机构投资者和个人投资者则通过购买股票成为公司股东，共同推动贵州茅台的发展。这种股权结构有助于提升贵州茅台的治理水平和市场竞争力，为公司的长远发展奠定坚实基础。

此外，公司治理分析还应关注董事会结构、独立董事的比例和作用、公司内部控制制度的完善程度，以及信息披露的透明度和及时性等方面。这些要素共同构成了公司治理的框架和机制，对于保障公司稳定运营、维护股东利益，以及促进公司长期发展具有重要意义。

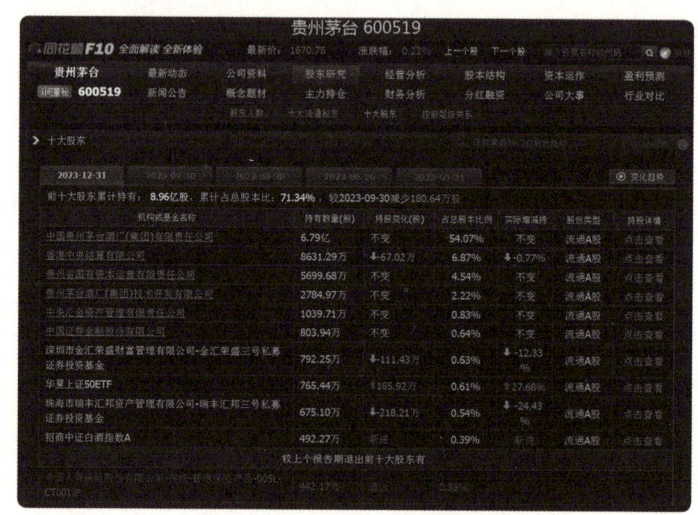

图4-16

Tips 近年来，ESG投资理念日益被人们所关注。所谓ESG投资理念，指的是投资者在分析公司的盈利能力及财务状况等相关指标的基础上，也从环境（Environment）、社会（Social）及公司治理（Governance）的非财务角度考察公司价值与社会价值，找到既创造股东价值又创造社会价值、具有可持续成长能力的投资标的。ESG投资理念强调公司的可持续发展能力，并基于环境、社会和治理风险进行投资决策。通过实践ESG投资理念，投资者可以获得长期稳定的回报，同时促进公司的可持续发展和社会的进步。

4.3.4 公司估值

对上市公司进行估值分析，是评估股票内在价值的重要步骤。估值分析主要是基于公司的财务状况、经营成果、行业地位、市场前景等因素，通过一系列指标和方法来估算股票的合理价值。

当前常用的估值方法包括：

（1）市盈率法。这是一种基于公司收益的股票估值方法，通过比较公司的每股收益和每股市价来计算股票的估值。市盈率越高，说明公司股票的估值越高。但需要注意的是，市盈率法忽略了公司未来的成长性，并且容易受到市场波动和行业差异的影响。

（2）市净率法。市净率是揭示公司价值的重要指标，指每股股价与每股净资产的比率。市净率能够揭示公司的估值水平，当股票市净率较低时，意味着投资者购买该股票所需支付的股价较低，而每股净资产较高则表明该公司在市场中被低估，具有较大的投资价值。

（3）PEG法。PEG法即市盈率与增长率比值估值法，其在市盈率法的基础上引入了市盈增长率的指标。市盈增长率反映了公司的未来成长性，能够更好地评估公司股票的估值。PEG法的计算公式为：PEG=（每股市价/每股收益）/每股收益增长率。

（4）市现率法。市现率就是公司股票的当前市场价值与其经营活动产生的现金流量的比率，其计算公式为：市现率=公司的市值/公司的经营现金流量。它主要用于帮助投资者评估一家公司的股票是否被低估或高估，以及公司的经营效率和财务健康状况。一般来说，较低的市现率意味着股票可能被低估，反之则可能被高估。

（5）市销率法。市销率是公司市值与营业收入的比率，其计算公式为：市销率=公司市值/公司销售收入。其常用于衡量公司股价在市场中的相对估值水平，市销率越低，说明该公司股票的投资价值越大。一般认为，对于成熟期的公司，通常使用市盈率来估值，而对于尚未盈利的高成长性公司，则使用市销率来估值更为可靠。

（6）现金流量法。基于公司的现金流量情况，使用现金流折现模型（DCF）来计算股票的内在价值。

（7）相对估值法。将公司与同行业公司或竞争对手进行比较，基于其相对优势或劣势来判断股票的估值范围。

以上方法都有其局限性，股票估值需要综合考虑多个因素，并根据个人投资策略和风险偏好进行判断。此外，投资者还应该密切关注市场情况和风险因素的变化，及时调整估值范围和投资决策。

在同花顺App中，进入"个股行情"页面，投资者可以在"诊股"→"估值"中看到个股的历史估值评价和系统给出的估值分析，其中估值分析包含了四种估值方法——市盈率法、市净率法、市销率法和市现率法，如图4-17所示。投资者可以根据不同行业和不同公司的特点，选择适合的估值方法进行判断。

4.4 市场竞争分析

市场竞争方面，投资者需要分析公司所处的行业环境、竞争对手情况以及公司的竞争优势。这有助于投资者判断公司在行业中的地位以及未来的发展空间。竞争优势可以来自多个方面，如独特的技术、强大的品牌影响力、高效的供应链管理以及优秀的客户服务等。这些优势可以帮助公司在市场竞争中脱颖而出，吸引更多的客户和市场份额。一个拥有独特技术的公司能够通过不断创新来保持领先地位，而一个拥有强大品牌影响力的公司则可能更容易获得消费者的信任和忠诚。

4.4.1 技术方面

技术是公司竞争力的核心要素之一，对于公司的市场竞争具有决定性的影响，对公司技术层面的分析，主要包括以下几方面。

图4-17

技术创新能力：公司的技术创新能力是其能否在市场中取得优势的关键。这包括研发投入、研发团队实力、专利申请数量及质量等。具备强大技术创新能力的公司能够持续推出新产品或服务，满足市场不断变化的需求，从而在竞争中占据领先地位。

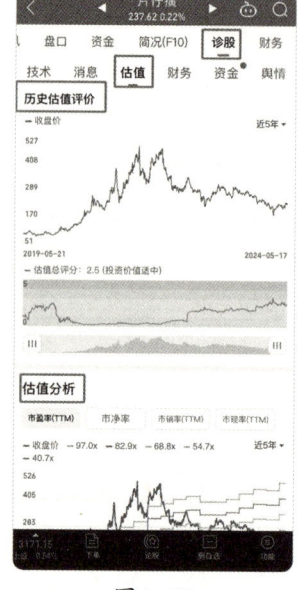

技术壁垒：公司是否拥有独特的技术或专利，能否形成技术壁垒，也是评估其竞争力的关键。技术壁垒能够有效阻止竞争对手的模仿和追赶，为公司创造持久的竞争优势。

技术转化能力：除了创新能力，公司还需要具备将技术成果转化为实际产品或服务的能力。这包括生产工艺的完善、产品质量的控制、生产效率的提升等方面。只有将技术成果成功转化为具有市场竞争力的产品或服务，公司才能真正实现技术创新的商业价值。

4.4.2 客户方面

客户是公司竞争力的最终体现，对于公司的市场竞争具有至关重要的作用。

客户满意度：客户对公司的产品或服务是否满意，是评估其竞争力的直接指标。客户满意度高的公司能够赢得客户的信任和忠诚，从而增加市场份额和销售额。

客户关系管理：公司是否建立了完善的客户关系管理系统，能否及时响应客户需求并提供个性化服务，也是影响其竞争力的重要因素。良好的客户关系管理能够增强客户黏性，提高客户满意度和忠诚度。

市场定位与客户需求匹配度：公司是否准确把握了目标客户的需求和偏好，

并据此进行产品或服务的定位，也是评估其竞争力的关键。市场定位与客户需求匹配度高的公司能够更好地满足客户需求，提升市场竞争力。

客户集中度情况：客户集中度是指业务量占比前五名的客户所产生的业务量总和占所有业务量的比例。客户集中度较高表明上市公司对主要客户的依赖程度较大，主要客户的流失对公司持续经营能力的影响相应较大。客户集中度对公司的影响与客户所处行业的集中度有较大关系，一般来讲，若下游客户所处行业比较分散，公司客户集中度较高说明公司对主要客户的依赖较大，持续经营所面临的风险较高；若下游客户所处行业本身比较集中，如消费电子、通信等领域，公司的客户集中度较高符合行业特点，且通常公司与主要客户的合作较深，客户集中度较高对公司持续经营能力的影响相对较小。

投资者可以利用"同花顺F10"→"经营分析"→"主要客户及供应商"功能了解上市公司的客户构成以及营业收入占比情况。一般来说，前五大客户占比过高，存在销售客户占比过高、大客户依赖的风险，其业务合理性、持续性和客户的稳定性需要重点关注。例如图4-18中，涪陵榨菜（股票代码：002507）的前五大客户的营收占比仅为11.09%，说明该公司不存在大客户依赖的风险，持续经营所面临的风险较低。

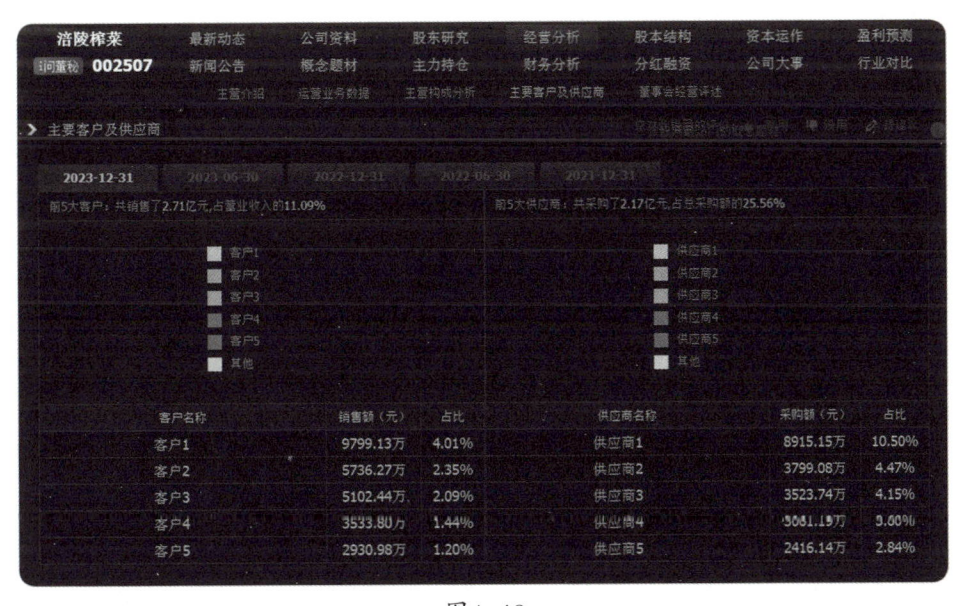

图4-18

4.4.3 品牌方面

品牌是公司竞争力的重要组成部分，对于公司的市场竞争具有重要影响。

品牌知名度：公司在市场中的品牌知名度越高，越能吸引消费者的关注和信任。高知名度的品牌能够提升公司的市场地位，增加市场份额。

品牌形象与声誉：公司的品牌形象和声誉是消费者对其产品或服务质量的直观感受。积极正面的品牌形象和声誉能够增强消费者的购买信心，提高公司的竞争力。

品牌差异化：在激烈的市场竞争中，公司能否形成独特的品牌差异化，是其能否脱颖而出的关键。品牌差异化能够帮助公司在消费者心中建立独特的形象，提升市场竞争力。

接下来，以宁德时代（股票代码：300750）为例，我们可以从技术、客户、品牌等方面深入分析其市场竞争力。

在技术方面，宁德时代作为全球领先的动力电池制造商，在技术方面的竞争力较为突出。宁德时代在电池技术领域拥有强大的研发实力和创新能力。公司拥有一支高水平的研发团队，持续投入大量资源进行技术研发和创新，不断推出具有市场竞争力的新产品。例如，宁德时代在固态电池、快充技术等领域取得了重要突破，为公司的长远发展奠定了坚实基础。

在客户方面，宁德时代也具有强大的竞争力。宁德时代的产品在性能、质量、安全性等方面均表现出色，赢得了客户的广泛认可和好评。公司与多家知名车企建立了长期合作关系，如特斯拉、宝马、大众等，这些客户对宁德时代的产品和服务给予了高度评价。

在品牌方面，作为全球动力电池行业的领军企业，宁德时代的品牌知名度非常高。公司在国内外市场中享有良好的声誉和口碑，成为消费者信赖的品牌之一。宁德时代注重品牌形象的塑造和维护，通过优质的产品和服务赢得了客户的信任和好评。公司的品牌形象积极正面，为公司的长远发展奠定了坚实基础。

Tips 除了从技术、客户、品牌角度进行市场竞争分析之外，我们可以使用著名管理学家迈克尔·波特的竞争五力模型来分析公司的竞争环境和盈利能力，竞争五力内容如下。

潜在的行业新进入者：新进入者可能会带来新的生产能力和资源，从而影响现有公司的竞争地位和盈利能力。

替代品：替代品可能对现有产品构成威胁，因为它们提供了不同的选择，从而影响消费者购买决策。

买方讨价还价的能力：买方（消费者）的讨价还价能力取决于他们对价格和质量的敏感度，以及他们的购买量。

供应商讨价还价的能力：供应商的讨价还价能力取决于他们所提供的资源的稀缺性、可替代性以及他们是否能够影响买方的成本。

现有竞争者之间的竞争：这是指行业内现有公司之间的竞争，包括价格战、广告战、新产品开发等。

上述五力会相互作用，共同决定了行业的竞争格局和公司的市场地位、盈利能力。

同花顺炒股小妙招：活用牛叉诊股

除了"同花顺F10"之外，"同花顺F9"也是常为投资者使用的一项便捷功能，它可以帮助投资者对个股进行诊股分析，使投资者快速了解个股的基本情况。下面我们结合案例来介绍一下其具体用法。

打开同花顺PC版客户端，进入个股的行情页面（分时图或K线图页面），如美的集团（股票代码：000333），然后按键盘上的F9键，即可打开该个股的"牛叉诊股"页面，如图4-19所示。

可以看到，在页面左侧，系统对美的集团进行了综合诊断评分（6.5），同时提出了"增持"的评级建议，并给出了短中长期的趋势分析。在页面右侧，则给出了总体的诊股分析以及技术面、资金面、消息面、行业面和基本面的诊股评分。这些诊断结果是利用计算模型对近期该股数据加工而成，具有一定的参考性，但不构成绝对的投资建议。

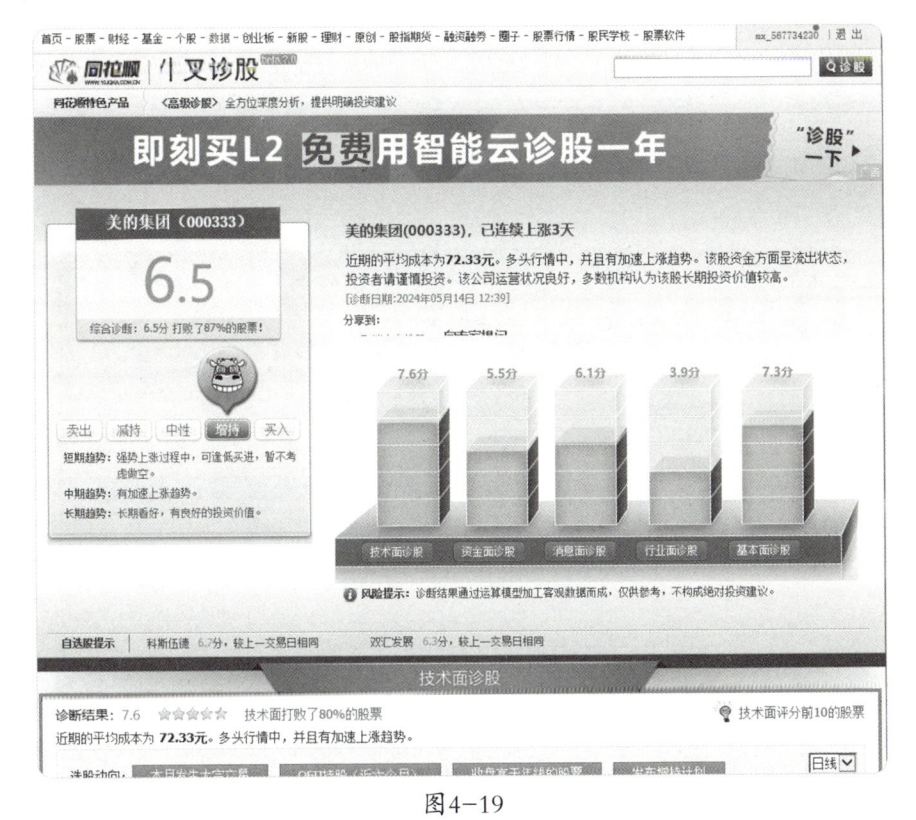

图4-19

下拉诊股页面，投资者还可以看到不同方面的诊断分析过程，如技术面诊股会对近期平均成本、市场表现、压力支撑和多空趋势进行技术图形分析，如图4-20所示。

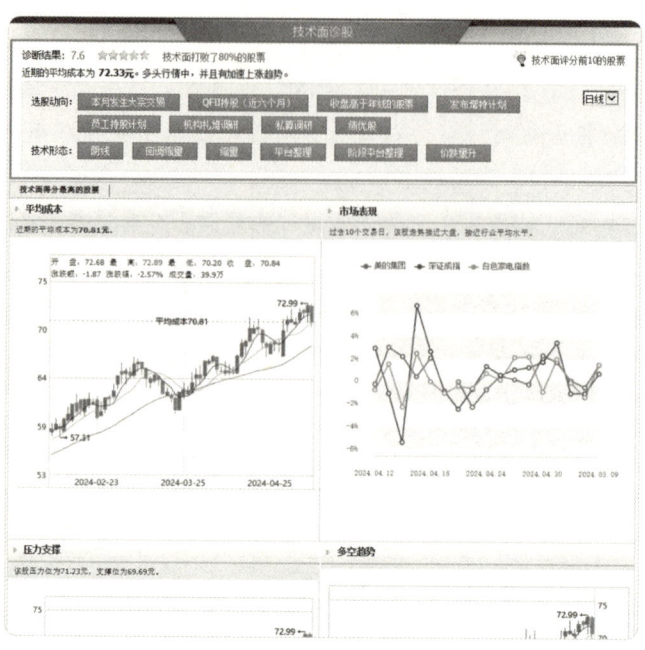

图4-20

资金面诊股是对该股资金流向、主力控盘情况、机构持仓动向的统计和说明，如图4-21所示。

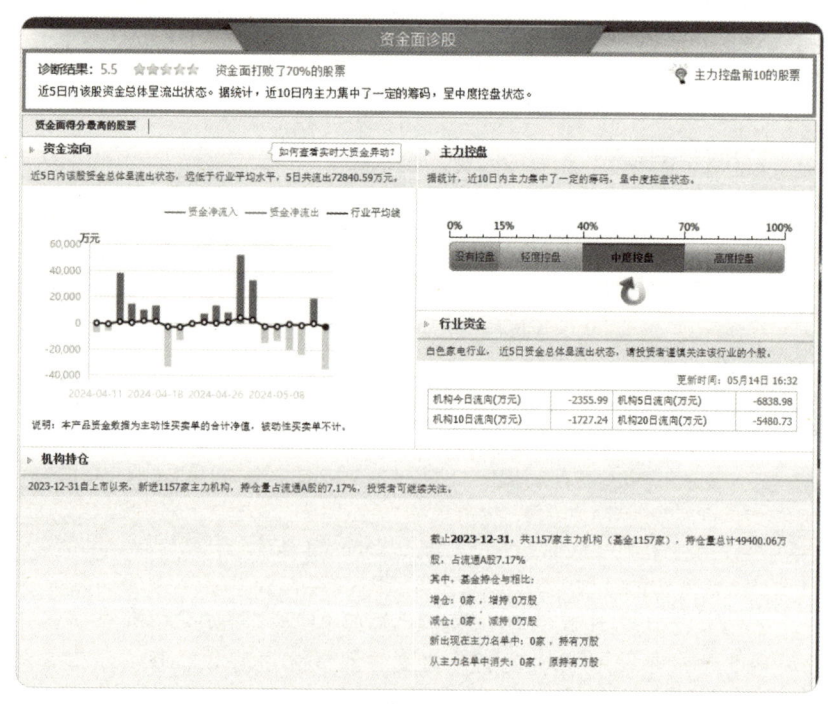

图4-21

消息面诊股将利好利空消息进行统计，并将与个股相关的资讯按时间顺序进行排列展示，如图4-22所示。

图4-22

行业面诊股提供了行业指数的走势情况，以及近期行业板块内股票涨幅的排名情况，如图4-23所示。

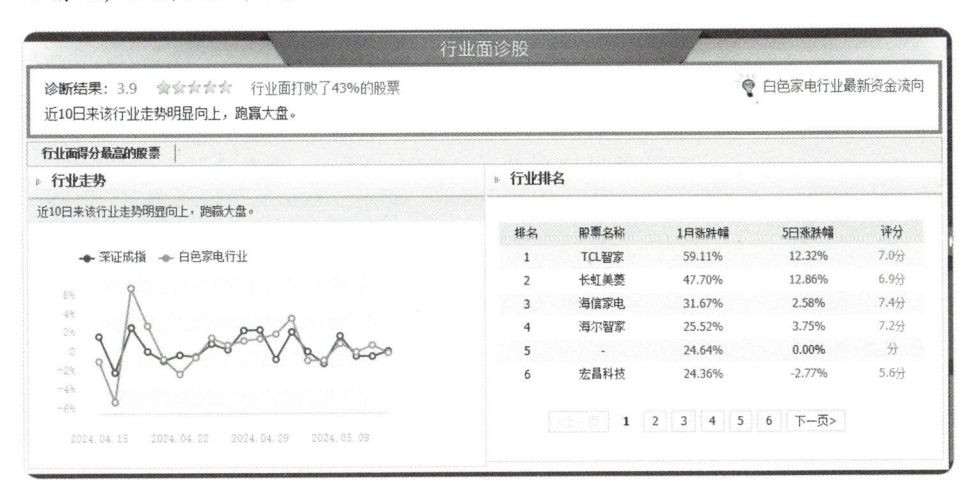

图4-23

基本面诊股则主要是公司经营能力分析以及机构评级和预测。其中公司经营能力分析主要包括盈利能力、成长能力、营运能力、现金流能力、短期偿债能力和长期偿债能力等方面，可以说基本覆盖了财务报表的解读，是非常实用的诊股功能，如图4-24所示。

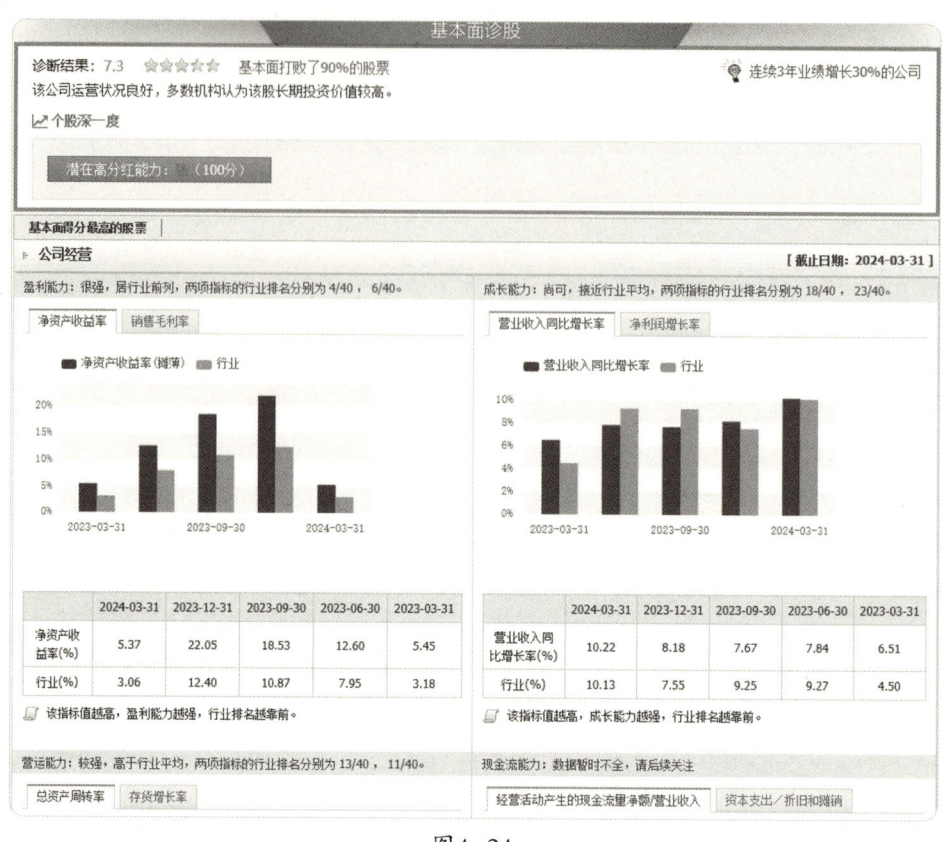

图4-24

"同花顺F9"功能可以有效地帮助投资者进行诊股,节约选股和排雷的时间和精力,因此投资者不妨多多使用该功能,从而提升投资效率。

第 5 章
K 线分析

在炒股过程中，研判趋势、选择合适的交易点是至关重要的。趋势的研判、交易点的选择涉及诸多因素，包括技术分析、基本面分析和市场情绪分析等。在接下来的几章中，我们将对常见的技术分析方法进行介绍，帮助投资者了解如何使用技术分析进行趋势的判断、找到合适的交易点。

在本章中，我们将首先介绍技术分析的基本原理和常见方法，并展开介绍投资者在炒股时最常用的技术分析方法——K线分析，让投资者逐步掌握K线及K线图在实战中的具体含义和运用方法，助力投资者实现K线分析技术的入门与精通。

5.1 技术分析概论

技术分析是指通过对股票的技术指标进行分析和解读，以预测未来市场走势，制定买卖策略。技术分析的价值在于它提供了一种分析市场的方法，可以帮助投资者更好地理解市场的走势，以制定相应的投资策略。它可以辅助投资者判断买卖时机、确定止损点和盈利点，以及识别市场的强弱势。

一般认为，技术分析的理论基础是道氏理论。而随着分析手段的不断发展和新技术指标的不断出现，之后也出现了江恩理论、波兰理论、箱体理论、量价理论、亚当理论等一些经典理论，为应用技术分析方法提供了理论依据。

> **Tips** 道氏理论（Dow Theory）是查尔斯·道（Charles Dow）在其创办的《华尔街日报》上发表的一系列社论中提出的，这些社论后来被认为是技术分析的基石之一，因此他被誉为"现代技术分析的鼻祖"。尽管查尔斯·道并没有明确地写下完整的理论，但经过威廉·汉密尔顿（William Hamilton）和罗伯特·雷亚（Robert Rhea）的补充和发展，道氏理论逐渐成熟并广为人知。道氏理论的核心观点是认为市场有三种趋势——主要趋势（长期趋势）、次级趋势（中期趋势）和短暂趋势（短期趋势）。主要趋势通常持续一年以上，是投资者最应关注的。次级趋势是对主要趋势的修正，通常持续数周至数月。短暂趋势则更为短暂，仅反映市场的短期波动。此外，道氏理论中还有技术分析的三大基本假设。

总的来说，道氏理论为投资者提供了一种分析市场趋势的方法，并强调了在投资中关注长期趋势的重要性。不过，它并没有给出具体的交易信号或建议，而是提供了一种理解和分析市场的框架。

5.1.1 技术分析的原理

技术分析认为市场的价格已经包含了所有相关信息，因此通过对走势形态进行分析，可以揭示出市场趋势，并制定相应的投资决策。因此，技术分析的基本原理建立在三个基本假设之上，它们是进行技术分析的基础。三个基本假设如下。

（1）市场行为包容一切：技术分析认为所有市场信息，包括基本面因素、市场情绪等都已经通过价格反映出来了，所以技术分析主要关注价格的变化和趋势，而不是特定的信息来源。

（2）价格趋势存在：技术分析假设价格会按照趋势运动，即市场会呈现出上涨、下跌和横盘的趋势，投资者可以通过观察价格图表和线条来寻找并跟随这些趋势。

（3）历史会重演：技术分析认为过去的价格模式和趋势会在未来重复出现，因此对过去的价格走势进行分析可以提供对未来价格走势的预测。

技术分析主要关注市场行为本身的变化，而市场行为包含了四个基本要素——价格、成交量、时间、空间。

（1）价格：技术分析的核心是对价格的观察和分析，包括价格的趋势、关键支撑和压力水平等。

（2）成交量：成交量是指在特定时期内的交易量，技术分析将成交量作为价格变动的附属指标，有助于确认价格的走势和判断市场中的力量对比。

（3）时间：在技术分析中主要通过时间周期、时间长度和时间序列等来观察和分析价格的波动。

（4）空间：即股价上涨的空间和下跌的空间。

三个假设和四个要素共同构成了技术分析的基础，通过对价格、成交量、时间和空间的观察和分析，投资者可以进行技术分析，预测未来价格走势。

Tips 与基本面分析相比，技术分析的操作相对简单，更关注短期趋势和市场参与者的心理，适用于快速波动的市场。但是，技术分析基于预测，对于难以用图表表现的因素如公司基本面、市场外情况等不敏感，对长远的市场趋势难以进行有效的判断，并且过于依赖历史走势，容易被市场短期波动误导。此外，技术指标滞后、交易信号过多、分析结果受主观判断影响等弊端，都对技术分析的准确性有重大影响，因此，投资者在用技术分析方法进行炒股时，应综合考虑多种因素，结合基本面分析等方法，提高投资决策的准确性和可靠性。

5.1.2 技术分析的常见方法

根据使用的方法和工具的不同，形成了不同的技术分析方法，常见包括以下几种。

（1）K线分析：通过对K线图的研究，分析股价的开盘价、收盘价、最高价和最低价等信息，以揭示市场的供求关系和情绪变化。

（2）形态分析：通过研究股价图表中出现的各种形态（如头肩顶、双底等），来判断市场的趋势和可能的反转点。

（3）均线分析：通过对不同时间周期的均线进行研究，来预测股价未来的变动方向，为投资决策提供依据。

（4）趋势分析：利用切线（如趋势线、支撑线和压力线等）来识别股价的运动趋势和关键点位，从而判断买卖时机。

（5）技术指标分析：通过数学公式计算出反映股价走势的指标，如相对强弱指数、布林带等。这些指标可以帮助投资者判断市场趋势和超买超卖状态。

这些方法并不是互相独立的，在实际应用中，投资者往往会结合多种分析方法来进行综合判断，以提高预测的准确性和可靠性。同时，不同的投资者根据自己的投资风格和经验，可能会偏好某一种或几种分析方法。

接下来，我们将具体介绍常用的一些技术分析方法，帮助投资者建立关于技术分析的知识体系和系统逻辑，提升炒股基本功。

5.2 单根K线分析

K线技术是一种常用于技术分析的方法，能通过一段时间内的价格走势以及开盘价、收盘价、最高价和最低价等信息，判断市场的趋势和价格走势。

5.2.1 K线的定义及作用

K线是一种以直观的图形方式展示股价变动的工具，它起源于日本德川幕府时代，当时日本米市的商人用它来记录米市的行情和价格波动。后来，其由于独特的标记方式，被引入股市和期货市场。在股市中，K线图是进行各种技术分析时最重要的图表，后由提及的趋势分析、形态分析、均线分析，都需要在K线图上进行画线分析，可以说，K线分析是技术分析的起点。

每根K线都包含四个要素：开盘价、收盘价、最高价和最低价，这四个要素包含了当日的综合信息和多空力量的实力对比。单根K线可以分为阴线和阳线，阴线是收盘价低于开盘价的形态，它表明在开盘与收盘之间的时间段内股价出现了下跌；阳线则是收盘价高于开盘价的形态，它表明在开盘与收盘之间的时间段内股价出现了上涨，如图5-1所示。

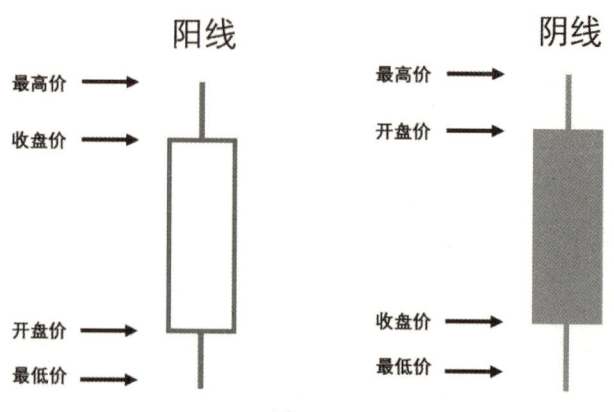

图5-1

在K线分析中，我们主要通过K线和K线组合的形态来分析多空双方力量转变情况，把握价格后期走势。单根K线大致有12种形态，包括大阳线、中阳线、小阳线、大阴线、中阴线、小阴线、长上影线、长下影线、十字星、T字形、倒T形和一字形，每种K线形态都反映了当日单只股票多空力量的交锋情况。

K线图则是指由K线组成的图，它能够清晰地反映股票的走势。根据时间周期的不同，K线图可以分为分钟（包含1分钟、5分钟、15分钟、30分钟、60分钟等）K线图、日K线图、周K线图、月K线图、季K线图、年K线图。分钟K线图主要用于直观地反映股价的日内波动情况，而周K线图、月K线图、季K线图和年K线图则适用于了解股价的长期趋势。我们最常用的是日K线图，它能直观反映每个交易日的价格波动和股价的短期趋势。

5.2.2　单根K线的形态

前面我们提到过，单根K线包含了四个要素：开盘价、收盘价、最高价和最低价，反映了当日的综合信息和多空力量的实力对比，因此，我们可以对于不同形状的单根K线进行具体分析，以把握其中蕴含的趋势信息。

1. 大阳线、大阴线

大阳线指的是某一交易周期内股价上涨幅度较大的K线。大阳线的长度（低点到高点的距离）比周边的K线长，上下影线较短。大阳线的出现经常意味着市场中的多方力量增强，股价可能会继续上涨。

大阴线指的是某一交易周期内股价下跌幅度较大的K线。大阴线的长度比周边的K线长，上下影线较短，大阴线的出现经常意味着市场中的空方力量增强，股价可能会继续下跌。

大阳线、大阴线如图5-2所示。

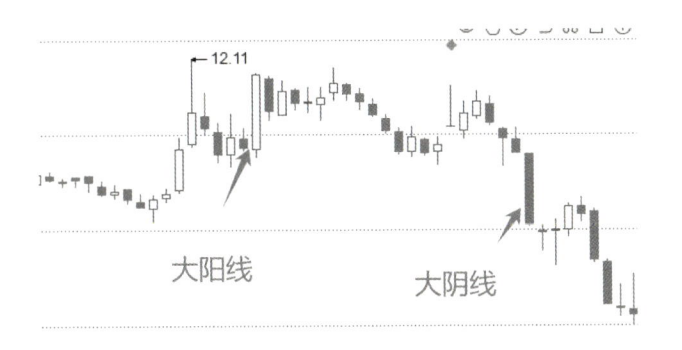

图5-2

2. 小阳线、小阴线

小阳线指的是某一交易周期内股价上涨幅度较小的K线。小阳线的长度比周边的K线短,上下影线也较短。小阳线的出现说明此时空方虽然有一定的抛压,但多方的支撑并不示弱,双方都在寻找动态平衡。

小阴线指的是某一交易周期内股价下跌幅度较小的K线,小阴线的长度比周边的K线短,上下影线也较短。小阴线的出现说明多空双方小心接触,但空方略占上风,呈打压态势,只是力度不大。

小阳线、小阴线如图5-3所示。

图5-3

一般而言,单根小阳线或小阴线的研判意义不大,只表明了在短期内的多空接触中,多方或空方略微占据上风,趋势不明朗。对于投资者而言,对于连续的小阴线要规避,而对于连续的小阳线则需要重点关注。

3. 中阳线、中阴线

中阳线指的是某一交易周期内股价上涨幅度适中的K线。中阳线的长度比小阳线长,但比大阳线短。中阳线的出现暗示市场中多方力量占优势,仍有上涨的潜力。

中阴线指的是某一交易周期内股价下跌幅度适中的K线。中阴线的长度比小阴线长,但比大阴线短。中阴线的出现暗示市场中空方力量占优势,仍有下跌的可能。

中阳线、中阴线如图5-4所示。

中阴线　　　　中阳线

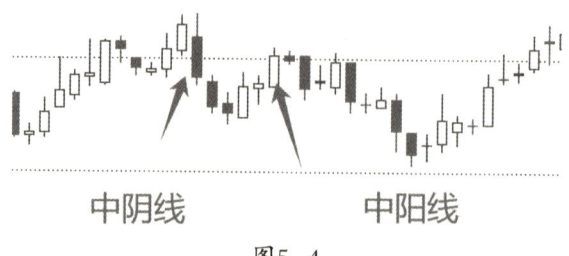

图5-4

4. 长上影K线、长下影K线

长上影K线指的是某一交易周期内股价的最高点与收盘价之间的距离较长的K线。这种K线形态表示在该交易周期内，股价曾经达到较高的水平，但最终收盘价较低。长上影K线可能暗示着市场中多方力量不足，空方力量较大。如果该形态出现在股价上涨趋势中，可能暗示该股票趋势要出现反转或调整。

长下影K线指的是某一交易周期内股价的最低点与收盘价之间的距离较长的K线。这种K线形态表示在该交易周期内，股价曾经下跌到较低的水平，但最终收盘价较高。长下影K线可能暗示着市场中空方力量不足，多方力量较大。如果该形态出现在股价下跌趋势中，可能暗示该股票趋势要出现反转或调整。

长上影K线、长下影K线的图形详见图5-5。

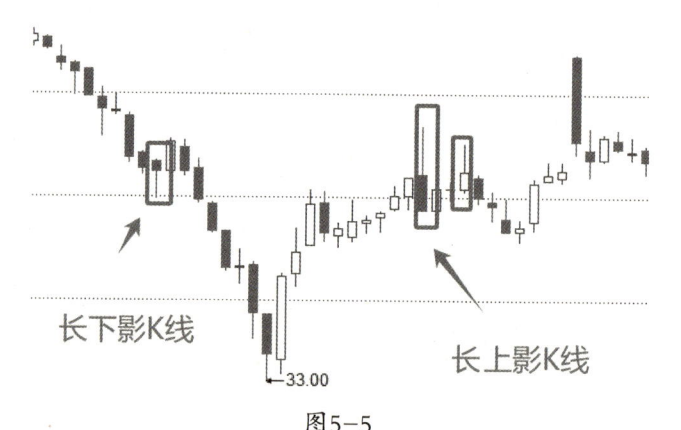

长下影K线　　　　长上影K线

33.00

图5-5

长上影K线和长下影K线都表示市场在某一交易周期内经历过较大的波动，但最终未能持续反映在收盘价上。这种情况下，投资者需要留意市场的反转迹象和可能的性质变化。

5. 十字星

十字星是一种只有上下影线，没有实体的K线形态，代表开盘价即是收盘价，十字星的上影线越长，表示卖压越大，下影线越长，表示买盘越旺盛，如图5-6所示。十字星形态常被视为市场多空力量的平衡点，暗示着市场可能会出现反转或调整。

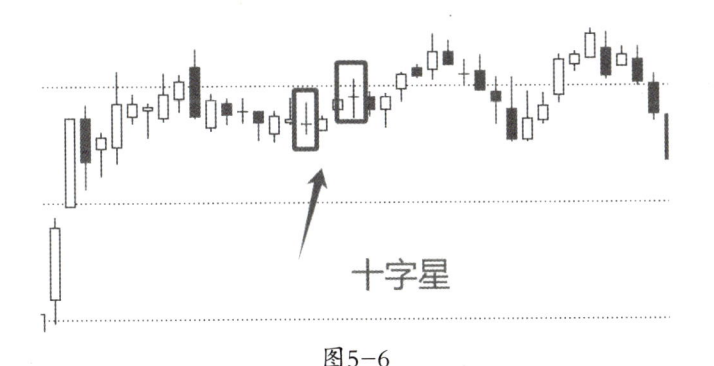

图5-6

十字星形态本身所代表的含义并不复杂，但十字星所处的位置则能够为投资者提供诸多信号。通常来说，十字星若出现在持续下跌末期的低价区，就是见底回升的信号，若出现在持续上涨之后的高价区，就是见顶的信号，若出现在上涨或下跌的初期，或横盘过程中，则通常表示多空双方力量暂时休整，原有的升跌趋势不会改变。

投资者需密切关注十字星的位置，以便及时调整操盘的策略，做好应变的准备。

6. T字形、倒T形

顾名思义，T字形是指价格走势形成一个T字形状的K线，它代表着开盘价、收盘价和最高价相同，K线上只留下长长的下影线。

T字形是一种主力K线，它完全是由主力控盘造成的。T字形既有可能出现在股价上涨的过程中，也有可能出现在股价下跌的过程中，它出现的位置不同，所表达的含义也不同。

T字形如果出现在股价有较大涨幅之后的高位，有可能是主力为了掩护高位出货释放的一枚烟雾弹，为见顶信号，表明后市即将下跌。T字形如果出现在股价上涨之初或中途，通常是主力试盘行为的结果，为上涨信号。T字形如果出现在股价有较大跌幅之后，通常是主力开始重新入场减仓，多方力量强于空方力量，预示着后市即将出现反弹，甚至出现上涨行情的可能性也很大。T字形如果出现在股价下跌的初期或中途，则是继续下跌的信号。

倒T形与T字形相反，是指价格走势形成一个倒T字形状的K线，它代表着开盘价、收盘价和最低价相同，K线上只留下长长的上影线。

倒T形如果在股价下跌末期出现，则为止跌买入信号，后市将迎来上涨行情。倒T形如果在股价长期上涨的高位区域出现，或者在股价快速大幅度上涨的

171

阶段性高位出现，则需要高度重视，这往往是主力出货的征兆，是见顶信号。

T字形、倒T形的图形详见图5-7。

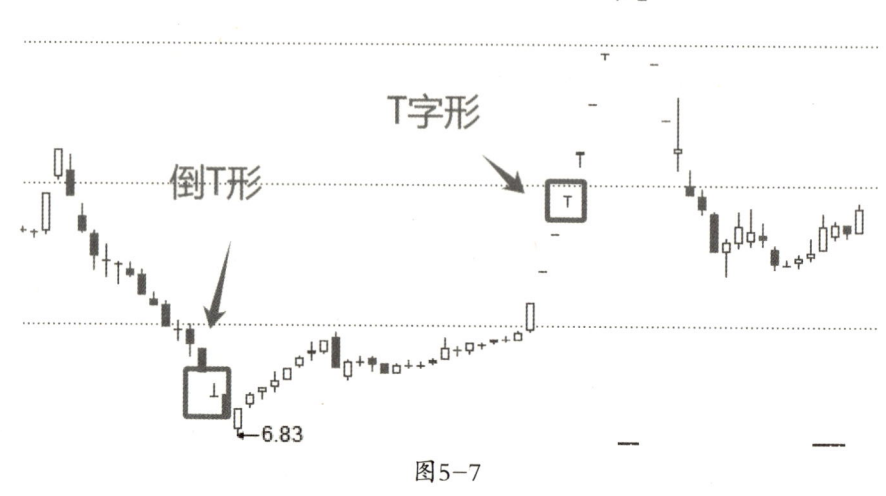

图5-7

7. 一字形

一字形是指开盘价、收盘价、最高价、最低价都一样的一字状K线，如图5-8所示。在涨跌停板制度下，一字形有特别意义：涨势中出现一字形，表示股价停留在涨停价上，说明多方气盛，日后该股往往会变成强势股；跌势中出现一字形，表示股价封杀在跌停价上，说明空方力量强大，日后该股往往会变成弱势股。

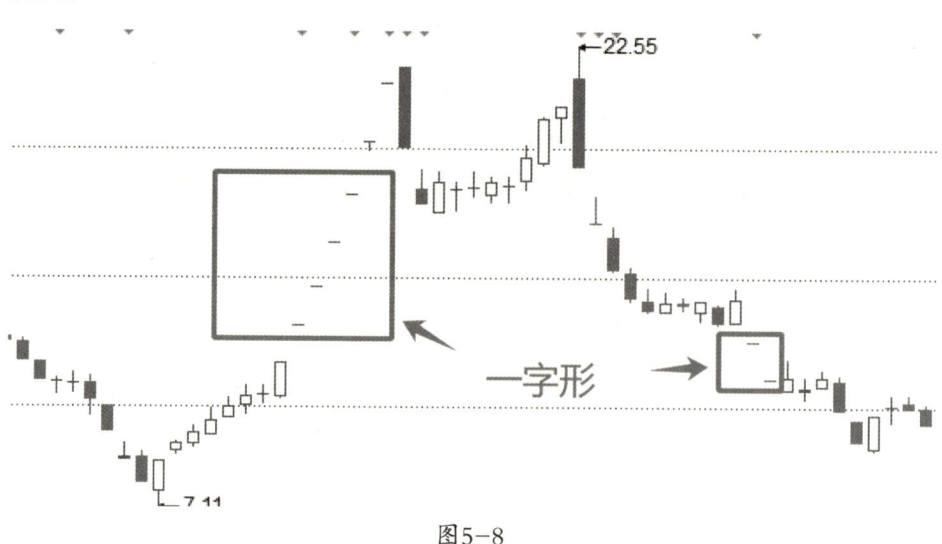

图5-8

单根K线分析主要侧重于单根K线的形态和含义，从单个交易日的价格走势中挖掘信息。通过对单根K线形态的解读，可以判断多空双方的力量对比，以及市场情绪的变化。单根K线分析在捕捉短期内的买卖信号和判断市场短期趋势时，具有较大的灵活性。

然而，单根K线分析可能受到偶然因素的影响，其信号并不总是稳定可靠的。因此，我们还需要对多K线组合进行分析，以综合研判市场趋势和买卖信号。

5.3 常见K线组合分析

与单根K线分析相比，K线组合分析则更注重多根K线之间的相互关系，通过对连续几根K线的组合形态进行解读，可以更准确地判断市场的长期趋势和买卖信号，因此，在学会了单根K线分析后，还需要继续学习K线组合分析。由于K线组合多种多样，因此本书仅介绍部分常见K线组合并进行分析，帮助读者了解其背后的逻辑。要想学习更多的K线组合，可以阅读相关的专业书籍。

5.3.1 吞没线和孕育线

吞没线又称鲸吞线或抱线，是指第一天的K线实体被第二天的K线实体完全包含或吞没，且两根K线一阴一阳的K线组合。

通常来说，吞没线有四个特征：第一，出现吞没线之前必须有经过确认的上涨趋势或下跌趋势，即使是短期的；第二，第二天的实体必须完全包含第一天的实体；第三，第一天的K线的阴阳反映趋势，如阴线反映下跌趋势，阳线反映上涨趋势；第四，第二天的K线实体阴阳与第一天的相反。

吞没线是一种强势反转的K线组合，分为看涨吞没线和看跌吞没线，又称阳包阴和阴包阳。看涨吞没线只出现在下跌趋势中，第一天的K线实体为阴，第二天的K线实体为阳且完全吞没第一天的K线实体，为强烈看涨信号。看跌吞没线则只出现在上涨趋势中，第一天的K线实体为阳，第二天的K线实体为阴且完全吞没第一天的K线实体，为强烈看跌信号。吞没线的具体图形如图5-9所示。

看涨吞没线　　　　　　看跌吞没线

图5-9

下面以实例来进行简要说明。打开同花顺软件，进入联美控股（股票代码：600167）日K线图（见图5-10），该股于2024年2月初有一轮短暂下跌趋势，但2月6日出现了一根大阳线，其实体部分将2月5日的阴线实体完全吞没，形成了看涨吞没线，且成交量放大，这说明行情即将出现反转，后市会转跌为涨。

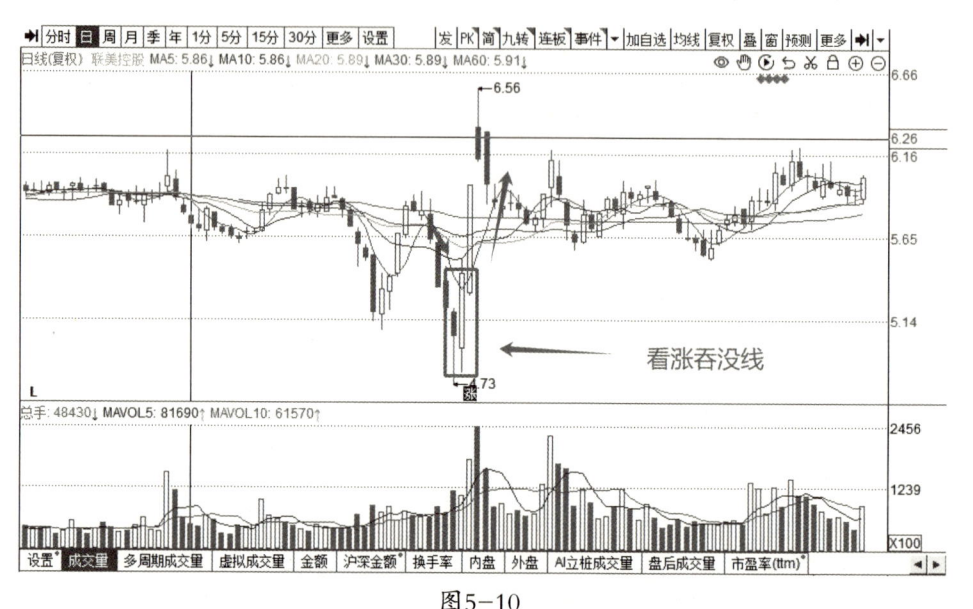

图5-10

孕育线也是两根K线的组合，它可以说是吞没线的反转形态——孕育线是第一根K线实体完全包含第二根K线，且两根K线一阴一阳的K线组合。

孕育线也分为看涨孕育线和看跌孕育线。看涨孕育线通常出现在持续下跌之后，第一天的K线实体为阴，第二天的K线实体为阳且其K线实体完全被第一天的K线实体所包含，表示之前强势的空方力量减弱，多方开始发力，意味着下跌趋势可能结束。看跌孕育线则通常出现在持续上涨之后，第一天的K线实体为阳，第二天的K线实体为阴且其K线实体完全被第一天的K线实体所包含，意味着之前处于强势的多方力量减弱，空方开始发力，通常被认为是可能见顶的信号。孕育线的具体图形如图5-11所示。

图5-11

此外，还有一种特殊的孕育线，称为十字孕育线，该种组合为第一根K线为大阳线或大阴线，第二根K线为十字星。需要注意的是，十字孕育线中，第一根K线与前期走势一致，第二根十字星K线可阴可阳，并不需要和第一根相反。当十字孕育线出现在市场顶部或底部时，代表着强烈的反转信号，如图5-12所示。

十字孕育线

图5-12

图5-13是九联科技（股票代码：688609）2023年10月至2024年5月的日K线图，在2024年1月11日至12日、3月19日至20日，该股走势两次出现了十字孕育线，之后行情立即出现了反转，从震荡或上涨行情转为下跌。而在4月16日至17日，则出现了一根看涨孕育线，表明空方力量逐渐减弱，多方开始发力，在出现一根十字线（4月22日）之后，股价趋势开始由跌转升。

图5-13

5.3.2 好友反攻和淡友反攻

好友反攻是指在下跌的行情中，出现一根中阴线或大阴线后，股价跳空低开，但最终出现一根中阳线或者大阳线的K线组合，它的收盘价收在与前一根阴线收盘价相同或相近的位置上，如图5-14所示。

好友反攻的第一根阴线表示原来下跌趋势的延续，第二根低开高走的阳线表示刚开盘时空方仍占据优势，因而开盘价与前一根阴线的收盘价之间有

好友反攻

图5-14

一定的跳空，但之后多方通过努力扭转了局面，在收盘时将股价拉升至前一日收盘价附近，填补了这一跳空从而使两根K线"面对面"。

好友反攻表示股价大概已接近底部，行情有反转的可能，是常见的见底信号，它提示投资者不要盲目看空。遇到这种K线组合，持股的投资者不要斩仓，而应静观其变，空仓的投资者可以结合其他信号进行综合研判，如果确认已反转，则应该适时适量买进。

在图5-15中，我们可以看到正源股份（股票代码：600321）的日K线图中，2024年2月初有一轮跌势，且在2月7日出现了一根大阴线，第二天跳空低开后，经过多方的努力，最终以大阳线收盘，且收盘价与7日的收盘价持平，说明多方已经开始反攻，为反转信号。

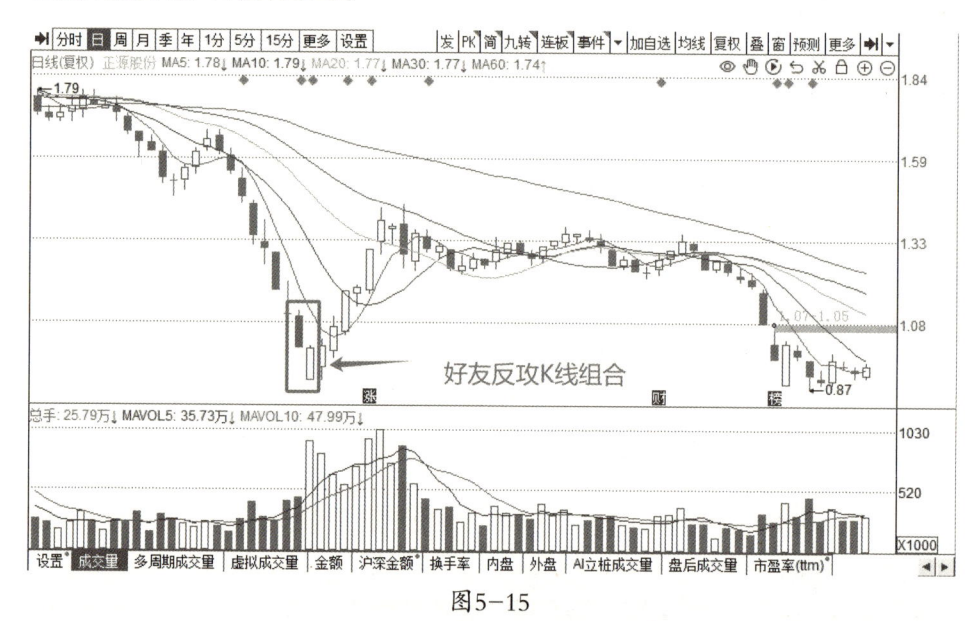

图5-15

淡友反攻刚好与好友反攻相反，是指在上涨的行情中，出现一根中阳线或大阳线后，股价跳空高开，收了一根中阴线或者大阴线的K线组合，阴线的收盘价与前一根阳线收盘价在相同或相近的位置上，如图5-16所示。

淡友反攻

图5-16

淡友反攻是见顶信号，表示股价已经接近顶部，行情有反转的可能，提示投资者应适量减仓。

如图5-17所示，在新华传媒（股票代码：600825）的日K线图中，2024年3月25日前有一轮持续的涨势，且22日还出现了一根大阳线，但在下一个交易日（25日）开盘高开后形势急转直下，随着成交量的放大，股价持续下跌，最终以大阴线收盘，且收盘价与22日的收盘价持平，说明主力已经开始出逃，多空力量反转，是强烈的看跌信号。

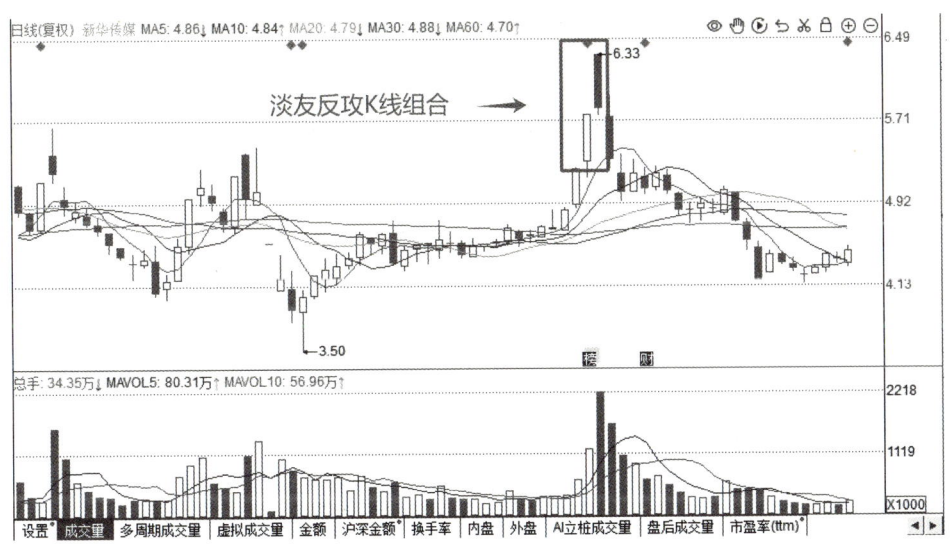

图5-17

5.3.3 曙光初现和乌云盖顶

曙光初现K线组合由一阴一阳两根K线组成，第一根为长阴线，第二根为长阳线。长阳线的最低点远低于长阴线的最低点，长阳线的收盘价在长阴线实体的中间位置以上，如图5-18所示。

曙光初现

图5-18

曙光初现经常出现在股价下跌到一定程度时，此时市场开始出现买盘的情况，投资者开始介入，并逐渐扭转了下跌趋势。曙光初现暗示着股价可能要开始反转上涨，且与好友反攻相比，它的反转信号更为强烈。

图5-19是宇通重工（股票代码：600817）的日K线图，其在2024年2月5日至6日出现了曙光初现的K线组合，说明虽然前一天空方占据优势，以长阴线收尾，但第二天随着多方迅速强攻，K线呈长阳线形态，多空交换，多方完全占据了优势。

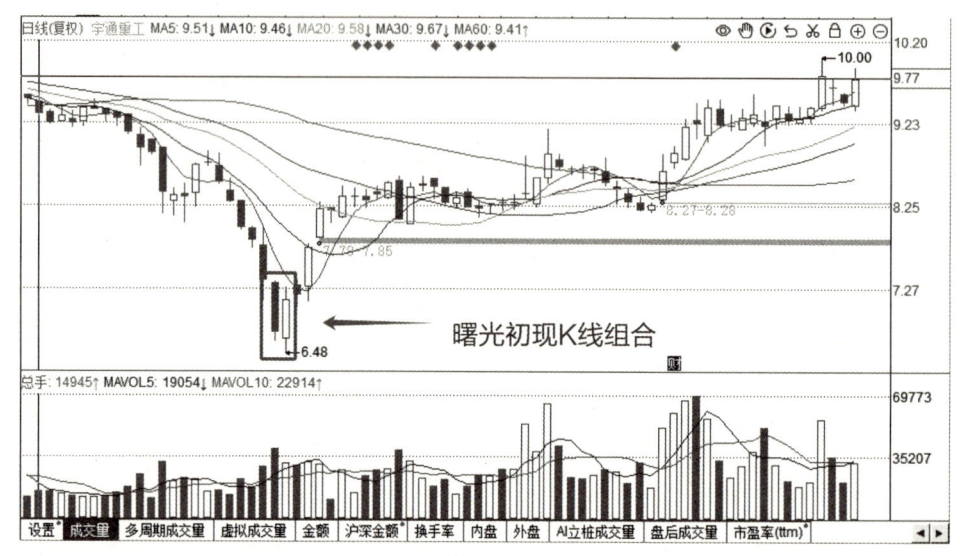

图5-19

乌云盖顶与曙光初现相反，其出现在股价的上涨趋势中，该K线组合由一阴一阳两根K线组成，第一根为大阳线，第二根是大阴线，大阴线的开盘价高于前一天大阳线的最高价，且收盘价位于大阳线实体的下半部分，如图5-20所示。

乌云盖顶

图5-20

乌云盖顶是股市中比较常见的见顶K线组合，它的出现暗示着市场情绪发生了转变，投资者情绪逐渐悲观，股价有可能开始下跌。

例如，我们可以看到，在电广传媒（股票代码：000917）的日K线图中（见图5-21），2024年3月20日出现了一根大阳线，但第二天开盘高开后，伴随成交量的放大，股价却急转直下，最终以大阴线收盘，说明多方上攻乏力，空方打压力度强大，预示着股价已经见顶，此时投资者应该见机迅速离场。

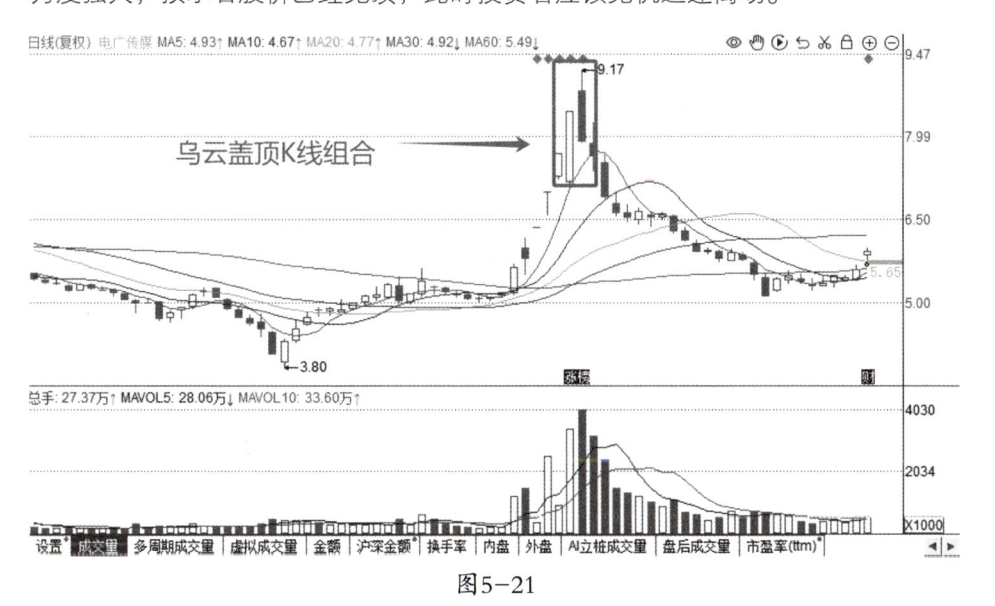

图5-21

5.3.4 旭日东升和倾盆大雨

旭日东升通常出现在股价下跌途中，由一阴一阳两根K线组成，与曙光初现形态类似，先是一根大阴线或中阴线，接着出现一根高开的大阳线或中阳线，阳线的收盘价要高于前一根阴线的开盘价，如图5-22所示。

旭日东升

图5-22

一般情况下，旭日东升在下跌趋势末期出现，是见底信号，且阳线实体高出阴线实体的部分越多，其转势信号越强。

图5-23是元琛科技（股票代码：688659）的日K线图，在前期连续下跌趋势中，2024年2月8日出现了一根高开的大阳线，其收盘价远高于前一个交易日的收盘价，说明此时多方突然发力，股价高开高走，强势收复失地，并对空方进一步发动进攻。旭日东升预示着趋势止跌转升，是见底看涨信号。

图5-23

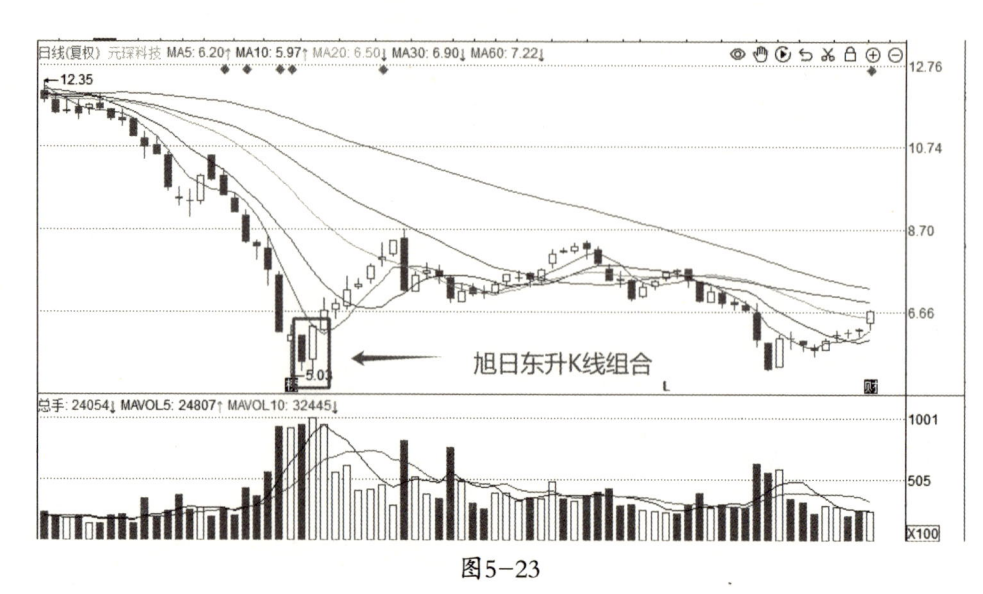

与旭日东升相反，倾盆大雨形态出现在上涨趋势末期，由一阳一阴两根K线组成。股价先收一根中阳线或大阳线，但是次日股价直接低开，出现一根低开低走的中阴线或大阴线，阴线的收盘价低于前一根阳线的开盘价，如图5-24所示。

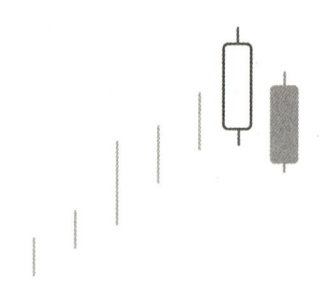

倾盆大雨

图5-24

倾盆大雨是强烈的卖出信号，如果这种K线组合伴有大成交量，形势会更加糟糕。投资者应对这种K线组合保持高度警惕，凡在股价高位出现倾盆大雨K线组合，第二天又继续收阴线时，投资者应坚决卖出股票。

例如在唐德影视（股票代码：300426）的日K线图中（见图5-25），我们可以看到在经过连续上涨后，于2024年3月5日出现了一根低开低走的大阴线，且收盘价低于前一天的开盘价，说明价格已到高位，处于上涨趋势末期，多方上攻乏力，之后极有可能出现大跌。与类似的乌云盖顶相比，倾盆大雨的见顶转势信号更强烈。

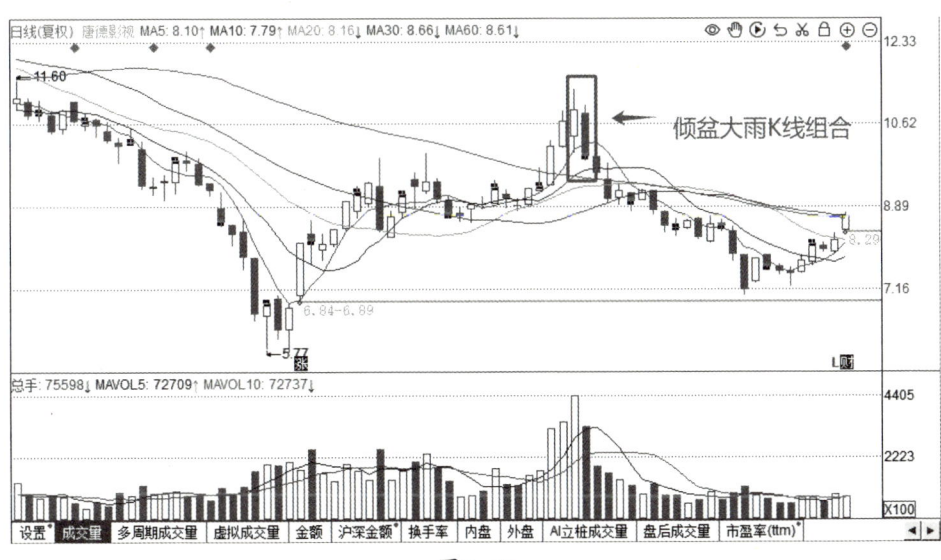

图5-25

5.3.5 启明星和黄昏星

前面介绍的K线组合都是两根K线的组合，接下来我们介绍三根K线的组合。

启明星通常出现在股价下跌趋势中，由三根连续K线组成。其组合形态先是一根较长的阴线，表示空方力量占据主导地位；接下来是一根实体较小的阴线或阳线，且其开盘价低于前一天的收盘价，显示出市场的震荡和不确定性；最后是一根较长的阳线，其收盘价高于前一天的实体部分，表明多方力量开始增加。启明星形态如图5-26所示。

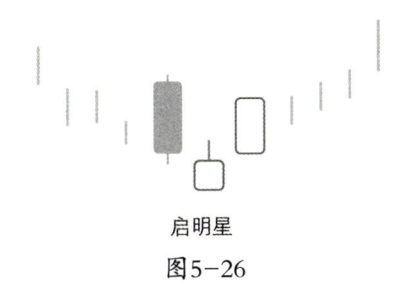

启明星

图5-26

启明星是常见的见底信号，代表着股价可能开始反转上涨，卖压逐渐减弱，买盘增加。

例如，在韦尔股份（股票代码：603501）的日K线图中（见图5-27），在连续下跌之后，于2024年2月2日出现了一根大阴线，紧接着出现一根跳空的、实体非常小的阴线，说明多方开始发力，第三天出现了一根实体非常坚挺的大阳线，说明多方已经占据主动地位，股价由跌转升，开始了一轮上涨行情。

图5-27

黄昏星形态与启明星相反，通常出现在股价上涨趋势中。其同样由三根连续K线组成，首先是一根较长的阳线，表示多方力量占据主导地位；接下来是一根实体较小的阴线或阳线，且其开盘价高于前一天的收盘价，显示出市场的震荡和不确定性；最后是一根较长的阴线，其收盘价低于前一天的实体部分，表明空方力量开始增加。黄昏星形态如图5-28所示。

黄昏星

图5-28

黄昏星是常见的见顶信号，出现在上涨阶段通常代表着股价可能开始反转下跌，买压逐渐减弱，卖盘增加。

例如在迈为股份（股票代码：300751）的日K线图中（见图5-29），在一轮股价缓慢攀升之后，于2024年3月11日出现了一根中阳线，紧接着出现了一根跳空的、实体非常小的阴线，说明多空双方开始博弈，并出现资金出逃现象，第三天出现了一根实体非常坚挺的大阴线，说明市场中多数人开始抛售，空方占据主动地位，股价由升转跌，开始了一轮下跌行情。

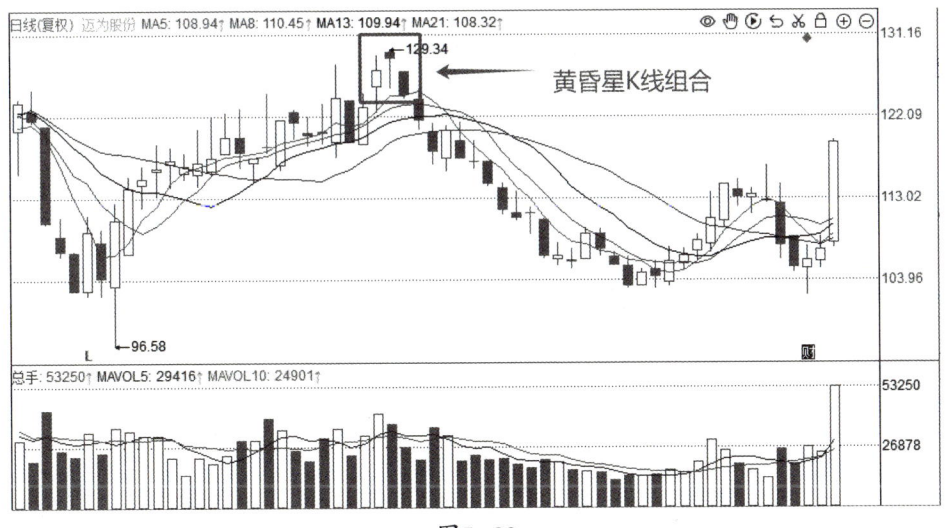

图 5-29

5.3.6 红三兵和黑三兵

红三兵指连续出现三根阳线，且三根阳线的实体依次上升、每一天的收盘价都高于前一天的K线组合，通常出现在股价底部或横盘震荡阶段，如图5-30所示。

红三兵

图 5-30

不管是出现在底部还是横盘震荡阶段，红三兵K线组合通常代表着股价看涨。

例如在南方传媒（股票名称：601900）日K线图中（见图5-31），股价在下跌至低位后，于2024年2月6—8日出现了三根中小阳线形成的红三兵K线组合，这是多方力量正逐步加强的标志，代表着新一轮上涨趋势开始了。

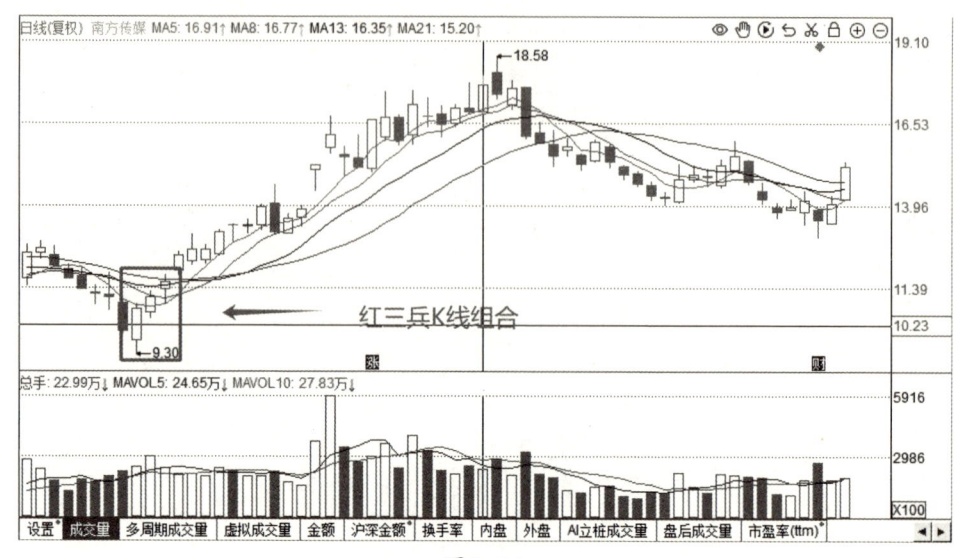

图5-31

黑三兵与红三兵相反，指连续出现三根小阴线，且三根阴线的实体依次下降、每一天的收盘价都低于前一天的K线组合，如图5-32所示。

黑三兵

图5-32

黑三兵出现的位置不同，有着不同的意义。如果黑三兵出现在上涨行情的高位，通常代表着卖出信号，因此也被称为"高位黑三兵"；如果黑三兵出现在下跌行情的后期，尤其是在股价已有一轮较大跌幅或连续急跌后，则代表着下跌行情即将结束，并有可能转为一轮升势。投资者应该根据黑三兵出现的位置，结合成交量等指标进行综合判断。

如图5-33所示，驱动力（股票代码：838275）在股价攀升至高位后，于2024年1月3—5日出现了由连续三根小阴线组成的黑三兵K线组合，说明此时股价已经基本见顶了，后市行情可能转为跌势。

图5-33

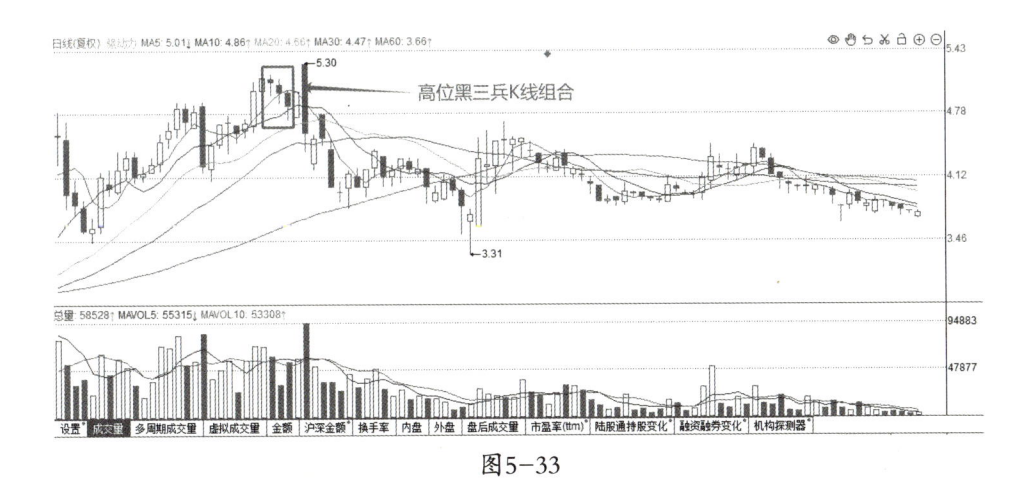

5.3.7 升势三鸦和降势三鹤

除了双K线组合和三K线组合，还有多K线组合，这里我们介绍两种五K线组合——升势三鸦和降势三鹤。

升势三鸦通常在上涨趋势中出现，该K线组合由五根K线组成，第一根是大阳线或中阳线，然后连续出现三根小阴线，且这三根小阴线没有跌破第一根阳线的开盘价，最后又拉出一根大阳线或中阳线，如图5-34所示。

升势三鸦

图5-34

升势三鸦被认为是买入信号，预示着股价将继续上涨。这种K线组合表明多方在积蓄力量，清洗获利盘。在底部区域确定后，如果股价震荡上涨时出现升势三鸦，预示后市还会大涨，此时为进场良机。如果在上涨趋势中出现小幅的调整，在调整后期出现了升势三鸦，也要及时加仓跟进。需要注意的是，如果在明显下跌趋势的反弹行情中出现升势三鸦，可能是诱多，要随时出局观望。

在帝奥微（股票代码：688381）的日K线图中（见图5-35），我们可以看到在一轮短暂的上涨趋势中出现了升势三鸦K线组合（2023年10月30日—11月2日），三根阴线表明主力在进行洗盘操作，之后会迅速将股价拉升，不再给短线投资者逢低补仓坐轿的机会。该组合的出现，表明股价将在短期内继续上涨，投资者应继续持股或适当加仓跟进。

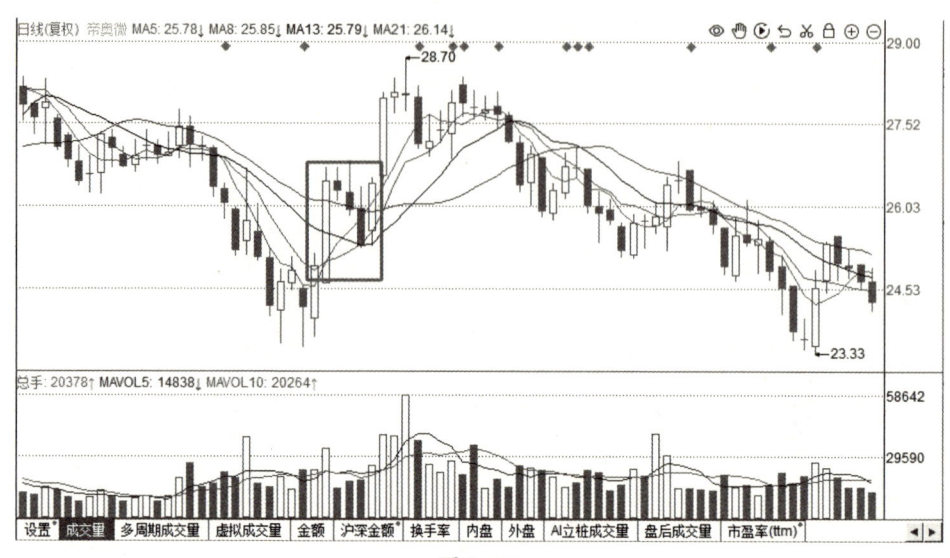

图5-35

　　降势三鹤也由五根K线组成，第一根是实体较长的阴线，然后连续出现三根向上攀升、实体较小的小阳线，但最后一根阳线的收盘价仍比前一根长阴线的开盘价要低，最后又拉出一根较长的阴线，如图5-36所示。

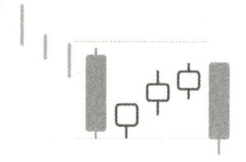

降势三鹤

图5-36

　　降势三鹤一般在下跌行情中出现，说明多方虽然想反抗，但最后在空方的打击下显得不堪一击，股价会进一步下跌，是常见的卖出信号，此时投资者应及时减仓出货，避免更大的损失。

　　例如在图5-37中，迪生力（股票代码：603335）在2024年1月的明显的下跌趋势中形成了降势三鹤K线组合（1月23日—29日），表明多方虽然进行了反抗，形成了三连阳的行情，但仍然不敌空方力量，下跌趋势不可阻止。

图5-37

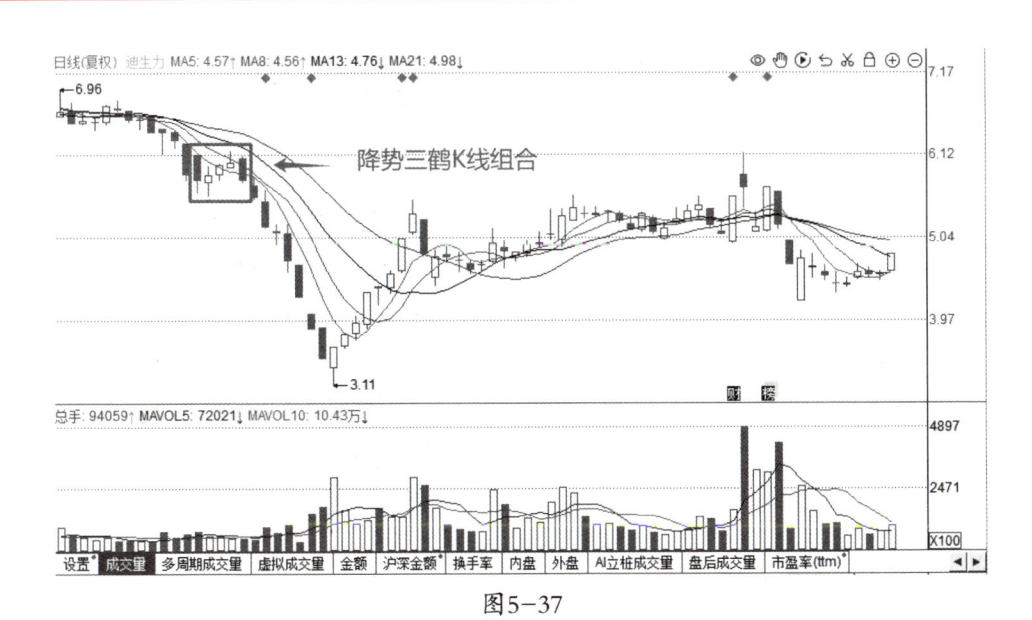

> **Tips** 使用K线组合时，需要注意三点：第一，K线组合只是一种短期分析方法，仅考虑历史数据而忽略了宏观经济环境、政策变化、市场情绪等因素对股价的影响，因此单纯依赖K线组合进行预测存在较大的不确定性。第二，K线组合容易被操纵，主力资金可以通过控制价格来制造特定的K线形态，以欺骗投资者或达到自己的目的。例如，通过拉尾盘或打尾盘的手法，可以使得K线形态呈现出看似积极的信号，但实际上可能是主力资金在出货或洗盘。第三，K线组合的有效性会受到市场环境和投资者心理的影响。在单边行情中，K线组合的有效性可能更高，但在震荡行情中，其失真的概率也会增大。

同花顺炒股小妙招：同花顺K线训练营

为了帮助投资者提升K线分析能力、积累股票操作的经验，同花顺推出了K线训练营的应用。不同于模拟炒股平台，K线训练营以市场中真实的数据作为基础，针对K线、指标、分时走势等，开发出了不同的玩法模式，让投资者在以游戏的方式认识不同技术图形的同时，还能获得贴近现实的交易体验并提升自己的盘感。下面我们来具体了解一下同花顺K线训练营的应用功能。

打开同花顺App，在"应用商店"→"特色服务"中找到"K线训练营"应用，或直接搜索"K线训练营"，如图5-38所示。

图5-38

打开K线训练营，可以看到三种玩法模式——单人练习模式、闯关模式、PK模式，其中单人练习模式分为指标训练、K线训练、分时训练等三个专项训练，可以有针对性地提升投资者的技术分析能力。

例如，点击进入"K线训练营"，系统会给出具体且真实出现过的K线图，让投资者不断根据K线图来判断下一步的投资决策应该是什么，并给出该决策所产生的实时收益率情况，初始投资收益率为0。在一局训练中，投资者要进行30次投资决策，最终系统会给出该局的玩家收益以及本段K线的出处，如图5-39所示。

图5-39

闯关模式则采用了答题闯关的玩法，系统设置了多个关卡，每个关卡有多个关于K线知识的问题，投资者需要完成答题并达到一定的正确率，才能进入下一关，否则就需要重新闯关。针对答错的题目，系统会在闯关结束后给出答案解

析，帮助投资者复习、巩固知识点，如图5-40所示。

图5-40

PK模式分为K线对战和AlphaHua对战，即与真人进行PK和与AI进行PK。其玩法与单人练习模式类似，针对一段K线进行30次决策，最终看收益率情况，只是增加了时间限制，如图5-41所示。

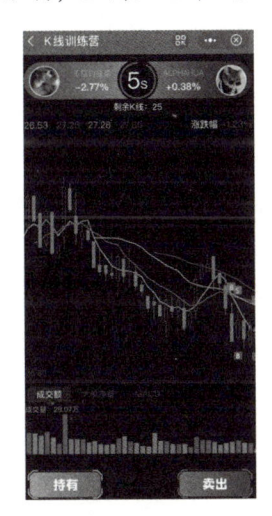

图5-41

K线训练营是一款寓教于乐的投资训练应用，对学习K线分析、指标分析感兴趣的投资者不妨时常使用。

第 6 章 形态分析

形态分析是一种基于价格和图形形态的技术分析方法，通过识别特定的价格形态，来判断股票行情和价格走势的可能性。

6.1 形态分析的原理与分类

形态分析的原理是，市场参与者的行为以及市场中的供需关系会在价格图上形成特定的形态，这些形态反映了市场参与者的情绪和行为，提供了可能的预测依据。

形态分析的作用是帮助投资者识别股价的走势和转折点，以制定买入和卖出的策略。通过观察和分析价格形态，投资者可以判断价格的上涨或下跌趋势是否会继续，是否会发生反转，或者是否会进入盘整阶段。形态分析提供了一种辅助决策的方法，可以帮助投资者更好地把握市场机会和管理风险。

价格形态可分为反转形态和整理形态，反转形态表示市场经过一段时间的酝酿后，改变原有趋势，转向相反的发展方向，整理形态则表示市场将顺着原有的方向发展。

> **Tips** 使用形态分析方法时，一个完整的形态需要得到验证信号的确认，才能被认为是有效的交易信号。验证信号可以是价格突破形态边界、成交量放大等。只有在形态被验证后，投资者才能根据形态分析的结果进行交易决策。

6.2 反转形态分析

接下来，我们介绍几种常见的反转形态及其意义。识别出股票的反转形态，可以更及时地发现股票的顶部和底部。

6.2.1 头肩底和头肩顶

头肩底和头肩顶是形态技术中最重要和最常见的反转形态。

头肩底由一个下降的高峰（左肩）、更低的低谷（头）和再次上升的高峰（右肩）组成，形成了倒置的两个"肩膀"扛一个"头"的形态，如图6-1所示。头肩底是最常见的底部反转形态，它常常会在下跌行情的末期或熊市的尽头出现，是止跌反转的关键信号。

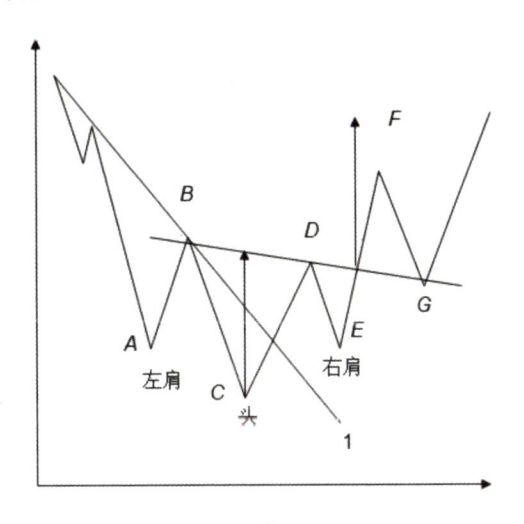

图6-1

如何识别头肩底形态呢？我们可以通过剖析其不同部位的形成过程来识别。

左肩的形成：在空方市场中，股价急速下跌然后止跌反弹，形成了第一个波谷——"左肩"。形成左肩部分时，成交量在股价急速下跌过程中会出现放大迹象，但在止跌反弹时成交量没有明显的增加。

头部的形成：第一次反弹受阻，股价再次下跌，并跌破了前一低点，之后股价再次止跌，伴随着成交量的增加而反弹，形成了第二个波谷——"头部"。

右肩的形成：形成头部的反弹趋势在第一次反弹高点处受阻，股价又开始了第三次下跌，但股价到与第一个波谷相近的位置后就不再下跌，此时成交量极度萎缩，之后成交量放大，股价迎来了第三次反弹，出现了另一个波谷——"右肩"。

颈线：第一次反弹高点和第二次反弹高点，用直线连起来就是一根阻碍股价上涨的压力线——"颈线"。

当股价在成交量放大的情况下突破颈线时，头肩底的形态就能确立，它代表着股价走势开始反转了。

头肩底的突破形式有两种：一种是突破颈线后有一次回跌，但不会跌破颈线价位，另一种是突破颈线后就一路上扬不回头。

一般来说，突破颈线的价位是个好的买入时机，通常被称为第一买点，但这时买有一定的风险，如果价格向上突破颈线时成交量并没有增加，那可能就是假性突破，这时投资者应该逢高卖出，可以考虑暂时退出观望。若是股价突破颈线后发生回跌，并在颈线位止跌后再次上涨，那么也是较好的买入时机，这通常被称为第二买点。但如果遇到走势强劲的牛股，在突破之后没有回跌，投资者可能会踏空。

图6-2是景嘉微（股票代码：300474）的周K线图，从2021年12月至2023年4月，其股价走势形成了一个典型的头肩底形态，在突破颈线压力位之后，股价一路走高，达到历史最高点。

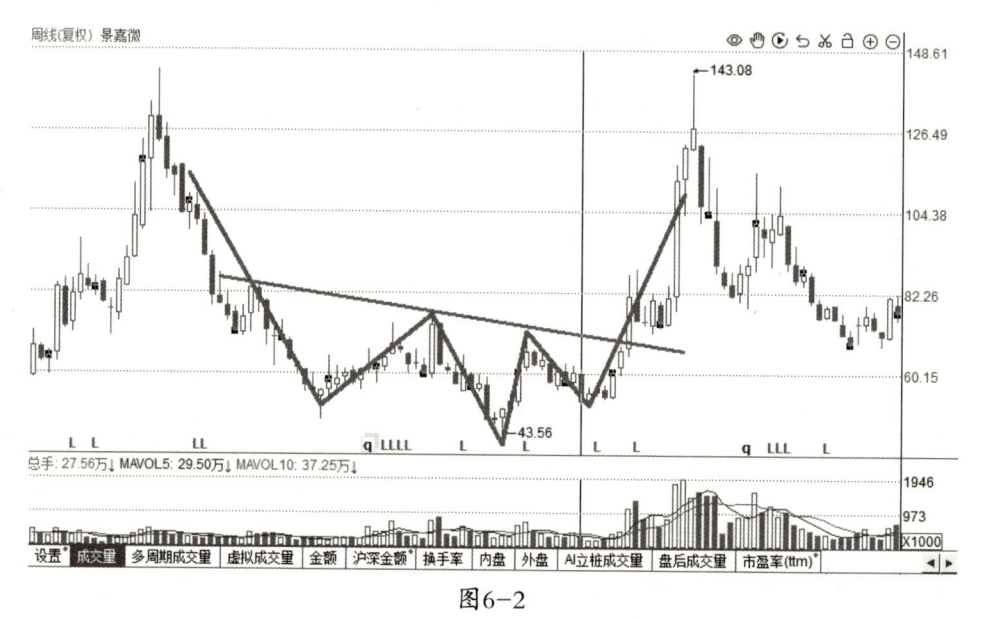

图6-2

头肩顶由一个上涨的低谷（左肩）、更高的高峰（头）和再次下跌的低谷（右肩）组成，形成了一个"头"两个"肩"的形态，如图6-3所示。头肩顶常常出现在上涨行情的末期，是非常可靠的看跌信号。

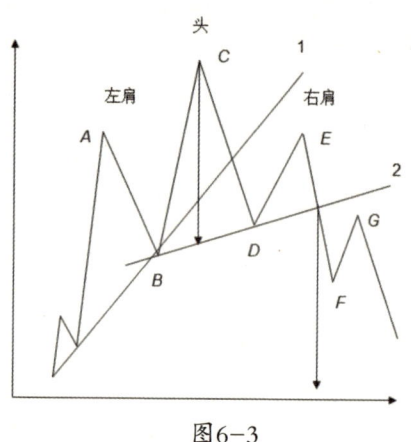

图6-3

头肩顶的形成过程与头肩底刚好相反：股价经历一轮放量上涨之后，开始回调形成一个阶段性高点，也就是左肩。回调结束再次上涨时，伴随着成交量的增加，股价越过左肩的价位达到更高的位置后，第二次回调下跌，便形成第二个高点，也就是头部。股价回调下跌来到前一个低点附近后，接着再次上涨，但这次涨势力度不足，成交量较之前两次上涨时更低，没有再过前一个高点（头部）便再次下跌，形成了最后一个高点，也就是右肩。而两波回调形成的低点用直线连起来，就是阻碍股价进一步下跌的支撑线，也就是颈线。

当股价跌破颈线时，头肩顶形态确立，此时是一个卖出的可靠时机，因为之后股价即使反弹也将无法回到颈线位置，反而会一路下跌。

值得注意的是，头肩顶形态和头肩底形态在成交量配合方面的最大区别是：头肩顶形态完成后，向下突破颈线时，成交量不一定放大；而头肩底形态向上突破颈线时，若没有较大的成交量出现，可靠性将大为降低，甚至可能出现假的头肩底形态。

图6-4是花园生物（股票代码：300401）的周K线图，从2022年6月至12月期间股价出现了头肩顶形态，在跌破颈线支撑后，股价在次年10月达到了10.01元/股的低位。

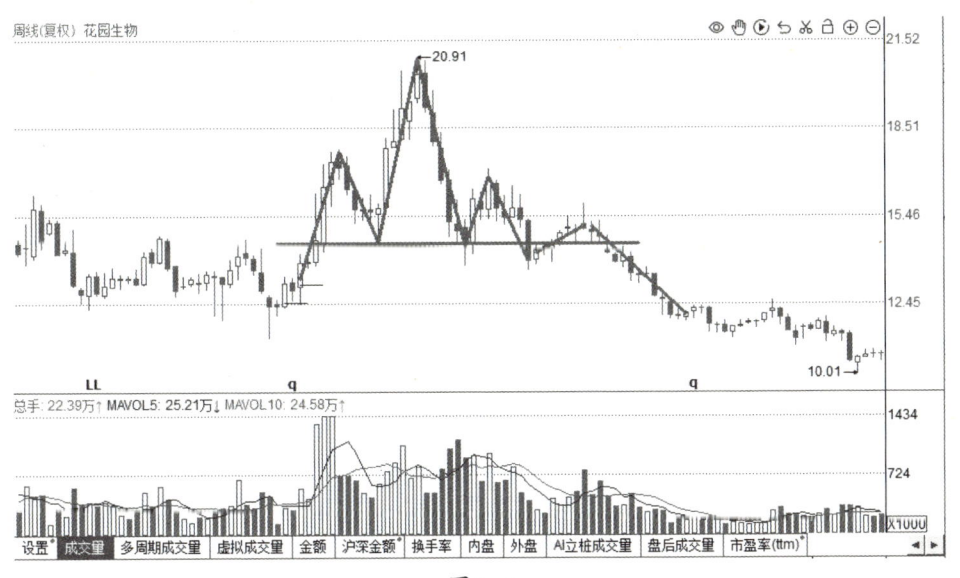

图6-4

Tips 需要注意的是，头肩底或头肩顶形态需要较长的时间来形成，少则三五个月，长则数年之久。如果形态形成的时间过短，那么它可能是无效的或不可靠的。

6.2.2 双底和双顶

双底和双顶是反转形态中较为简单且常见的形态。

双底也称双重底，因其形态和字母W相似，又称W底，通常出现在股价经过一轮下跌之后，发生第一次反弹形成"左底"，在达到第一个高点后再次下跌至前一个低点附近，进行第二次反弹形成"右底"。当股价此次反弹顺利突破第一个高点的位置时，代表双底形态确立。在第一个高点的位置画水平线，即形成了双底的颈线，如图6-5所示。

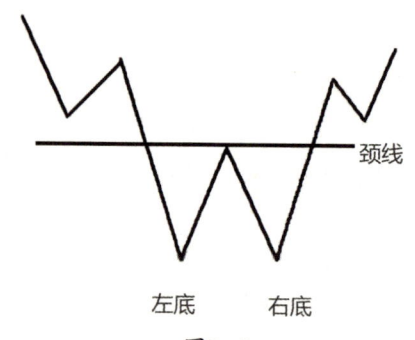

图6-5

在实战中，双底形态是明显的底部反转信号，代表后市有一轮上涨行情，投资者可以在形态确立之后进场买入。和头肩底一样，双底突破时有可能形成两个买点，一个是突破颈线时的第一买点，一个则是突破颈线回调止跌的第二买点。

图6-6是海光信息（股票代码：688041）的日K线图，其在2024年1月至2月初的价格走势形成了一个典型的双底形态。

图6-6

需要注意的是，双底形态颈线突破时必须有大成交量的配合，否则可能为无效突破。另外，投资者还应该注意判断双底形态出现的位置，避免在股价处于高位时被主力诱多接盘。

双顶也称双重顶，又称M头，通常出现在股价连续上涨的过程中。当股价上涨至某一价格水平时，成交量显著放大，股价开始回落，形成"左顶"。当股价持续下跌至某一位置时，再度反弹上行，但成交量较第一高峰略有收缩，反弹至前一高点附近之后第二次下跌，形成"右顶"。当股价跌破第一次回落的低点时，代表双顶形态确立。而在第一次回落的低点位置画水平线，即形成了双顶的颈线，如图6-7所示。

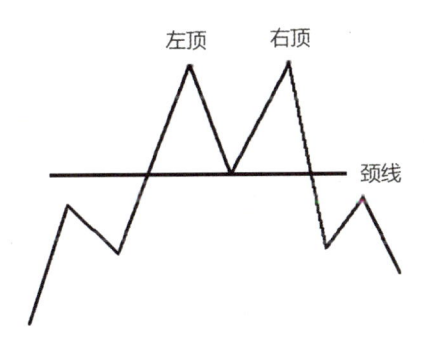

图6-7

在实战中，双顶形态是明显的顶部反转信号，股价在突破颈线后会一路下跌，因此，持股的投资者应及时抛售离场，避免更大的损失。双顶形态的第一个卖点是右顶，也就是说，当股价第二次反弹到前期高点，出现滞涨回落迹象时，投资者可以考虑卖出。第二个卖点则是颈线位附近，股价跌破颈线后，表明一轮较大的下跌行情即将来临，此时将手中的货全部卖出，为最明智的操作。

对于投资者来说，判断双顶形态的一个关键，是股价是否处于高位或顶部，如果股价在经过了大幅下跌后，在底部震荡区域形成了双顶形态，很有可能是主力想要洗盘而刻意伪造形成的，投资者需要注意区分，避免过早割肉。

图6-8是佳华科技（股票代码：688051）的日K线图，其在2023年11月至12月的价格走势形成了一个典型的双顶形态。

图6-8

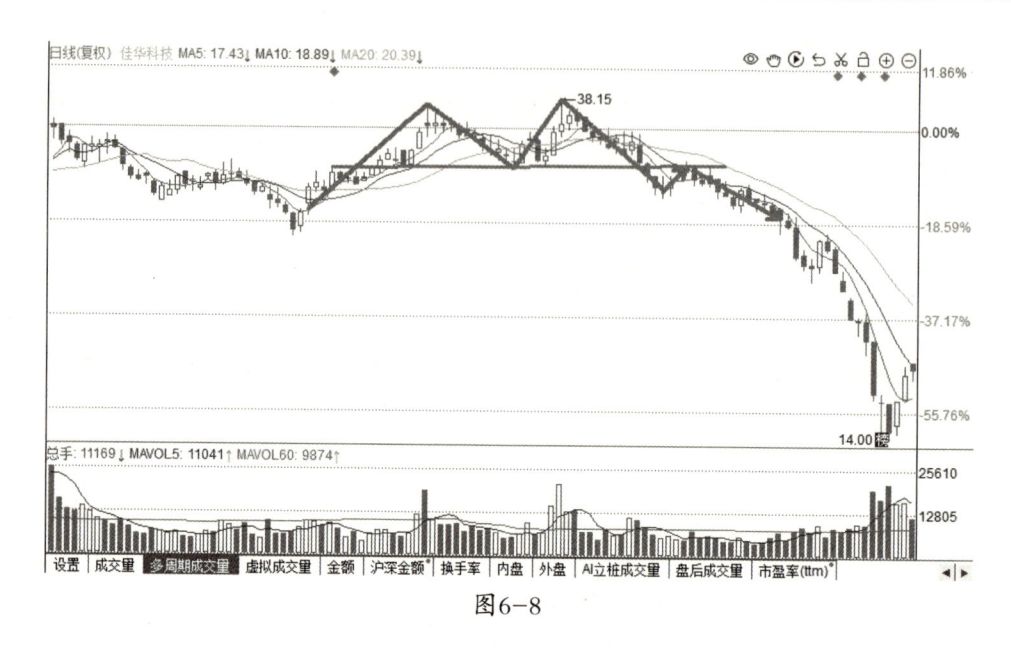

6.2.3 三重底和三重顶

三重底和三重顶是由三个连续的低谷或高峰组成的反转形态。

三重底比双重底多一个底，由三个底组成，三个底部低点应大体处在同一水平线上，且保持一定的间隔。通常来说，三重底的低点间隔越大，后市上涨的空间就会越大，当股价从第三个低点上涨，伴随着成交量的放大并突破两个阶段性高点连接而成的颈线之后，三重底形态才算确立。三重底表示价格在多次试探低位后无法继续下跌，预示着市场即将产生上涨趋势，其形态如图6-9所示。

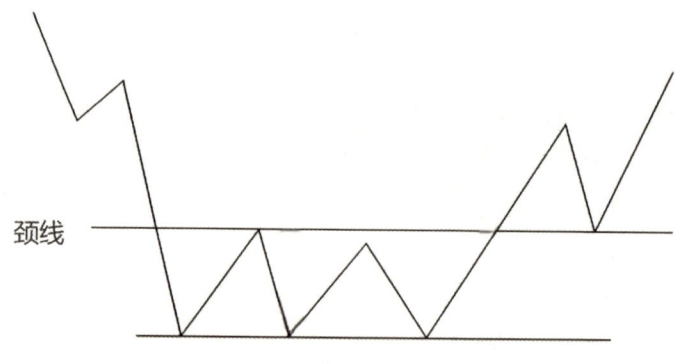

图6-9

三重底既是头肩底的变异形态，也是W形底的复合形态，与W形底和头肩底相比，三重底比较少见，却更加坚实，而且上攻力度也更大。

在三重底形态确立之后，激进型投资者可以选择在股价有突破颈线位的确定性趋势，并且伴有成交量放大时介入，成熟型投资者可以选择在股价已经成功突破颈线位时介入，稳健型投资者可以选择在股价已经有效突破颈线位后回跌时介入。

三重底的构筑时间长，底部较为坚实，突破颈线位后的理论涨幅将大于或等于低点到颈线位的距离，所以，投资者需要耐心等待，等三重底形态彻底构筑完成，股价成功突破颈线位之后，才是最佳的建仓时机。投资者大可不必在仅有三个低点、形态还没有定型时过早介入，否则虽然有可能获取更多的利润，但从风险收益比方面来看，反而可能得不偿失。

需要注意的是，只有该形态发生在波段行情的底部或股价大幅下跌之后，我们才能按照三重底形态进行操作。如果不能认定价格跌到了低位，盲目做多介入，就容易被套，更谈不上获利。

图6-10是金种子酒（股票代码：600199）的周K线图，可以看到，在2021年12月股价达到了22元/股的历史高位，在之后的一年多时间里，股价一直在11.35至22元/股之间波动，形成了一个三重底的形态，最终于2022年2月25日突破压力线，三重底形态确立，之后该股股价一路走高。

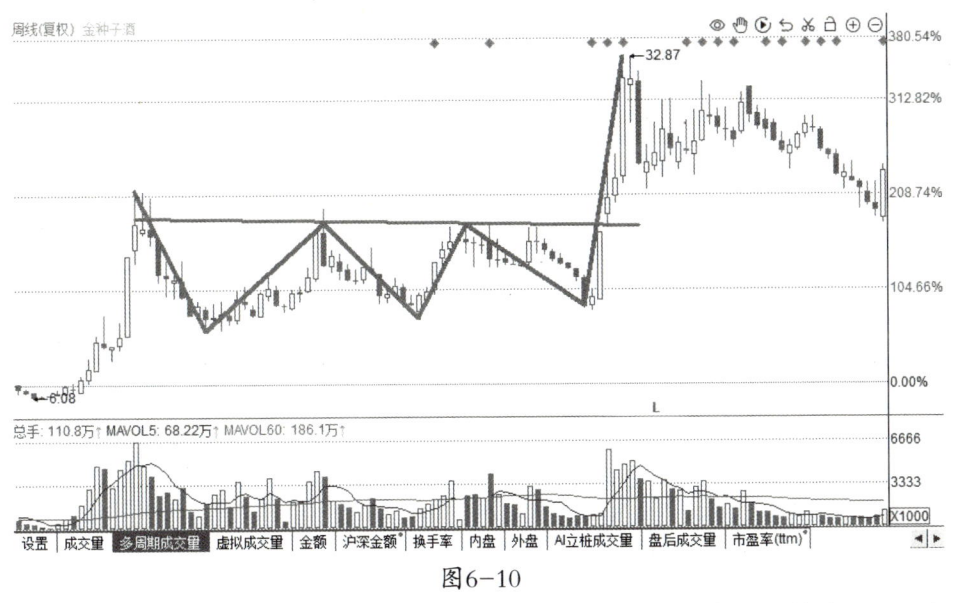

图6-10

三重顶和双顶形态十分相似，不同的是多一个顶，且三个顶大体处于同一水平线上。三重顶的每两个顶的间隔都比较大，波动幅度也比较大，而成交量从左到右依次减小。三重顶表示价格在多次试探高位后无法继续上涨，预示着市场即将发生下跌趋势。三重顶的形态如图6-11所示。

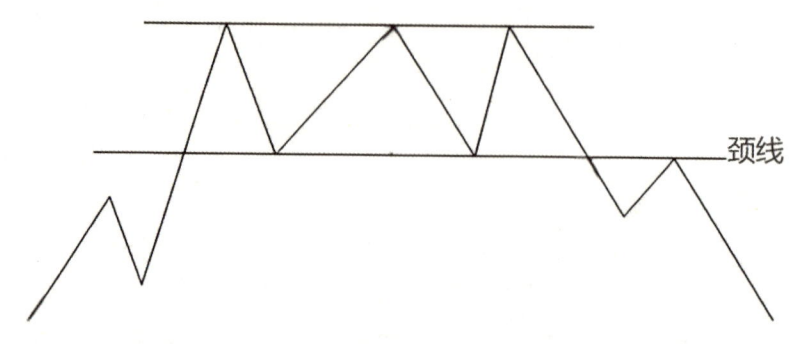

图6-11

典型的三重顶通常出现在一个较短的时期内，以股价跌破颈线表示形态确立，颈线通常为两个低点的连接线。另一种确认三重顶形态的方法，是从整体的成交量中观察，伴随着三重顶的形成，成交量逐渐减小，直至价格再次上涨到第三个高位并向下突破时，成交量才开始增加，形成一个确认三重顶的信号。

三重顶形态的最佳卖出点是第三顶形成后第一次跌破颈线时的价位，此时持股的投资者应该立即售出离场。

图6-12是海创药业-U（股票代码：688302）的日K线图，其在2023年4月中旬至6月初的价格走势形成了一个典型的三重顶形态，且成交量从左到右依次减小，预示着后市即将下跌。

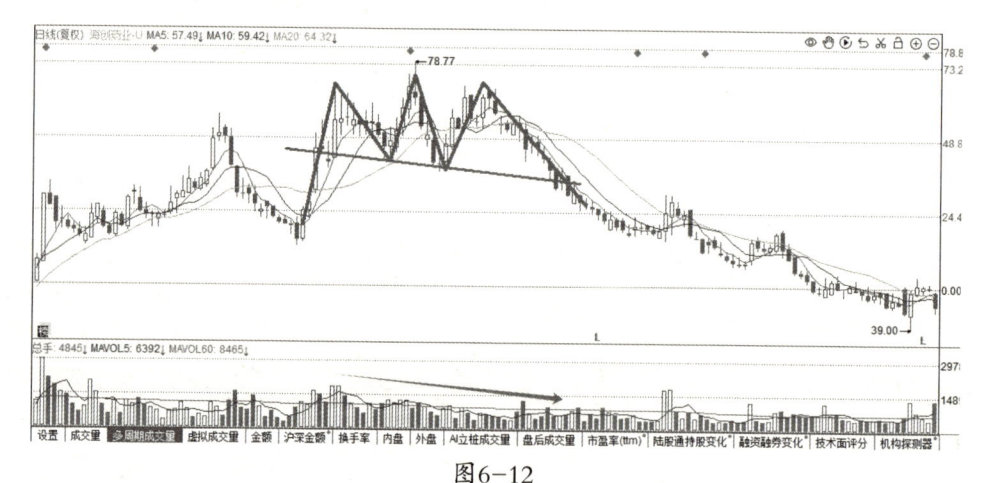

图6-12

6.2.4 V形底和倒V形

V形底和倒V形也是常见的反转形态。

V形底形态表示价格迅速下跌后，又开始反转向上，形成了一个V字形。这是一种变化较快、转势力度极大的反转形态。其形成通常是由于恐慌性抛售，股价跌到了偏离股票内在价值的低位，然后报复性上涨，其形态如图6-13所示。

图6-13

V形底形态主要有三个特征：第一，下跌时股价呈现加速下跌状态；第二，V形的底部十分尖锐，一般来说形成这个转势点的时间仅两三个交易日，成交在这一低点明显增多，并且拉出一根大阳线；第三，股价从低点回升，成交量亦随之增加。

V形底的形成，通常预示着市场即将进入上涨趋势。

对于投资者来说，如果看到股价经过一段时间的大幅下跌后，出现大阳线或下影线很长的K线，且成交量同步放大，就应该考虑是否有可能出现V形底，并考虑建仓。稳健型投资者也可以在V形底形态确立之后再买入。在买入时，投资者还应关注K线形态、均线支撑、股价所处历史位置或前期涨幅等因素，进行综合判断。

图6-14是欧科亿（股票代码：688308）2023年12月至2024年4月的日K线图，该股在经过一段时间的下跌后，K线突然于2024年1月26日开始变得陡峭，呈加速下跌之势，并于2月5日见底之后，又拉出了一根大阳线，一举突破5日均线，成交量也随之增加，2月7日虽然是阴线，但依然在5日线之上，说明此时上涨趋势已经形成，投资者可以考虑买入。

图6-14

倒V形形态是价格迅速上涨后又迅速反转向下，形成了一个倒V形，其形态如图6-15所示。

图6-15

倒V形的出现，通常是因为该股出现了利好消息，而且大家对于此消息比较看好，做多力量较强，造成短期内股价大幅上涨。但是由于消息有时效性，并不能让股价一直维持较高的趋势，所以在上涨后出现了回落。

倒V形形态预示着市场即将进入下跌趋势，投资者应及时撤离。

图6-16是艾隆科技（股票代码：688329）的日K线图，从2024年3月11日至3月28日，出现了一个典型的倒V形。股价K线在成交量放大的情况下变得十分陡峭，上涨速度极快，从3月11日至20日，涨幅达44%，还上了龙虎榜。但到了3月21日，出现一根中阴线，且呈现出倾盆大雨的K线组合形态，之后股价持续下跌，倒V形形态确立。

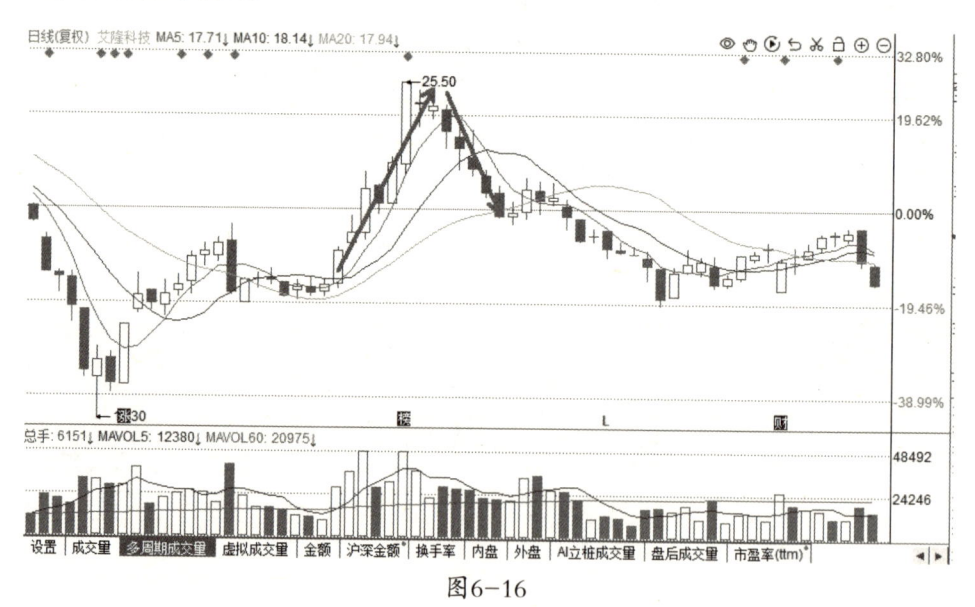

图6-16

6.2.5 圆弧顶和圆弧底

圆弧顶和圆弧底都是较为平缓的反转形态，因其顶部或底部形状类似于一个圆弧而得名。

一般来说，股价上涨初期多方实力强，拉升比较快，一段时间之后，多方实力减弱，股价上涨的势头减缓，而相应的空方力量增加，多空形成了一段时间的拉锯战，最后多方力量消磨殆尽，股价开始急速下跌，就形成了圆弧顶形态，如图6-17所示。

图6-17

圆弧顶形态表示价格上涨趋势逐渐变弱，市场可能即将出现反转。

圆弧顶形成之后可能会有一段时间的横盘，但是这并不代表下跌趋势的缓和，后期继续下跌的可能性很大，所以不要存在侥幸心理。投资者应该保持谨慎，在圆弧顶形态确立之时便及时撤离止损。

图6-18是力芯微（股票代码：688601）2024年1月至4月的日K线图，该股在2月份经历了一轮迅猛上涨，股价达到了59.88元/股的高点，并且进入了横盘整理阶段，成交量也相应变小。之后股价开始下跌，成交量放大，说明行情出现反转，下跌趋势形成，投资者此时应该尽快离场。

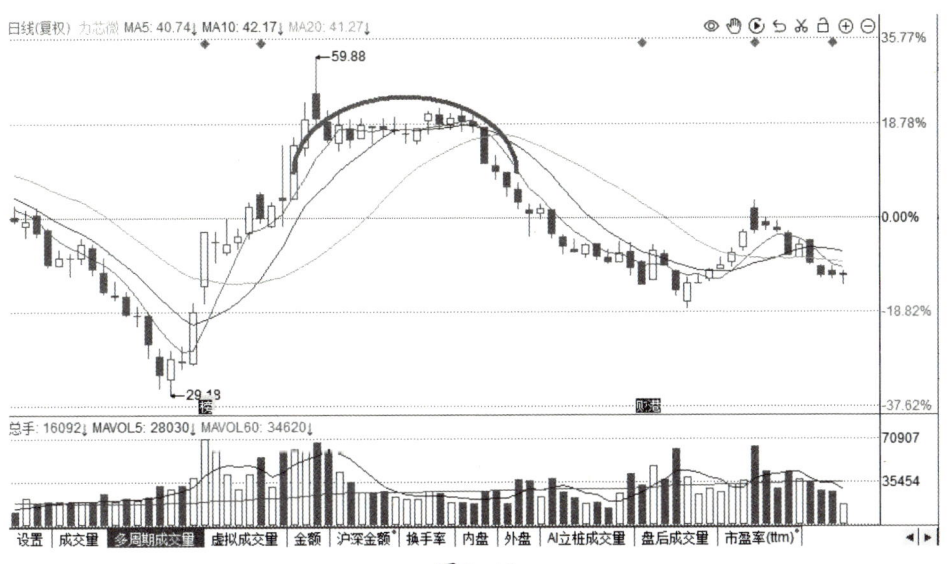

图6-18

圆弧底一般在跌势中出现。当成交量逐渐萎缩，股价稳步下跌一段时间后，下跌趋势变缓，愿意卖出的投资者减少，股价开始在底部震荡，然后缓步上行，随着成交量放大，股价快速上扬，等形成有效突破之后，圆弧底的形态确立，如

图6-19所示。

图6-19

圆弧底形态表示价格下跌趋势逐渐缓和，市场可能即将出现反转向上的信号。

圆弧底的出现就意味着空方抛压减轻，多方需求逐步增加，后期量价齐升，预示着一次大的升势来临。因此，圆弧底的颈线位被有效突破，是一个好的买入信号。

图6-20是国联证券（股票代码：601456）2023年4月至8月的日K线图，股价在经历了前期的急跌和反弹之后，开始了缓慢阴跌的趋势，并在6月初至7月24日之间处于震荡盘整阶段，之后股价开始爬坡，并伴随着成交量的放大，突破5日、10日、20日均线，且均线黏合后向上发散，代表着市场行情出现反转，圆弧底形态确立。此时投资者可以及时建仓，持股待涨。

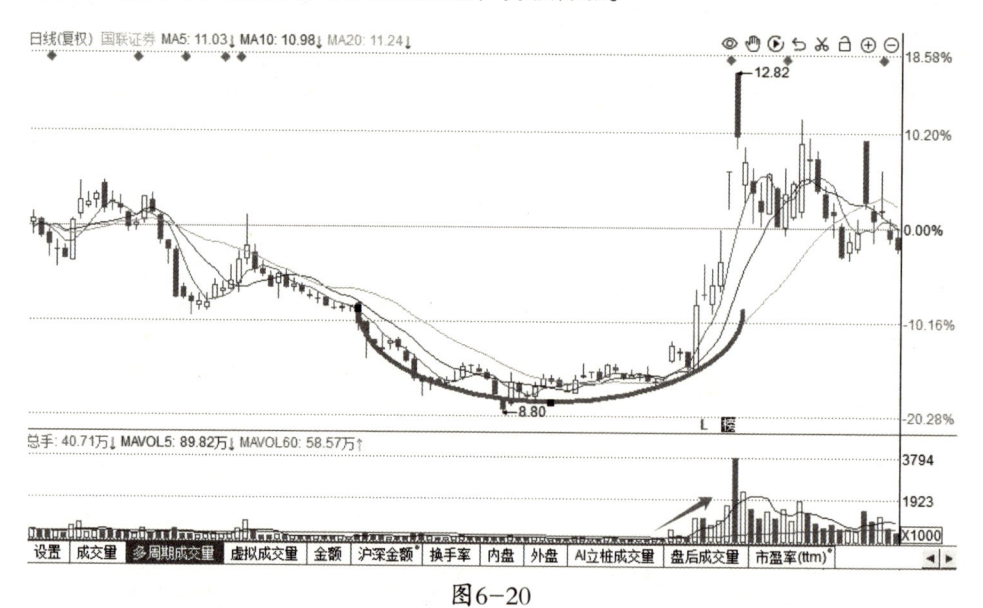

图6-20

值得注意的是，无论是圆弧顶还是圆弧底，在它们的形成过程中，成交量都是两头大，中间小，越靠近顶或底时成交量越小（圆弧底在达到底部时，成交量可能突然大一下，之后恢复正常）。

6.3 整理形态分析

接下来我们介绍几种常见的整理形态,当出现整理形态后,一旦形态被突破,就可能引发一轮新的行情。

6.3.1 三角形整理形态

三角形整理形态是一种常见的价格走势整理形态,它有两种类型:上升三角形和下降三角形。

上升三角形是指在价格上涨趋势中出现的形态,它由上升的直线趋势线和一条水平或近似水平的压力线构成,其形态如图6-21所示。这种形态表明市场需求逐渐增加,但价格受到压力的限制。一旦价格突破压力线,并伴随着成交量的放大,股价往往会继续上涨。

上升三角形

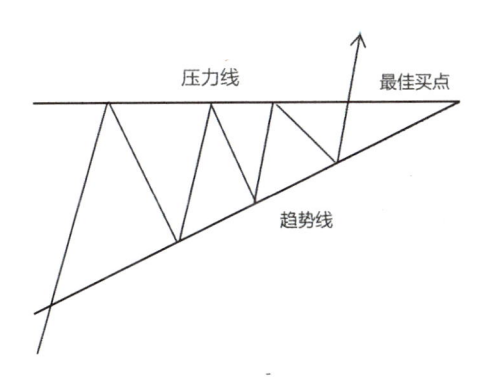

图6-21

如图6-22所示,春风动力(股票代码:603129)自2024年2月6日起开始了一轮上升趋势,进入3月份,其上涨势头减缓,且一直未能突破120元/股的压力线,但回调的价格底部却一次比一次高,说明上升动力仍在,此时呈现出明显的上升三角形形态。之后在4月1日,经过三连阳的蓄势,股价一举突破了压力线,再次开启了上涨行情。

上升三角形属于强势整理形态,价格的底部在逐步抬高,多方买盘踊跃,上升三角形突破成功的话,突破位为最佳买点,投资者可适时买入。

另外,如果在明显的下跌趋势中出现上升三角形,则需要万分小心,这很有可能是主力在诱多。

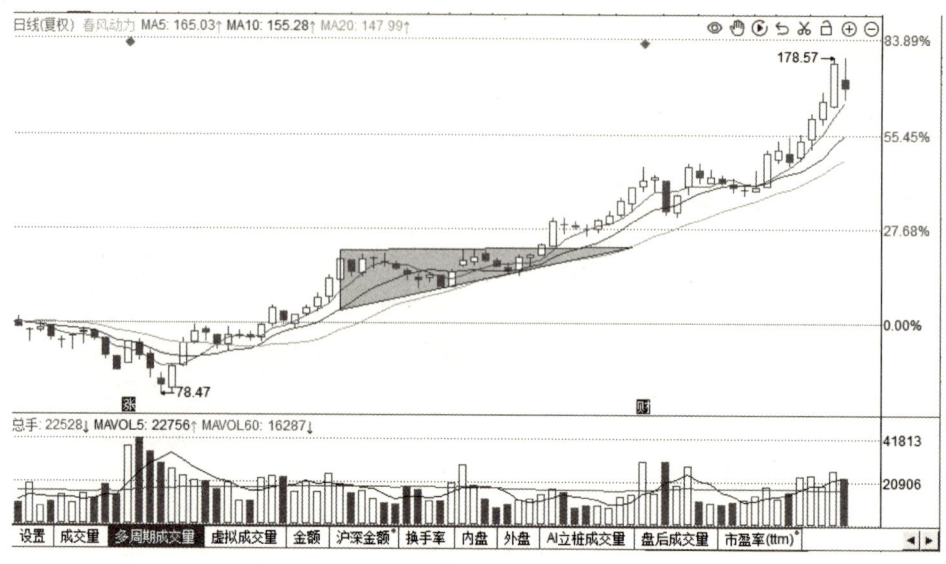

图6-22

> **Tips** 在形态分析中，成交量是一个非常重要的指标。它可以帮助确认形态的有效性，并预测未来价格走势的强弱。例如，在向上突破时，如果成交量显著增加，就可能是一个强势突破的信号。相反，如果成交量不足，那么突破可能是无效的。

下降三角形是指在价格下跌趋势中出现的形态，它由下降的直线趋势线和一个水平或近似水平的支撑线构成，其形态如图6-23所示。这个形态表明市场供应逐渐增加，但价格受到支撑的限制，一旦价格跌破支撑线，往往会继续下跌。

下降三角形

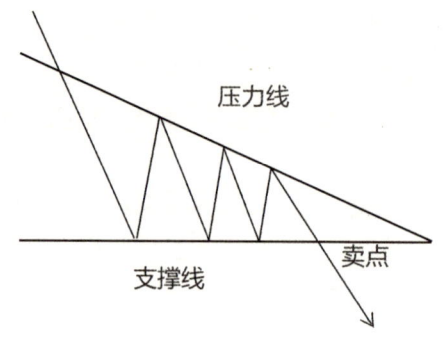

图6-23

图6-24为森特股份（股票代码：603098）2023年11月至2024年5月的日K线图，该股处于下跌趋势中，股价在2024年3月至4月间出现了一轮震荡行情，价

格一直未跌破9.29元/股，但反弹所达到的高点却越来越低，呈现出明显的下降三角形形态，4月11日，该股低开，跌破了9.29元/股的支撑价位线，此后股价继续下跌，直至8元/股才开始反弹。当下降三角形中的股价跌破支撑线时，是卖出信号，投资者应立即清仓离场。

图6-24

6.3.2 旗形整理形态

旗形整理形态是一种短期的价格走势整理形态，通常在急速而又大幅的市场波动中出现。当股价经过一段时间的急速上涨或下跌后，开始在一个狭窄的平行四边形区域内上下波动，且短时间内的价格趋势与原有的趋势相反，其形态像一面挂在旗杆顶上的旗帜，所以被称为旗形整理形态。旗形整理形态主要分为上升旗形和下降旗形，两种形态如图6-25所示。

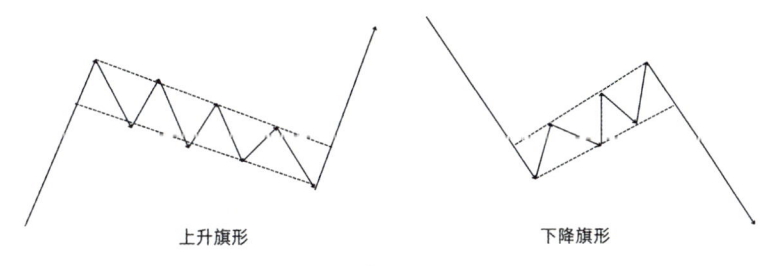

图6-25

上升旗形整理形态出现在价格上升趋势中，行情突然上涨形成第一根旗杆，而后遇到压力位回调，形成一个旗面形状的下跌通道，直到股价向上突破下跌通道的上轨，股价才重新按照第一根旗杆的方向运行。

如图6-26所示，金力泰（股票代码：300225）在2023年10月9日至18日迎来一轮猛烈上涨行情后，开始回调，形成了旗面形状的下跌通道，之后在11月6日拉出一根大阳线，股价一举突破下跌通道的上轨，同时突破了5日均线和10日均线，说明上升趋势继续，上升旗形整理形态确立，投资者可以考虑加仓或继续持股。

图6-26

下降旗形整理形态出现在价格下跌趋势中，行情突然下跌形成第一根旗杆，跌到支撑位后开始反弹，形成一个密集的上升通道即旗面，最后股价跌破上升通道的下轨后按原方向运行。

如图6-27所示，宝信软件（股票代码：600845）自2024年1月开始了下跌趋势，并在1月29日至2月5日出现了一轮急跌行情后，开始反弹上涨，形成了旗面形状的上升通道，但在3月7日这天股价拉出了一根大阴线，一举跌破了上升通道的下轨，并跌破10日均线，且出现5日均线下穿10日均线的均线死亡交叉，说明反弹结束，下降旗形整理形态得以确立，股价仍然继续先前的下跌趋势，投资者应该及早出货离场。

一般来说，旗形整理形态有如下特征。

第一，在出现旗形整理形态前，股价一定有一轮陡直甚至接近垂直角度的下跌或上涨。

第二，旗形整理形态形成之前和被突破之后，成交量都很大，但在旗面内的成交量呈现出较为显著的依次递减现象。

第三，在旗形整理形态中，如果成交量不规则或者并非依次减小，则旗形整理形态有可能会转变为反转形态（W顶或M顶）。

第四，从时间上看，一般旗形整理形态在一至三周以内完成，下降旗形突破周期较短，一般不超过一周，上升旗形突破周期较长，一般不超过三周。

对于投资者来说，在上升趋势中遇到旗形整理形态，可以加码买进，在下跌趋势中遇到旗形整理形态，则应及时出局，以免被深度套牢。

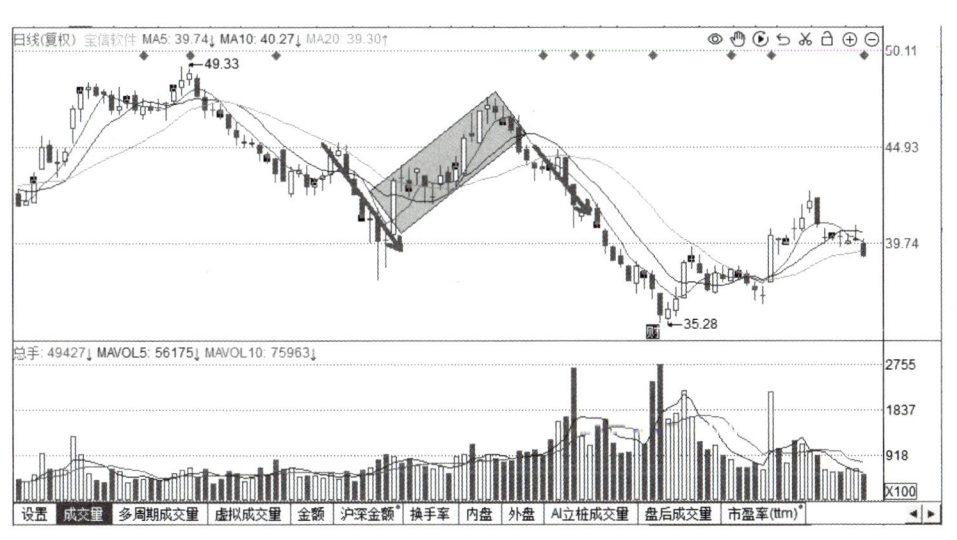

图6-27

6.3.3 矩形整理形态

矩形整理形态是一种价格走势平缓的整理形态，它有一条水平的压力线和一条水平的支撑线，形成了一个类似矩形的形态，由于形似箱子，因此也被称为箱形整理形态，其形态如图6-28所示。

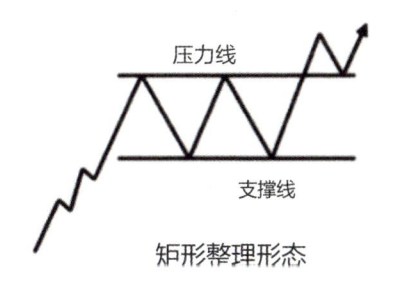

图6-28

图6-29是华谊集团（股票代码：600623）的行情走势图，其在2024年2月至4月为典型的矩形整理形态。

图6-29

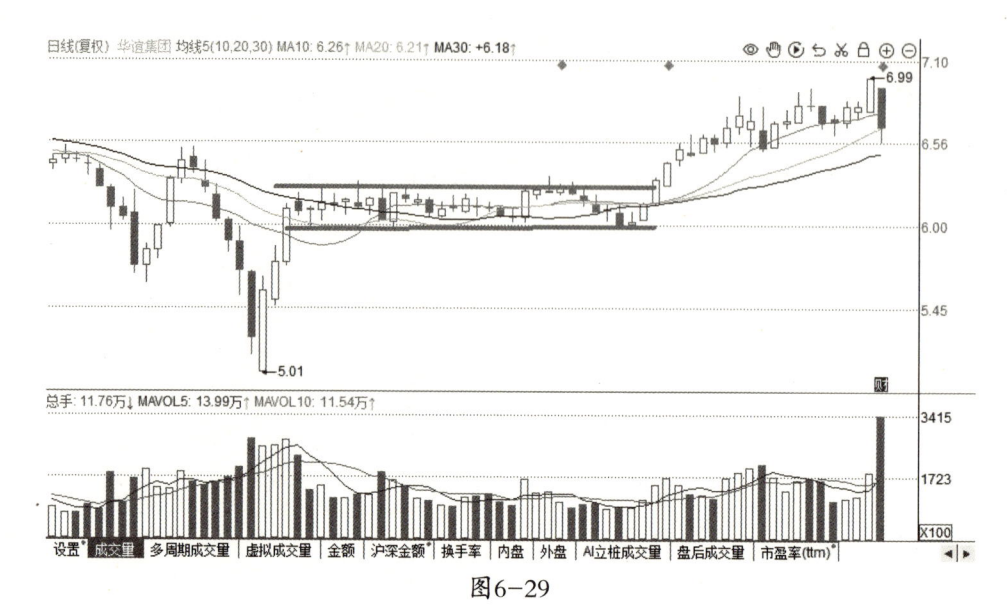

矩形整理形态的形成反映了多空双方力量的均衡。一方面，看多的投资者认为某个价位是理想的买入点，因此每当价格回落到该水平时就会买入，形成了水平的需求线。另一方面，看空的投资者认为价格难以超越某个水平，因此每当价格回升到该价位时就会卖出，形成了平行的供给线。

矩形整理形态是中继形态，即经过整理后股价运行的趋势一般不会改变。比如原来的趋势是上涨，那么经过一段时间的矩形整理，原来的趋势还会继续，多方会顺势而为，主动让股价突破矩形上边界。如果原来是下跌趋势，空方会采取行动突破矩形的下边界。

一旦价格突破矩形，便发出了买入或卖出信号。比如，价格向上突破压力线，就是一个买入信号；价格向下跌破支撑线，就是一个卖出信号。若价格要有效突破矩形上限，则必须先有成交量的激增，而跌破下限则不需要成交量的增加。价格在突破矩形后，经常会出现反转现象，这种情况通常会在突破后的三天至三星期内出现。

在矩形整理形态形成的初期，如果上下边线距离较远，投资者可以在价格接近支撑线时进行买入操作，价格接近压力线时进行卖出操作，获得波动差价利润。

6.3.4 楔形整理形态

楔形整理形态是一种价格走势逐步收敛的整理形态，它由两条趋势线构成，一条是上升的支撑线，一条是下降的压力线，两条线的方向相同，但是角度逐渐收敛，就像一个楔子。

楔形整理形态与旗形整理形态相似，都属于短期内的调整形态，因此也分为上升楔形和下降楔形。

上升楔形形成时，价格经过一次下跌，触碰到支撑线后产生技术性反弹至压力线，价格升至一定水平后又掉头下落，但回落点比前一次高，然后又上升至新高点，再回落，在总体上形成一浪高于一浪的势头，支撑线和压力线呈现收敛之势。上升楔形整理形态如图6-30所示。

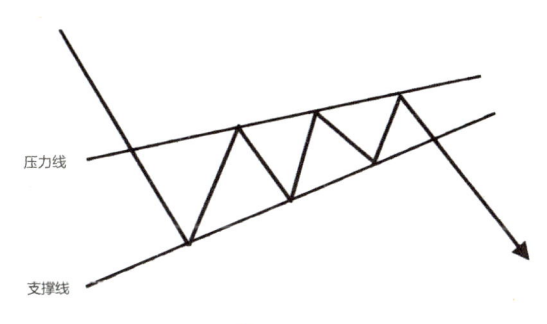

图6-30

上升楔形多发生于空头行情的反弹阶段，或者多头行情的末尾，属于高位整理形态。上升楔形以后向下突破的概率较大，而维持高位横盘整理的概率较小。上升楔形的技术含义是买盘正在逐步减弱，而上升楔形的支撑线被有效跌破，就是比较明显的卖出信号。此后极容易出现放量大阴线或者跳空下跌的走势，且跌势较为凶猛。

如图6-31所示，日盈电子（股票代码：603286）在2024年2月至4月出现了典型的上升楔形整理形态。

图6-31

下降楔形形成时，价格在上涨一段时间之后，触碰到压力线产生回落，直至触碰到支撑线又反弹上涨，但上涨的能量不大，触碰到压力线之后，回落至支撑线位置，随后价格继续上升，但上升的高点没有前一次高，回落点却比前一次低，在总体上形成一浪低于一浪的势头，压力线和支撑线呈现收敛之势。下降楔形整理形态如图6-32所示。

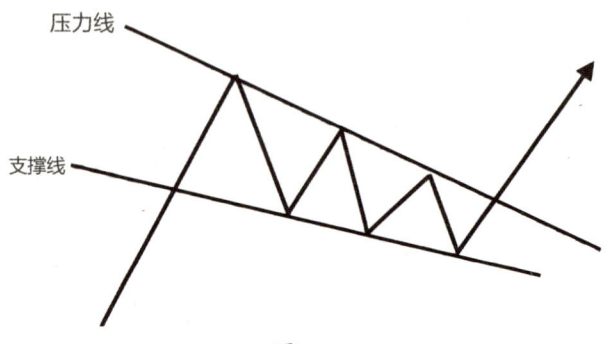

图6-32

下降楔形多出现于上涨趋势中，实质上是股价上涨过程中的一次波段调整，有可能是前期获利盘的抛售或主力的清盘所致，其后股价往往继续向上突破。

如图6-33所示，广汇物流（股票代码：600603）2023年11月至12月的股价形态即为下降楔形整理形态。

图6-33

不论是上升楔形还是下降楔形，在价格上涨或者下跌途中均有可能出现。其形态完成后，价格往往会沿着形态之前的方向运行，但也有可能出现反转走势。因此，投资者要想确定操作方向，需要等楔形形态完成后。如果价格突破压力线，则做多买入；如果价格跌破支撑线，则做空卖出。

> **Tips** 利好消息可能会导致股价的短期波动，从而影响形态的有效性。在进行形态分析时，要特别注意这些消息对股价的影响，并谨慎处理由此产生的交易信号。

第 7 章 均线分析

均线技术是股票市场中常用的技术分析工具之一，不仅可以帮助投资者识别和过滤掉价格的短期波动，还可以辅助判断价格的长期走势，并确定合适的买入和卖出时机。

7.1 什么是均线

移动平均线简称均线，是由著名的美国投资专家约瑟夫·格兰威尔（Joseph Granville）于20世纪中期提出的。它基于"平均成本"概念和"移动平均"原理，计算一段时间内价格的平均值并连成曲线，来反映价格的历史波动情况，并预测价格未来的发展趋势。

均线具有如下显著特点。

趋势性：均线能够表示价格的趋势。当价格在一段时间内呈现上涨趋势时，均线也会呈现上升趋势，反之亦然。

稳定性：均线的变动不是基于单日的价格变动，而是基于一段时间内价格的平均值，因此其变动较为稳定，不会像单日的股价那样大起大落。这种稳定性有助于投资者更好地把握价格的趋势。

滞后性：由于均线是基于一段时间内价格的平均值计算得出的，因此它相对于实际价格有一定的滞后性。这种滞后性可能会让投资者在趋势反转时错失一些机会，但也可能让投资者避免一些由于价格波动而产生的误判。

助涨助跌性：当价格突破了均线时，无论是向上突破还是向下突破，价格都有继续向突破方向运动的趋势。这就是均线的助涨助跌性。在多方市场或空方市场中，均线朝一个方向移动，通常将持续一段时间后才会发生反转。

支撑压力性：均线可以在一定程度上提供支撑或压力，根据它们与股价的关系，投资者可以判断股价的支撑位和压力位。

正是由于有以上特点，均线可以帮助投资者过滤"噪声"，判断价格的长期趋势，以及支撑与压力水平，以确定买入和卖出的时机。

均线的计算很简单，通常使用收盘价来计算。常见的均线周期包括5日均线（也可以写为MA5，其余均线同理）、10日均线、20日均线、30日均线、60日均线、120日均线等。通常来说，较短期的均线能更快地跟随价格变动，而较长期的均线则更加平滑。

一般来说，当价格在均线上方运行时，说明市场趋势向上，价格可能继续上涨。当价格在均线下方运行时，说明市场趋势向下，价格可能继续下跌。投资者可以根据价格与均线的相对位置，来判断市场的趋势和买卖时机。

> **Tips** 均线的角度反映了股价上涨或下跌的速度或力度。陡峭的均线角度通常意味着股价上涨或下跌的速度较快，而平缓的均线角度则可能意味着股价处于盘整或趋势较弱的状态。

7.2 均线形态分析

基于不同周期的均线之间的关系，形成了不同的均线形态，下面介绍一些典型的均线形态和其技术含义。

7.2.1 均线多头排列

均线多头排列是一种出现在上涨趋势中的均线形态，其特征是短期、中期、长期均线从上到下依次排列，呈向上发散状，这是典型的牛市形态，表明市场处于强势上涨阶段，投资者可以积极看多。如果在多头排列的初期和中期，投资者可以积极介入，逢低做多；但在后期或已经有很大涨幅的情况下，投资者应该谨慎交易。同时，在均线多头排列形成的过程中，成交量的配合非常重要。如果成交量能够同步放大，那么表明有更多的资金参与交易，上涨趋势更加可靠；如果成交量未能有效放大，那么上涨趋势可能会受到质疑。

打开同花顺PC版客户端，在问财页面输入"均线多头排列"，可以直接筛选出呈现出该均线形态的个股，如图7-1所示。

序号	股票代码	股票简称	现价(元)	涨跌幅(%)	买入信号 2024.05.07
1	600060	海信视像	27.79	-2.73	【skdj金叉】；【kdj金叉】；【月线mtm金叉】
2	600062	华润双鹤	22.95	-0.30	月线dma金叉
3	600066	宇通客车	27.83	3.38	mtm金叉
4	600177	雅戈尔	7.94	1.02	boll突破上轨

图7-1

例如，打开宇通客车（股票代码：600066）的日K线图（见图7-2），可以看到经过一段时间的横盘震荡后，从2024年1月9日开始至5月，该股出现了较为明显且持续的均线多头排列走势。假如在均线多头排列初期介入，投资者可获得丰厚的回报。

图7-2

> **Tips** 乖离率是指各条均线之间的偏离程度。在均线多头排列的过程中，如果均线之间的乖离率过大，那么表明股价上涨过快，可能存在回调的风险。因此，投资者需要关注均线之间的乖离率，避免盲目追涨。

7.2.2 均线空头排列

均线空头排列是一种出现在下跌趋势中的均线形态，其特征是短期、中期、长期均线从下到上依次排列，呈向下发散状，这是典型的熊市形态，表明市场处于弱势下跌阶段，投资者应保持谨慎。

用问财搜索"均线空头排列"，可筛选出符合该均线形态的个股，如图7-3所示。

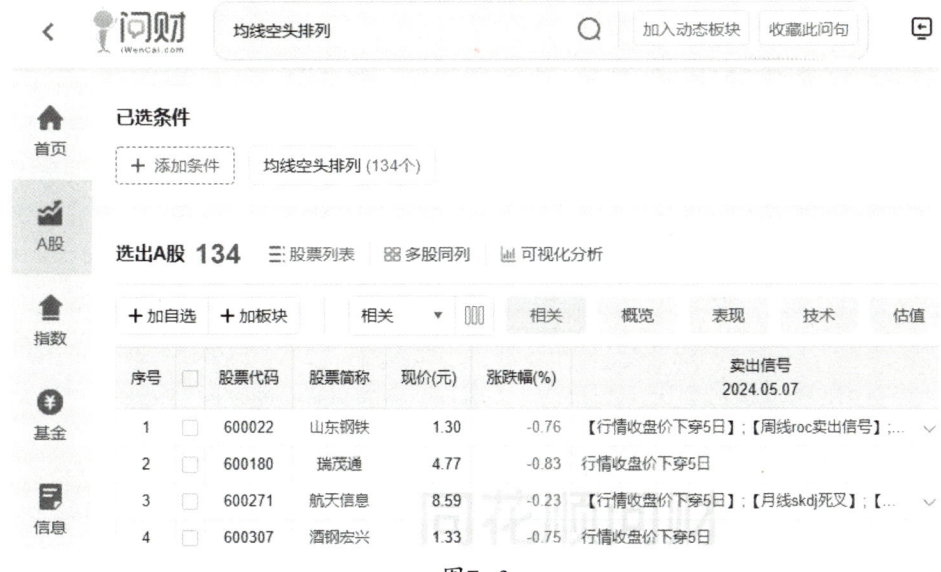

图7-3

例如，打开山东钢铁（股票代码：600022）的日K线图（见图7-4），可以看到该个股的短期和中期均线在长期均线之下，且从2024年4月25日开始，出现了标准的均线空头排列走势。面对均线空头排列形态，投资者应及早离场。

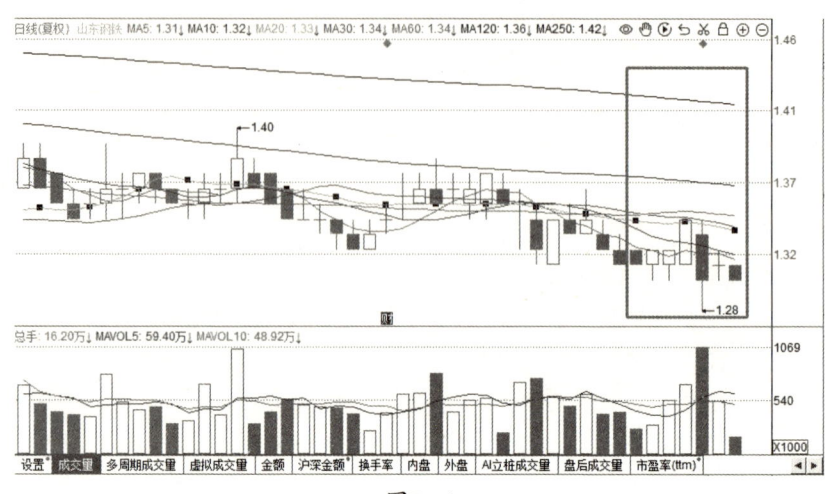

图7-4

7.2.3 均线黄金交叉

均线黄金交叉是指较短周期的均线向上穿过较长周期的均线，形成交叉形态，且较长周期的均线呈现上升态势，这是常见买入信号，表明可能即将迎来上涨行情。如果在股价大幅下跌之后出现该形态，投资者可适当做多；如果股价的大趋势整体向上，且经过调整后再次出现该形态，投资者可以积极做多。

同样，我们可以使用问财筛选出符合"均线黄金交叉"形态的个股，如我们把"5日均线上穿10日均线，10日均线呈上升态势，均线黄金交叉"作为筛选黄金交叉的问句（在问财中输入的用于对话、筛选的句子，统称为问句），就得到图7-5所示的结果。

图7-5

打开汇川技术（股票代码：300124）的日K线图（见图7-6），可以看到，该个股的5日均线在2024年5月6日上穿10日均线，且10日均线呈上升态势，出现了均线黄金交叉形态，此时投资者可以适当买入。

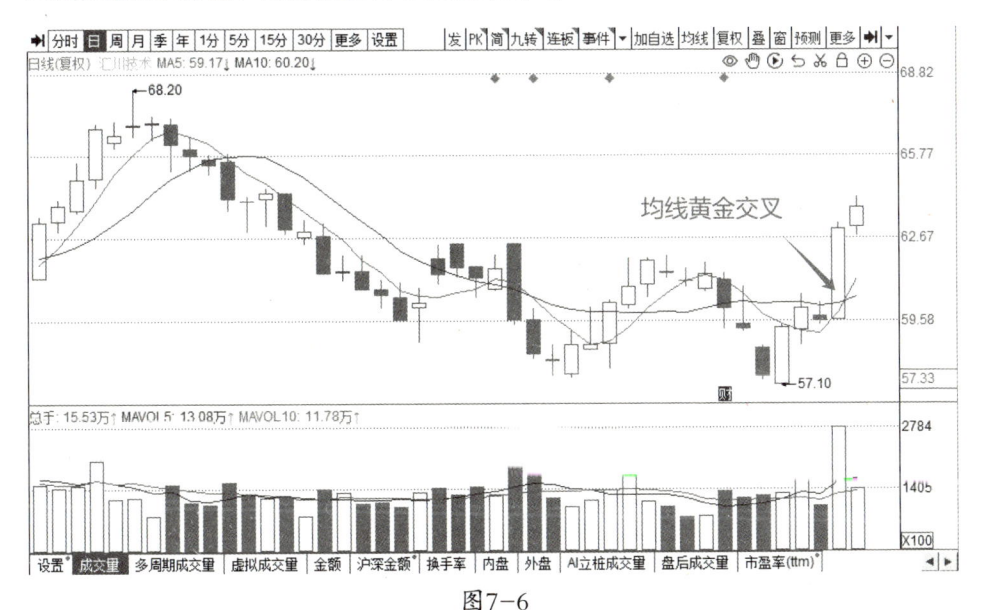

图7-6

一般来说，两根均线交叉的角度越大，上升信号越强烈。而且，长期均线的黄金交叉又比短期均线的黄金交叉的买入信号强。同时，还需要注意成交量的配合，如果成交量能够同步放大，那么这一信号就更加强烈。

7.2.4　均线死亡交叉

均线死亡交叉是指较短周期的均线向下穿过较长周期的均线，形成交叉形态，且较长周期的均线呈下跌态势，这是卖出信号，表明下跌行情即将来临。该形态一般出现在下跌的初期，如果在股价大幅上涨后出现该形态，投资者应该卖出。在大趋势整体向下，股价经过反弹后再次出现该形态时，投资者也应该立即卖出。

我们以"5日均线下穿10日均线，10日均线呈下跌态势"作为问句，在问财中筛选出符合均线死亡交叉的个股，如图7-7所示。

图7-7

例如，打开华天酒店（股票代码：000428）的日K线图（见图7-8），可以看到，在经过一轮上升态势后，该股股价从2024年4月15日开始出现了下跌态势，出现了5日均线下穿10日均线的死亡交叉形态，说明股价下跌的态势将继续，投资者此时应该尽快离场。

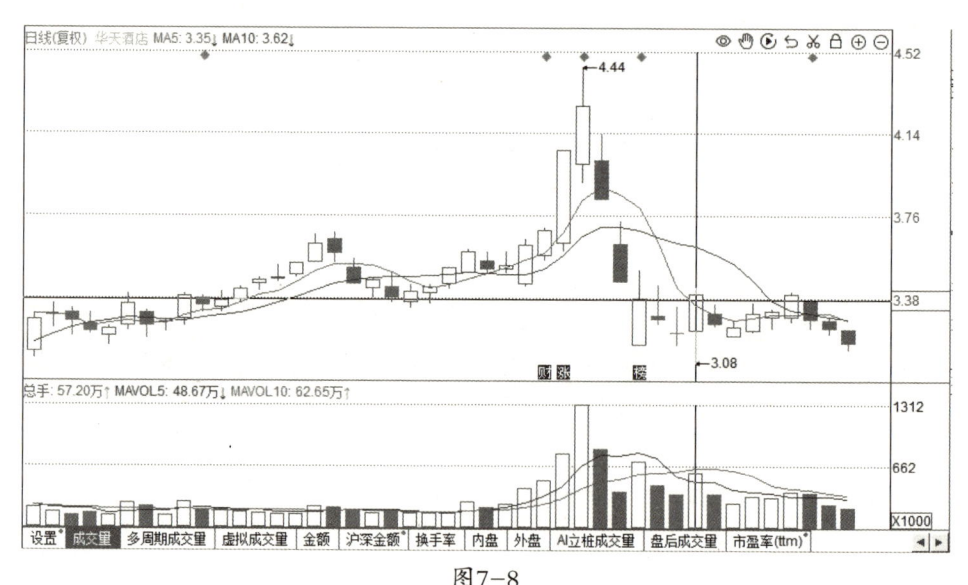

图7-8

同样，两根均线交叉的角度越大，代表着下跌的信号越强烈。

7.2.5 银山谷和金山谷

在股价止跌回升的上涨初期，股价的上涨带动短期均线（如MA5）上穿中期均线（如MA10）（短、中、长期的划分是相对的，可视具体情况有所变化），中期均线上穿长期均线，三根均线形成尖头向上的不规则三角形，且在三个交叉中至少有两个是黄金交叉的均线形态，因看起来像山谷而得名银山谷。银山谷是标准的见底买入信号，表明市场即将迎来上涨行情。投资者看到该形态出现时，可以适当买入。

金山谷是在银山谷之后，短期均线再次上穿中期均线，中期均线再次上穿长期均线，形成的第二个尖头向上的不规则三角形，这是更强烈的买入信号，表明市场上涨趋势将持续。金山谷大多数情况下要高于银山谷，但也有可能和银山谷处于同一水平位置。

图7-9是昂立教育（股票代码：600661）2024年1月至8月初的日K线图，在经过前期的下跌行情后，该股于2024年2月6日开始止跌回升，股价的上涨带动了MA5上穿MA10、MA10上穿MA20，于2月22日左右形成了银山谷的均线形态，并于2024年4月底再次出现了MA5上穿MA10、MA10上穿MA20的特征，即形成了金山谷，表明市场中的看多力量加强，后市看涨，稳健型投资者可以在此时买入。

图7-9

值得注意的是，一般来说，金山谷与银山谷相隔的时间越长，所处的位置越高，股价的上涨潜力越大，同时，如果出现银山谷和金山谷形态时伴有成交量的放大，则其信号的可信度更高。

7.2.6 死亡谷

死亡谷是指短期均线（如MA5）下穿中期均线（如MA10），中期均线下穿长期均线（如MA20），形成一个尖头向下的不规则三角形，且其中三个交叉中至少有两个死亡交叉的均线形态。死亡谷是典型的看跌信号，一般出现在下跌初期或中期，表明市场即将迎来下跌行情。

死亡谷是与银山谷和金山谷相对应的一种技术形态，其技术形态的构成和特征类似，只是方向和技术含义相反。

我们可以通过问财筛选出符合死亡谷均线形态的个股，图7-10是国电南瑞（股票代码：600406）2024年2月至5月初的日K线图，可以看到在经过一轮上涨、达到阶段性高点后，该股股价由升转跌，带动5日均线下穿10日均线、10日均线下穿20日均线，形成了尖头向下的死亡谷形态，同时出现了卖盘成交量放大的情况，说明此时空方力量强大，投资者应该尽快出货离场。

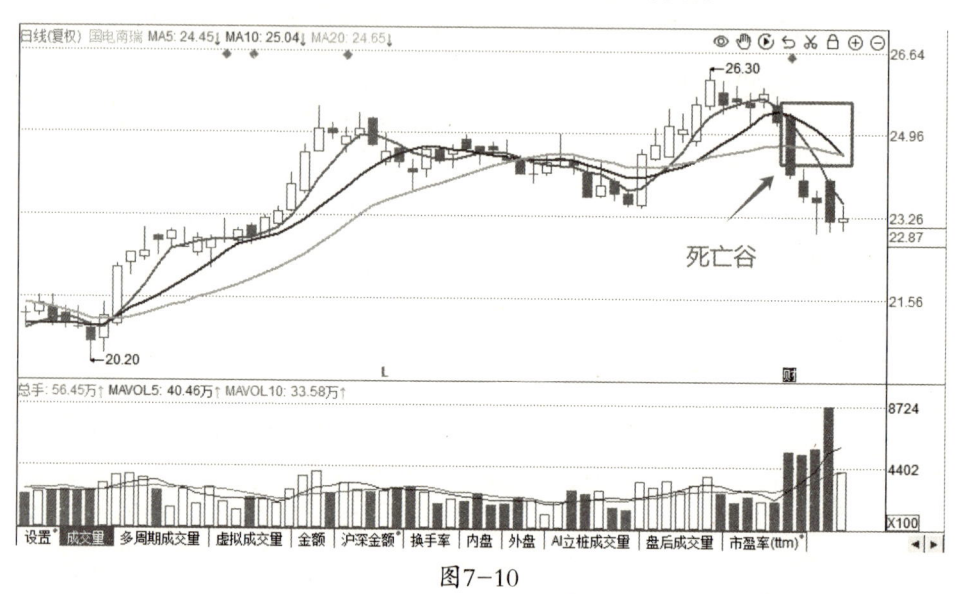

图7-10

7.2.7 蛟龙出海

蛟龙出海又名一阳穿三线，是指股价在下跌后期跌速减慢的情况下，各短中期均线逐渐收敛、黏合，此时一根大阳线拔地而起，向上突破短期、中期、长期均线，且收盘价收在各条均线之上，就像一条蛟龙从深海中一跃而出的均线形态。蛟龙出海是典型的反转信号，后市看涨。出现此信号，激进型投资者可以适当买进，稳健型投资者则可再观察几天，待确认股价稳在各均线之上后再买进。

一般来说，蛟龙出海形态需要成交量的支持，量越大越好，阳线实体越长，信号也越可靠。

图7-11是顾家家居（股票代码：603816）2024年1月至4月初的日K线图，经过一段时间的下跌趋势后，该股的短期、中期和长期均线已经收敛、黏合，2月5日出现的阳线一举向上突破了5日、10日、30日等多根均线，且收盘价在各均线之上，形成了蛟龙出海的形态，且伴随着成交量的放大，此时投资者可以适当买入。

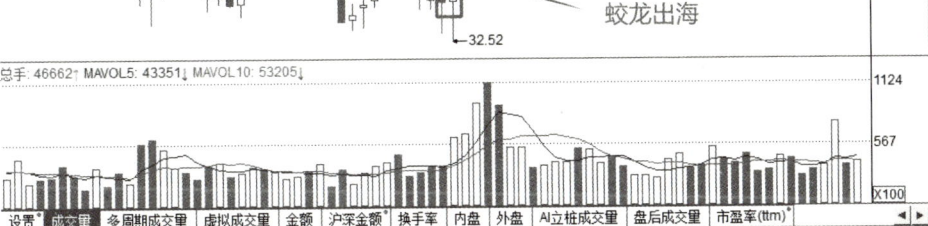

图7-11

> **Tips** 单根K线穿越多条均线后，次日可能会对均线有一次回踩。如果回踩过力，可能会出现陷阱，因此需要根据股价的位置合理判断买入时机。

7.2.8 断头铡刀

　　断头铡刀是指股价上涨后期涨速减慢，各短中期均线逐渐收敛、黏合，之后出现一根阴线，向下跌破短期（MA5）、中期（MA10）、长期（MA20）均线，且收盘价在各均线之下的均线形态。由于该形态就像断头台上凌空落下一口铡刀，断送了多方的上升之路，所以称为断头铡刀，又称为一阴穿三线。断头铡刀一般出现在长期上升趋势末期、中期反弹行情末期，或中期调整行情初期，是典型的看跌信号。出现此信号时，往往有一轮较大的急跌走势，当出现伴有较大成交量的大阴线时，转弱的信号更强，投资者要趁早出货离场。

　　图7-12是TCL科技（股票代码：000100）2024年2月至5月初的日K线图，可以看到在经过了一轮上涨之后，该股股价处于高位横盘阶段，各均线处于收敛、黏合的状态，此时（5月7日）一根大阴线出现，一举跌破了四根均线，并伴随着成交量的放大，形成了断头铡刀的均线形态，说明后市有非常大的概率是下跌趋势，此时投资者应该果断出货离场。

图7-12

上面我们介绍了几种典型的均线形态及其含义，不过需要注意的是，均线的形态并不是绝对的，投资者在实际操作中需要结合其他技术指标和市场环境进行综合判断。

7.3 均线的买卖法则

约瑟夫·格兰威尔不仅提出了均线的概念，还提出了基于均线的交易策略，其被人们称为格兰威尔买卖法则。这些法则旨在帮助投资者识别市场趋势的转折点，并通过股价和均线的关系来判断股票买入和卖出的时机。

格兰威尔买卖法则主要分为买入法则和卖出法则，各有四个买点和卖点，下面我们结合买卖点位实盘图来简要介绍一下格兰威尔买卖法则。

在这里，我们可以根据30日均线来运用上述法则，因为30日均线作为一条中期均线，优劣势会相对均衡，在实战中发出的信号也会比较及时。

7.3.1 均线买点

1. 买点1：黄金交叉

均线从长期下降的趋势中逐渐变为平缓，说明下降趋势已经停止。当均线逐渐从走平转为上升，而股价从下向上突破均线时，就形成了K线与均线的黄金交叉，是买入信号。这表示股价已经突破了重要的压力位，市场趋势可能转向上升。

图7-13是云天化（股票代码：600096）2024年1月至5月的日K线图，可以看到，经过前期的震荡上行行情后，30日线逐渐从平缓走势转为上升走势，2月6日股价一举突破了30日均线，且伴有成交量的放大，形成了黄金交叉，说明此时多方力量强大，股价接下来出现了一轮稳定的上涨行情。

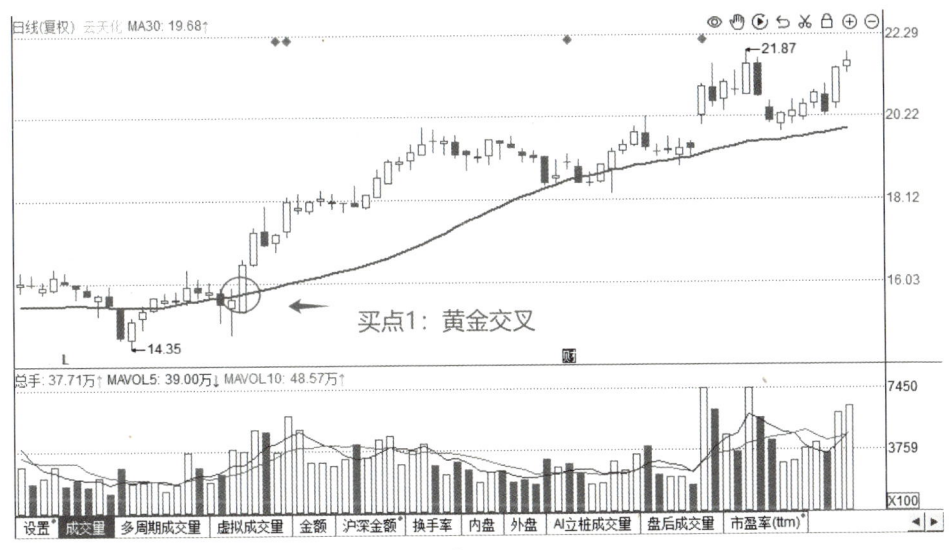

图7-13

2. 买点2：回踩不破

在持续上涨过程中，如果股价短暂回调至均线附近但未跌破，随后再次上涨，就是一个买入信号。这表明市场对股价的支撑较强，投资者可以考虑买入。

一般来说，股价回调只是为今后的再次放量大涨积聚多方力量，因此投资者若能够在买点2的位置买入股票，并且中长期持有，就可能有相应获利。

图7-14是湖南白银（股票代码：002716）2024年1月至5月初的日K线图，在持续上涨的过程中，股价在2024年3月21日至27日出现了一轮回调，股价跌至30日均线附近但并未跌破，说明30日均线对于股价的支撑作用较强，后期股价果然再次上涨。投资者可以在股价开始回弹时买入。

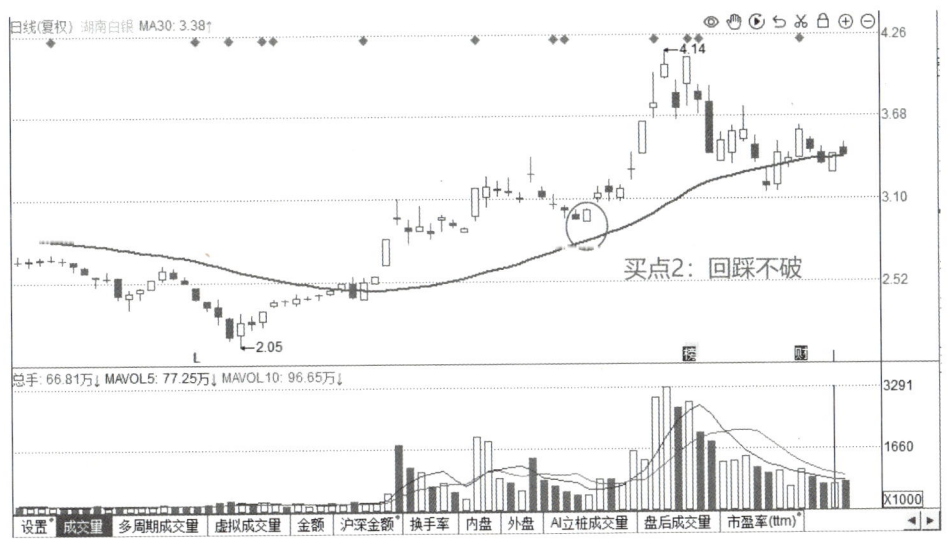

图7-14

3. 买点3：小幅跌破

股价经过一轮上涨后出现回落，且跌破了均线，但此时均线的上升势头并没有就此结束，代表着长期的趋势还是向上的，因此当股价开始掉头向上，重新突破均线时，投资者可以买入，此时K线和均线的交叉点就是买点3。

值得注意的是，相较于前两个买点，买点3的股价已经上涨到了较高位置，因此投资者需要谨慎买入，并时刻注意卖出信号的出现。

图7-15是沪农商行（股票代码：601825）2024年1月至5月初的日K线图，在2月7日左右和3月13日左右，股价两次小幅跌破30日均线，但30日均线趋势向上，说明多方力量强大，因此股价很快重回30日均线上方并一路上涨。投资者可以在股价重回30日均线时适当买入。

4. 买点4：超跌反弹

当股价暴跌并远离均线时，可能会出现超跌反弹的情况。如果股价在暴跌后迅速回升并接近或超过均线，就是一个买入信号，这表示市场情绪已经得到宣泄，股价可能出现反弹。不过需要注意的是，反弹并不能改变股价的整体下跌趋势，因此超跌买入仅适合投资者进行短线操作，快进快出。

图7-16为TCL中环（股票代码：002129）2024年1月至5月初的日K线图，从1月19日至2月5日，该股出现了暴跌行情，股价跌幅达到33%，出现了股价与30日均线相背离的情况。之后，该股迎来反弹行情，并重新回到30日均线之上，但由于30日均线趋势仍旧向下，因此该股后市出现了整体下跌的行情。投资者可以在超跌反弹的时机适当买入，但需要谨慎分析，结合其他技术指标进行综合判断，且设置止盈止损条件以规避风险。

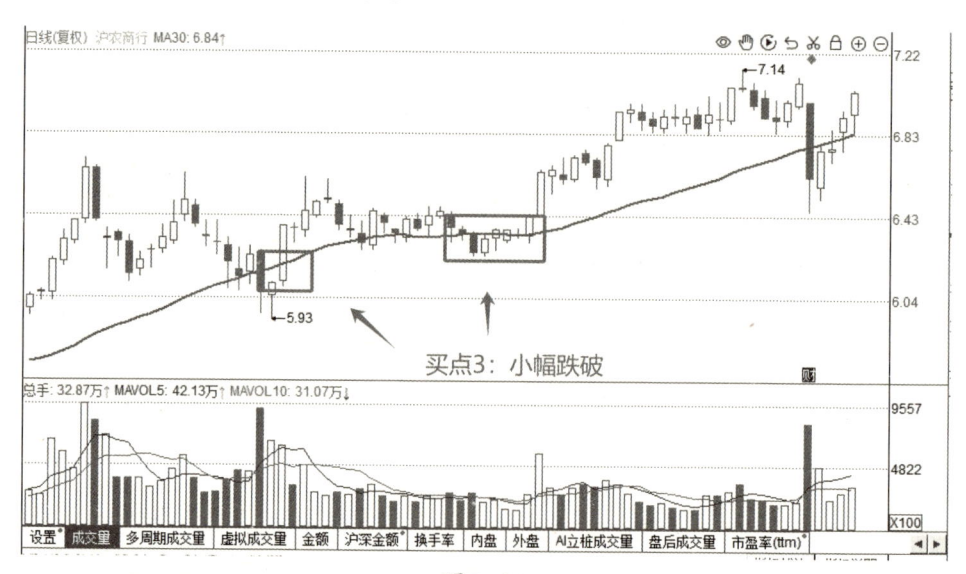

图7-15

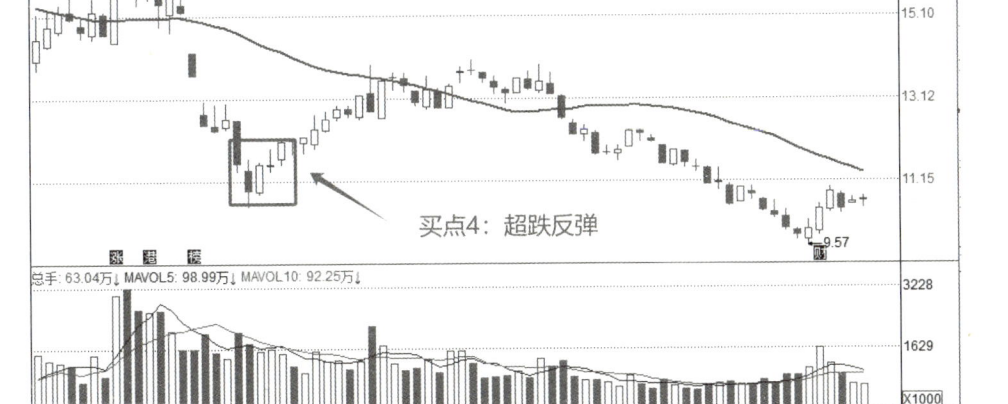

图7-16

7.3.2 均线卖点

1. 卖点1：死亡交叉

均线从上升转为下降，而股价也从上方跌落并穿过均线，形成K线与均线的死亡交叉形态，即为卖出信号，表示股价已经跌破了重要的支撑位，市场趋势可能转向下降。投资者应在死亡交叉点的位置果断出货离场。

图7-17是壶化股份（股票代码：003002）日K线图，虽然该股股价在2023年12月28日重回了30日均线以上运行，但在2024年1月17日跌破了30日均线，且30日均线此时已经呈明显的下降趋势，K线与30日均线形成了死亡交叉，表明此时市场空方力量已经强大，下降趋势无可避免，此时投资者要做的就是尽快离场。

2. 卖点2：反弹不过

在股价持续下跌过程中，如果股价短暂反弹至均线附近但未突破，随后再次下跌，就是一个卖出信号。这表明市场对股价的压力较大，投资者可以考虑卖出。

在*ST信通（股票代码：600289）的日K线图中（见图7-18），股价在30日均线下方运行，虽然从2023年12月19日至25日有一轮反弹，但股价始终无法突破30日均线，说明向上的动能不足，均线对股价的压力较强，后市持续看跌，投资者遇到此情况应该果断卖出，免遭更大损失。

图7-17

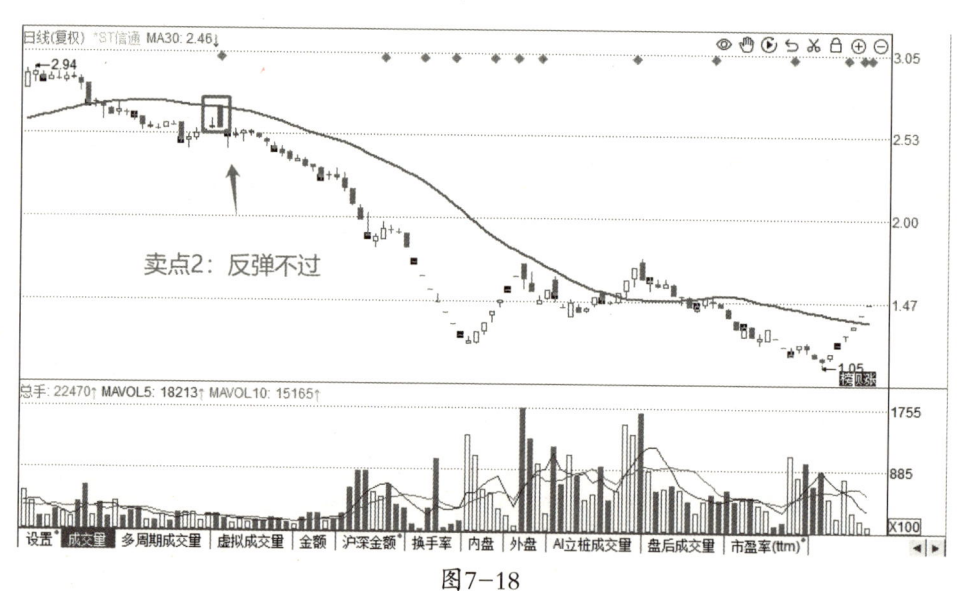

图7-18

3. 卖点3：小幅突破

  股价在下行趋势中反弹并小幅突破至均线上方后又下跌至均线下方，且均线仍继续下行，此为卖出信号，说明整体趋势仍是下跌行情。投资者可考虑在股价再次跌破均线位置卖出。

  图7-19是江山股份（股票代码：600389）的日K线图，该股的30日均线与股价都处于下行趋势中，股价在2023年12月29日至2024年1月4日小幅突破30日均线，但随即又跌回30日均线下方，后市继续下跌的可能性极大，投资者应及时卖出。

图7-19

4. 卖点4：暴涨卖出

股价在上升的均线之上运行，连续数日大涨，离均线越来越远，说明近期的买入者获利丰厚，随时都可能产生获利回吐的卖压，市场情绪已经过热，股价可能出现回调，是一个较为明显的卖出信号。

图7-20是东方精工（股票代码：002611）2024年1月至5月初的日K线图，其自2月23日起收获多个涨停板，股价暴涨，且距离上升中的30日均线越来越远，此时持仓者兑现获利的情绪不断升高，卖盘压力加大，投资者应考虑及时卖出。

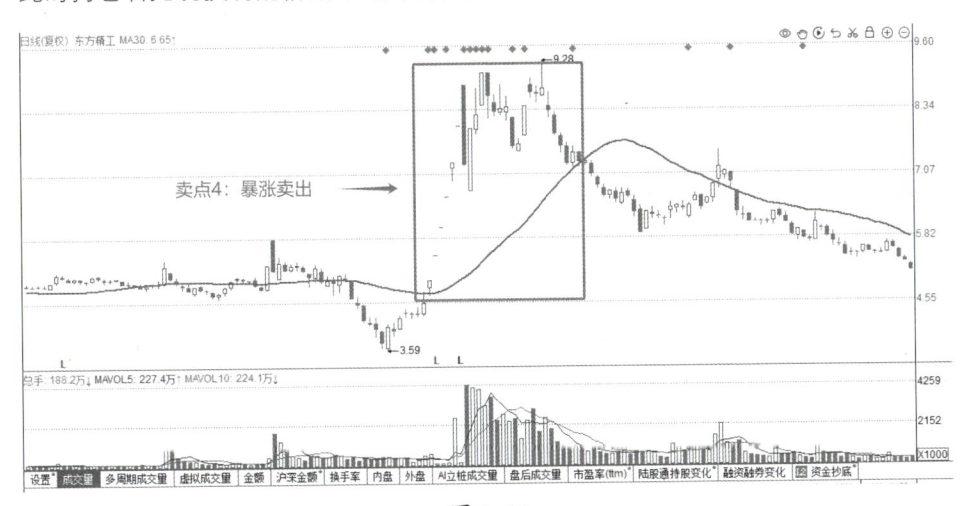

图7-20

需要注意的是，格兰威尔买卖法则是一种简单的交易策略，仅依靠股价均线的交叉点来进行买卖决策。在实际应用中，投资者还应该结合其他技术指标和趋势判断方法，以及合理的风险管理措施，来提高交易的成功率和收益的稳定性。

同花顺炒股小妙招：六大常用均线的实盘作用

在对均线的研究过程中，技术分析者们发现不同周期的均线都有其适用场景，也逐渐摸索总结出一些常用均线的使用方法和实盘运用技巧，并对它们冠以形象的称呼。下面我们做一下总结，将其提供给广大投资者参考。需要注意的是，股票市场千变万化，任何技术方法都是对过往数据的总结，不保证在未来市场中一定适用。

一、5日均线：攻击线

5日均线通常称为攻击线，意思是它可以在短期内推动股价形成上攻或下攻的趋势，因此有经验的投资者常用5日均线来判断短期股价的走势情况。一般认为，如果5日均线的上扬或下跌的角度陡峭，则表明股价短期爆发力较强；如果上扬或下跌的角度平缓，则表明股价短期爆发力较弱。

在具体实战中，当股价突破5日均线且该均线呈陡峭向上的状态时，意味着短期行情已启动，此时投资者可以积极买入。相反，当股价跌破5日均线且该均线呈向下转向状态时，则意味着下跌行情已展开，此时投资者应暂时离场。

二、10日均线：操盘线

10日均线通常称为操盘线，又称为行情线。操盘线可以在中短期内推动行情的持续上涨或下跌。与5日均线一样，10日均线上扬或下跌的角度如果陡峭有力，则说明股价在中短期的上涨力度较强，反之则较弱。

在具体实战中，当股价突破10日均线且该均线呈持续向上的状态时，意味着波段性的中短期行情已启动，此时投资者可以考虑积极买入。当股价向下跌破10日均线且该均线呈下拐状态时，则意味着上涨行情结束，下跌行情已经展开，此时投资者应该及时离场。

三、20日均线：辅助线

20日均线兼具短期均线和中期均线的特点，所以常称为辅助线，其主要作用是对以10日均线为依据的短线投资者提供趋势指导，同时修正30日均线反应相对迟缓的问题。另外有观点认为，20日均线能够真实反映出股价最为接近的趋势，因此又称其为万能均线。

在具体实战中，当股价向上突破20日均线且该均线呈持续向上的状态时，则意味着中期行情已启动，此时投资者可以持股待涨或加仓买入。当股价跌破20日均线且该均线呈向下状态时，则意味着下跌行情已展开，此时投资者应卖出或持币观望。

四、30日均线：生命线

30日均线是反映股价行情中期趋势的重要指标，能够帮助投资者判断股票的中期走势，因此被视为生命线。在上升趋势中，30日均线常常起到支撑作用；而在下降趋势中，30日均线起到压力作用。

在具体实战中，当股价向上突破30日均线时，如果伴随成交量放大，则表明中期趋势可能逆转上涨，是买入信号。当股价跌破30日均线且走势疲软，无法重新反弹至30日均线上方时，投资者应考虑止损出局。

五、60日均线：决策线

60日均线是明确股价中长期反转趋势的重要指标，因此又称为决策线。此外，60日均线还是揭示主力操作的重要参考，例如，主力的初期建仓成本大致在60日均价附近，而股价在突破60日均线后，如果再度向该线靠拢，也往往被视为主力的洗盘行为。

在具体实战中，当股价有效突破或跌破60日均线时，通常意味着一轮大的上升或下降行情的开始，这是投资者需要做出买卖决策的关键时刻。

一般而言，当股价突破60日均线时，特别是伴随着成交量放大时，通常是买入信号；当股价突破60日均线后回踩但未跌破，且成交量减小时，也是一个良好的买入时机。

而当股价有效跌破60日均线，并连续几个交易日无法回到60日均线上方时，这通常是卖出信号；股价在60日均线下方持续下跌时，表明中长期趋势已变坏，投资者应考虑止损离场。

六、120日均线：趋势线

120日均线因其较长的时间跨度，能够过滤掉短期的市场波动，提供更为稳定和可靠的长期趋势判断，因此称为趋势线。

在具体实战中，120日均线通常用来研判长期趋势，较为适合长期投资者使用。如果股价有效突破120日均线且该均线向上运行，说明长期趋势向好，投资者可逢低买入；如果股价有效跌破120日均线且该均线向下运行，则说明长期趋势变坏，投资者应及时卖出离场。

需要注意的是，虽然不同的均线在投资分析中具有重要的价值，但均线分析并不是万能的。投资者在使用均线做投资决策时，还需要结合其他技术指标、市场消息和基本面分析等因素进行综合判断。此外，不同的投资者对均线的理解和应用方式也可能存在差异，因此在使用均线时需要根据自己的投资经验和风险偏好进行调整和优化。

第 8 章
趋势分析

趋势分析能够帮助投资者更好地理解和预测市场走势，具有明确趋势方向、提供买卖信号、确认趋势强弱、判断支撑位与压力位等作用。本章我们来具体介绍趋势分析。

8.1 什么是趋势和趋势线

对趋势的分析，是股票投资技术中最常用的方法之一，它主要通过研究股价的变化方向和波动幅度，来预测未来的市场趋势。趋势分析的一大前提假设是，市场一旦形成趋势，就将沿着这个趋势（上升或者下降）的方向继续进行，直到外部因素打断这个趋势。具体来说，股票的走势主要包括三种趋势。

（1）上升趋势。在上升趋势中，股票的价格会持续上升，每次回调都会找到新的支撑位。投资者观察股票的上升趋势，并结合相关技术指标，就可以辨别出股票的买入时机。

（2）下降趋势。在下降趋势中，股票的价格会持续下降，每次反弹都会遇到新的压力位。投资者观察股票的下降趋势，并结合相关技术指标，就可以辨别出股票的卖出时机。

（3）横盘整理。股票在横盘整理阶段价格波动较小，形成相对平稳的趋势。此时，投资者可以采取逢低买入、逢高卖出的策略，以获取利润。

而所谓的趋势线，就是根据股价上下变动的趋势所画出的线，是将大多数相对高点或相对低点相连接，画出的能够反映出股价走势的直线。投资者可以通过趋势线达到以下目的。

第一，判断趋势方向。趋势线能够直观地反映出市场价格的整体走势，帮助投资者判断当前市场是处于上升趋势、下降趋势还是横盘整理阶段。

第二，掌握买卖信号。股价突破趋势线，通常可作为买入或卖出的信号。例如，当价格向上突破下降趋势线时，可能意味着市场即将进入上升阶段，是买入的时机；而当价格向下突破上升趋势线时，可能意味着市场即将进入下降阶段，是卖出的时机。

第三，确定支撑位与压力位。上升趋势线通常被视为支撑位，即当价格下降到该位置时可能会受到支撑而反弹；下降趋势线则被视为压力位，即当价格上升到该位置时可能会受到压力而回落。

第四，预测未来走势。通过观察趋势线的斜率、长度以及与其他技术指标的配合情况，投资者可以预测未来市场价格的走势。例如，如果趋势线较陡峭且较长，可能意味着市场趋势较为激进，未来价格可能会继续沿着该趋势运行。

第五，验证其他技术指标。趋势线可以与其他技术指标（如移动平均线、相对强弱指数等）结合使用，以验证这些指标的信号是否有效。当多个技术指标同时发出买入或卖出信号时，这些信号的可信度会更高。

8.2 趋势线的常见形态

根据股价波动时间的长短，趋势线可分为长期趋势线、中期趋势线和短期趋势线，长期趋势线应选择长期波动点作为画线依据，中期趋势线则是对中期波动点的连线，而短期趋势线则利用30分钟或60分钟K线图的波动点进行连线。根据趋势方向的不同，趋势线可分为上升趋势线、下降趋势线和横盘趋势线。根据撑压位置分类，趋势线可分为压力线和支撑线。下面我们主要介绍一下上升趋势线、下降趋势线、横盘趋势线，以及压力线和支撑线。

8.2.1 上升趋势线

前面我们提过，上升趋势是指股价在运行中，上升浪能够不断地创出新高，而随后出现的回调能在前期低点之上结束的一种走势。而上升趋势线，就是通过连接逐级抬高的波段低点得出的一条向右上方倾斜的直线，如图8-1所示。这条直线反映了价格的上升趋势，并可能作为未来价格走势的支撑线。

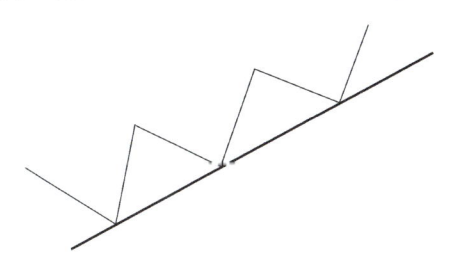

上升趋势线

图8-1

上升趋势线有三个特征：第一，上升趋势线的斜率通常为正，表示价格随时间推移而上升。第二，上升趋势线至少连接两个低点，这些低点通常被称为支撑点。第三，当价格回调至上升趋势线附近时，往往会受到支撑并重新上升，且上升趋势线被触及的次数越多，有效性越强。

此外，我们还要注意上升趋势线的倾斜角度，一般来说，上升趋势线的倾斜角度为45度时被认为是最有意义的，因为它反映了价格与时间的完美平衡，既不过于陡峭也不过于平缓。

而倾斜角度过大的上升趋势线（即过于陡峭的上升趋势线）表明股价上升过快，可能难以持久，往往容易很快转变趋势。倾斜角度过小的上升趋势线（即过于平缓的上升趋势线）显示出价格上升的力度不够，不容易马上产生大行情。

例如，图8-2是焦作万方（股票代码：000612）2024年2月至5月初的日K线图，从2月6日起，该股开始一轮稳定的上升行情，并且股价每次上升后回调至前期低点之上就停止下降，我们可以连接这些低点，画出趋势线。而进入4月份后，股价上升加速，股价开始逐渐远离趋势线，此时投资者应该绘制新的上升趋势线来进行分析，比如图中右侧的趋势线，更加陡峭、倾斜角度更大，表明了市场趋势较为剧烈，未来价格可能会继续沿着该趋势运行，但同时也意味着价格波动剧烈，投资者应该警惕其中的市场风险。

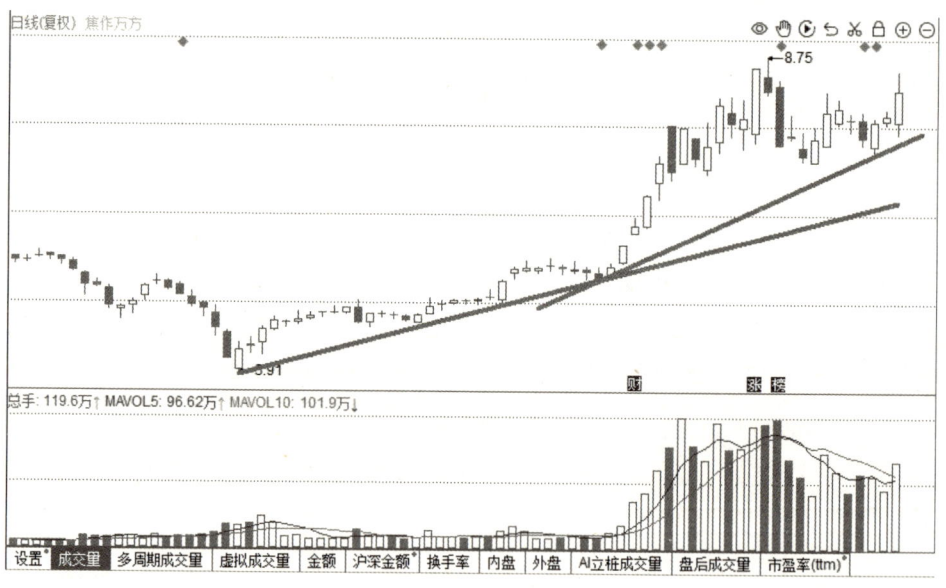

图8-2

投资者可以通过上升趋势线进行买卖信号的识别。价格回调至上升趋势线附近并受到支撑，通常被视为一个买入信号。相反，如果价格跌破上升趋势线，则可能意味着上升趋势的结束，是一个卖出信号。

图8-3是老凤祥（股票代码：600612）2023年12月至2024年5月的日K线图，该股从2024年2月1日开始出现了一轮上升行情，据此我们绘制上升趋势线，当价

格回调至上升趋势线附近时受到了支撑并反弹,说明上升趋势将持续,此时投资者可适当加仓。而到了2024年4月22日,股价在经历了见顶转跌后,打破了上升趋势,此为卖出信号,说明上升行情可能已经结束,此时投资者应该及时卖出,让收益落袋为安。

图8-3

8.2.2 下降趋势线

下降趋势是指股价在运行中,上升浪不能创出新高,而随后的下降低点却比前期低点低的一种走势。下降趋势线就是连接逐级降低的波段高点得到的一条向右下方倾斜的直线,如图8-4所示。这条直线反映了价格的下降趋势,并可能作为未来价格走势的压力线。

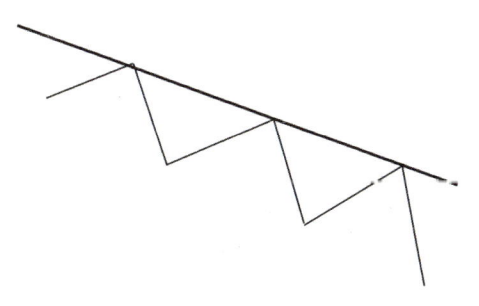

下降趋势线

图8-4

下降趋势线同样具有三个特征:下降趋势线的斜率通常为负,表示价格随时间推移而下降;下降趋势线至少连接两个高点,这些高点通常被称为压力点;当价格反弹至下降趋势线附近时，往往会受到压力并重新下降，下降趋势线与股价接触的次数越多，有效性越强。

同样，下降趋势线的倾斜角度具有重要意义。倾斜角度过大的下降趋势线（即过于陡峭的下降趋势线）表明价格在短时间内快速下降，但限制作用较小，持续下降的时间可能不长。这种趋势线可能意味着市场出现了短期的暴跌，但并不一定代表长期趋势的改变。倾斜角度过小的下降趋势线（即过于平缓的下降趋势线）表明价格在短时间内下降幅度较小，但其限制作用较大，持续下降的时间可能较长。这种趋势线可能意味着市场进入了长期的调整或下降阶段。

图8-5是嘉欣丝绸（股票代码：002404）2023年11月至2024年4月的日K线图，该股在2023年11月28日达到阶段性高点后，便开始由涨转跌，开启了一轮下降行情，我们可以连接这些高点，画出下降趋势线。但进入2024年1月下旬之后，股价跌幅加大，开始逐渐远离原先的下降趋势线，此时投资者应该绘制新的下降趋势线来进行分析，比如图中下面一条趋势线，其更加陡峭，表明了市场趋势较为剧烈，但持续时间也更短。加速下降往往能缩短股价见底的时间，后期也可能有见底反弹的机会，投资者可谨慎买入，捕捉短线机遇。

图8-5

投资者可以通过下降趋势线进行买卖信号的识别。一般来说，价格反弹至下降趋势线附近并受到压力，通常被视为一个卖出信号。相反，如果价格突破下降趋势线并持续上升，则可能意味着下降趋势的结束，是一个潜在的买入信号。

图8-6是亿华通-U（股票代码：688339）2023年12月至2024年4月的日K线图，该股经历了一轮下降行情，据此我们绘制下降趋势线，当价格反弹至下降趋

势线附近时总是不能突破，说明下降趋势将持续，此时投资者应该卖出。而到了2024年2月23日，股价在经历了见底反弹后，伴随着成交量的放大，顺利突破下降趋势线并持续上升，说明行情短期内有上升趋势，是一个潜在的买入信号，投资者可以结合其他指标进行综合判断后，再适当买入。

图8-6

8.2.3 横盘趋势线

横盘整理趋势是指一系列横向排列的"高点"和"低点"所构成的趋势，可以把横盘整理趋势理解为市场在消化原有趋势，并酝酿新的趋势。横盘趋势线就是将这些高点和低点进行连接而形成的直线，其中，高点相连的线叫上轨线，低点相连的线叫下轨线，如图8-7所示。

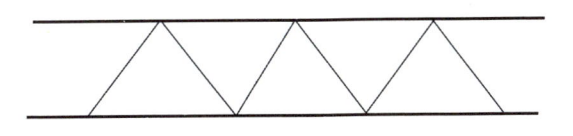

横盘趋势线

图8-7

可以看到，横盘趋势线与我们前面提到的"矩形整理形态"（见6.3节）非常相似，事实上，横盘趋势线的实战意义也与矩形整理形态一样，即：价格有效突破上轨线为看涨信号，价格有效跌破下轨线为看跌信号。同时，投资者可以在横盘趋势线内进行短线操作，可以根据趋势线的位置进行买卖，即股价反弹到上轨线附近时减仓，而回落到下轨线附近时加仓，从而赚取差价。

> **Tips** 在实战中，投资者判断价格是否已突破趋势线时，应该注意以下几个原则。
> （1）收盘价突破原则。若某一天的收盘价突破了趋势线，通常就被视为一个有效的突破信号。以收盘价来判定突破的有效性，要比以当日最高或最低价突破趋势线判定更为准确。
> （2）幅度原则。通常来说，收盘价突破趋势线的幅度要达到一定的百分比（如3%）才被视为有效突破。这个原则主要用于中长期趋势线突破的甄别上，突破后距离趋势线越远，突破越有效。
> （3）时间原则。股价突破趋势线后，需要在新的方向上持续一段时间（如连续站稳三天）才被视为有效突破。突破后停留的时间越长，突破越有效。
> （4）成交量原则。如果股价在突破趋势线时伴随有明显的成交量放大，通常就被视为一个更强的突破信号。
> （5）市场背景原则。如果市场处于强势上升阶段，那么股价突破上升趋势线的有效性可能更高；如果市场处于弱势下降阶段，那么股价突破下降趋势线的有效性可能更高。

8.2.4 压力线和支撑线

压力线又称为阻力线，在一轮行情当中，将两个或者两个以上的高点进行连接，如果股价基本都处于这条连线的下方，并且落在连线上的高点足够多，那么这条连线就称为这段行情的压力线。压力线对股价具有压制作用，如果股价无法突破压力线，就可能出现回调。因此，投资者可以根据压力线的位置和走势来判断股价的上升空间和回调风险。当股价接近或触及压力线时，可能会受到压制而回落，这有助于投资者制定买入和卖出策略。

压力线主要有下面几个特征：第一，压力线的斜率越大，对股价的压制作用就越强。第二，压力线的位置越高，对股价的压制作用就越强。第三，压力线的长度越大，对股价的压制作用就越强。

需要说明的是，压力线不是固定不变的。随着市场情况的变化，压力线可能会向上或向下移动。如果股价成功突破压力线并持续上升，那么这条压力线可能会转变为新的支撑线。相反，如果股价在尝试突破压力线时失败并回落，那么这条压力线将继续存在并可能对未来的股价走势产生影响。

图8-8是日发精机（股票代码：002520）2023年10月至2024年5月的日K线图，利用同花顺的画线工具将该段行情中的高点相连，就得到了压力线。可以看到，股价受到了压力线的压制，投资者可在股价接近压力线时进行卖出操作。同时，当股价向上突破压力线时，可能意味着市场即将开始上升趋势，是买入的时机，投资者可以适当买入。

图8-8

与压力线相对应的是支撑线。在一轮行情当中，将两个或者两个以上的低点进行连接，如果股价基本都处于这条连线的上方，并且落在连线上的低点足够多，那么这条连线就称为这段行情的支撑线。支撑线起到了阻止股价继续下降、支撑股价反弹的作用，也就是说，当股价下降到支撑线附近时，往往会受到支撑并可能反弹上升。因此，支撑线为投资者提供了一个参考点，用于判断股价的下降趋势是否可能结束或反转。

与压力线一样，支撑线并非一成不变。随着市场的变化，支撑线可能会发生变化或被突破。当股价有效跌破支撑线时，该支撑线通常会反过来变成压力线，对股价产生压制作用。

图8-9是海螺水泥（股票代码：600585）2023年11月至2024年5月的日K线图，利用同花顺的画线工具将该段行情中的低点相连，可得到支撑线。可以看到，当股价每次回调至支撑线附近时，都会止跌反弹，可见该支撑线起到了很好的支撑作用。因此，投资者可以在股价接近支撑线位置时适当买入，等待股价的反弹上升。

此外，投资者可以利用同花顺的画线工具，同时绘制压力线、支撑线，辅助进行趋势的判断和买卖点的捕捉。

图8-9

> **Tips** 趋势线常常与支撑位和压力位相关。在上升趋势中,趋势线可能会成为股价的支撑位;在下降趋势中,趋势线可能会成为股价的压力位;而横盘趋势线的上轨线和下轨线可以看作股价的压力线和支撑线。当股价触及这些位置时,可能会出现反弹或回调的情况。

8.3 趋势线的画法

8.3.1 趋势线的画法要点

根据两点决定一条直线的原理,画趋势线时,需要选择两个决定性的点(最具意义的两个高点或两个低点)。因此,在画上升趋势线时,我们需要找到上升趋势中的两个反转低点。在上升过程中,股价回调下降至某一低点,之后开始回升,随后又回调下降,但没有跌破前一低点,而在另一低点处再度迅速上升,则这两个低点就是反转低点,连接此两点的直线,便是上升趋势线。

同理,在画下降趋势线时,我们需要找到下降趋势中的两个反转高点。在下降过程中,股价反弹上升到了某一高点之后继续下降,之后股价又反弹回升,但股价未达到前一高点,而在另一高点处开始回跌,则这两个高点就是反转高点,连接这两点的直线,便是下降趋势线。

值得注意的是,在画出趋势线之后,只有得到第三个点的验证,才能确认这条趋势线是有效的。一般来说,所画出的直线被触及次数越多,其作为趋势线的有效性越能得到确认,用它进行预测越准确有效。此外,趋势线延续时间越长,就越具有有效性。

> **Tips** 趋势线的斜率反映了价格变化的速度，过于陡峭的趋势线容易被横盘整理突破，失去分析的价值。因此，在画趋势线时，应避免使其过于陡峭。

8.3.2 使用同花顺画趋势线

接下来，我们以绿地控股（股票代码：600606）的日K线图为例，具体介绍一下如何使用同花顺软件画趋势线。

打开同花顺PC版客户端，使用键盘精灵输入"绿地控股"或"600606"并按Enter键，进入该股的日K线图，并通过平移曲线模式拖动，选择该股从2023年7月至12月的日K线图，然后找到两个高点A和B，如图8-10所示。

图8-10

点击工具栏中的"画线"按钮，系统会弹出画线工具栏，如图8-11所示。

图8-11

由于趋势线为直线，因此投资者可以选择直线或线段进行操作。两者在操作方法上是一致的，我们以直线为例。点击直线按钮，即可在K线图中画线。

首先，点击K线图中A点位置，作为画线的起点，然后移动鼠标光标至B点，以其作为画线的终点并点击，即完成了该行情下降趋势线的绘制，如图8-12所示。

图8-12

可以看到，该下降趋势线连接了A、B两个阶段性高点，在C、D两点与股价触及，且C、D两点未突破趋势线，该趋势线的有效性得到了验证。

双击趋势线，系统会弹出该趋势线的设置窗口（见图8-13），投资者可以设置趋势线的名称、颜色、粗细、线型，还可以将以上设置保存为模板，方便之后画线时使用。

图8-13

投资者也可以使用同花顺App来画趋势线，操作方法与同花顺PC版客户端类似，下面我们简要介绍一下。

打开同花顺App，找到绿地控股的日K线图，点击右下角的"功能"菜单，即可找到"画线"功能按钮，如图8-14所示。

点击"画线"功能按钮，同花顺App的画面自动转为横屏模式，并在右侧弹出画线工具栏，如图8-15所示。

图8-14

图8-15

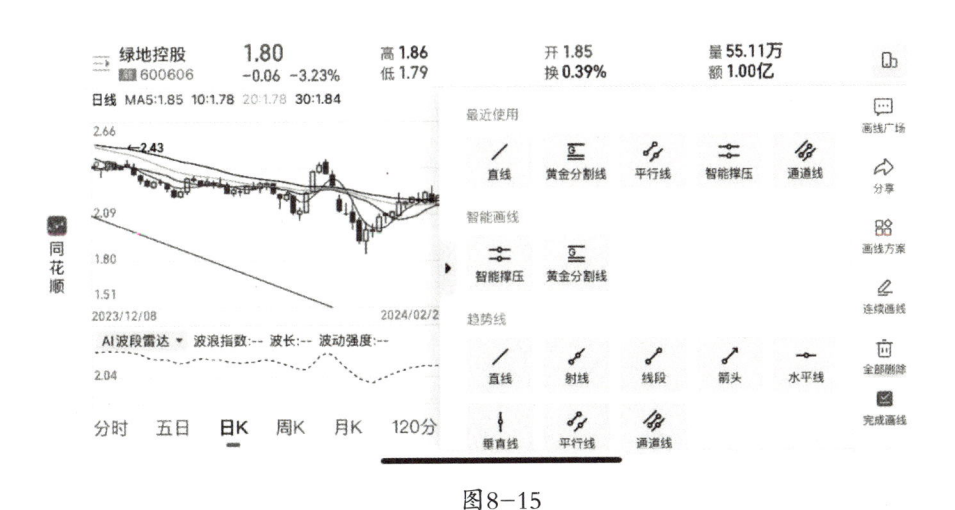

选择趋势线中的"直线",接下来的操作方法与同花顺PC版客户端画线方法类似,在K线图中选择起点和终点位置,即可完成趋势线的绘制,如图8-16所示。

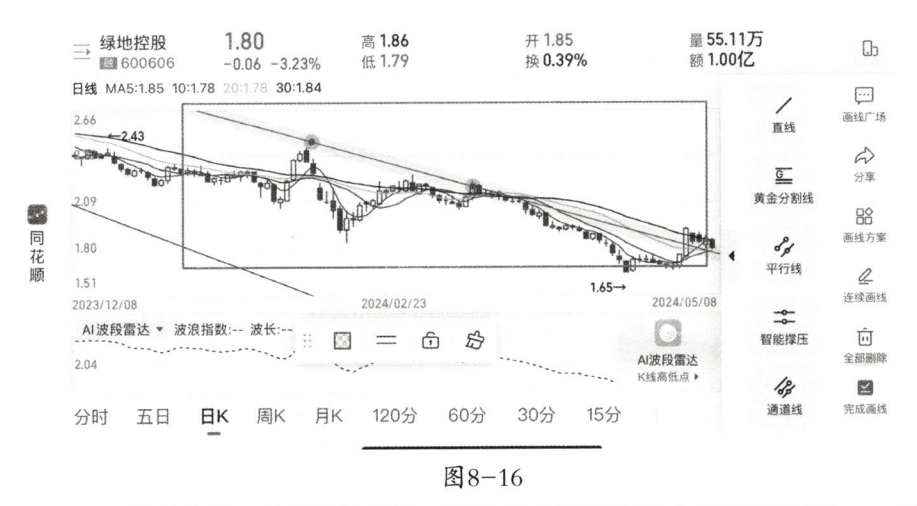

图8-16

需要说明的是,若是投资者同时登录同花顺PC版客户端和同花顺App,则画的线条会自动同步,可以分别在同花顺PC版客户端和同花顺App中看到不同终端画的线,如图8-17、图8-18所示。

8.3.3 使用同花顺画撑压线

使用同花顺软件手动画支撑线和压力线的操作方法,和前面画上升和下降趋势线的操作方法类似,此处不再赘述。接下来,我们介绍同花顺软件两个自动画撑压线的智能功能——智能撑压分析和智能黄金分割。

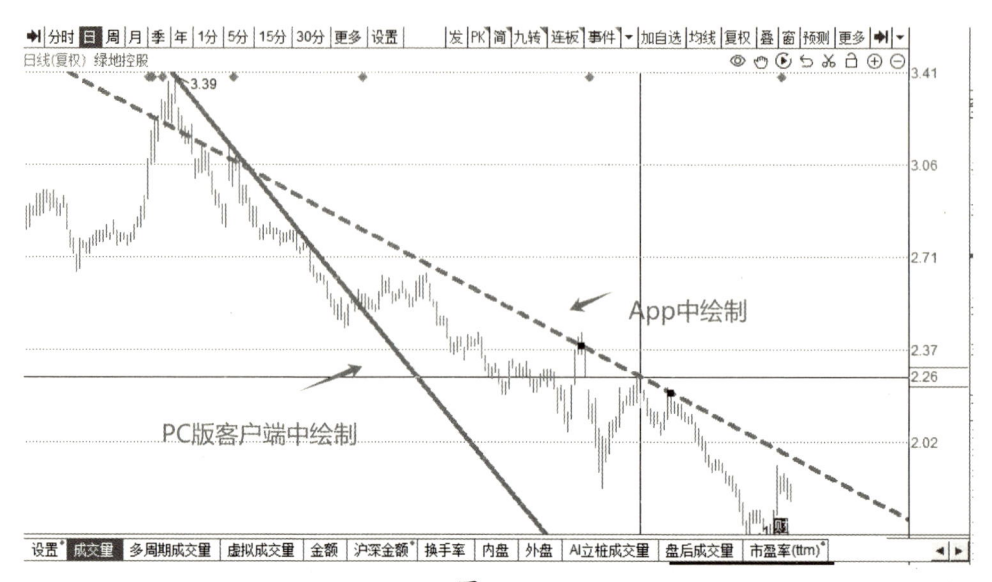

图8-17

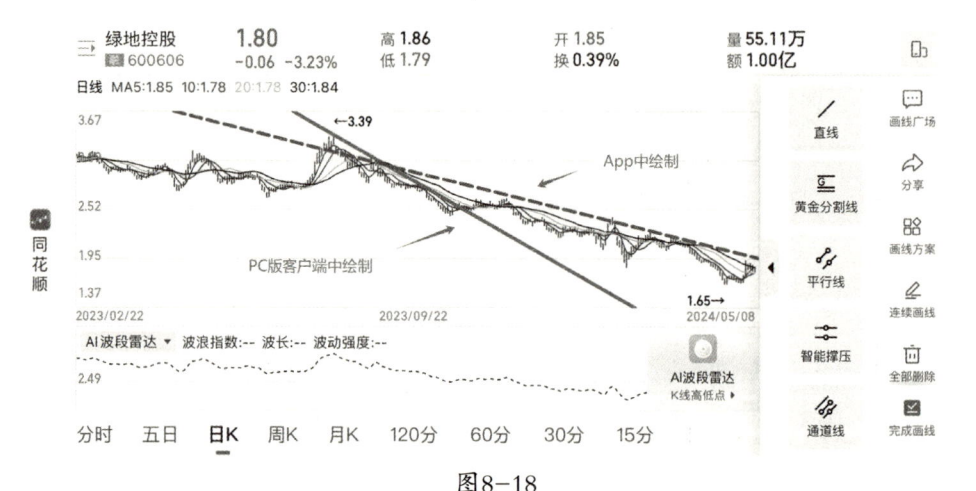

图8-18

我们以金杯汽车（股票代码：600609）为例，进行功能演示。

打开同花顺PC版客户端，进入金杯汽车的日K线图页面，点击上方工具栏中的"画线"按钮，调出画线工具栏，点击"智能撑压分析"按钮（左侧第一个），即可在K线图完成支撑线和压力线的绘制，如图8-19所示。

我们也可以使用键盘精灵，输入"CYFX"或"70"并按Enter键，完成支撑线或压力线的自动绘制。

该功能是同花顺系统根据股价历史走势及对前期高点或前期低点的判断，并结合筹码分布和波浪理论研发而成的，可以有效帮助投资者进行支撑线和压力线的绘制和判断。

图8-19

将鼠标光标移动至"压力位"或"支撑位"的文字处，系统会弹出关于支撑位和压力位的具体价格信息，以及相关的投顾分析，如图8-20所示。

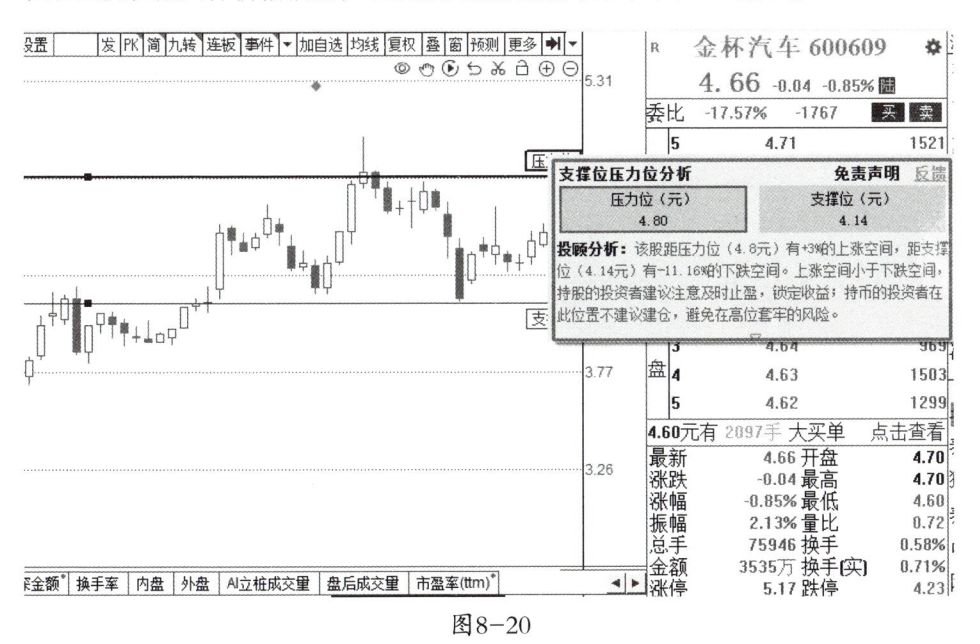

图8-20

在同花顺App中，投资者也可以使用"智能撑压"功能（见图8-21），操作方法与同花顺PC版客户端一样，此处不再赘述。

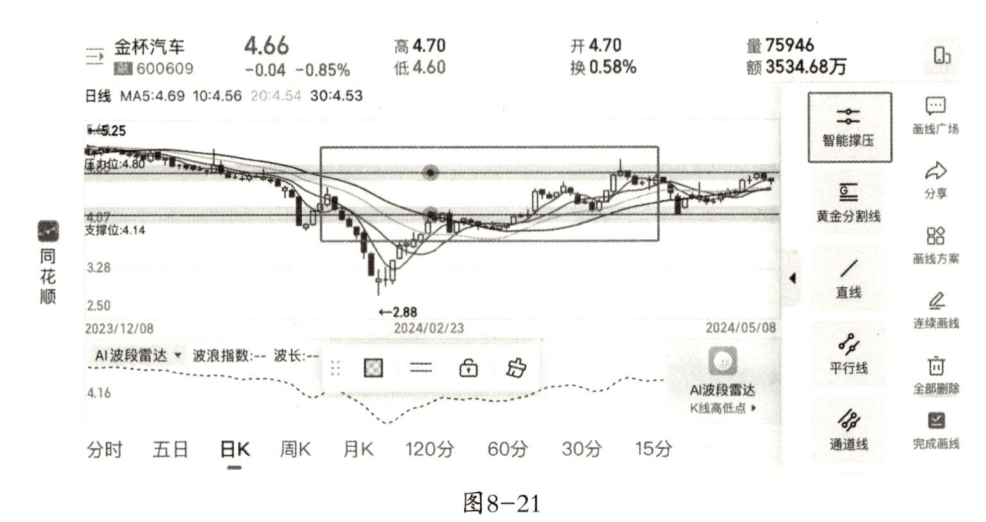

图8-21

作为一种古老的数学方法，黄金分割在股票的技术分析中经常被使用，如在波浪理论中就会用到黄金分割。我们使用画黄金分割线的方式，来预测上升趋势中调整的支撑位，或下降趋势中反弹的压力位。画黄金分割线的第一步是记住若干个特殊的数字：0.191、0.382、0.618、0.809、1.191、1.382、1.618、1.809、2.618、4.236，这些数字中0.382、0.618、1.382、1.618最为重要，股价极为容易在由这四个数产生的黄金分割处形成支撑位和压力位。

不过，这里我们可以使用同花顺的智能画线功能，快速画出黄金分割线。

下面还是以金杯汽车（股票代码：600609）为例进行功能演示。

进入金杯汽车的日K线图页面后，点击上方工具栏中的"画线"按钮，调出画线工具栏，点击"智能黄金分割"按钮（左侧第二个），或者使用键盘精灵，输入"HJFG"或"71"并按Enter键，即可在K线图上画出黄金分割线，如图8-22所示。

同花顺系统利用黄金分割画法，以近期走势中重要的高点和低点之间的涨跌幅作为计量的基数，根据涨跌幅找到0.191、0.382、0.5、0.618、0.809这5个"黄金点"，股价在反转后的走势将可能在这些"黄金点"上遇到暂时的压力或支撑。投资者可以通过该功能快速识别支撑位和压力位，调整投资决策。

将鼠标光标移动至K线图右上方的"黄金分割线"文字处，系统会弹出关于该个股黄金分割线分析的具体信息，以及相关的投顾分析，如图8-23所示。

图8-22

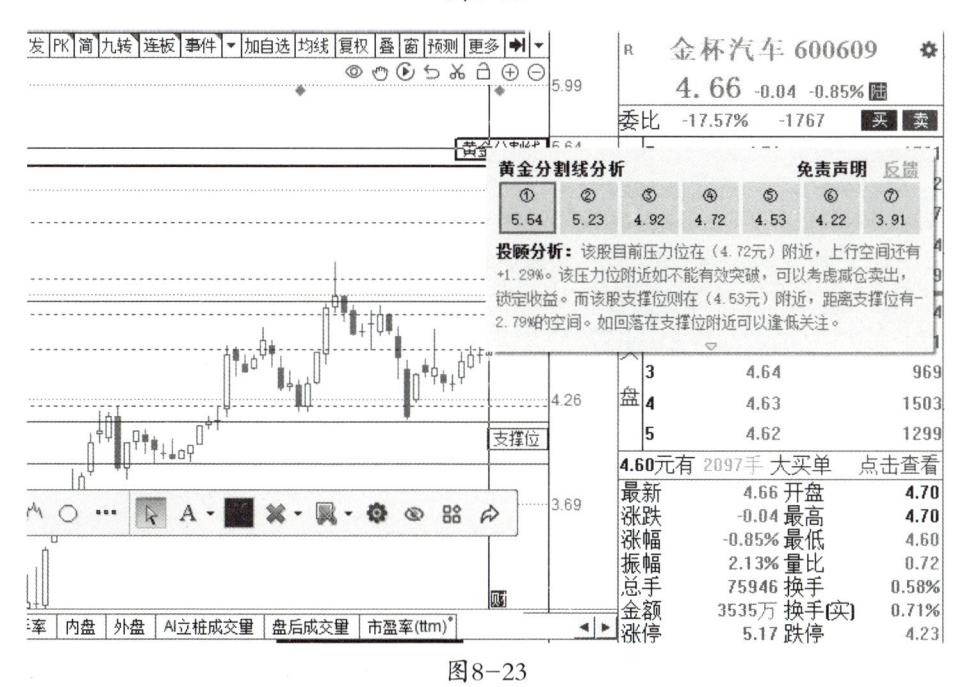

图8-23

同花顺炒股小妙招：画线功能的使用

画线是一种有效、实用的技术分析方法和工具，在复杂的股票市场中，通过画线可以简化行情，更容易发现关键点，更准确地判断价格未来的走势，更好地理解股价变化的规律，从而做出买入和卖出决策。

同花顺软件提供了丰富全面的画线工具，可以辅助投资者分析大盘及个股的行情走势。

打开同花顺PC版客户端，在"工具"主菜单中点击"画线"命令，或者在工具栏上点击"画线"按钮，系统就会弹出画线工具栏，如图8-24所示。

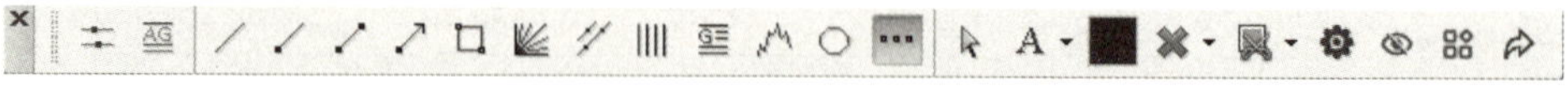

图8-24

工具栏分为三部分：智能分析、自主分析、辅助工具。

智能分析部分目前支持承压分析、黄金分割自动画线分析。

自主分析部分从左至右是直线、射线等常用按钮和"更多"按钮。

点开"更多"按钮，显示的是自定义画线工具，从左上至右下分别为直线组、矩形组、江恩角度线组、平行线组、等周期线组、黄金分割线组、八浪线组、圆形组、安德鲁音叉组，如图8-25所示。在这里可以勾选复选框，自主调整工具栏默认展示的工具。

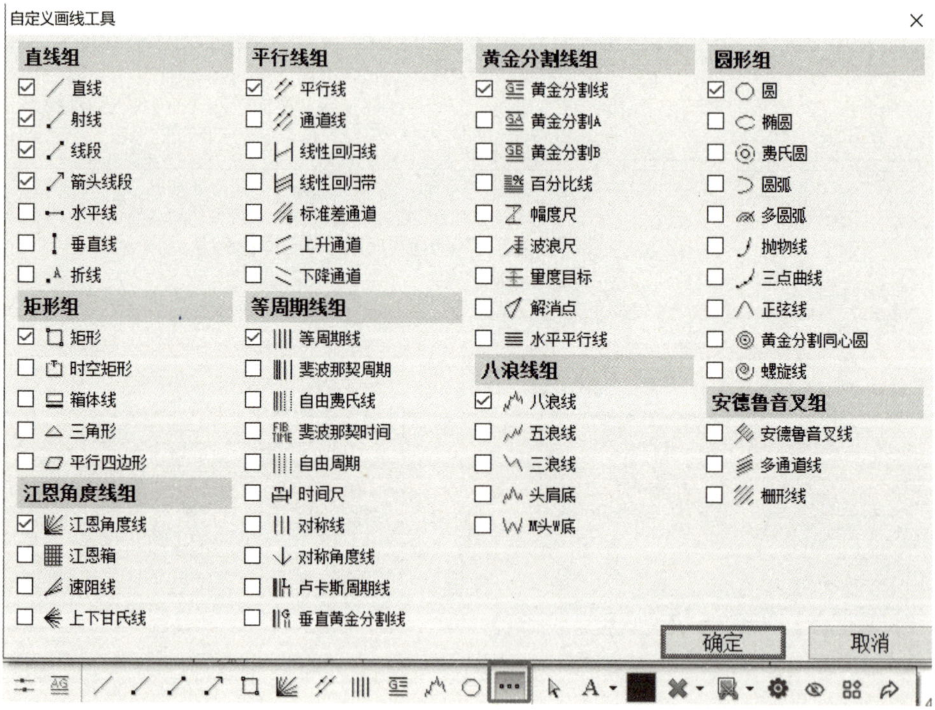

图8-25

辅助工具部分有选择、其他功能组（含文字工具、标注、上下箭头、价格标签）、颜色设置、删除、截屏、设置、隐藏画线、方案管理、画线分享等功能。

同花顺软件的画线功能提供了两种画线方式：自动画线和手动画线。我们在上面提到的"智能撑压分析"和"智能黄金分割"属于自动画线，而手动画线则需要投资者使用鼠标进行操作。以画直线为例，可以点住鼠标左键并且不松开

（设置起点），然后拖动鼠标到合适的位置并松开鼠标（设置终点）；也可以在窗口中的某个位置先点一下鼠标（设置起点），松开鼠标，然后移动鼠标，在合适的位置再点击鼠标（设置终点）。

　　掌握画线技巧是非常重要的。投资者可以多多探索、使用同花顺的画线工具，从而更准确地预测价格走势，制定买卖决策。

第 9 章 技术指标分析

在股市中，技术指标是投资者常用的工具之一。技术指标是基于价格和成交量等市场数据，通过计算和分析而形成的指标，旨在帮助投资者判断市场的走势、价格变动和买卖信号。通过对技术指标的运用，投资者可以更好地理解市场动态，做出更准确的交易决策。

9.1 技术指标概述

技术指标分析是目前较为常见的一种股票分析方法，是根据指标技术来判断股价未来走势的分析方法。

技术指标通常通过图表、公式或数学模型来展示，为投资者提供决策支持。

技术指标主要有以下特点。

多样性：技术指标种类繁多，每种指标都有其特定的应用场景和解读方法。投资者可以根据自身需求选择合适的指标进行分析。

动态性：技术指标是基于历史数据计算得出的，因此它们会随着市场情况的变化而动态调整。投资者需要密切关注市场动态，及时更新技术指标的分析结果。

参考性：技术指标为投资者提供了市场趋势、动量、超买超卖状态等方面的信息，有助于投资者预测价格未来的走势或确定买卖的时机。然而，技术指标并不是万能的，投资者在使用时需要结合其他分析工具和方法进行综合分析。

当前，股票市场中的各种技术指标数不胜数。例如，相对强弱指标（RSI）、随机指标（KDJ）、趋向指标（DMI）、指数平滑异同平均线（MACD）、能量潮（OBV）、心理线、乖离率等，这些都是很著名的技术指标，在股市应用中长盛不衰。而且，随着时间的推移，新的技术指标还在不断涌现。

例如，打开同花顺软件，进入"公式管理"窗口（点击菜单栏中"工具"→"公式管理"命令进入或使用Ctrl+F组合键进入），我们可以看到系统自带了诸多的经典技术指标，指标数量超过200个，如图9-1所示。

图9-1

同时，同花顺推出了国内首个开放指标资源的半台功能——指标广场，内含29 000多个指标（且还在不断增加）。在这里，投资者既可以根据自身需要安装指标，也可以上传指标供其他人使用，如图9-2所示。

图9-2

面对这么多的技术指标，投资者应该如何做？

在进行技术指标分析时，可以遵循以下步骤。

第一，选择合适的技术指标。根据自己的投资目标和风险承受能力，选择适合自己的技术指标进行分析。

第二，观察指标走势图。观察所选技术指标的走势图，了解其在不同市场环境下的表现。

第三，分析指标信号。根据技术指标的信号（如交叉点、背离现象等）来判断市场的走势和买卖时机。

第四，结合其他分析工具。技术指标只是分析市场的一种工具，投资者还可以结合基本面、市场情绪及其他分析工具进行综合分析。

第五，制定投资策略。根据技术指标的分析结果，制定相应的投资策略，并在实际操作中及时调整。

需要注意的是，技术指标分析并非万能，市场走势受到多种因素的影响，投资者在使用技术指标时需要谨慎对待，并结合其他分析工具和方法进行综合分析。同时，投资者也需要关注风险控制，避免盲目跟风或过度交易。

在下面几节中，我们将为投资者介绍一些在同花顺指标栏中时常会用到的指标，如MACD指标、KDJ指标、布林线指标等，帮助投资者了解这些指标的运用方法，并找到适合自己的技术指标分析工具。

9.2 MACD的分析运用

MACD即指数平滑异同移动平均线（Moving Average Convergence Divergence），是从双移动平均线发展而来的，由杰拉德·阿佩尔（Gerald Appel）于1970年代提出。它是一项利用短期（常用12日）移动平均线与长期（常用26日）移动平均线之间的聚合与分离状况，对买进、卖出时机做出研判的技术指标，通常用于研判价格或指数变化的强度、方向、能量，以及趋势周期，以便把握买进和卖出的时机。

MACD是由DIF线（也称DIFF线）、DEA线、MACD柱线和0轴这"三线一轴"组成的。其中，DIF为差离值，是收盘时股价或指数的快变及慢变的移动平均值（EMA）之间的差值。"快"指较短时段的EMA，而"慢"则指较长时段的EMA，最常用的是12及26日EMA，即DIF=EMA（12）-EMA（26）。DEA则是差离值的9日移动平均值。DIF线变动较为灵敏，DEA线变动较为平缓。

MACD柱线则由DIF与DEA的差值形成。当DIF线位于DEA线上方时，差值为正，MACD柱线位于0轴上方，显示为红色；当DIF线位于DEA线下方时，差值为负，MACD柱线位于0轴下方，显示为绿色。MACD柱线越长，说明DIF线与DEA线的距离越远，MACD指标的呈现形式如图9-3所示。

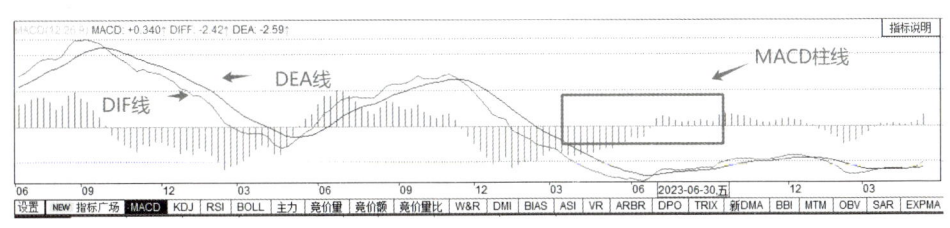

图9-3

MACD指标是一种趋势性指标，我们可以通过研判MACD指标中的快慢线变化情况，对市场行情进行判断。

（1）当DIF线和DEA线在0轴以上时，为多方市场；当DIF线和DEA线在0轴以下时，为空方市场。

（2）当DIF线在DEA线之上，出现红柱且红柱越来越长时，代表升势；当DIF线在DEA线之下，出现绿柱且绿柱越来越长时，代表跌势。

在实际应用中，我们通过观察MACD指标的交叉、背离、突破、支撑与压力等形态的变化来对股价进行分析和判断。下面，我们具体介绍MACD指标的几种交叉和背离形态的运用和分析方法。

9.2.1　MACD黄金交叉实战分析

当持续向下运行的DEA线掉头往上运行，而DIF线先一步掉头，并向上穿过DEA线时，就形成了"MACD黄金交叉"，这是多方力量占优势的表现，是看涨信号。如果DIF线、DEA线在0轴之下出现黄金交叉，通常表示反弹行情的开始，投资者可以积极买入。如果DIF线、DEA线在0轴之上出现黄金交叉，那么通常只能视为一次短暂的反弹，而不能确定趋势转折，此时是否买入还需要借助其他指标来综合判断。如果出现MACD黄金交叉时伴随着成交量的放大，说明多方力量的强大，其看涨信号更加可靠。

下面我们以案例来说明MACD黄金交叉的实战应用。

图9-4是比亚迪（股票代码：002594）2024年1月至5月的日K线图和MACD指标曲线图，可以看到，在2月8日（A点）和4月29日（B点）均出现了DIF线自下上穿DEA线的黄金交叉形态，其中A点位于0轴以下，此时股价也出现了止跌回升的势头，这代表了强烈的看涨信号，投资者可以果断买入，后市该股也确实迎来了一轮上涨行情。而B点则位于0轴以下，很有可能只是一次股价的短暂反弹，因此投资者应该谨慎买入。

图9-4

> **Tips** 若股价上涨，DIF线即将上穿DEA线形成黄金交叉，却在慢慢接近或触及时下拐，并未真正形成黄金交叉，就是所谓的"MACD将金未金"形态。这种形态的出现可能预示着市场上涨动能的减弱，或者是市场即将发生反转。投资者在观察到这种形态时，应保持警惕，并结合其他技术指标和基本面分析来综合判断市场的走势。

9.2.2　MACD死亡交叉实战分析

　　当持续向上运行的DEA线掉头向下运行，而DIF线先一步掉头，并向下穿过DEA线时，就形成了"MACD死亡交叉"，这是空方力量占优势的表现，是看跌信号。如果死亡交叉出现在0轴上方，且股价处于高位时，看跌信号更为强烈，投资者应该尽快卖出离场。如果死亡交叉出现在0轴下方，则表明此时虽然空方力量占据优势，但有可能已经到了下跌趋势末期，投资者可以适当进行减仓操作，并谨慎观望。同样，如果出现死亡交叉时伴随着成交量的放大，说明多方已经开始出货逃离，空方力量增强，此时看跌信号更加可靠。

　　下面我们以案例来说明MACD死亡交叉的实战应用。

　　图9-5是天舟文化（股票代码：300148）2023年12月至2024年5月的日K线图和MACD指标曲线图。可以看到，在2023年12月20日（A点）和2024年1月31日（B点）都出现了MACD死亡交叉形态。其中A点位于0轴以上，说明股价虽然处于高

位，但下跌趋势明显，投资者应该尽快离场。而B点位于0轴以下，且前面不久出现了黄金交叉形态，说明经过长时间的下跌行情后，多方试图拉升股价，但由于空方过于强大而宣告失败，此时出现死亡交叉，预示着股价还会维持下跌趋势，但同时也说明股价已经离底部不远了，此时投资者应该耐心观望，等待底部反弹时机的到来。

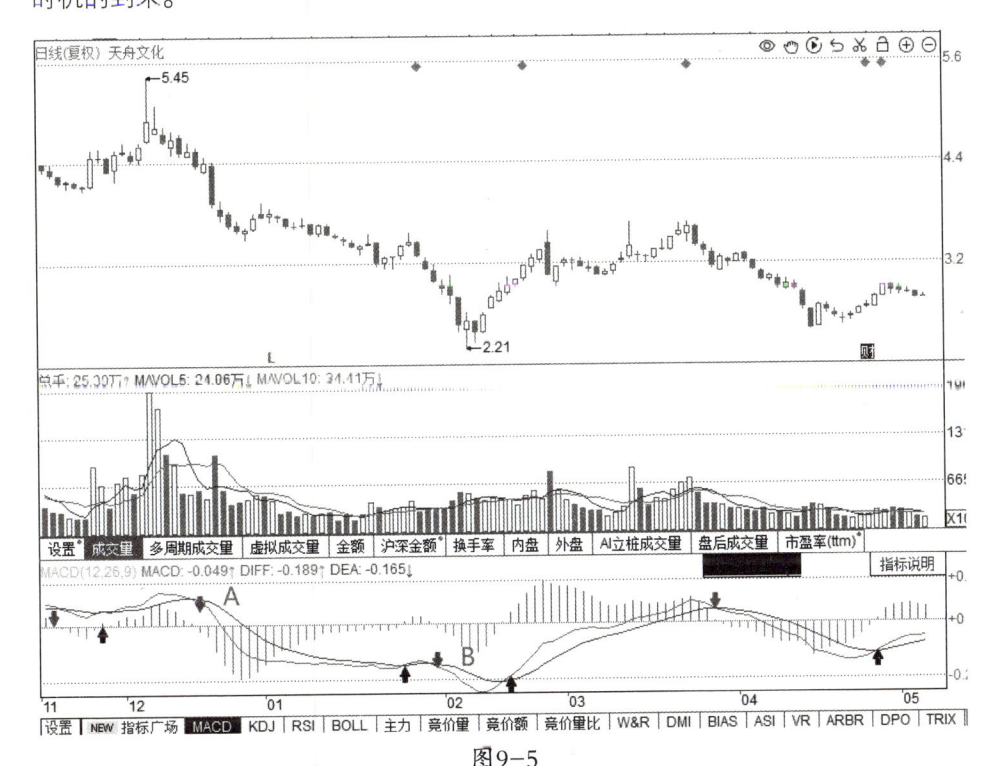

图9-5

Tips 当股价在某位置得到支撑，而DIF线即将由上向下穿过DEA线形成死亡交叉时，股价回升，DIF线和DEA线也转头向上，MACD指标虽然一度出现死亡交叉的迹象，但最终并未形成死亡交叉，这就是所谓的"MACD将死未死"形态。该形态的出现通常表明当前多方很强势，股价处于强势整理阶段。对于短线投资者来说，这是一个继续持有或加仓的信号。

9.2.3 MACD背离实战分析

MACD背离形态分为两种：顶背离和底背离。

1. MACD顶背离

MACD顶背离是指股价或指数逐渐升高，DIF线及MACD柱线却不是同步上升，而是逐渐下降，与股价走势形成背离的现象。顶背离形态是股价在高位即将趋势反转的信号，预示着股价短期内即将下跌，也是卖出信号。

图9-6是松霖科技（股票代码：603992）2023年9月至2024年5月的日K线图和MACD指标曲线图，该股股价从2023年10月开始迎来大涨，到11月29日时上涨超过35%，此后仍继续上涨，但MACD指标则开始掉头向下，从2023年12月至2024年1月，股价和MACD出现了顶背离形态。在此期间DIF线两次下穿DEA线形成死亡交叉，预示着股价即将迎来大幅下跌行情。后市该股在1月底2月初经历了一轮暴跌，跌幅达30%。因此，投资者在看到顶背离形态后，应该及时逢高获利离场。

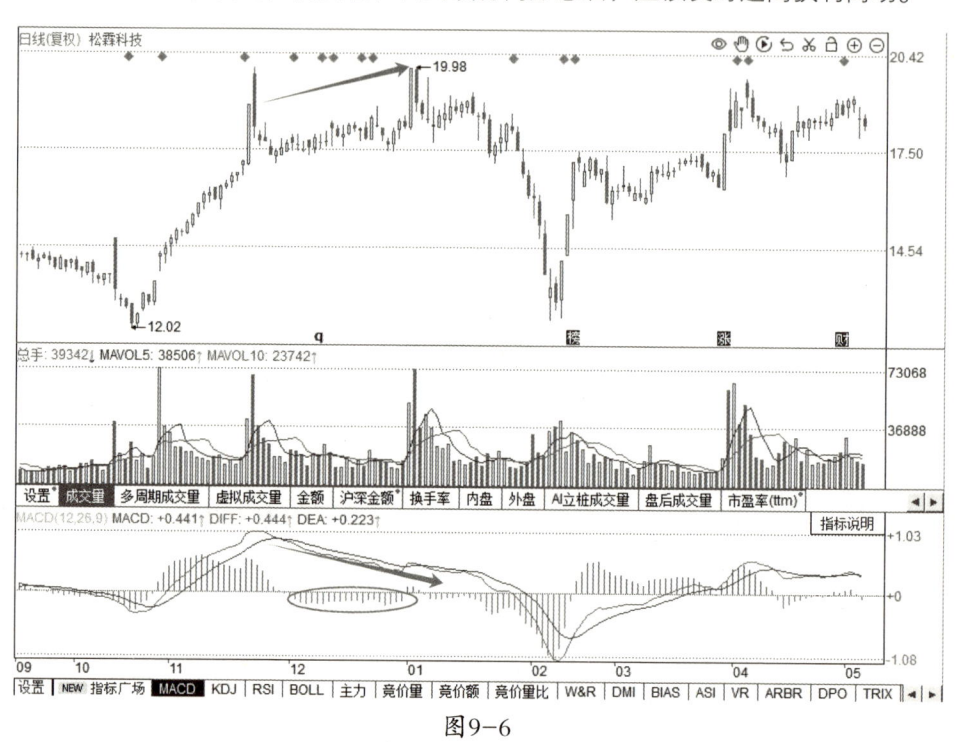

图9-6

2. MACD底背离

与MACD顶背离相反，MACD底背离是指股价或指数逐渐下行，而DIF线及MACD柱线却不是同步下降，而是逐渐上升，与股价走势形成背离的形态。底背离形态的出现通常预示着股价短期内即将上涨，是买入信号。如果此时出现DIF线两次由下向上穿过MACD线，形成两次黄金交叉，则股价即将大幅度上涨。

图9-7是宁德时代（股票代码：300750）2023年11月至2024年5月的日K线图和MACD指标曲线图，其股价在经过前期的大幅下跌后，MACD线于2023年12月29日已经开始掉头向上，而股价却仍然维持下跌趋势，并在2024年1月30日触底反弹。2024年1月份，该股股价和MACD指标形成了底背离形态，在此期间DIF线两次上穿DEA线形成黄金交叉，预示着股价即将迎来大幅上涨行情。此时投资者应该逢低买入，等待股价上涨获利。

图9-7

在使用MACD指标进行技术分析时，应该注意以下几点。

（1）MACD属于趋势类指标，当股价处在震荡、盘整等其他无明显趋势的行情中时，MACD指标时常失效，此时应使用KDJ等震荡类指标进行分析判断。

（2）MACD具有滞后性，与行情变化有一定的时间差，所以一旦行情快速大幅波动，MACD的反应往往滞后于股价。

（3）MACD发出的黄金交叉与死亡交叉信号有时会失效。黄金交叉出现后，上涨空间可能很小；死亡交叉出现后，下跌空间也可能很小。

（4）MACD顶背离与底背离出现时，只代表了走势有回调和反弹的需求，但是幅度与时间无法准确判断。

因此，投资者在使用MACD指标时，建议结合K线、形态，以及量价关系等其他指标进行综合判断，切不可生搬硬套！

9.3 KDJ指标的分析运用

KDJ指标又叫随机指标，最早起源于期货市场，由美国的投资专家乔治·莱恩（George Lane）博士首创。KDJ指标最早是以KD指标的形式出现的，而KD指标是在威廉指标（见9.5.3节）的基础上发展起来的。不过KD指标只判断股票的超买超卖现象，而KDJ指标则融合了移动平均线速度的观念，形成了比较准确的买卖信号。

KDJ指标以股价的一个周期内的最高价、最低价和收盘价为基础数据进行计算，得到K值、D值和J值，并由此形成了KDJ指标的三条线：K线、D线和J线。

在取值上，K值和D值取值范围都是0~100，而J值的取值范围可以超过100或低于0，因此三条曲线中，波动最频繁的是J线，其次是K线，波动最不频繁的是D线。就敏感性而言，J值最高，K值次之，D值最低，而就安全性而言，J值最低，K值次之，D值最高。KDJ指标的呈现形式如图9-8所示。

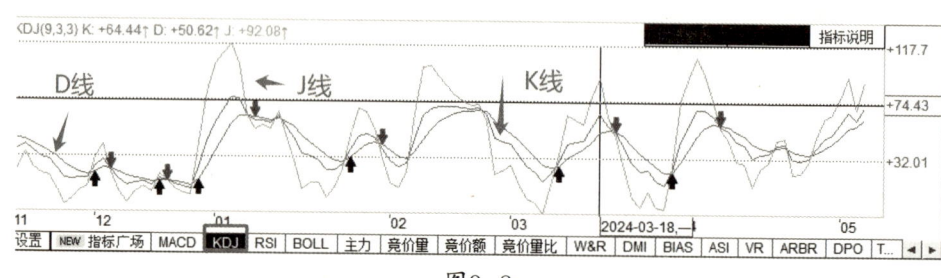

图9-8

KDJ指标反应比较迅速，是进行中短期趋势波段分析研判的较佳的技术指标，因此我们可以通过KDJ的取值，快速直观地研判行情，具体运用原则如下。

（1）K值、D值、J值都在20以下时，是超卖区，此时股票被过度抛售，机会较大，可逢低买入。

（2）K值、D值、J值都在80以上时，是超买区，此时股票被过度买入，风险较高，可逢高卖出。

（3）K值、D值、J值都在20和80之间时，是震荡区，此时宜静观。

（4）当K、D、J三值都在50附近时，表示多空双方力量均衡；当K、D、J三值都大于50时，表示多方力量占优；当K、D、J三值都小于50时，表示空方力量占优。

与MACD指标一样，在实际运用中，我们可以根据KDJ指标图形的交叉、背离等形态的变化来对股价趋势进行分析和判断，辅助投资者进行买卖决策。下面，我们具体介绍KDJ指标的几种交叉和背离形态的运用和分析方法。

9.3.1 KDJ黄金交叉实战分析

当K线和J线几乎同时向上突破D线，即三条曲线交叉同时向上发散时，就形成了KDJ黄金交叉，表明市场即将转强，投资者可以买进股票。

KDJ指标黄金交叉有两种形式。

当股价经历了很长时间的低位盘整行情，并且K、D、J三线都处于20以下时，一旦K线和J线几乎同时向上突破D线，就表明市场即将转强。此时可以开始买进股票，并中长期持有。这是KDJ指标黄金交叉的一种形式。

当股价经过一段时间的上涨后出现盘整行情，并且K、D、J线都在50附近徘徊时，一旦K线和J线几乎同时再次向上突破D线，成交量再度放出，就表明股市处于一种强势之中，股价将再次上涨。此时可以加码买进股票或持股待涨。这是KDJ指标黄金交叉的另一种形式。

图9-9是嘉鈊股份（股票代码：600415）2023年11月至2024年5月的日K线图和KDJ指标曲线图，股价在前面经过了长时间的低位震荡行情，KDJ指标在2023年12月中旬处于20以下的低位，接着在12月19日，K线和J线同时向上突破D线，形成了黄金交叉，表明市场即将转强，此时投资者可以选择买入。

而到了2024年3月26日和4月23日，又出现了两次黄金交叉，此时KDJ都处于50附近，股价则处于上升阶段中的盘整行情中，且都突破了5日均线和10日均线，这预示着股票仍在多头行情中，股价继续上涨的可能性很大，因此投资者可以继续加仓买进。

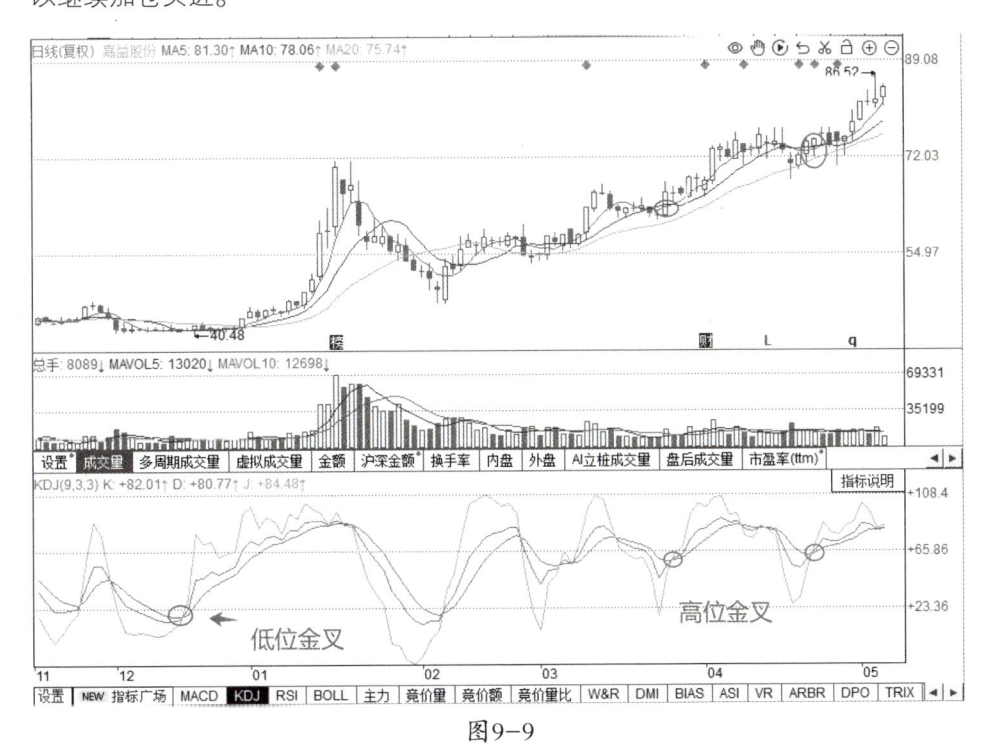

图9-9

9.3.2　KDJ死亡交叉实战分析

当K线和J线几乎同时向下突破D线，即三线交叉同时向下发散时，就是KDJ死亡交叉，它表明股市即将由强势转为弱势，股价将大跌，这时投资者应卖出股票。

KDJ死亡交叉也有两种形式。

股价经历了前期一轮很长时间的上升行情后，在股价涨幅已经很大的情况下，一旦K线和J线在高位（80以上）几乎同时向下突破D线，就表明股市即将由强势转为弱势，股价将大跌。这是KDJ指标死亡交叉的一种形式。

当股价经过一段时间的下跌后，股价向上反弹的动力不足，各种均线对股价形成较强的压力，KDJ曲线经过短暂的反弹到了80附近，但未能重返80以上时，一旦K线和J线再次向下突破D线，就表明股市将再次进入极度弱市中，股价还将下跌。这是KDJ指标死亡交叉的另一种形式。

图9-10是纵横股份（股票代码：688070）2023年11月至2024年的日K线图和KDJ指标曲线图，从2024年2月8日开始，该股从18.52元/股的低位一路上涨，至3月21日达到了61.10元/股，一个多月中涨幅超过200%，此时股价和KDJ指标都处于高位。3月22日，K线和J线同时向下突破D线，出现了高位死亡交叉，且之后5日均线向下突破10日均线，出现了均线死亡交叉形态，这表明股价上涨势头即将终止，此时投资者应该尽快卖出股票获利出场。该股在4月17日至26日有过一轮反弹，但K值和D值均未突破80，并在4月29日再次出现了KDJ死亡交叉，且股价未能有效突破20日均线，表明多方力量不足，股价还将下跌。

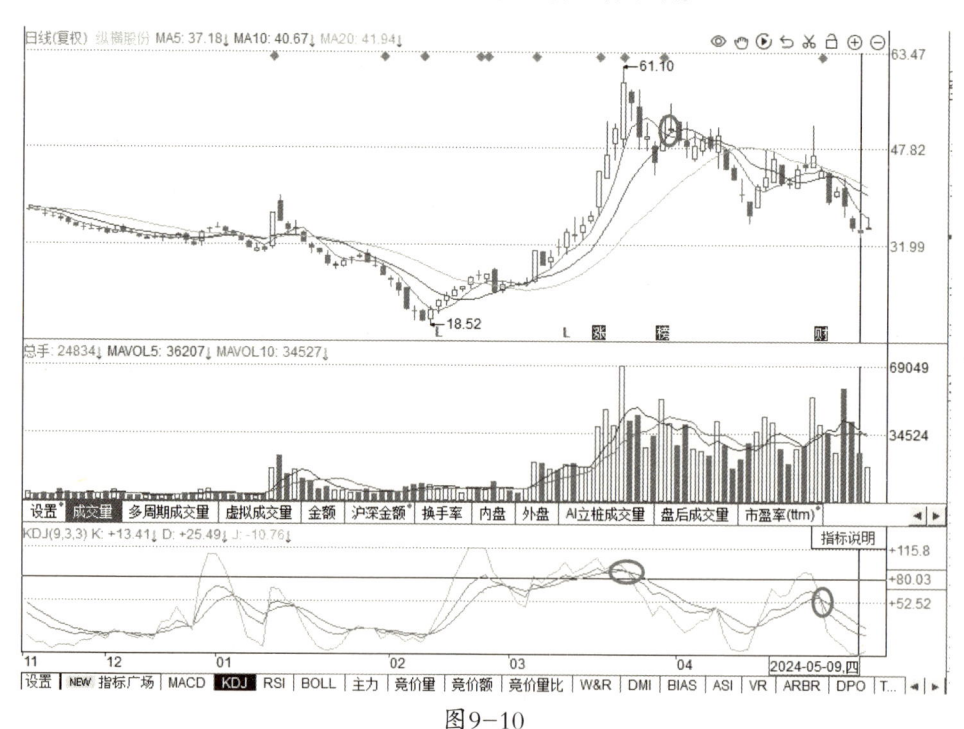

图9-10

9.3.3　KDJ背离实战分析

与MACD背离一样，KDJ背离分为顶背离和底背离两种形态。

1. KDJ顶背离

KDJ顶背离是指股价创新高，而KD值没有创新高，代表了多方力量正在减弱，股价走势即将出现反转，此时投资者应择机抛售所持股票。

如图9-11所示，在值得买（股票代码：300785）2024年3月的日K线图中就出现了顶背离形态，即股价在3月20日创下了新高，但KD值却未能高过3月1日的KD值，并在3月25日出现了KDJ死亡交叉，说明此时股价已经见顶，是看跌信号，投资者应该卖出为宜。

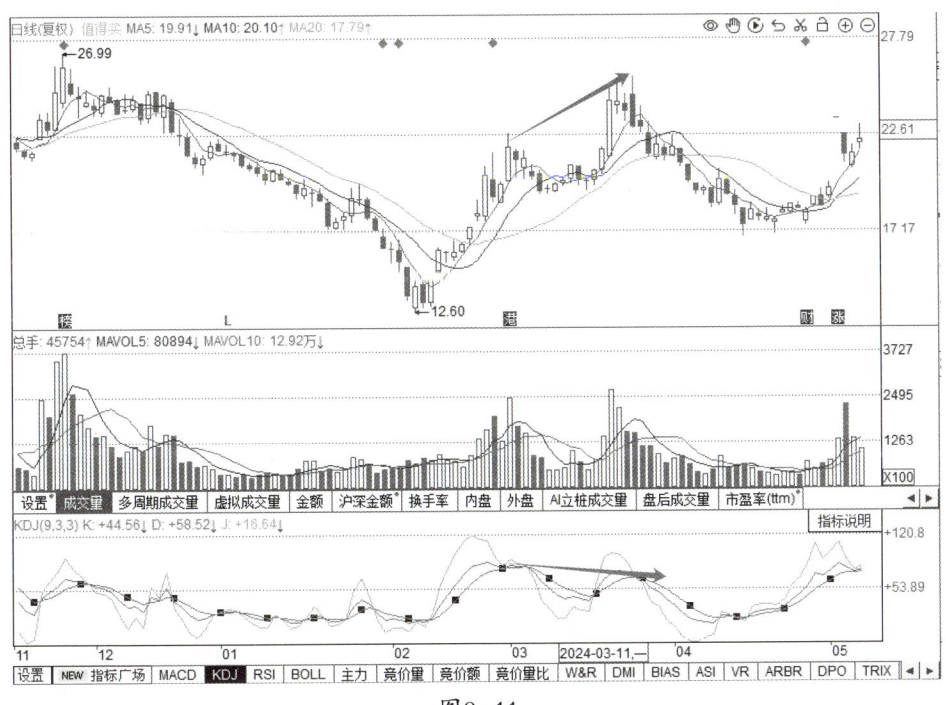

图9-11

此外，KDJ顶背离还有一种变形，即逆向顶背离，即当价格持续上涨时，KDJ指标亦随之上升，如果价格所创的高点比前一个高点低，此时KDJ指标的高点却比前一个高点高，二者之间就形成逆向顶背离。出现这种情况时，投资者应卖出。

2. KDJ底背离

KDJ底背离是指股价创新低，而KD值没有创新低，代表了多方力量正在增强，股价将止跌反弹，此时投资者可以适当买入。

如图9-12所示，在纳思达（股票代码：002180）2023年12月26至2024年2月5日的日K线图中就出现了明显的底背离形态，这期间股价一路下跌，但对应的KD值呈现增大态势，且多次出现KDJ黄金交叉形态，说明多方力量正逐渐增强，股价底部即将出现，是强烈的见底看涨信号，投资者应该瞅准时机买入。

图9-12

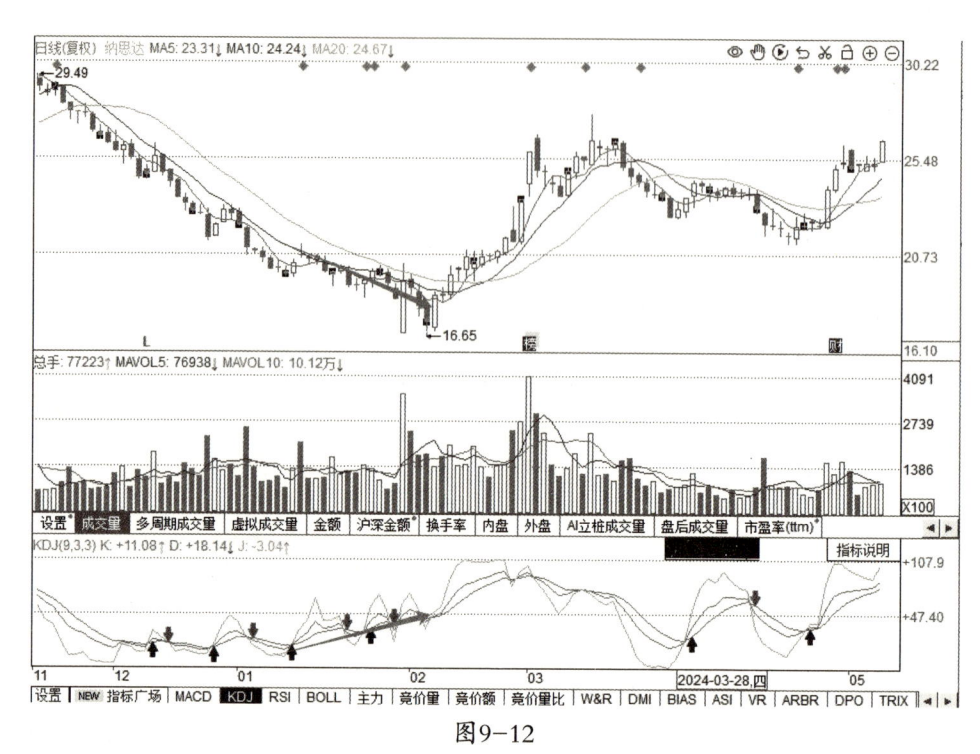

  KDJ底背离也有一种变形，即逆向底背离，是指价格形成两个底（并非一定形成K线形态中的双底），并且一底比一底高，而KDJ指标亦形成两个底，但其后一个底比前一个底低，二者之间就形成逆向底背离。出现这种情况时，原则上投资者可以适当买入，但还需结合其他指标进行综合判断。

  值得注意的是，在KDJ的背离形态中，顶背离的研判准确性要高于底背离。当股价在高位，KDJ在80以上出现顶背离时，可以认为股价即将反转向下，投资者可以及时卖出股票；而股价在低位，KDJ也在低位（50以下）出现底背离时，一般要反复出现几次底背离才能确认。

  此外，当KDJ出现背离形态时，有可能形成"陷阱"。即出现KDJ顶背离形态时，一般情况下意味着价格上涨的动力不足，即将见顶回落，但有时股价却仅仅出现横向盘整或小幅回调行情，之后重新上涨，形成了技术上的空头陷阱，这就是KDJ顶背离陷阱。而出现KDJ底背离形态时，股价并没有见底反弹或反转，反而一跌再跌，不断创出新低，形成技术上的多头陷阱，这就是KDJ底背离陷阱。

  在实战中，单一指标的变化往往受到市场中多种因素的影响，投资者在使用技术指标时需要谨慎对待，并结合其他分析工具和方法进行综合分析。同时，投资者也需要关注风险控制，避免盲目跟风或过度交易。

> **Tips** KDJ指标主要适用于趋势明显的市场，对于震荡市场或趋势不明朗的市场，其效果可能会打折扣。在某些情况下，KDJ指标可能会出现钝化现象，即当市场价格上涨或下跌到一定程度时，KDJ指标可能无法及时反映市场的真实情况。
> 此外，市场情绪的变化也会对KDJ指标产生影响，投资者需要关注市场的整体情绪和投资群体的心态变化。

9.4 布林线指标的分析运用

布林线指标又称BOLL指标，是一种常用的震荡类指标，是由约翰·布林格（John Bollinger）根据统计学中的标准差原理设计出来的一种非常简单实用的、研判股价运动趋势的中长期技术分析指标。

一般而言，股价的运动总是围绕某一价值中枢（如均线、成本线等）在一定的范围内变动，布林线指标正是在上述条件的基础上，引进了"股价通道"的概念，其认为股价通道的宽窄随着股价波动幅度的大小而变化，而且股价通道又具有变异性，它会随着股价的变化而自动调整。

布林线由三条线组成：中轨、上轨和下轨。中轨是价格的移动平均线，通常使用简单移动平均线（SMA）计算，一般选取20个交易日的周期。上轨和下轨则是基于价格的标准差计算得出的，通常标准差的倍数是2。布林线指标的呈现形式如图9-13所示。

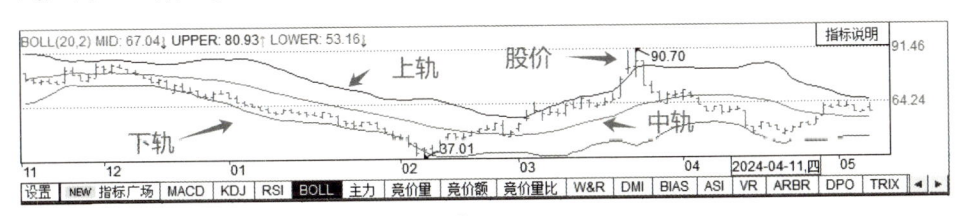

图9-13

通过计算股价的标准差和移动平均线，布林线可以用来判断市场的趋势和超买超卖情况。

投资者可以根据股价与布林线的位置关系，来判断市场的行情趋势，基本原则如下。

（1）股价在上轨与中轨之间运行时，市场处于上涨行情中。

（2）股价在中轨与下轨之间运行时，市场处于下跌行情中。

9.4.1 布林线指标的买卖法则

除了研判趋势外，布林线指标还可以辅助投资者进行买卖信号的判断，具体使用技巧如下。

在默认参数下，布林线指标以20日均线为价格的运行中线（中轨），以上轨作为股价压力位，下轨作为股价支撑位，而中轨既是支撑位，也是压力位，这要根据股价所在位置来决定，当股价运行在上轨和中轨之间时，中轨为股价的支撑位，当股价运行在中轨和下轨之间时，中轨为股价的压力位。根据撑压关系，我们可以得到以下布林线指标买卖法则。

（1）当股价上穿上轨时，容易受到压力，为卖出信号。

（2）当股价下穿下轨时，容易受到支撑，为买入信号。

（3）当股价上穿中轨时，容易受到中轨的支撑，为加仓信号。

（4）当股价下穿中轨时，容易受到中轨的压制，为减仓信号。

不过在实际使用中，当股价向上突破上轨和向下突破下轨时，假如出现极端行情（如暴涨或暴跌），过早买入和卖出容易造成损失或踏空，因此投资者可以在出现（1）的情况后，继续观察股价的运行情况，当股价运行在上轨以上，然后下穿上轨时，可作为卖出信号。在出现（2）的情况后，同样可以继续观察股价的运行情况，当股价运行在下轨以下时，可将股价上穿下轨作为抄底信号。

图9-14是新大正（股票代码：002968）2023年11月至2024年5月的日K线图和布林线指标曲线图。可以看到股价经历了一轮缓慢下跌后，一直在中轨以下运行，但并未有效突破下轨，但到了2024年1月31日，出现了一轮急跌行情，股价的收盘价连续突破下轨，直到2月7日。若在股价突破下轨的第一时间买入，则投资者将面临巨大的损失，因此，此处真正的买点是2月8日，股价由下向上突破下轨，并伴随着成交量的放大，表明市场中存在过度卖出现象，股价大概率会止跌反弹，是较好的买入信号。之后，股价一路上扬，并突破了中轨，说明股价上涨势头强，可以适当加仓。

到了3月21日，股价达到阶段性高点，且突破了上轨，说明当前市场中存在过度买入现象，市场存在反转的可能性，稳健型投资者可以适当减仓，当股价下穿上轨时（3月22日），表明股价开始止升回落，稳健型投资者可以卖出离场，避免更高的风险。当股价下穿中轨时（4月8日、10日），说明下跌将继续，投资者应果断出货离场。

图9-14

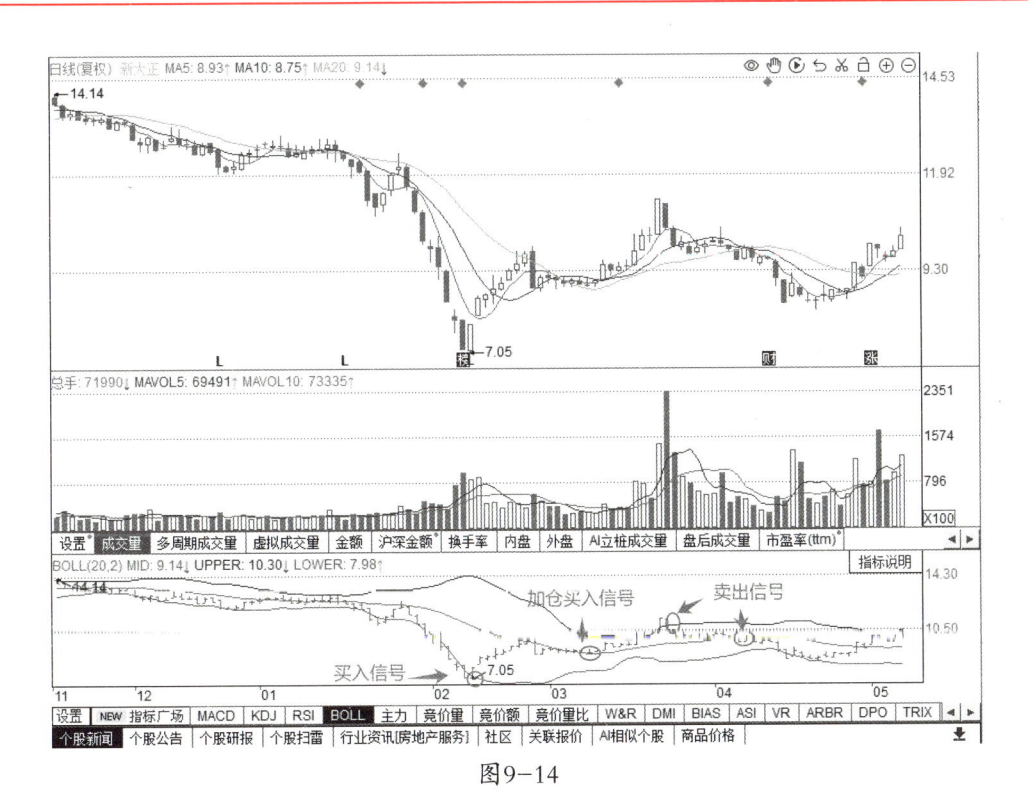

> **Tips** 布林线参数的设定对于其效果有一定影响。一般来说，布林线参数的设定不得小于6，静态值通常是10，动态设定时通常为20。投资者可以根据自己的交易风格和市场情况来调整参数。

9.4.2 布林线指标的形态解析

随着股价的变化，布林线指标的"股价通道"也会发生形态的变化，出现"开口"和"缩口"。布林线指标的开口和缩口，是指上下轨之间的距离的变化。当上下轨之间的距离变宽时，称为开口，反之则称为缩口。开口和缩口的变化反映了市场的波动性和不确定性。

一般来说，当布林线指标的上下轨之间呈缩口形态时，市场通常处于横盘整理阶段，盘中交易不活跃，成交量小，短线操作缺少获利空间。

缩口形态出现时，根据位置的不同，投资者可在实战中采取不同的操作。

（1）在一轮弱势下跌之后，跌势趋缓，股价开始有企稳迹象，但波动很小，布林线指标三轨逐步开始走平，呈缩口形态，意味着股价将进入盘整筑底阶段。缩口形态往往持续时间很长，此时投资者应该持币观望，只有出现开口时，才择机参与。

（2）在一轮强势上涨之后，布林线上轨由升转降，下轨由降转升，中轨由升转平，三轨逐步收缩，呈缩口形态时，不一定意味着整个上涨行情的终结，但至少意味着这一阶段上涨行情的结束和短期调整的开始，此时是最佳的止盈点，投资者可考虑卖出获利。

当布林线指标的上下轨之间呈开口形态时，表示市场波动性增强，趋势明显。此时投资者可以根据走势变化适当调整交易策略，寻找交易机会。

开口形态出现时，投资者同样要根据开口的位置来进行不同的操作。一般来说，当开口形态出现在低位，并且伴随着成交量的放大时，就预示着即将出现大涨行情；当开口形态出现在高位，成交量逐渐减少或出现背离，且开口前有一个短暂缩口时，就预示着即将出现大跌行情。

此外，开口的意义还在于：

（1）当股价由低位向高位经过数次上涨后，布林线上轨和下轨的开口达到了极大程度且开口不能继续放大，反而转为收缩时，就是卖出信号，通常紧跟着一轮大幅下跌或调整行情。

（2）当股价经过大幅下跌，布林线上轨和下轨的开口不能继续放大，反而转为收缩时，一轮跌势将告结束。

图9-15是新华都（股票代码：002264）2023年9月至2024年5月的日K线图和布林线指标曲线图。可以看到，在经历了前期的缓慢上涨趋势后，该股在2023年11月至2024年1月间进入了高位横盘整理阶段，布林线指标出现了高位缩口形态，股价波动和成交量都极小，表明一轮上涨趋势暂时结束，稳健型投资者可在此时抛售离场。2024年1月17日，成交量放大而股价下跌，布林线开口放大，预示着一轮下跌即将出现。后市该股下跌行情一直持续至2月7日，跌幅达39%，此时布林线开口已经开至最大且不能继续放大，且股价在第二日（2月8日）上穿下轨，布林线开口收缩，说明下跌行情将告结束。

从3月22日到4月11日，股票经过一轮反弹后进入低位盘整阶段，此时布林线呈低位缩口形态，经过短暂休整后，伴随着成交量的放大，股价重新开始上涨，布林线呈开口放大形态，代表新一轮的上涨行情即将开始。

布林线指标是一种常用的技术分析工具，可以辅助投资者判断价格走势和市场波动性。然而，它并非完美的预测工具，仍需结合其他分析方法和风险管理策略进行综合评估。

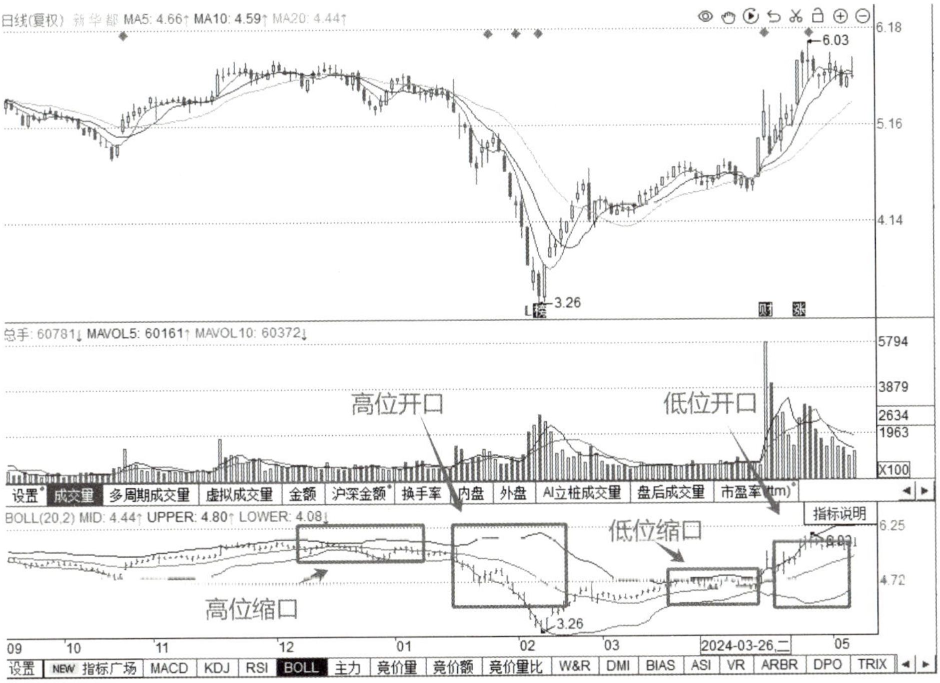

图9-15

> **Tips** 在使用布林线指标时，投资者需要关注市场的整体趋势。如果市场处于明显的上涨或下跌趋势中，布林线的开口和缩口可能会更加明显和有效。反之，如果市场处于震荡或趋势不明朗的阶段，布林线的开口和缩口的可靠性可能会降低。

9.5 其他常用指标的分析运用

9.5.1 乖离率指标

乖离率指标（BIAS）是一种用来衡量股票市场价格与其均值之间差异的震荡类指标。乖离率又称为y值，其主要表现个股当日收盘价与移动平均线之间的偏离程度，因此该指标建立在移动平均原理之上，即如果股价偏离移动平均线太远，不管股价在移动平均线之上还是之下，都有可能趋向移动平均线。

它的计算公式为：乖离率=（收盘价-N日均价）/N日移动平均价×100%。其中，N代表选择的计算周期，一般使用6日、12日、24日等周期。

当乖离率指标为正值时，表示当前股价高于均值，可能存在超买的风险，且正的乖离率越大，表示短期获利可能性越大，多方获利回吐的可能性也越大，投资者可以考虑卖出。相反，当乖离率指标为负值时，表示当前股价低于均值，可能存在超卖的机会，且负的乖离率绝对值越大，空方回补的可能性越大，投资者可以考虑买入。也就是说,乖离率的绝对值越大,股价趋向移动平均线的可能性就越大,所体现的买卖信号就越强烈。

乖离率数值的大小可以直接用来研究股价的超买超卖现象,判断买卖股票的时机。由于选用的乖离率周期的不同,其对行情的研判标准也会随之变化,但大致的方法基本相似。

(1)当6日乖离率在+5%以上时,属于超买,股价下跌的可能性较大;当6日乖离率在-5%以下时,属于超卖,股价上涨的可能性较大。

(2)当12日乖离率在+7%以上时,属于超买,股价下跌的可能性较大;当12日乖离率在-7%以下时,属于超卖,股价上涨的可能性较大。

(3)当24日乖离率在+11%以上时,属于超买,股价下跌的可能性较大;当24日乖离率在-11%以下时,属于超卖,股价上涨的可能性较大。

在浙大网新(股票代码:600797)2023年11月至2024年5月的日K线图和乖离率指标曲线图中(见图9-16),可以看到在2024年2月7日该股的6日乖离率为-14.66、12日乖离率为-23.49、24日乖离率为-25.26,说明此时行情存在超卖现象,股价即将见底反弹,后市上涨的概率较大,投资者可以择机买入。

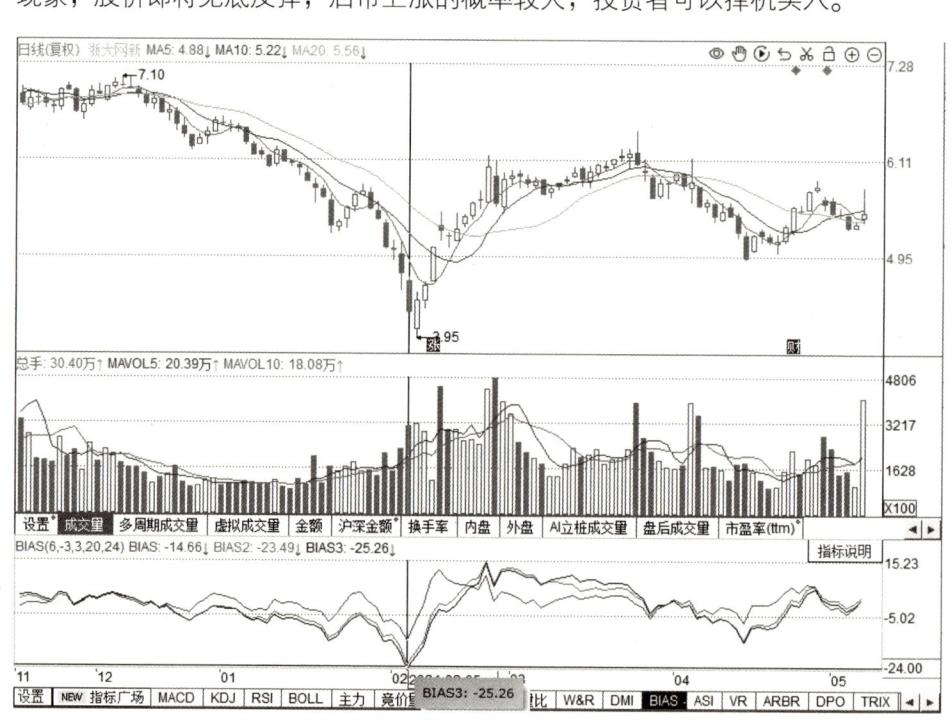

图9-16

9.5.2 相对强弱指标

相对强弱指标（RSI）是1978年韦尔斯·怀尔德（Welles Wilder）创制的一种通过特定时期内股价的涨幅变动情况计算市场中多空力量的强弱程度，从而判断其未来的变动方向的技术指标。

RSI的取值是股价向上波动的幅度占总的波动幅度的百分比。计算公式为：RSI=N日内收盘涨幅之和/（N日内收盘涨幅之和+N日内收盘跌幅之和）×100%。其中，N代表选择的计算周期，一般使用6日、12日、24日等周期。N日内收盘跌幅取绝对值。

如果RSI的数值大，就表示市场处于强势状态；如果RSI的数值小，就表示市场处于弱势状态。

对RSI的使用主要是围绕RSI的取值、长期RSI和短期RSI的交叉状况及RSI的曲线形状等展开的。下面是使用RSI进行运用分析的基本技巧。

（1）当6日RSI低于20时，行情进入超卖状态，是看涨买入信号。

（2）当6日RSI超过80时，行情进入超买状态，是看跌卖出信号。

（3）当6日RSI在低位向上穿越12日RSI时，形成RSI低位黄金交叉，通常视为看涨买入信号。

（4）当6日RSI在高位向下穿越12日RSI时，形成RSI高位死亡交叉，通常视为看跌卖出信号。

（5）当6日RSI连续两次下跌到同一位置获得支撑反弹时，形成RSI的双重底形态，是看涨买入信号。

（6）当6日RSI连续两次上涨到同一位置遇到压力回落时，形成RSI的双重顶形态，是看跌卖出信号。

（7）如果股价连创新低的同时RSI指标没有创新低，就形成RSI指标底背离，是看涨买入信号。

（8）如果股价连创新高的同时RSI指标不能创新高，就形成RSI指标顶背离，是看跌卖出信号。

图9-17是天士力（股票代码：600535）2023年11月至2024年5月的日K线图和RSI曲线图，可以看到，在2023年12月13日RSI6（6日RSI）达到了92，此时股价也迎来了高点，说明行情进入超买状态，是看跌信号，稳健型投资者可以卖出离场。后市经过一轮下跌趋势后，该股的RSI6于2024年2月5日下降到了18.82，处于超卖状态，说明股价已经处于底部，行情即将反转，且2月6日出现了RSI6上穿RSI12（12日RSI）的黄金交叉形态，这是转势买入信号，投资者可以选择买入。

图9-17

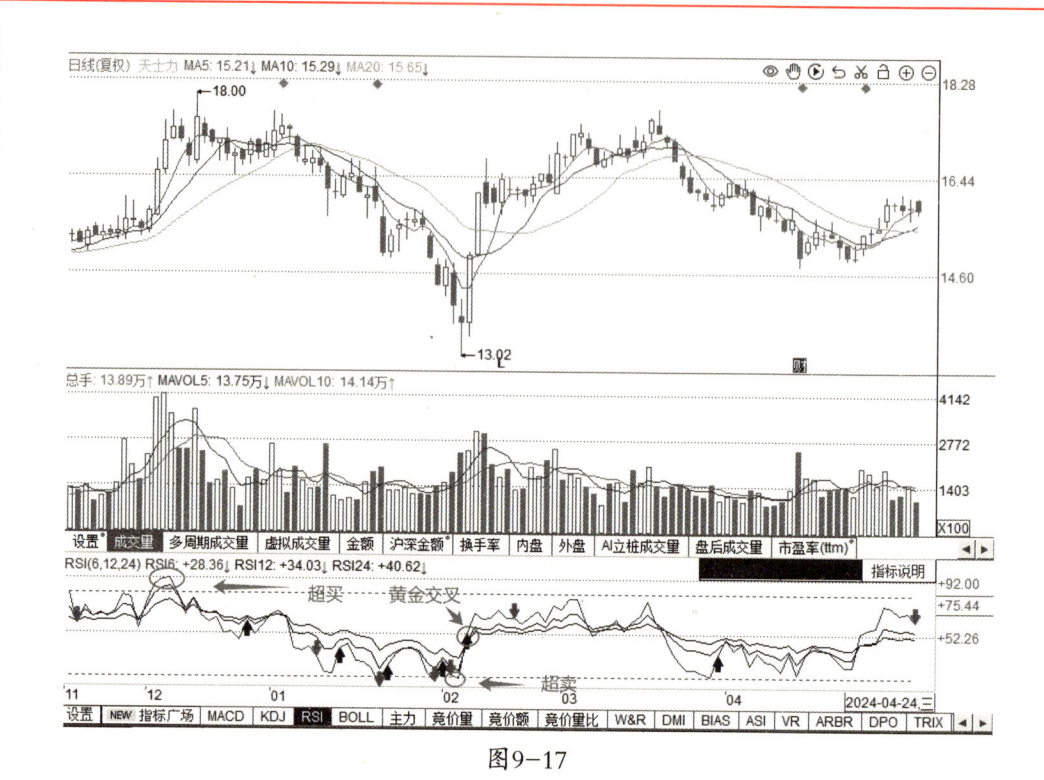

9.5.3 威廉指标的分析运用

威廉超买超卖（W&R）指标，简称威廉指标，由拉瑞·威廉（Larry William）于1973年提出，其通过震荡点来反映市场的超买超卖行为，分析多空双方力量的对比，预测循环期内的高点和低点，从而提出有效的信号，并研判市场中短期行情的走势，是目前股市技术分析中比较常用的短期研判指标。

威廉指标的计算主要利用分析周期内的最高价、最低价及周期结束时的收盘价等参数，所得到的数值可以反映当天的收盘价在过去一段时间里的全部价格范围内所处的相对位置，并由此得到股票超买超卖的情况。以日威廉指标为例，其计算公式为：威廉指标＝（N日内的最高价−当日收盘价）/（N日内的最高价−N日内的最低价）×100，其中N一般为6日、10日、20日或40日等。

目前同花顺软件系统内的威廉指标图形由两条曲线组成，都是威廉指标平均数值线，一条是6日平均数值线，另一条是10日平均数值线。投资者可以通过这两条曲线的变化，观察和判断市场的行情走势和买卖时机。

通常来说，威廉指标的实战用法可以从两方面考虑：一是威廉指标的绝对数值，二是威廉指标曲线的形态变化。

威廉指标的取值范围为0～100，投资者可以根据威廉指标的数值来分析股价超买超卖状态和行情趋势，具体应用技巧如下。

（1）当威廉指标高于80时，即处于超卖状态，行情即将见顶，应当考虑买入。

（2）当威廉指标低于20时，即处于超买状态，行情即将见底，应当考虑卖出。

可以看到，威廉指标所代表的超买超卖状态与RSI指标、KDJ指标所代表的超买超卖状态（20以下为超卖状态、80以上为超买状态）刚好相反，投资者一定不要搞混了。

投资者也可以根据威廉指标的曲线走势变化来分析股票的买卖时机，具体应用技巧如下。

（1）在威廉指标进入高位后，一般要回调，如果这时股价还继续上涨，就会产生顶背离，是卖出的信号。

（2）在威廉指标进入低位后，一般要反弹，如果这时股价还继续下跌，就会产生底背离，是买进的信号。

（3）威廉指标在80以上且连续多次触顶（即达到100），形成M顶或多重顶形态，后市看涨；威廉指标在20以下且多次撞底（即变为0），形成W底或多重底形态，后市看跌。

（4）50线是威廉指标的多空分界线，当威廉指标位于50以上时，说明空方占优，位于50以下时，说明多方占优。当威廉指标从50以上跌破50时，说明市场由空转多；当威廉指标从50以下突破50时，说明市场由多转空。

（5）当威廉指标处于80以上的超卖区时，若出现大阳线且两条指标线黏合下破80，可视为短期买点；当威廉指标处于20以下的超买区时，若出现大阴线且两条指标线黏合上穿20，则存在见顶的可能性，可视为短期卖点。

下面我们以实际案例来说明威廉指标的使用方法。

图9-18是金枫酒业（股票代码：600616）2023年11月至2024年5月的日K线图和威廉指标曲线图，该股在前期一直缓慢下跌，在2024年1月23日出现短暂的反弹行情，股价开始上涨，但到了1月25日，威廉指标进入20以下的超买区域，表明此次反弹行情即将结束，投资者应该卖出。之后经过连续几日的急跌，威廉指标快速上升至80以上的超卖区，并两次触顶形成了局部M顶形态，2月6日这天股价拉出一根大阳线、威廉指标双曲线黏合下穿80，此为强烈的见底看涨信号，投资者可以果断抄底。

需要注意的是，由于威廉指标在较短时间内的波动较大，所以容易出现较为杂乱的导致误判的信号，且威廉指标单独使用时，可能会出现较大的偏差，因此投资者在使用威廉指标时，必须结合其他指标进行综合分析和判断。

图9-18

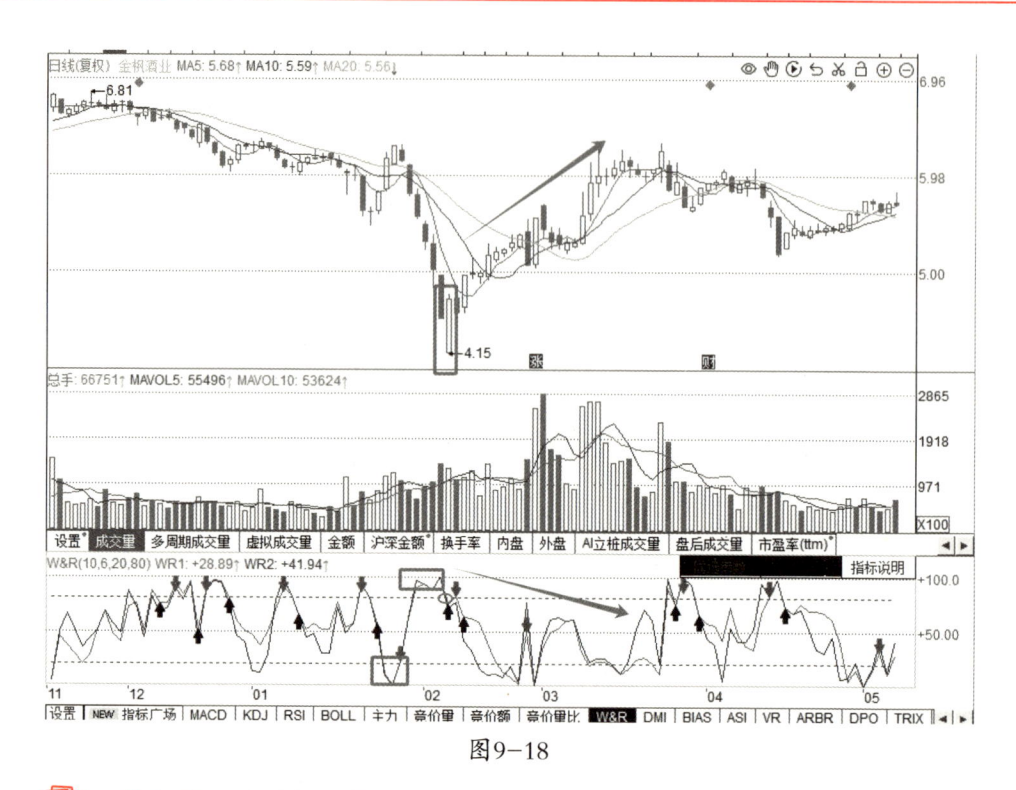

> 🔔 **同花顺炒股小妙招：指标广场的运用和常用指标设置**

  同花顺指标广告是国内第一个开放式指标分享平台，投资者在这里可以实现一键安装，里面有海量免费指标供投资者选择使用。那么具体如何使用指标广场呢？下面我们进行详细介绍。

  指标广场的入口位置，在日K线图的常用指标栏中。打开同花顺PC版客户端，进入任意一只个股的日K线图页面，在K线图的常用指标栏中找到"指标广场"，点击即可打开，如图9-19、图9-20所示。

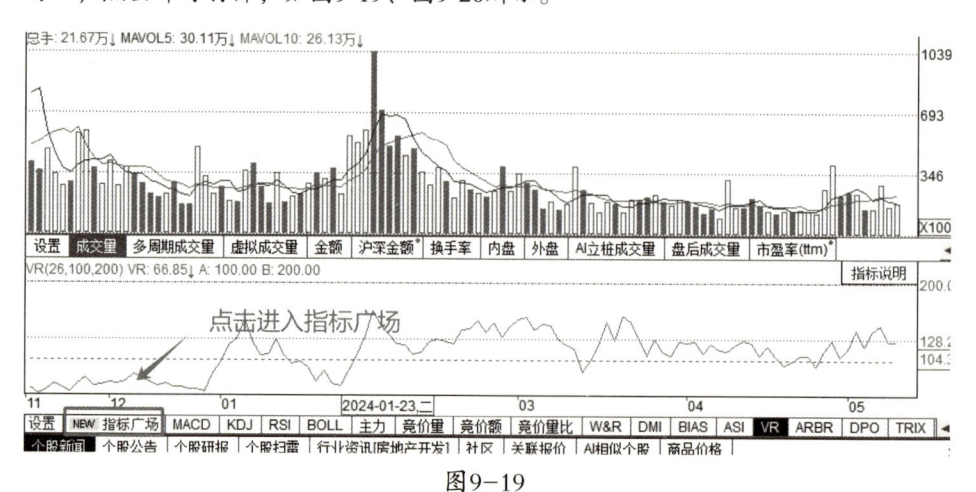

图9-19

图9-20

如图9-21所示，在指标广场中，投资者可以根据自身需要，搜索、选择合适的指标，如点击页面上方的"指标"菜单，可进入指标仓库，这里根据不同用法对指标进行了系统的分类，方便投资者查找。同时，若投资者目标明确，也可以通过搜索栏进行搜索。

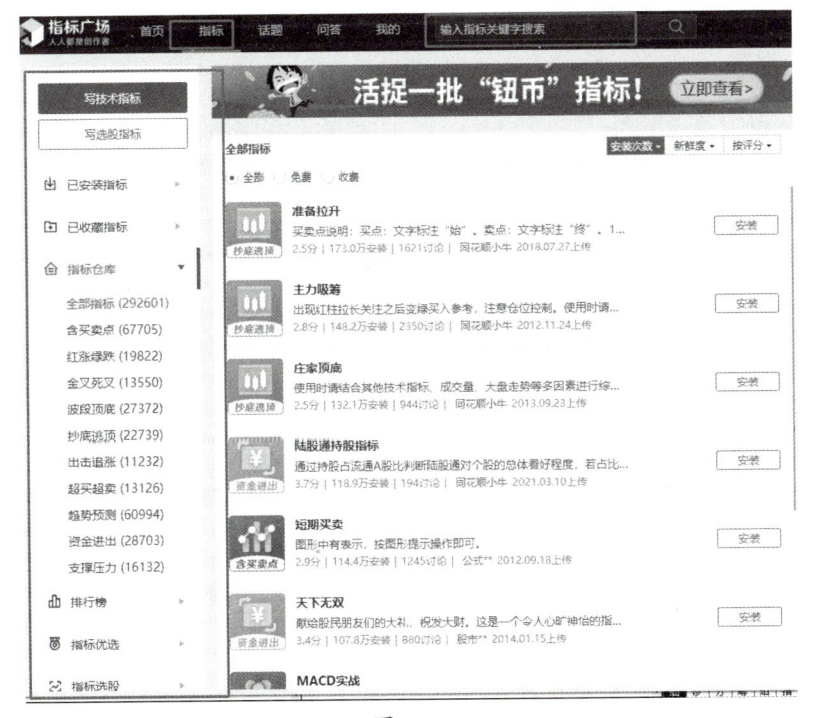

图9-21

找到合适的指标后，投资者可以进入该指标的介绍页面，查看指标的上传者、版本信息、评分信息以及指标说明，如图9-22所示。点击右侧的"安装"按钮，即可下载安装该指标。

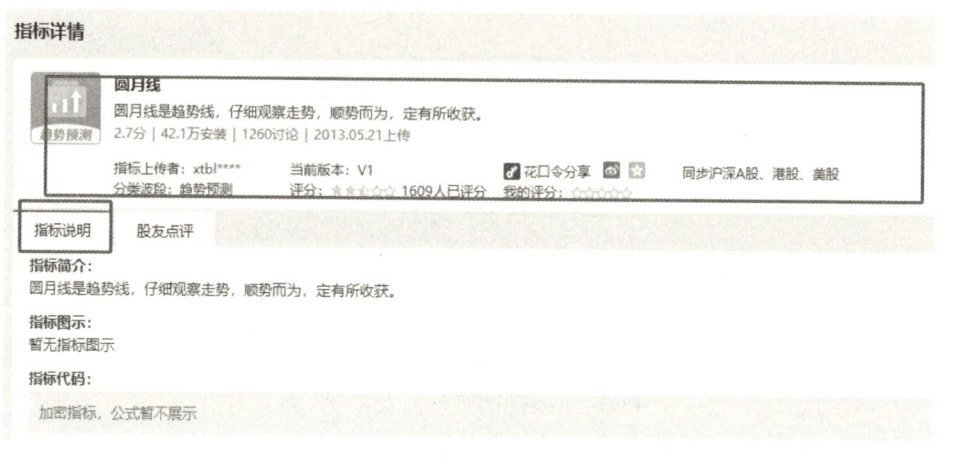

图9-22

新安装的技术指标会自动出现在日K线图下方的常用指标区域，如图9-23所示。

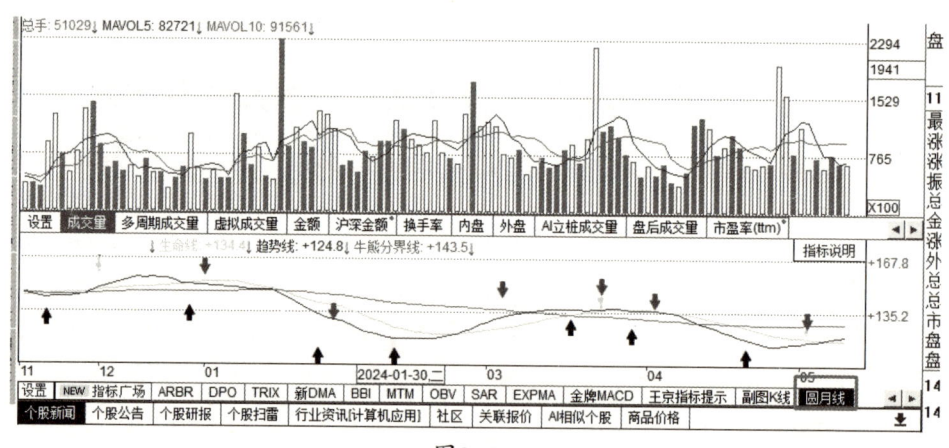

图9-23

在常用指标区域，用鼠标右键点击某个指标，会出现"删除常用"按钮，点击即可将该指标从常用指标中删除，如需再次设置该指标为常用指标，请点击"设置"按钮重新添加，如图9-24所示。

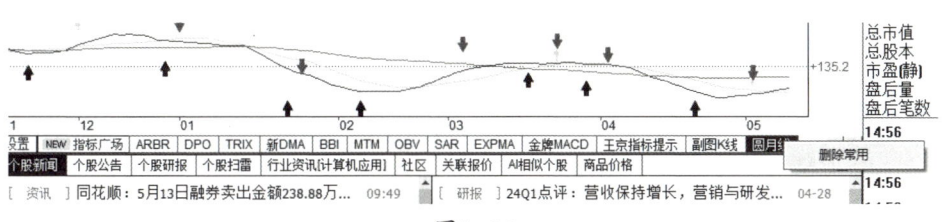

图9-24

在指标广场中，进入已安装指标页面，点击指标右侧的"卸载"按钮，投资者可以对已经安装的指标进行卸载处理，如图9-25所示。

图9-25

除了可以从指标广场中下载指标使用之外，有指标编写能力的投资者还可以自己编写指标并上传至指标广场。该操作也较为简单。

第一步，点击指标广场左侧的"写技术指标"或"写选股指标"按钮，打开指标编辑器，如图9-26所示。

图9-26

第二步，在指标编辑器中，根据提示编写指标、填写指标说明，然后上传指标即可，如图9-27所示。

图9-27

第 10 章
量价分析

在股市中，有一句话叫"先有量后有价"，又称"量在价先"，意思是在价格发生变化之前，成交量会发生变化。所以，量价分析也是股票市场中常用的技术分析方法，它能够帮助投资者识别市场趋势、确定买卖点，以及评估市场的力度和情绪。本章我们来具体介绍一下量价分析的基本原理和实战方法。

10.1 什么是量价分析

量价分析是一种综合考虑市场成交量和价格变动情况的技术分析方法，它认为成交量和价格之间存在着密切的关系，成交量的增大或减小能够反映市场的力量和趋势。因此在量价分析中，价格反映了市场参与者的整体预期和判断，而成交量则揭示了市场参与者的活跃度和对价格走势的认同程度。通过观察价格和成交量的变化，投资者可以获取市场趋势、潜在转折点，以及投资者情绪等重要信息。

量价分析在实战中主要用于揭示多方市场、空方市场和多空平衡市场的转化过程中的量价关系，并以成交量的变化作为股价变化的先行指标。

量价分析有两个重要的作用。

第一，可以揭示市场的活跃程度、帮助投资者理解市场供需关系。当成交量增大时，意味着市场中的多空力量都增加了，反映了市场参与者的活跃程度。同时，成交量的变化也能帮助判断市场中的供需关系，比如，成交量的增大可能表明市场的需求在增加，因为更多的投资者愿意进入市场进行交易，而成交量的减小可能表明市场的供给在增加，因为投资者对市场的兴趣减弱，减少了交易活动。

第二，有助于投资者了解市场情绪的变化。交易量的增减能够反映投资者的情绪波动。例如，当市场下行时，如果交易量放大，可能表明投资者的恐慌情绪加剧，导致供应过剩，进而推动股价进一步下跌。相反，当市场上行时，伴随着交易量的放大，说明投资者情绪积极，对市场充满信心，这可能意味着股价有望继续上涨。

此外，量价分析还可以帮助投资者识别市场中的异常交易行为，比如操纵市场的行为，这些行为往往会在交易量和价格的关系上留下痕迹。

> **Tips** 第3章介绍的同花顺软件个股行情分析功能——成交明细，可以帮助投资者分析日内个股的成交情况，识别异常交易行为。

10.2 认识成交量

前面我们提到过，成交量是在一定时间内股票成交的数量，即买入或卖出的股票数量总和，以股为单位，因此又称成交股数。成交量非常适合用于纵向比较个股交易量，即观察个股历史上放量和缩量的相对情况，不过，由于成交量忽视了各只股票流通盘大小的差异，在实战中不方便对不同股票进行横向比较，也不利于掌握主力资金进出情况。因此，在分析主力资金出入情况时，我们也常常会使用成交量与股价的乘积，它代表一定时间内的股票成交金额，以元为单位。

在个股或指数的行情走势页面中，无论是分时图还是K线图，都伴随着成交量分布图。

例如我们打开同花顺PC版客户端，进入上证指数的分时图页面，可以看到价格分时图下方的红绿柱，这就是分时成交量分布图，如图10-1所示。其中的每一根成交量柱代表了一分钟内所产生的成交量（成交金额），一个交易日中有240分钟的交易时间，因此有240根分时成交量柱。成交量的大小决定了成交量柱的长短。成交量柱为红色时表示指数上涨，成交量柱为绿色时表示指数下跌。

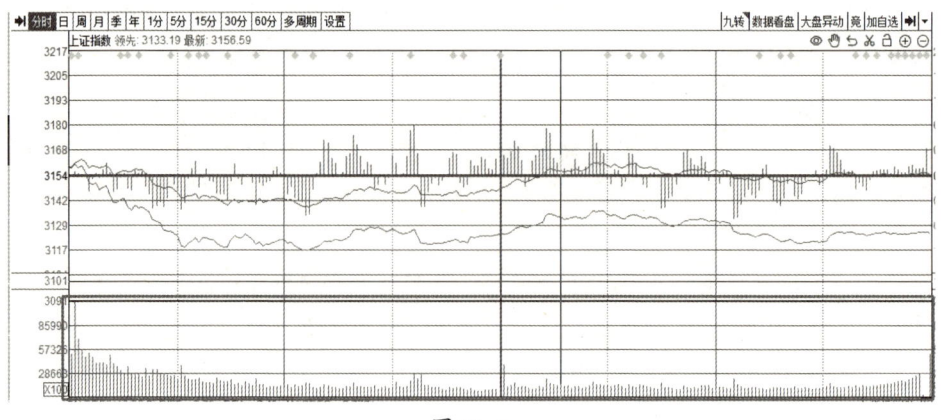

图10-1

相比较而言，K线图页面中的成交量分布图更为直观。进入同花顺（股票代码：300033）的日K线图页面（见图10-2），可以看到成交量分布图同样位于价格曲线图的下方，且与分时图页面相比，K线图中的成交量分布图拥有更多的成交量指标，包括成交量、金额、换手率、内盘和外盘等，此外还有移动平均成交量（Moving Average Volume）曲线（5日和10日），能够多方位地展现股票成交情况，反映市场供需关系变化趋势。

图10-2

Tips 移动平均成交量曲线（也称为均量线或VOL指标）是一种反映一定时期内市场平均成交情况（交投趋势）的技术性指标。它通过对一定时期内的成交量取平均值，在成交量柱状图中形成较为平滑的曲线。通过观察均量线的走势，可以判断市场的整体趋势。如果均量线持续上升，说明市场活跃，成交量增大，可能预示着股价的上涨；反之，如果均量线持续下降，可能预示着股价的下跌。

10.2.1 成交量指标

除了成交量和成交额，还有一些常用于反映成交量的变化情况的指标，接下来我们简要了解一下这些指标的定义和使用方法。

1. 换手率

换手率也称"周转率"，是股票的成交量占股票总股数的百分比，它代表一定时间内股票转手买卖的频率，是反映股票流通性强弱的指标之一。

较高的换手率通常意味着该股票或市场整体较为活跃，交易频繁。相反，较低的换手率可能表示交易不活跃，投资者持股时间较长。

一般情况下，大多数股票每日换手率为1%～2.5%（不包括初上市的股票），约70%的股票的换手率在3%以下，因此，3%就成为一道分水岭。当一只股票的换手率为3%～7%时，该股票进入相对活跃状态。当该股票的换手率达到了8%～10%时，说明股价处于高度活跃中，是强势股的表现。当该股票的换手率达到

10%~15%时，则可能是大庄家在频繁操作，如果发生在高位，极有可能是主力在出货，而发生在低位，则可能是主力在积极进货。如果换手率超过15%，且持续多日的话，该股票也许能成为黑马股。

2. 量比

量比是一个横向比较指标，可以帮助投资者了解当前股票的交易是否异常活跃，并在特定时间段内进行成交量的比较。其计算公式为：

量比=（现成交总手数/现累计开市分钟数）/过去5日平均每分钟成交量

一般情况下，量比可以用于反映交易量的变化趋势。它对投资者有以下几个作用。

第一，判断交易活跃度。量比较高表示当前交易量超过平均水平，股票交易可能非常活跃。这可能意味着市场对该股票有较高的关注度。

第二，发现潜在机会。高量比预示着股票可能有价格变化的机会。例如，在股价上涨的情况下，成交量突然增大可能意味着股价会继续上涨。

第三，监控主力动向。如果某只股票突然放量上涨，量比指标迅速上升，那么可能说明有主力在大量买入，股价可能会继续上涨。相反，如果某只股票在下跌过程中量比指标逐渐缩小，那么可能说明主力在逐步撤离，股价可能会继续下跌。

> **Tips** 量比这个指标所反映出来的是当前盘口的成交力度与最近五天的成交力度的差别，这个差别的值越大，表明盘口成交越趋活跃，从某种意义上讲，越能体现主力即时做盘、准备随时展开攻击前"蠢蠢欲动"的盘口特征。因此，量比指标可以说是盘口语言的翻译器，它是超级短线临盘实战中洞察主力短时间动向的秘密武器之一。

3. 内盘和外盘

内盘和外盘是股票市场中两个重要的指标，分别代表不同交易方向的成交量。这两个指标可以帮助投资者了解市场中多空力量的平衡情况，并对市场趋势和价格变化做出判断。

内盘又称为主动性卖盘，它表示的是空方主动以低于或等于当前买一、买二、买三等的价格下单卖出股票的成交数量。这个指标反映了市场中空方的交易意愿，当内盘较高时，意味着空方占优，可能导致股价下跌。

外盘又称为主动性买盘，它表示的是多方主动以高于或等于当前卖一、卖二、卖三等的价格下单买入股票的成交数量。这个指标反映了市场中多方的交易意愿，当外盘较高时，意味着多方占优，可能导致股价上涨。

通过对内盘和外盘的分析，投资者可以了解市场中双方的力量对比，从而预测股价的走势。

如果外盘高于内盘，通常表示多方力量较强，股价可能会上涨。

如果内盘高于外盘，通常表示空方力量较强，股价可能会下跌。

在同花顺软件的盘口信息单元中，可以实时查看内盘和外盘的成交量数据情况，其中外盘成交量数据以红色表示，内盘成交量数据以绿色表示，如图10-3所示。

最新	122.33	开盘	122.50
涨跌	+0.75	最高	125.65
涨幅	+0.62%	最低	121.70
振幅	3.25%	量比	1.00
总手	76191	换手	2.79%
金额	9.40亿	换手(实)	3.87%
涨停	145.90	跌停	97.26
外盘	36952	内盘	39239
总市值	657.6亿	流通值	334.6亿
总股本	5.38亿	流通股	2.73亿
市盈(静)	46.89	市盈(TTM)	47.51
盘后量	0	盘后额	0
盘后笔数	0	注册制上市	否

图10-3

10.2.2 成交量形态

1. 放量

放量是指成交量比前一段时间明显放大的现象，一般分为温和放量和持续放量。

2. 缩量

与放量相反，缩量是指成交量比前一段时间明显缩减的现象，缩量的出现说明大部分投资者对市场未来走势的意见逐渐趋于一致，因此成交量开始缩小。缩量一般分为两种情况：一种是投资者普遍看淡后市，造成很多人卖，却很少有人买，所以成交量不断缩减；另一种是投资者普遍对后市十分看好，很多人想买，却很少有人卖，所以出现缩量。

3. 堆量

堆量是指成交量在一段时间内的有序递增，代表上涨形态。当主力意欲拉升时，会把成交量做得非常漂亮，连续几日或几周，让成交量缓慢放大，股价慢慢推高，成交量在近期的K线图上形成一个状似土堆的形态，堆得越漂亮，就越可能产生大行情。在高位的堆量表明主力已不想玩了，在大举出货。

4. 天量

天量是指当天的股票交易数量特别巨大的现象。个股在高位时往往是“天量见天价”，因此出现天量时要控制仓位。

5. 地量

地量是指成交量缩减为120天内最小的量的现象。一般地量后会有地价，然后又反弹，但是不能说明会反转，因为反弹后还有可能会出现地量，多次出现地量后就会出现底部了。

10.3 常见量价关系形态的实战操作

量价分析方法是通过分析量价关系来判断和预测股价后期的走势，从而把握买卖时机，因此，对量价关系的识别是量价分析的基础和重点。下面我们介绍量价关系形态及实战操作技巧。

10.3.1 量增价涨

量增价涨主要是指在个股（或大盘）成交量增大的同时，股价也同步上涨的一种量价配合现象。该形态一般出现在上涨行情中，而且大部分出现在上涨行情的初期，也有小部分出现在上涨行情的中途。

在经过前期一轮较长时间的下跌和底部盘整后，市场中逐渐出现诸多利好因素，这些利好因素增强了市场预期向好的心理，刺激了股市的需求，市场交易逐渐活跃起来。随着成交量的放大和股价的同步上涨，赚钱的示范效应激起了更多投资者的投资意愿。随着成交量的逐渐放大，股价也开始缓慢向上攀升，股价走势呈现量增价涨的态势，这种量价之间的良好配合，对未来股价的进一步上扬形成了有力支撑。

量增价涨是最常见的多方主动进攻模式，投资者应积极进场买入。

在华金资本（股票代码：000532）的日K线图（见图10-4）中，2023年12月底至2024年1月底出现了典型的量增价涨形态。该股在前期经过长时间的横盘整理后，突然成交量持续放大，股价不断被推升，出现了一轮股价上涨行情，投资者可在量增价涨出现的早期及时进场，等待股价持续上涨。

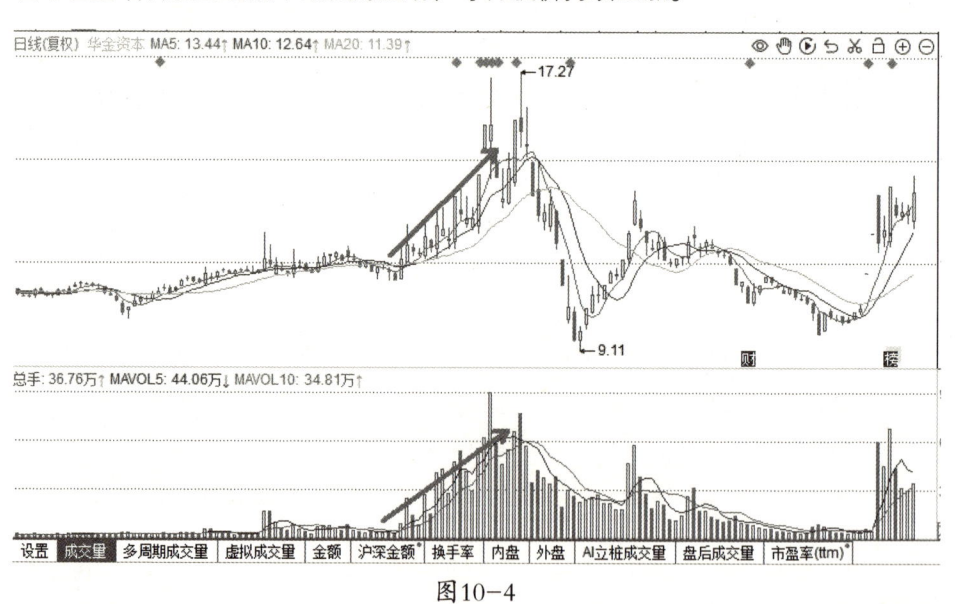

图10-4

Tips 在量增价涨的量价关系形态中，需要注意"对倒放量拉升"的成交量陷阱，即主力利用人们的量增价涨惯性思维，在拉升股价时不断地大手笔对敲，持续放出大成交量，制造买盘实力强劲的假象，以吸引场外跟风盘进入，达到趁机出货的目的。因此，当股价经过了大幅上涨，或已经处于上涨行情的末期，却出现了量增价涨现象时，投资者要保持警惕。

10.3.2 量增价跌

量增价跌主要是指在个股（或大盘）成交量增加的情况下，股价却下跌的一种量价配合现象。量增价跌大部分出现在下跌行情的初期，也有小部分出现在上涨行情的初期。出现在不同的行情中，其代表的意义是不一样的。

在下跌行情的初期，股价有过比较大的涨幅后，市场中的获利筹码越来越多，一些投资者抛出股票，致使股价开始下跌。同时，也有一些投资者对股价的走高仍抱有预期，在股价开始下跌时，还在买入股票，多空双方对股价看法的分歧，是造成股价高位量增价跌的主要原因。不过，这种高位的量增价跌现象持续时间一般不会很长，一旦股价向下跌破市场重要的支撑位，股价的下跌趋势开始形成后，量增价跌的现象将逐渐消失。高位量增价跌现象是卖出信号，投资者应该果断卖出。

图10-5是恒辉安防（股票代码：300952）2023年11月至2024年5月的日K线图，该股在2023年12月4日达到高位后，股价伴随着成交量的萎缩开始下跌，到了12月20日，成交量达到低点后开始放大，股价则继续下跌，这说明多空双方对股价的看法发生了分歧，空方认为跌势不可避免，加大了抛售力度，而多方则认为股价仍有反弹机会，想要趁股价下跌的机会不断吸筹，因此形成了量增价跌的现象。不过由于股价处于高位，且下跌趋势不可避免，量增价跌的现象很快就消失了。投资者在高位量增价跌现象出现时，应该及时卖出。

在上涨行情初期，有的股票也会出现量增价跌现象。当股价经过一轮较长时间的下跌和底部较长时间的盘整后，主力为了获取更多的低位筹码，采取边打压股价边吸筹的手段，造成股价走势出现量增价跌现象，但这种现象也会随着买盘的逐渐增多、成交量的同步上扬而消失，这种量增价跌现象是底部买入信号，投资者可以见机买入。

图10-6是华通线缆（股票代码：605196）2023年11月至2024年5月的日K线图，经过前期长时间的底部横盘整理后，2024年1月26日至2月6日出现了量增价跌的现象，这代表主力一边打压股价一边低价吸筹，是股价即将大幅上涨的信号，投资者可以见机买入。后市该股果然出现了一轮大涨行情。

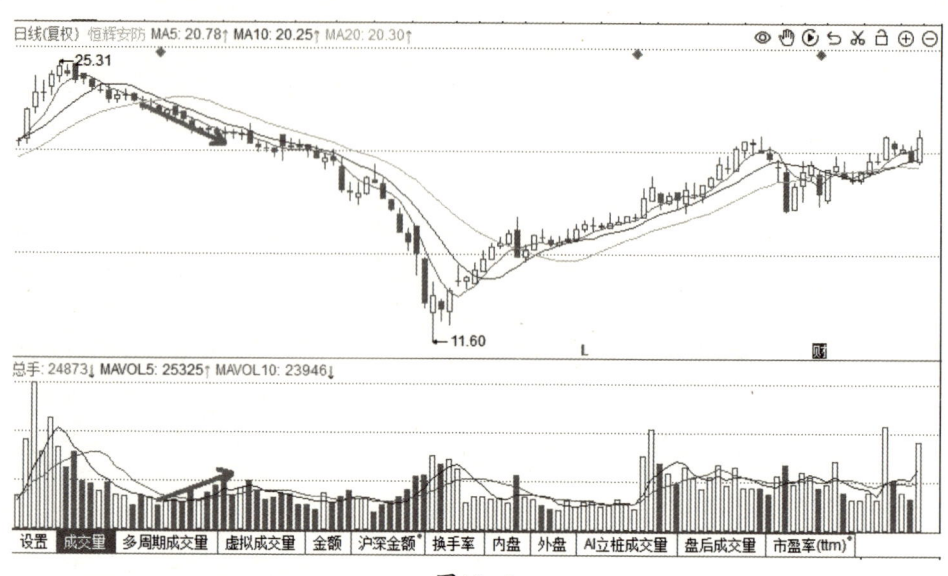

图10-5

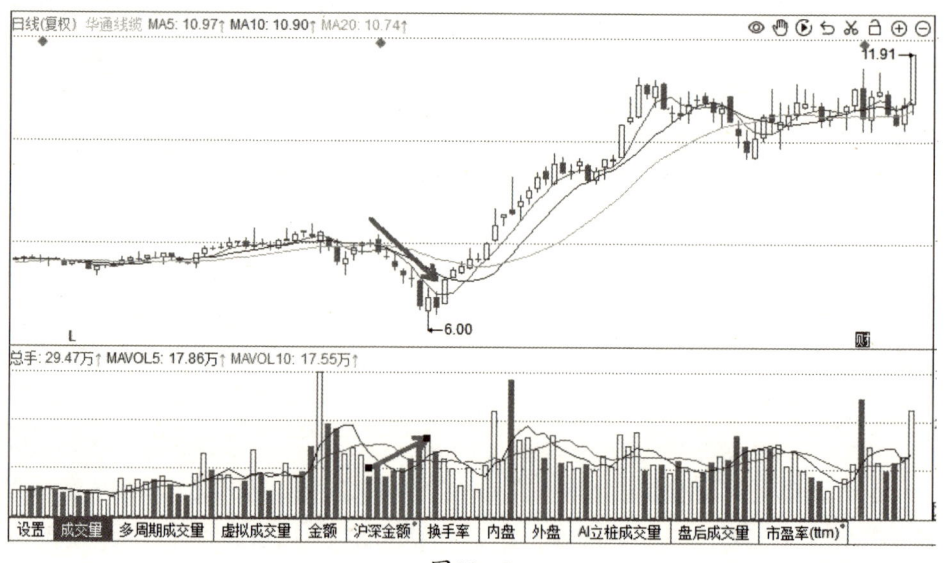

图10-6

10.3.3 量增价平

量增价平主要是指在成交量增大的情况下，个股股价却围绕某一价位水平上下波动的一种量价配合现象。

量增价平既可以出现在上涨行情的各个阶段，也可以出现在下跌行情的各个阶段。它既可以作为卖出股票的信号，也可以作为买入股票的信号。为区别买卖信号，还要判断"量增价平"中的"价"是高价还是低价。

有时股价在经过一段时间比较长的上涨后处在相对高价区，虽然成交量仍在增大，股价却没能继续上扬，呈现出高位量增价平的现象，表明市场主力在维持股价不变的情况下可能在悄悄地出货。因此，股价高位的量增价平是一种顶部反转的征兆，一旦接下来股价掉头向下运行，则意味着股价顶部已经形成，投资者应注意股价的高位风险，及时卖出。

　　图10-7是宝光股份（股票代码：600379）2023年9月至2024年5月的日K线图，该股在经过几波上涨行情之后，股价一直处于高位，从2024年1月5日左右开始，该股成交量突然开始增加，而股价却没有大幅上涨或下跌，形成了量增价平的现象，至1月21日股价开始急速下跌，说明该股行情发生了反转，此时投资者应该尽快出货离场。

图10-7

　　有时股价在经过一轮比较长时间的下跌后处在低价区，虽然成交量开始持续增大，股价却没有同步上扬，此时一般成交量的阳柱线明显多于阴柱线，凸凹量差比较明显，说明底部在积聚上涨动力，有主力在进货，可能是中线转阳信号，投资者可以适量买进持股待涨。

　　图10-8是宇通客车（股票代码：600066）2023年11月至2024年5月的日K线图，在经过了长期低位横盘后，从2023年12月5日至2024年1月3日，成交量明显放大，但股价却并未大幅上涨，而是维持在某一水平，且成交量的红色柱线多于绿色柱线，说明有主力在低价吸筹，是上涨的信号，投资者可以跟随主力动作买入，持股待涨。

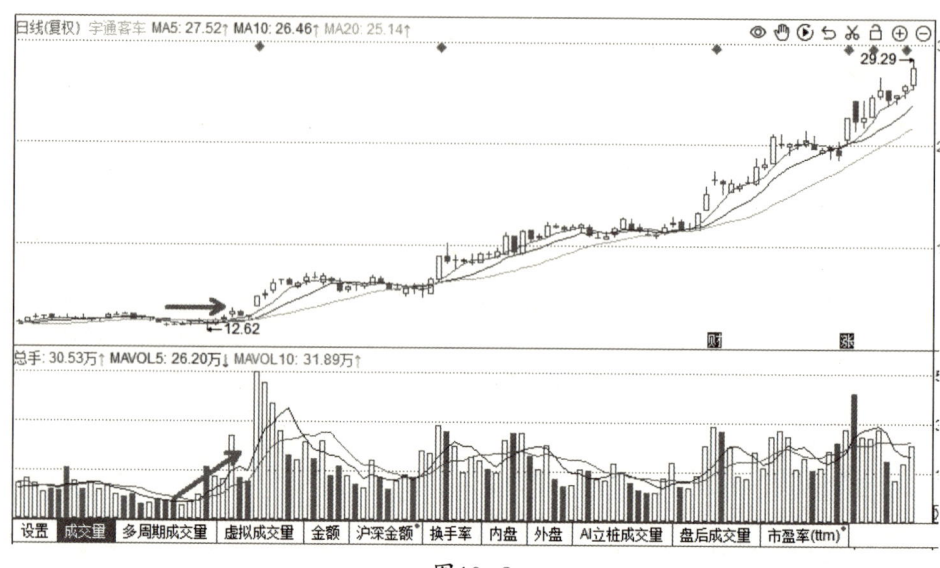

图10-8

10.3.4　量缩价涨

　　量缩价涨主要是指在成交量减小的情况下，个股股价反而上涨的一种量价配合现象，也就是我们常说的量价背离现象。量缩价涨现象一般短至2~3天就能发出警示信号，且成交量递减幅度越大，其发出的信号就越强，成交量递减幅度越小，其发出的信号就越弱。

　　量缩价涨多出现在上涨行情的末期，也有部分出现在下跌行情的反弹过程中，出现在不同行情中，其代表的意义是不一样的。

　　在持续的上涨行情中，适度的量缩价涨表明主力控盘程度比较高，维持股价上涨的实力较强，大量的流通筹码被主力锁定。但是量缩价涨毕竟是一种量价背离的趋势，因此，在随后的上涨过程中出现成交量再次放大的情况，则可能意味着主力在高位出货。

　　在持续的下跌行情中，有时也会出现量缩价涨的反弹走势。当股价经过短期的大幅度下跌后，由于跌幅过猛，主力没能全部出货，于是会抓住大部分投资者不忍轻易割肉的心理，用少量资金再次将股价拉高，造成量缩价涨，从而利用这种反弹走势达到出货的目的。

　　无论出现上面哪种情况，短线操作都有风险，投资者应以暂时观望为主。

　　图10-9是炬华科技（股票代码：300360）2023年11月至2024年5月的日K线图，从2023年12月底开始，该股出现了一轮两个多月的上涨行情，但从2024年3月1日至3月11日，虽然股价仍然大幅上涨，但成交量却呈缩减趋势，说明股价上涨动力有所减缓，此时投资者可以考虑减仓卖出，以降低风险。

图10-9

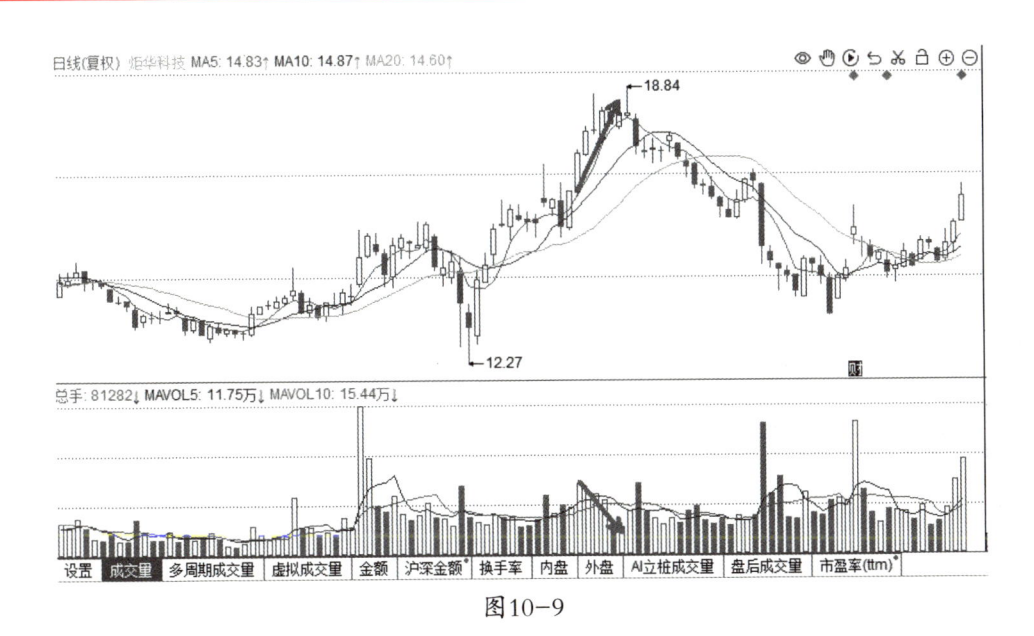

10.3.5 量缩价跌

量缩价跌主要是指在成交量减少的情况下，个股股价也同步下跌的一种量价配合现象。它通常意味着多空双方没有分歧，一致看跌，接盘者甚少。量缩价跌现象有时候会持续几个月。

量缩价跌现象既可能出现在下跌行情的中期，也可能出现在上涨行情的中期。

下跌行情中的量缩价跌，表明投资者在出货后不再做"空头回补"，股价还将继续下跌，投资者应以持币观望为主。

图10-10是赛维时代（股票代码：301381）2023年9月至2024年5月的日K线图，从2023年11月开始，该股开启了一轮下跌行情，在此期间，出现了多次量缩价跌的现象，说明空方力量强大，在出货后已经彻底离场，此时投资者应该谨慎买入，以持币观望为主。

上涨行情中的量缩价跌，多出现在上升旗形整理形态中，表明市场中充满惜售心理，是市场的主动回调整理，因而投资者可以持股待涨或逢低买入。

图10-11是招商轮船（股票代码：601872）2023年11月至2024年5月的日K线图，该股正处在一轮长时间的上涨行情中，在此期间出现了多次量缩价跌的现象，但股价走势又很快继续反弹上升，呈上升旗形，这说明该股上涨势头不减，投资者可以适当逢低买入。

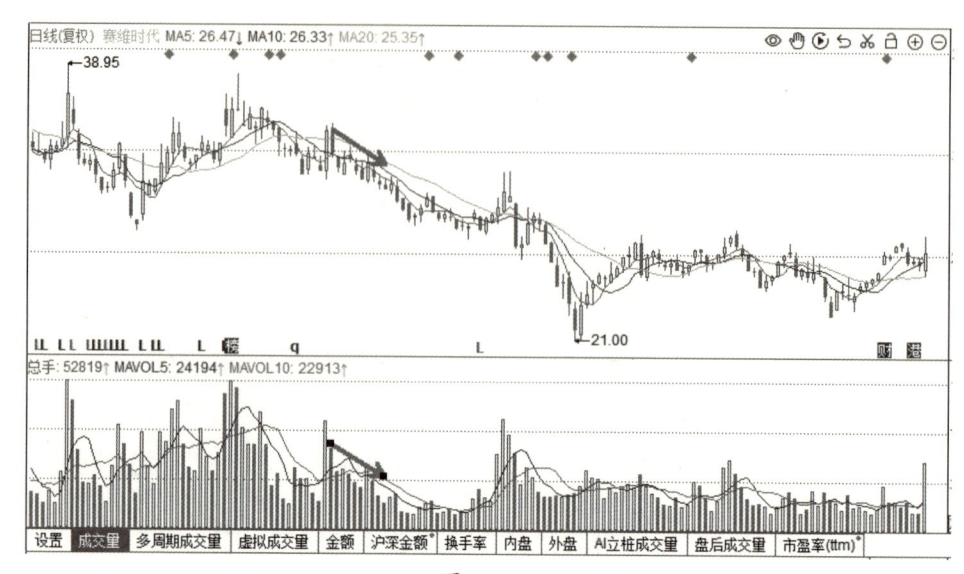

图10-10

图10-11

10.3.6 量缩价平

量缩价平是指在成交量减小的情况下，个股股价却围绕某一价位水平上下波动的一种量价配合现象。量缩价平现象维持时间不会很长，一般只有2~3天。

股价不变，意味着多空双方的力道维持在同一水平，成交量出现萎缩，表明需求减少，同时供给也减少。市场交易的意愿减少了，市场可能在发展过程中需要进行修正，因此经典量价理论认为量缩价平是警戒信号。

具体来说，如果量缩价平出现在一轮上涨行情后，往往是主力测试支撑和洗筹的表现，当这种量价关系形态转为量增价涨时，股价应仍有上涨空间。如果量缩价平出现在个股长期大幅上涨之后，股价出现横盘整理而成交量逐步减小时，投资者应将其视为顶部警戒信号。如果某日突放巨量、拉长阴线，那么投资者应果断出局，以回避此后的暴跌。

而如果在下跌趋势中出现量缩价平时，投资者就不可轻易买入。在空方力量未完全消耗殆尽之前，量缩价平只是股价暂时的平静期，说明当前股价对多方并没有太大的吸引力，其不愿意在这个价位上大举买入，后市将继续下跌。

如图10-12所示，三态股份（股票代码：301558）在2023年12月达到高位后转而下跌，并在下跌过程中出现了多次量缩价平的现象，说明已经没有太多资金愿意买入，空方力量仍占据优势，后市股价会继续下跌。在这种下跌行情中，量缩价平为警戒信号，投资者应及时卖出离场。

图10-12

10.3.7 量平价涨

量平价涨主要是指个股股价上涨的过程中，成交量基本保持在一定水平的一种量价配合现象。这是典型的多头行情的标志，成交量处于均衡状态，原来的上涨趋势仍将得以持续。量平价涨现象持续时间不宜太短，也不宜太长。一般认为持续2~3天时发出的信号较弱，5~8天时发出的信号最强，如果持续时间超过10天，其发出的信号同样较弱。

图10-13是电科院（股票代码：300215）2023年11月至2024年5月的日K线图，可以看到自2024年2月8日触底后，该股处于底部震荡上涨行情中，从2024年4月22日开始，出现放量上涨行情，且在2024年4月30日至5月9日的五个交易日

里，股价一路走高但成交量基本持平，对于电科院这样的小盘股而言，成交量持平可能代表着主力控盘良好，有随时拉升的迹象，投资者可以逢低买入。果然，接下来的两日中，该股出现了巨量暴涨的行情。

图10-13

10.3.8 量平价跌

量平价跌主要是指个股股价持续下跌，而成交量维持在一定水平的一种量价配合现象。这表示多空双方都认可当前的下跌趋势，即当前下跌趋势暂时不会改变，是卖出股票的信号。一般来说，量平价跌形态维持的时间有长有短，短到三五天，长可达数月之久。

图10-14是东旭光电（股票代码：000413）2023年11月至2024年5月的日K线图，可以看出该股在此期间处于一轮较长的下跌趋势中，且2024年1月至2月期间股价持续下跌，但成交量却维持在一定水平，说明该股的下跌趋势仍将延续，投资者应及早卖出离场。

> **Tips** 在股市中，人们常说"天量见天价，地量见地价"，这其实是两种较为极端的量价关系形态。所谓"天量见天价"是指在成交量创出此轮行情的最高值时，股价（或大盘）也创出此轮行情新高，这是量增价涨的极端情况，此情况常出现在长期上涨末端，后市结束上涨转而下跌的概率大。而所谓"地量见地价"是指在成交量创出此轮行情的最低值时，股价（或大盘）也创出此轮行情新低，这是量减价跌的极端情况，此情况常出现在长期下跌末端，后市结束下跌转而上涨的概率大。

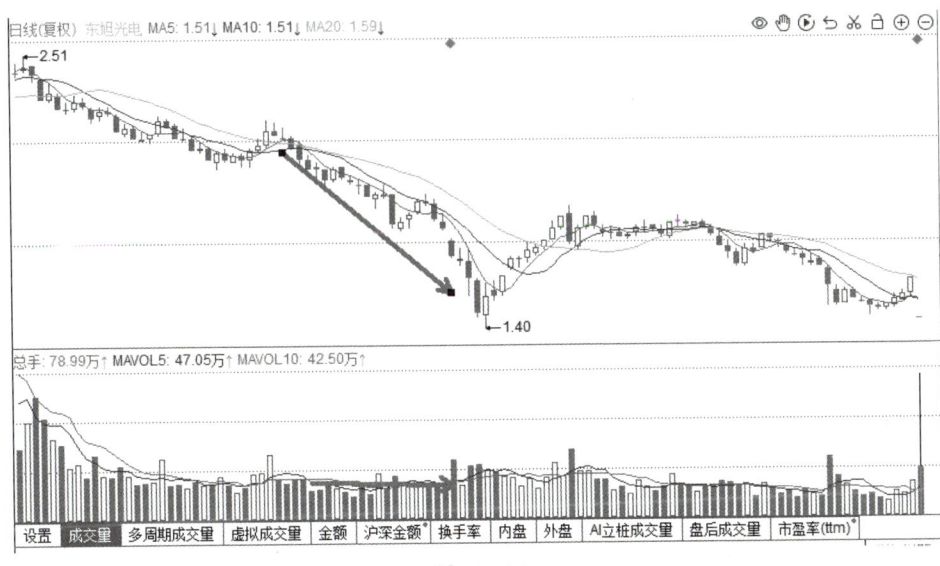

图10-14

📌 同花顺炒股小妙招：系统量价指标的使用技巧

投资者除了使用量价关系形态来进行量价分析、判断市场趋势和买卖时机，还可以借用与成交量相关的技术指标来辅助评估市场的供需关系和情绪力量，以更快速地了解市场行情，识别买卖信号，从而在短线投资中获得收益。

常用的成交量技术指标主要有两个，分别是OBV指标和VR指标，下面我们来具体介绍两种指标的基本原理与使用技巧。

一、OBV指标

OBV指标全称为"On Balance Volume"，中文名为"能量潮"，是一种基于成交量变化而生成的技术指标，主要用于衡量股市的买入和卖出压力。其理论基础是市场价格的变动必须有交易量配合，若价格有升降而交易量没有增减，市场的价格变动是难以为继的。

OBV指标通过计算成交量的变化来反映市场的人气或趋势，其统计学原理是将每日股市收盘价与昨日股市收盘价相比，如当日收盘价高于前一日收盘价，则将当日成交量值取为正值，反之取为负值，平盘则取零。经过一段时间的累积，就形成了OBV值，其计算公式为：当日OBV=前一日OBV+当日成交量。

OBV指标的图形通常为一条趋势线，可以配合移动平均OBV（MAOBV）曲线，从价格的变动和交易量增减的关系中推测市场的动向。

在应用OBV指标时，需要注意几个要点。

（1）股价上涨时，OBV曲线同步向上，可能出现量增价涨，是看涨信号。

（2）股价下跌时，OBV曲线同步向下，表明下跌动能增加，是看跌信号。

（3）当股价上涨而OBV曲线下降时，表示买盘乏力，股价有可能会回调下跌。

（4）当股价下跌而OBV曲线上升时，表示买盘旺盛，股价有止跌反弹的可能。

（5）OBV曲线从正的累积数转为负的（或OBV曲线下穿MAOBV曲线）时，为下跌趋势，应该卖出持有股票。反之，OBV曲线从负的累积数转为正的（或OBV曲线上穿MAOBV曲线）时，应该买进股票。

（6）股价变动，OBV曲线呈水平状态，这种情形在OBV指标的表现中最常见。OBV曲线呈水平状态表明目前市场参与者的持仓兴趣变化不大，不建议买进此类股票。

（7）OBV曲线为股市短期波动的重要判断工具，但应配合股价趋势进行综合分析。

图10-15是皇台酒业（股票代码：000995）2023年11月至2024年5月的日K线图和OBV曲线图，可以看到，股价曲线和OBV曲线在2023年12月21日至28日出现了相反的走势——股价上涨创下新高而OBV曲线却并没有相应创下新高，形成了背离形态，说明此时买盘力量减弱，股价即将见顶反转，投资者此时应卖出离场。

在2024年2月20日，股价已经处于反弹上涨阶段，OBV曲线上穿了MAOBV曲线、OBV值从负的累积数转为正的，这表明多方力量强大，此时投资者可以跟进买入。

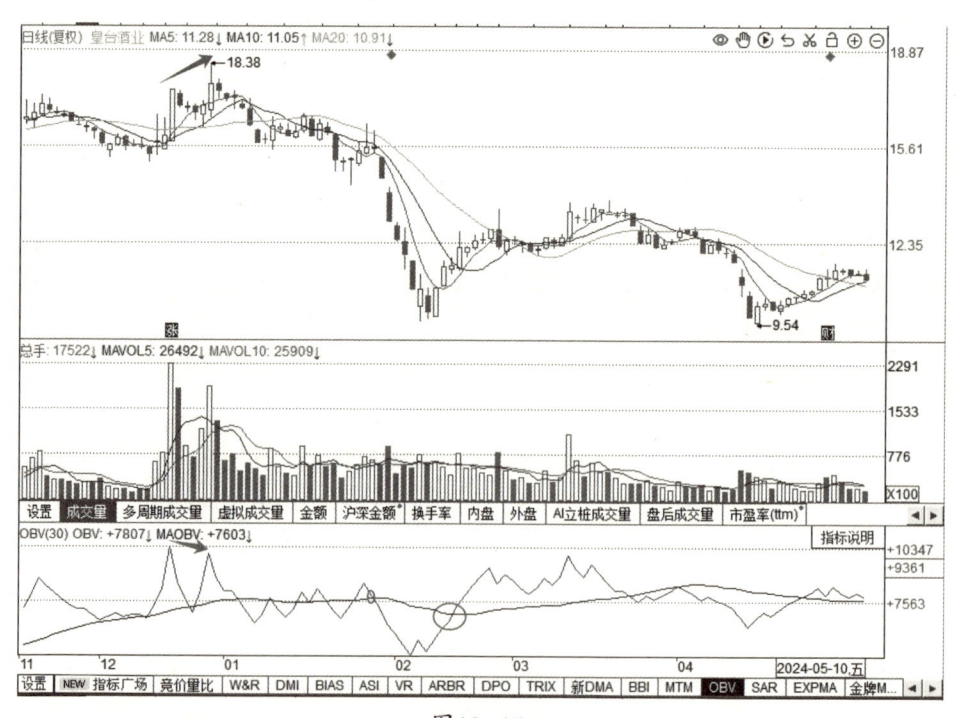

图10-15

二、VR指标

VR（Volume Ratio）指标，又称成交量比率指标或容量比率指标，是一项通过分析股价上涨期成交量（或成交额，下同）与股价下跌期成交量的比值，从而掌握市场中买卖势头的中期技术指标。其理论基础是"量价理论"和"反市场操作理论"。

量价理论认为，由于量在价先、量增价涨、量缩价跌、量价同步、量价背离等成交量的基本原则在市场中恒久不变，因此，观察上涨期与下跌期的成交量变化，可作为研判行情的依据。

反市场操作理论认为，当市场中人气开始凝聚，股价刚开始上涨和在上涨途中的时候，投资者应顺势操作，而当市场情绪极度乐观或极度悲观时，聪明的投资者应果断离场或进场。所以，VR指标又可以作为反市场操作的风向标。

VR指标的计算公式为：VR＝N日内上升日成交量总和/N日内下降日成交量总和。其中，N日为设定参数，一般设为26日。

投资者可以通过VR指标研判市场的供需关系及买卖势头的强弱，辅助进行市场行情的研判和买卖时机的把握。

在应用VR指标时，需要注意几个要点。

（1）VR值下降至40以下时，市场极易形成底部。

（2）VR值一般为150左右，一旦越过250，市场极易产生一轮多头行情。

（3）VR值超过350，股价随时有反转的可能性，投资者可考虑逢高卖出获利。

（4）VR指标在寻找底部时比较可靠，在确认头部时，宜配合其他指标使用。

图10-16是双汇发展（股票代码：000895）2023年11月至2024年5月的日K线图和VR指标曲线图，该股在2023年12月下旬开始了一轮稳定的上涨行情，并在2024年3月下旬形成了双顶形态，之后股价一路下跌，并在3月7、8日出现量增价跌的形态，此时VR值已经跌至37.44，进入超低位，股价有可能已经见底，从而迎来反弹行情。果然，后市出现了小幅上涨行情，VR曲线缓慢上升，说明多方力量重新占据了优势。

图10-16

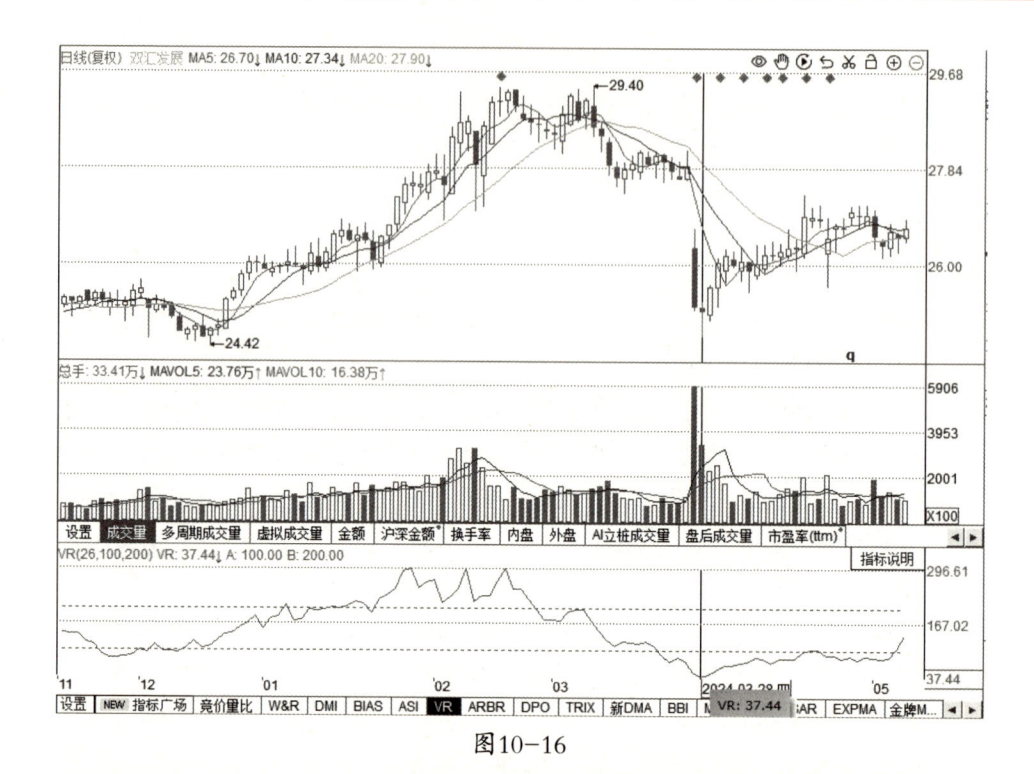

> **Tips** 反市场操作理论，也称为逆市场操作或反向投资策略，是一种与主流市场趋势相反的投资策略。它基于对市场行为和心理学的深入理解，通过反向操作来寻求超额收益。
>
> 反市场操作理论的核心思想是，当市场中充满过度乐观或过度悲观的情绪时，往往会导致股价偏离其真实价值。此时，投资者可以采取与主流市场相反的操作策略，买入被市场低估的资产或卖出被市场高估的资产，利用市场的非理性行为获取超额收益。

03 进阶篇

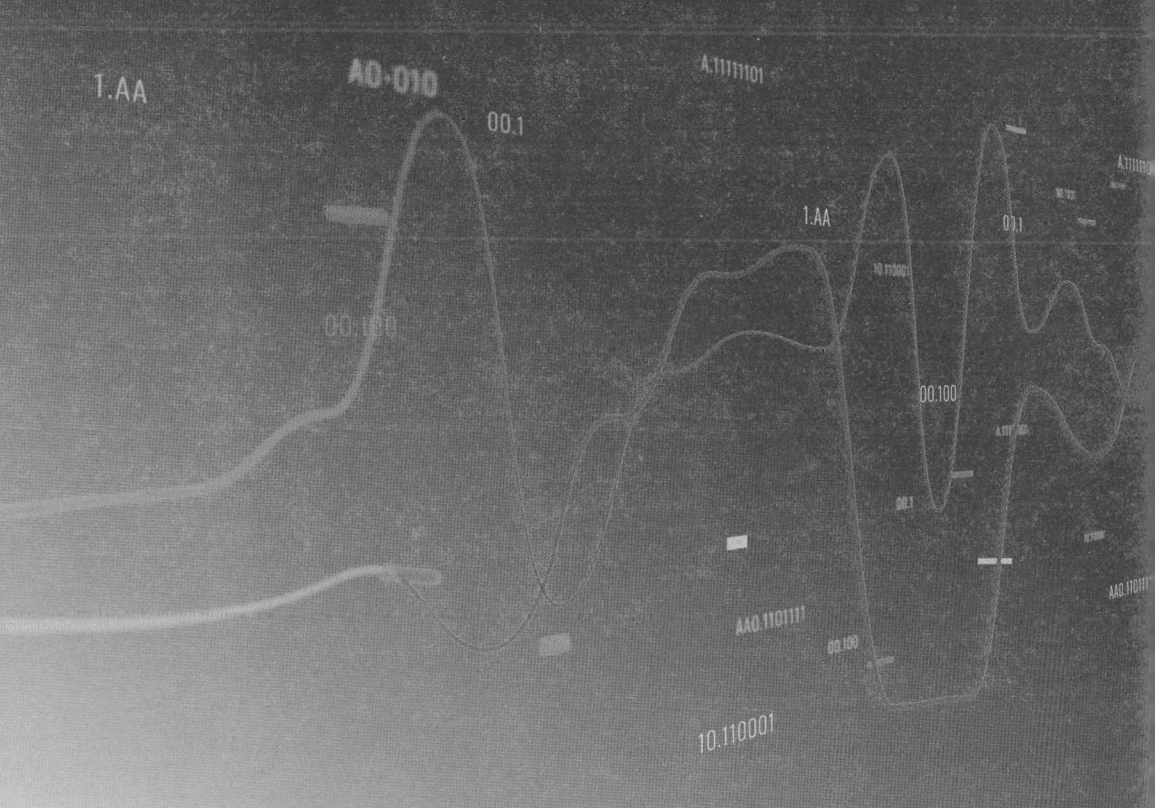

第 11 章
同花顺智能功能

同花顺软件一直在朝着智能化的方向前进，目前同花顺的智能服务主要用于监控预警、个股盯盘、智能选股等。智能化服务可以大大减轻投资者在盯盘和选股过程中的压力，提高盯盘和选股的效率。下面我们将对智能化服务的具体功能做详细介绍。

11.1 智能预警功能

同花顺很早就推出了智能盯盘预警的诸多功能，主要包括短线精灵、股票预警和鹰眼盯盘，这些功能实时显示市场中出现的异动个股以及投资者所关注股票的异动情况，帮助投资者快速捕捉投资机遇，规避投资风险，是短线投资必备的看盘炒股利器。

11.1.1 短线精灵

短线精灵功能可以智能监控沪深A股的成交异动、走势异动情况，帮助投资者实时捕捉异动信息，是众多短线高手的挚爱。

打开同花顺PC版客户端，在菜单栏点击"智能"菜单中的"短线精灵"命令，即可打开短线精灵页面，如图11-1、图11-2所示。

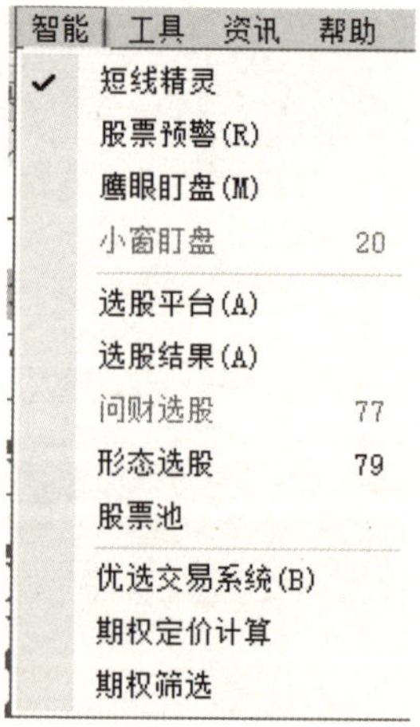

图 11-1

> **Tips** 同花顺PC版客户端更新至V9.30.20及以上版本后，点击左信息栏中的"盯盘"按钮，即可弹出短线精灵窗口。

可以看到，短线精灵统计了时间、股票名称、异动情况和异动数据等，投资者可一眼看到市场中的具体异动信息。

在窗口页面的右上方，可以看到"？""个""自""板""指""全""统""表"八个按钮，以及齿轮（设置）按钮，它们有不同的功能。

图11-2

点击"？"按钮，会在同花顺软件界面右侧的问财问答页面出现"短线精灵使用说明"，说明短线精灵的基础用法。

点击"个"按钮，则会显示当前个股或选定个股的全部实时异动情况，如图11-3所示。

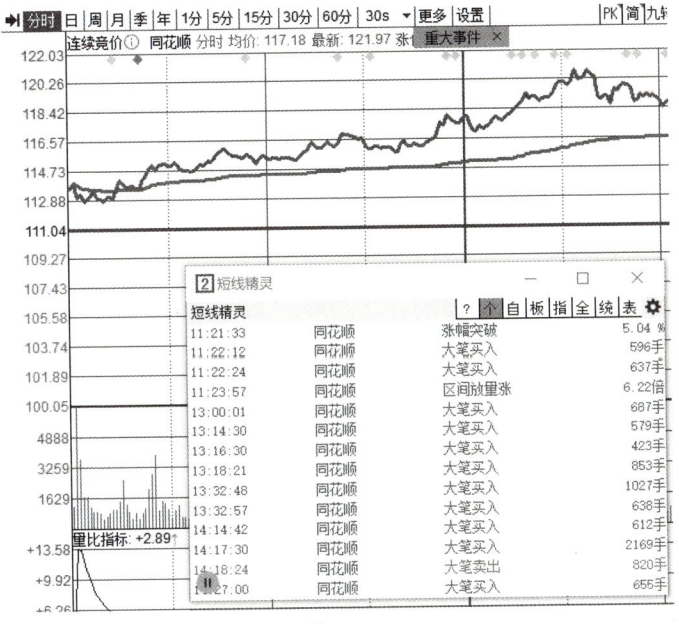

图11-3

点击"自""板""指""全"按钮,会分别显示自选股、相关板块、市场指数及A股市场的实时异动情况。在"板"页面中,投资者可选择添加相关板块,从而更有针对性地使用短线精灵盯盘,如图11-4所示。

图11-4

点击"统"按钮,则会显示当前个股或选定个股当日异动情况的统计数据,如大笔买入共几笔、共多少手,急速拉升次数等。

点击"表"按钮,则会弹出短线精灵统计列表,列出当日或过去某个日期被大笔买入的股票,帮助投资者筛选出主力流入最多的个股,如图11-5所示。

图11-5

点击短线精灵窗口右上角的齿轮按钮,即进入短线精灵的设置页面,进行监控设置和展示提示设置,如图11-6所示。

图11-6

可以看到，投资者可以选择不同的数据项，并进行具体参数的设置。关于股票异动的数据项，主要包括成交异动、走势异动、挂单异动、撤单异动。

投资者设置完成后，点击"应用"按钮，可以对自定义的参数进行监控。

短线精灵是短线高手捕捉投资机遇、规避投资风险的利器，它既可以捕捉到主力正在疯狂抢筹的个股，也可以筛选出主力正在疯狂出逃的个股。例如，我们在短线精灵设置窗口中，选择"大笔买入"作为异动预警条件，点击"应用"按钮，即可在短线精灵窗口查看到所有出现"大笔买入"异动的个股情况，如图11-7所示。

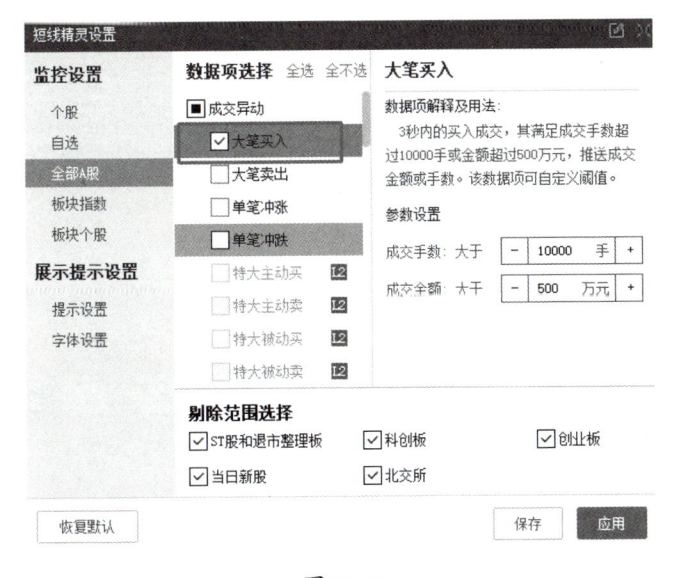

图11-7

图11-7（续）

　　有大笔买入异动的个股，说明被主力看好且正在抢筹，投资者可以选择跟随主力的策略，进行短线操作。

　　再如，我们可以对持仓的个股进行短线精灵的监控设置，选择"大笔卖出"作为异动预警条件，当该持仓个股出现主力出逃的情况时，投资者可以及时发现，并及时进行卖出操作，规避风险，如图11-8所示。

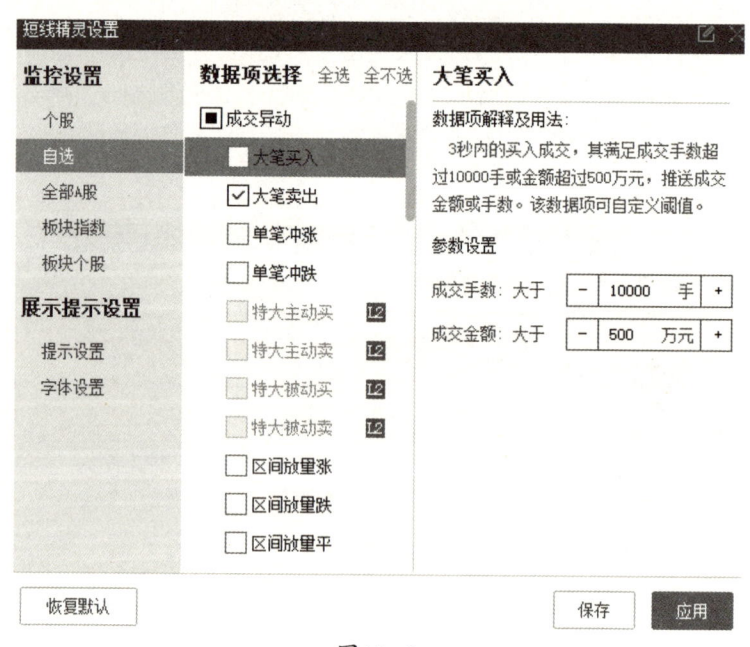

图11-8

图11-8（续）

11.1.2 股票预警

股票预警功能可以帮助投资者快速获取市场信息，提高决策效率。市场中的股票越来越多，投资者很难一直盯着所有股票，股票预警功能可以在股价、涨跌幅、换手率、公告等满足一定的条件时，立刻通知投资者。

股票预警与鹰眼盯盘类似，都是在个股满足特定的异动条件时提醒投资者，不同的是，鹰眼盯盘是对全市场进行盯盘预警，而股票预警是对特定的个股进行预警。

打开同花顺PC版客户端，在菜单栏点击"智能"菜单中的"股票预警"命令，即可打开股票预警窗口，如图11-9所示。

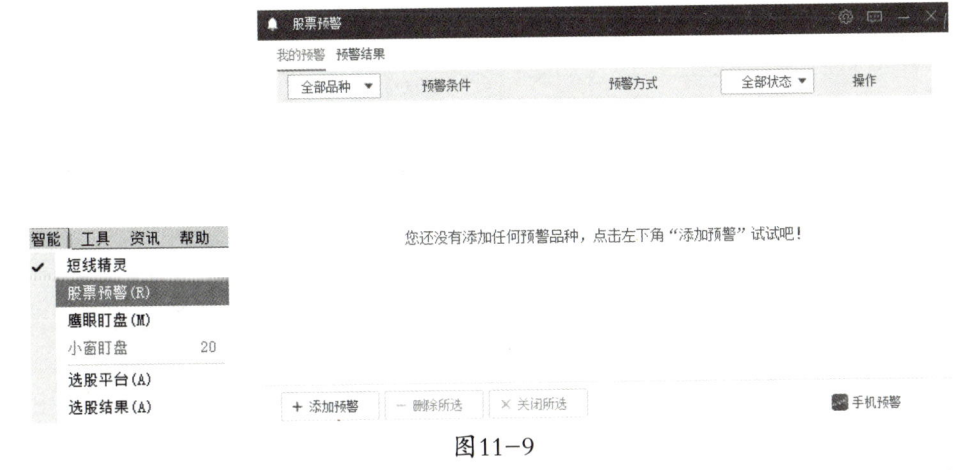

图11-9

如何使用股票预警功能呢？点击股票预警窗口左下方的"+添加预警"按钮，进入"添加预警"的设置窗口，即可对指定的股票代码进行预警设置。勾选并设置完预警条件后，点击"确定"按钮，就完成了预警的设置，如图11-10所示。

图11-10

此外，在指定个股的分时图页面或K线图页面点击鼠标右键，在弹出的快捷菜单中点击"股票预警"命令，也可以直接进入"添加预警"窗口，如图11-11所示。

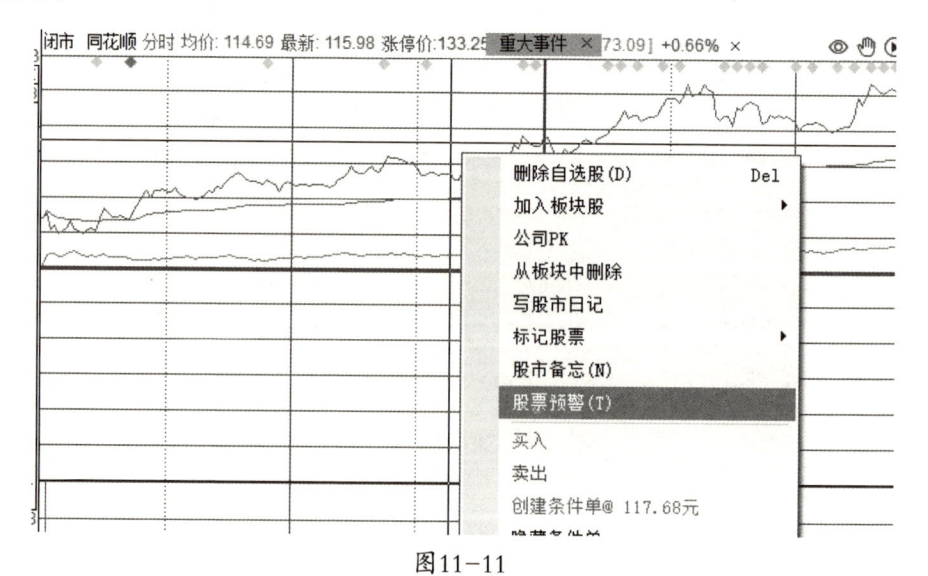

图11-11

除了系统默认的预警条件，投资者还可以点击下方的"其他条件"以及"问财预警"，选择更多的预警条件，如图11-12所示。

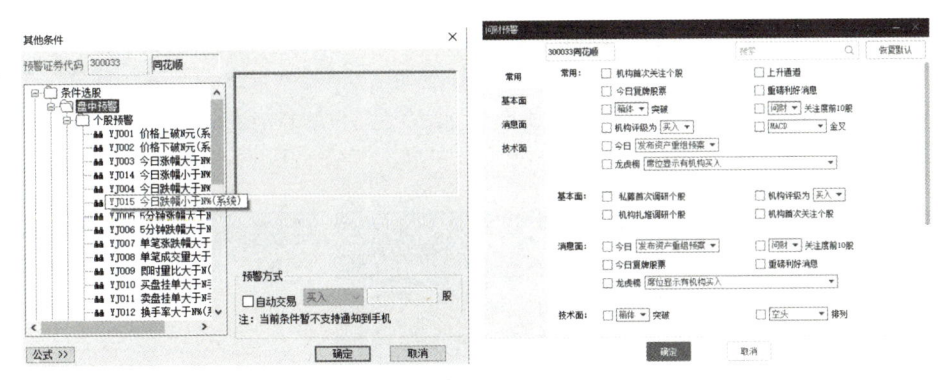

图11-12

投资者还可以进入"预警方式"设置子窗口（见图11-13），进行PC版客户端和手机App预警方式的设置，如个股满足预警条件时，投资者可以选择以弹出提示框、发出声音等方式进行通知。

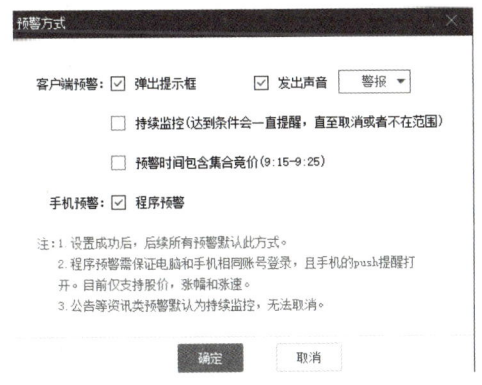

图11-13

此外，个股满足预警结果的消息，会在"预警结果"中呈现，当鼠标光标移动至该预警结果条目时，在条目右侧会出现"买""卖"按钮，点击即可进行相应的操作，如图11-14所示。

图11-14

在同花顺App中，同样可以使用预警功能对相关个股进行智能盯盘。

打开同花顺App，进入相关个股的行情页面，点击右下角"功能"按钮，并在弹出的"全部功能"中选择"预警"，即可打开个股的预警页面，如图11-15所示。

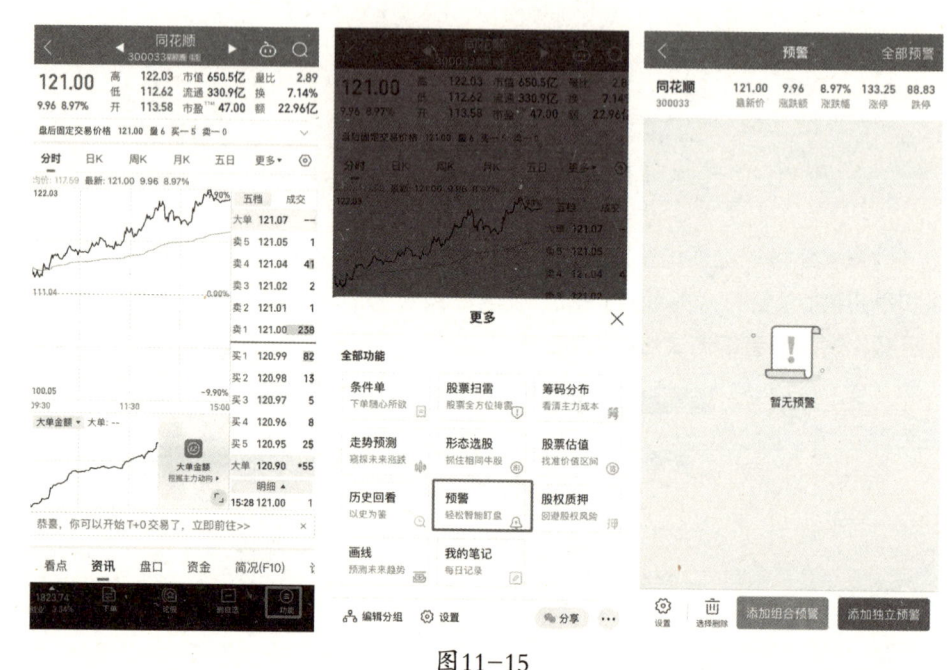

图11-15

可以看到，系统提供了两种添加预警的方式——组合预警和独立预警。组合预警是指个股满足多个条件时系统才会提示，独立预警则是个股只需要满足一个条件，系统就会进行提示，投资者可以根据盯盘需求进行添加，如图11-16所示。

Tips 需要说明的是，在同花顺App上添加预警后，需要开启手机通知权限，才能正常使用预警功能。

11.1.3 鹰眼盯盘

鹰眼盯盘与短线精灵类似，可以对全市场中的个股进行监控，筛选出有异动的个股。不同的是，短线精灵属于被动筛选，而鹰眼盯盘功能触发后，会主动提醒投资者有异动的股票及其异动特征，帮

图11-16

助投资者抓住每一个买卖的时机。

打开同花顺PC版客户端，在菜单栏中点击"智能"菜单中的"鹰眼盯盘"命令，即可打开鹰眼盯盘功能窗口，查看盘中出现异动的股票列表的具体情况，包括异动品种、异动情况、价格和异动时间等信息，如图11-17所示。

图11-17

点击鹰眼盯盘下方的"设置"按钮，可以进入盯盘条件设置页面（见图11-18），勾选盯盘条件并设置好参数，就可以监控整个股票市场或相应板块中所有个股的动向，系统将在条件满足时提醒投资者。

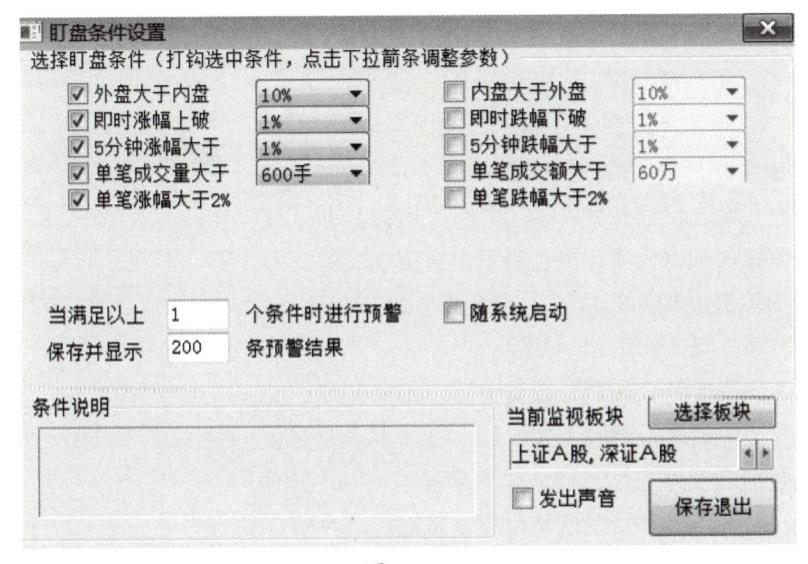

图11-18

在设置窗口，勾选"随系统启动"复选框，则每次打开同花顺PC版客户端时即启动鹰眼盯盘功能。

11.2 智能选股功能

智能选股是同花顺的另一大特色功能，它可以有效帮助投资者解决选股难题，下面我们来具体介绍同花顺的智能选股功能的使用方法。

11.2.1 问财选股

问财选股是同花顺旗下专业的选股问答平台，致力于为投资者提供主力追踪、价值投资、技术分析等各类选股方案。

打开同花顺PC版客户端，在工具栏中点击"选股"按钮，或从智能菜单中点击"问财选股"命令，或使用键盘精灵输入"77"后按Enter键，即可进入问财选股页面，如图11-19所示。

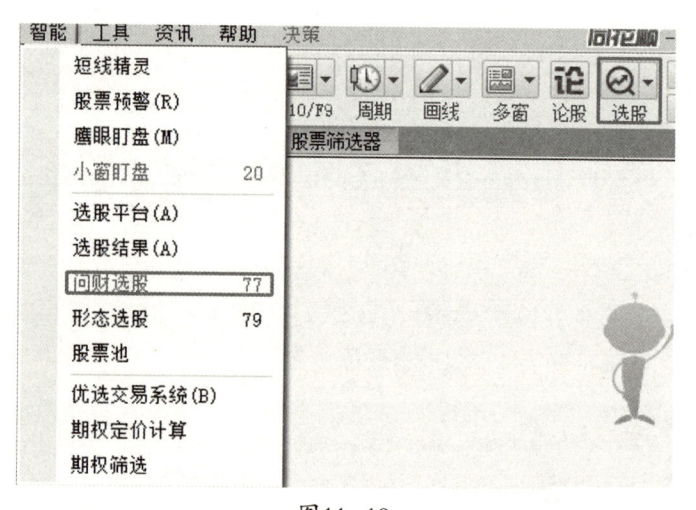

图11-19

同花顺PC版客户端更新至V9.30.20及以上版本后，点击页面左侧信息栏中的"盯盘"按钮，即可在页面左侧弹出问财页面，投资者可以直接在此处使用问财的相关选股和问答功能，该页面与同花顺App中的问财页面类似，如图11-20所示。

进入问财选股页面后，投资者可以用同花顺新推出的专业版问财进行选股，如图11-21所示。专业版问财有两种选股方式，一种是搜索选股，一种是AI对话选股，两种方式都可以使用自然语言输入选股条件进行选股操作。

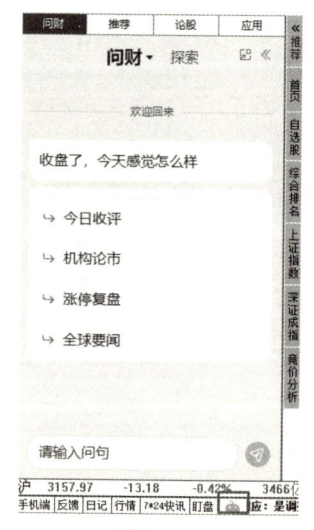

图11-20

图11-21

如果使用搜索方式，投资者输入相应的选股条件后（多个条件可以用逗号隔开），按Enter键，即可筛选出满足条件的个股。如输入"连续3日上涨，三日涨幅不超过7%，获利筹码比例75%"，可获得如图11-22所示的选股结果。

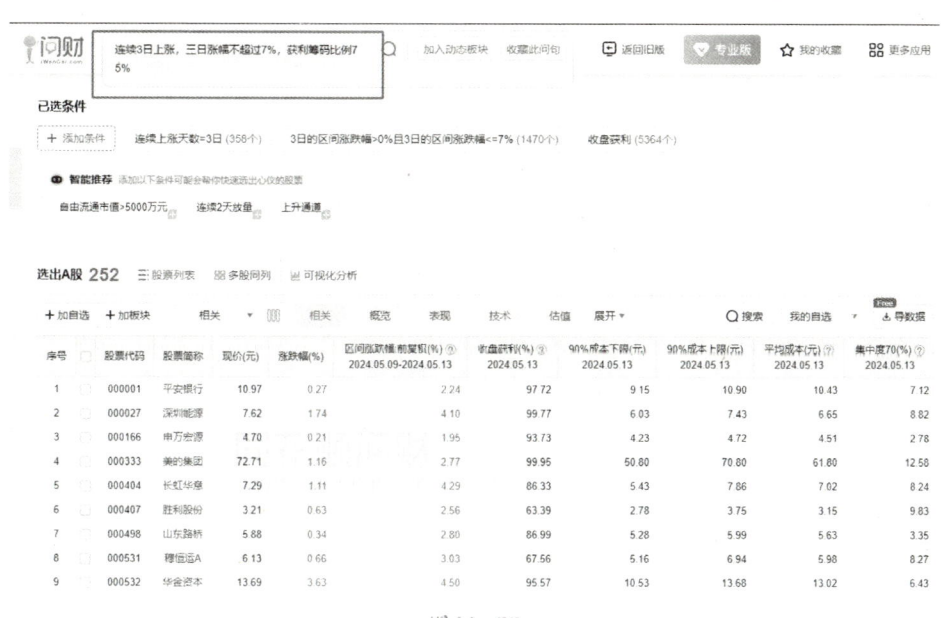

图11-22

投资者还可以根据情况添加条件，进行多次筛选。若选到合适的股票，投资者可在勾选个股后，将其加入自选股或其他板块，如图11-23所示。

同时，投资者可以点击相应个股，进入该股的日K线图页面。如点击"平安银行"，即可进入平安银行的日K线图页面（见图11-24），查看该股的具体行情信息。

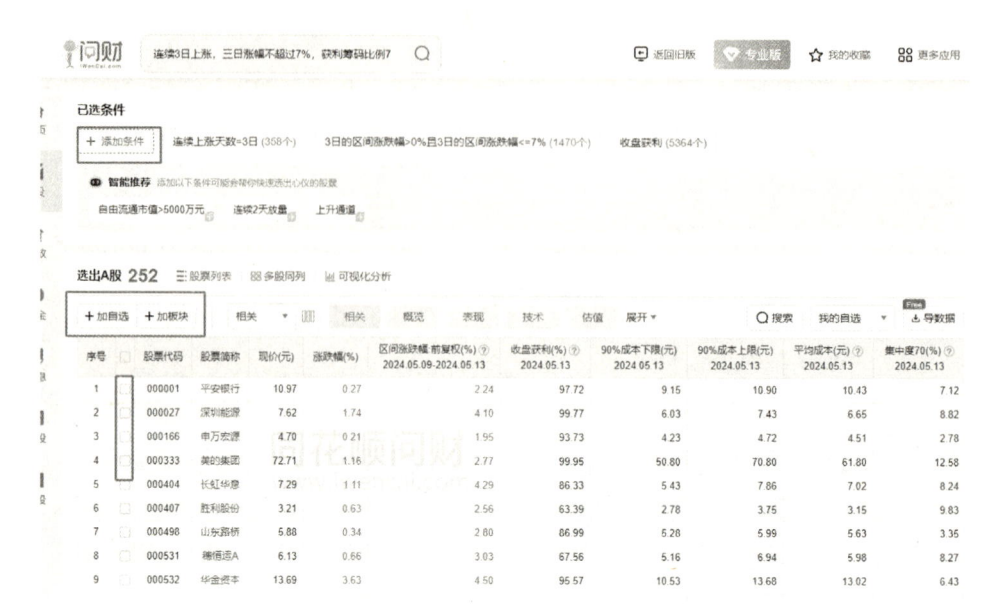

图11-23

图11-24

若对问句筛选结果较为满意，投资者还可以将该问句加入动态板块或收藏此问句，以后投资者可以进入动态板块查看用问句筛选后的实时结果，或打开"我的收藏"再次使用该问句进行选股，如图11-25所示。

同样，投资者可以使用同花顺App中的问财进行选股，其操作方法我们在第12章会具体介绍。

图11-25

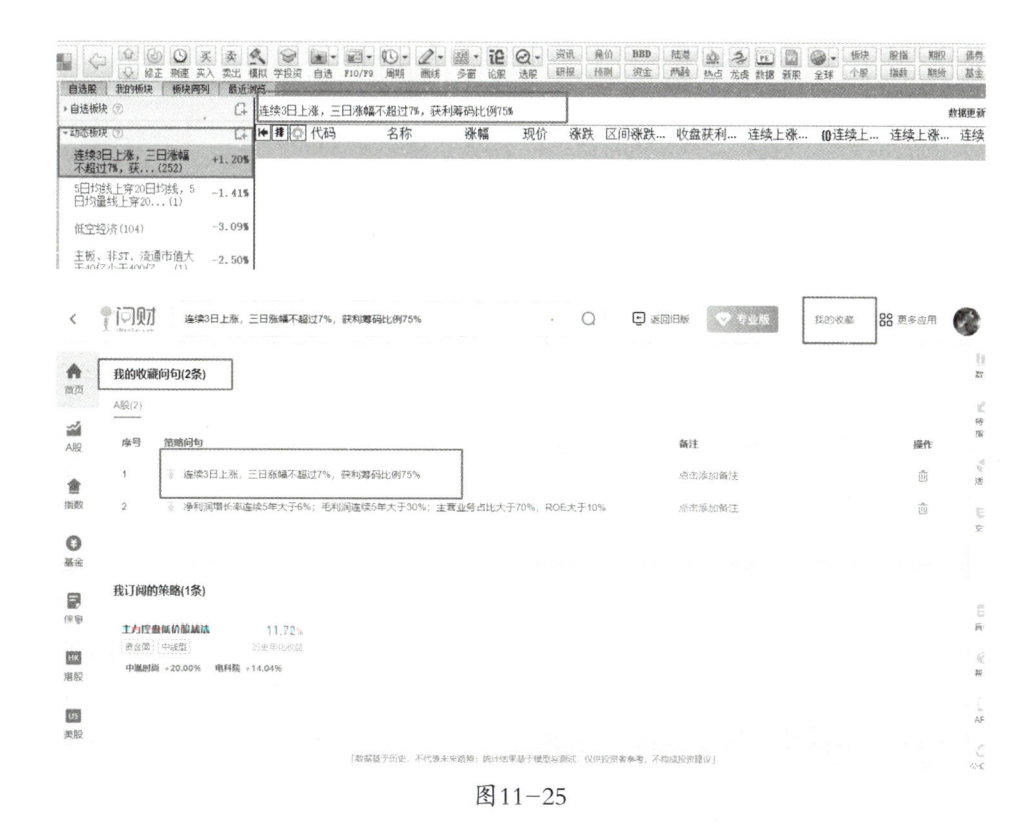

11.2.2 快捷优选

许多投资新手可能会面临一个问题，即掌握的选股条件或选股知识不多，不知道如何进行筛选。同花顺为解决这一问题，推出了"快捷优选"功能，以帮助投资者轻轻松松选择优质个股。下面介绍快捷优选功能的使用方法。

打开同花顺PC版客户端，使用键盘精灵输入"78"后按Enter键，或点击工具栏中"选股"按钮旁边的下拉箭头，在下拉菜单选择"快捷优选"，即可进入快捷优选页面，如图11-26所示。

图11-26

在快捷优选页面，左栏为"近期推荐条件选股"列表，右栏则是相对应条件指标的介绍以及综合成功率、操作类型、人气等信息，并在上方提示当前行情下该条件筛选出来的股票数量，如图11-27所示。投资者还可以对相关的条件选股进行点评、打分和收藏。

图11-27

投资者可以根据自身需求，用合适的条件进行选股，选好后点击"执行选股"按钮即可查看结果。如将鼠标光标移动至当前综合成功率最高的"BIAS短线超跌"条目上，点击"执行选股"按钮，即可在右栏中查看到今日符合该条件的股票列表，如图11-28所示。

可以看到，该条件筛选出了17只个股，但成功率仅为55%，投资者还可以点击"优中选优"按钮，进行选股优化，挑选出成功率更高的股票，从而做出更合理的判断。如我们在该条件选股列表中进行优中选优，进一步筛选出3只个股，成功率则上升到了82%，如图11-29所示。

图11-28

图11-29

投资者可将筛选出的股票加入自选股或自定义模块中，以方便后面进行更为全面、综合的研判、诊股。

11.2.3 形态选股

对于习惯使用技术分析方法进行选股，尤其是善于使用形态分析的投资者来说，同花顺的形态选股功能是一个利器，它可以根据经典形态或自绘形态帮助投资者快速筛选出形态匹配的个股。

下面我们具体介绍一下形态选股功能的使用方法。

形态选股有两种使用方法，一种是利用系统内自带的形态和自绘形态进行匹配选股，另一种则是在K线图中使用鼠标选择形态后进行匹配选股。我们逐一介绍两种使用方法。

打开同花顺PC版客户端，投资者可以点击"智能"菜单中的"形态选股"命令，或使用键盘精灵输入"79"后按Enter键，或点击工具栏中"选股"按钮旁边的下拉箭头，在下拉菜单中选择"形态选股"，即可进入形态选股方案窗口，如图11-30所示。

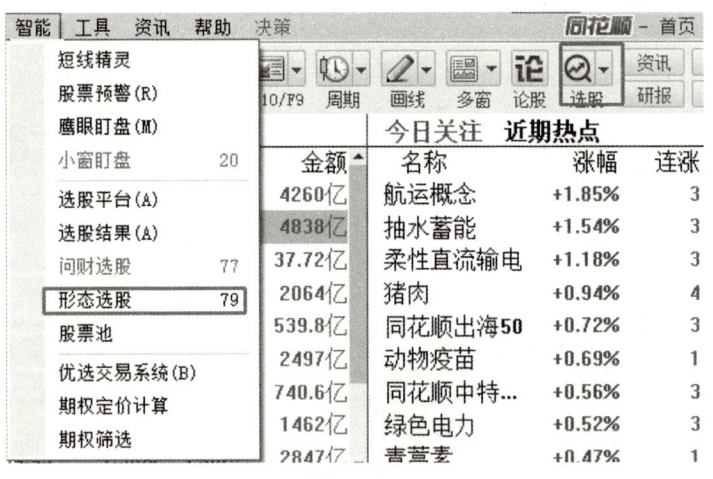

图11-30

进入形态选股方案窗口后，可以看到形态选股方案分为实际形态和自绘形态，如图11-31所示。实际形态是指投资者对历史上实际发生的K线形态进行截取、保存后留下的形态方案。目前同花顺系统自带了六种实际形态方案，供投资者使用和参考。投资者也可以在K线图中自行截取形态并添加，以便之后使用。

投资者选中形态后，点击"执行选股"按钮，即可选出形态相似的个股，如选中"上升加速形态"并进行选股，即可得到如图11-32所示的选股列表。

图 11-31

选出的个股按照与形态源的相似度进行排序，投资者可以勾选相似度高的个股加入自选股模块。若不满意选股结果，还可以点击"设置"按钮修改选股条件，重新选股。形态方案设置窗口如图 11-33 所示。

图 11-32

图 11-33

投资者可以使用鼠标进行形态的绘制，然后根据绘制的形态进行形态选股的匹配和筛选。如图 11-34 所示，投资者可点击右栏的"+自绘形态"按钮，然后使用鼠标进行形态的绘制，如绘制出W底形态，然后进行保存，在保存形态方案中输入名称并点击"确定"按钮即可。

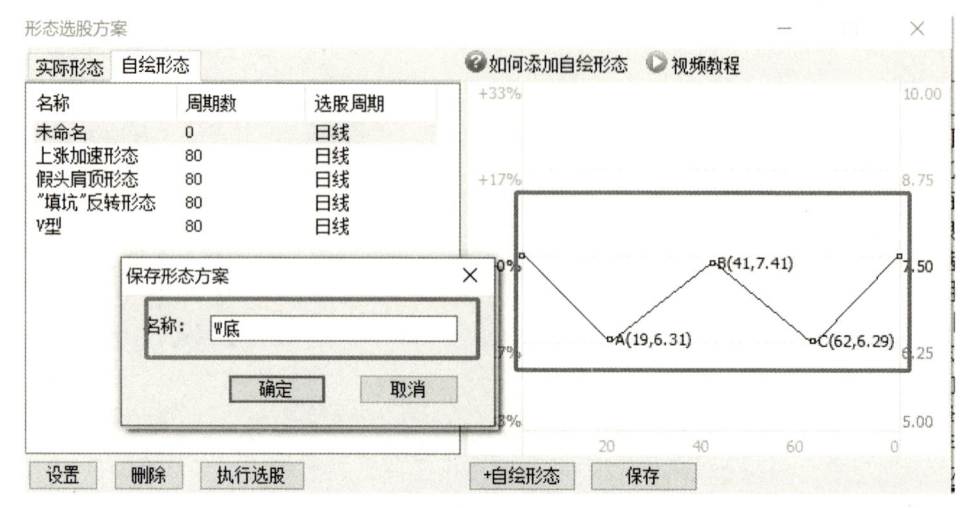

图11-34

使用自绘形态进行选股的操作与实际形态选股操作一致，此处不再赘述。

对于同花顺用户来说，在K线图中使用鼠标选择形态后进行匹配选股是更为便利的一种形态选股方式。接下来我们介绍一下这种方式的使用方法。

打开同花顺PC版客户端，进入个股或大盘指数的K线图页面，选择一段K线形态，按住鼠标右键拖动画框将该形态选中。当鼠标停止移动并松开右键时，会弹出快捷菜单，如图11-35所示。

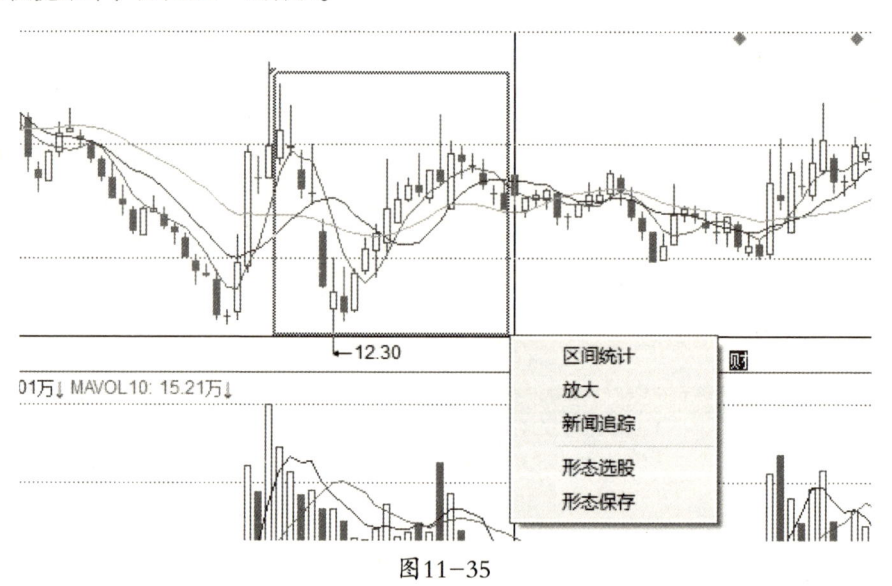

图11-35

在快捷菜单中点击"形态选股"命令，即可对选中的形态启动执行选股功能，并弹出选股结果的列表，如图11-36所示。

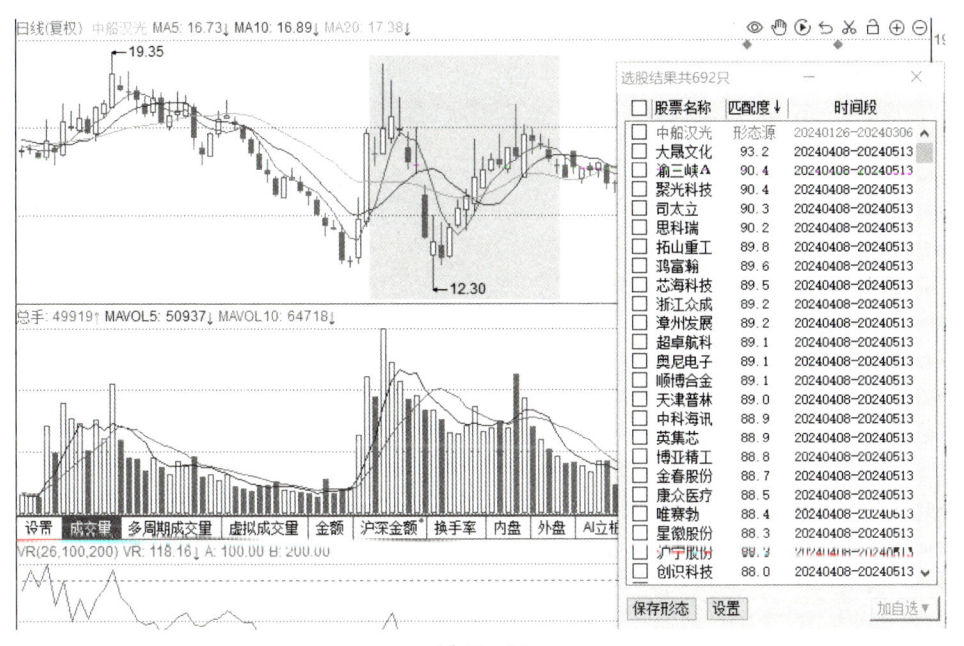

图11-36

投资者还可以在快捷菜单弹窗中点击"形态保存"命令，或在选股结果的列表窗口中点击"保存形态"按钮，即可保存该形态方案至"实际形态"中。如图11-37所示，我们将该形态命名为"形态测试"，然后点击"确定"按钮，即可保存该形态。

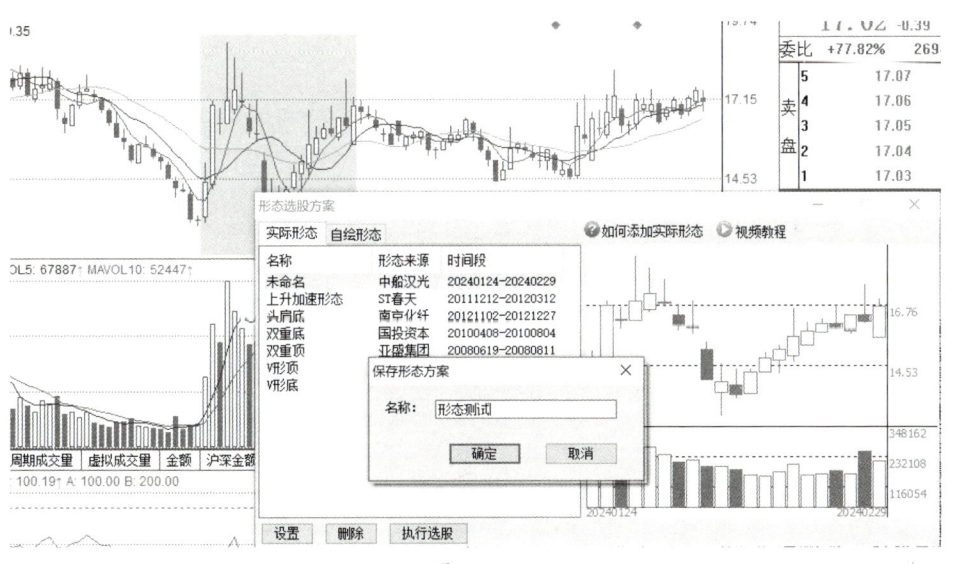

图11-37

重新打开形态选股方案窗口，可以看到该形态已经在"实际形态"方案列表的最上方了，如图11-38所示。

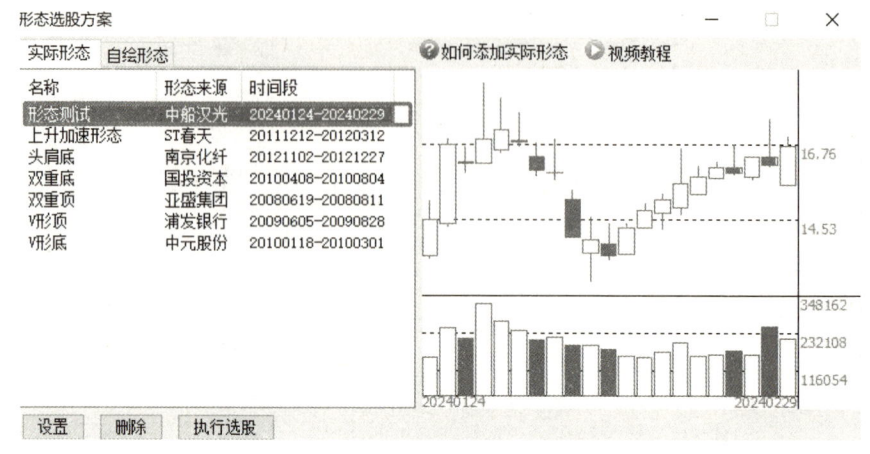

图11-38

11.2.4 选股平台

除了以上选股方式，投资者还可以使用同花顺的选股平台，利用系统自带的"条件选股""技术指标""交易系统"等功能进行单一条件选股，选股平台还支持投资者用自定义的方式对选股条件进行组合，从而进行组合条件选股。若有特殊的选股要求，投资者还可以自己编写公式来进行选股。

1. 单一条件选股

打开同花顺PC版客户端，点击"智能"菜单中的"选股平台"命令，系统即可弹出"选股平台"窗口，如图11-39所示。

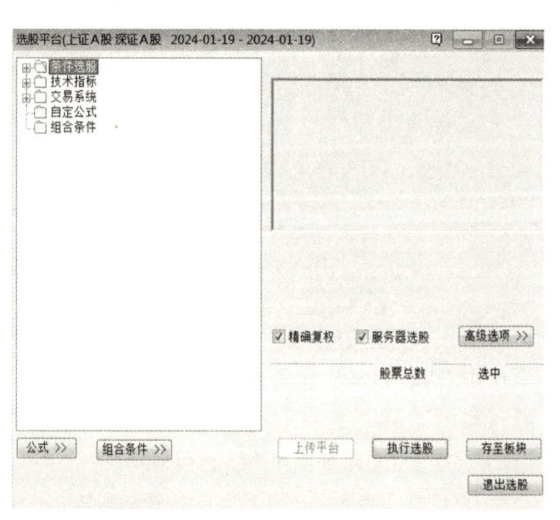

图11-39

投资者可以根据自身需要，在"条件选股""技术指标""交易系统"中选择合适的选股条件，点击"执行选股"按钮后，即可筛选出符合条件的个股。

例如，我们选择"交易系统"中的"J_07容量比率系统（系统）"作为选股条件，设置好该指标参数，"分析周期"选择"日线"，"发出"选择"买入信号"，点击"执行选股"按钮，系统便会给出符合条件的选股结果列表，如图11-40、图11-41所示。

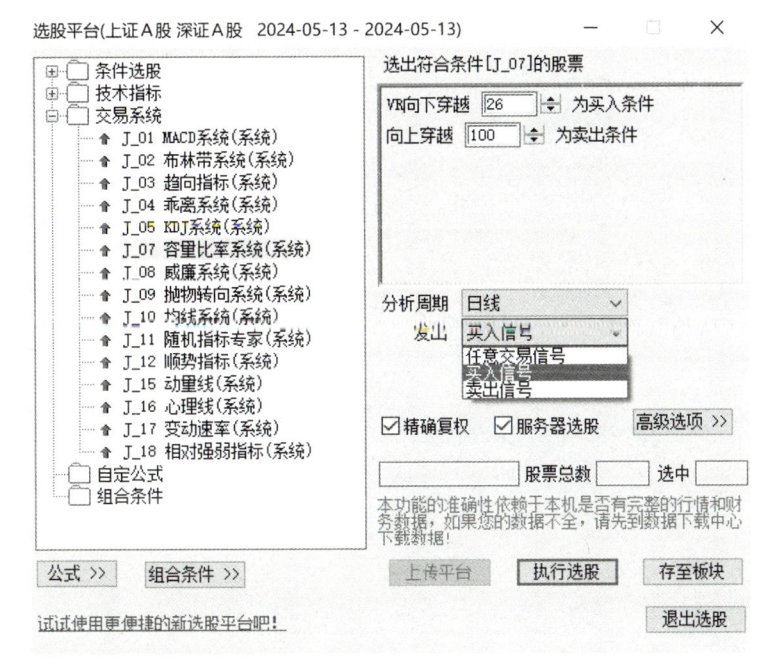

图11-40

	代码	名称	涨幅	现价	涨跌	涨速%	DDE净量	总手	换手%	量比	所属行业	现手	开盘	昨收
1	600017	日照港	+2.41%	2.97	+0.07	+0.34	0.30	680699	2.21	2.43	港口航运	4513↑	2.90	2.90
2	600522	中天科技	+4.38%	15.01	+0.63	-0.07	0.30	1461051	4.28	2.30	通信设备	11308↑	14.30	14.38
3	600528	中铁工业	+1.86%	8.22	+0.15	+0.00	0.01	290841	1.31	1.61	非汽车交运	4076↑	8.02	8.07
4	600686	金龙汽车	+4.34%	8.65	+0.36	-0.12	1.04	681595	9.51	1.58	汽车整车	8480↑	8.17	8.29
5	600798	宁波海运	+4.69%	3.35	+0.15	+0.30	0.21	472756	3.92	2.45	港口航运	12905↑	3.18	3.20
6	600811	东方集团	-3.64%	1.59	-0.06	+0.00	-0.04	1709773	4.67	3.04	农产品加工	29469↑	1.63	1.65
7	601012	隆基绿能	+1.61%	18.92	+0.30	-0.05	0.14	1227827	1.62	1.15	电力设备	14574↑	18.60	18.62
8	601100	恒立液压	+0.85%	54.58	+0.46	-0.16	0.01	61414	0.458	0.70	专用设备	793↑	53.50	54.12
9	603079	圣达生物	+3.50%	14.18	+0.48	+0.28	0.65	216523	12.64	0.93	化学制品	2891↑	13.06	13.70
10	603191	望变电气	+5.15%	19.31	+0.94	+0.00	-1.01	316542	16.95	2.16	钢铁	2321↑	18.29	18.27
11	603259	药明康德	+2.99%	46.19	+1.34	+0.11	0.29	1853031	7.28	2.38	医疗服务	14033↑	48.51	44.85
12	603868	飞科电器	+3.55%	47.61	+1.63	+0.00	0.03	34334	0.788	1.50	小家电	284↑	45.60	45.98
13	603966	法兰泰克	-0.34%	8.80	-0.03	-0.11	0.20	161663	4.49	1.88	专用设备	1287↑	8.73	8.83
14	605162	新中港	+2.44%	7.97	+0.19	+0.38	0.21	143500	14.17	1.45	电力	3018↑	7.78	7.78
15	688100	威胜信息	+3.15%	35.41	+1.08	+0.00	0.08	30342	0.607	1.44	通信设备	185↑	34.00	34.33
16	688787	海天瑞声	+6.14%	67.89	+3.93	+0.19	0.05	33927	8.22	1.80	计算机应用	387↑	63.78	63.96
17	000001	平安银行	+0.27%	10.97	+0.03	+0.09	0.02	1402499	0.723	1.01	银行	13848↑	10.90	10.94
18	000404	长虹华意	+1.11%	7.29	+0.08	+0.28	-0.26	389304	5.61	1.62	白色家电	4128↑	7.13	7.21
19	000591	太阳能	+0.57%	5.32	+0.03	+0.19	-0.05	419762	1.17	1.21	电力	7725↑	5.27	5.29
20	000639	西王食品	-1.82%	3.23	-0.06	+0.00	0.06	94294	0.874	0.65	食品加工制造	710↑	3.25	3.29

图11-41

2. 组合条件选股

投资者可以将不同选股条件组合，进行组合条件选股。

例如点击"组合条件"按钮后，选择"交易系统"中的"J_07容量比率系统（系统）"作为选股条件并设置好指标参数，然后点击"添加"按钮，即可将该条件放进组合条件中，如图11-42所示。

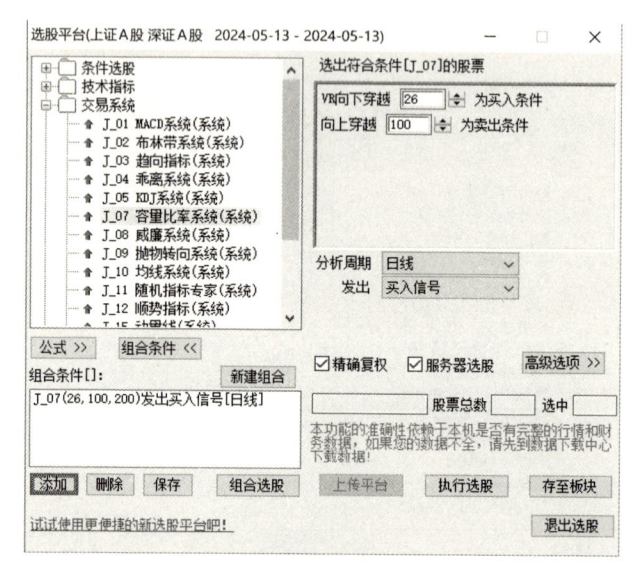

图11-42

之后，我们可以选择另一个条件，如"条件选股"中的"k_56 连续3日价升量涨（系统）"，点击"添加"按钮，即完成组合条件的设置，如图11-43所示。

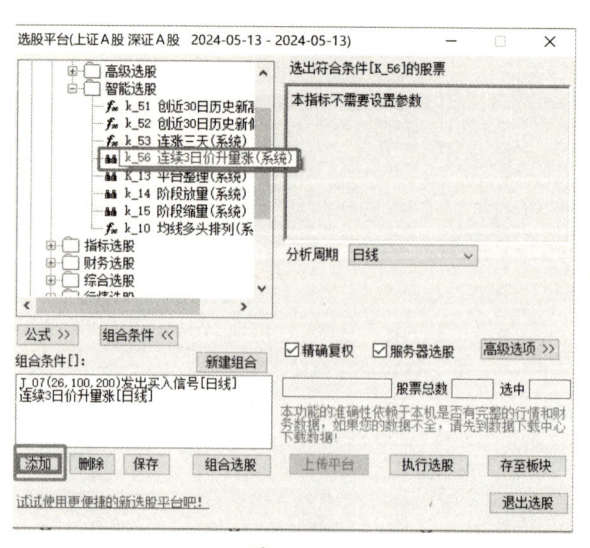

图11-43

之后点击"执行选股"按钮，系统可给出符合条件的选股结果列表，如图11-44所示。

	代码	名称	涨幅	现价	涨跌	涨速%	DDE净量	总手	换手%	量比	所属行业	现手	开盘	昨收
1	600017	日照港	+2.41%	2.97	+0.07	+0.34	0.30	680699	2.21	2.43	港口航运	4513↑	2.90	2.90
2	600522	中天科技	+4.38%	15.01	+0.63	-0.07	0.30	1461051	4.28	2.30	通信设备	11308↑	14.30	14.38
3	600528	中铁工业	+1.86%	8.22	+0.15	+0.00	0.01	290841	1.31	1.61	非汽车交运	4076↑	8.02	8.07
4	600686	金龙汽车	+4.34%	8.65	+0.36	-0.12	1.04	681595	9.51	1.58	汽车整车	8480↑	8.17	8.29
5	600798	宁波海运	+4.69%	3.35	+0.15	+0.30	0.21	472756	3.92	2.45	港口航运	12905↑	3.18	3.20
6	600811	东方集团	-3.64%	1.59	-0.06	+0.00	-0.04	1709773	4.67	3.04	农产品加工	29469↓	1.63	1.65
7	601012	隆基绿能	+1.61%	18.92	+0.30	-0.05	0.14	1227827	1.62	1.15	电力设备	14574↑	18.60	18.62
8	601100	恒立液压	+0.85%	54.58	+0.46	-0.16	0.01	61414	0.458	0.70	专用设备	793↓	53.50	54.12
9	603079	圣达生物	+3.50%	14.18	+0.48	+0.28	0.65	215323	12.64	0.93	化学制品	2891↓	13.06	13.70
10	603191	望变电气	+5.15%	19.21	+0.94	+0.00	-1.01	316542	16.95	2.16	钢铁	2321↑	18.29	18.27
11	603259	药明康德	+2.99%	46.19	+1.34	+0.11	0.04	1853031	7.28	2.38	医疗服务	14033↑	48.51	44.85
12	603868	飞科电器	+3.55%	47.61	+1.63	+0.00	0.03	34334	0.788	1.61	小家电	284↓	45.60	45.98
13	603966	法兰泰克	-0.34%	8.80	-0.03	-0.11	0.11	161663	4.49	1.88	专用设备	1287↓	8.73	8.83
14	605162	新中港	+2.44%	7.97	+0.19	+0.38	0.21	143800	14.17	1.45	电力	3018↑	7.78	7.78
15	688100	威胜信息	+3.15%	35.41	+1.08	-0.06	0.08	30342	0.607	1.44	通信设备	185↓	34.00	34.33
16	688787	海天瑞声	+6.14%	67.89	+3.93	+0.19	0.60	33927	8.22	1.80	计算机应用	387↓	63.78	63.96
17	000001	平安银行	+0.27%	10.97	+0.03	+0.09	0.02	1402499	0.723	1.01	银行	13848↑	10.90	10.94
18	000404	长虹华意	+1.11%	7.29	+0.08	+0.28	-0.26	389304	5.61	1.62	白色家电	4128↓	7.13	7.21
19	000591	太阳能	+0.57%	5.32	+0.03	-0.04	0.03	419762	1.17	1.21	电力	7725↓	5.27	5.29
20	000639	西王食品	-1.82%	3.23	-0.06	+0.00	0.05	94294	0.874	0.85	食品加工制造	710↓	3.25	3.29

图 11-44

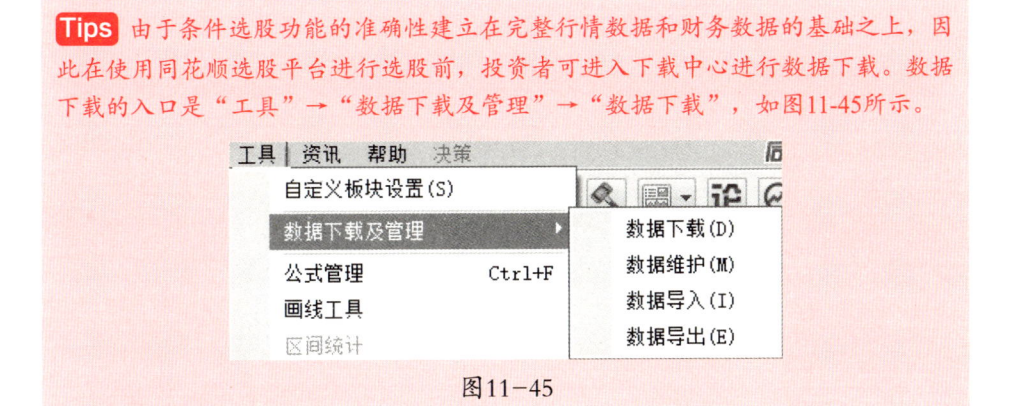

Tips 由于条件选股功能的准确性建立在完整行情数据和财务数据的基础之上，因此在使用同花顺选股平台进行选股前，投资者可进入下载中心进行数据下载。数据下载的入口是"工具"→"数据下载及管理"→"数据下载"，如图11-45所示。

图 11-45

3. 公式选股

点击选股平台下方的"公式"按钮，会弹出"修改公式""查询公式""新建公式""设为智能"四个命令，如图11-46所示。"修改公式"是对系统已有的条件指标或自定义公式进行修改，"查询公式"便于投资者根据关键词快速检索出相关的指标条件，"新建公式"为投资者提供了自写公式的功能，投资者可以利用"设为智能"自行将某个公司归为"智能选股"类别。

点击"公式"按钮，选择"新建公式"命令，即可弹出"指标编辑器"窗口，如图11-47所示。投资者可以选择使用同花顺模式或通达信模式，进行指标公式的编写。

图11-46

图11-47

当前，同花顺公式系统可以利用AI功能自动生成代码，免去了很多投资者学习写代码的苦恼。下面我们举例说明利用AI功能写公式的方法。

打开"指标编辑器"窗口,选择"同花顺模式",激活编辑区后,按Ctrl+S组合键启动AI,此时会弹出需求描述栏,如图11-48所示。

图11-48

在需求描述栏中输入"一阳穿五线,资金净流入"的选股条件,按Enter键,AI就开始自动编写代码,如图11-49所示。

图11-49

当出现"AI已生成相应代码"提示文字时,点击右边的"确定"按钮,设置名称为"同花顺AI测试",描述为"一阳穿五线,资金净流入",点击下面的"确定"按钮,并在弹出的确认窗口中再次点击"确定"按钮,即完成了该公式的创建工作,如图11-50所示。

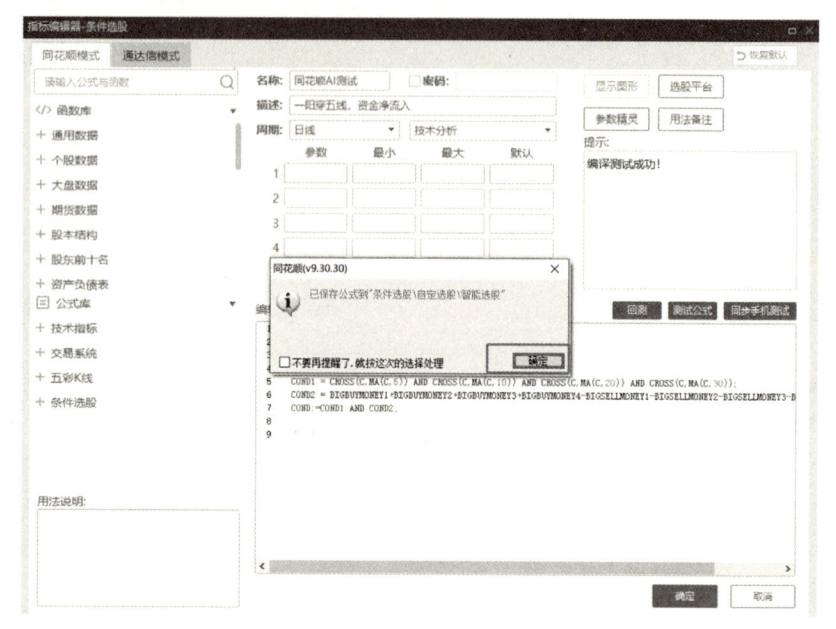

图11-50

重新打开选股平台窗口,可以在"条件选股"→"自定选股"→"智能选股"中看到该条件,如图11-51所示。

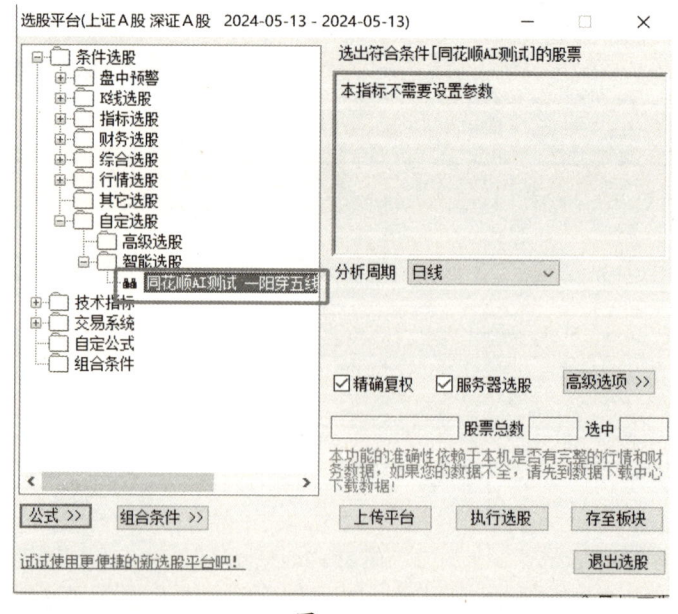

图11-51

11.2.5 股票筛选器

股票筛选器是主要通过基本面进行选股的选股利器。下面简要介绍股票筛选器的使用方法。

打开同花顺PC版客户端，点击工具栏中"选股"按钮旁边的下拉箭头，在下拉菜单选择"股票筛选器"命令，即可进入股票筛选器功能模块，如图11-52所示。

股票筛选器的窗口分为上下两个部分，上半部分是已经设置的条件，下半部分是筛选条件。

筛选器为我们提供了7个筛选条件，每个条件下都有更详细的指标条件，如图11-53所示。点击不同的项目，右侧还会给出简要的说明，对于新手来说比较方便。双击选好的条件，或点击列表上方的"添加条件"按钮，可以将其加入上方的筛选器中。

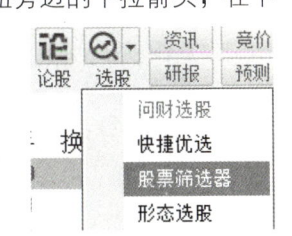

图11-52

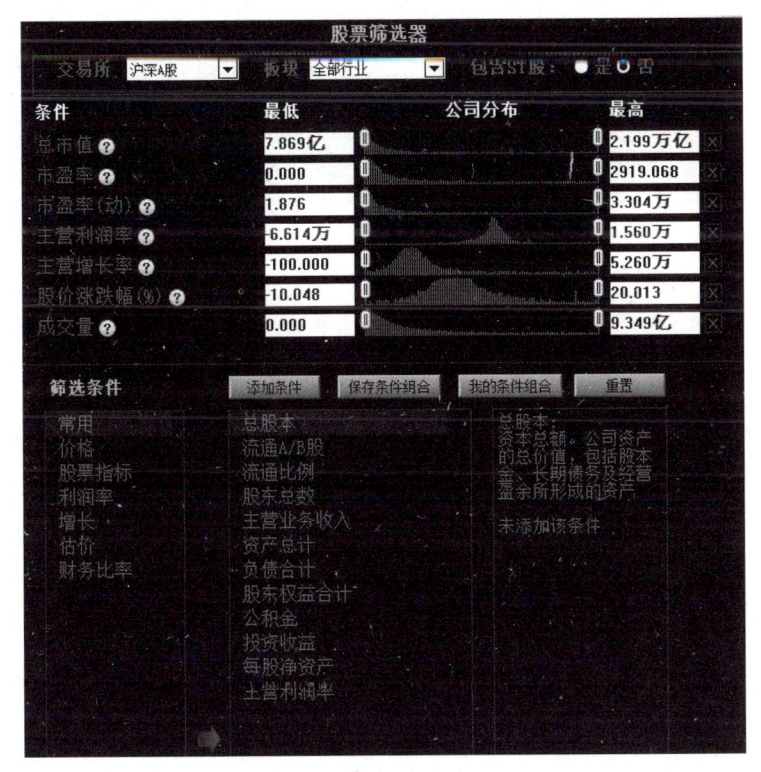

图11-53

上半部分条件中的每项指标都可以设定不同的数值范围，对于已添加到筛选器中的条件，我们可以用拖动滑块的方式来调节数值，如图11-54所示。在每个条件的数轴上都有一个波形图，显示出了该条件下的股票分布情况。波形较高的位置，有比较多的股票属于这个数值范围内，波形较低的位置包含的股票则比较少。

321

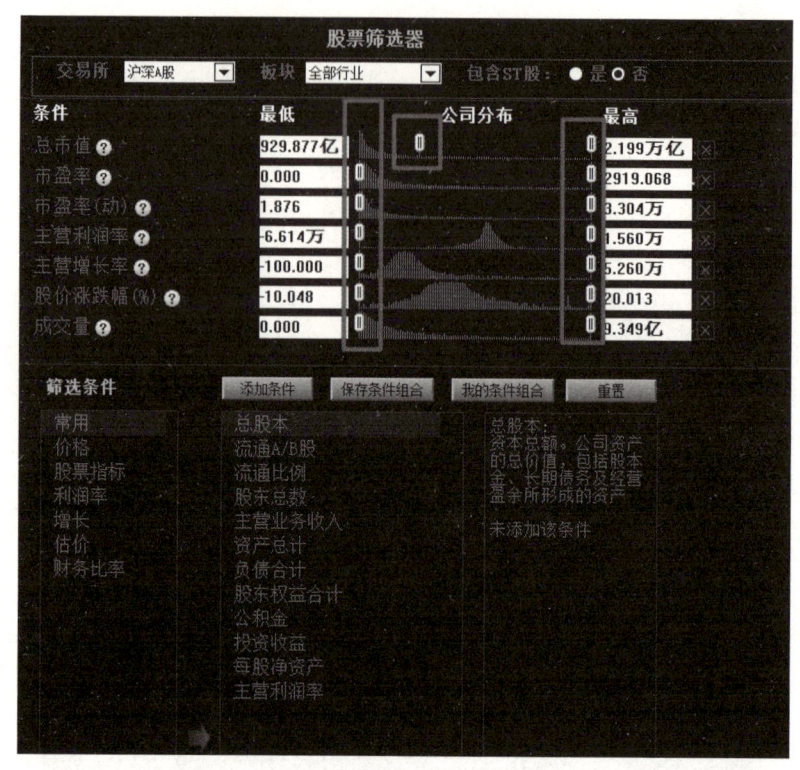

图11-54

由于筛选条件最多只能选择7条，所以一些条件可能无法同时筛选，这时我们可以将设置好的条件组合或筛选结果保存起来，即点击"保存筛选结果"按钮，下次用到的时候就不必再重新添加和调整了，如图11-55所示。

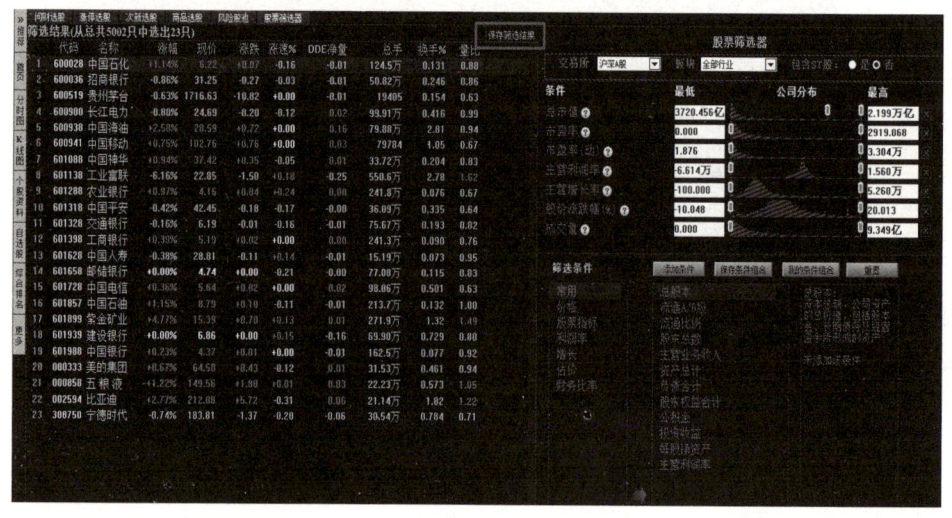

图11-55

11.3 形态预测功能

形态预测功能主要用于预测当前个股未来可能的走势,原理为依照当前个股近期的K线形态,找出市场中所有个股在历史上与之相似的形态,然后用这段相似形态后面的K线走势作为对当前个股未来走势的预测,并通过统计多个相似形态后期的收益率来测算当前个股未来的收益率。

在第3章中,我们已经对同花顺的形态预测功能做了一些基本的介绍,这里我们对该功能的具体用法做更详尽的说明。

打开同花顺PC版客户端,选中想要预测的个股或指数,或进入该个股或指数的K线图页面,然后点击工具栏中的"预测"按钮,或点击K线图右上方的"预测"按钮,即可启动形态预测功能。

图11-56所示是在贵州茅台(股票代码:600519)日K线图中生成的形态预测图形。

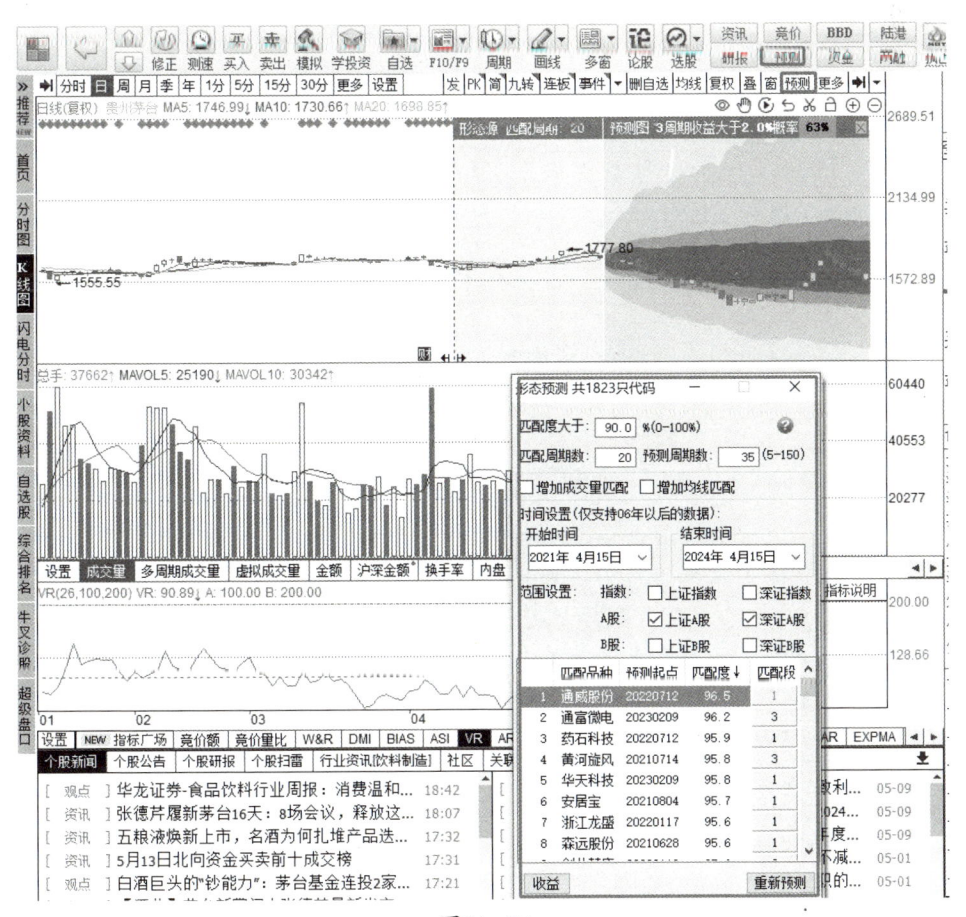

图11-56

下面具体介绍形态预测功能图中的一些基本指标。

（1）预测图颜色：颜色越深，表示预测出的走势分布越密集。

（2）匹配度：作为预测依据的个股与当前个股在指定时段的形态相似程度，可理解为匹配度越高，预测的准确性越高。

（3）匹配周期数：当前个股用于匹配其他个股的K线根数。

（4）预测周期数：预测形态的K线根数，即预测未来多少根K线的走势。

（5）时间设置和范围设置：可以设置匹配的开始时间、结束时间，以及匹配的范围，如指数、A股、B股等。

（6）对话框中的列表：显示市场中所有与当前个股近期形态相似的个股。若同一只股票有多个相匹配的形态，则列表中只显示匹配度最高、最近出现的形态时段，点击数字按钮可跳转到该股K线图页面，查看相匹配的形态时段。

（7）预测起点：相匹配的形态后面的第一根K线的日期。

（8）匹配段数：某只股票历史上与当前个股相匹配的形态段数，点击按钮可查看详情。

（9）收益：点击"收益"按钮，可在弹出的"收益测算"对话框中对当前个股未来收益进行测算，如图11-57所示。系统使用所有预测形态的收益来测算当前个股未来一段时间内达到某个收益的概率，默认计算所有预测形态3个周期内最高收益大于2%的概率。

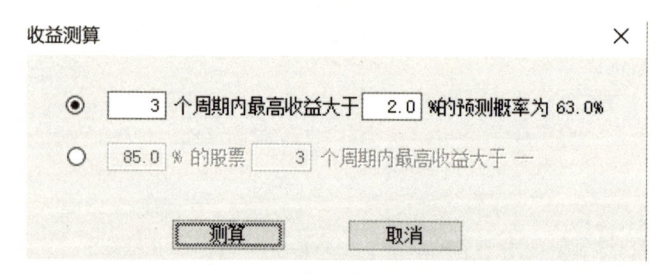

图11-57

下面我们以上证指数为例，来说明形态预测中指标参数的重要性。首先我们以匹配度大于90、匹配周期数为70、预测周期数为35、时间为2020年9月8日至2023年9月8日、范围为指数（含上证指数、深证指数）作为形态预测的基础参数，得到如图11-58所示的形态预测图形。

接下来，我们调整匹配周期数为89。由于数据参数发生变动，可以看到预测走势也随之改变，如图11-59所示。

接下来，我们再调整预测匹配度，从大于90改为大于80，同时将匹配周期数改为69，形态预测的走势也随之发生改变，如图11-60所示。

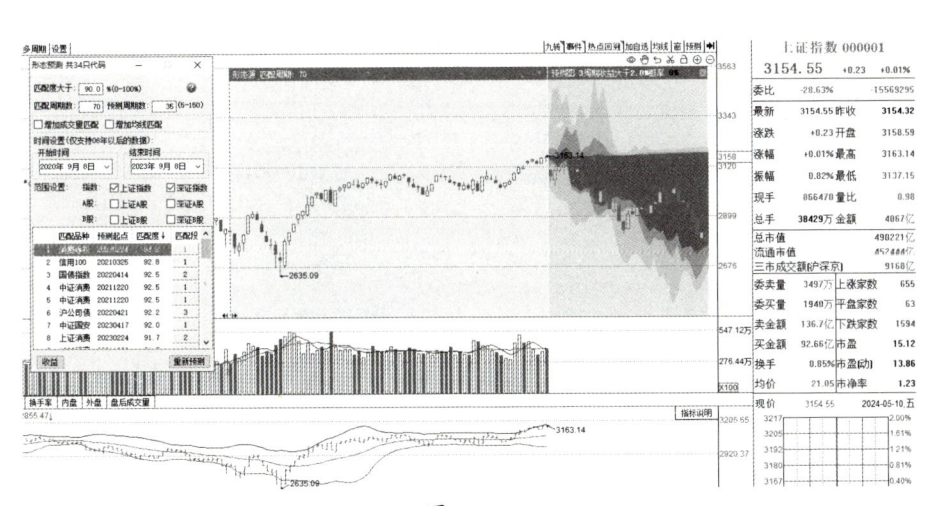

图11-58

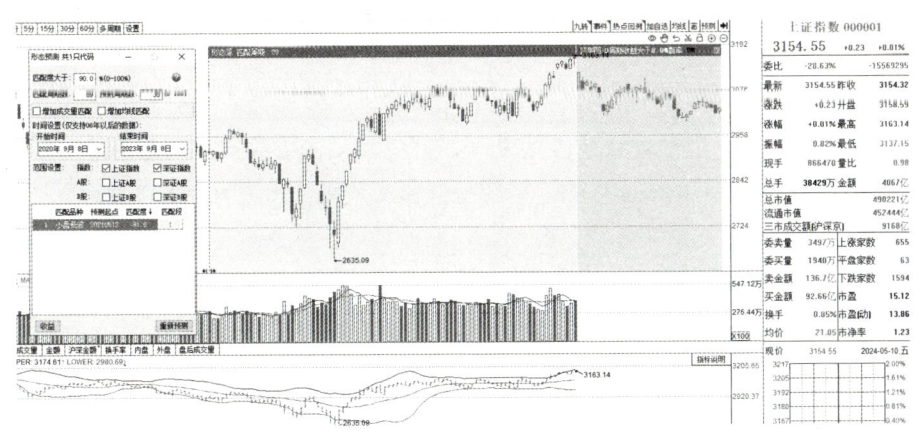

图11-59

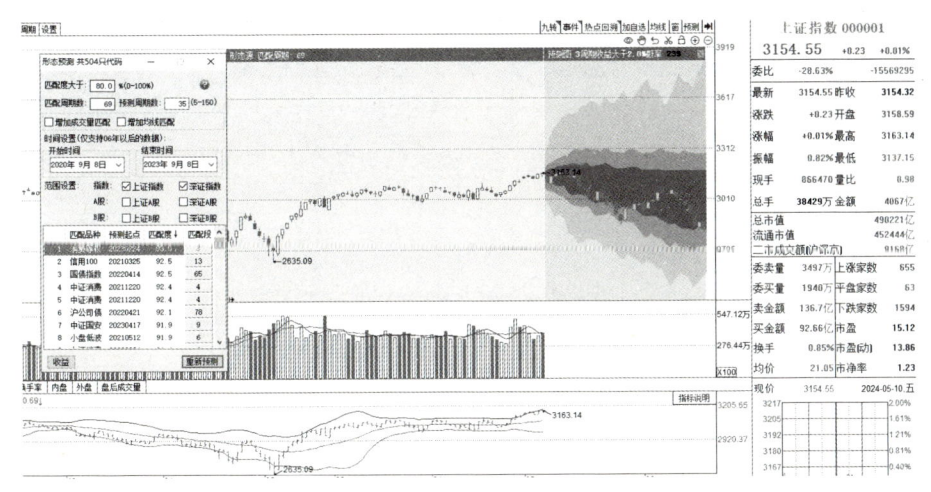

图11-60

同理，在改变了匹配品种范围（增加了A股）后，预测的结果也随之改变，如图11-61所示。

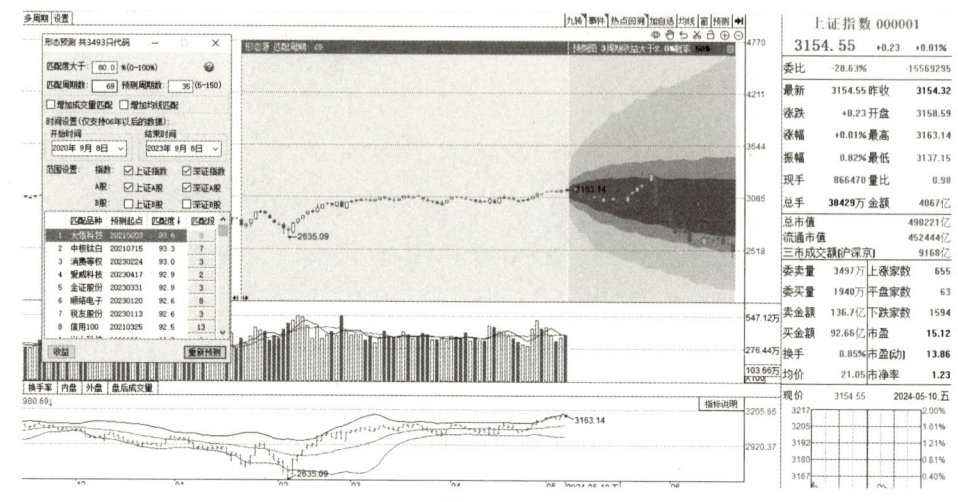

图11-61

事实上，每一个参数和范围的变动，都将对预测结果产生明显影响，蝴蝶效应在股市中有直观的展示效果。要想提升预测效果，投资者也可以考虑同花顺增值服务，如成为"财富先锋"会员后，投资者可在预测时开通"增加成交量匹配"和"增加均线匹配"的权限，优化预测参考的数据源并提升预测的准确性，如图11-62所示。

图11-62

同花顺炒股小妙招：测试你的交易系统是否好用

同花顺软件中的交易系统有许多种类，不同的交易系统使用在相同的个股上时，其有效程度也不尽相同。同花顺推出的优选交易系统功能，可以测试不同的交易系统对于某一只特定股票的有效程度，从而帮助投资者寻找出最适合该股票的交易系统。

下面介绍同花顺优选交易系统功能的使用方法。

打开同花顺PC版客户端，点击"智能"菜单中的"优选交易系统"命令，系统会弹出提示框，询问是下载完整的选股数据还是直接选股，如图11-63所示。由于优选交易系统功能的准确性依赖于本机是否有完整的行情和财务数据，因此建议投资者选择先下载数据，再使用本功能。

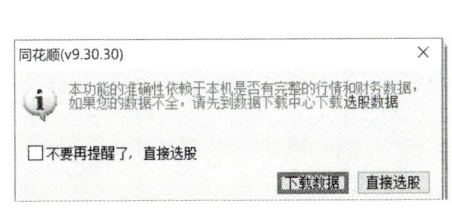

图11-63

按照提示完成数据的下载和导入后，投资者即可进入优选交易系统窗口，如图11-64所示。

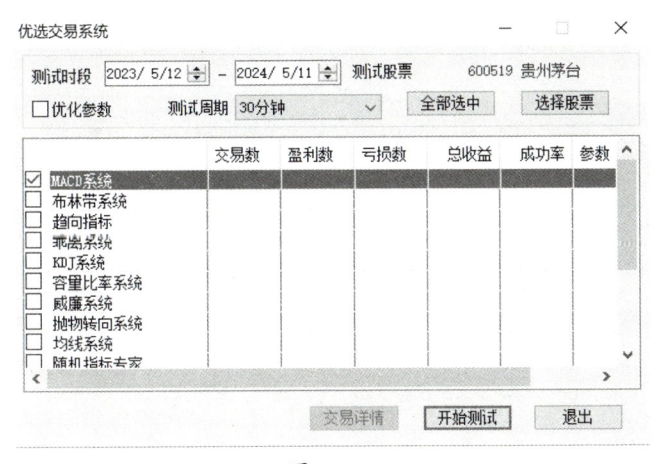

图11-64

接下来，我们以贵州茅台为例，测试时段设置为过去一年（2023年5月12

日—2024年5月11日），测试周期为30分钟，来看看如果使用MACD系统（该系统的原理是金叉买入、死叉卖出）作为判断买卖依据的交易系统，会有怎样的表现。评测结果如图11-65所示。

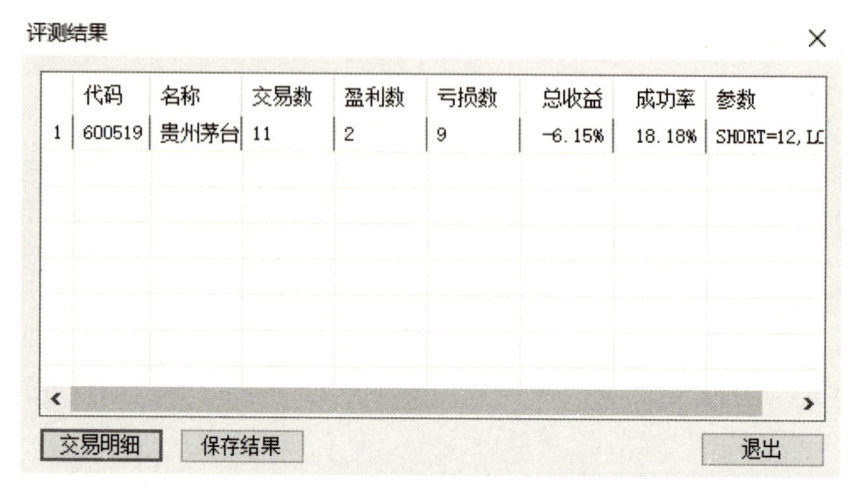

代码	名称	交易数	盈利数	亏损数	总收益	成功率	参数
1 600519	贵州茅台	11	2	9	-6.15%	18.18%	SHORT=12, L...

图11-65

可以看到，在我们设置的条件下，过去一年中会发生11次交易，其中2次盈利、9次损失，总收益为-6.15%，而成功率仅为18.18%。这说明贵州茅台这只股票并不适合使用该交易策略。

投资者不妨利用该功能，测试一下自己所持的股票适合哪个交易系统，或目前所使用的交易系统对当前股票的有效性。

第 12 章
同花顺问财实用指南

同花顺问财是同花顺旗下的智能投顾平台，也是我国金融领域首个应用大模型技术的智能投顾产品，可以为投资者提供智能选股、量化投资、技术分析、快速选股等服务，让投资者可以通过自然语言获得选股结果、行情趋势、个股研判等专业结果。问财因为强大的功能和操作的便捷性，自推出以来，受到了广大投资者的一致好评。

目前问财推出了两种模式，一种是基于传统对话引擎的模式，投资者可免费使用、无限次与系统对话，一种是基于同花顺自研大模型HithinkGPT引擎的模式，在诊股、选股和对话方面更全面、精准和智能，需要投资者付费使用（每天可免费提问5句）。本书涉及问财的内容，皆是基于传统对话引擎的模式。

另外，问财在同花顺PC版客户端和同花顺App中都可访问。在同花顺PC版客户端，问财最直接的入口是左信息栏中的智能机器人图标；而在同花顺App中，问财的访问入口则是页面上方搜索栏右侧的智能机器人图标。两种访问入口如图12-1所示。

接下来，我们从炒股实战的角度出发介绍问财的一些常见使用方法。

12.1 使用问财分析大盘基本面

以往我们分析大盘基本面时，需要查找诸多资讯，结合各种指标和功能进行综合判断，但通过问财，我们用一个问句就可以获得当日大盘基本面的综合情况、分析逻辑与总体结论了。具体操作步骤如下。

进入问财页面后，输入问句"大盘基本面分析"，发送后即可获得关于大盘基本面的问财分析结果，如图12-2所示。

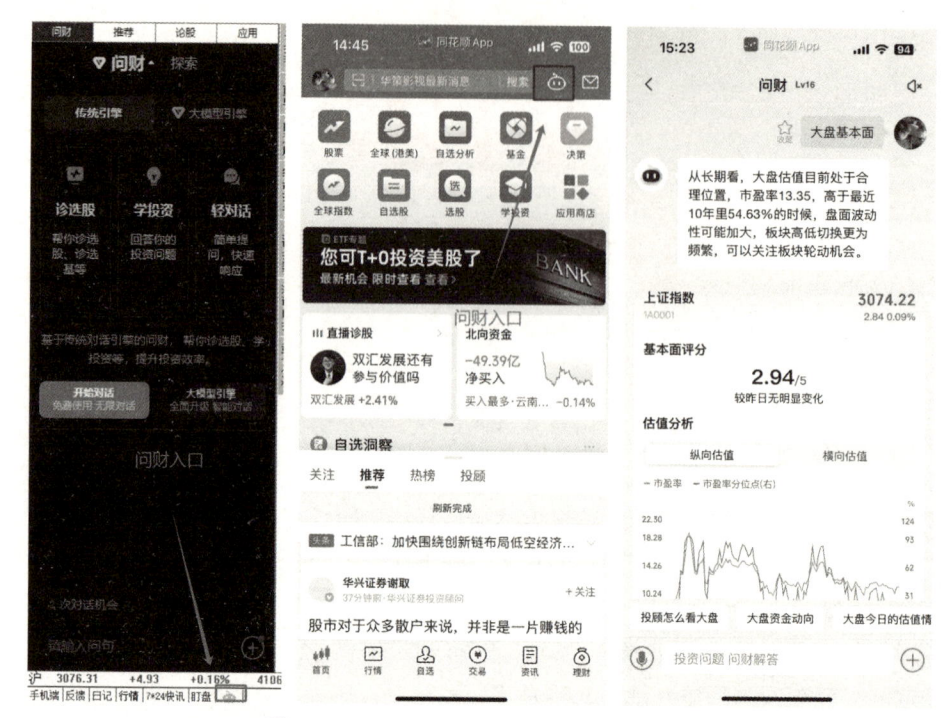

图12-1　　　　　　　　　　　　　　图12-2

　　根据问句，问财会提供对大盘基本面的总结和评分，同时在下方给出估值分析、宏观经济等维度的分析，帮助投资者理解、判断。

　　估值分析提供了两种估值方法。第一种是纵向估值法，主要是通过对比大盘自身历史数据来进行估值。常用的估值方法有PE估值法和PB估值法，通过判断大盘的整体市盈率和整体市净率及其历史位置，最后得出当前估值较低、合适、较高三个档次，如图12-3所示。

　　第二种是横向估值法，引入其他参数指标进行对比后判断估值高低，如图12-4所示。一是巴菲特指标，即用股市的总值除以国民总收入，低于60%为低估，在61%到100%之间为合理估值，高于100%为高估。二是股债收益差，即沪深300和国债的预计收益差，差值越大，大盘估值越高，差值越低，大盘估值越低。

　　宏观经济对股市的影响主要看三类数据，GDP（国内生产总值）和CPI（消费者物价指数）、LPR（贷款市场报价利率）、货币供应量，如图12-5、图12-6所示。

　　具体来说，GDP、CPI和股市之间的关系理论上是正相关的，股市的基石是上市公司，整个宏观经济良好时GDP和CPI增加，公司盈利和现金流增加，投资者对股票的回报充满信心，从而带来股市的繁荣，股价上涨。

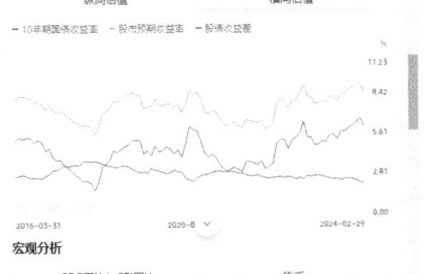

图12-3

图12-4

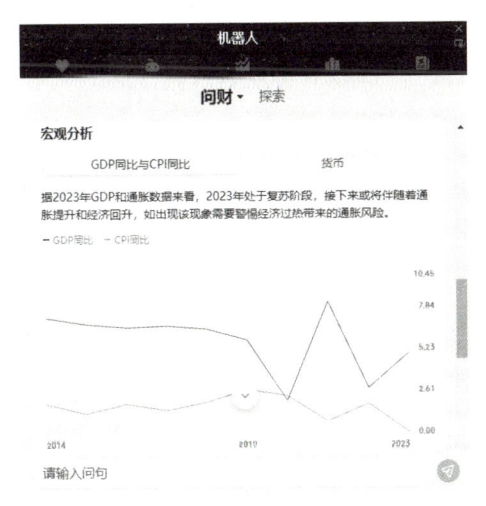

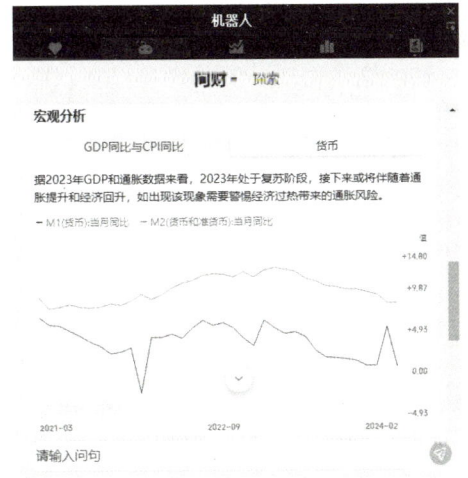

图12-5

图12-6

一般情况下，LPR降低时市场中的贷款利息也会降低，相当于资金成本降低，也就是大家借钱更"便宜"了，市场中的参与者愿意投入更多的资金，所以股市的资金会增加，股价整体会上涨。简而言之，LPR下降对股市的直接影响就是上市公司的资金使用成本降低，融资成本也会降低，会提高公司的利润率。

货币供应量也就是我们常听到的M1和M2，M1就是现金加上活期存款等，M2就是M1加上定期存款以及股票基金等资产。M1反映了实际购买力，是经济周期波动的领先指标。M2不仅反映了实际购买力，也反映了潜在购买力。货币量对股市影响较大，两者呈正相关性，市场中的钱越多，经济越活跃，股价上涨的概率就越大，反之亦然。

可以看到，通过简单的一个问句，投资者可以获得关于大盘基本面的诸多信息，大大节省了时间与精力。

12.2 使用问财分析大盘技术面

在问财中输入问句"大盘技术面"，发送后我们可以得到关于当日大盘技术面的智能分析结论、技术面评分和具体技术分析图表，如图12-7所示。

问财提供了撑压分析和趋势分析两种技术分析图表。

先看撑压分析。我们知道，当股价跌到某价位附近时，股价下跌将会中断甚至还会有上涨的可能，这个阻止股价继续下跌的价位就是支撑位；而当股价上涨到某价位时，股价会停止上涨甚至回落，这个阻止或者暂时阻止股价上涨的价位就是压力位。

对于投资者来说，问财所给出的撑压分析图表提供了大盘在当前价格区间内可能遇到的支撑位和压力位，那么就可以在支撑位和压力位的中间区域做T获利或止盈止损，降低投资风险，如图12-8所示。

再看趋势分析。趋势分析就是根据当天的大盘表现情况，来预判第二天的大盘走势。这里系统引入了阿姆斯指数，它是由理查德·阿姆斯（Richard Arms）在1967年提出的，简单来说，就是根据成交量的变化来判断未来行情的走势。由于A股实施T+1的交易策略，我们更多地根据这个指标的当日表现，来判断第二日的大盘走势（见图12-9）。阿姆斯指数=（价格上涨的股票数量/价格下跌的股票数量）/（价格上涨的股票的成交量/价格下跌的股票的成交量），分子代表价格走势，分母代表资金流向。根据历史回测，阿姆斯指数上升时，次日大盘看涨的可能性较大，阿姆斯指数下降时，次日大盘看跌的可能性较大。

图12-7

撑压分析

支撑位 3071.99　压力位 3102.55

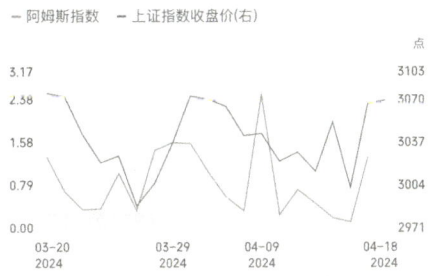

图12-8

图12-9

通过问财的大盘基本面分析，投资者可以快速了解大盘可能的走向，为接下来投资决策提供参考。不过需要说明的是，问财提供的技术面分析结论，仅仅是基于历史数据和技术模型得出来的可能性结果，并不具有百分之百的准确性，投资者还需要结合其他维度来进行综合研判，理性做出投资决策。

12.3 使用问财分析大盘资金面与情绪面

在问财页面中输入问句"大盘资金动向"，发送后就可以获得当天大盘的资金面情况，主要包括系统给出的资金面评分，大盘资金的净买入、成交额、成交量情况，北向资金的净买入、成交额和当日余额等，如图12-10所示。在3.2节，我们介绍了大盘资金动向所代表的含义，此处不再赘述。不过，问财功能可以让投资者快速了解大盘资金面的整体动向，并给出科学的资金面评分，投资者可以将两者进行结合，提高资金面的分析效率，把握投资机遇。

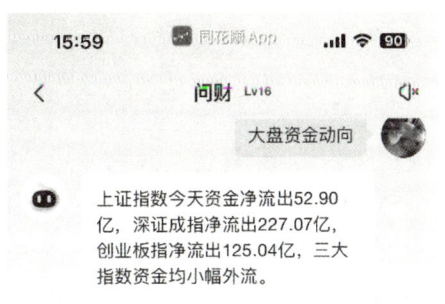

图12-10

同样，如图12-11所示，在问财页面输入问句"大盘情绪面"，发送后可获得当前大盘的市场情绪分析结果，除了情绪面的评分，还包括市场情绪走势图、连板成功率图、市场接力情绪图等，非常直观地体现了大盘情绪面的具体情况。

市场情绪走势图在第3章中已有介绍，下面我们来具体介绍一下连板成功率图和市场接力情绪图的用法。

连板成功率是指股票在连续涨停后，下一个交易日继续涨停的概率。问财提供的连板成功率图统计了一段时间内前3板涨停封板股票中成功2连板（1进2）、3连板（2进3）的成功率，如图12-12所示。根据历史数据统计，1进2、2进3阶段是连板成功率较低的阶段，因此前3板涨停封板成功率越高，说明当前大盘资金越活跃，对于焦点股票越有追捧的意愿，也就代表着市场大盘的情绪越积极。

市场接力情绪则以最高连板高度和连板溢价率两个指标来进行衡量。所谓最高连板高度，是指当日市场中出现的连板股票最高达到了几连板，如图12-13所示，4月17日最高连板高度为4连板，通常来说，连板高度越高，说明市场情绪越积极。连板溢价率则是指投资者打板进入后，能够再以更高价格卖出的概率，连板溢价率高，说明市场认为涨停板股票后市会持续上涨，资金愿意持续介入。

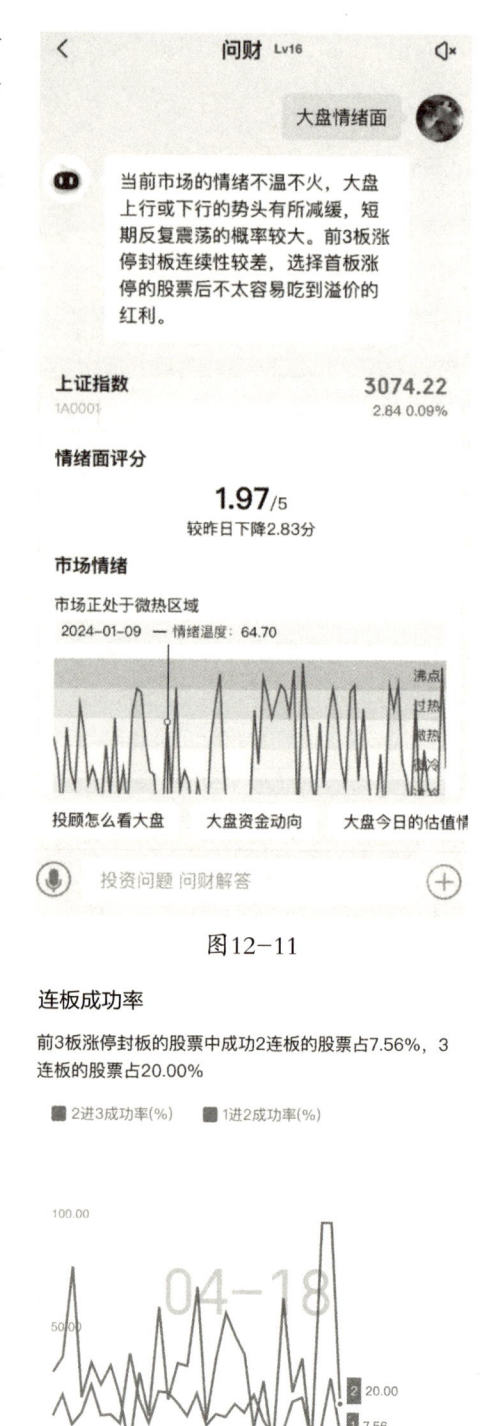

图12-11

图12-12

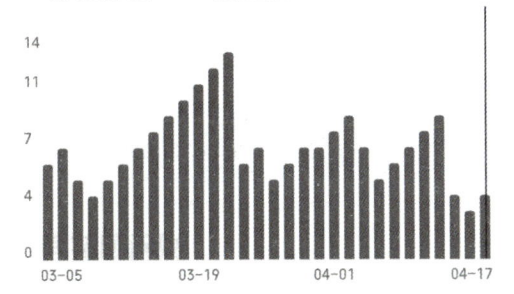

图12-13

问财提供的连板成功率图和市场接力情绪图，不仅可以帮助投资者了解、识别当前市场的短线情绪，而且还能够作为投资者捕捉连板股票的辅助决策工具。比如，当连板成功率和连板溢价率很高时，投资者可以跟踪分析那些1进2、2进3的涨停个股，综合技术面分析和基本面分析，判断个股后续可能的行情走势，抓住可能出现的涨停机会。

> **Tips** 在使用问财了解大盘行情时，投资者不妨多多尝试不同的问句，以获得关于不同方面的大盘行情信息。比如想要实时查看大盘的趋势特征，可以输入"大盘解读""今日股市行情如何""今日大盘表现怎么样"等问句，问财智能机器人会给出关于当前大盘行情的数据和解读分析，以及市场精选观点，让投资者第一时间了解市场的整体趋势特征。

12.4 使用问财寻找及判断市场热点

进入问财页面，输入问句"今日热门板块"，发送后便可获得当日的热门板块情况，如图12-14所示。

前面分析板块行情时我们提到了行业和概念的定义。行业类板块往往是长期被主力炒作的，具有稳定性，很多"长牛股"都有很好的行业板块背景，比如贵州茅台、五粮液就是酿酒行业的。而概念类板块往往靠消息或事件带动短期上涨，很不稳定，但是涨速飞快，游资炒作较多。此外还有区域类板块，矿物资源、土地资源、人力资源和

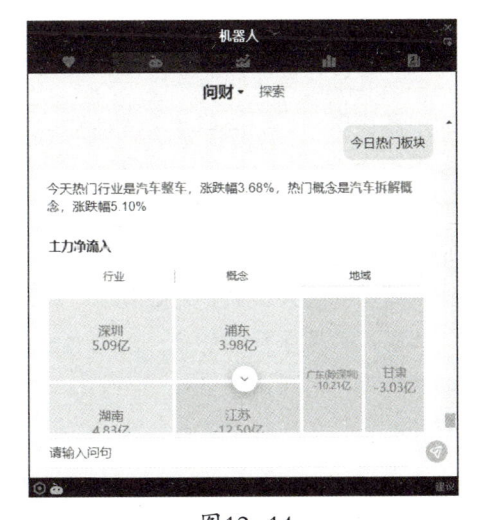

图12-14

生物资源的合理利用程度，地区生产力布局的科学性和经济效益，以及各区域不同的政策，会带来股票在区域上的表现差异。

问财可以判断当天的行业、概念或者地域类板块是否热门，有三个维度：当日主力资金流入情况、当日涨幅、近一周热门指数涨幅变动情况，如图12-15所示。

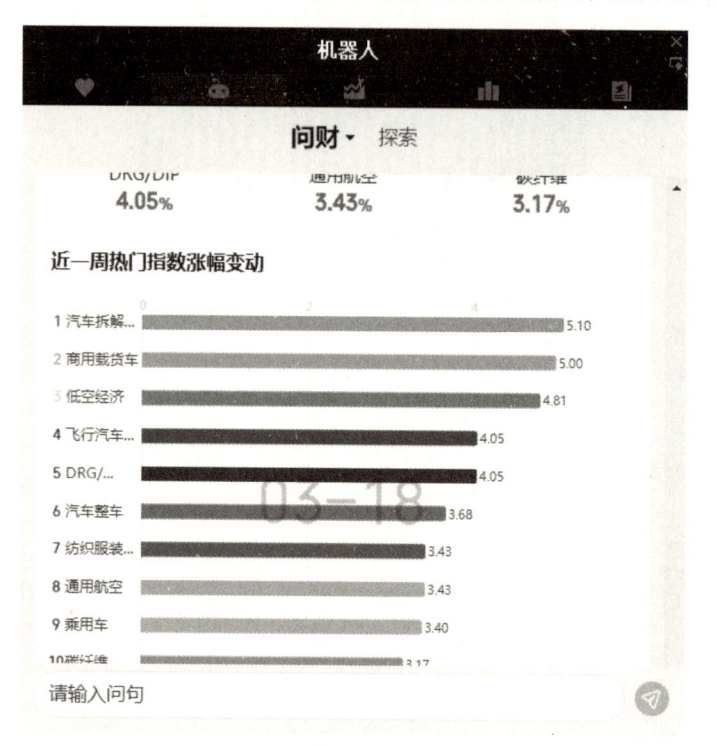

图12-15

这几个数据问财每日会实时更新，投资者可以很方便地看到当日的热门板块，但是仅凭当日的资金流入情况和涨幅，以及涨幅变动排名，还不足以判断该板块热度是否有持续性。

在这里，我们提供一个判断热门板块持续性的方法，供投资者参考，即符合以下特征的热门股持续性更强。

第一，板块的队形要完整。完整的板块队形中有领涨股、标杆股、中军股、跟风股、补涨股，比如当日某个板块涨幅还不错，但是出现了断层，仅有头部几个股票涨幅很大，其他股票表现一般，该板块的热度大概率是不可持续的。

第二，领涨股要切换，形成竞争的局面。标杆股不能倒下，标杆股代表了板块的趋势，其涨跌往往对同行业板块其他股票的涨跌起到引导和示范作用。领涨股和标杆股多数时候是重叠的。

第三，中军股比较坚挺，上涨的时候不是涨幅最多的，但是会稳健地上涨，板块调整的时候能够顶住压力，保证人心不散。

第四，板块持续走强，屡创高点，大盘出现调整时该板块不调整，甚至逆势拉升。

第五，跟风股、补涨股层出不穷，且出现了板块扩散效应，比如汽车板块的热度有可能扩散到锂电池、锂矿、汽配等板块。

12.5 使用问财寻找价值洼地

对于投资者尤其是价值投资者来说，选股的标准之一就是估值。比如巴菲特在1957年致股东的信中就坦言："无论在什么时候，我都把主要精力放在寻找被严重低估的股票上。"因此，寻找低估值的标的，是价值投资首先要做的。而通过问财，我们可以非常便捷地找到A股市场中的价值洼地。

如图12-16所示，进入问财页面，然后输入问句"行业估值全景图"，发送后投资者就可以获得A股市场中各行业板块过去市盈率的变化，以及当前的低估值行业和高估值行业。

在这里，问财使用市盈率来衡量行业的估值。我们知道，公司的市盈率等于每股价格除以每股收益，也等于公司市值除以净利润。行业市盈率也是同样的道理，行业市盈率等于行业板块总市值除以行业板块内所有公司归母净利润（归属于母公司所有者的净利润）总和。不过其中的问题是，行业之间差异性很大，因此不太适合直接做横向的对比。比如传统行业由于竞争充分，市场份额、利润率等指标比较固定，实现高速增长可能性小，所以市盈率较低。而新兴行业由于竞争不完全，市场份额、利润率等指标变动较大，容易实现高速增长，所以市盈率可能被高估。同时，在同一行业中的不同公司，由于市场地位、在产业链中的位置、技术和管理水平差异，也会造成增长率的差异，这样的公司之间直接用市盈率估值法做对比也是不

图12-16

太适宜的。

因此，问财提供了两种方法让投资者可以根据市盈率在众多行业寻找到价值洼地。

第一种是横向对比法，即通过把过去两年不同行业之间的市盈率进行对比，帮助投资者找到不同时期的哪些行业市盈率涨幅比较高。比如在图12-17中，投资者可以点击播放按钮，以动态的方式看到过去两年不同行业之间的市盈率对比变化情况。在找到历史上出现过的市盈率涨幅比较高的行业之后，投资者就可以通过具体的行业指数变化来分析当前行业处在什么点位，并判断其当前估值水平的高低了。

行业市盈率变化

1 房地产开发	3499.09
2 计算机应用	175.75
3 生物制品	136.63
4 农产品加工	97.61
5 传媒	92.49
6 零售	82.63
7 酒店及餐饮	74.65
8 种植业与…	72.46
9 养殖业	67.94
10 国防军工	63.85

▶ 2021年 ———————————— 2024年

图12-17

一般来说，市盈率高有两种情况，一是股价高，二是股价不高但是这个行业盈利很低。当出现第二种情况的时候，价值投资者尽量不要去追高。我们可以通过月K线图来看当前股价是不是处于历史高点。

第二种是纵向对比法，用当前市盈率跟历史市盈率进行对比，看看该行业当前的市盈率在历史上是什么水平，判断估值百分数。例如问财提供了"行业估值全览"功能，并通过估值百分数来衡量行业的估值水平，划分出机会（低估值）、风险（高估值）、合理三种行业类别，帮助投资者找到当前被低估的行业，如图12-18所示。

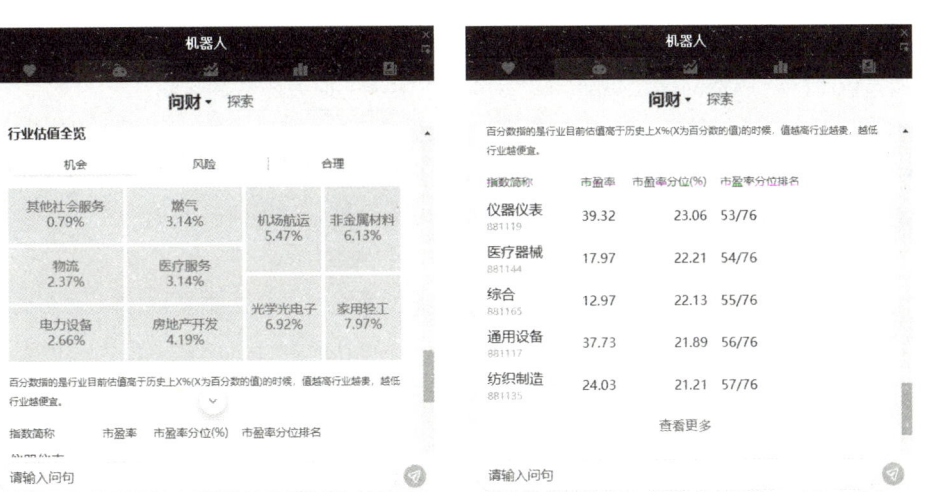

图12-18

此外，如果投资者对具体某一个行业或板块的当前估值感兴趣，也可以在问财页面直接输入感兴趣的二级行业名称和"估值"二字，比如输入"国防军工估值"，发送后问财就会将该行业估值分析提供给投资者，比如行业盈利能力、营运周转能力、偿债杠杆能力，以及基金经理对于该行业的分析，帮助投资者更加全面、直观地了解该行业的基本面情况，如图12-19所示。

12.6 问财选股实战操作

在第11章中，我们介绍了如何使用问财进行选股，这里我们具体介绍几种胜率较高，也比较有代表性的问财选股方法，让投资者对问财的选股功能有更进一步的认识。不过，任何一种选股方法都不可能百分之百有效，我们在本书中所涉及的所有选股方法和技术分析方法，都仅供参考，并不构成投资建议，请投资者谨慎使用、理性决策、注意风险。

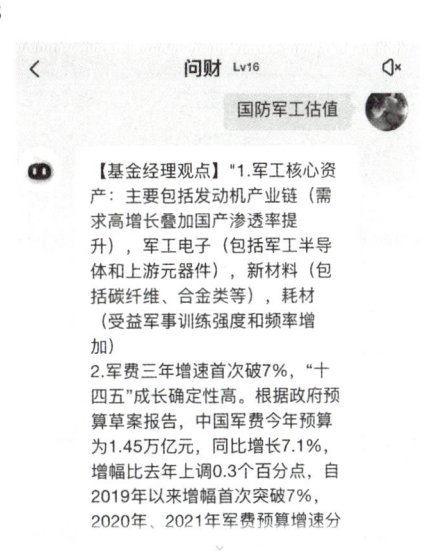

图12-19

12.6.1　基本面选股

首先介绍的是利用基本面选股，这也是众多价值投资者的选股方式。我们通过分析股神巴菲特的选股标准，来给大家讲解基本面选股的逻辑。

众所周知，巴菲特有三个重要的选股指标：毛利率>40%、净利率>5%、ROE>15%。巴菲特尤其重视ROE（净资产收益率）指标，他曾在致股东的信中这样说："我们判断一家公司经营好坏的主要依据，是其净资产收益率。"下面我们具体分析这几个指标的含义。

毛利率是指毛利润占营业收入的比例，它可以用于衡量公司产品或服务的竞争力。对毛利率的分析不仅要看其高低，还要看其稳定性，因此我们不只要看某一年的毛利率水平，还要看毛利率在连续多年中是否能保持一样的水准，一般来说我们选择5年作为时间标准。不过由于巴菲特的标准过高，在A股中整体毛利率超过40%的行业或公司太少，所以我们将毛利率的标准从40%降到30%。

净利率是指净利润占业务收入的比例，它反映了公司的盈利能力和成本控制能力，根据数据统计，2023年A股上市公司的平均净利率为8.2%，为了能筛选出优秀的上市公司，我们将净利率的标准从5%提升到9%。同样，这一指标也需要看连续多年的水准，我们选择5年时间。

ROE是指净利润占平均股东权益的百分比，计算公式为：ROE=税后利润/所有者权益×100%，它代表了股东投入资本的回报率。比如我们投入了1元钱，赚了0.2元，ROE就是20%，5年就可以回本了。这是巴菲特最为看重的指标，我们同样需要关注该指标的稳定性和可持续性，在实际操作过程中，通常以连续10年ROE>15%作为选择标准。

毛利率代表着公司的话语权，毛利率越高说明该公司越有话语权。净利率是在毛利率的基础上扣除各种费用之后的利润率，因此还能代表着公司经营成本的高低，净利率越高一定程度上说明经营成本控制得越好。ROE代表公司资金的使用效率和赚钱能力，这个数值也是越高越好。

分析下来，我们的选股标准是：毛利率连续5年大于30%，净利率连续5年大于9%，ROE连续10年大于15%。

接下来，我们就可以使用问财来进行选股了。不过，我们不要急着按上述标准去寻找和筛选符合的股票，而是首先要把有利空或者高风险的股票排除掉。所以我们挑选出非ST，非停牌，近期股东也没有减持的股票，对应的选股条件是：非ST，非科创板，非退市，非停牌，流通市值大于5亿元，近1个月有大于等于1次的减持公告取反。

这里说明一下为什么限制流通市值的大小，因为流通市值过小的股票，容易出现短庄聚集，而短庄的操作风格是运作时间短、拉升目标不高、撤退快，普通投资者贸然介入的话很容易被套牢。

综合一下，我们可以在问财页面输入选股的问句了：非ST，非科创板，非退市，非停牌，流通市值大于5亿元，近1个月有大于等于1次的减持公告取反，毛利率连续5年大于30%，净利率连续5年大于9%，ROE连续10年大于15%。得到的结果如图12-20所示。

基本面选股的方法还有很多，前面我们提到了许多基本面的知识，大家可以学以致用，使用更多的财务或基本面指标进行筛选，找到适合自己投资风格的优质股票。

> **Tips** 流通市值指在某特定时间段内可交易的流通股股数（流通股本）乘以当时股价得出的流通股票总价值。在中国，按上市公司的股份结构分，有国有股、法人股、个人股等，只有个人股可以上市流通。这部分流通的股份总数乘以股票的市场价格，就是流通市值。此外，流通股本还常用来区分大中小盘股，通常来说，流通股本小于1亿股的属于小盘股，流通股本大于5亿股的称为大盘股，而流通股本介于两者之间的属于中盘股。

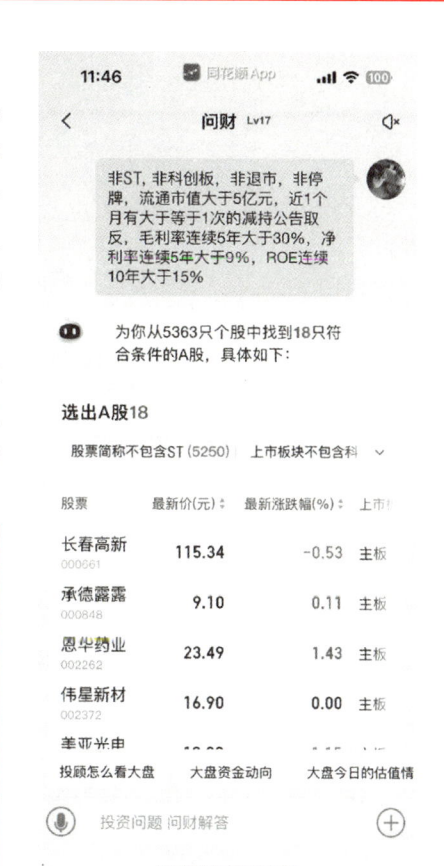

图12-20

12.6.2 技术面选股

第11章提到，可以用问财进行技术面的选股，即通过技术形态的描述，让问财帮助我们筛选出相符的股票。下面我们介绍一种较为常见的技术形态战法——阳包阴放量战法，并进行问财技术面选股的演示。

阳包阴是一种较为常见的K线形态，也就是我们前面提到的"看涨吞没线"，它是指股价下跌一段时间后，突然出现一根中阳或大阳线，将前一日的阴线全部"吞没"的K线组合。当这种K线组合出现时，通常说明多方会在出现阳线的第二天发力，一举打垮空方，股价走势出现反转，因此我们通常把这种组合看作股价上涨的信号。

这种K线形态很好辨认：前面有一根阴线或者多根阴线，最后这根阴线被后面的一根阳线"吞没"，标准图形如图12-21所示。此外，还有最低点比前一日最低点高的阳包阴形态，这样的阳包阴力度更大，说明多方的增量资金非常充足，能轻松将之前丢失的阵地夺回。

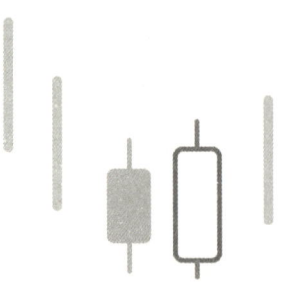

图12-21

阳包阴形态本身就是较为强势的反转形态，若当天同时出现放量这一特征，则通常表明主力的进攻力度非常强烈，不但用一根阳线形态收回了前一天的失地，并且还有更多的资金参与，助推股价上涨。

打开问财，输入"阳包阴放量"，发送后即可看到问财筛选出来的当日K线走势符合该K线组合形态的股票名单，如图12-22所示。

图12-22

找到阳包阴形态的股票后，我们应该如何操作呢？稳健型投资者可以在阳包阴形态出现后观察1~3日，并结合基本面、资金面、成交量曲线进行综合分析，再决定是否要介入。激进型投资者可以在阳包阴形态出现的当日，结合分时走势和成交量情况，选择入场时机。

但是，在使用该战法进行具体操作的过程中，有三个需要注意的事项。

首先，如果阳包阴出现在熊市中或下跌趋势的后期，其所包含的逆转信号则比较明确。因为这说明市场中的空方已经落败，主动性已经被多方掌握。此外，阳包阴也有许多种变化形态，如"一阳包二阴""一阳包数阴"等，但所代表的看涨信号不变。

其次，如果股价经过一段时间的上涨后，阳包阴出现在高位，就不能单纯地把它视为强势形态，这种情况下要谨慎介入。一般来说，如果股价强势上涨，则存在出货的可能；但如果后市股价跌破阳线低点，则要果断止损。

最后，使用该战法要看分时线。有些庄家为"做图形"，常常在收盘前最后一分钟猛拉一下或猛砸一下，制造股价异动，这样的K线图就失去了真实的意义。如果投资者没有看到个股的分时图而只看了当日的K线图，就会把这样的收盘结果理解为多空力量的最终平衡点，最终上了庄家的当。所以，在分析阳包阴形态时，最好是调出该日的分时图，来了解当日走势情况和成交分布情况。

技术面选股的条件和战法有很多，如K线形态选股、均线支撑选股、技术指标选股等，投资者在使用技术面进行选股前，应尽可能了解技术分析的基本知识和实际用法，并结合大盘行情、板块分析和个股基本面进行综合运用，以降低投资风险。

12.6.3 资金面选股

所谓资金面选股，其实就是指跟随主力资金的动向，找到主力增仓且强势的股票。

使用问财进行资金面选股的操作非常简单，如图12-23所示，进入问财页面，然后输入问句"主力增仓强势股"，发送后就能看到筛选出的股票名单，可帮助我们更快地挑选出强势股，提高赚钱效率。

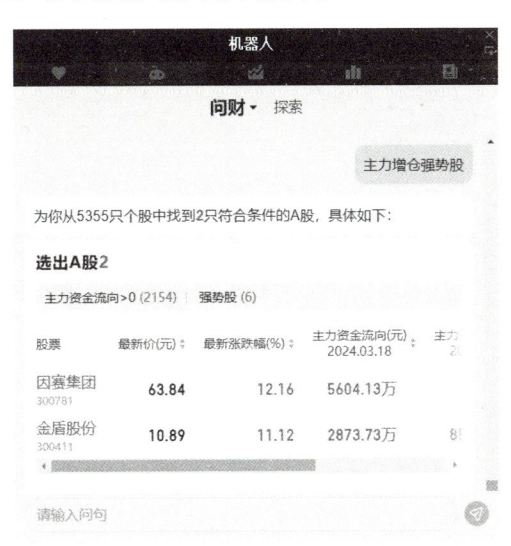

图12-23

主力增仓强势股有哪些特征呢？下面几个要点可以帮助我们判断。

第一，主力增仓强势股的同期涨幅高于大盘。大盘表示的是全市场股价变动的平均情况，如果一只股票长期连大盘都"跑不过"的话，相当于班级内成绩下等的学生，这样的个股恐怕很难称为强势股。

第二，主力增仓强势股的同期跌幅小于大盘。同样的道理，如果大盘处于下跌趋势，而一只股票的跌幅能小于大盘，说明这只股票的多方力量非常强大，即使在市场普跌的情况下，也能控制自己的跌幅，甚至逆势上涨，这样的股票很可能属于强势股。

第三，先于大盘启动。一只强势股票的上涨行情的启动是先于大盘的。什么是先于大盘启动呢？比如下跌中的大盘在14:00迎来反弹，涨幅回到0以上，而先于大盘启动的个股可能在13:00就已经反转大涨。简单来说，能抢在大盘前止跌企稳甚至反转大涨的个股，往往是强势股。

第四，创出历史新高的个股属于强势股。这一点非常好理解，如果一只股票创出历史新高，就不会是散户推动的，只可能是主力拉升，只有主力的资金量能有这个效果。在主力的不断增仓和助推之下，股价最终创出新高，这样的个股无疑就是强势股。

第五，有主力增仓。这里说的主力是指持股较多的机构或者大户。每只股票都存在主力，但是不一定都是庄家。庄家可以操控一只股票的价格，而主力短期内也可以影响股价的波动。有无主力推动，是一只股票的股价能否持续上涨的关键。因此如果一只股票有主力参与，特别是增仓阶段，那这只股票的强度也就不言而喻了，主力只要增仓了，那么后续肯定有做多的需求，短期内可能会有阶段性洗盘，但长期的趋势一定是向上的。

需要注意的是，投资者在选择了主力增仓强势股之后，也应该继续密切关注主力的动向，从而及时应对。

12.6.4 热度选股

使用问财还可以借助人气热度进行选股，具体操作也非常简单。如图12-24所示，进入问财页面，输入问句"今日投资机会"并发送，问财就会根据市场表现实时算出当下热点投资机会。

问财所提供的"投资机会"，是根据投资者的搜索、点赞、评论、阅读等搜集的实时热门股票、热门概念板块，个股或板块的热度高，说明其关注度比较高，但这并不代表一定都是利好的，利空的大事件也有可能带来某一只个股或者板块热度上升，投资者需要注意识别。

点击"近期热股"卡片右侧的"查看更多"按钮，可直接进入"同花顺热榜"页面，如图12-25所示。其中，"大家都在看"榜单是根据投资者在同花顺软件内分时、K线、搜索三个场景内点击、搜索次数等指标，用热度算法进行综合计算而形成的。该榜单的1小时榜每5分钟更新一次，24小时榜每小时更新一次，其展示了当前股市中人气最高的股票。

图12-24

另外，"快速飙升中"榜单可以特别留意一下，这个榜单表示目前榜单下的股票还不是最热的，但是热度上升速度很快，有可能会很快成为最热的股票。

图12-25

为什么热股更适合投资呢？原因在于，股票是资金推动的，关注的人越多，资金流入的可能性就越大，非常有利于股价的上涨。这和追逐龙头股、涨停板的道理是一样的。热股虽然更适合投资，但风险也比较高，因此投资者在关注热股时，需要保持理性，并结合公司的基本面、行业前景、市场走势等因素进行综合判断。

除此之外，问财还提供了"近期热点"信息，主要呈现了近期受关注度较高的行业或概念，方便投资者了解市场的热点板块情况。

同花顺炒股小妙招：使用问财寻找适合自己的选股策略

问财作为智能投资助手，在辅助投资者进行投资方面，具有诸多令人意想不到的功能，比如问财会根据投资者的投资习惯，帮助投资者找到合适的选股策略。接下来我们简要演示一下该功能的使用方法。

如图12-26所示，打开问财，输入"适合我的选股策略"并发送，问财会根据投资者的习惯，提供适合的选股策略。

图12-26

在给出选股策略的同时，问财还会提供进一步的选项，让投资者可以进行选择，例如对给出的选股策略不满意时，投资者可以选择"不行，这次我想试试别的"，问财会给出进一步的选项，并不断限定条件，如交易风格、持股周期等，从而给出适合的选股策略，如图12-27所示。

图12-27

通过这样与问财的不断对话，投资者即使不太了解具体的选股条件，也可以获得适合自身投资风格的选股条件，并使用问财筛选出相应的个股。

第 13 章
同花顺交易功能进阶

炒股是一种金融投资行为，其实质是投资者在股票市场中买卖股票以获取利润。因此，交易这一操作是至关重要的一步。而交易工具的应用，不仅能大大提高交易的效率，还可以减少人为操作的错误，快速把握市场机会。这一章我们来介绍与交易有关的同花顺功能，帮助投资者更好地实现股票的交易操作。

13.1 使用同花顺双向下单快速做T

在股票市场中，投资者经常会听到"做T"，那么什么是"做T"呢？"做T"又称"T+0"操作，是一种短线交易策略，全称为"当日回转交易"。具体来说，它指的是投资者在同一交易日内买入并卖出同一只股票，以此来实现收益。做T的核心是利用股价的波动来获取利润，即低买高卖，从而降低持仓成本或实现利益最大化。

> **Tips** 做T操作可以分为正T和反T。正T是先买入后卖出，适用于对市场有信心且认为股票会上涨的情况；反T是先卖出后买入，适用于对市场持悲观态度或认为股票会下跌的情况。做T需要投资者有一定的技巧和方法，以及良好的心态和风险控制能力。

同花顺为方便做T的投资者进行快捷交易，特别推出了"双向下单"的定制功能，与"双向委托"相比，"双向下单"功能支持通过快捷键进行快速委托，让投资者更方便地实现做T操作。

双向下单功能入口在同花顺网上股票交易系统的菜单栏右侧，点击"双向"按钮，即可打开双向下单页面，如图13-1所示。

下面我们通过具体案例来介绍这一特色功能。

首先，打开网上股票交易系统，点击"双向"按钮，进入双向下单委托窗口。

在窗口左上方，投资者可以输入想要做T的股票，或使用下拉箭头选择想要做T的股票。需要说明的是，由于做T的前提是已经持有该个股，因此使用下拉箭头可以快速找到相对应的股票。

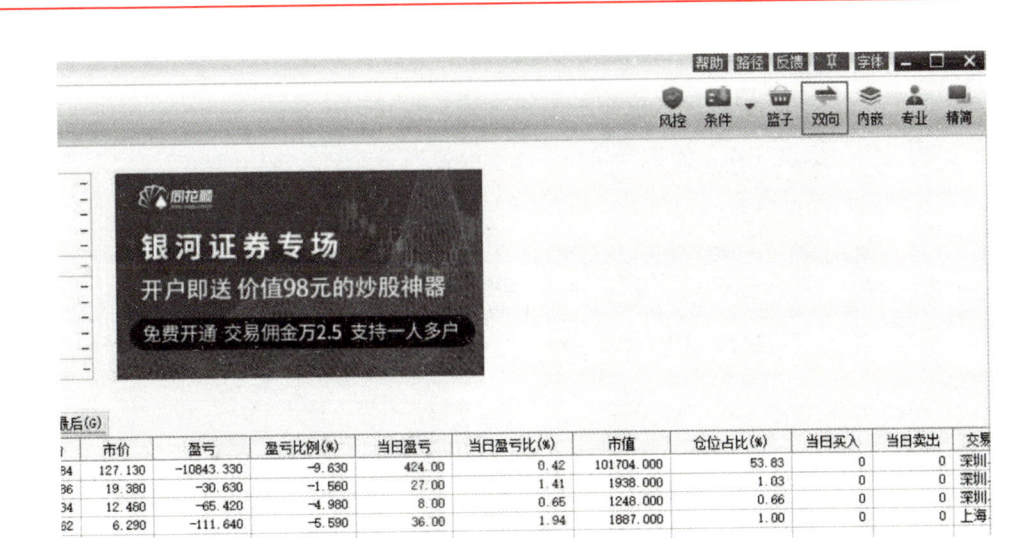

后(G)	市价	盈亏	盈亏比例(%)	当日盈亏	当日盈亏比(%)	市值	仓位占比(%)	当日买入	当日卖出	交易
84	127.130	-10843.330	-9.630	424.00	0.42	101704.000	53.83	0	0	深圳
86	19.380	-30.630	-1.560	27.00	1.41	1938.000	1.03	0	0	深圳
34	12.480	-65.420	-4.980	8.00	0.65	1248.000	0.66	0	0	深圳
62	6.290	-111.640	-5.390	36.00	1.94	1887.000	1.00	0	0	上海

图 13-1

  投资者输入一次买入卖出的数量（股数），然后点击下方盘口的左右侧，即可快速进行委托。一般默认为"左买右卖"，即点击盘口左侧提交买入委托，点击盘口右侧提交卖出委托。

  例如，我们要对同花顺（股票代码：300033）进行做T操作，一次买入卖出的股数为200股，如图13-2所示。

图 13-2

  接下来，我们便可以快速进行下单了。将光标移动至报价"127.05"（买三)的左侧,出现"买"的字样后点击鼠标,在弹出的"委托确认"窗口点击"是"按钮,即可完成买入操作。同样,将光标移动至报价"127.15"(卖三)的右侧,出现"卖"的字样后点击鼠标,并在弹出的"委托确认"窗口点击"是"按钮,即可完成卖出操作,如图13-3所示。

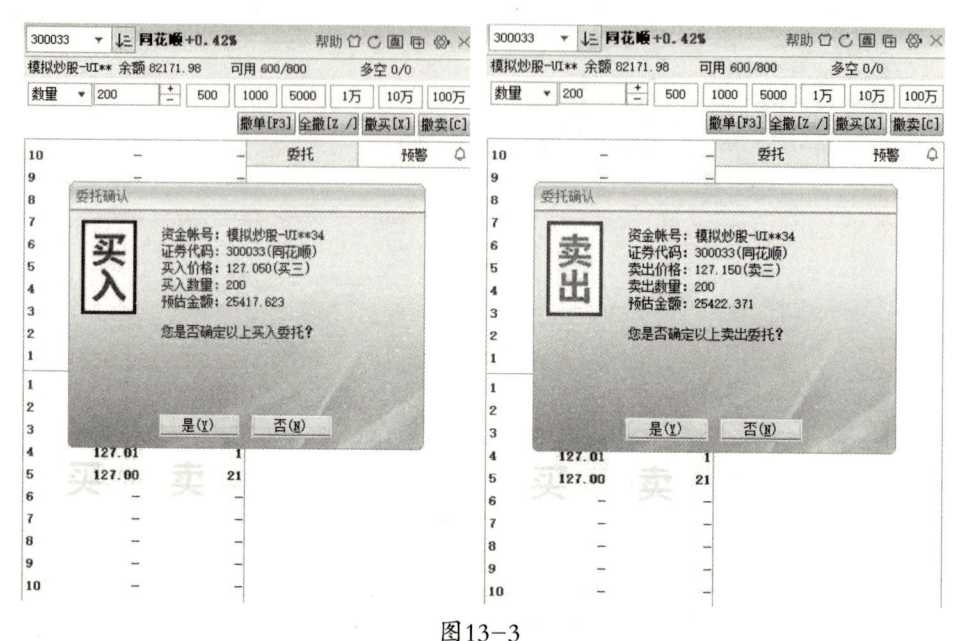

图13-3

完成以上操作之后,会在右侧看到成交明细或委托明细(未成交时),如图13-4所示。

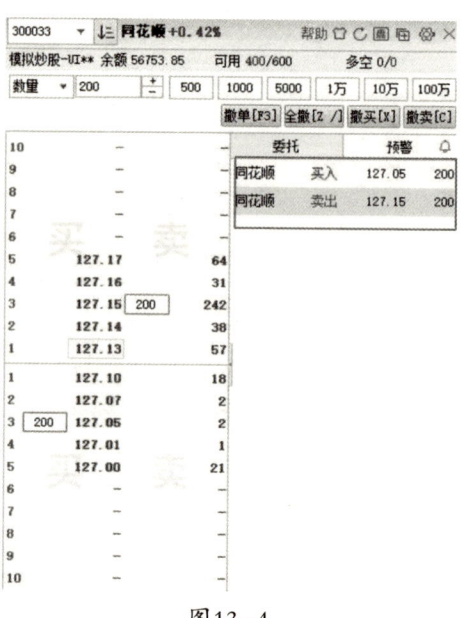

图13-4

要想撤销委托，可以直接在窗口点击"撤单""全撤""撤买""撤卖"等按钮或使用相对应的快捷键进行撤单操作。

此外，已下单的委托在盘口对应的挂单价位上会显示挂单的数量，将鼠标光标移至挂单数量时会显示"撤"按钮，点击该按钮也可以直接在盘口撤单，如图13-5所示。

点击双向下单窗口右上方的齿轮图标（或按Ctrl+W组合键），可打开双向快捷下单设置窗口，投资者可以根据自己的需求，设置快捷交易模式、下单快捷键、默认委托数量和金额等，完成后点击"保存"按钮，如图13-6所示。

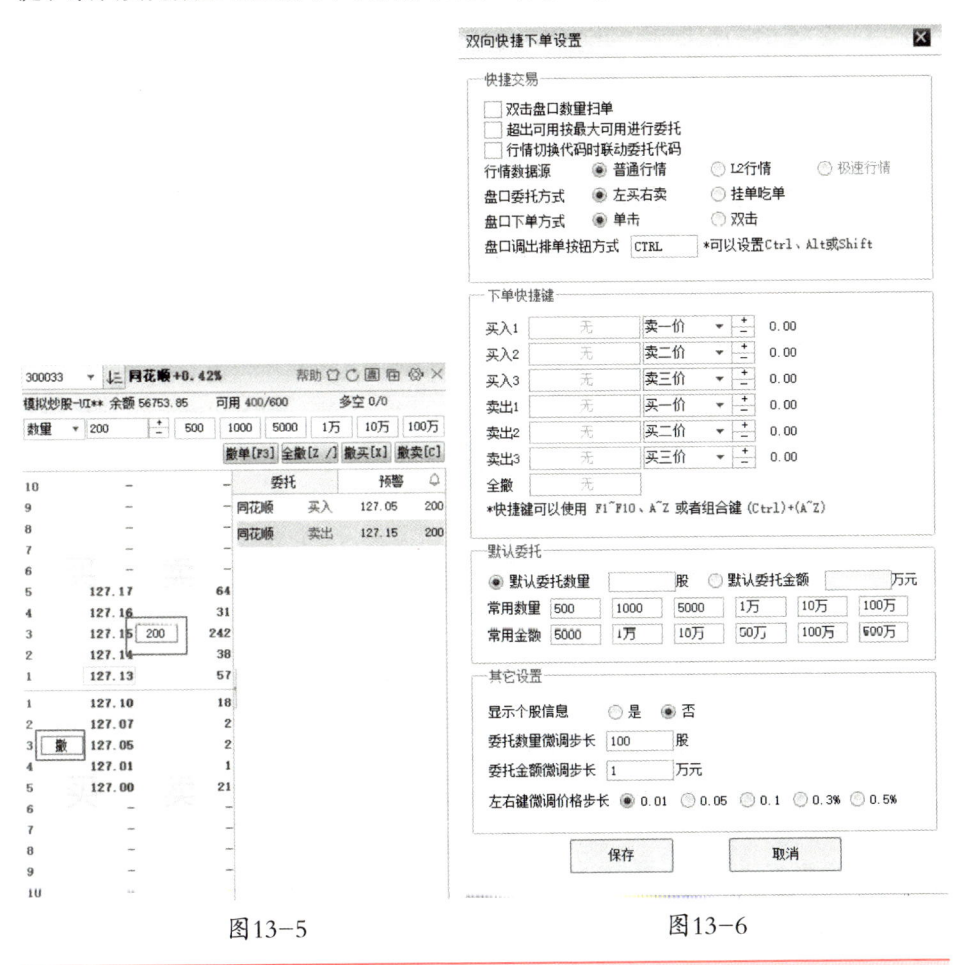

图13-5　　　　　　　　　　　图13-6

Tips 点击双向下单窗口右上方的"复制"按钮，可以复制出一个或多个双向下单窗口，进行多只股票的双向下单操作，如图13-7所示。

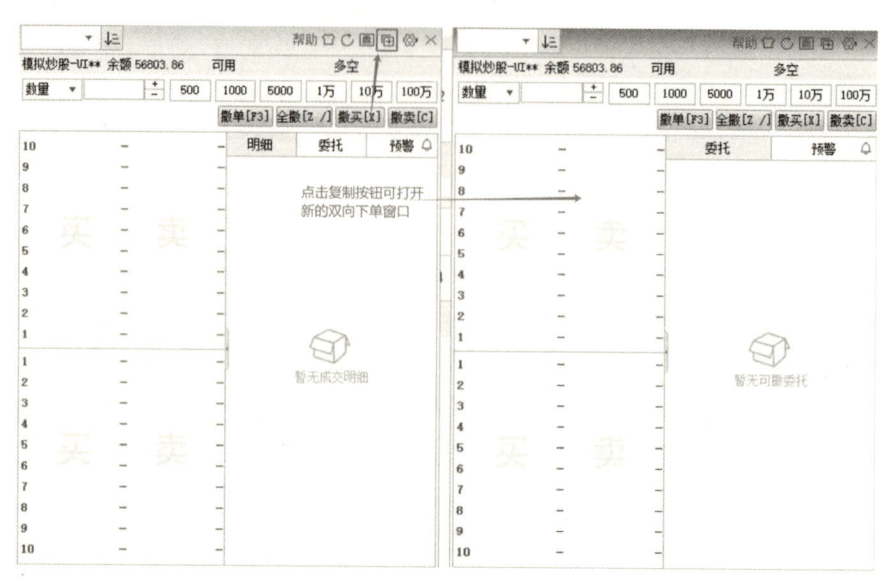

图13-7

13.2 同花顺条件单功能的使用方法

条件单是指投资者自主设置的，当满足特定的条件时系统自动下单的操作。条件单可针对某个标的按某些特定条件做监控，若监控时限内该标的走势达到设置的条件，则会触发条件单，提示投资者发起委托或自动发起委托，以达到帮助投资者盯盘及完成委托操作的目的。

对于大部分投资者来说，时时盯盘、随时交易是不现实的，这就有可能错过买卖时机而导致损失。因此，条件单功能的应用，是投资者必须学会的。下面我们具体介绍一下同花顺条件单功能的使用方法。

打开网上股票交易系统，在"条件单"→"条件单监控"中，可查看已设定的条件单，并可点击"条件买入""条件卖出"按钮预设新的条件单，如图13-8所示。

图13-8

在网上股票交易系统中，"条件买入"支持六种条件策略，包括涨跌幅条件、股价条件、反弹买入、定时买入、MACD条件、涨停买入，如图13-9所示。

图13-9

"条件卖出"支持六种条件策略，包括涨跌幅条件、股价条件、止盈止损、定时卖出、MACD条件、回落卖出，如图13-10所示。

图13-10

下面我们简要介绍一下各种条件策略的设置和执行规则。

13.2.1 条件单执行规则

接下来我们简要介绍一下各种条件单的执行规则。

1. 涨跌幅条件单的执行规则

投资者设置好某只股票的涨跌幅条件单后,当该股票的涨跌幅达到投资者设置的百分比时便触发条件单,如图13-11所示。

图13-11

2. 股价条件单的执行规则

投资者设置好一只股票的触发价格,当该股的价格上涨或者回落到设置的价格时,便触发条件单,如图13-12所示。

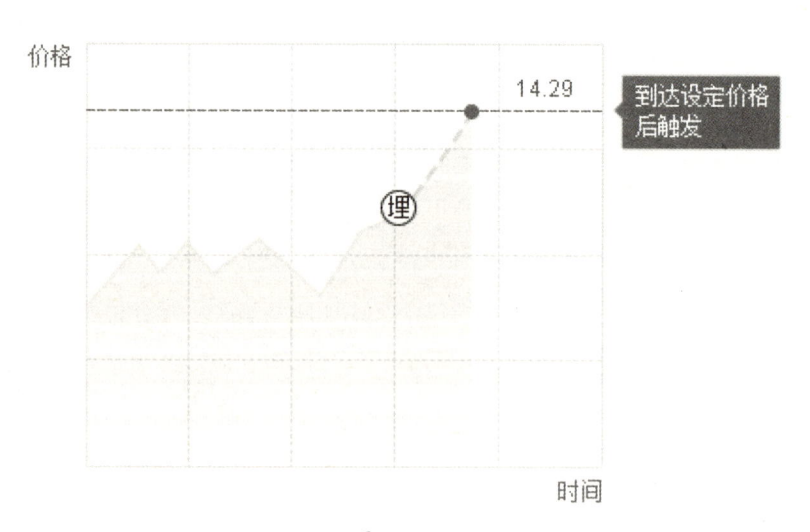

图13-12

3. 定时条件单的执行规则

投资者可以设置当前时间点往后的任意交易时间点作为触发条件,达到设定时间便触发条件单，如图13-13所示。

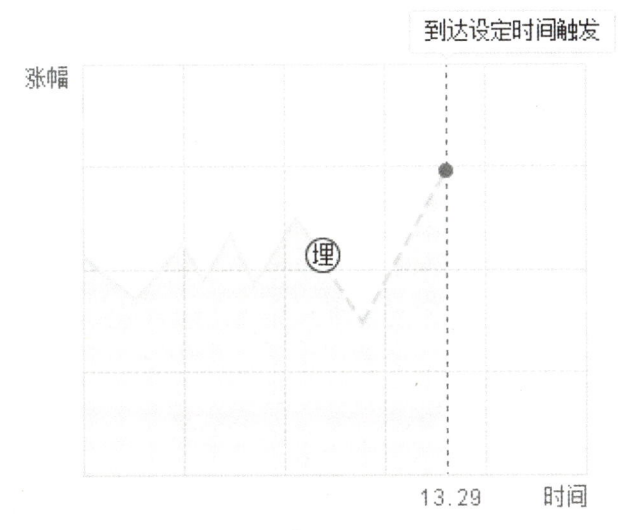

图13-13

4. MACD条件单的执行规则

同花顺系统可监控股票的金叉、死叉、顶背离、底背离等技术指标形态，当股票的行情走势达到预设的技术形态时，触发条件单，如图13-14所示。

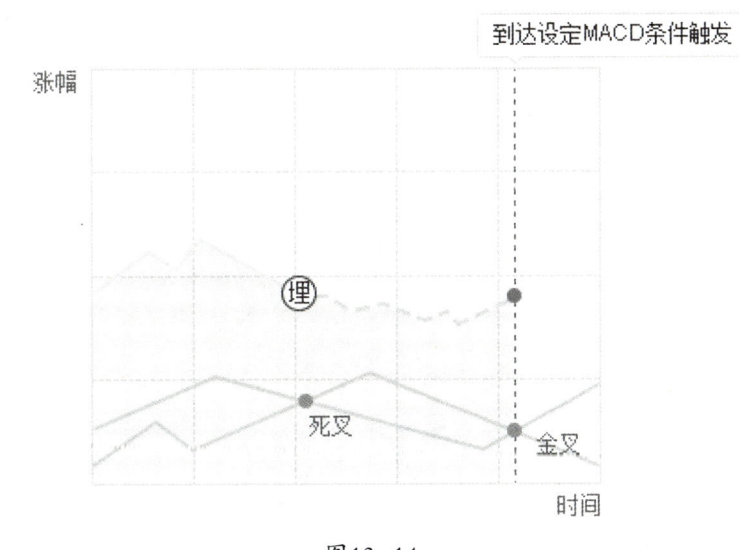

图13-14

5. 反弹买入条件单的执行规则

当股价相对于埋单时的价格下跌到投资者设定的比例后，系统将继续监控该股票的最低点，一旦股价相对于最低点反弹了设定的比例，则触发条件单，如图

13-15所示。

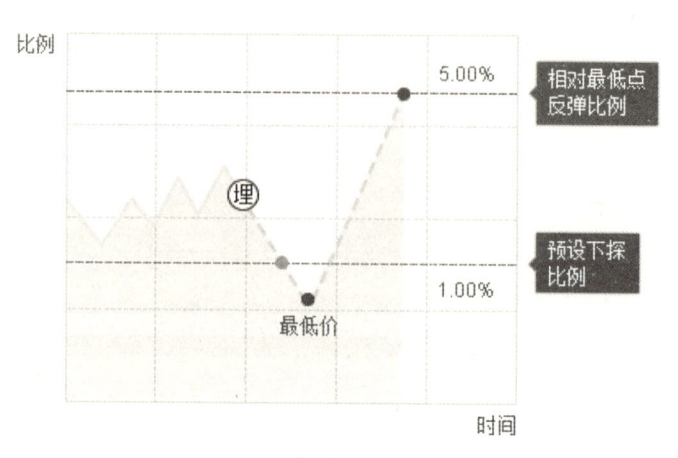

图13-15

6. 涨停买入条件单的执行规则

投资者设置好某只股票的涨停买入条件单后,当该股价涨停时,就会触发条件单,如图13-16所示。

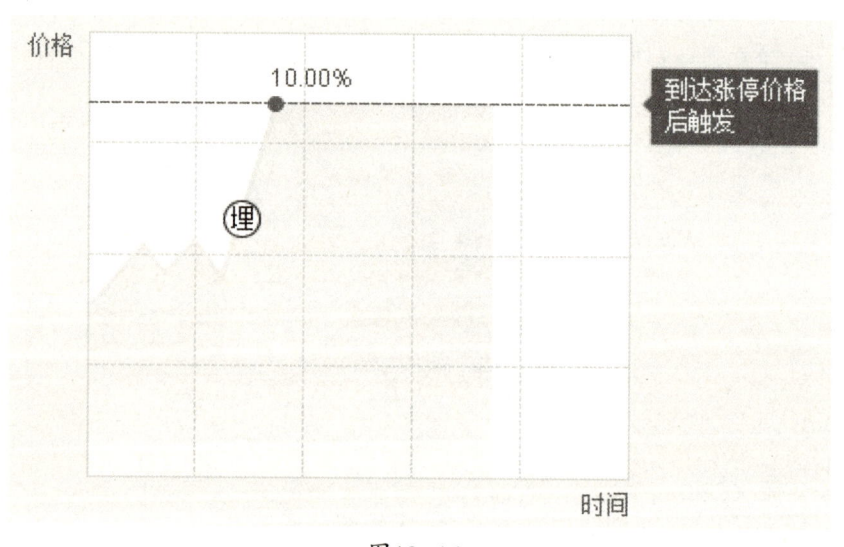

图13-16

7. 止盈止损条件单的执行规则

投资者设置好某只持仓股票的止盈止损比例(按设置时的持仓成本价计算,不考虑监控期间调仓造成的成本价变动),当持仓盈亏达到指定比例时触发条件单,如图13-17所示。

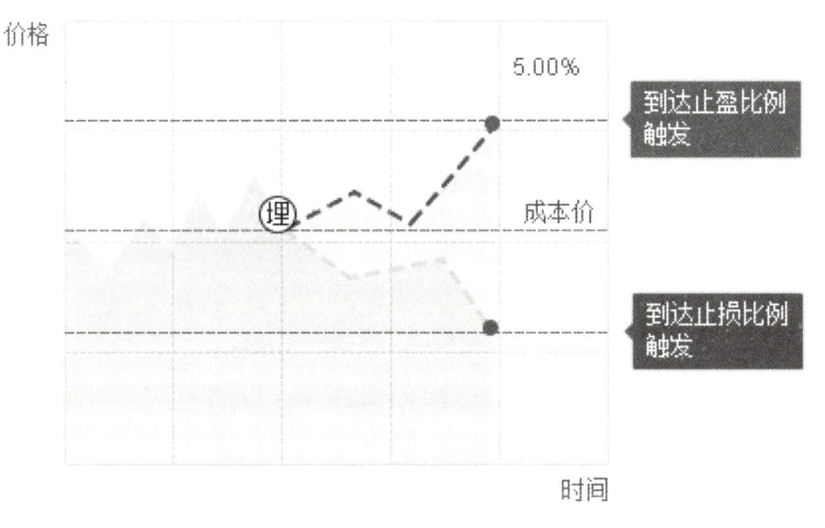

图13-17

8. 回落卖出条件单的执行规则

当股价相对于埋单时的价格上涨达到设定的比例后,系统将继续监控该股票的最高点,一旦股价相对于最高点回落了设定的比例,则触发条件单。它正好是反弹买入的反向操作。

此外,还有国债逆回购条件单,由于目前国债逆回购的条件单只能选择1天期的品种,因此投资者只需要根据1天期的收益率选择好市场(沪市或深市),选择出借价格和每日出借时间、触发类型,即可确认提交,如图13-18所示。

图13-18

投资者若想回购其他品种的国债，可以使用同花顺App，进入"交易"→"国债逆回购"页面进行申购，如图13-19所示。

图13-19

13.2.2 条件单使用实操

接下来，我们以股价条件单为例，详细说明如何正确使用条件单。

点击条件单下方的"股价条件"按钮，系统会弹出股价条件单使用窗口。首先输入想要买入股票的代码，如"300033"，选择股票名称"同花顺"，右侧会显示该个股的最新价和涨幅。

接着选择触发条件，有"参考价格"和"参考均线"两个选项，选择"参考价格"，则下方会让投资者设置要达到的价格条件，选择"参考均线"，则下方会让投资者设置股价上涨或下跌到的均线条件。比如我们选择"参考价格"，条件为股价上穿到170元/股，如图13-20所示。

图13-20

设置好触发条件后,点击"下一步"按钮,会出现如图13-21所示的页面,在此可输入委托数量,选择策略有效期,选择触发类型,触发类型有"半自动委托"和"全自动委托"两种。

图13-21

"半自动委托"是指条件单触发后,系统只推送提醒,需要投资者手动完成委托;"全自动委托"是指条件单触发后,系统自动完成委托(需要保持在线)。

设置完成后,点击"下一步"按钮,系统会弹出确认窗口,再次确认条件单之后，点击"确认提交"按钮即可提交条件单的设置。

设置并提交条件单后，可在条件单页面进行暂停、恢复、复制、修改、删除等操作，如图13-22所示。

图13-22

13.2.3　同花顺App的条件单功能

相较于同花顺PC版客户端，同花顺App中的条件单种类更加多样，除了上面所列的条件单种类，还有网格条件单（见图13-23），它能帮助投资者在震荡行情中获得稳定的超额收益。投资者可以按照自身所需合理使用条件单，把握投资机会。

13.3　同花顺特色交易功能

为方便投资者快捷、即时地进行委托下单操作，以及了解所持股票的交易成本和交易位置，同花顺推出了一些相关特色功能，接下来我们简单介绍这些特色功能的使用方法。

13.3.1　闪电下单

闪电下单是为进行快速交易的投资者设计的便捷交易功能，投资者可以在不打开网上股票交易系统的情况下，直接在闪电下单小窗口中完成委托和撤单等操作。该功能适用于进行高频交易、打板交易等操作。

图13-23

闪电下单功能有三种快速打开方式。

（1）在行情的盘口进行双击操作，目前是双击卖盘打开买入闪电下单，双击买盘打开卖出闪电下单。如图13-24所示，双击卖三价，弹出的是买入价格为卖三价的闪电下单窗口，投资者只需要输入买入数量，即可完成委托下单操作。

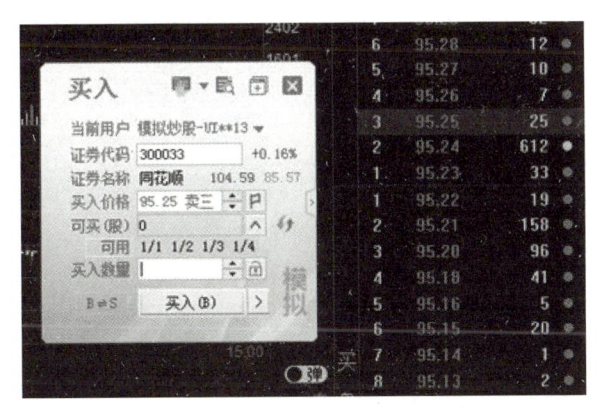

图13-24

（2）在行情盘口点击鼠标右键，在弹出的快捷菜单中选择闪电买入或者闪电卖出，如图13-25所示。在卖三价处点击鼠标右键，在弹出的快捷菜单中选择闪电买入，即可弹出相关的闪电买入操作窗口。

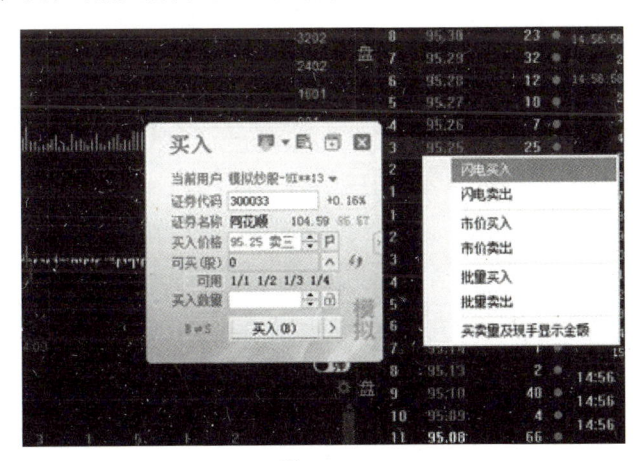

图13-25

（3）在键盘精灵中输入指令调用闪电下单。闪电买入的快捷指令为"21"，闪电卖出的快捷指令为"23"。在行情页面使用键盘精灵输入"21"或"23"，并按Enter键，即可调出闪电下单操作窗口。

需要注意的是，要想快速打开闪电下单窗口，需要保持账户处于登录或在线状态。

接下来，我们介绍一下闪电下单的主要功能。

（1）下单功能：闪电下单支持普通交易和融资融券交易，如图13-26所示。

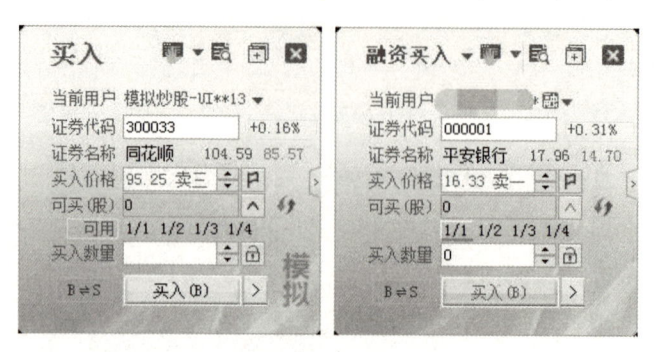

图13-26

（2）锁定功能：闪电下单支持价格和仓位锁定，锁定后下次打开闪电下单时会自动填入锁定的档位价格和仓位对应的数量，方便进行快速委托，如图13-27所示。

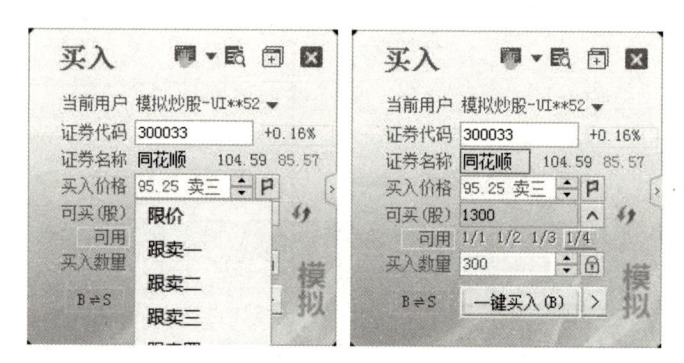

图13-27

（3）分仓计算：可以按可用金额或者总资产进行分仓（见图13-28），用鼠标点击对应按钮即可互相切换。按可用金额分仓是指按剩余的可用金额×仓位来计算委托数量，按总资产分仓是指按当前的总资产×仓位来计算委托数量。

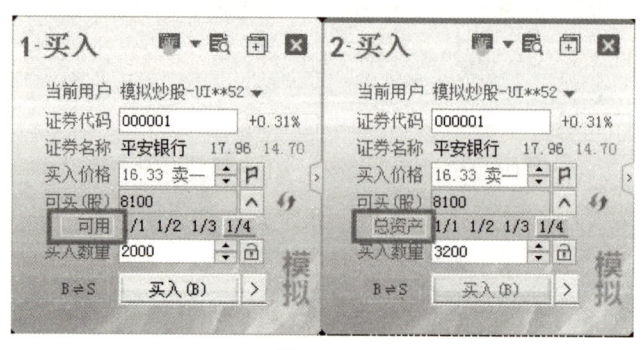

图13-28

（4）盘口买卖：点击闪电下单右侧的箭头按钮可打开/收起对应股票的买

卖盘，可点击盘口修改委托价格或者双击盘口直接以当前价格委托，如图13-29所示。

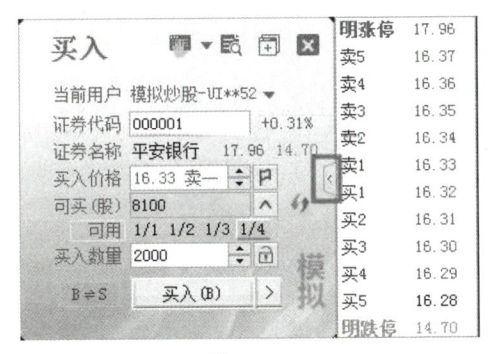

图13-29

（5）窗口多开：闪电下单支持窗口多开，点击复制窗口图标可打开一个新窗口，最多可打开10个窗口，如图13-30所示。窗口多开可以实现多只股票快速交易，以及快速地在多个标的间自由切换。

图13-30

（6）和行情联动：闪电下单有两种和行情进行联动的方式。一是点击证券名称可以查看该股票的行情走势，二是在设置中点击"切换选中窗口时行情分时联动"命令。点击后，焦点定位在闪电下单窗口，可以查看该窗口对应股票的行情走势，如图13-31所示。

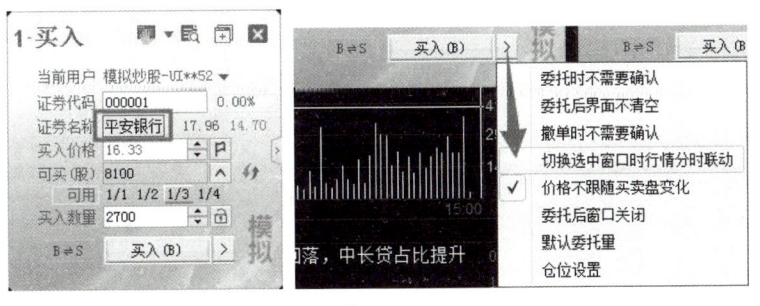

图13-31

（7）默认委托量设置：点击买卖按钮旁边的快捷设置按钮可打开闪电下单

设置，在弹出的设置项中点击"默认委托量"命令可打开设置默认委托量页面，可根据自己的实际需要进行设置，如图13-32所示。

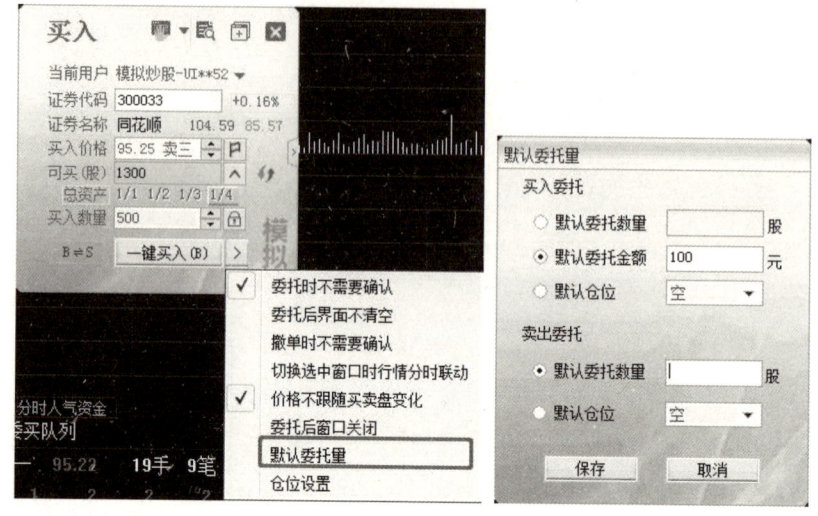

图13-32

（8）仓位设置：设置方式与默认委托量设置类似，可以选择在闪电下单页面上显示4个、8个或12个仓位按钮，也可以修改当前按钮的仓位比例，如图13-33所示。

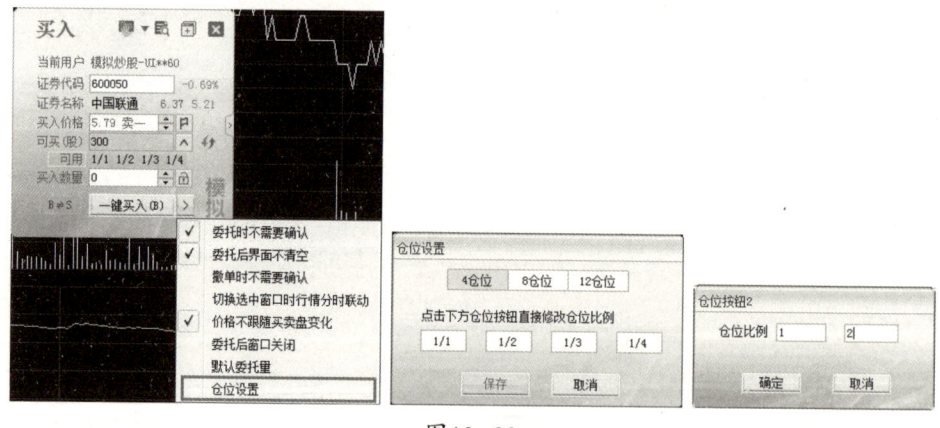

图13-33

13.3.2 画线交易

画线交易是在行情页面通过锚定价位线来进行下单的功能，投资者可以使用该功能进行委托或者创建条件单。

在个股行情的分时图页面和K线图页面均有画线交易入口。

（1）在分时主图页面中点击鼠标右键，通过快捷菜单中的买入和卖出命令，可以方便地以某一价位线进行委托。也可以直接选择创建鼠标光标所在位置价位的条件单，如图13-34所示。

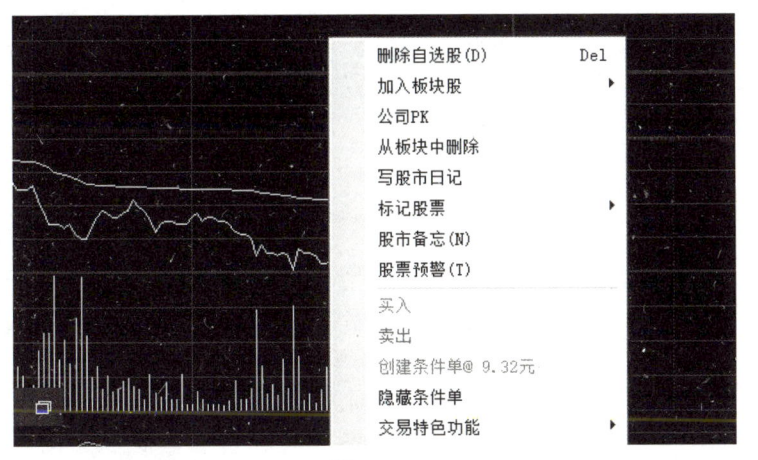

图13-34

（2）在K线图页面中，将鼠标光标移动至某一价位线上，点击鼠标右键，在弹出的快捷菜单中点击"创建条件单@××元"命令（见图13-35），系统将弹出条件单设置窗口，投资者填写相应的参数并提交条件单，即完成了该价位线上的条件单创建。

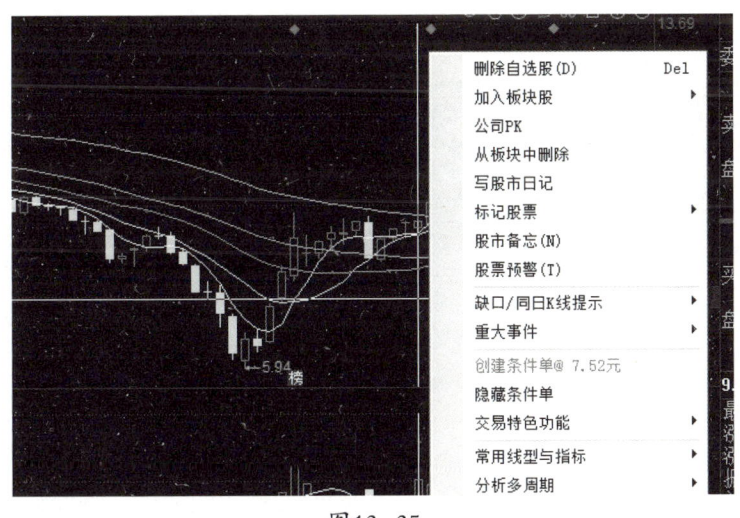

图13-35

接下来，我们介绍一下画线交易的使用方法。

（1）画线委托：在个股分时图页面中点击鼠标右键，在弹出的快捷菜单中点击买入或者卖出命令后，会在锚定的位置出现一条白色虚线（白色风格下为黑色虚线）和闪电下单窗口，如图13-36所示。虚线的位置即是需要委托的价格，可以上下拖动该虚线调整委托价格，或者在闪电下单的价格输入框中修改价格，输入数量后即可进行委托。

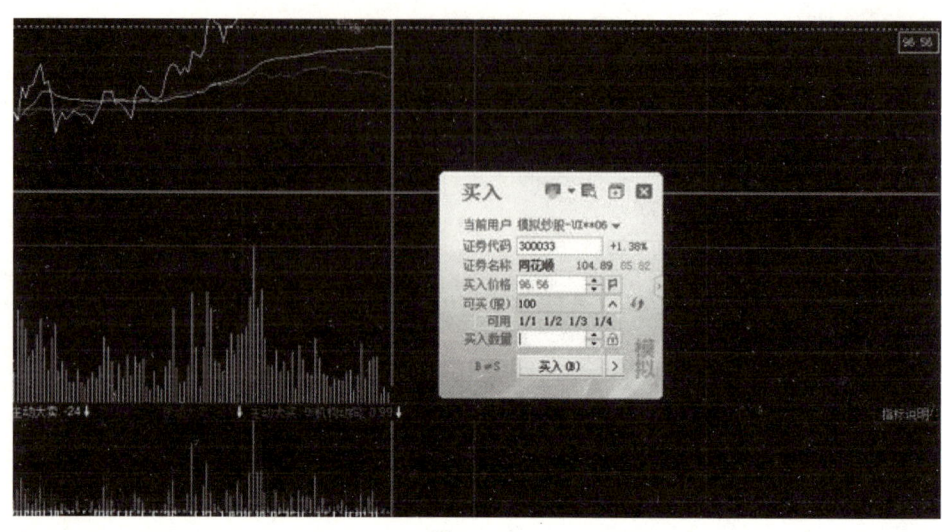

图13-36

（2）画线条件单：在个股分时图或K线图中点击鼠标右键，利用弹出的快捷菜单创建条件单后，会在锚定的位置出现一条粉色虚线和条件单设置弹窗，如图13-37所示。虚线的位置即是设定的价格条件，可以上下拖动该虚线调整价格，或者在弹窗价格输入框中进行修改，并且选择买卖方向，输入委托数量，选择触发类型，提交条件单。

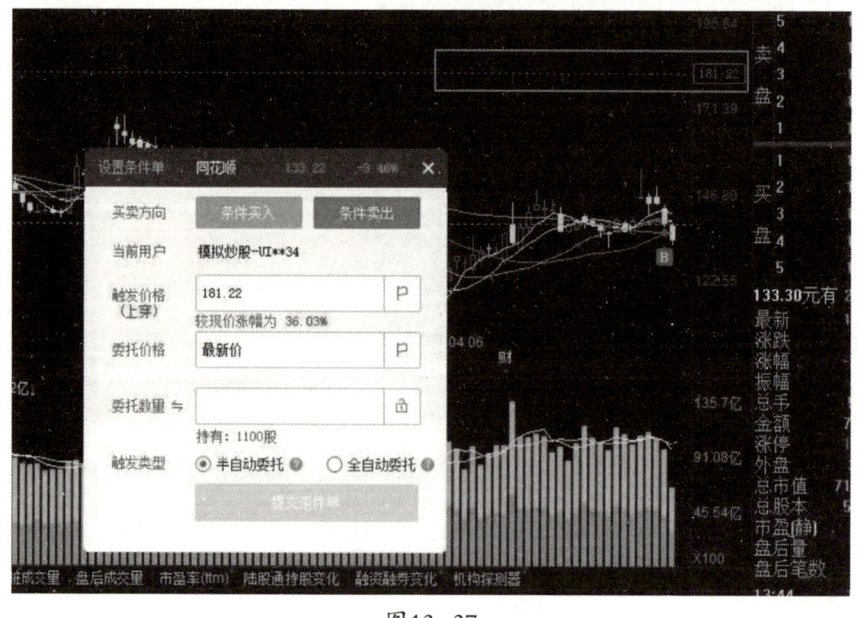

图13-37

（3）撤单：画线委托后在对应的分时图中会显示一条蓝色虚线，当鼠标光标移至该虚线处，会显示挂单浮框，可以点击浮框里面的"撤单"按钮撤销该笔委托，如图13-38所示。双击蓝色虚线也可以进行撤单。

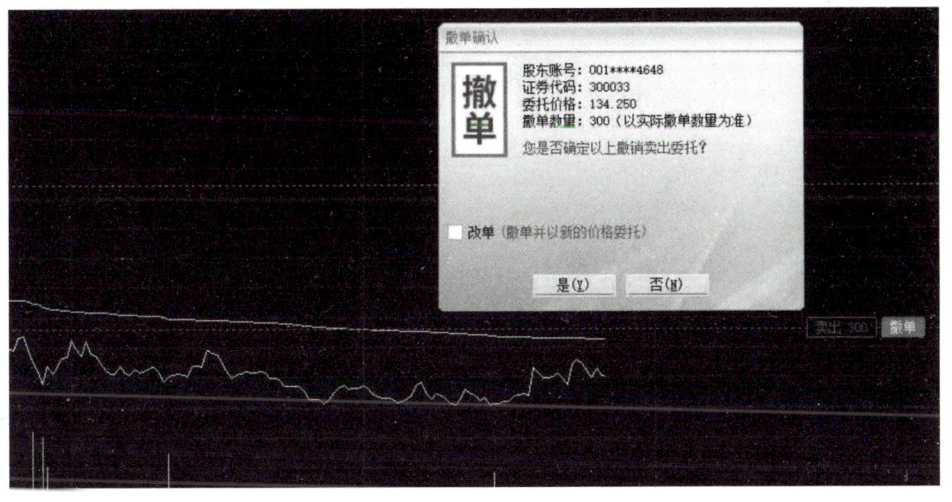

图13-38

画线下单后，在分时图或K线图中会显示一条粉色虚线，当鼠标光标移至该虚线处时，显示挂单浮框，可以点击浮框里面的"取消"按钮取消该笔条件单，如图13-39所示。双击粉色虚线也可以取消该条件单。

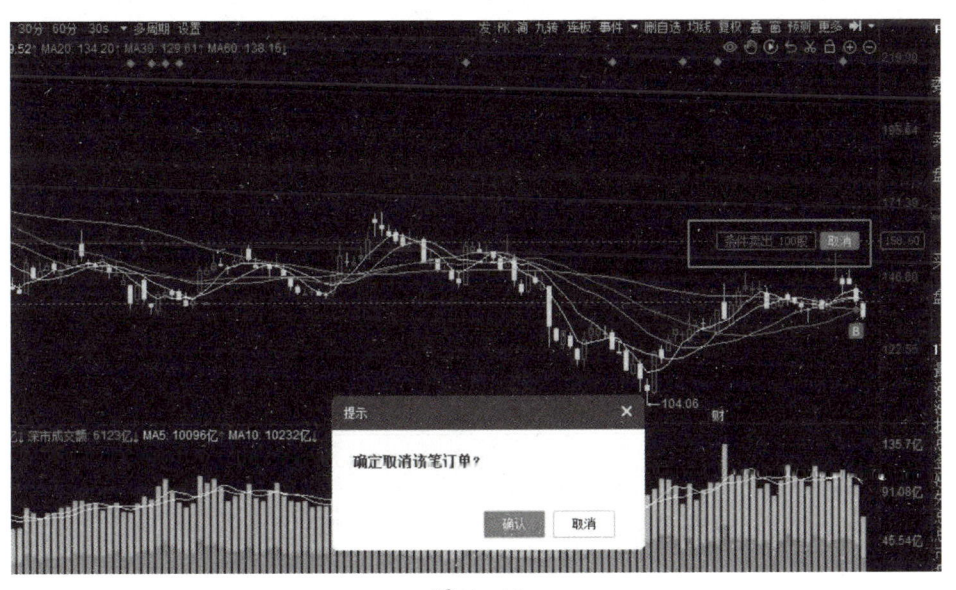

图13-39

（4）改单：挂完委托单后，分时图中的挂单线也可以上下拖动。拖动到某一价位时，可撤销之前的委托，并以当前价位重新挂单，如图13-40所示。

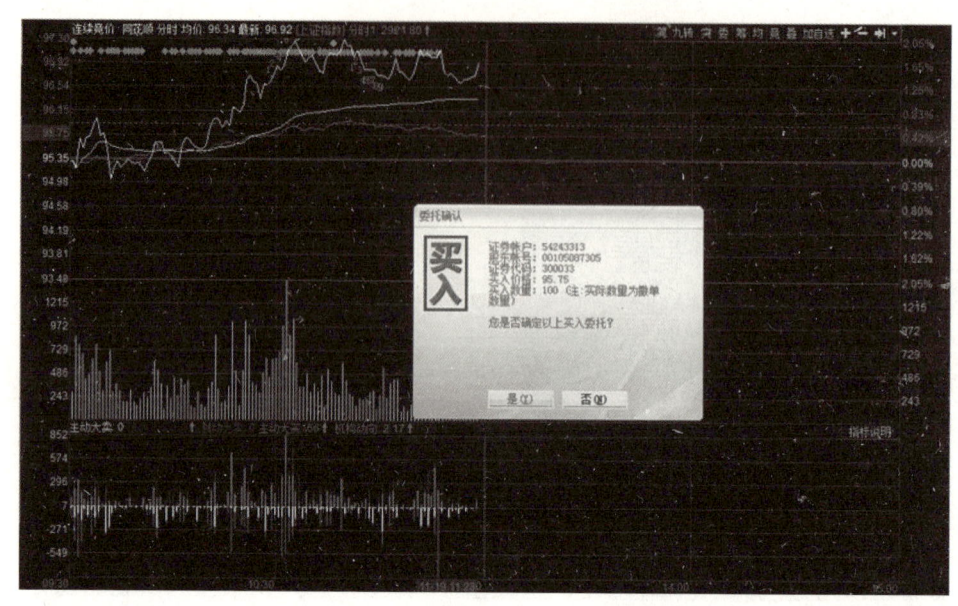

图13-40

同样，创建完条件单后，分时图或K线图中的条件单虚线也可以上下拖动。将该虚线拖动到某一价位时，可以以当前价位作为新的触发条件，如图13-41所示。

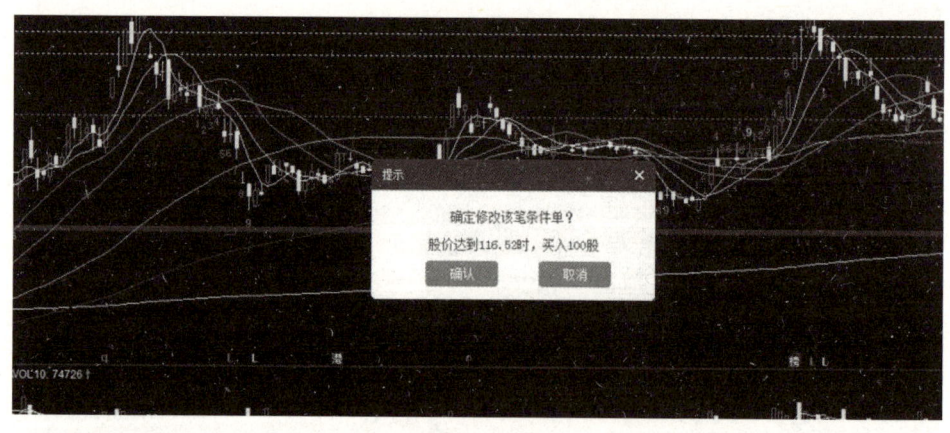

图13-41

（5）画线止损：无论是在分时图还是K线图中，持仓成本线都是可以上下拖动的。拖动时会触发画线止损功能，即股价达到锚定的价格线时，系统可以自动提示投资者卖出股票，如图13-42所示。

需要说明的是，启动画线止损功能，首先需要在行情图中显示出持仓成本线。一般来说，登录后持仓成本线会自动显示，若没有显示，也可以手动调出。调出方法为：在分时图或者K线图中点击鼠标右键，在弹出的快捷菜单中将光标移至"交易特色功能"命令，点击二级命令"显示持仓成本线"即可，如图

13-43所示。在黑色风格模式下，持仓成本线为一条黄色虚线。

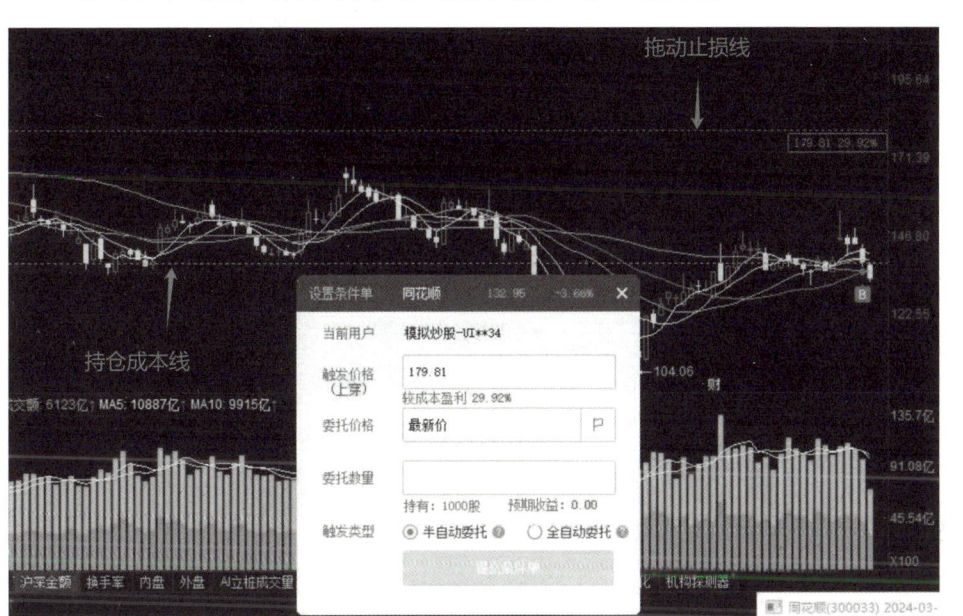

图13-42

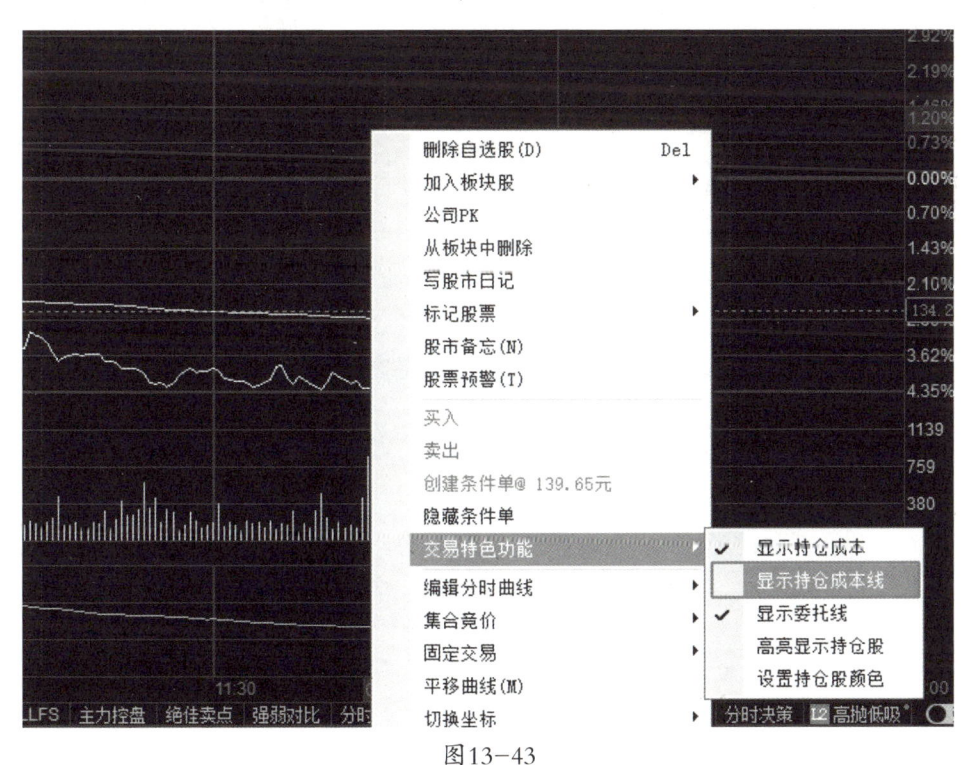

图13-43

13.3.3 核按钮功能

核按钮是同花顺为方便打板用户进行快速买卖和撤单的操作而设计的专用交易功能。

要想使用核按钮功能，需要在交易组件方案中进行配置，下面介绍核按钮的开启和使用方法。

打开同花顺PC版客户端，在登录网上股票交易系统后，点击交易悬浮条右侧的齿轮图标，即可打开交易组件设置窗口，如图13-44所示。

图13-44

在交易组件设置窗口中勾选"核买""核卖""秒撤"复选框，并设置对应的热键（系统默认的核买热键为F9、核卖热键为F10、秒撤热键为F11），如图13-45所示。

图13-45

保存后，悬浮条页面变为带核按钮功能的悬浮条，如图13-46所示。

图13-46

在个股行情页面或点击选择某个股后，点击悬浮条上的"核买"按钮，可立即打开已自动填入涨停价格的闪电下单窗口，输入买入数量后发出委托并确认即可，如图13-47所示。

在持仓股行情页面或点击选择某持仓股后，点击悬浮条上的"核卖"按钮，可立即打开已自动填入跌停价格的闪电下单窗口，输入卖出数量后发出委托并确认即可，如图13-48所示。

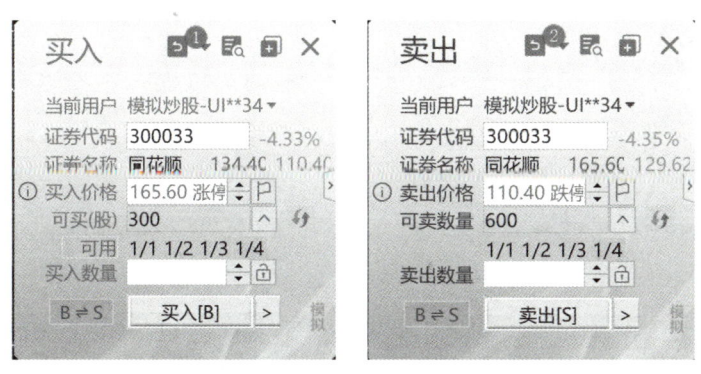

图13-47　　　　　　　图13-48

点击悬浮条上的"秒撤"按钮，可撤销当前行情代码对应的买卖委托。

13.3.4　BS点标记功能

BS点即买卖点，主要包括当日买卖点（分时BS点）和历史买卖点（K线BS点）。

当日买卖点是当日买卖股票后，在该股票行情分时图中将买卖位置标注出来形成的点。在行情分时图中显示BS点需要开通成交价格预警服务，可以点击网上股票交易系统下方的"点击开通行情分时BS点"或者"开通成交价格预警服务"进行开通，如图13-49所示。

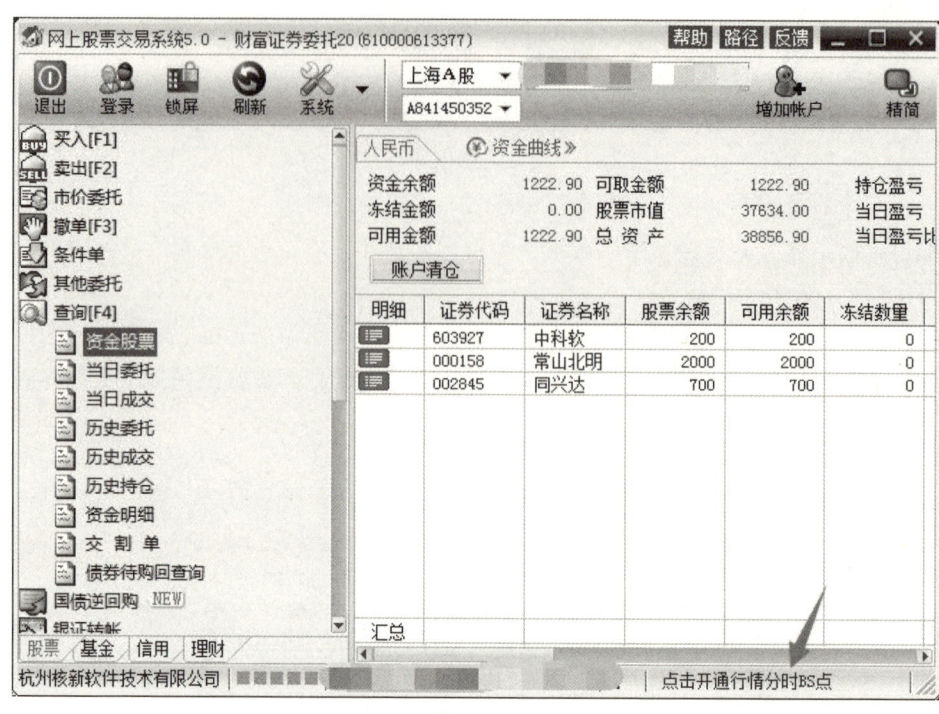

图13-49

当日委托成交后，在成交位置会显示对应的买入或者卖出的点，当日的交易操作在分时图中一目了然，如图13-50所示。

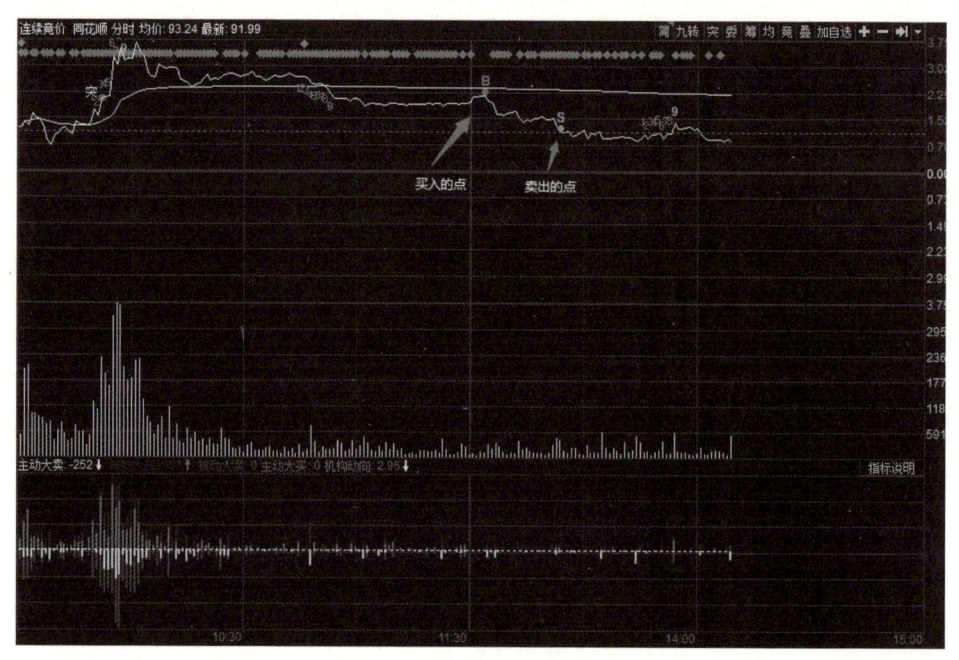

图13-50

历史买卖点是在K线图中将某只股票的历史买卖记录标注出来形成的点。开通历史买卖点功能的方法很简单，只需要在K线图页面点击鼠标右键，在弹出的快捷菜单中，点击"交易特色功能"下面的二级命令"显示K线买卖点"即可（需要说明的是，有些证券公司可能暂时不支持在客户端使用该功能），如图13-51所示。

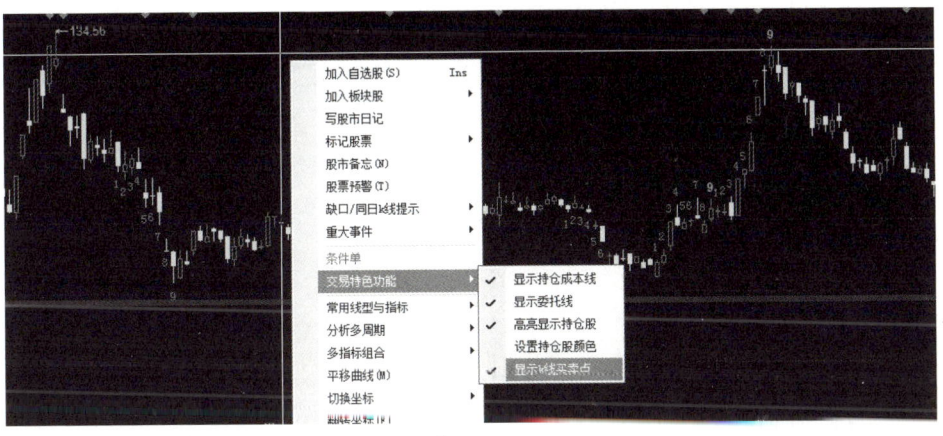

图13-51

开通后，在股票的K线图中可以看到该股票的历史买卖情况，如图13-52所示。

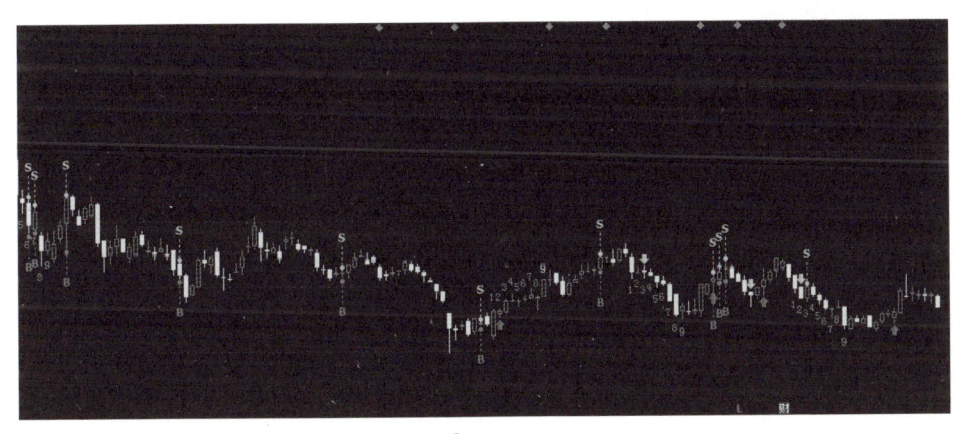

图13-52

使用同花顺App时，投资者可以在个股行情页面进入个股详情设置，开启"分时买卖成交点"和"历史买卖成交点"功能，如图13-53所示。

13.3.5 三种交易模式

同花顺针对不同投资者的交易习惯和需求，设计了三种不同的交易模式，包括内嵌模式、专业模式和精简模式，下面简要介绍三种交易模式的功能设置和用法。

图13-53

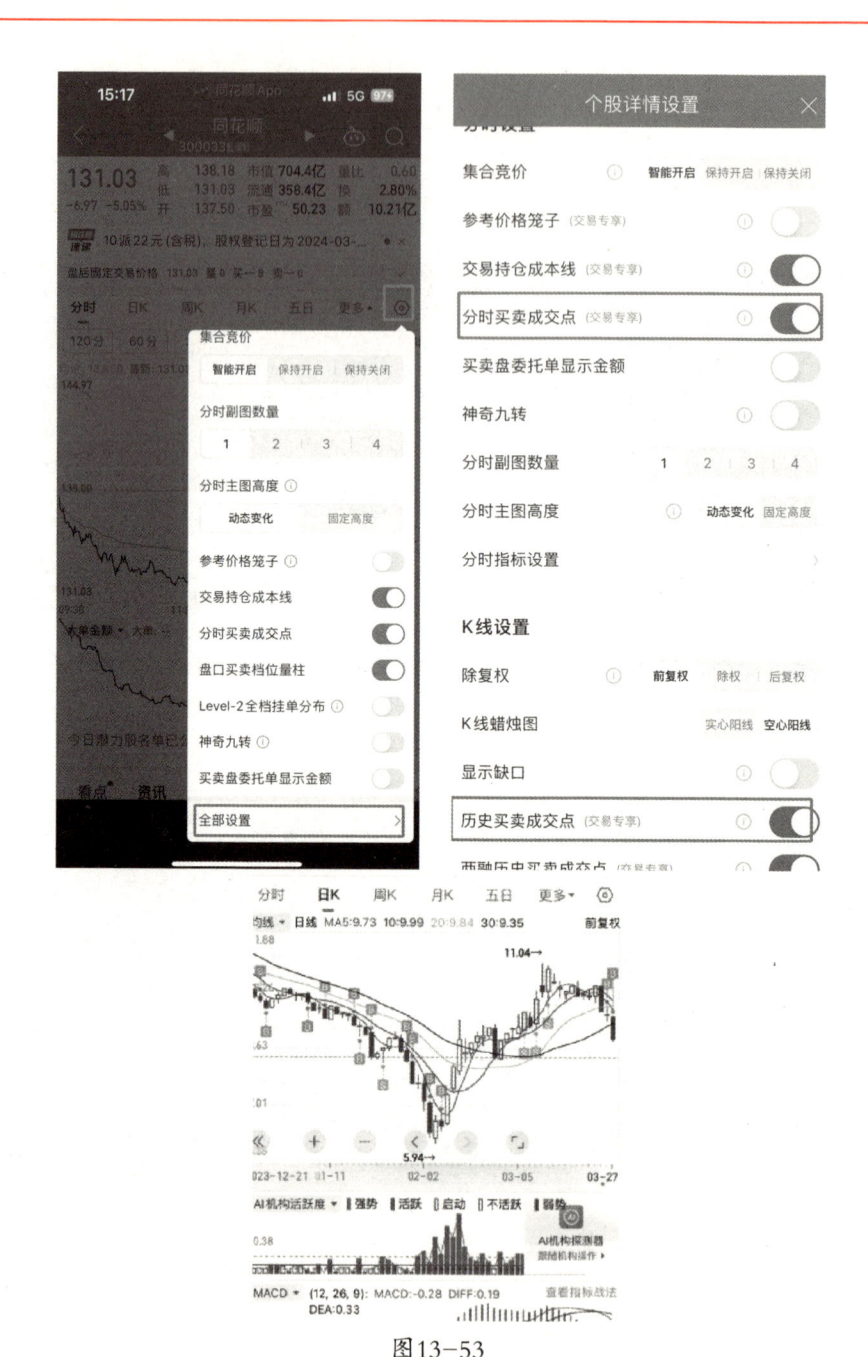

1. 内嵌模式

内嵌模式是和行情融合的交易版本，投资者使用内嵌模式后，交易窗口会显示在个股行情的分时图页面，其作用是方便投资者在看盘的同时能快速交易。不习惯经常打开网上股票交易系统的投资者，可以在内嵌交易模式中完成买卖等交易需求。

点击网上股票交易系统页面右侧的"内嵌"按钮，即可打开内嵌模式，委托交易窗口可直接在行情分时图中查看，如图13-54所示。

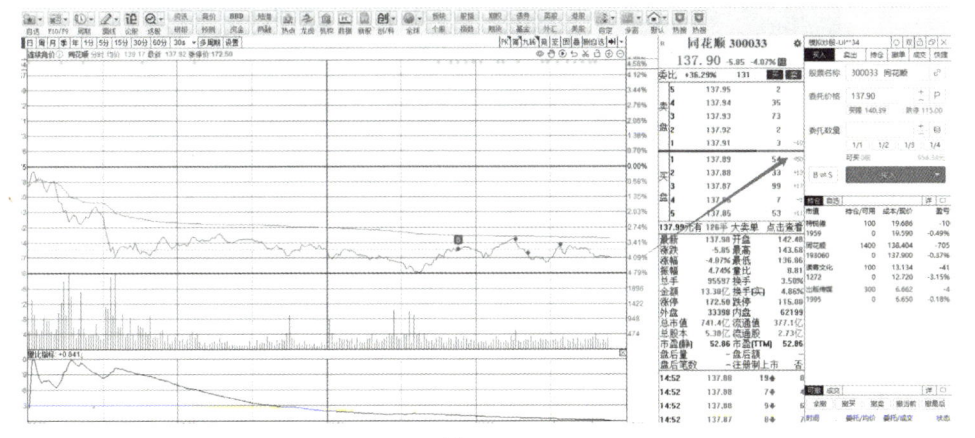

图13-54

在内嵌模式中，可以通过切换委托方向或者买卖按钮旁边的BS切换按钮切换买卖页面，证券代码默认关联当前行情的股票，如图13-55所示。

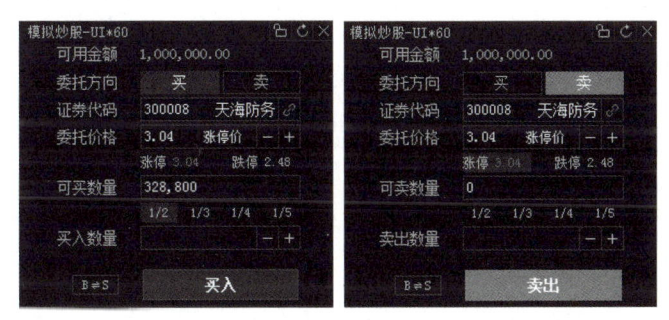

图13-55

委托价格可以点击行情的盘口进行修改，当选择行情某一档位价格后，委托的价格默认是关联该档位价格。例如：如果选择了买三价，无论行情如何变化，委托价格都为最新的买三价对应的价格，如图13-56所示。

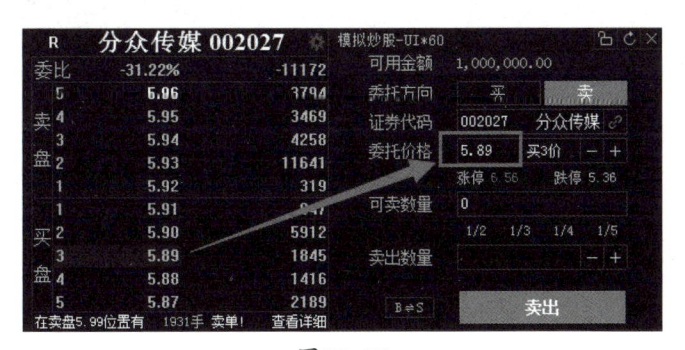

图13-56

为保障交易安全，可以点击锁按钮锁定内嵌模式页面，锁定后会在内嵌页面隐去所有与自己交易账户相关的信息，如图13-57所示。

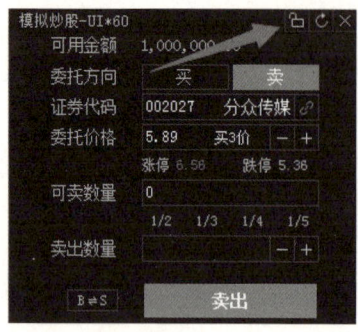

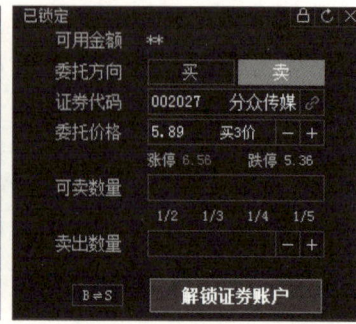

图13-57

如图13-58所示，内嵌模式还支持查看持仓股情况、自选股情况，以及当日委托（可撤销委托单）和当日成交情况。在列表中点击对应的股票，可以快速切换至该股票行情页面。

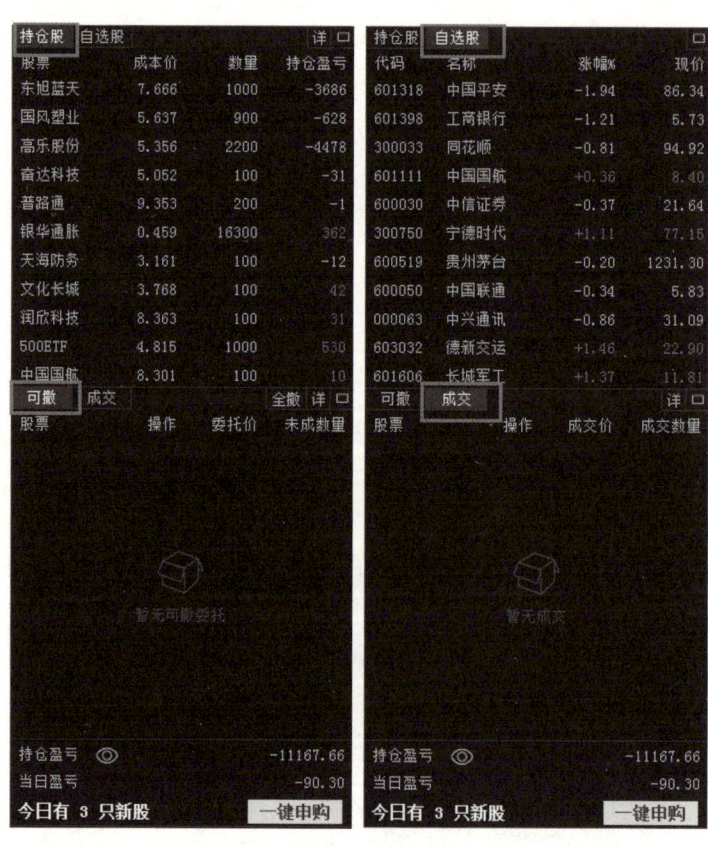

图13-58

2. 专业模式

专业模式是专注于交易功能的版本，支持买卖等基础交易功能，可打开多个交易窗口，方便有多标的委托以及汇总统计需求的投资者使用。下面对专业模式页面做简要的说明。

点击网上股票交易系统页面右侧的"专业"按钮，系统会自动切换为专业模式，如图13-59所示。

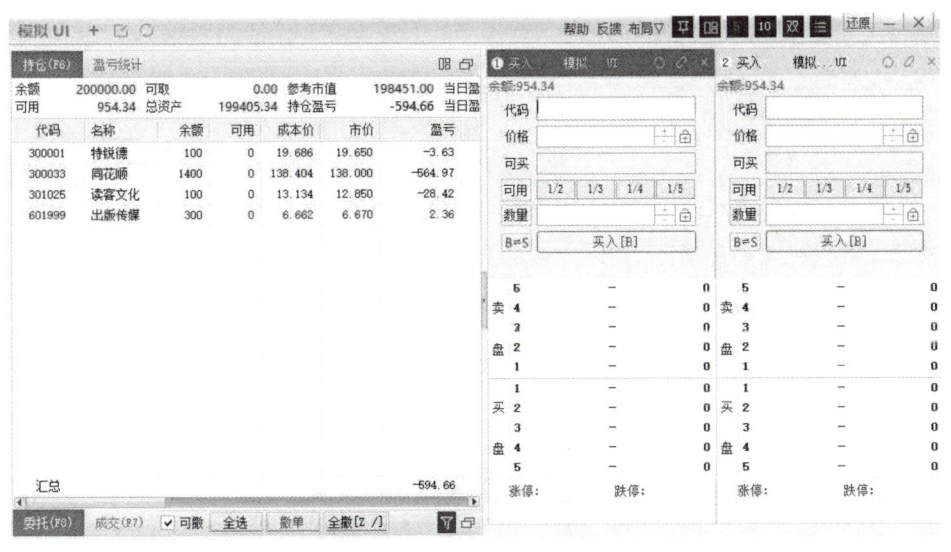

图13-59

专业模式页面提供了11种布局方式，点击信息栏上的"布局"下拉按钮，投资者可以根据自身需要选择盘口布局，如图13-60所示。

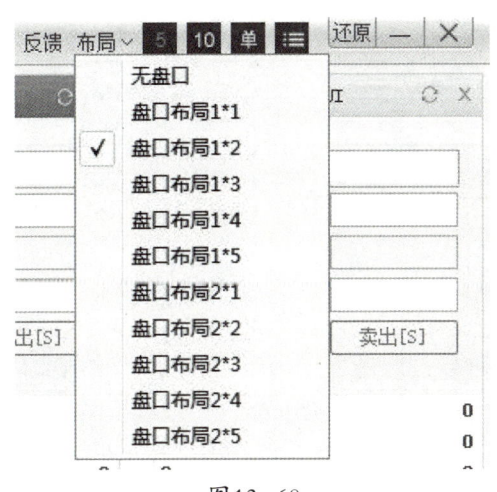

图13-60

投资者可在每个盘口中提前输入好不同的股票代码、价格、数量，待到合适的时机，能快速进行委托，如图13-61所示。

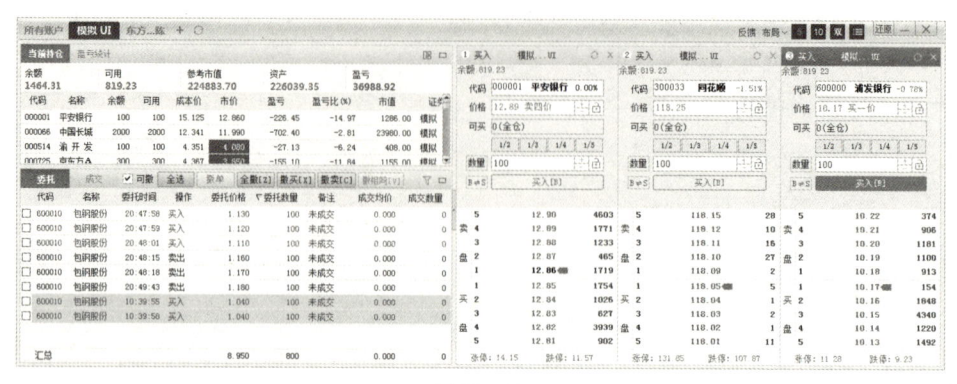

图13-61

专业模式的下单窗口中，投资者点击编号旁边的"买入/卖出"按钮或BS切换按钮，可以将当前交易窗口切换为买入或者卖出模式，如图13-62所示。

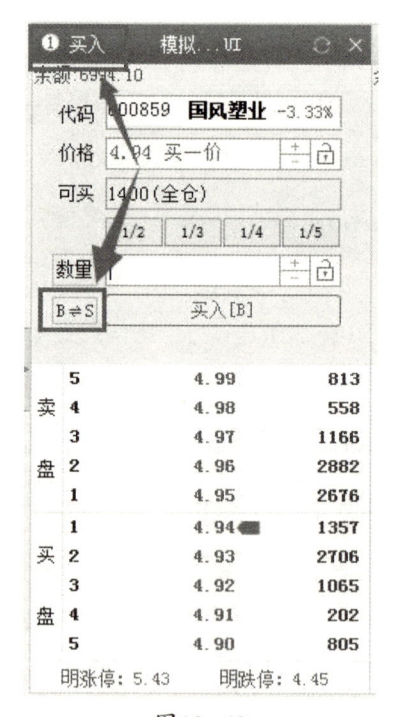

图13-62

点击专业模式页面右上方的"单/双"按钮，可进行交易模式切换。在双向下单模式下，在每一个交易窗口中都可以方便地进行买入卖出的操作，在买卖窗口中可以灵活选择不同价格和数量，填好委托信息后即可快速买入卖出，如图13-63所示。

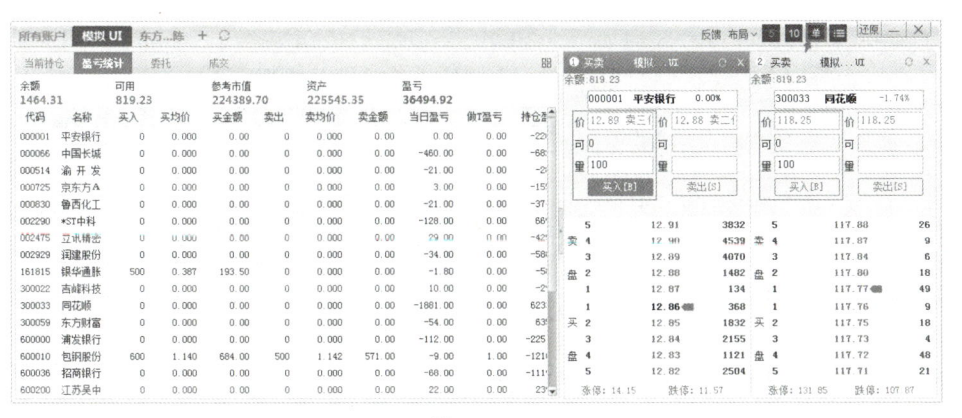

图13-63

点击专业模式页面右上角的"设置"按钮，可以打开专业版设置窗口进行相应的设置，如图13-64所示。点击"还原"按钮，则可退出专业模式。

图13-64

在专业模式中，投资者可以在盘口双击进行下单委托，也可以设置为在盘口单击进行下单委托，下单之后，相应的数量会在对应档位上显示。鼠标光标移入后，显示挂单数量的按钮变为"撤销"按钮，点击即可进行撤单，如图13-65所示。

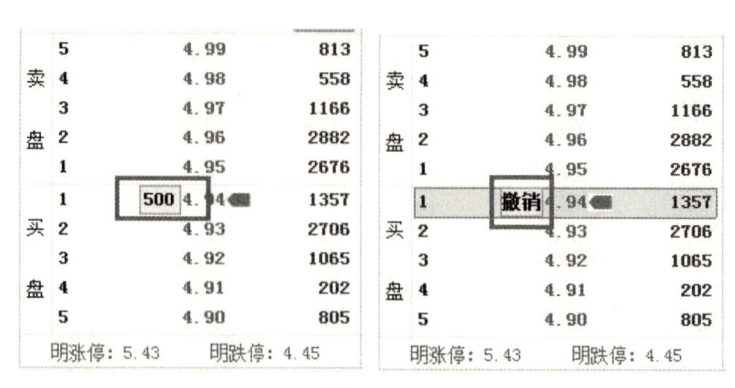

图13-65

3. 精简模式

精简模式是网上股票交易系统页面的精简版本，对于习惯使用默认页面进行交易操作的投资者来说，精简模式既保留了默认页面的操作方式，也不妨碍看盘，是一种常用的交易页面模式。

点击网上股票交易系统页面右侧的"专业"按钮，页面会以精简模式呈现，如图13-66所示。

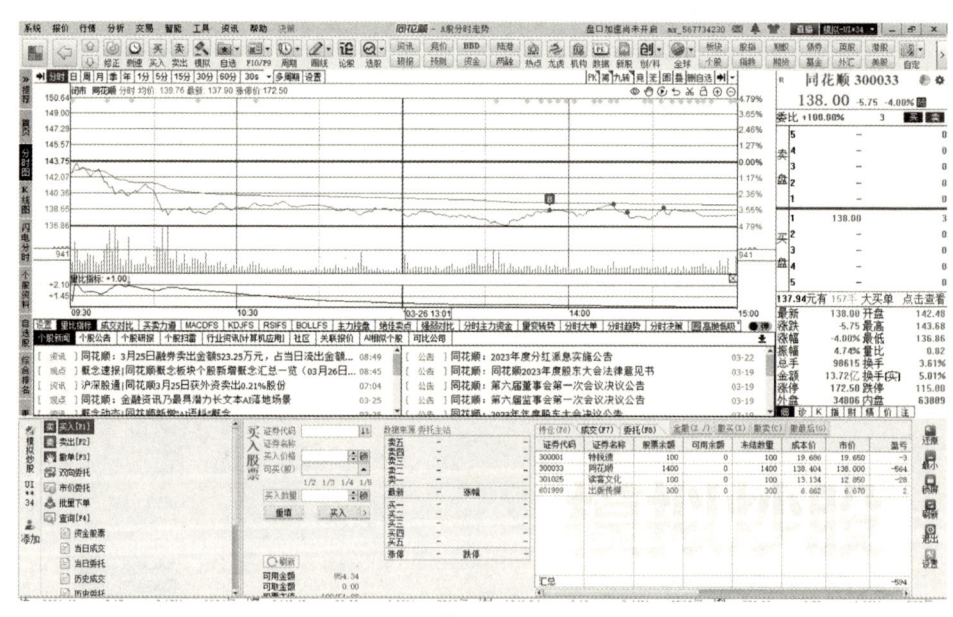

图13-66

点击精简模式页面右侧的"还原"按钮，即可切换至普通模式。

13.4 交易快捷键

下面给出同花顺PC版客户端中与交易相关的快捷键对照表，希望能助力投资者更方便快捷地把握投资机会，让投资变得更简单。

1. 键盘精灵交易快捷键（表13-1）

表13-1　键盘精灵交易快捷键

快捷键	对应操作	快捷键	对应操作
21	闪电买入	+01	买一价买入
23	闪电卖出	+02	买二价买入
24 或 /	全撤	+03	买三价买入
221	普通买入	+04	买四价买入
223	普通卖出	+05	买五价买入
211	融资买入	−1	买一价卖出
233	融券卖出	−2	买二价卖出
225	涨停买入	−3	买三价卖出
229	跌停卖出	−4	买四价卖出
++	涨停闪买	−5	买五价卖出
−−	跌停闪卖	−01	卖一价卖出
+++	涨停信用闪买	−02	卖二价卖出
−−−	跌停信用闪卖	−03	卖三价卖出
+1	卖一价买入	−04	卖四价卖出
+2	卖二价买入	−05	卖五价卖出
+3	卖三价买入	266	条件单
+4	卖四价买入	277	内嵌交易
+5	卖五价买入	288	专业版

2. 网上股票交易系统快捷键（表13-2）

表13-2　网上股票交易系统快捷键

快捷键	对应操作	快捷键	对应操作
F1	买入页面	Z	全撤
F2	卖出页面	X	撤买
F3	撤单页面	C	撤卖
F4	查询页面	G	撤最后
Alt+数字键	切换账户		

3. 闪电下单快捷键（表13-3）

表13-3　闪电下单快捷键

快捷键	对应操作	快捷键	对应操作
F1	闪电买入页面	Z	全撤
F2	闪电卖出页面	X	撤买
B	买入	C	撤卖
S	卖出	G	撤最后
Alt+数字键	切换账户	V	撤相同

4. 专业版快捷键（表13-4）

表13-4　专业版快捷键

快捷键	对应操作	快捷键	对应操作
F1	买入窗口	X	撤买
F2	卖出窗口	C	撤卖
Z	全撤	V	撤相同
G	撤最后	Alt+数字键	切换账户

同花顺炒股小妙招：使用篮子交易进行批量交易

投资者往往会遇到这样的情况：当市场出现波动或投资者需要快速应对风险时，却由于需要一一进行交易操作，从而耗费时间，错失卖出机会，导致出现不该有的损失。为了尽量避免这样的情况出现，投资者可以学会使用篮子交易功能。

所谓篮子交易功能，是将需要批量交易的一些股票作为一个组合，对该组合进行买卖操作。

打开网上股票交易系统页面，点击工具栏右侧的"篮子"按钮，即可打开篮子交易窗口，如图13-67所示。

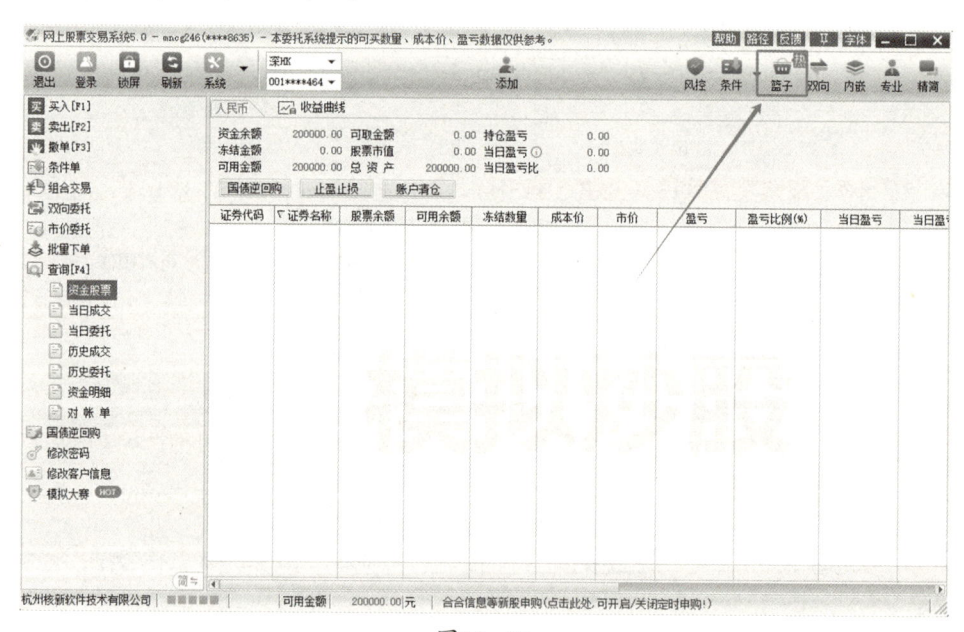

图13-67

如图13-68所示，该窗口主要有四个功能。

篮子买入：买入一篮子股票。

篮子卖出：卖出一篮子股票。

篮子持仓：查看篮子持仓的资产信息。

篮子管理：新建篮子并添加篮子成份股；删除篮子或剔除某些成份股。

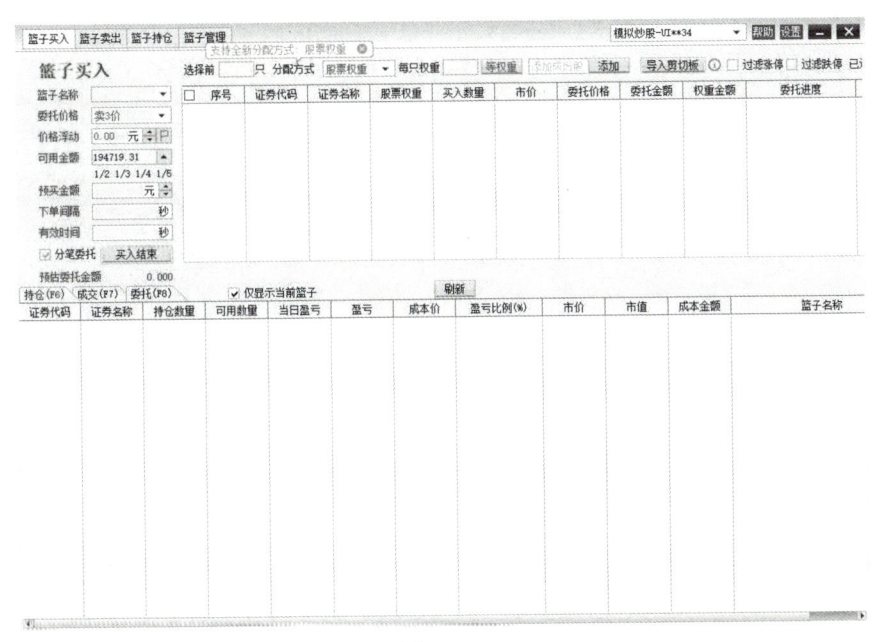

图13-68

要想进行篮子交易，首先需要新建篮子，然后将成份股添加进对应的篮子。在篮子管理页面中，点击"新建"按钮即可创建篮子，创建篮子时，可以通过问财选股或者手动添加的方式给篮子添加成份股，如图13-69所示。

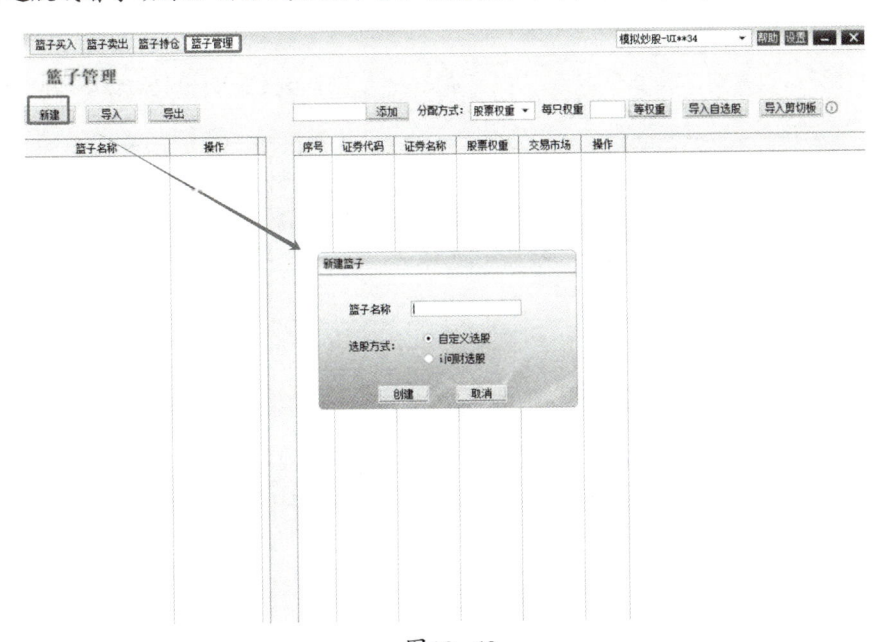

图13-69

选中篮子后，在成份股列表上方的输入框中输入代码，然后点击"添加"按钮即可在篮子中添加成份股，如图13-70所示。此外还可以导入自选股，或者导入外部文件快速添加成份股。

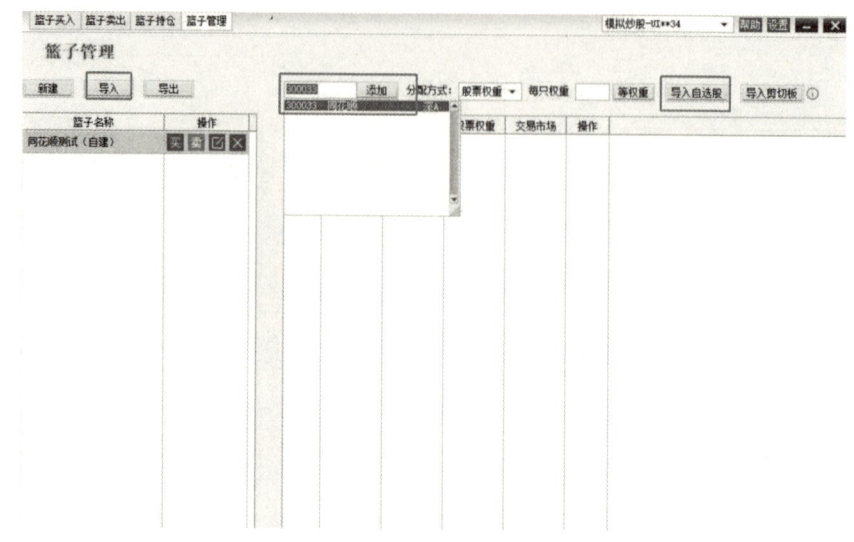

图13-70

完成篮子设置后，我们就可以进行篮子交易了。

进入"篮子买入"或"篮子卖出"页面中，投资者可以在"篮子名称"中下拉选择已经建好的篮子，或者直接输入板块名称，选择以板块作为一个篮子进行交易，然后选择或填写委托价格等信息，如有需要可以选择"分笔委托"，然后点击"买入"或者"卖出"按钮，即完成了一次篮子委托，如图13-71所示。

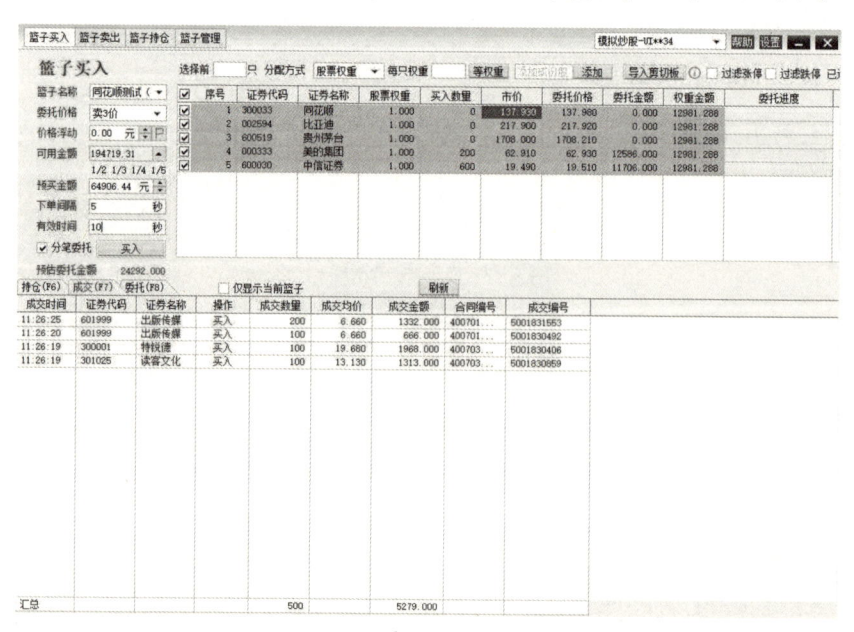

图13-71

所谓分笔委托，即将一个篮子的成份股分批次进行委托，委托次数=有效时间/下单间隔（取整值），每次委托数量=成份股的委托数量/委托次数（取整值）。每次委托未成交的部分会在下单间隔时间之后进行自动撤单然后加入下一次委托。

同花顺炒股小妙招：使用网格条件单进行自动交易

前面我们提到过同花顺App中有网格条件单功能，它是基于网格交易策略而设置的一种条件单。所谓网格交易策略，简单来说就是针对某个投资标的设置特定的交易区间，并把该区间等分为N格，价格每跌一格就买入一份，价格每上涨一格就卖出一份，如此反复低吸高抛，从而赚取波段差价，网格交易条件单的基本原理如图13-72所示（B为买入，S为卖出）。

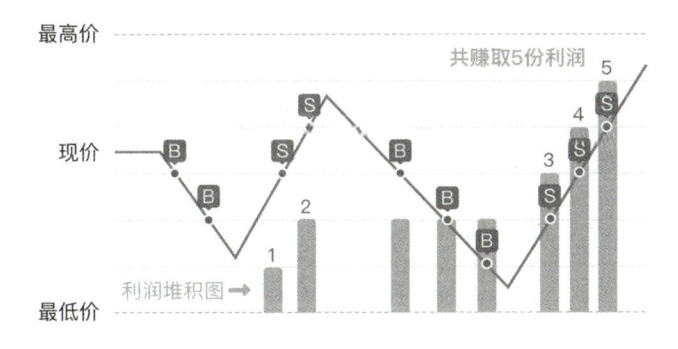

图13-72

由于网格交易策略赚的是波段差价，因此选择波动性强、交易活跃的投资标的是最为合适的，而单边大涨大跌的投资标的不适合使用网格交易策略。不过，假如投资者判断出股票处在持续波动的横盘震荡期，也可以采用网格交易策略，并结合止损单来降低风险。

下面我们具体介绍一下如何使用同花顺App中的网格条件单功能。

打开同花顺App，进入选中标的分时图页面，点击右下角的"功能"菜单，在弹出的全部功能窗口中选择"条件单"，如图13-73所示。

在新建条件单页面中，选择网格条件单，就可以开始设置网格条件单的监控条件了，如图13-74所示。

可以看到，监控条件包括价格区间、初始基准价、涨跌类型、上涨卖出条件和下跌买入条件。投资者可以根据自己对投资标的价格上限和下限（也就是价格振幅）的判断设置价格区间，超出价格区间后，网格交易条件单会自动停止。初始基准价是指网格交易运行的参照价格，一般来说是第一次买入的价格或者当前价格。涨跌类型是指以什么方式设置网格的宽度，投资者可以按比例或按价格差额来设置。

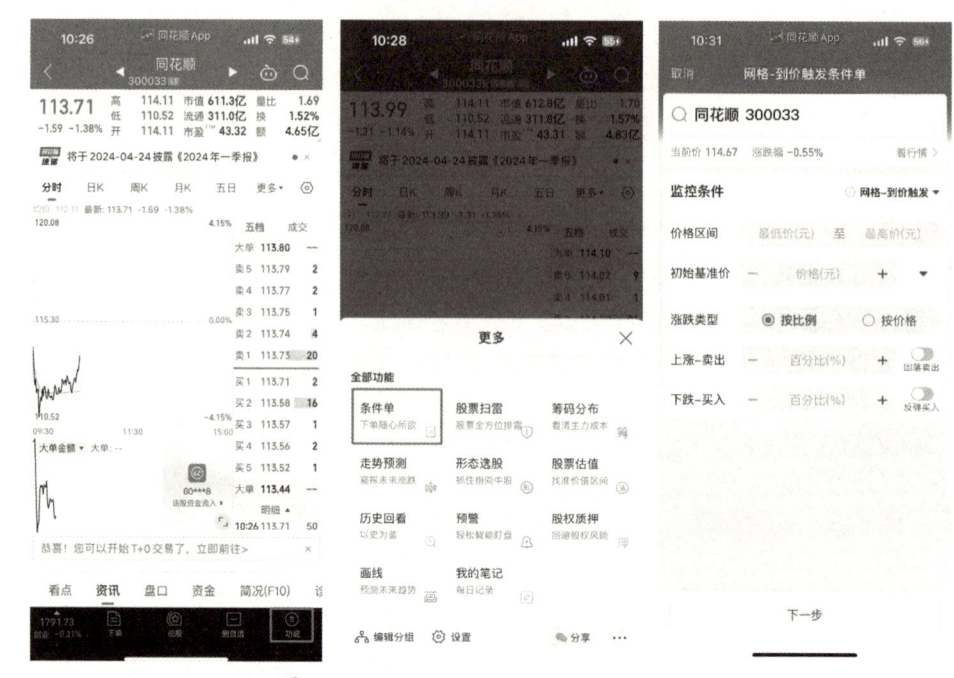

图13-73　　　　　　　　　　　　　　　图13-74

上涨卖出和下跌买入的数值就是网格的大小，比如上涨2%卖出、下跌2%买入，2%就是网格的大小。投资者可以根据行情来设置网格大小，如在震荡行情中网格要小，以尽量抓住每一个小波动，在趋势行情中网格要大，防止过早满仓或者空仓。记住，网格的大小须小于价格区间，一般来说，价格区间至少2倍于网格大小，最好是更多倍于网格大小。

这里说明一下"回落卖出"和"反弹买入"这两个参数设置，如图13-75所示。

回落卖出是指当投资标的价格上涨到卖出价时，并不会立刻触发网格条件单，还需要回落一定的比例才会触发。这能有效避免投资者因过早卖出而错过股价继续上涨带来的额外收益。

也就是说，当标的价格持续上涨时，回落卖出的设置可以帮助我们获得更高的收益。

回落比例从股价上涨过程中出现的最高价开始算起。例如我们将网格条件设置为：基准价为100元/股，上涨5%后，累计回落1%时卖出，则网格条件单的监控过程为：首先需要条件单达到触发价

图13-75

105元/股，当价格在105元/股或以上出现回落，且回落幅度达到1%时，条件单委托卖出，假设后续价格上涨到110元/股后开始回落，则回落到108.9元/股时卖出。

反弹买入是指当标的价格下跌达到买入价时，并不会立刻触发网格条件单，还需要反弹一定的比例才会触发。反弹买入和回落卖出原理一样，只不过反弹买入针对的是下跌情况。

当标的价格持续下跌时，反弹买入可以避免投资者"抄底抄在半山腰"，争取以更低的成本吸收筹码。

反弹比例是从股价下跌过程中出现的最低价开始算的。例如我们将网格条件设置为：基准价为100元/股，下跌5%后，累计反弹1%时买入，则网格条件单的监控过程为：首先需要条件单达到触发价95元/股，当价格在95元/股或以下出现反弹，且反弹幅度达到1%时，条件单委托买入。假设后续价格下跌到93元/股后开始反弹，则反弹到93.93元/股时买入。

设置好了网格参数后，点击页面下方的"下一步"按钮，进入买卖价格和每笔委托数量的设置页面，如图13-76所示。

图13-76

在该页面可以设置买入和卖出的价格，以及每笔委托数量，如果想快速成交，还可以开启"买入上浮"和"卖出上浮"，提高成交的概率和效率。

该页中有个"倍数委托"功能，当行情大幅低开或高开，价格波动幅度与设置的涨跌幅成倍数关系时，网格条件单也可以设置成倍数委托。例如，设置某网格标的上涨3%时卖出，每笔委托数量100股，开启"倍数委托"功能，如果第二天该标的直接高开6%（以昨日收盘价为基准），此时委托下单数量会乘以2，以200股下单。

设置好委托单后，点击右下方的"提交条件单"按钮后，进入"条件单确认"页面，如图13-77所示。投资者设置好网格条件单的触发条件、委托单以及条件单有效期后，可以在"半自动提醒"或"全自动提醒"两种触发类型中选择一种——半自动提醒是条件单触发后推送消息至投资者手机，由投资者手动确认交易；全自动提醒是条件单触发后自动为投资者提交交易委托，快速锁定交易机会。

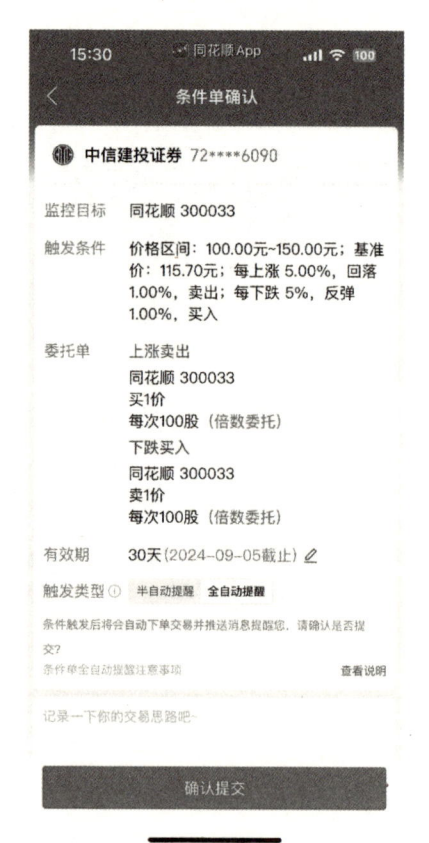

图13-77

完成触发类型选择后，点击"确认提交"，该网格条件单就生成了。投资者可以在"我的条件单"中查看该条件单。

第 14 章
同花顺自定义设置与便捷功能

作为国内领先的金融信息服务与交易平台，同花顺不仅提供了强大、丰富、全面的行情分析和投资交易功能及服务，还非常人性化地提供了诸多的便捷功能，以及满足投资者个性化需求的自定义设置，我们一起来了解一下。

14.1 工具栏的自定义设置

同花顺工具栏的作用，就是为常用功能的使用提供捷径，方便投资者通过点击工具栏里的图标来调用各种功能。

在第2章中，我们简要介绍了工具栏的基本情况，下面我们介绍一下使用自定义工具栏的步骤。

14.1.1 删除工具栏中的工具

点击"工具"菜单，点击"工具栏设置"→"定制工具栏"命令，或在工具栏空白处点击鼠标右键，打开"自定义工具栏"页面，进入定制模式，如图14-1所示。

选择想要删除的工具，从上往下将该工具图标拖动到工具选择区域，进行删除操作。比如，删除"周期"工具，只需要将该工具图标拖动到下方工具选择区域，点击"完成"按钮即可完成删除，如图14-2所示。

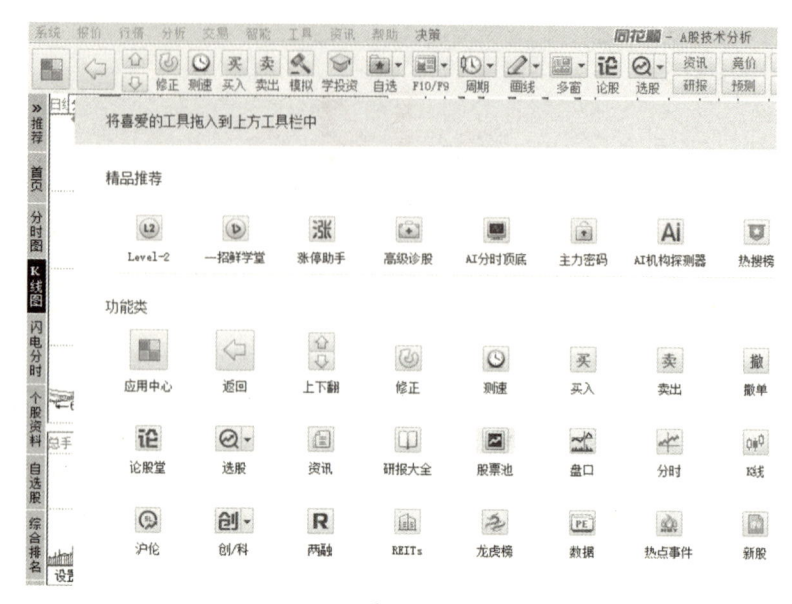

图14-1

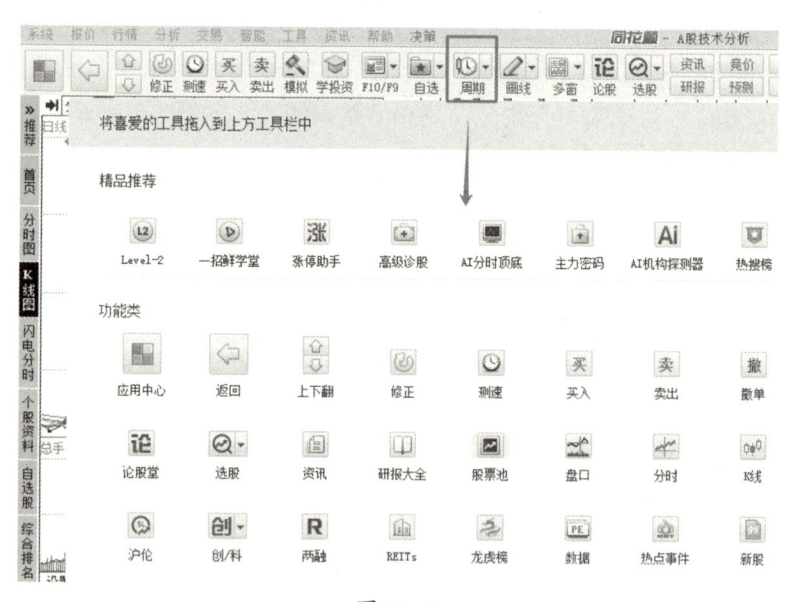

图14-2

14.1.2 添加工具至工具栏中

添加工具至工具栏中的操作，刚好与删除操作相反——打开"自定义工具栏"页面，进入定制模式后，选择想要添加的工具，从下往上将该工具图标拖动到上方工具栏中，进行添加操作。比如，选择添加"涨停助手"工具，只需要将该工具图标从工具选择区域拖动至上方工具栏中，点击"完成"按钮即可完成添加，如图14-3所示。

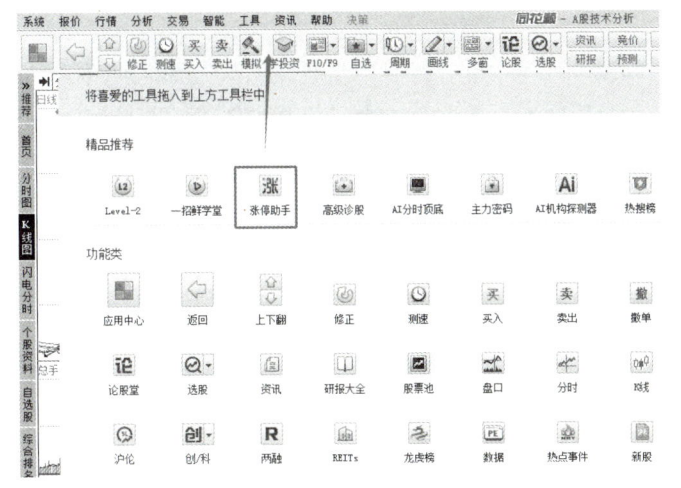

图14-3

14.1.3 调整工具栏图标间距

为了更方便地区分各个工具，同花顺提供了"间距"功能，可以调节工具栏中相邻图标间的距离，具体用法如下。

打开"自定义工具栏"页面，进入定制模式后，将"间距"图标拖动到想要进行区隔的工具图标之间，点击"完成"按钮，就完成了增加两个图标之间距离的操作，使功能区分更明显，如图14-4所示。

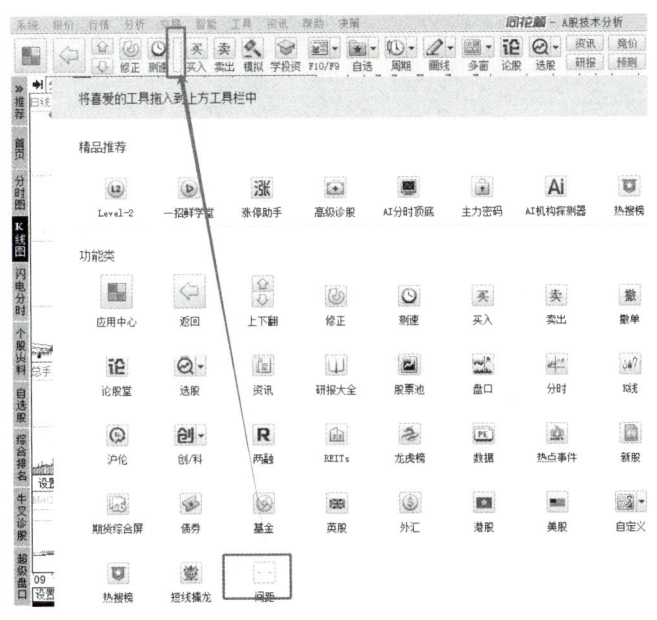

图14-4

14.1.4 调整工具栏各工具图标顺序

打开"自定义工具栏"页面，进入定制模式后，点击选定想要移动的工具图标，进行左右拖动，即可改变该图标的位置，调整工具栏的图标顺序。例如，选择将"热点"图标移动至工具栏最左侧，可点击选中其图标后拖动到指定位置，点击"完成"按钮即可完成调整操作，调整后的顺序如图14-5所示。

图14-5

14.2 自定义板块设置

自定义板块功能可以让投资者根据自己的需要创建不同的板块，并将股票按照自己的分类方式进行划分。通过自定义板块的设置，投资者可以更加灵活地组织和管理自己关注的股票。自选股也是板块的一种。

下面我们简要介绍自定义板块的设置方法和特色功能。

14.2.1 自定义板块设置方法

同花顺PC版客户端为每一位用户提供了可快捷进入的8个板块，进入这8个板块的快捷键为51—58，如图14-6所示。

图14-6

投资者可点击这8个板块中任意一个,进入"我的板块"页面,进行板块的设置,包括板块颜色设置、板块重命名、删除板块、添加板块股票等,这些操作相对简单,此处不再一一介绍,具体操作位置如图14-7所示。

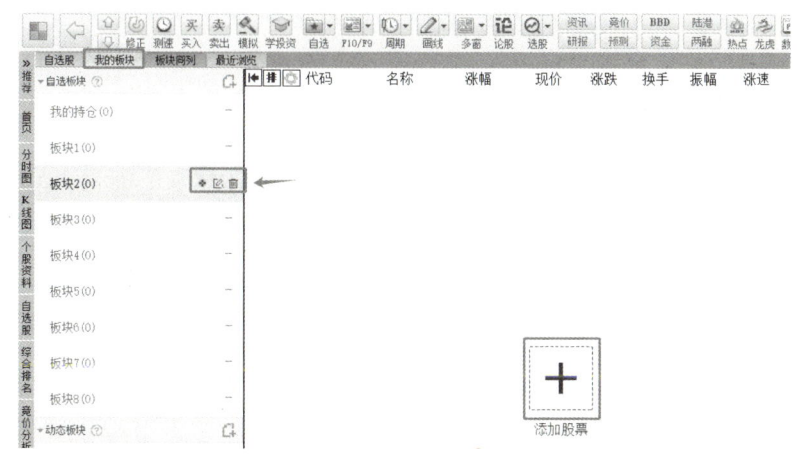

图14-7

除了8个快捷板块之外,投资者若想要设置更多板块,可以依次点击"报价"→"自选报价"→"自定义板块设置",或"工具"→"自定义板块设置",进入自定义板块设置窗口,进行新建板块、删除板块、板块改名等操作,如图14-8所示。目前同花顺PC版客户端可支持创建300个板块,且支持同步至同花顺App。

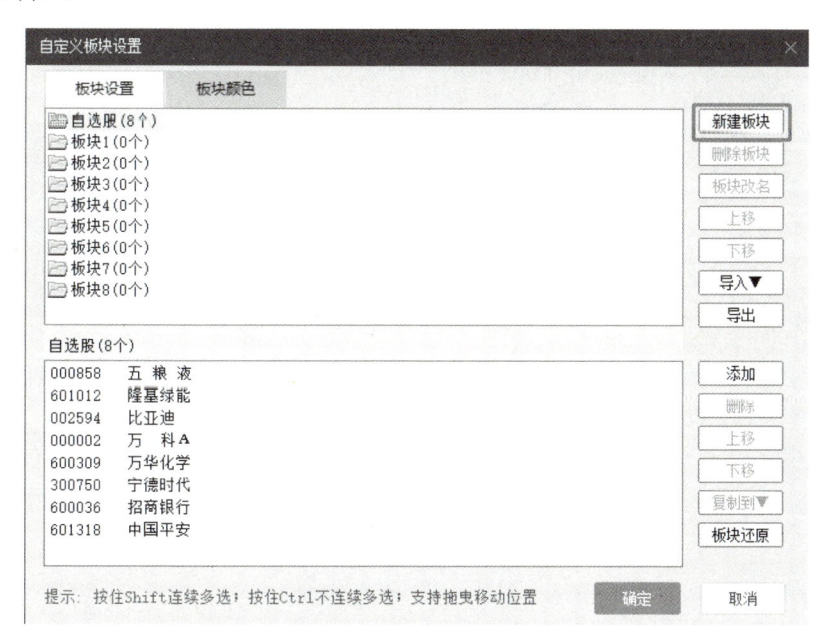

图14-8

如图14-9所示，点击"新建板块"按钮，在弹出的"新建自选板块"小窗口中，输入板块名称，如"白酒板块"。

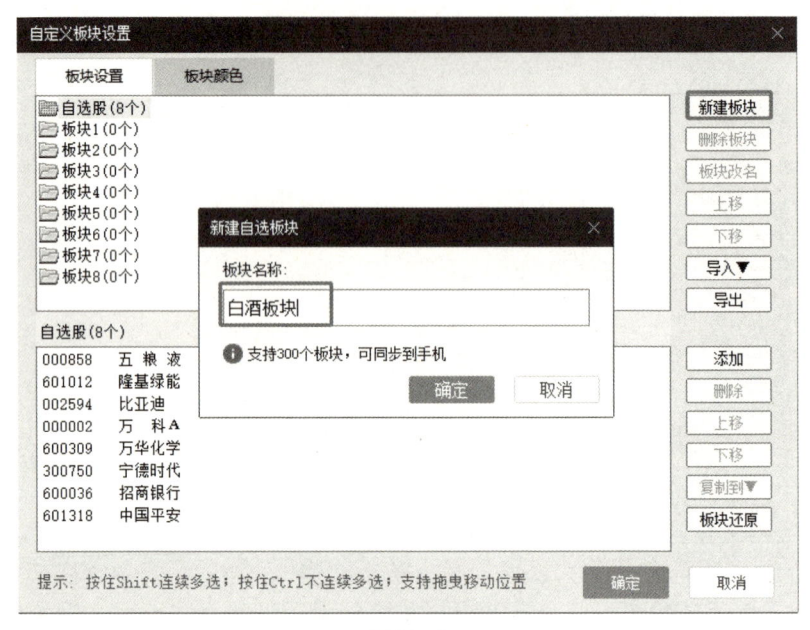

图14-9

点击"确定"按钮后，板块设置页面窗口出现了"白酒板块"，点击下方的"添加"按钮，即可添加相关股票，如贵州茅台、五粮液等，如图14-10所示。

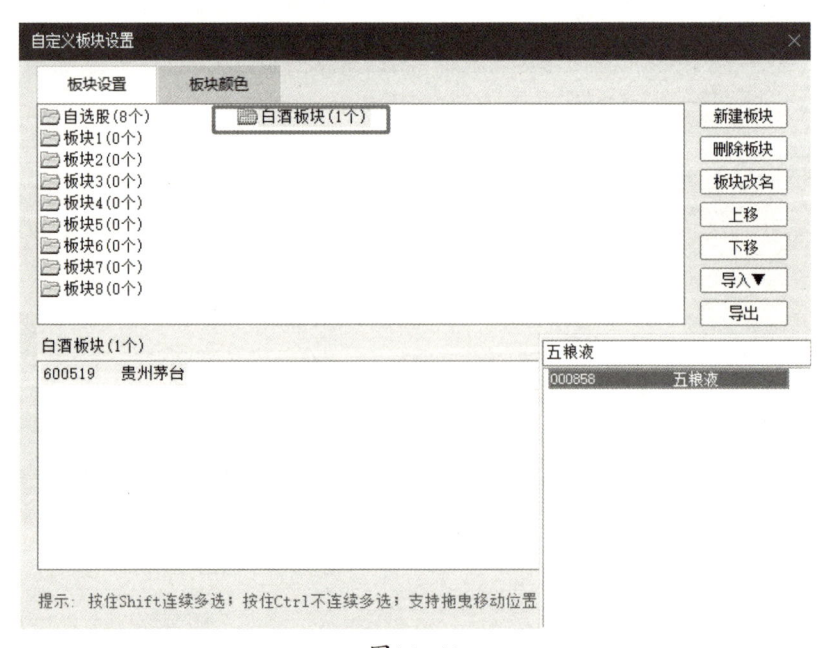

图14-10

在板块颜色设置页面，可以对板块颜色进行相应设置，如图14-11所示。

图14-11

点击"确定"按钮后，投资者可在"我的板块"页面查看新设置板块的股票行情，如图14-12所示。

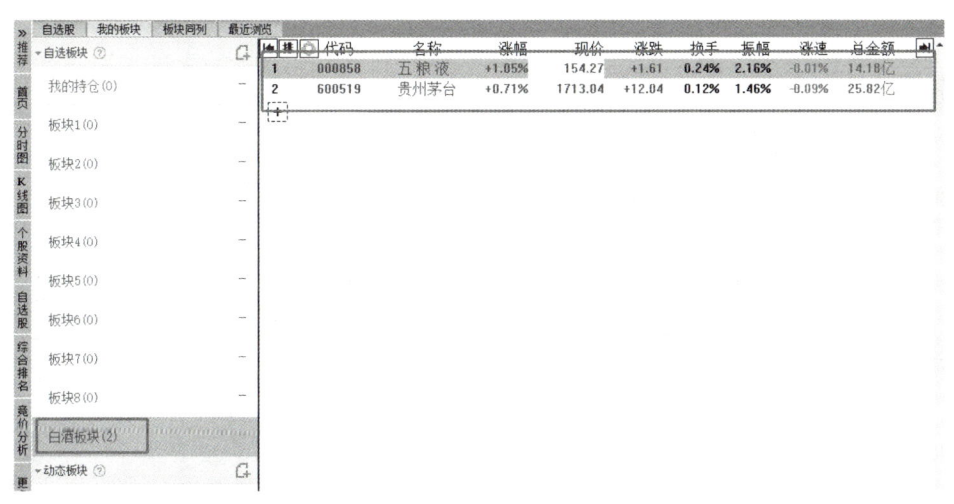

图14-12

14.2.2 动态板块功能

同花顺PC版客户端的动态板块是非常实用、好用的一项功能，可以帮助投资者通过不同的选股条件（指标和表头），筛选出当前时段市场中符合要求的个股，更快速准确地找到心仪的股票，及时了解市场动态，做出更明智的投资决策。

动态板块有两个强大功能。

（1）动态筛选功能：根据设定的选股条件，可以从沪深两市中筛选出符合条件的股票，且实时监控选股结果，一旦发现有新股票符合条件，就会第一时间将其加入板块。同样，当前股票若不符合选股条件，则会被剔除出板块。

（2）实时监控功能：动态板块中的股票列表页面会直接以选股条件中的指标作为表头，以便投资者实时监控关心的指标数据。

下面介绍如何使用动态板块功能。

进入"自选股"→"我的板块"页面，在动态板块中点击"新建"按钮，然后在右方的输入框内输入选股条件，如"绿色电力概念""业绩预增""机构持股比例大于50%"，板块股票池中会自动出现符合条件的股票，如图14-13所示。

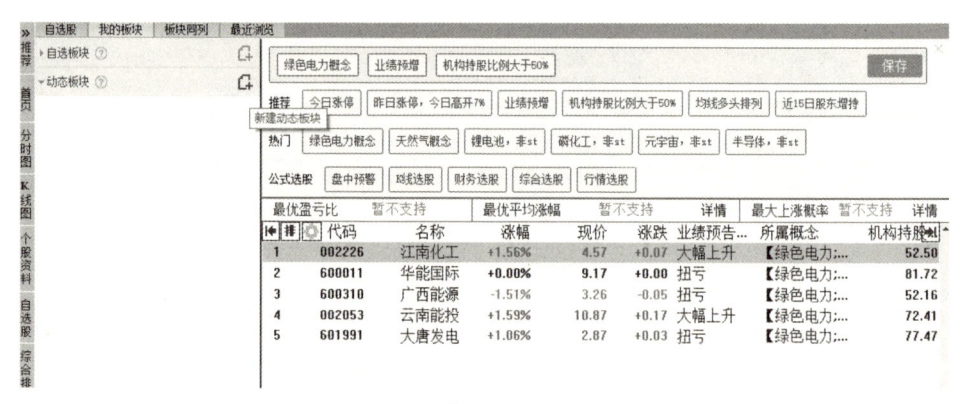

图14-13

点击"保存"按钮，默认名称为"绿色电力概念;业绩预增;机构持股比例大于50%"的动态板块就创建成功了，如图14-14所示。同样，投资者也可以对该动态板块进行颜色的设置、重命名、删除等操作。

图14-14

在动态板块新建页面中，除了系统每日根据行情热点和人气筛选出来的"推荐""热门"两个选股条件外，还提供了"盘中预警""K线选股""财务选股""综合选股""行情选股"等五种公式选股方式，且它们能综合使用，方便投资者操作。同时，投资者也可以自由输入相关的选股条件进行选股。

由于动态板块功能可以快速捕捉市场热点，因此非常适合投资者进行短线炒股操作。下面我们介绍几种短线操作逻辑。

1. 短线首板选股

新建动态板块，输入"主板、非ST、流通市值大于40亿小于400亿、今日涨停，主力净量大于0，封板金额5000万以上"的选股条件，即可筛选当前时段符合条件的个股，如图14-15所示。投资者可盘后对相关股票进行复盘分析，等待次日开盘后买入。此种选股需要查看次日是否有个股板块效应跟随，同时注意个股是否连板。根据历史数据回测，该选股法持有周期一天的上涨概率超过64.16%。

图14-15

2. 尾盘选股

新建动态板块，输入"主板、非ST、流通市值大于40亿小于400亿、量比大于1，涨幅3%—5%，换手率5%—10%，均线向上"的选股条件，即可筛选当前时段符合条件的个股，如图14-16所示。针对已经筛选出来的股票，投资者可以逐一查看每只股票的分时图和日K线图，并与大盘指数走势进行对比，若走势强于大盘指数，且股票在尾盘阶段（如下午2点30分时）仍维持上涨势头，同时成交量也呈放大趋势，则可以在收盘前适时买入，并在下一个交易日早盘冲高时迅速抛出，以获得短线收益。该选股法避开了盘中震荡，适合以稳定盈利为目的的投资者。

图14-16

需要注意的是，使用以上短线选股法进行短线操作时，还需要结合市场行情、板块行情以及个股基本面进行综合研判。

同花顺PC版客户端与同花顺App实现了实时同步，投资者在同花顺PC版客户端新建并保存的动态板块，也会同步到同花顺App上。打开同花顺App，点击"自选"菜单，在自选页面用手指向右滑动，即可看到"动态分组"，如图14-17所示。

投资者也可以使用同花顺App进行动态分组，具体操作方式与同花顺PC版客户端类似，此处不再赘述。

14.2.3 表头编辑功能

表头编辑功能是同花顺PC版客户端用户常用的一项功能，经过多年的迭代，该功能已经从原来的仅仅支持表头编辑排序，发展到支持表头的"四则运算"，以及支持表头的动态溯源。下面我们来具体介绍表头编辑功能的使用方法。

在自选股页面，点击齿轮按钮，即可弹出"表头广场"窗口，如图14-18所示。

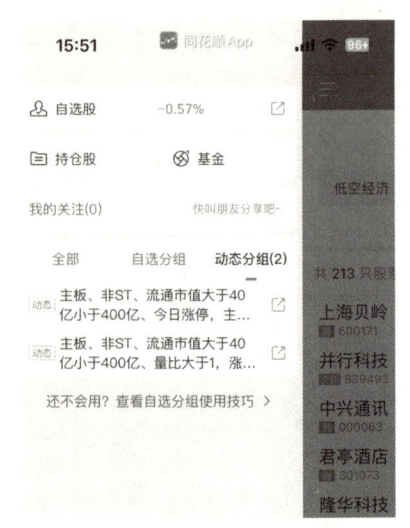

图14-17

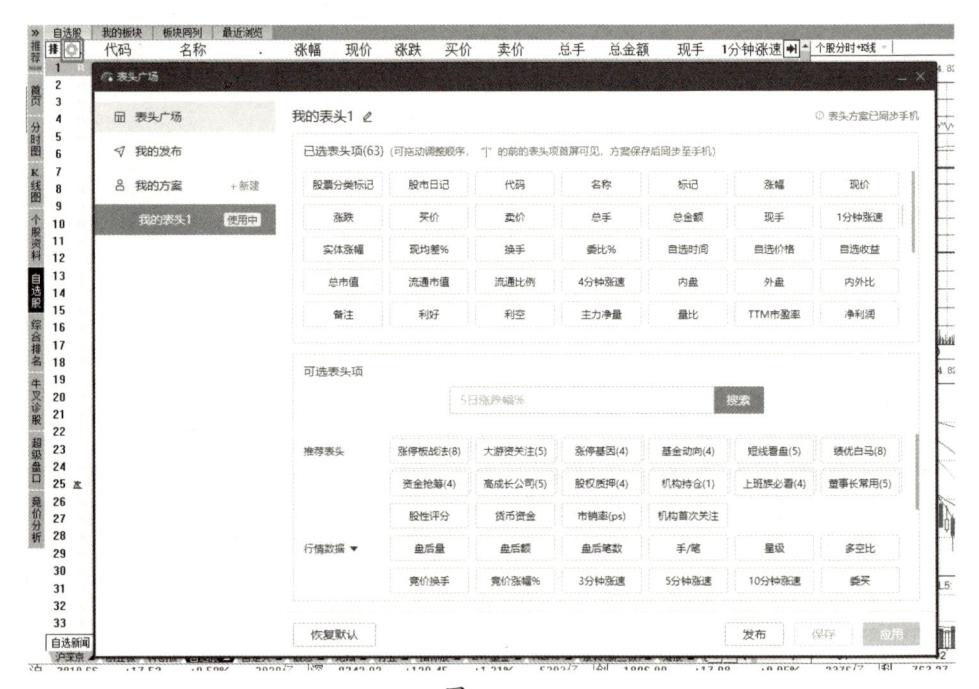

图14-18

可以看到，表头方案设置页面分为上下两个区域。上面区域为"已选表头项"，包含了系统默认的表头选项，这些表头可以使用鼠标拖动来调整顺序，也可以用鼠标选中表头，当该表头上出现"-"（删除）图标时点击图标进行删除，如图14-19所示。

下面区域为"可选表头项"，投资者可以通过搜索框、推荐表头以及下方的表头分类挑选表头，找到合适表头后，使用鼠标选中该表头，当该表头上出现"+"（添加）图标时点击图标进行添加，如图14-20所示。

图14-19

图14-20

下面我们以财务数据为选股条件，通过实操案例来演示表头编辑功能的具体用法和作用。

如图14-21所示，进入表头广场，在"我的方案"右侧点击"新建"按钮，在弹出的"新建表头方案"对话框中输入表头名称，如"财务选股专用表头"。

点击"确认"按钮后，新建表头方案就成功了，接下来把不必要的表头全部删除，只留下有用的表头，并添加自己想要的财务数据相关表头，如见图14-22所示。

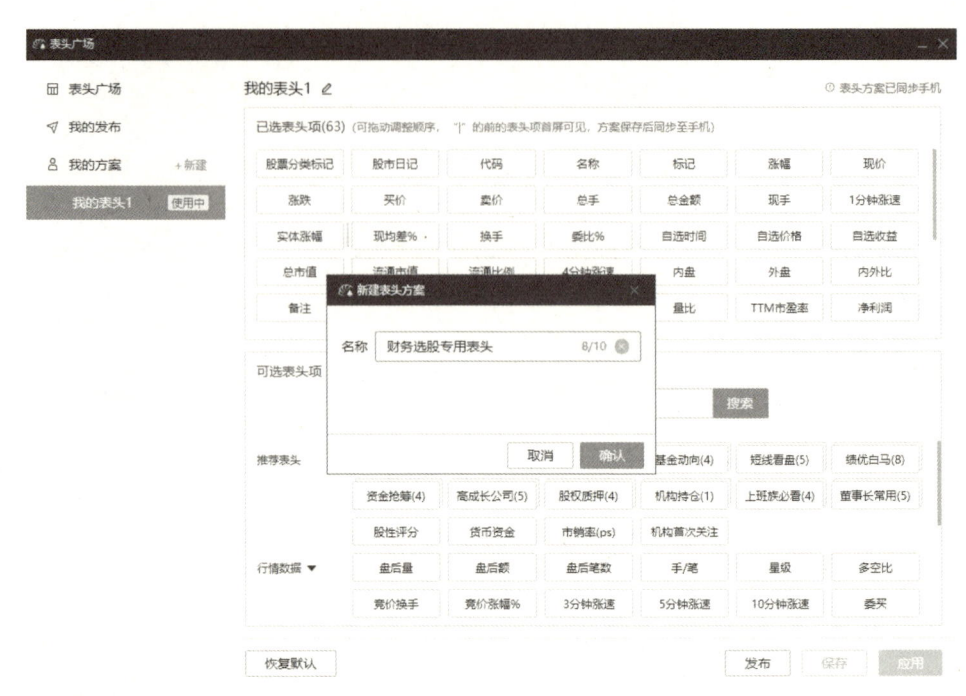

图14-21

图14-22

完成表头的选择后,点击"保存"按钮,即可将此方案保存起来,点击"发布"按钮,则可将此方案发布至表头广场,供其他投资者下载使用。当然,投资者也可以下载其他投资者发布的表头方案，按需使用，如图14-23所示。

图14-23

点击"应用"按钮，则可将方案应用到当前的自选股页面中，效果如图14-24所示。

图14-24

除了在自选股页面使用之外，表头编辑功能还可以与动态板块功能结合使用，更适合投资者短线操作。下面我们以实际案例进行功能演示。

进入"自选股"→"我的板块",选择新建动态板块,我们以热点概念"低空经济"为选股条件筛选股票,如图14-25所示。

图14-25

点击该板块行情列表左上方的齿轮按钮,进入"我的表头项"窗口,进行表头编辑。由于"低空经济"为2024年热点概念,且是当日涨幅最高、资金流入最多的板块,因此我们可以选择推荐表头,并删除部分不必要的选项,如图14-26所示。

图14-26

点击“保存”按钮，即可将其应用于当前动态板块，如图14-27所示。

低空经济　　　　数据更新于16:54:34　回测

	代码	名称	涨幅↓	dde大单净...	主力买入金...	主力增仓占...	涨速	市盈(动)	涨停原因类...	首次涨停...	最终涨停...
1	300107	建新股份	+20.07%	4.70	1.31亿	19.97	+0.00%	254.9	参股飞行汽...	09:51:15	09:51:15
2	301091	深城交	+20.00%	2.40	2.97亿	3.89	+0.00%	160.6	低空经济+深...	09:38:15	09:38:15
3	300484	蓝海华腾	+20.00%	3.74	1.35亿	14.73	+0.00%	105.0	低空经济+电...	13:06:56	13:06:56
4	688631	莱斯信息	+20.00%	1.02	2.59亿	15.59	+0.00%	83.95	低空经济+空...	13:55:10	15:00:00
5	688066	航天宏图	+20.00%	0.67	1.30亿	-4.91	+0.00%	亏损	无人机+卫星...	13:14:56	14:50:22
6	300411	金盾股份	+19.97%	1.90	4.02亿	9.37	+0.00%	228.2	飞行汽车+高...	13:05:40	14:43:22
7	300719	安达维尔	+18.71%	0.67	8070.14万	8.10	+0.00%	32.06	–	–	–
8	300075	数字政通	+17.62%	3.42	5.51亿	17.20	-0.06%	44.68	–	13:51:55	13:51:55
9	300975	商络电子	+17.15%	-0.13	4.00亿	6.31	+0.13%	224.5	–	–	–
10	300690	双一科技	+16.26%	-0.69	8667.07万	4.01	+0.13%	41.28	–	–	–
11	688070	纵横股份	+15.83%	0.08	8045.55万	12.04	-0.08%	亏损	–	–	–
12	300284	苏交科	+14.45%	0.33	1.23亿	11.91	+0.17%	24.29	–	–	–
13	300900	广联航空	+14.39%	-0.77	1.52亿	4.83	-0.07%	48.31	–	–	–
14	300887	谱尼测试	+14.26%	0.19	1.24亿	5.11	+0.00%	48.58	–	–	–
15	300083	创世纪	+13.17%	0.61	3.54亿	7.73	+0.14%	55.57	–	–	–
16	300424	航新科技	+12.92%	0.31	3826.02万	7.80	-0.08%	299.7	–	–	–
17	300542	新晨科技	+12.66%	0.33	9264.22万	11.44	-0.08%	亏损	–	–	–
18	688568	中科星图	+12.35%	-0.08	1.08亿	5.12	-0.23%	58.96	–	–	–
19	688287	观典防务	+11.88%	0.34	3521.65万	10.31	-0.10%	45.28	–	–	–
20	300044	赛为智能	+11.67%	1.44	1.53亿	10.80	+0.00%	199.5	–	–	–
21	688552	航天南湖	+10.91%	0.16	1844.08万	9.17	-0.05%	63.92	–	–	–
22	301248	杰创智能	+10.31%	0.61	2969.18万	11.93	+0.19%	960.9	–	–	–
23	002413	雷科防务	+10.12%	1.23	4973.28万	7.29	+0.00%	52.63	低空经济+卫...	11:17:40	11:17:40
24	002526	山东矿机	+10.12%	2.36	8210.05万	-6.68	+0.00%	18.23	低空无人机+...	10:19:45	10:19:45
25	000701	厦门信达	+10.11%	2.98	3668.71万	-12.59	+0.00%	亏损	汽车经销商+...	10:53:15	10:53:15
26	002148	北纬科技	+10.10%	2.19	4374.83万	13.18	+0.00%	161.1	低空经济+无...	10:02:45	10.02.45

图14-27

在报价列表页面中，点击表头如“dde大单净量”，在该表头右侧会出现向下的箭头，表明已按该表头的降序排列，方便投资者根据主力资金数据捕捉相关个股的异动，如图14-28所示。

低空经济　　　　数据更新于16:54:34　回测

	代码	名称	涨幅	dde大单净量[202403...↓	主力买入金...	主力增仓占...	涨速	市盈(动)	涨停原因类...	首次涨停...
1	603261	立航科技	+10.01%	8.05	5570.23万	7.99	+0.00%	1244	飞机地面保...	09:33:00
2	300107	建新股份	+20.07%	4.70	1.31亿	19.97	+0.00%	254.9	参股飞行汽...	09:51:15
3	300484	蓝海华腾	+20.00%	3.74	1.35亿	14.73	+0.00%	105.0	低空经济+电...	13:06:56
4	300075	数字政通	+17.62%	3.42	5.51亿	17.20	-0.06%	44.68	–	13:51:55
5	000701	厦门信达	+10.11%	2.98	3668.71万	-12.59	+0.00%	亏损	汽车经销商+...	10:53:15
6	600843	上工申贝	+10.05%	2.51	7221.02万	12.91	+0.00%	35.72	碳纤维运动...	09:45:15
7	301091	深城交	+20.00%	2.40	2.97亿	3.89	+0.00%	160.6	低空经济+深...	09:38:15
8	002526	山东矿机	+10.12%	2.36	8210.05万	6.68	+0.00%	18.23	低空无人机+	10:19:45
9	002148	北纬科技	+10.10%	2.19	4374.83万	13.18	+0.00%	161.1	低空经济+无...	10:02:45
10	300411	金盾股份	+19.97%	1.90	4.02亿	9.37	+0.00%	228.2	飞行汽车+高...	13:05:40
11	002097	山河智能	+9.95%	1.86	2.83亿	8.54	+0.00%	190.5	飞行汽车+机...	11:25:40
12	001696	宗申动力	+9.99%	1.82	1.22亿	1.57	+0.00%	16.98	低空经济+储...	09:52:15
13	002886	沃特股份	+7.40%	1.68	6007.69万	0.89	+0.00%	223.5	–	11:03:00
14	000801	四川九洲	+8.62%	1.64	2.66亿	6.35	+0.00%	71.25	–	10:49:45
15	002676	顺威股份	+9.96%	1.46	0.00	-41.82	+0.00%	90.05	低空经济+塑...	09:30:00

图14-28

14.3 自定义页面设置

对投资者来说，盯盘是最花时间和精力的，由于各种行情报价和功能页面在不同的地方，需要不断来回切换。那么，有没有办法可以将一些常用的行情数据页面和窗口放在一个页面中，避免来回切换呢？同花顺的自定义页面设置就可以实现这种功能。

打开同花顺PC版客户端，点击工具栏中的“自定”按钮，打开“定制页面”，如图14-29所示。

图14-29

可以看到，同花顺系统自带了9个用法各异的看盘页面：DDE决策、板块轮动、个股追踪、关联报价、短线狙击、短线看盘、综合盯盘、寻找潜力股、快手抢反弹。点击页面右侧的齿轮图标，点击"定制页面管理"命令，可以看到打开这些页面的快捷键，也可以用其进行管理，如图14-30所示。

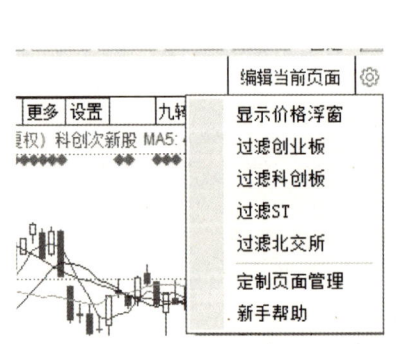

图14-30

在定制页面最右侧点击"新建"按钮，打开一个未命名页面，可以看到系统已经提供了一些预设布局和预设模板，投资者可以根据自己的需要来选定布局或模板，如图14-31、图14-32所示。

若没有适合的，也可以新建空白页，自行进行布局设置。空白页面如图14-33所示，左侧为通用组件库，右侧为单元布局页面。

图14-31

图14-32

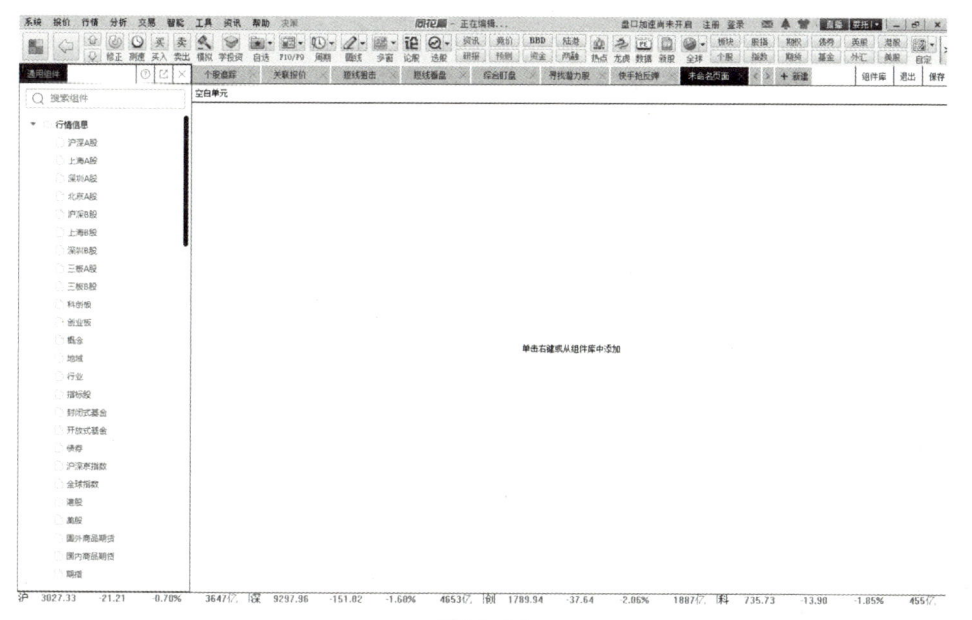

图14-33

投资者可以在右侧单元布局页面中点击鼠标右键，在弹出的快捷菜单中，通过插入命令设定想要的页面布局，如图14-34所示。

在某一单元中使用"上插入"或"下插入"命令，即可在该单元下方或上方插入一个新的空白单元；使用"左插入"或"右插入"命令，即可在该单元右方或左方插入一个新的空白单元。使用"删除拆分单元"命令，可以撤销已经插入的单元。

例如，我们在空白单元中先使用"上插入"命令，然后在上下两个单元的上方单元中使用"左插入"命令，即可得到图14-35所示的页面布局。

添加单元内容
收起组件内容库
上插入
下插入
左插入
右插入
删除拆分单元
加入联动组
保存并退出编辑
删除当前页面
修改页面信息

图14-34

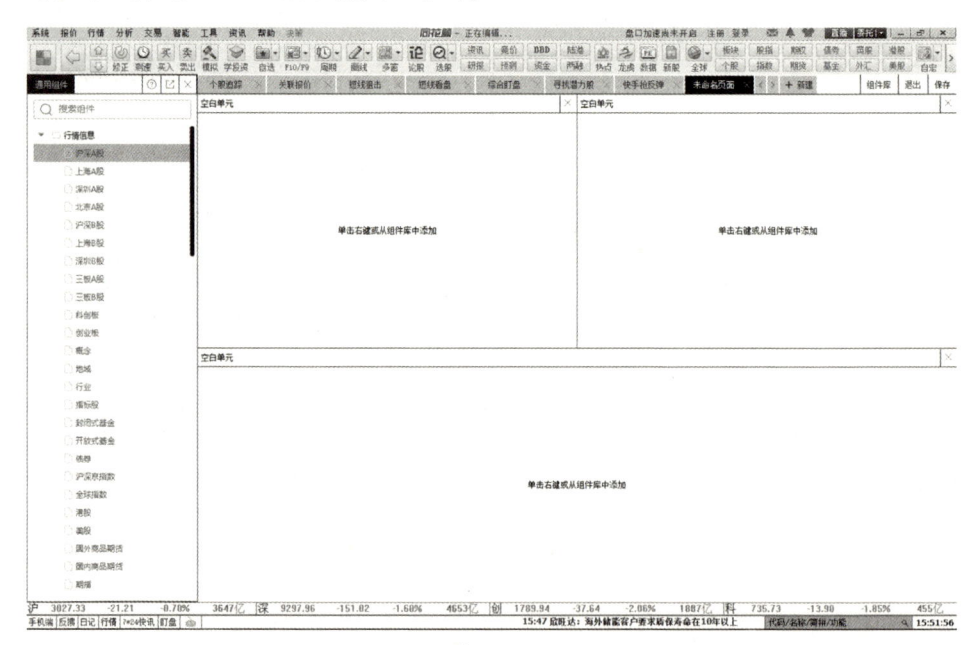

图14-35

完成页面布局后，可以点击鼠标右键，在弹出的快捷菜单中点击"添加单元内容"命令组，在二级命令中找到想要添加的组件并点击后，即可完成添加。也可以在页面左侧的通用组件库中找到想要的组件，并使用鼠标将该组件拖至右侧想要放置的空白单元中，完成添加操作。

例如，选中"沪深A股"的行情信息组件，用鼠标选中该组件并拖至左上方的空白单元中，如图14-36所示。

图14-36

如果不需要已有单元中的组件，可将其删除，如图14-37所示。

图14-37

如果想让页面里两个或多个内容单元实时联动，比如点击列表中的个股时，需要分时图相应切换，则可以将列表和分时两个内容单元添加到同一个联动组中。具体操作为，在相应单元中点击鼠标右键后，在弹出的快捷菜单中点击"加入联动组"命令组，并选择相应的二级命令，如图14-38所示。系统默认所有内容单元都属于联动组1。

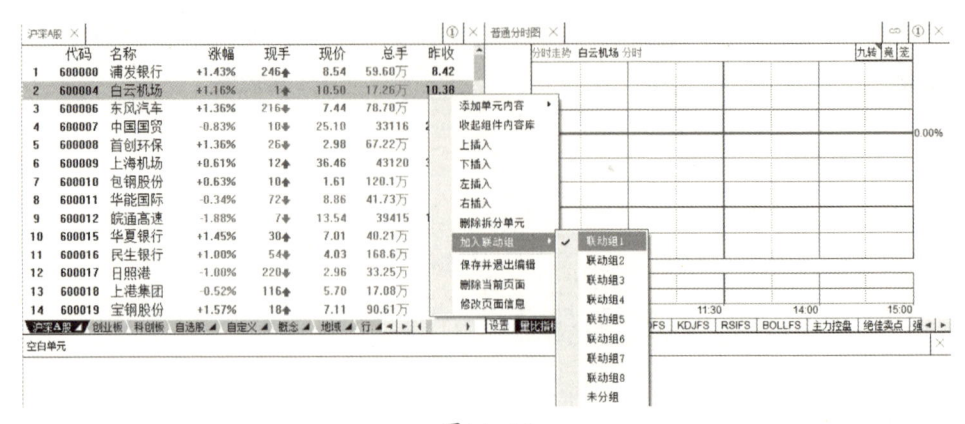

图14-38

完成所有的页面布局设置和组件添加后，投资者可以点击页面右上方的"保存"按钮，或者点击鼠标右键，在弹出的快捷菜单中点击"保存并退出编辑"命令，并在弹出的对话框中对页面名称和键盘精灵快捷键进行设置，点击"保存"按钮即可，如图14-39所示。

图14-39

> **Tips** 新建自定义页面的键盘精灵默认快捷键为".10"，投资者可以根据自己的键盘使用习惯，设置专属的快捷键。

14.4 同花顺便捷功能

14.4.1 区间统计

区间统计功能主要用于统计某一个时段内个股的行情变动信息，包括从起始时间到终止时间的周期数、起始价和终止价、最高价与最低价、均价、涨跌值和涨跌幅、振幅、大盘对比和行业对比、总手、金额、换手率等信息，为投资者提供相关数据参考。

点击"工具"菜单中的"区间统计"命令，或者直接在K线图上长按鼠标左键或右键后拖曳画出想要了解的区间位置，并在弹出的快捷菜单中点击"区间统计"命令，即可使用区间统计功能，如图14-40所示。

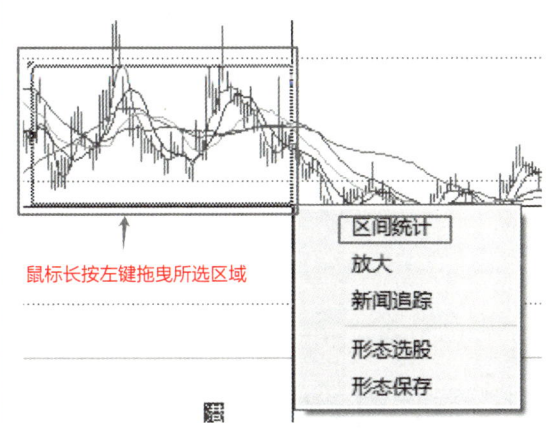

图14-40

例如，进入K线图页面，点击"工具"菜单中的"区间统计"命令，在K线图上选择起始位置，长按鼠标左键并向右侧拖曳至结束位置，系统将弹出"个股K线区间统计"窗口，呈现所选区间内的行情数据信息，如图14-41所示。

Tips 区间统计功能在分时图和K线图页面均可使用。在K线图页面使用鼠标左键或右键拖曳后可使用区间统计的菜单功能，且弹出的快捷菜单中还有"放大""新闻追踪""形态选股""形态保存"等功能可使用。在分时图页面只能使用鼠标右键拖曳，且弹出的快捷菜单中有"盘中均价"功能可使用。

14.4.2 测量距离

使用测量距离功能，投资者可以测量从起始日期到终止日期的距离（周期数）、涨跌和幅度，以快速掌握相关区间的数据信息。

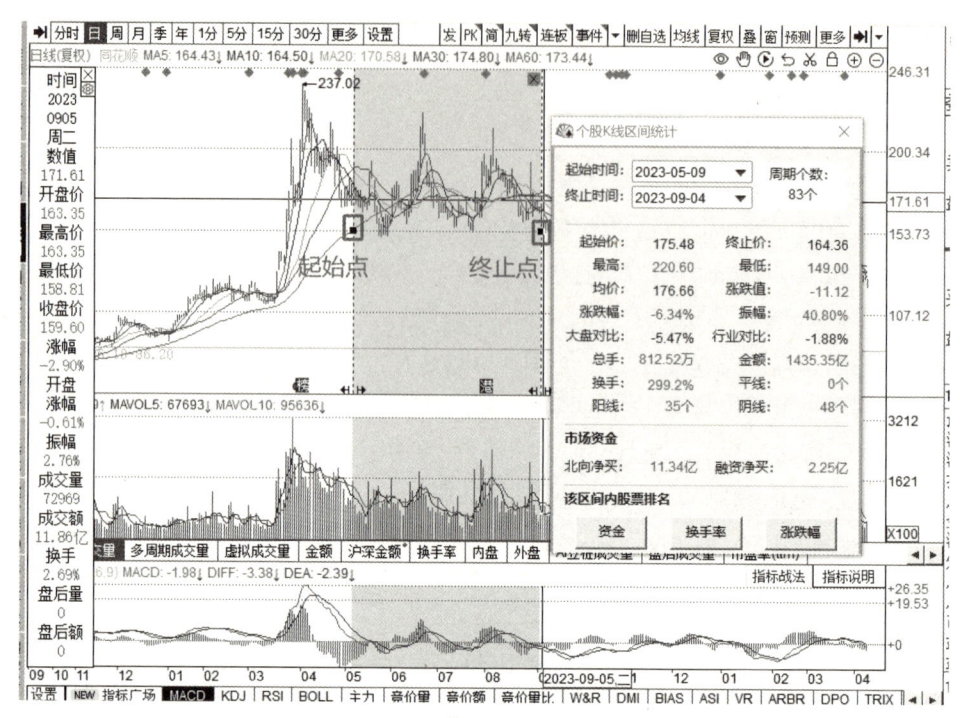

图14-41

使用测量距离功能的具体操作步骤如下。

点击"工具"菜单中的"测量距离"命令，如图14-42所示。

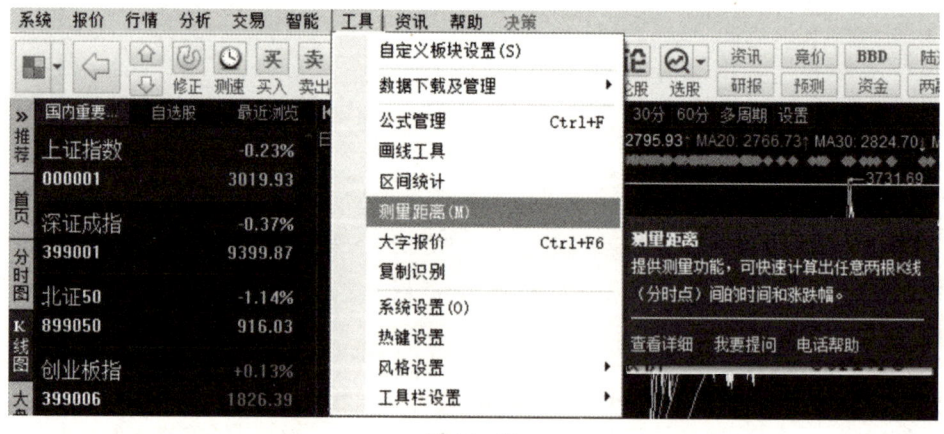

图14-42

在鼠标光标从箭头变为尺子样式后，按住鼠标左键，在K线图中点击起点后拖曳到终点，页面中会显示两点之间的距离、涨跌和幅度，如图14-43所示。放开鼠标左键，可以继续测量其他距离。

再次点击"工具"菜单中的"测量距离"命令后，即可取消"测量距离"功能，正常使用其他功能。

图14-43

14.4.3 大字报价

大字报价功能可满足老年人或视力不好、用眼疲劳的用户的看盘需求。使用大字报价功能，可以使股票的报价信息以更大字号进行显示，但在分时图和K线图中不会有放大效果。

大字报价功能的具体使用步骤如下。

在同花顺首页，点击"工具"菜单中的"大字报价"命令，如图14-44所示。

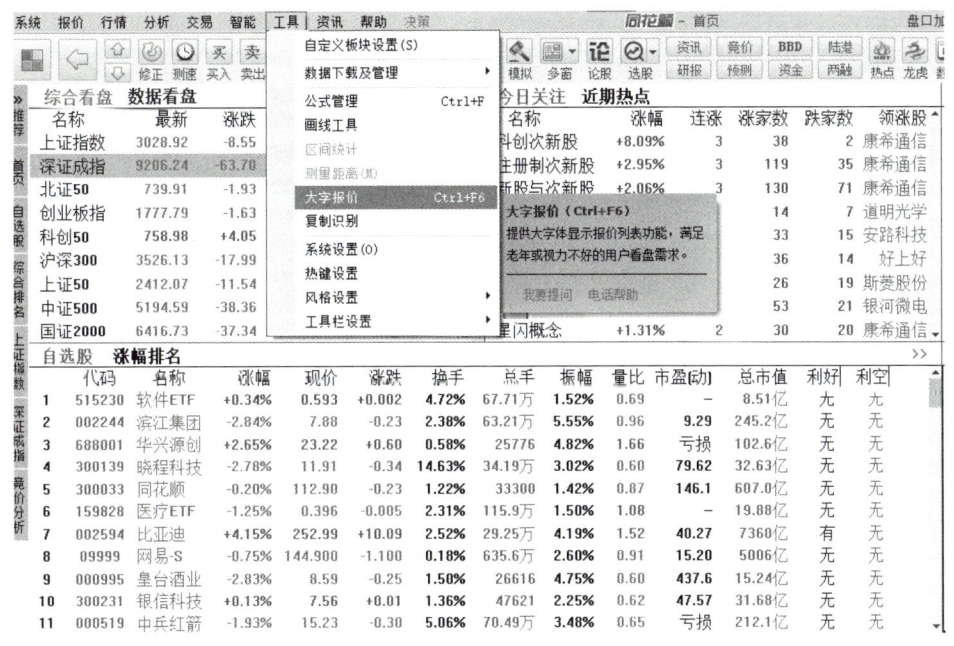

图14-44

完成操作后，对比原图可以看到，首页各单元模块中行情报价列表的文字都变大了，如图14-45所示。

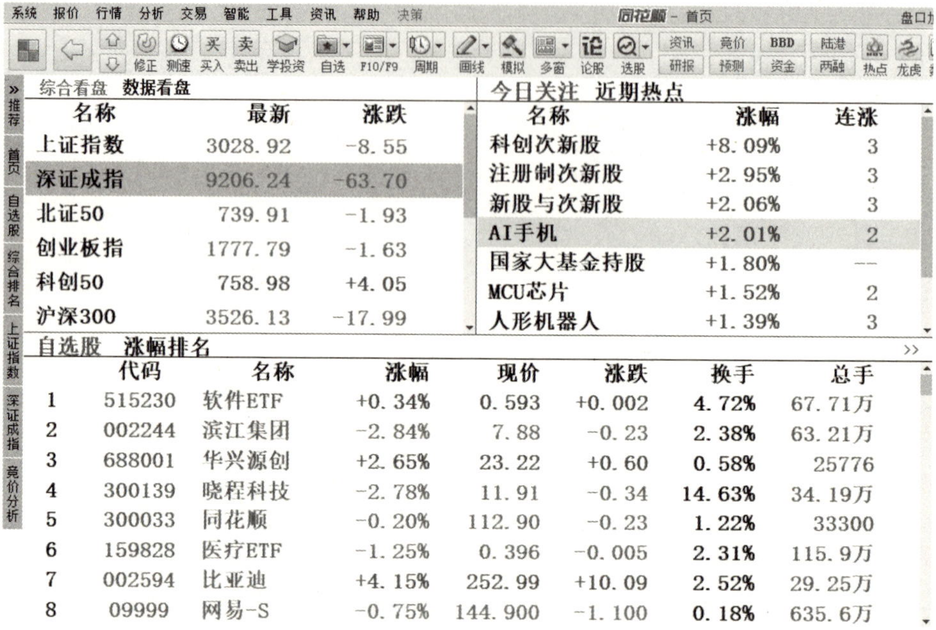

图14-45

再次点击"工具"菜单中的"大字报价"命令，可取消该功能，相关行情报价列表的字号也变回默认大小。

14.4.4 平移曲线

平移曲线功能主要应用于K线图和分时图中，可以帮助投资者了解股票或指数过往的走势情况，是投资者在分析股票走势时较为常用的一项功能。

具体的使用步骤如下。

进入个股或指数的分时或K线图页面，在主图的右上方找到小手图标，如图14-46所示。

点击小手图标，可进入"平移曲线"模式，鼠标光标呈现小手的样式，投资者可以通过点击和拖曳来平移曲线，查看历史走势。再次点击小手图标，则取消该功能。一般来说，该功能在K线图中更为常用。

图 14-46

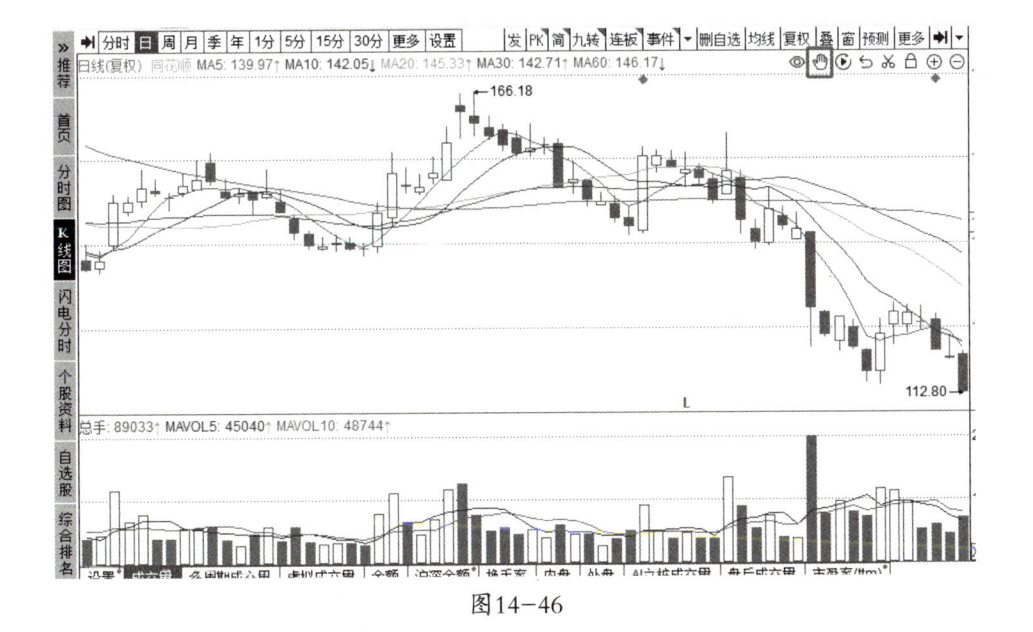

14.4.5 快捷键使用大全

1. 常用快捷键（表14-1）

表14-1 常用快捷键

快捷键	功能/操作/含义
F3（03）	上证指数
F4（04）	深证成指
F5（05）	切换分时图、K线图
F6（06）	自选股
F10（10）	公司资料
F12	委托下单
Insert	加自选
Delete	删自选
Enter	切换类型（列表、分时图、K线图）
Esc	返回上一画面
F1（01）	成交明细
F2（02）	价量分布
F7（07）	个股全景
F8（08）	切换周期
F9（09）	牛叉诊股
F11（11）	基本资料
Ctrl+2	两股同列
Ctrl+4	四股同列
Ctrl+L	六股同列
Ctrl+9	九股同列

续表

快捷键	功能/操作/含义
Ctrl+6	十六股同列
Ctrl+F6	大字报价
Ctrl+F8（311）	多周期图
Ctrl+F11	财务图示
Ctrl+F12	期货下单（或港股下单）
Ctrl+D	大盘对照
Ctrl+F	公式管理器
Ctrl+H	关联品种
Ctrl+R	查看所属板块
Ctrl+T	超级盘口
Ctrl+Z	缩放页面
0	返回首页

2. 行情报价（表14-2）

表14-2　行情报价快捷键

快捷键	功能/操作/含义
00	沪深指数对比
006	自选同列
1	上海A股行情报价
2	上海B股行情报价
3	深圳A股行情报价
4	深圳B股行情报价
5	上海债券行情报价
6	深圳债券行情报价
7	上海封闭式基金行情报价
8	深圳封闭式基金行情报价
9	香港证券行情报价
12	DDE排名
22	竞价分析
41	股本结构
42	财务数据
43	财务指标
44	基金周报
45	股东变化
51—58	自定义板块51—58报价
59	板块同列
60	沪深A股涨幅排名
61	上海A股涨幅排名
62	上海B股涨幅排名
63	深圳A股涨幅排名

续表

快捷键	功能/操作/含义
64	深圳B股涨幅排名
65	上海债券涨幅排名
66	深圳债券涨幅排名
67	上海基金涨幅排名
68	深圳基金涨幅排名
69	港股涨幅排名
80	沪深A股综合排名
81	上海A股综合排名
82	上海B股综合排名
83	深圳A股综合排名
84	深圳B股综合排名
85	上海债券综合排名
86	深圳债券综合排名
87	上海基金综合排名
88	深圳基金综合排名
89	港股综合排名
90	多窗看盘
91	主力大单
92	阶段统计
94	板块热点
95	指标排行
200	操盘热点
201	DDE当日资金动向
202	DDE多日资金动向
204	多空对阵
205	盘面多空资金
206	板块DDE多日动向
207	Level-2异动看盘
210	DDE全景图
300	创业板行情报价
301	创业板DDE资金动向
603	创业板涨幅排名
666	沪深京指数报价
688	科创板排名
711	期货综合屏
712	自选期货
713	主力合约
714	上期所
715	大商所

续表

快捷键	功能/操作/含义
716	郑商所
803	创业板综合排名
804	科创板综合排名
888	中金所
999	重要指数
LOF	LOF基金
ETF	ETF基金
EFT	ETF50分析
ZQ	沪深债券

3. K线图页面（表14-3）

表14-3　K线图页面快捷键

快捷键	功能/操作/含义
左键双击（Space）	历史分时（在K线窗口）
31（M1）	1分钟K线
32（M5）	5分钟K线
33（M15）	15分钟K线
34（M3）	30分钟K线
35（M6）	60分钟K线
36（D）	日K线
37（W）	周K线
38（M0）	月K线
39（S）	季K线
70	支撑压力线
71	黄金分割线
310（Y）	年K线
Ctrl+Q	向前复权
Ctrl+B	向后复权
Alt+1	一图组合
Alt+2	二图组合
Alt+3	三图组合
Alt+4	四图组合
Alt+5	五图组合
Alt+6	六图组合
Alt+9	九图组合
↓	缩小K线
↑	放大K线
Ctrl+←	光标快速左移10个周期
Ctrl+→	光标快速右移10个周期
Ctrl+Alt+←	光标快速左移30个周期

续表

快捷键	功能/操作/含义
Ctrl+Alt+→	光标快速右移30个周期
PageUP	向上翻页
PageDown	向下翻页
Home、End	定位光标到分时窗口最左、最右
右键选择区域	区间统计（与K线放大）
Tab	显示/隐藏K线页均线
MACD	指数平滑异同平均线
KDJ	随机指标
BOLL	布林带
CCI	顺势指标
SKDJ	慢速随机指标
RSI	相对强弱指标
EXPMA	指数平滑移动平均线

4. 分时图页面（表14-4）

表14-4　分时图页面快捷键

快捷键	功能/操作/含义
↓	增加连续多日分时
↑	减少连续多日分时
Home、End	定位光标到分时窗口最左、最右
右键选择区域	区间统计（与盘中均价）

5. 快捷交易（表14-5）

表14-5　快捷交易快捷键

快捷键	功能/操作/含义
+1（.+1）	卖一价买入
+2（.+2）	卖二价买入
+3（.+3）	卖三价买入
+4（.+4）	卖四价买入
+5（.+5）	卖五价买入
−1（.−1）	买一价卖出
−2（.−2）	买二价卖出
−3（.−3）	买三价卖出
−4（.−4）	买四价卖出
−5（.−5）	买五价卖出
++（.++）	涨停闪买
+++	涨停融资闪买
−−（.−−）	跌停闪卖
−−−	跌停信用闪卖
21	闪电买入
23	闪电卖出

续表

快捷键	功能/操作/含义
24	一键全撤
225	涨停买入
266	条件单
229	跌停卖出
/	全撤
/+	撤买
/−	撤卖

6. 软件功能（表14-6）

表14-6　软件功能快捷键

快捷键	功能/操作/含义
15	陆股通
16	港股通
17	沪股通
18	AH股联动
19	AH股对比
20	小窗盯盘
76	数据看盘
77	问财选股
78	快捷优选
79	形态选股
96	龙虎榜
111	论股堂
606	主力逐笔雷达
JG	机构
PK	公司对比
DXJL	短线精灵
ZJLX	资金流向
XTYC	形态预测
WDBK	我的板块
.0	最近自定义页面
.1	DDE决策
.2	板块轮动
.3	个股追踪
.4	关联报价
.5	短线狙击
.6	短线看盘
.7	综合盯盘
.8	寻找潜力股
.9	快手抢反弹

7. 其他快捷键（表14-7）

表14-7 其他快捷键

快捷键	功能/操作/含义
Esc	返回上一画面
Backspace	返回上一画面
Ctrl+K	查看快捷键列表
Ctrl+M	输出到图片
Ctrl+N	新建
Ctrl+S	保存页面
Shift+↓	向下移动
Shift+End	置于底部
Ctrl+X（HX）	画线
Ctrl+W	全屏显示（退出全屏）
Alt+Z	快速隐藏
Alt+F4	退出程序
Shift+F1	这是什么？（跟随帮助）
Shift+↑	向上移动
Shift+Home	置于顶部

同花顺炒股小妙招：在板块列表内使用多窗看盘功能

本章我们介绍了如何进行自定义板块的设置，将所关注的多只股票放在同一个板块内，能方便投资者分类和管理。那么，当投资者想要对某个板块的股票行情一一进行查看时，有没有好用又便捷的功能可以作为辅助呢？"多窗看盘"功能是其一。

多窗看盘功能可以让投资者在同一个页面中同时查看板块内的股票报价列表和个股行情走势等，便于投资者进行板块内股票行情盯盘和分析。

我们选中任意板块中的任意一只股票或指数，如在自选股板块中，点击"报价"→"多窗看盘"命令，或输入快捷键"90"并按Enter键，即可进入个股的多窗看盘页面，如图14-47所示。

图14-47

从图14-47中可以看到，该页面的上半部分，是板块内所有股票的实时行情列表，而下半部分则是选中个股的盘口数据、成交明细、分时图内容，投资者既可以关注板块列表内所有个股的实时行情，也可以查看具体的个股行情数据。

同时，滚动鼠标滚轮或点击页面上方板块内的其他个股，下方就会切换为其他个股的盘口、成交明细和分时图。

投资者可以通过多窗看图功能，快速了解自己关注板块的个股实时行情走势情况，非常方便。

04 实战篇

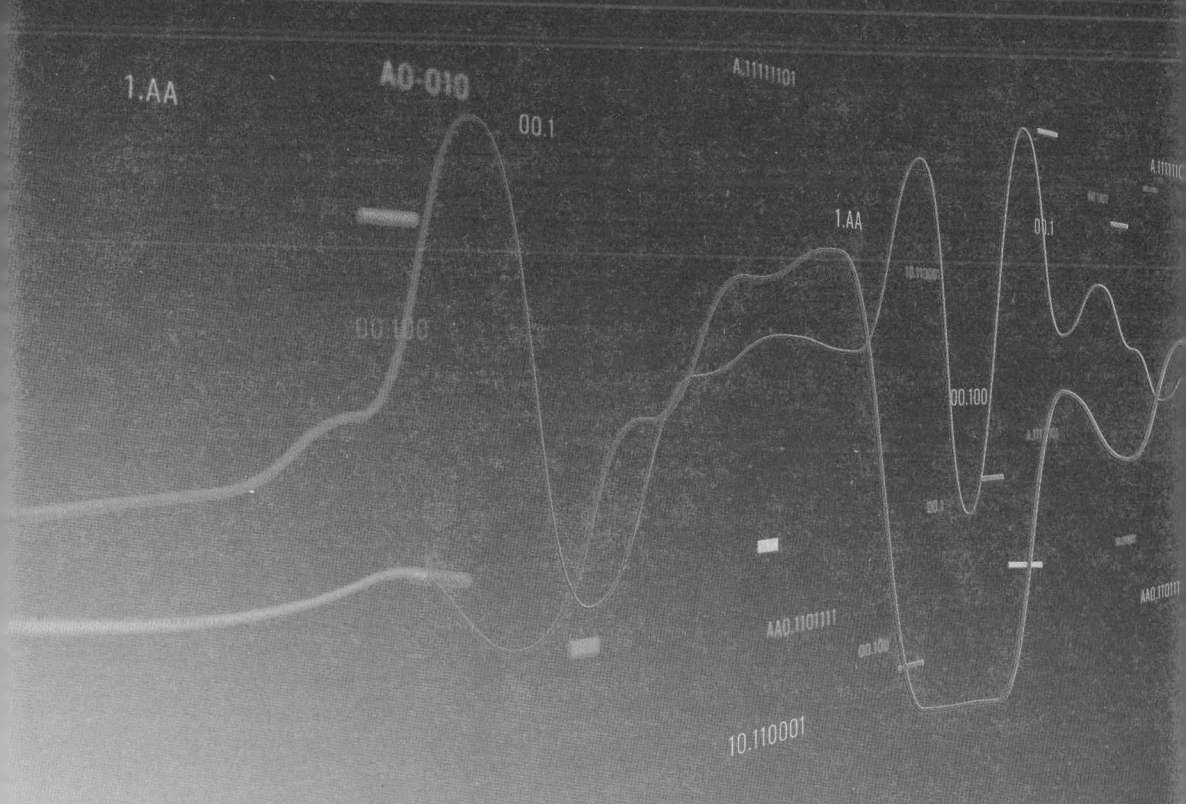

第 15 章
同花顺短线选股实战技巧

在前面的内容中，我们展示了同花顺诸多的选股功能及其用法，在这一章中，我们将继续深入，介绍一些利用同花顺功能进行短线选股的实战方法，在帮助投资者更好地理解同花顺软件使用方法的同时，还能帮助投资者提升短线选股能力，抓住龙头股。

15.1 同花顺短线选龙头

15.1.1 热点龙头战法

炒股的人可能听过一句话，叫"情绪看周期，热点选龙头！"在股票市场中，龙头一般分为两种。一种是行业龙头，也就是行业里竞争力最强、产品的市场占有率最高的公司，这种龙头公司在行业内往往有举足轻重的地位，如贵州茅台、宁德时代、格力电器等。

另外一种龙头，则是指短期内最受资金关注、炒作最厉害，以及短期股价上涨最强势的公司，也就是热点中的龙头。"热点龙头战法"中的龙头，就是指这种。

股市中的热点，主要体现在受资金追捧、人气值高、涨幅大这三个方面。一般股市中关注度非常高的板块、个股，如"新半军"（新能源、半导体、军工）、"风光储"（风电、光伏、储能）、"喝酒吃药"（白酒、医药）等都可以说是市场热点。

我们还可以打开同花顺PC版客户端，通过工具栏中的"板块"或"个股"，找出涨幅排名前三的板块或个股，它们都是当天的热点龙头。

总结来说，人气板块或人气股就是热点，而龙头则是热点中的焦点，热点的形成代表了市场合力、人心所向，是一种"势"能，市场一般靠热点板块、热点个股来打造赚钱效应。对于短线投资者来说，寻找股市热点、顺"势"而为，是提高胜率和效率的关键。

热点龙头战法，简单来说就是寻找市场热点中的龙头股。

第一步，找到当日或近期的热点板块。通常来说，热点板块具有以下特征：（1）板块总体涨跌幅靠前；（2）板块成交量大；（3）板块中多只个股出现涨停；（4）板块龙头连续涨停；（5）板块新闻、事件较多；（6）板块引领行情涨跌。

上面的六个特征不一定全部都要具备，但具备越多，热点板块的形成趋势越明显。

一般来说，热点板块形成时，盘面会有三种迹象出现：第一，个股或整个板块的成交量明显连续增大；第二，股价波动范围连续增大；第三，某一板块的股价走势配合换手率的增加开始由弱转强，大盘下跌时，个股和板块不跌，大盘上涨时，板块涨势超大盘。

了解了热点板块的特征后，我们可以使用同花顺软件的一些功能，来辅助寻找热点。

打开同花顺PC版客户端，点击工具栏中的"板块"按钮，进入板块页面，如图15-1所示。

图15-1

在"板块热点"功能页面中，我们可以看到当前涨幅靠前的板块，以及具体涨幅、主力净量、主力金额、涨停数等信息。

而在"板块分析"功能页面中，同花顺提供了热度板块的行情分析，包括热度值概览、资金成交情况、财务分析等，如图15-2所示。投资者可以借助这些分析，了解不同板块的热度以及人气情况，从而找到热点板块。

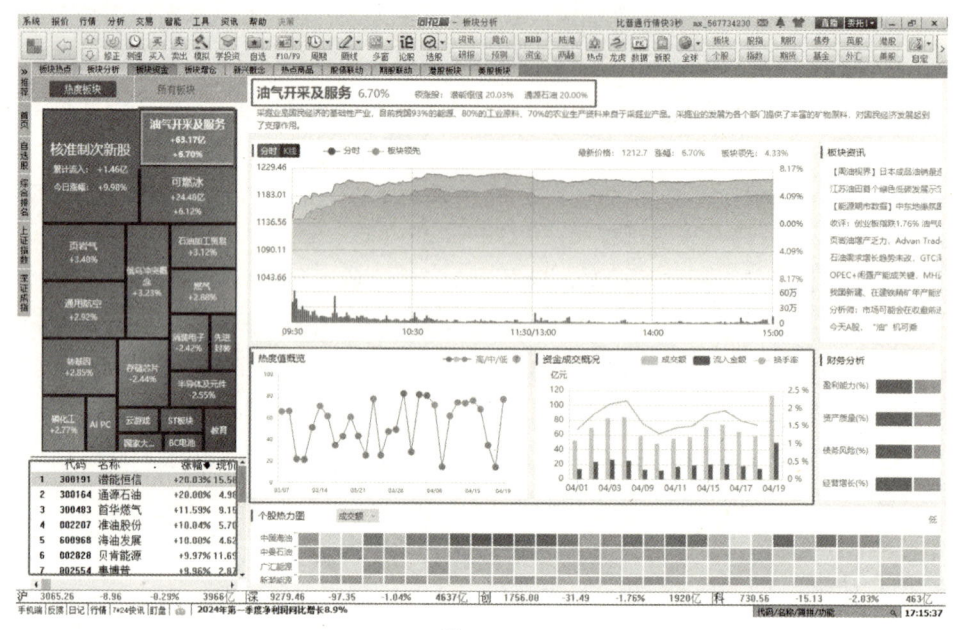

图15-2

例如，通过"板块热点"和"板块分析"功能页面我们发现，2024年4月19日，由于受到中东地区的局部冲突影响，同花顺一级板块"油气开采及服务"板块涨幅和主力金额排名都靠前，板块成交额和流入金额大幅上升，热度值也呈反弹趋势，位居板块前列，且多只成份股出现涨停情况，相关新闻资讯较多，毫无疑问，该板块是当日的热点板块。

另外，我们可以通过同花顺的"热点"功能来寻找热点板块。可以说，热点功能专为寻找、洞察市场热点而生。如图15-3所示，打开同花顺PC版客户端，在工具栏中点击"热点"按钮，即可进入热点功能页面，而热点功能有13个子页面，其中"热点盯盘"可以通过涨跌分布、涨跌停对比及热点概览的可视化图标，帮助投资者一眼看懂当天市场热点。

投资者可结合"板块分析"和"热点盯盘"两个子页面寻找热点板块。在找到热点板块之后，可以由面及点，接着找其中的龙头股。

如何寻找龙头股呢？以下几种是寻找龙头股的具体方法。

第一种：寻找在同一板块中最早开始上涨、上涨速度最快的个股。

例如，我们可以通过查看板块分析，了解热点板块的领涨股和个股热力值，也可以通过查看具体个股的分时图分析热点板块中哪些个股最早上涨、涨速最快。

第二种：寻找在底部长期横盘震荡、率先放量突破，同时底部筹码形成密集峰的个股。

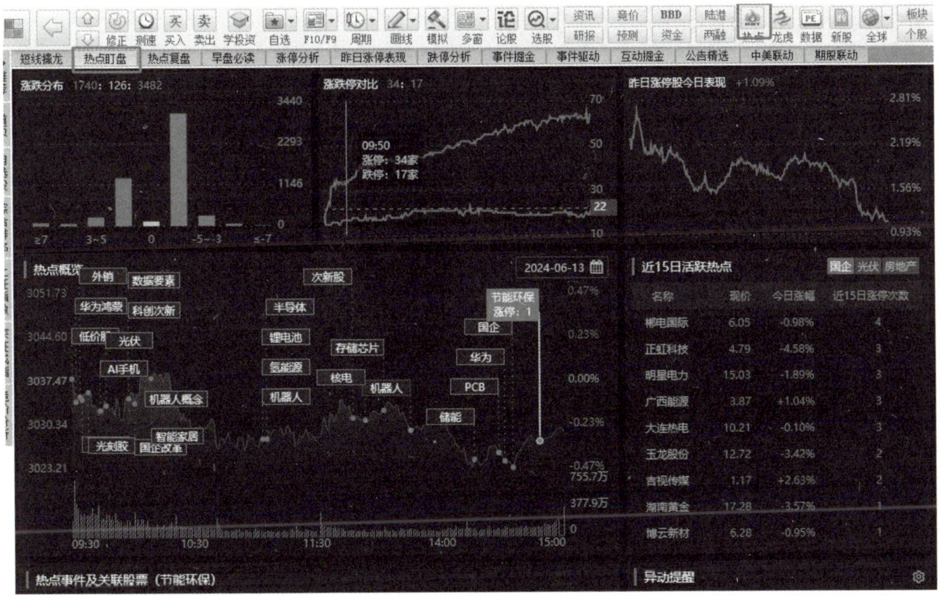

图15-3

　　这种方法需要投资者具体去分析热点板块中个股K线走势和成交量情况，并根据筹码分布图进行判断。

　　第三种：寻找在上涨趋势中缩量回调的个股。

　　缩量回调表示持股者信心十足，不急于抛盘，想继续做多，等待股价进一步上涨。一般来讲，在缩量回调后，如果成交量突然放大，那么股价很可能会大幅上涨，所以是买入股票的机会。

　　第四种：寻找具有成长性、基本面比较好的"补涨型"好公司。

　　我们可以通过同花顺F10功能，对热点板块中涨速不快、涨幅不大的个股进行基本面分析，以确定是否值得投资。

　　当然，光靠上面的战法，有时也会有判断上的偏差，影响市场热点轮动的因素错综复杂，主要有四种：国家政策与股市板块轮动的关联性强弱，公司自身运行影响的状况，行业成长的周期，投资者投资理念、心态的变化。从操作的层面讲，上面的许多策略还需要每位投资者在实操中不断修正，最终建立起自己的交易模式。

　　必须强调的是，在抓热点的时候要注意"陷阱"，要小心主力的"佯攻"，在博弈过程中，主力十分清楚市场参与者在千方百计寻找热点，有时，主力会先拉一两个小板块，让散户误认为是主流热点，等把市场中追逐热点的资金全面吸引进去后，才会让主流热点浮出水面。

　　同时，投资者在找到龙头股之后，还需要通过对主力动向、短线情绪、基本面和消息面的分析，综合判断板块热点的持续性，同时做好风险控制。

15.1.2 短线擒龙战法

为了便于投资者进行短线打板操作，同花顺专门设计和推出了"短线擒龙"功能。该功能可以帮助投资者实时观察市场短线情绪、查看市场焦点股票动向、对比昨今股票涨停晋级情况，解决短线打板操作中最关键的一个问题：识别短线情绪的好坏，把握龙头股打板时机。

下面我们介绍短线擒龙的具体用法以及如何辅助投资者进行龙头股打板操作。

打开同花顺PC版客户端，点击工具栏中的"热点"按钮，即可进入"短线擒龙"功能页面，也可以在键盘精灵中搜索"短线擒龙"或"DXQL"直接进入该功能页面。

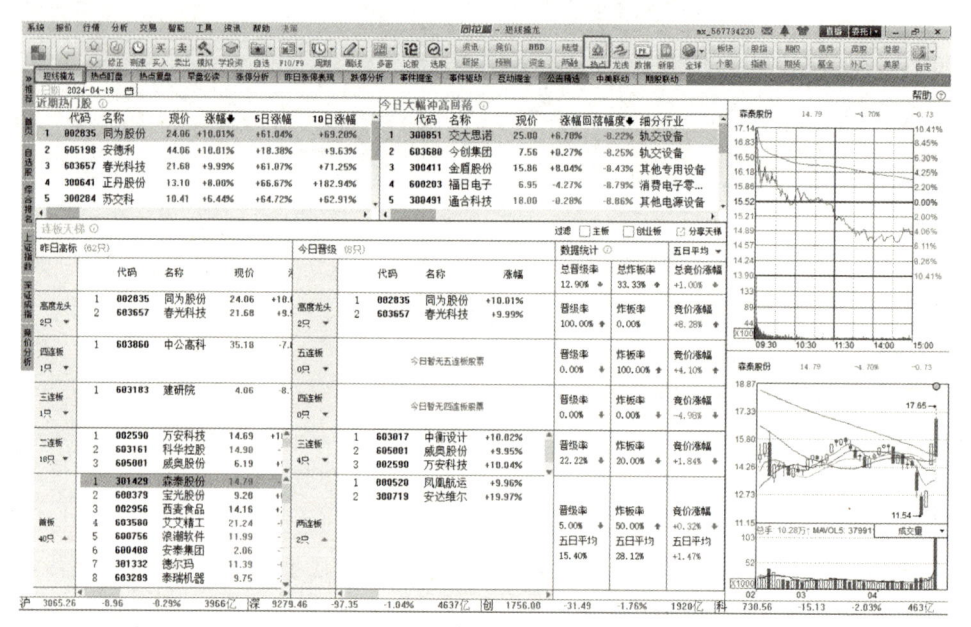

图15-4

如图15-4所示，可以看到，该功能页面主要包括三个模块。

（1）近期热门股：反映近期资金持续进攻的股票；（2）今日大幅冲高回落：反映当日资金持续进攻股票的亏钱效应；（3）连板天梯：反映资金打板具体情况。投资者可以通过这三个模块快速了解市场中目前的短线情绪，防范潜在亏钱效应，抓住市场龙头股。

"近期热门股"模块（见图15-5）选取了市场中近5日、10日、20日涨幅最大的个股，这些股票是近期资金主要进攻的方向。热门股持续上涨，代表短线行情火爆，短线情绪积极。同时，热门股的上涨，也反映了其所在板块可能会迎来一轮炒作行情，这个时候投资者可以关注热门股所在板块的潜在机会。

短线擒龙 | 热点盯盘 | 热点复盘 | 早盘必读 | 涨停分析 | 昨日涨停表现 | 跌停分析

日期 2024-04-19

近期热门股

	代码	名称	现价	涨幅	5日涨幅	10日涨幅
1	002835	同为股份	24.06	+10.01%	+61.04%	+69.20%
2	605198	安德利	44.06	+10.01%	+18.38%	+9.63%
3	603657	春光科技	21.68	+9.99%	+61.07%	+71.25%
4	300641	正丹股份	13.10	+8.00%	+66.67%	+182.94%
5	300284	苏交科	10.41	+6.44%	+64.72%	+62.91%

图15-5

并且，投资者可以根据近期热门股的跌幅进行排序，快速了解近期热门股是否出现了大跌的情况，如图15-6所示。热门股出现大跌可能存在几种情况：一是单独一只股票大跌，这时候需要考虑其背后是主力的洗盘、题材的轮动调整还是对应题材炒作的结束。二是多只股票在同一时间出现了大跌或向下异动，此时短线情绪极有可能存在风险，需要警惕市场短线股票的共振下跌。近期热门股大跌数量越多、跌幅越大，就代表市场中的短线情绪越差，投资者需要警惕市场风险，防止出现大幅回撤。

短线擒龙 | 热点盯盘 | 热点复盘 | 早盘必读 | 涨停分析 | 昨日涨停表现 | 跌停分析

日期 2024-04-19

近期热门股

	代码	名称	现价	涨幅	5日涨幅	10日涨幅
1	603860	中公高科	35.18	-7.62%	+35.26%	+28.16%
2	300905	宝丽迪	26.20	-4.17%	+64.47%	+74.43%
3	300916	朗特智能	29.33	-2.23%	+21.40%	+49.80%
4	601179	中国西电	8.11	-1.46%	+22.32%	+49.91%
5	300284	苏交科	10.41	+6.44%	+64.72%	+62.91%

图15-6

“今日大幅冲高回落”模块（见图15-7）选取了近期资金进攻过但今日冲高失败回落幅度超过5%的股票。这些股票代表今天市场资金主动进攻的方向，但资金合力不足，进攻失败，是人气开始逐渐消退的信号。今日大幅冲高回落的股票数量越多、回落幅度越大，代表市场资金上攻能力越差，此时个股越容易进入调整期，需要警惕潜在风险。

今日大幅冲高回落

	代码	名称	现价	涨幅	回落幅度	细分行业
1	300851	交大思诺	25.00	+6.70%	-8.22%	轨交设备
2	603680	今创集团	7.56	+0.27%	-8.25%	轨交设备
3	300411	金盾股份	15.86	+8.04%	-8.43%	其他专用设备
4	600203	福日电子	6.95	-4.27%	-8.79%	消费电子零...
5	300491	通合科技	18.00	-0.28%	-8.86%	其他电源设备

图15-7

"连板天梯"是短线（打板）投资者最常使用的分析模型。该模型分为三个区域：昨日高标、今日晋级和数据统计，如图15-8所示。

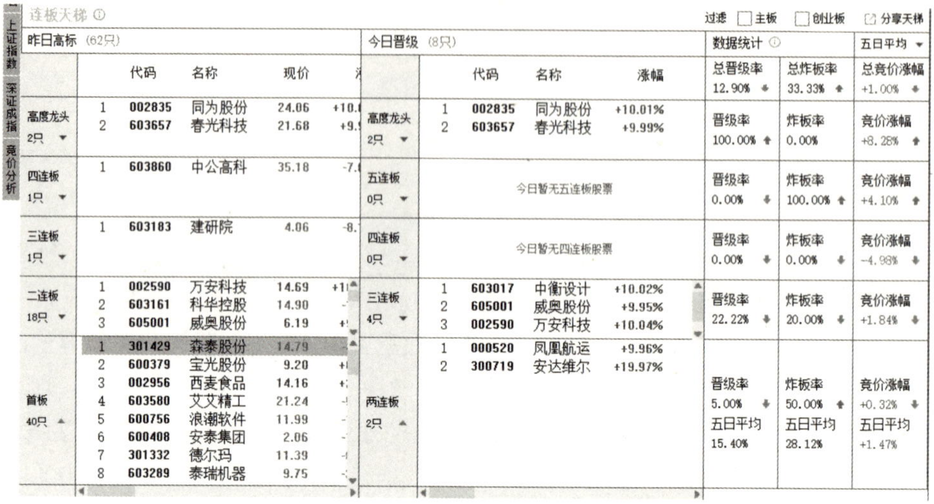

图15-8

"昨日高标"指昨天涨停的股票，"今日晋级"指昨日涨停股今天继续连板的股票，这两部分一一对应，如昨日高标二连板涨停后会出现在今日涨停三连板中，投资者可清晰地看出昨日高标的今日表现及连板股晋级情况。

右侧的"数据统计"会展示连板的相关统计数据。包含晋级率、炸板率及竞价涨幅，这些都是短线投资者十分关注的衡量打板情绪的指标，需要格外重视。市场中最高连板数与连板效应、短线氛围、赚钱效应的关系如表15-1所示。

表15-1 最高连板数与连板效应、短线氛围、赚钱效应的关系

最高连板数	连板效应	短线氛围	赚钱效应
大于5	极强	极好	极强
5	强	好	强
4	一般	一般	一般
3	差	差	差
小于3	极差	极差	极差

想要进行短线打板操作的投资者，可以通过该功能迅速了解短线情绪和热门股、龙头股的动向。当短线情绪较好、市场赚钱效应强时，投资者可以适时抓住连板股，进行打板操作。

除此之外，我们总结了几个通过"短线擒龙"快速把握市场短线情绪的方法，供投资者参考。

第一，观察近期热门股，近期热门股如果大跌，则需要注意其他个股是否有异动。如果一只热门股的大跌引发了其他热门股大跌，则需要注意规避短期风险，不要盲目操作。

第二，观察今日大幅冲高回落股，如果出现大幅冲高回落，代表上涨动能不足，需要看对应板块的其他个股是否也有这种情况，有可能整个板块都会进行调整。如果市场冲高回落股较多，则需要警惕大盘进入短期调整阶段。

第三，观察连板天梯的最高连板数，最高连板数越高，代表短线情绪越好。反之，最高连板数越低，短线情绪就越差。同时，高度龙头越多、越高，就代表市场中有越来越明确的赚钱标杆，引领短线情绪不断升温。但需要注意，高标的减退和消失，往往代表着"盛极而衰"，情绪退潮期投资者不要盲目操作，应控制仓位。

第四，观察连板天梯数据统计中的晋级率，晋级的股票数量和晋级率是最直接反映连板效应的指标。其中，连板天梯统计了首板到二板5日或10日的平均晋级率和当天的晋级率，如果当天的晋级率高于近期平均晋级率，则代表连板情绪和短线情绪好，反之则情绪差，应当减少打板操作。

第五，观察连板天梯数据统计中的炸板率，炸板率代表着股票涨停后资金的坚决程度，投资者可以查看5日或10日平均炸板率，炸板率低于近期平均值，则说明资金态度坚决，短线情绪好，当天炸板率高于近期平均值，则说明资金态度不够坚定，此时需要提高警惕，炸板股次日溢价大多数较低，甚至有可能大幅回撤。

第六，观察连板天梯数据统计中的竞价涨幅，竞价涨幅代表昨日涨停股今天的资金态度，可以帮助投资者在开盘初期看出今天资金的做多意向。投资者同样可以比较当日和近期平均竞价涨幅，若当日竞价涨幅高于平均水平，则代表今日资金开盘的态度仍然积极，反之则代表今日资金做多意向差，需要控制风险，不可盲目追高。

当投资者通过同花顺"短线擒龙"功能进行分析，发现短线情绪较好、赚钱效应不错后，就可以选择短线龙头股了。一般来说，"今日晋级"的连板股票都是潜力龙头股，投资者可以根据涨停时间、涨停高度来判断谁是真龙头。

涨停时间即股票是在什么时候涨停的，比如同为股份（股票代码：002835），在2024年4月18日和19日，其涨停时间都是早上9点25分（见图15-9），也就是开盘集合竞价刚结束就已经涨停了。一般来说，涨停时间越早，说明主力封板的意图越强，也就代表该股票越受主力青睐，越能成为热点龙头。

图15-9

涨停高度是指股票的近期涨幅，一般来说，近期涨得足够多、连板数足够高的股票就是龙头股。

确定了短线龙头股之后，投资者可以对其进行资金面和基本面分析，或者借助"涨停分析"功能查看其涨停原因，从而确定打板标的。例如，中衡设计（股票代码：603017）在2024年4月19日成功实现三连板，说明该股票被市场看好，如图15-10所示。

连板天梯									
昨日高标 (61只)						今日晋级 (8只)			
		代码	名称	现价	涨幅		代码	名称	首次涨停时间
高度龙头 2只	1	603657	春光科技	21.68	+9.9	高度龙头 2只	002835	同为股份	09:25:00
	2	002835	同为股份	24.06	+10.0		603657	春光科技	09:30:30
四连板 1只	1	603860	中公高科	35.18	-7.0	五连板 0只	今日暂无五连板股票		
三连板 1只	1	603183	建研院	4.06	-8.1	四连板 0只	今日暂无四连板股票		
二连板 17只	1	600738	丽尚国潮	3.93		三连板 4只	603017	中衡设计	09:25:02
	2	600262	北方股份	16.19			605001	威奥股份	09:25:03
	3	603861	白云电器	8.06			002590	万安科技	09:39:24
首板 40只	1	605299	舒华体育	9.89		两连板 2只	000520	凤凰航运	09:32:57
	2	300994	久祺股份	11.30			300719	安达维尔	10:37:36
	3	301332	德尔玛	11.39					
	4	603580	艾艾精工	21.24					
	5	000504	南华生物	6.90					
	6	301429	森泰股份	14.79					
	7	603726	朗迪集团	11.90					
	8	002862	实丰文化	11.81					

图15-10

同时，通过"历史涨停分析"可以看到，其连板上涨是受到了低空经济、建筑设计、数据中心等因素的影响（见图15-11），说明该公司属于热门概念板块中的绩优股，基本面良好，因而受到了主力的青睐，投资者可以适当关注，进行打板操作。

15.1.3 涨停聚焦捕捉龙头战法

同花顺PC版客户端有"短线擒龙"功能帮助投资者进行打板操作，捕捉龙头股，同样，在同花顺App上也有"涨停聚焦"应用，可以辅助投资者发现短线龙头股。

打开同花顺App，在应用商店的"选股诊股"类别中找到"涨停聚焦"应用，或直接在应用商店中搜索找到该应用，如图15-12所示。

相关概念板块		免责申明
概念板块	数字孪生 虚拟现实 数据中心 智慧城市 元宇宙 杭州亚运会
关联个股	南方路机 湖北广电 湖北广电 碧兴物联 湖北广电 久盛电气

历史涨停分析

- 2024-04-19 低空经济+建筑设计
- 2024-04-18 低空经济+建筑设计
- 2024-04-17 建筑设计+数据中心

2023
- 2023-07-13 工程设计+元宇宙+数
- 2023-03-22 工程设计+一带一路
- 2023-03-01 基建+数据中心+光伏

2022
- 2022-11-25 工程咨询+装配式建筑
- 2022-11-08 虚拟现实+光伏建筑一
- 2022-05-27 建筑节能+建筑装饰
- 2022-05-19 建筑节能+建筑装饰
- 2022-03-18 建筑装饰+光伏建筑一

低空经济+建筑设计+数据中心+年报增长

1、24年4月17日官微：中衡设计成功中标华中智能飞行器产业基地项目（一期）。该产业基地是武汉市经济开发区打造立体式"低空经济产业示范区"，着力构建"3335"现代产业体系重要一环，推动经济高质量发展。2、公司的主营业务…

图15-11

打开"涨停聚焦"应用，如图15-13所示，投资者在应用首页可以看到当日的市场情绪，了解市场整体的行情数据和相关情绪风向股、情绪分析。对于短线风格的投资者来说，借助这些信息可以快速了解今日的市场情绪、市场热度和热点板块信息，辅助制定短线操作决策。

图15-12

图15-13

下面我们来具体介绍如何使用"涨停聚焦"来进行短线选龙头股的操作。

首先，判断短线情绪如何。短线情绪好，代表着赚钱效应强，进行短线操作获利的可能性大。如何用"涨停聚焦"分析判断短线情绪呢？我们可以通过"涨停强度"来判断短线情绪的好坏。

如图15-14所示，我们可以在"涨停强度"模块看到涨停板的数量——涨停板数量越多，说明短线情绪越好，通常来说，在市场中有超过70只股票涨停的时候，说明此时短线情绪非常好，投资者可以考虑进行打板操作了。

此外，封板率、涨停打开的数量可以帮助投资者判断当日市场的情绪变化。封板率越高，短线情绪越好。一旦盘中封板率开始下滑，那么说明有涨停板炸板了，投资者应该谨慎对待，考虑盘中情绪反转的可能性。

那么，怎么找到短线龙头呢？很简单，和前面的"短线擒龙"一样，从两方面来综合判断：涨停时间、涨停高度。

在涨停股列表中，点击"首次涨停时间"表头，列表就会根据涨停时间进行排序，帮助筛选出当日最早涨停的股票，如图15-15所示。

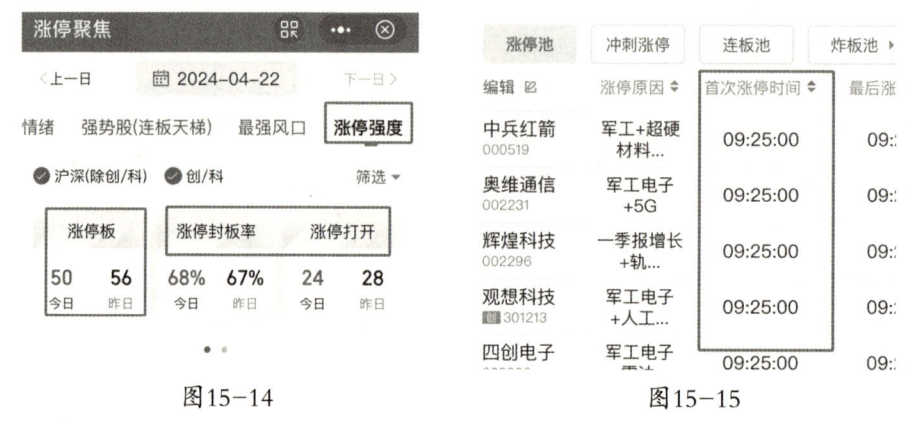

图15-14

图15-15

查看涨停高度的操作也很简单。如图15-16所示，在涨停股列表中点击"几天几板"表头，就能看到根据涨停高度进行降序排列的涨停板股票了。

那么有没有根据涨停高度来判断龙头股的标准呢？一个简单的判断方法是——连板次数越多、溢价越高的，越可能是龙头。

通过时间和高度两个维度，基本上可以选出市场中的龙头股了。但是，即使短线情绪良好，为了降低风险，投资者也应该更进一步，通过板块热度来判断龙头股的持续性。

怎么通过板块热度来判断龙头股的持续性呢？看板块内的涨停数量。假如投资者选出的龙头股属于"涨停聚焦"中的最强风口，而且板块内的涨停数量又足够多（至少15家），就说明板块效应足够强，市场对该板块足够看好，其热度并不是短线炒作得来的，该板块的龙头股持续性是有保障的，涨停数量的查看方法如图15-17所示。

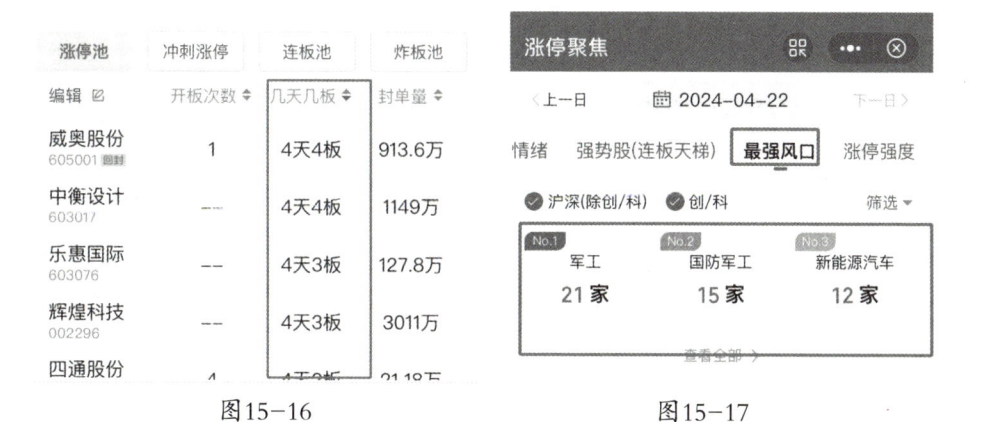

图15-16

图15-17

综上所述，投资者可以借助同花顺App的"涨停聚焦"功能，选择出市场中具有持续性、可短线操作的龙头股。不过，由于A股市场热点变化较快、板块轮动频繁，投资者在进行龙头股战法操作时，仍需要进行理性细致的分析，注意投资风险。

15.2 同花顺短线选牛股

随着市场的发展，选股对普通投资者变得愈发重要，如今A股的股票数量已经达到了5300多只，想靠投机套利或者靠运气赚钱已经基本没有可能，我们更应该学习那些专业的机构和个人投资者的投资思维和投资习惯。与其在卖出和解套手法上下功夫，不如提高自己的选股基本功，只有第一步尽可能做对，后面才会有足够的操作空间。如果投资者选了慢牛股，后面考虑的可能就是利润的分配，比如是减仓锁住利润，还是继续投资；但如果选了垃圾股，后面的选择只有在什么时候割肉。不夸张地说，投资的艺术就是选股的艺术。接下来，我们介绍一些较为常用的短线选股方法，供投资者参考。

15.2.1 懒人选牛股法

短线操作讲究顺势而为，利弗莫尔在《股票作手回忆录》中反复强调，股价像其他任何事物一样沿着压力最小的方向运动，"在价格呈现出一个明显的趋势之后，它将一直沿着贯穿整个趋势的特定路线自动运行"，因此短线选手的炒股关键，就是找到那只价格呈明显上升趋势的股票。

下面介绍一个非常简单但实用的选股方法，它可筛选出进入上升趋势且处于强势阶段的牛股。

第一，连续三日上涨。这说明该只股票近期处于上升趋势中。

第二，三日涨幅不超过7%。这个条件可以剔除掉前期涨幅比较大的一些股票，避免陷入追涨的境地。

第三，获利筹码比例达到75%。这说明该股票已经进入强势期。

这里需要介绍一下获利筹码的概念和原理。所谓获利筹码，是指在股票交易中投资者获利后持有的股票数量。获利筹码比例，是指一只股票在所在价位的获利情况，是当前价位的市场获利盘的比例。比如获利筹码比例为75%，说明在当前价位，75%的该股票筹码处于获利状态。

一般来说，当一只股票的获利筹码比例为0~6%时，说明该股票处于超跌位置，投资者可趁机买入，安心持股等待股价反弹。获利筹码比例为6%~20%时，说明该股已经处于反弹区，投资者可少量买入，并根据后市情况来判断是否继续持有或加仓。获利筹码比例为20%~50%时，说明该股在弱势区，不建议投资者买入。当获利筹码比例上升至50%~80%时，就意味着这只股票进入强势持股区，表示大家可以持有该股，错过了低价期的投资者可以在此时适量买进，参与短线操作。当获利筹码比例为80%~100%时，说明股票已经处于获利区域，同时也处于高风险区域，投资者需要谨慎分析后再决定是否买入。

根据以上三个选股条件，我们就可以筛选出较为合适的短线牛股了。那么应该如何使用同花顺软件进行选股操作呢？有两种操作方法。

第一种，使用"问财选股"功能。如图15-18所示，进入问财选股页面，输入三个选股条件，保存后即可获得符合条件的股票。

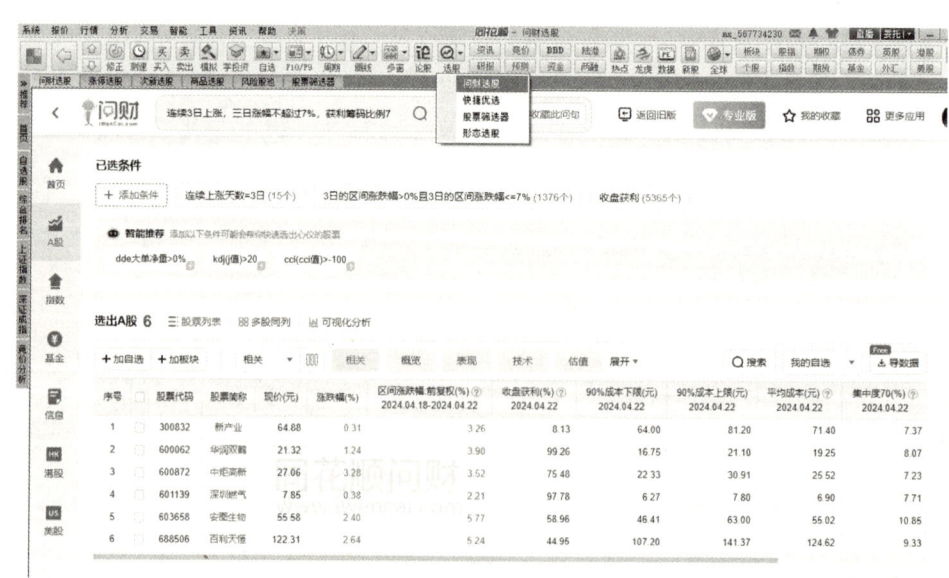

图15-18

第二种，打开同花顺软件，进入"自选股"→"我的板块"页面，或使用键盘精灵输入“51”后按Enter键进入“我的板块”页面，新建一个动态板块，在搜索框中输入三个选股条件，保存后即可获得符合条件的股票列表，如图15-19所示。

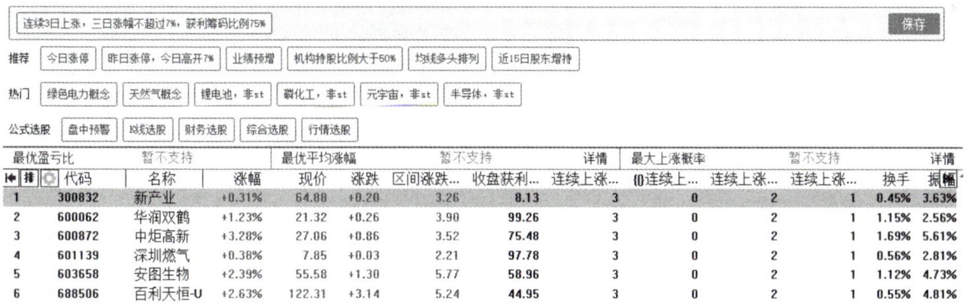

	代码	名称	涨幅	现价	涨跌	区间涨跌...	收盘获利...	连续上涨...	{0连续上...	连续上涨...	连续上涨...	换手	振幅
1	300832	新产业	+0.31%	64.88	+0.20	3.26	8.13	3	0	2	1	0.45%	3.63%
2	600062	华润双鹤	+1.23%	21.32	+0.26	3.90	99.26	3	0	2	1	1.15%	2.56%
3	600872	中炬高新	+3.28%	27.06	+0.86	3.52	75.48	3	0	2	1	1.69%	5.61%
4	601139	深圳燃气	+0.38%	7.85	+0.03	2.21	97.78	3	0	2	1	0.56%	2.81%
5	603658	安图生物	+2.39%	55.58	+1.30	5.77	58.96	3	0	2	1	1.12%	4.73%
6	688506	百利天恒-U	+2.63%	122.31	+3.14	5.24	44.95	3	0	2	1	0.55%	4.81%

图15-19

获得股票列表后，投资者可以针对个股进行具体的基本面和技术面分析，综合判断后再进行委托交易操作，为降低投资风险，建议设置止盈止损条件单。

15.2.2 三金叉选牛股法

三金叉选牛股是一种较为经典的选股方法。所谓的三金叉，是指均线、均量线与MACD的黄金交叉点同时出现，是非常强烈的买入信号。

个股股价在长期下跌之后，通常会企稳筑底，结束下跌趋势，转而进入震荡期或上升期，而一旦股价开始上升，股价的5日均线就会上穿10日均线，同时MACD指标中的DIF线也会上穿DEA线，形成MACD金叉——这通常是股价见底回升的重要信号。若这时候股价上升还伴随着成交量的放大，即5日均量线上穿10日均量线，说明极有可能是主力开始发力，这就形成了三金叉的形态。值得注意的是，三金叉不必同一天出现，只要相隔时间不长就可以，通常来说，均量线金叉会先出现，因为有量才有价。

如图15-20所示，中国联通（股票代码：600050）在2024年1月23日前后出现了三金叉形态，先是1月22日，5日均量线上穿10日均量线，出现了均量线金叉，随后的1月23日，均线金叉和MACD金叉也同步出现，形成了三金叉形态。

同样，我们可以通过问财选股功能或动态板块条件选股，筛选出近期出现三金叉形态的短线牛股。

打开同花顺软件，进入“自选股”→“我的板块”页面，或使用键盘精灵输入“51”后按Enter键，在动态板块点击“新建”按钮，新建一个动态板块，在搜索框中输入“5日均线上穿20日均线，5日均量线上穿20日均量线，MACD金叉”三个选股条件，保存后即可获得近期符合该条件形态的股票列表，如图15-21所示。

图15-20

图15-21

进入符合该条件的股票日K线图，如航天电子（股票代码：600879），可以观察到该股在2024年4月20日左右出现了"5日均线上穿20日均线，5日均量线上穿20日均量线，MACD金叉"的形态，如图15-22所示。此时投资者可以结合其基本面和其他技术指标进行综合分析后谨慎入场，并设置好止损单以规避风险。

图15-22

15.2.3　短线强势选股四步法

如何通过四步就选出短线强势股呢？可以从资金流向、均线走势、近期涨停表现、洗盘情况四个方面来综合筛选。接下来，我们结合问财功能，具体介绍这种选股方法。

第一步，找到资金热点。

这一点是最基本的要求，无论股票技术面和基本面有多好，没有资金进场，股价都不会上涨。只有大资金联合运作，才会形成热点板块。因此，要找到好股票，一定要先找到热点板块，在资金活跃的板块中寻找目标股票。

如图15-23所示，在问财中输入"主力资金流入前10的概念板块"，发送后即可看到当前资金流入积极的题材板块，并从中选择适合的板块——如选择"中字头股票"板块，具体分析资金的流入情况。

第二步，通过形态筛选出趋势向上的股票。

炒股要顺势而为，要想获利，就需要买上升趋势中的股票，而不要买逆势下跌的股票。如何找到上升趋势中的股票呢？这里可以使用"均线向上"的形态指标。均线向上，预示着上升趋势已经形成，短期内不会迅速改变。短线操作不必过于在意股票的中长期走势，只要当前能上涨即可。

在问财内输入"均线向上"，发送后即可筛选出趋势向上的股票，如图15-24所示。

图15-23

图15-24

第三步，寻找近期曾涨停的股票。

最近2周或10个交易日内有过涨停板，是强势股的一种表现，因为涨停通常是控盘的主力操作的结果，基本不可能是散户所为。这能说明该股票背后有看好该股并且准备做多的大资金，我们散户如果能及时"上车"，也能获得短线交易的红利。

在问财内输入"近10天有涨停"，发送后即可筛选出符合条件的股票，如图15-25所示。

第四步，筛选出近期有过调整的股票。

在A股市场中，很多强势股在启动前会经历洗盘，主力会把之前在这只股票里的散户全部"洗"出去，然后接过他们割肉抛出的筹码，用来准备后续的拉升。洗盘时间通常会超过一个月，因此筛选标准是在最近一个月的涨幅小于0的股票，结合第三步条件（排除少部分北交所股票），最终筛选标准就是近一个月的涨幅＜20%（0+20%），所以我们的筛选问句是：近一个月涨幅＜20%。

这一步是为了确保股票处于相对低位或者上涨中继阶段，有助于降低被主力拉高出货的风险。

在问财内输入"近一个月涨幅＜20%"，发送后即可获得筛选后的股票，如图15-26所示。

图15-25

图15-26

理解了上面四步的筛选逻辑后，我们可以得到综合的选股条件问句"中字头概念；均线向上；近10天有涨停；近一个月涨幅＜20%"，并在问财中输入，发送后就能选出符合条件的股票了，如图15-27所示。

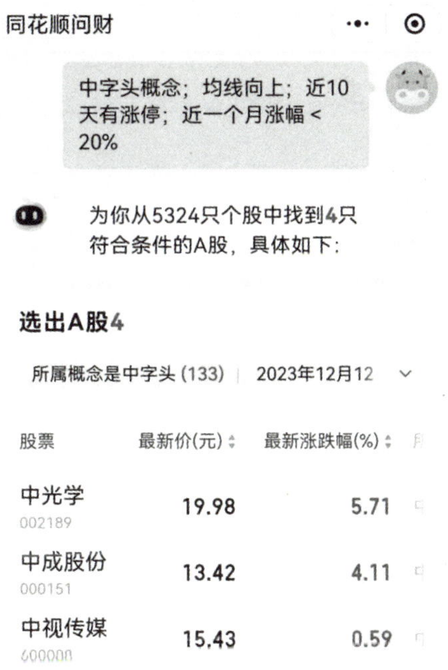

图15-27

15.2.4 蒸蒸日上选股法

这里我们介绍一个在熊市中较为实用，投资风险也比较低的选股方法，叫"蒸蒸日上选股法"，从本质上来说，这是一种高股息选股策略。因此，它的选股条件是：高股息，利润连续5年增长，多头均线，低估值。下面我们具体讲讲这些选股条件背后的逻辑，毕竟只有掌握了选股逻辑，才能更好地理解选股方法的真正含义，并且触类旁通，创立自己的选股策略。

第一个条件——高股息。所谓的高股息，是指上市公司每年根据股东的投资份额，把当年的利润进行分配，属于分红的一种。通常来说，股息率高于1.5%的就可以称为高股息。

高股息通常意味着上市公司对股东的回报较高，也意味着公司的经营较为稳定和健康。高股息股票通常具有较强的稳定性和抗风险能力。

因此，投资者可以在选择股票时，将高股息作为一个重要的筛选条件，以寻找具有较高回报和较低风险的股票。

第二个条件——利润连续5年增长。假如上市公司连续5年的利润都比前一年高，说明从结果上来看，公司发展越来越好，越来越会赚钱。这通常意味着公司的经营较为稳健和可持续，具有较好的盈利能力和增长潜力，毕竟随着外部环境的变化，行业头部的公司也可能出现亏损，能连续5年实现利润增长的公司，对股东的投资是非常负责的。

投资者在进行基本面研究时，可以关注利润的增长情况，分析上市公司的盈利能力和增长潜力，选择股票时，也可以将利润连续5年增长作为一个重要的筛选条件。

第三个条件——多头均线。多头均线是指股价在一段时间内呈现出上涨趋势，均线系统呈现出多头排列的形态，其短期、中期和长期均线由上至下依次排序。

多头均线的出现通常意味着股价的上涨趋势较为明显，市场对该股票的需求增加，短期、中期和长期资金一致看多，共同抬升了股价。

投资者可以在均线系统呈现多头排列时适当买入该股票，特别是启动前期，但需要注意风险控制，避免盲目追高。

第四个条件——低估值。低估值是指股价低于其内在价值的现象，即股票的市场价格低于其真实价值，这通常是短期的利空引发投资者恐慌性抛售导致的。一般我们使用市盈率或市净率来衡量股票的估值情况，前文有所介绍，这里不再赘述。

低估值的股票有较高的投资价值，因为其买入成本低，上涨空间大，投资者不容易被套牢。

投资者在选择股票时，可以将低估值作为一个重要的筛选条件。但一定要注意，如果是长期阴跌导致了低估值，没有持续性热点，就不建议"上车"了。

如图15-28所示，我们通过以上四个条件，筛选出了相应的股票——赛腾股份（股票代码：603283），其在2023年11月9日多头均线趋势确立，随后股价在12个交易日内上涨36.11%，在脱离"低估值"这个条件后，股价又迎来新一轮调整。

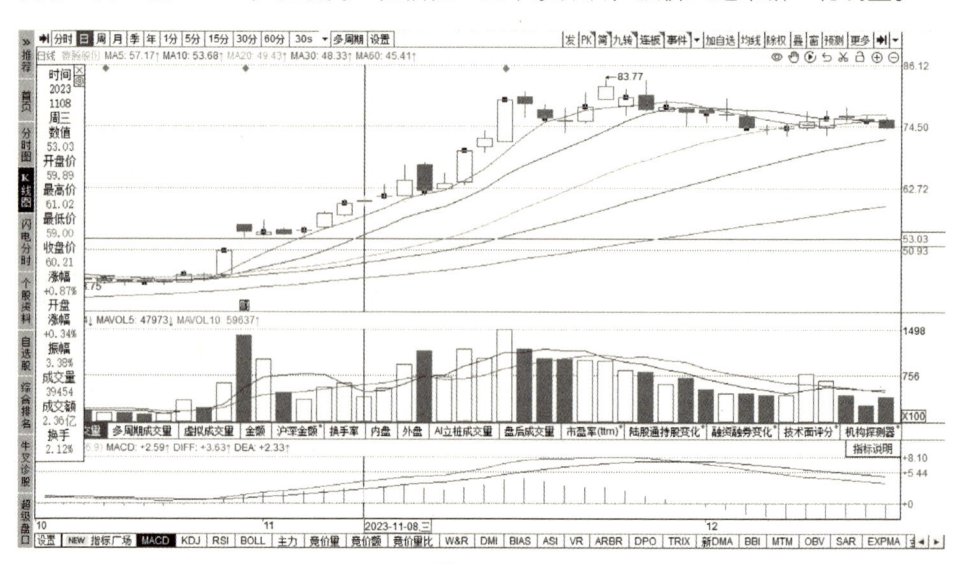

图15-28

15.2.5 外资看好金叉趋势选股法

前面我们提到，北向资金又被称为"聪明资金"，因此，投资者可以跟随北向资金的流向选股，同时结合股价趋势和MACD技术指标，选出短期内的强势牛股。具体选股条件如下。

第一个条件：股价处于上升通道。

上升通道是指股价在一个相对狭窄的区间内波动，呈现出明显的上升趋势。通道的上下边界是两条平行线，股价在这两条线之间波动，如图15-29所示。

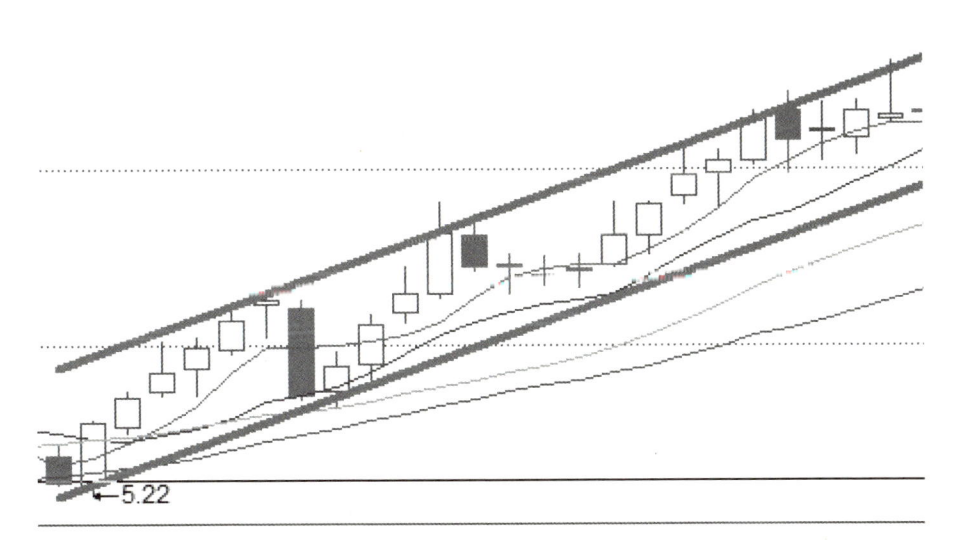

图15-29

上升通道的形成通常意味着股价在一段时间内呈现出稳步上涨的趋势，这是市场对该股票的认可和需求的体现。

投资者可以在上升通道形成后适当买入该股票，并关注通道的上下边界，以确定最佳的买入和卖出时机，但需要注意的是，投资者不要奢望买在上升通道的起点，大部分人还是在通道形成的前期、中期买入比较稳妥。

第二个条件：MACD金叉。

前面我们提到过，MACD金叉是指股票的短期MACD线（即DIF线）从下方穿过长期MACD线（即DEA线），形成交叉点。金叉通常被认为是买入信号，因为短期线穿过长期线表示短期趋势即将改变为上涨趋势。

投资者可以在MACD金叉出现后适当买入该股票，但需要注意风险控制，避免盲目追高。因为短期资金的炒作也会导致股票出现MACD金叉，我们还需要结合其他技术指标和市场信息进行综合分析，谨防陷入主力拉高出货的陷阱。

第三个条件：北向资金连续流入。

北向资金在A股市场中有过多次成功的抄底案例，因此北向资金的动向也被视为普通投资者的良好参考。连续流入说明北向资金对A股市场的某只股票或者板块有强烈的买入兴趣，认为其具有较高的投资价值，这有助于我们跟随着"上车"，等待后续资金的进入和股价的拉升。

投资者可以关注北向资金的流向和规模，以及其投资的股票品种和行业分布，以寻找具有较高投资价值的股票和行业。同时，需要注意风险控制，因为北向资金也有做错的时候，我们一定要在"抄作业"的同时保持一定程度的独立思考。

通过筛选，我们发现了2023年3月17日同时满足以上三个条件的个股——华数传媒（股票代码：000156），其已经处于上升通道的中期，后续开启了一轮稍显曲折的上升通道，在30个交易日内上涨了18.04%，一年能抓住这一轮也足够了，如图15-30所示。

图15-30

15.2.6　低位选股法

很多投资者都喜欢进行抄底操作，希望能在股票处于最底部的时候买入，从而获得最大的利益，但现实总是很残酷，很多股票是底下还有底、深不见底，一旦选中这样的股票，投资者很容易深陷底部出不来。因此，进行抄底操作时，在选股方面需要做足功课，找到真正具有反转趋势的股票，成功率才会高。下面介绍一种成功率较高的低位选股法，该方法结合了技术面和基本面的条件，可以大大降低投资风险。以下是具体的选股条件。

条件一：低估值。

低估值可能是由于市场对该股票的评估不准确、缺乏足够的信息，或者公司处于困境等原因造成的，通常被认为是潜在的投资机会，因为如果市场价格最终回归到其内在价值，那么投资者将获得较高的回报。然而，需要注意的是，低估值并不一定意味着股价一定会上涨，投资者需要对公司的基本面和市场环境进行深入分析。

在选股时，投资者可以通过比较股票的价格和公司的内在价值来筛选低估值股票。最重要的是需要密切关注市场动态和公司业绩，以便及时做出买卖决策。

条件二：圆弧底。

在第6章我们已经详细介绍过圆弧底形态了，它是一种技术分析中常见的底部反转形态，其形状类似于一个圆弧。在股价下跌的过程中，圆弧底的左半部分通常是下降趋势中的一轮平缓阴跌趋势，而右半部分则是一轮较为陡峭的上升趋势。

圆弧底的出现通常意味着市场正在经历一轮从卖方主导转向买方主导的过程。当股价跌至圆弧底的最低点时，往往是卖方力量逐渐耗尽，而买方开始逐渐占据主导地位的时刻。因此，圆弧底被视为一种较为可靠的反转形态。

在实战中，投资者可以在圆弧底形态出现后适当买入该股票，但一定要结合其他信号，综合判断最低点，否则很有可能"抄底抄在半山腰"。

条件三：三连阳。

三连阳是指股票连续三个交易日收盘价高于开盘价，我们前面提到的"红三兵"K线组合就是三连阳的一种，这是一种强势上涨的信号。

三连阳通常意味着股票受到买方力量的强劲推动，市场情绪较为积极，后市上涨的概率较大。这种形态的出现往往预示着股价即将进入上升通道。

在实战中，投资者可以在三连阳形态出现后择时买入该股票。然而，对于三连阳的应用需要根据市场环境、个股走势和技术分析方法进行综合判断，不可盲目跟风买入。特别是需要留意庄家或主力的炒作意图及消息面的影响，做好风险管理控制措施，一旦题材退潮要及时撤出。

条件四：连续放量上涨。

连续放量上涨是指股票成交量持续放大并且股价呈现上涨趋势的情形，也就是我们在第10章中提到的"量增价涨"形态，表明随着交易量的增加，买方力量不断增强，处于其中的资金合理推动这只个股的上涨。

连续放量上涨也通常被视为市场对股票的认可和追捧的表现，也可能是公司基本面转好或有利消息的发布等因素所致。这种情形往往预示着股价有望继续上涨，市场趋势较为乐观。

在实战中，投资者可以在连续放量上涨的初期适当买入该股票。需要注意的是，这种形态的应用也需要结合原因去分析，搞清楚是因为业绩提升还是题材炒作导致的连续放量上涨，毕竟两种情况的处理方式截然不同。

综合以上四个条件，投资者可以使用问财或条件选股等选股功能，筛选出被低估、已经开始处于上升趋势，且被资金看好的短线强势股，如图15-31所示（需要注意的是，有时候市场中并没有符合条件的股票）。不过仍需要做好风险管控，毕竟低估值股是庄家最喜欢炒作的一种股票，投资者应该密切留意主力的动向和消息面的动态，及时止盈止损。

图15-31

15.2.7 反转抄底选股法

这里再介绍一种依靠技术形态进行判断的抄底选股方法。主要的选股条件有三个：金针探底形态、MACD金叉和放量上涨。

金针探底是一种较为常见的K线形态，通常出现在股价下跌趋势中。其特点是K线实体较小，且下影线较长。这条下影线有时几乎触及或穿透前一交易日的收盘价，形成一种金针状图形，如图15-32所示。

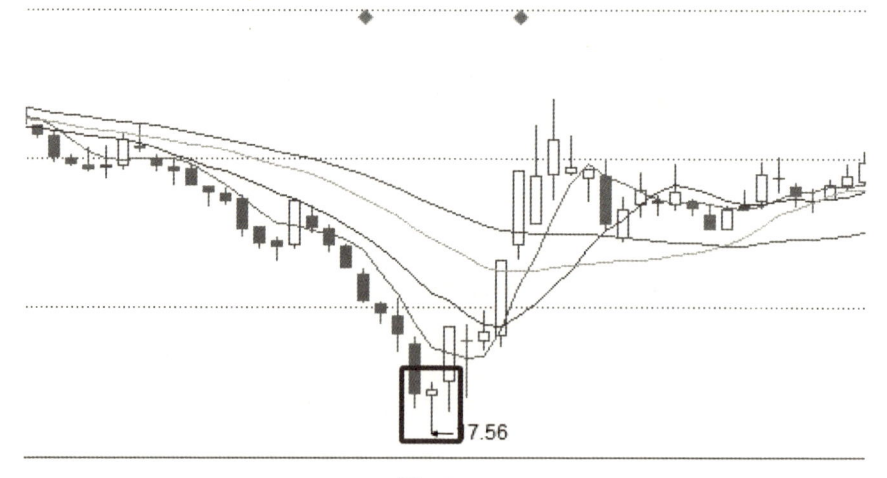

图15-32

金针探底形态的出现，通常表示在某一时间段内，卖方力量暂时主导，导致股价下跌。但随后，由于买方开始进入市场，股价出现反弹，形成了长长的下影线。该形态通常被认为是下跌趋势减弱的信号。

当某只股票在近期出现金针探底的形态时，有一定概率是股价达到底部的信号，表明这个位置买方力量正在逐渐增强并占据主导地位。但只看这一个指标判断容易"抄底抄在半山腰",或者提前买入遭受震荡洗盘。

因此,我们还要结合其他技术分析方法进行综合判断,比如放量上涨和MACD指标的金叉信号。尤其是放量上涨,意味着有大量的买单在推动股价上涨。

成交量是反映市场活跃度和真实交易量的重要指标。当成交量放大时,通常意味着有更多的投资者在积极参与交易。因此,放量上涨通常被认为是市场趋势更为强劲、更具有持续性的信号。

当一只股票在某天或某段时间内出现明显的放量上涨时,可能意味着该股票受到了市场的关注和追捧,有新资金和新的投资者进入,推动股价和成交量齐升,非常适合做周期波段投资,这也是趋势股的初期信号之一。

同样,MACD金叉是股价上涨的信号,前面已有阐述,在此不再赘述。

接下来我们看一个实际案例,如图15-33所示,浩欧博(股票代码:688656)在2023年8月22日出现金针探底,同时也出现了放量上涨和MACD金叉,加上前期漫长的调整基本已经到位,随后开启了一轮上涨,股价一路从32.06元/股上涨至41.23元/股,在该上升通道内的涨幅高达28.6%。

图15-33

15.2.8 机构资金跟随选股法

与普通投资者(散户)相比,机构拥有专业的投研团队和丰富的市场经验,因此他们的投资决策更加科学,具有很好的参考价值。这里介绍一种机构资金跟随选股法,供投资者参考。

该选股方法包含三个选股条件。

条件一:北向资金连续3天流入。

我们都知道北向资金被称为"聪明资金"，其买入股票多半是比较有把握的，如果北向资金连续3天净买入一只股票，因其基本都经过了大量调研，我们可以当作一种良好的参考。

条件二：机构上调评级。

机构评级是指各大机构对上市公司投资价值的评估。这些机构包括证券公司、基金公司等。当机构上调某只股票的评级时，意味着机构经过近期对该公司的经营层面的调研，发现该公司的发展潜力有一定提升，未来的预期投资收益放大，因此上调了评级。这也是一个很好的参考因素。

条件三：散户数量大幅下降。

散户数量是指市场中个人投资者的数量，个人投资者的买卖行为往往较为短期化和情绪化。比如一只股票当天出现了利空消息，散户数量可能就会大幅下降，但与之对应的就是主力占比的提升。这有可能是主力趁情绪退潮、散户交出筹码时进行吸筹，等待后续的拉升。

如图15-34所示，在问财内输入问句"北向资金连续3天流入，机构上调评级，散户数量大幅下降"，发送后就能选出当天符合条件的标的，不过需要注意的是，机构上调评级的时间不一定是当天，可以点击股票列表的"研报日期"表头，然后挑选日期尽可能比较近的个股。

15.2.9 叠加指标选股法

利用单一指标选股是不可靠的，有时主力或庄家会利用手中的筹码"制造"指标形态，但如果投资者可以同时使用2~4个技术指标进行选股，就会大大提升成功率。

接下来我们介绍两种叠加指标选股法供大家参考，一种是叠加技术指标，另一种是叠加资金指标。

叠加技术指标选股法的选股条件主要包含三种技术形态。

第一，股票处于上升通道中。前面我们提到过，上升通道是指股价在一个相对狭窄的区间内波动，呈现出明显的上升趋势。

第二，均线多头排列。这和前面提到的"均线向上""多头均线"一样，代表了该股票的均线全部呈向上趋势，而且符合短

图15-34

期趋势线在上、中长期趋势线在下的特征，说明这只股票的短中长期资金一致看多，一旦有热点或者持续性题材，股票的爆发力度要远强于其他股票。

第三，量价齐升。这也就是前面提到的"放量上涨"，这种形态表明市场或单只股票在大量买入盘的推动下上涨，显示市场或股票的上涨动力充足，后市可能继续保持强势。

如图15-35所示，投资者在问财中输入以上三个条件，就可以叠加3个技术指标选出相符合的股票了。

接下来再介绍一种叠加资金指标的选股方法，该方法有两个选股条件。

第一，游资流入。

游资是市场中的热钱，其一举一动都值得我们普通投资者去思考，当天游资大幅买入了哪些股票，也能在一定程度上反映出股票的次日趋势。

第二，尾盘主力大幅流入。

尾盘选股法是较为经典的选股方法，其大致逻辑是在收盘前的30分钟内，由于股票当天的趋势已基本明了，投资者可选择当天处于上升趋势，而且持续有大单买入的强势股，待次日早盘冲高然后高位卖出。这种方法可大幅度增加投资者的资金流动性，降低风险。在这里，我们只需要通过条件筛选挑出尾盘有哪些股票被主力大幅买入即可。

结合以上两个条件，在问财内输入问句"游资流入；尾盘主力大幅流入"，发送后就能找到这两股资金同时看好的股票了，如图15-36所示。

图15-35

图15-36

15.2.10　规避主力陷阱选股法

在炒股时，有时候我们会发现观察了许久的标的出现了明显的买入信号，果断出手后才发现是中了主力的"圈套"。这里提供一种最大程度上规避主力陷阱的选股方法，供投资者参考。

条件一：成交量持续上升。

很多投资者尤其是投资新手都不会看成交量，一看到某个指标的上涨信号，就立马入市，结果就是高位接盘。对于投资者来说，最好选择那种成交量持续上升的股票。

可能有的人会说，也可以选择缩量上涨的股票。这句话本身是没什么问题的，但是它需要满足一定条件，比如该个股处于牛市行情之中，所有人一致看多，或者主力掌握大部分筹码，高度控盘，只需少部分资金就能轻松拉动——但是，一旦哪天出现巨量成交，就是主力出货的开始。除了这两种情况，大部分情况下，投资者还是选择成交量持续上升的股票更加稳健，因为这说明市场对这只股票还是认可的，而一只股票如果成交量忽上忽下，多半是主力在操作，应该谨慎对待。

条件二：量价齐升。

通常情况下，成交量和股价之间的关系是：当股价降低时，成交量会增加，即多方抛售而空方囤积；股价上涨时，成交量会减少，空方迅速减仓而多方囤积。而量价齐升现象就体现在：股价上涨时成交量随之增加，空方投资者也见好就收；股价下跌时成交量不受影响，甚至能够出现一定程度的增量，多方投资者还有一定的信心，争相购买，与空方形成对抗。量价齐升的核心意义在于，显示出单只股票的价格是因主动买盘而上涨的，较为健康。

条件三：主力大幅流入。

如果单看这个指标来判断主力意图的话，说服力会比较弱，毕竟主力有很多方法可以制造出主力资金大幅流入的假象，但如果我们把它作为上面两个指标的辅助判断指标，就能起到更好的参考作用。

条件四：筹码结构。

我们需要关注个股的获利筹码比例，获利筹码是指当前股价高于买入价的筹码，表示投资者在股票交易中已经赚钱的那部分股票。如果一只股票的获利筹码比例为100%，说明该股的所有持有者的所有持有部分都是赚钱的，散户会变得格外警惕，看到任何消息都会觉得是利空信号而赶紧抛售，而主力也会有更多操作空间来震荡洗盘。因此，我们要避开那些获利筹码比例为100%的股票，但获利筹码比例也不能太低，否则抛压太重，股价的上涨压力会非常大，获利筹码比例＞70%才比较合适。

综合以上四个条件，就得到了"成交量持续上升，量价齐升，主力资金大幅流入，收盘获利＞70%且小于100%"的选股问句，使用问财可获得相应的选股结果，如图15-37所示。

图 15-37

这一章中我们介绍了诸多短线选股方法，它们由不同的指标和问句组成，投资者可以根据自己所看重的要素，重新进行排列组织，生成适合自己的选股方法。

最后还要强调一下，正确的选股策略只是增大了选股的成功概率，但炒股最关键的要素还是靠自己根据市场行情变化做出正确的判断。

同花顺炒股小妙招：使用回测功能检测选股策略成功率

现在市面上有林林总总不下一千种选股方法，对于投资者来说，如何来判断这些选股方法的正确性呢？这里有个小妙招，可以根据历史数据帮助投资者检测选股策略的成功率，具有相当高的参考性。

打开同花顺PC版客户端，点击工具栏的"选股"按钮，进入问财页面，如图15-38所示。

点击"策略回测"按钮，即可进入同花顺旗下的量化策略平台，选择"回测一下"按钮，就可以开始对选股策略进行回测了，如图15-39所示。

图15-38

图15-39

投资者只需要输入想要回测的问句、持股周期、历史时间区间，点击"开始回测"按钮，就可以得到该选股策略在所选历史时间区间内的一些信息。例如，我们对"蒸蒸日上选股法"进行回测，得到图15-40中的回测结果。

可以看到，在2023年，该策略对应的持股30天上涨概率达到了60.28%，且平均涨跌幅高达8.19%。这说明在2023年使用该策略选股的话，成功率不低，收益也不错。

请输入您想要回测的问句：

高股息；利润连续5年增长；多头均线；低估值

输入您想回测的持股周期：

1,2,3,4,5,10,15,20,30　天

选择您想回测的时间区间：

2023-01-01　至　2023-12-31　　　　　　　　　　　　　回测运行完成！

系统对您语句解析后，以下列条件进行回测

| 股息率(股票获利率)>1.5% | 连续5年的归属于母公司所有者的净利润同比增长值>0 | 2024年02月02日均线多头排列 | 低估值 |

报告评级

历史发生次数　　最优平均涨跌幅　　　　　　　　最大上涨概率

1146次　　回测持股周期 **30** 天,平均涨跌幅 **8.19%**　　回测持股周期 **30** 天,上涨概率 **60.28%**

图15-40

当投资者制定了自己的选股策略后，可以使用该功能进行回测和验证，虽然回测结果是基于历史数据而得出的，却也能为投资者提供重要参考。譬如一个选股策略的回测成功率非常低，那么该选股策略可能本身就是有问题的，投资者可以依据回测结论，进行策略的调整。

第 16 章
同花顺炒股实战技巧

炒股没有绝对正确的方法或者路径，每个人都需要根据自己的情况选择合适的炒股方法。下面结合同花顺软件的功能，介绍一些可用于实战的炒股技巧，供读者参考。

16.1 筹码分布实战技巧

股票筹码分布是指股票市场中投资者所持有的股价和数量的分布情况，它反映了市场参与者在不同价格水平上持有的股票数量，可以影响市场供求关系和股价的走势。股票筹码分布的本质是多空力量的平衡情况和市场情绪的变化。

筹码分布有两种呈现形式，分别为筹码分布图和火焰山图（又称远期成本分布图）。筹码分布图由水平的柱状条构成，其中蓝色柱状条代表着高于收盘价的套牢盘筹码（即持仓成本高于当前收盘价，处于套牢状态），红色柱状条代表着低于收盘价的获利盘筹码（即持仓成本低于当前收盘价，处于获利状态），白色线或黑色线则代表着所有筹码的平均成本，如图16-1所示。

在图例处，套牢比例和获利比例代表了当日收盘时的套牢盘和获利盘，90%筹码区间指90%筹码所在的价格区间，在图例中以灰色矩形框表示，集中度则表示90%筹码的集中程度，其计算方法为：集中度=（筹码区间的最高价格－最低价格）/（最高价格+最低价格），集中度的数值越低，表明筹码越集中，反之亦然。70%筹码区间集中度类似，在图例中以黄色矩形框表示。而区间重合度指70%筹码区间占90%筹码区间的比例，重合度越高，代表筹码越集中。

由于柱状的筹码分布图只提供了不同价位投资者的持股数量，无法呈现筹码与时间的关系，于是火焰山图应运而生，它引入了远期成本分布的概念，通过不同颜色来区别不同时间的筹码，因此又被称为远期成本分布图，也是筹码分布图的一种。

如图16-2所示，火焰山图显示在K线图窗口的右侧，显示了N日前建仓的筹码，显示的色彩由红色到黄色，周期越短，颜色越红，周期越长，颜色越黄。需要特别指出的是，由于各个时间段筹码叠加的原因，其色彩图也是叠加的，火焰山图的默认叠加规则是长周期在上方，短周期在下方，而柱状图则代表当天的筹码分布。

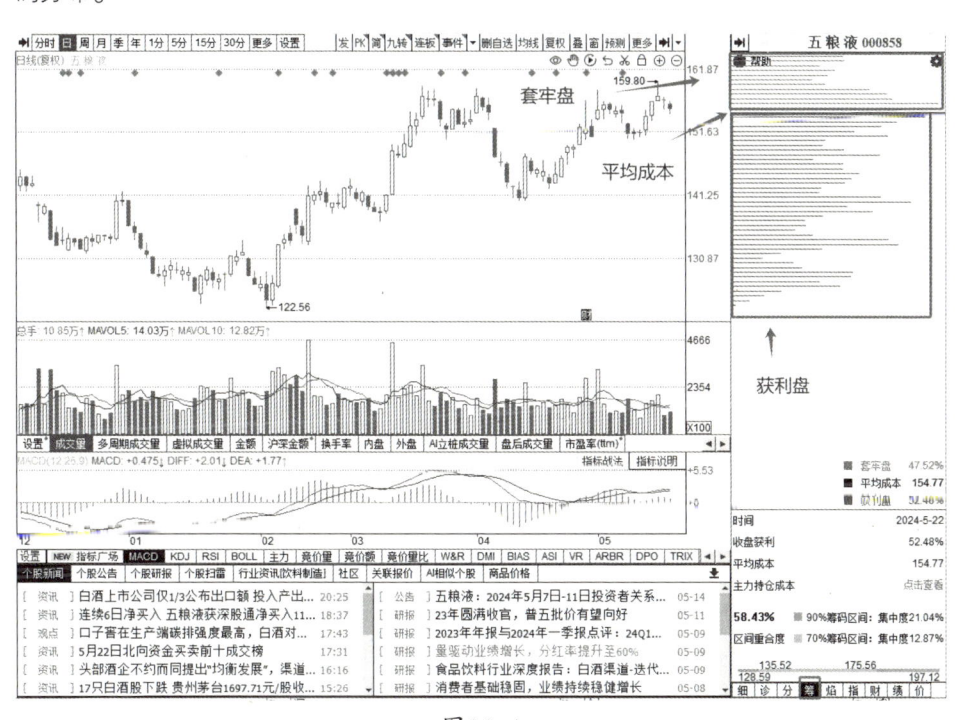

图16-1

图16-2

筹码的运动伴随着筹码的密集与发散，筹码密集就形成峰，而在峰与峰之间，则形成了谷。在筹码分布图中，筹码的密集、发散、峰、谷是典型的四种形态，我们在研究筹码分布时，主要通过在不同价格区间的密集程度和分布变化，来推测市场主力（如机构投资者）的持仓成本、市场供需关系及潜在的支撑位与压力位。

接下来，我们总结了几种筹码应用的常见形态以及其所代表的含义，供投资者参考。

> **Tips** 筹码分布图来源于筹码理论，这是一种独特的股票市场分析方法，它关注的是投资者在不同价位持有的股票成本分布情况。通过分析流通筹码在不同价格区间的密集程度和分布变化，来推测市场主力（如机构投资者）的持仓成本、市场供需关系及潜在的支撑位与压力位。筹码理论帮助投资者理解股票的供需动态，从而预测股价走势，为交易决策提供依据。该理论利用筹码分布图直观展示，让投资者能更容易地把握市场中其他参与者的成本状态，以及市场情绪和潜在的转折点。值得一提的是，筹码理论是由国内学者提出的股市技术分析理论。

16.1.1　低位单峰密集形态

低位单峰密集形态是指筹码分布在某个低位区域形成高度密集的形态，由于股价不断下跌，在高位被套牢的筹码不断割肉，同时下跌过程中抄底的筹码也不断割肉，筹码不断向下移动，达到一定的价格区域后被多方承接，形成一个密集成交区。简单来说，股价经过一轮长时间、大幅度的下跌后，在底部整理时形成了低位单峰密集形态。

低位单峰密集的时间越长，行情暴发的可能性越大，力度越强。一旦股价放量突破单峰密集，投资者可以积极介入。

如图16-3所示，肯特股份（股票代码：301591）自2024年2月8日上市以来，经历了一轮长时间、大幅度的下跌行情，并在底部盘整至5月15日，此时筹码大部分集中在底部，并形成了低位单峰密集形态，投资者可以保持关注，此后两个交易日（5月16日、17日），该股股价放量上涨，且突破了低位单峰密集，说明新一轮上涨行情即可开始，此时投资者可以积极介入。

16.1.2　高位单峰密集形态

高位单峰密集是指筹码分布在某个高位区域形成高度密集的形态。由于股价大幅上涨，在低位进场的交易者在高位获利兑现，而上涨过程中追涨的交易者也获利兑现，同时在高位继续看多的交易者承接了这些获利筹码，形成了一个高位密集成交区。简单来说，即经过一轮较长时间、较大涨幅的上涨行情后，投资者的筹码成本不断抬高，低位单峰密集消除，并在股价顶部形成了高位单峰密集形态。

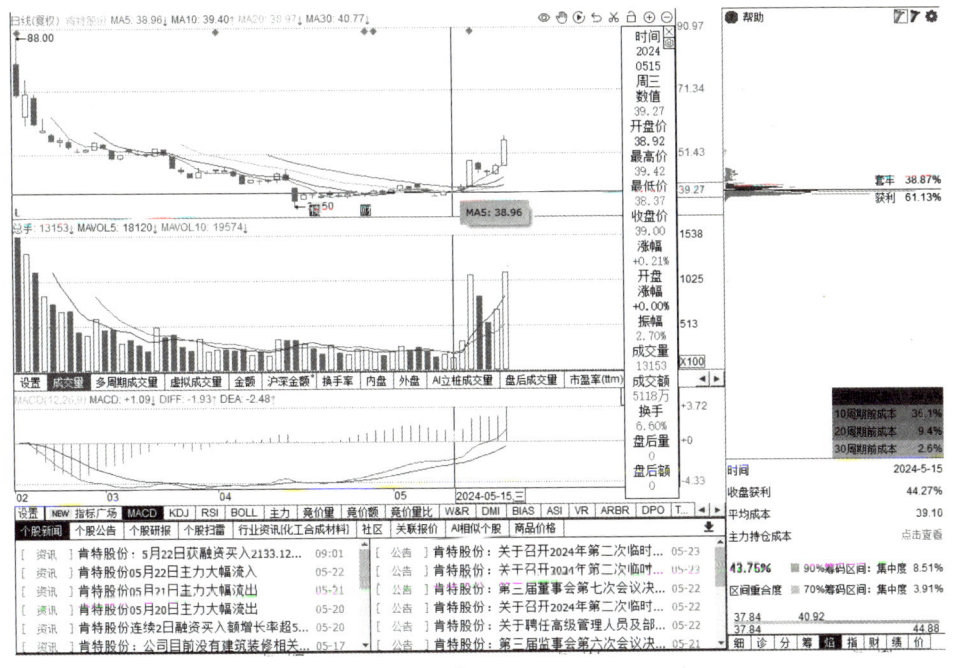

图16-3

高位单峰密集形态有两种可能，一种是股价再次放量突破高位峰密集，创出近期历史新高。例如图16-4中，昀家科技（股票代码：688260）在经过一轮上涨之后，更长周期的筹码已经纷纷离场，而近期筹码在股价阶段性高位形成了高位单峰密集形态。2024年3月11日，该股股价重新放量上涨，股票收盘价突破了高位单峰密集，且重新回到5日均线之上，说明上涨动能依然强劲，股价有望继续上涨，此时投资者可以适当加码进场。

另一种是股价跌破高位单峰密集，说明行情已经见顶，趋势开始由升转跌。

如图16-5所示，高新发展（股票代码：000628）在经过前期一轮长时间、大幅度的上涨行情后，进入高位盘整阶段，此时获利盘开始兑现离场了（10周期以上的成本已经没有了），新进入的投资者则在高位接盘，形成了高位单峰密集，在2024年3月27日，股价突破下跌并跌破了高位单峰密集，同时向下突破了10日、20日、30日均线，说明行情已经发生反转，下跌趋势不可避免，此时投资者应该尽快出货离场。

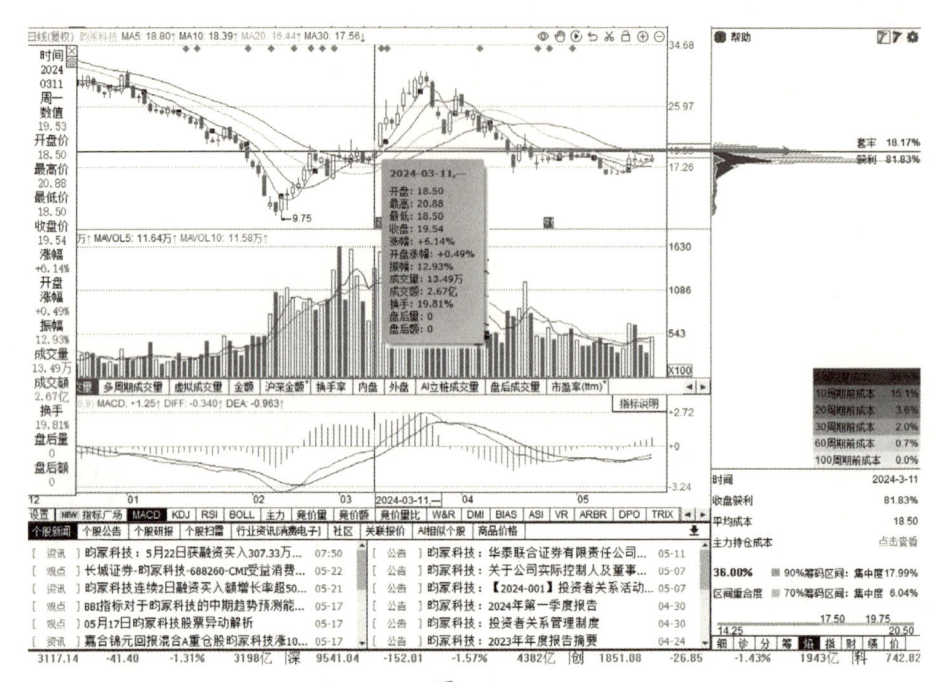

图16-4

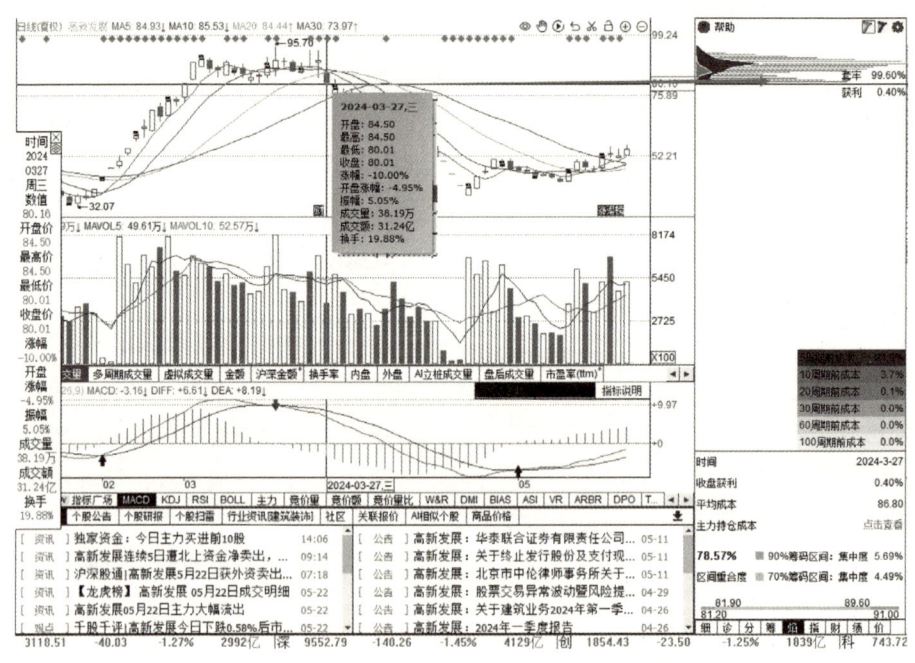

图16-5

16.1.3　上涨多峰密集形态

多峰密集是指股票筹码分布在两个及两个以上价格区域，形成了两个及两个以上密集峰的形态。根据筹码分布的高低，密集峰又可分为上密集峰、中密集峰、下密集峰。根据股票行情的不同，又分为上涨多峰密集和下跌多峰密集。

上涨多峰密集是筹码从低位单峰密集向上运动时，形成的两个或两个以上密集峰的形态，在筹码分布上呈现出多个成交密集区。

通常来说，在上涨行情中出现多峰密集形态，说明交投活跃，股价有望继续上涨，是看涨信号。其中，上涨多峰密集形态中的下密集峰通常为吸筹峰，是股价经过一轮下跌后所形成的低位单峰密集。中密集峰则是上涨行情延续的重要表现，股价经过一段时间的上涨后进入盘整阶段，于是下密集峰筹码在此换手，形成了中密集峰，但此处的换手并不充分，下密集峰仍保留着大量的筹码，形成了两峰共存的形态。上密集峰通常为换手峰，是经过一轮涨幅后股价震荡所形成的相对高位的单峰密集。需要注意的是，如果在新密集峰增大的同时，原密集峰迅速减小，投资者宜出局观望。

如图16-6所示，羚锐制药（股票代码：600285）在2024年2月6日突破低位单峰密集后，开始了一轮上涨行情，此时投资者可以积极进场建仓。

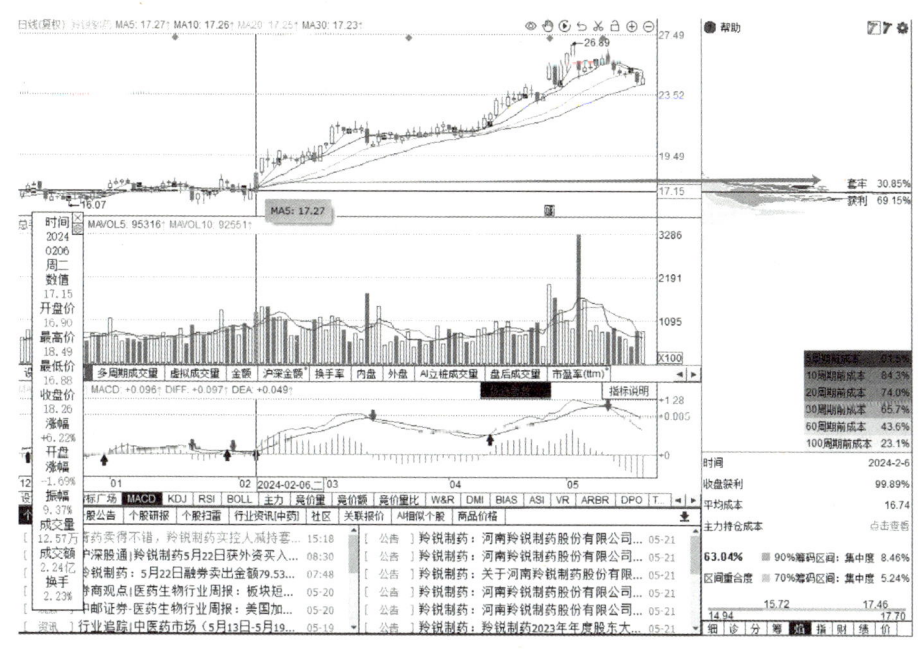

图16-6

在拉升途中，该股于3月初至4月初进行了一轮横盘整理，并形成了中密集峰，同时下密集峰并没有明显减小，形成了上涨双峰密集形态。接着股价在4月11日突破了中密集峰，表明此时上涨行情还将持续，投资者可以适当加仓或继续持股待涨，如图16-7所示。

突破了中密集峰之后，该股股价一路上扬，并在5月6日至16日进入高位盘整阶段，形成了相对高位的上密集峰，此时筹码图中呈现出多峰并立的形态（见图

16-8），投资者需要密切关注原有密集峰是否明显减小，一旦发现原有密集峰迅速减小甚至形成了高位单峰密集形态，投资者应该离场观望。

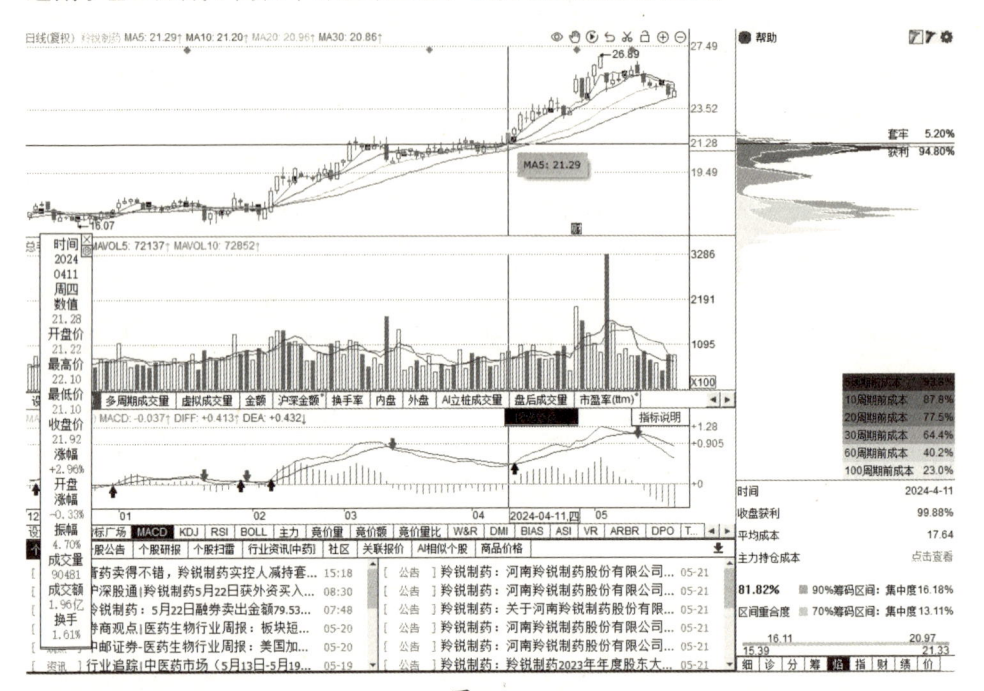

图16-7

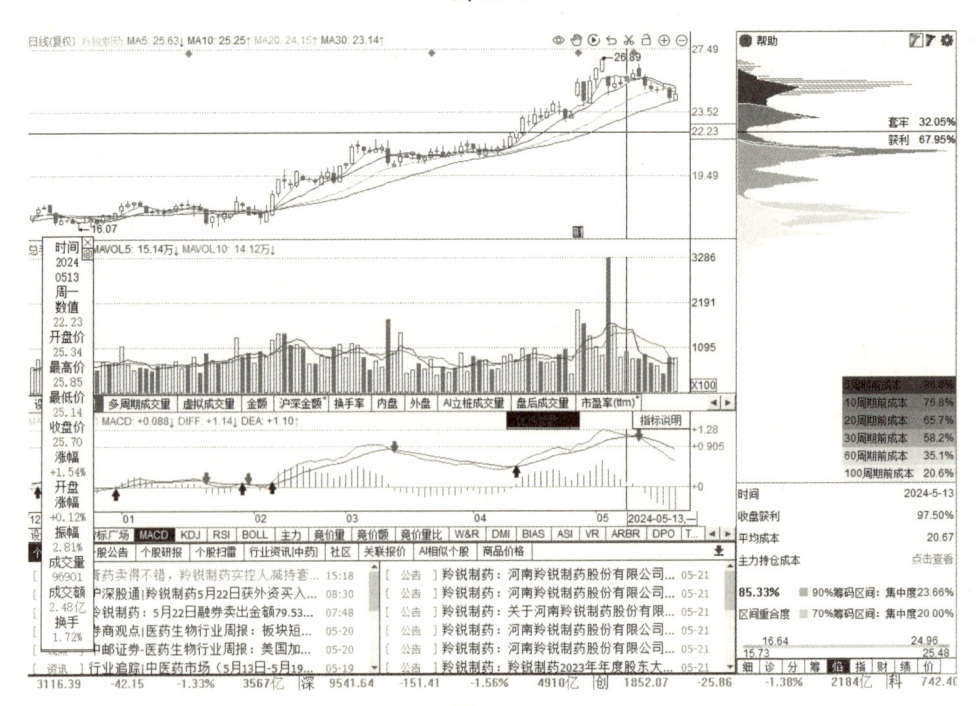

图16-8

> **Tips** 需要注意的是，无论是上涨行情中还是下跌行情中，中密集峰不一定出现，多峰密集形态中最典型的是双峰密集。

16.1.4　下跌多峰密集形态

　　下跌多峰密集是筹码从高位单峰密集向下运动时，形成的两个或两个以上密集峰的形态，在筹码分布上表现出多个成交密集区。下跌多峰密集形成的次序与上涨多峰密集刚好相反，依次为上密集峰、中密集峰、下密集峰。

　　通常来说，在下跌行情中，上密集峰为套牢峰，是股价经过一轮上涨所形成的高位单峰密集形态，在上密集峰的筹码是上涨行情结束时的最后进场者。中密集峰是下跌行情延续的重要表现，股价经过一轮下跌后，高位密集峰的套牢者不断割肉出局，完成部分换手，而新的进场者则积极抄底，承接高位的套牢筹码，形成了中密集峰，但此处的换手并不充分，上密集峰仍保留着大量的筹码，形成了两峰共存的形态。下密集峰通常为换手峰，是股价经过大幅下跌后震荡整理所形成的相对低位单峰密集。由此可见，在下跌行情中，中密集峰和下密集峰都是支撑峰。

　　如图16-9所示，杰华特（股票代码：688141）在经过高位盘整后，形成了高位单峰密集，并在2023年12月21日跌破高位单峰密集，形成了一轮下跌趋势，高位单峰密集变成了下跌行情中的上密集峰。

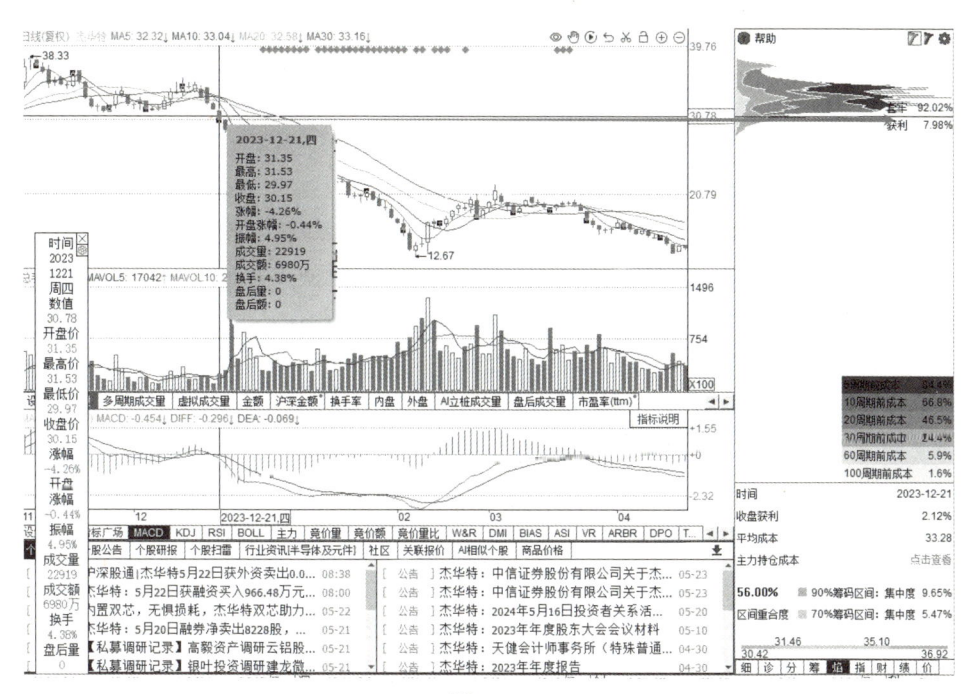

图16-9

在经过一段时间的下跌后，该股的高位套牢盘开始割肉出局，而投资新手积极"抄底"，于是该股在2024年1月份形成了中密集峰，并且不断扩大，同时上密集峰明显缩小。不过由于上密集峰并未完全消失，因此股价跌破中密集峰，继续维持下跌趋势，并在2月5日达到历史低位，如图16-10所示。此时中密集峰已经达到极致，不再放大，且套牢盘已经达到了97.8%，已经没有投资者敢继续抄底了。

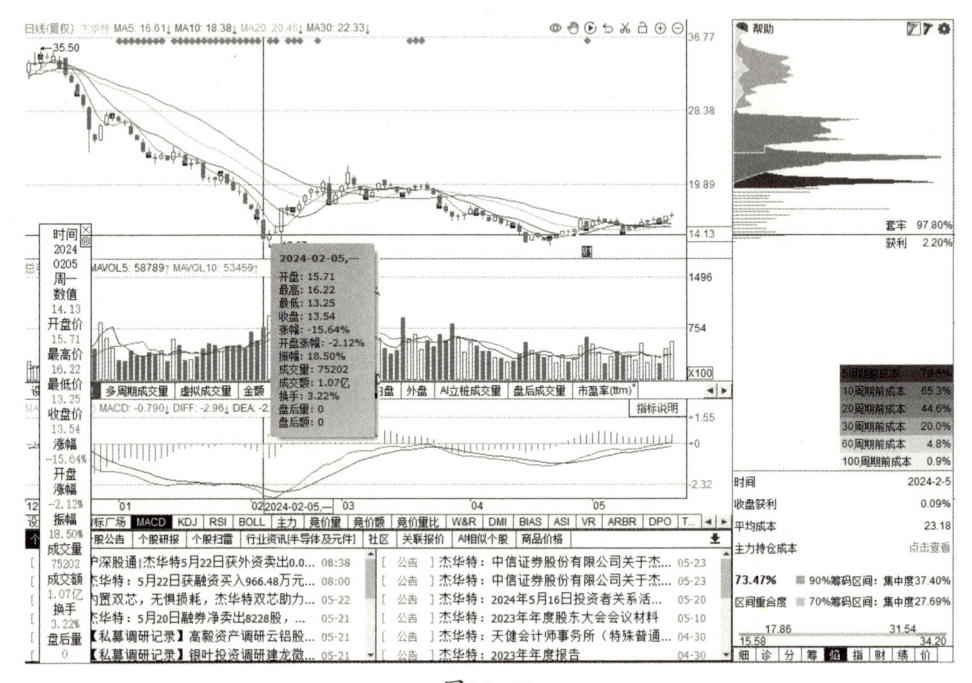

图16-10

在创下新低后，伴随着成交量的放大，该股股价开始反弹，有可能是庄家已经开始入场拉升股价以解套。在反弹过程中，上密集峰和中密集峰的筹码开始在此处脱手，形成了下密集峰。可以看到在3月4日这一天，上密集峰和下密集峰比之前已经明显缩小，而下密集峰不断增大，如图16-11所示。值得注意的是，由于此时上密集峰并未完全消失，且中密集峰仍然处于套牢盘中，抛压依然存在，股价的反弹行情受到压制，下跌行情并未结束，投资者需要谨慎行事，不可盲目抄底。有句话叫"上峰不死，下跌不止"，即是说在下跌行情里，如果上密集峰没有被充分消耗，并在低位形成新的单峰密集形态，股价的下跌趋势就不会停止，更不会有新一轮行情的产生。

到了5月23日，上密集峰几乎消失，中密集峰也大大缩小（见图16-12），说明卖盘压力较小，并开始形成了低位单峰密集形态，说明股价已经下探至底部，此时投资者可以择机建仓，等待下一轮行情的到来。

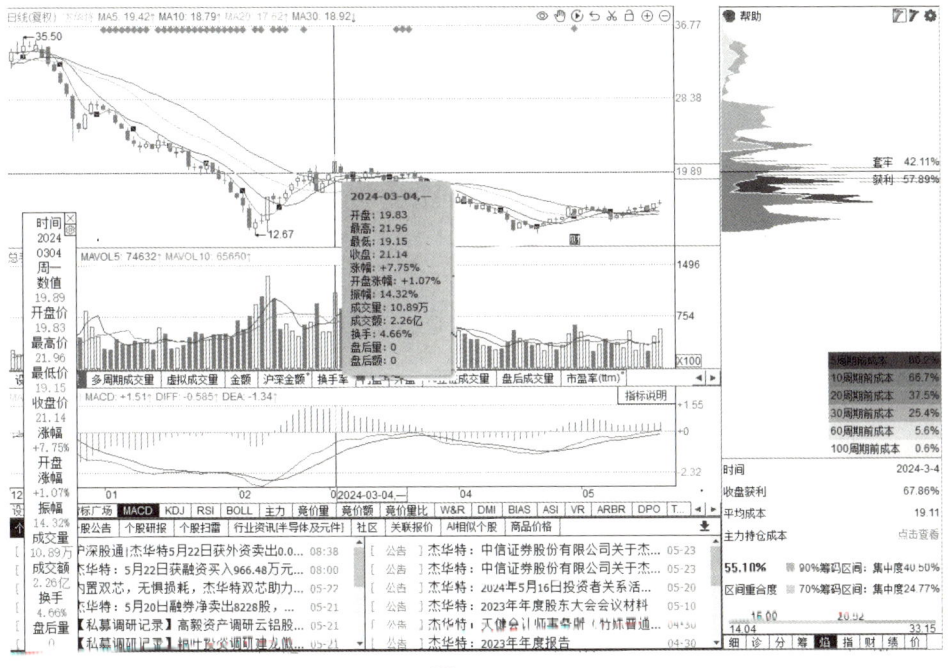

图16-11

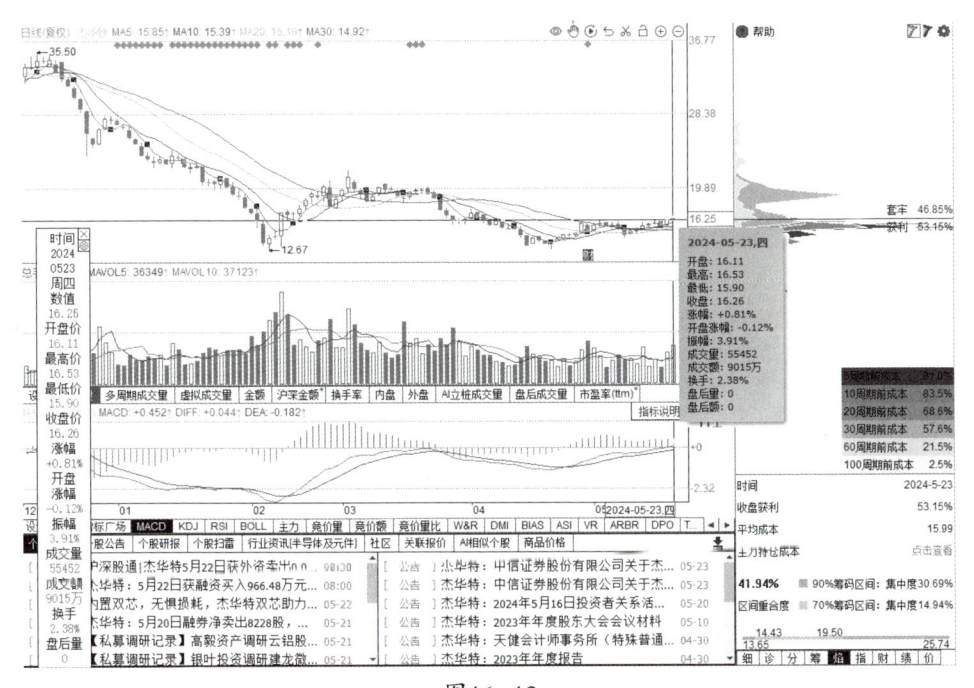

图16-12

以上我们介绍了一些常见的筹码分布形态及其实战技巧，但需要注意的是，虽然筹码理论和分析技术能够直观有效地看清市场中的成本分布，识别出主力的持仓成本与市场供需关系，但由于市场行情变化的不确定性，投资者还应结合基本面分析、市场情绪等因素进行综合判断。此外，筹码分布的变化通常较为缓慢，短期的市场交易对分布图的影响有限，这意味着筹码分布图更适用于中长线投资策略。

> **Tips** 识别主力筹码的三个小技巧（并不绝对，仅供参考）：
> 1. 获利30%以上不抛的筹码是主力筹码，散户很难做到获利30%仍然持有筹码。
> 2. 横盘时稳如泰山的是主力筹码。
> 3. 解套后仍然不卖的是主力筹码。

16.2 九转指标核心使用战法

九转指标思想来源于技术分析领域著名大师汤姆·狄马克的TD序列，其核心功能为发现当前股价走势的拐点，提高逃顶、抄底的成功率。同花顺问财大数据回测显示，九转指标基于个股逃顶和抄底的成功率为68.6%，基于指数逃顶和抄底的成功率为75.6%。

16.2.1 九转指标的逻辑原理

九转指标的核心观点认为，当个股或指数连续9日收盘价高于（低于）4日前的收盘价，形成九转结构（序列）时，其走势可能发生转向。因此，九转指标规定，当股价在上涨（下跌）过程中连续9日达到触发条件时，会生成数列1、2、3、4、5、6、7、8、9，数列会依次标注在当日K线上方（下方）。在同花顺软件中，只有当股价连续第6日达到触发条件时，九转指标的数列才开始进行显示，依次显示1、2、3、4、5、6，当第7日依然达到触发条件时则显示7，如第7日未达到触发条件则前面6日的序号消失。第8日同第7日的显示逻辑一样。当第9日依然达到触发条件时，便形成了一个九转结构（序列）。而当第9日未达到触发条件时则前面8日的序号消失，九转结构不成立。

股价上涨过程中形成的九转结构称为上升九转结构，而股价下跌过程中形成的九转结构则称为下跌九转结构，它们通常被视为卖出信号和买入信号。

同花顺软件中的"九转指标"功能，是内嵌在个股或指数的分时图和K线图中的，位于分时图或K线图的右上角，投资者点击"九转"按钮，即可使用该功能，如图16-13所示。

16.2.2 九转指标的逃顶和抄底实战

九转指标最核心的用法就是帮助投资者有效地逃离股票的顶部区域，精准把握股票的底部机会。

图16-13

当股价在运行过程中出现上升九转结构时，股价往往位于顶部反转区域，个股大概率面临反转下跌的风险，此时投资者应降低仓位以规避风险。而当股价出现下跌九转结构时，股价往往处于底部反转区域，个股大概率开启止跌反弹的走势，此时投资者可考虑建仓或加重仓位来获取股价拉升带来的超额利润。

如图16-14所示，在华策影视（股票代码：300133）2024年2月至5月的走势图中，出现了两次上升九转结构，且两次都准确预测了高点。如在经历一轮急速上涨后，该股于3月22日第一次形成上升九转结构，此时股价达到了阶段性高点11.06元/股，说明该股短期顶部风险加剧，大概率面临反转，下一个交易日（3月25日）果然拉出一根阴线，形成了倾盆大雨的K线组合，说明股价已经见顶，投资者应考虑卖出。接下来在4月16日和5月7日，该股分别形成了一个下跌九转结构和上升九转结构，且之后股价走势完美印证了九转指标的预测功能，投资者可以参考九转指标的买卖信号进行投资。

除了逃顶之外，九转指标也可以用在下跌行情中，帮助投资者判断底部买入时机。如图16-15所示，安居宝（股票代码：300155）在2024年1月底至2月初经历了一轮下跌行情，并形成了下跌九转结构，且9的数字出现在了一根中阳线上，说明此时多方力量已经开始发力，股价已经见底，投资者此时可以适当买入，把握抄底机会。之后出现的一轮上涨行情走势也证明了九转指标的准确性。

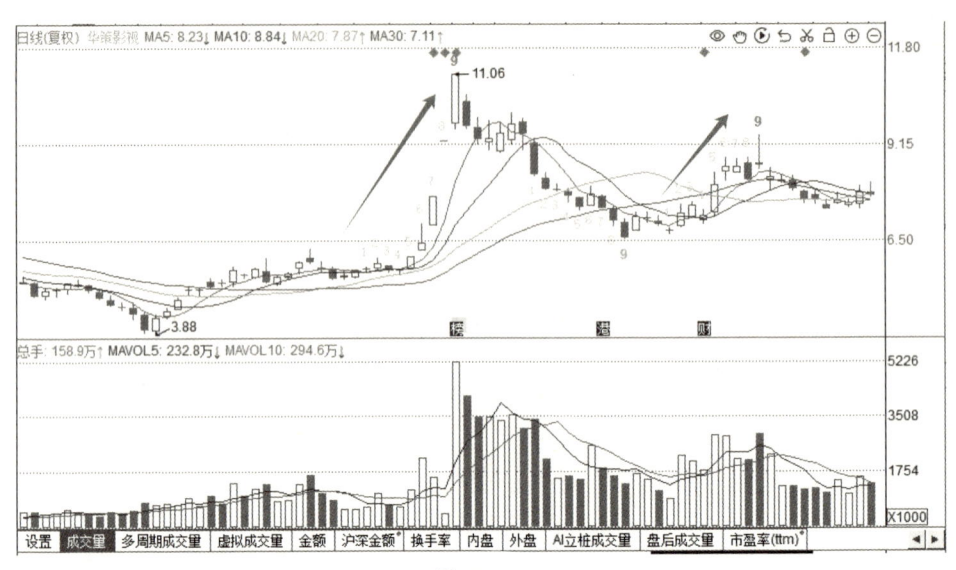

图16-14

图16-15

16.2.3 九转指标的个股波段操作

　　九转指标不仅能够对指数及个股行情进行研判,帮助我们在合适的时候建仓和离场,更能够帮助我们对个股进行波段操作。通过九转指标与其他技术指标的相互印证,投资者可以完美把握个股波段的买卖点。

　　图16-16为歌尔股份(股票代码:002241)的股价走势图,其在2024年一季度出现了两个下跌九转结构,每一个都预示着股价发生了反转,虽然歌尔股份在此期间基本上是震荡走势,股价并没有明显上涨,但是通过九转序列进行波段炒

作，收益相当可观。第一个九转结构出现后区间涨幅达到13.44%，第二个九转结构出现后区间涨幅达到13.09%。

图16-16

九转指标作为市场中稀有的择时技术指标，其滞后性要大大低于MACD、KDJ、W&R等技术指标，因此能够让投资者提前捕捉到个股在低位或者高位的转折点。但有一点需要注意，九转指标只适用于指数和个股的震荡市、弱牛市以及弱熊市。而在大熊市或大牛市中，九转指标的指向性就不是很明确了，此时应该结合市场情绪、基本面以及其他指标来对当前的走势进行研判。

> **Tips** 在连续下跌或上涨行情中，数字9之后如果再创新低或新高，是被允许的，但如果后面继续创新低或新高，这个九转指标就失效了。也就是说，九转结构最多可以再容纳一根K线的趋势延续，继续增加K线则代表该九转结构是无效的。

16.3 超短分时战法

股票市场作为一个高度敏感且多变的金融市场，其动态性体现在价格的实时波动、市场情绪的瞬息万变，以及投资者决策的迅速调整上。在这样一个复杂多变的环境中，大盘和个股的动态实时分时图为投资者提供了快速把握市场动向的直观窗口。

分时图以其独特的方式，展示了股价在某一时间段内的具体变化。通过分时图，投资者可以清晰地看到股价的上涨、下跌以及盘整等各种形态，从而更准确地判断市场的短期趋势。此外，分时图还能反映出市场中的交易量和资金流向，这对于投资者判断市场的活跃度和主力资金的动向具有重要意义。

接下来，我们介绍一些常见的分时图超短线买卖技巧。

16.3.1 突破做多：分时线突破前期高点

在股票分时图中，分时线（代表股票即时成交的价格，在分时图中又称为最新线）突破前期高点是一个重要的信号，通常意味着股票可能即将开启新的上涨趋势，投资者可以考虑择机做多。

前期高点通常是在股价过去上涨过程中形成的一个压力位，由于大量的交易在此价位附近发生，它成为投资者心理上的关键点位。当股价再次接近或达到这一价位时，投资者往往会因为前期的交易记忆和心理预期而产生买卖行为，这进一步强化了前期高点的压力作用。

然而，当分时线成功突破前期高点时，往往意味着市场中的多方力量已经突破了这一重要的心理和技术压力位。这一突破可能标志着市场情绪的转变和资金流向的变化，为股票的进一步上涨打开了空间。

对于投资者来说，分时线突破前期高点是一个积极的信号。它可能意味着股票的基本面或市场情绪已经发生了积极的变化，吸引了更多的资金流入。同时，这一突破也可能引发技术上的追涨效应，进一步推动股价上涨。图16-17是万科A（股票代码：000002）在2024年4月9日的分时图，日内的分时线每一次突破前期高点时都是良好的买入机会。

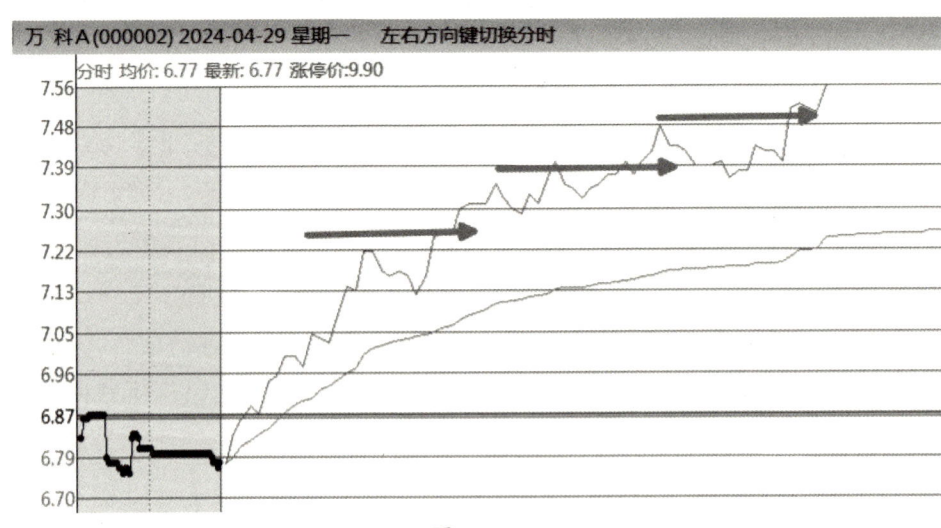

图16-17

16.3.2 破位做空：分时线跌破前期低点

在股票分时图中，分时线跌破前期低点是一个重要的技术信号，它往往预示着股价可能面临继续下跌的风险。

前期低点通常是股价在前期下跌过程中形成的一个支撑位，代表着在这一价位附近，多方力量曾经成功阻止了股价的进一步下跌。因此，前期低点在一定程度上成了投资者心理上的一个重要参考点。

然而，当分时线跌破前期低点时，意味着市场中的空方力量已经强大到足以突破这一重要的心理和技术支撑位。这一突破可能标志着市场情绪的转变和资金流向的变化，为股票的进一步下跌打开了空间。在长安汽车（股票代码：000625）2023年12月1日的分时图中（见图16-18），可以看到日内股价不断跌破前期低点，对持股的短线投资者来说，分时线每一次跌破前期低点时都是抛出的机会。

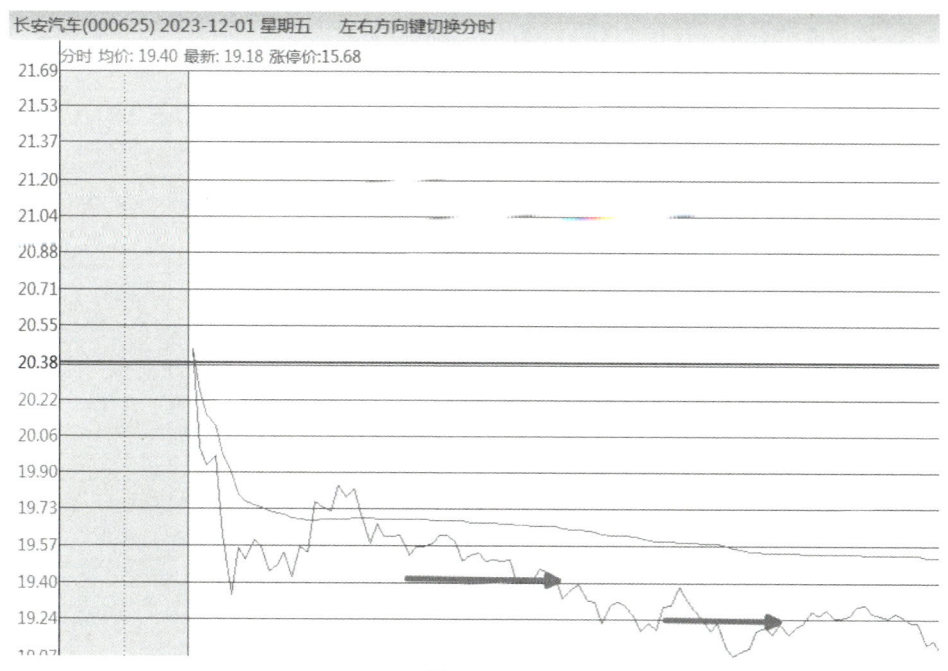

图16-18

16.3.3　破线做空：分时线跌破均价线

在股票分时图中，最新价跌破日内均价线是一个值得投资者高度关注的现象，这一现象往往暗示着股票可能面临进一步的下行风险。

日内均价线是反映股票日内交易价格平均水平的重要指标，它对于判断股票的短期趋势具有较强的指导意义。当分时线稳定在日内均价线上方时，通常意味着市场中的多方力量占据主导地位，股票处于相对强势的状态。相反，当分时线跌破日内均价线时，则可能表明市场中的空方力量开始占据优势，股票面临下行压力。

同时，分时线跌破日内均价线可能意味着市场情绪的转变。在股票市场中，投资者的情绪往往会对股价产生重要影响。当分时线持续在日内均价线上方运行时，投资者情绪通常较为乐观，对股票未来走势持有积极预期。然而，一旦分时线下穿日内均价线，这种乐观情绪可能迅速转变为悲观情绪，投资者开始担心股票可能出现下跌趋势，进而选择卖出股票，进一步加剧股价的下跌。

如图16-19所示，2024年5月17日，法尔胜（股票代码：000890）的股价在开盘后一小时左右跌破均价线，随后一直在均价线下方运行，并在下午开盘后直线跳水。因此在跌破均价线后，投资者就应该保持警觉，因为这代表着日内趋势发生转变，股价走弱。

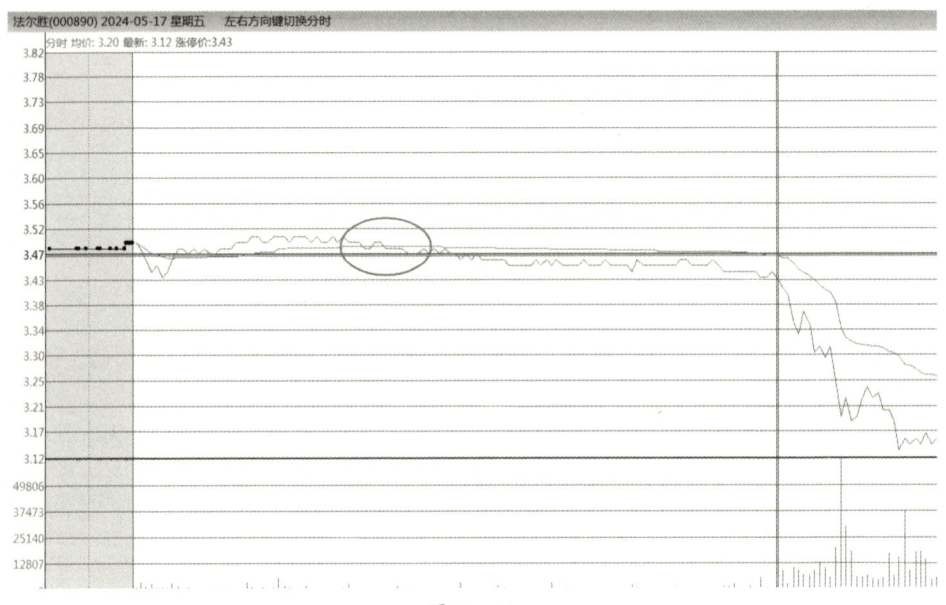

图16-19

16.3.4　穿线做多：分时线上穿均价线

分时线上穿均价线通常被视为一个积极的信号，预示着后续股价可能呈现上涨趋势。当分时线位于均价线下方时，意味着当前市场中的交易价格普遍低于平均成本，市场中的空方力量占据优势。然而，当分时线上穿均价线时，说明多方力量开始增强，股价突破了平均成本线，这是一个重要的转折点。

分时线上穿均价线的原因可能有多种。首先，可能是主力资金的介入。主力资金通常具有较强的市场影响力和资金实力，他们的买入行为能够推动股价上涨。当主力资金开始买入某只股票时，分时线往往会跟随上涨并突破均价线。其次，可能是市场情绪的改善。当投资者对某只股票的前景持乐观态度时，他们的买入意愿会增强，从而推动股价上涨。此外，利好消息或政策的出台也可能引发投资者对股票的积极预期，进而推动分时线上穿均价线。

如图16-20所示，2024年5月17日，南京聚隆（股票代码：300644）的股价在开盘后短暂向下运行，之后上穿均价线，随后一直在均线上方高走运行。因此开盘后的上穿均线为有效突破，是投资者积极买入的良好时机。

图16-20

16.3.5　压力做空：分时线在均价线下方附近受到压力

在股票分时图中，分时线在均价线下方附近受到压力，是投资者在进行股票交易时经常遇到的情况。这种走势特点往往揭示了市场中多空力量的对比情况，以及股价的短期走势。

均价线作为市场平均成本的参考线，对投资者的心理预期有重要影响。当分时线位于均价线下方时，投资者普遍会认为股价处于相对低位，可能存在进一步下跌的风险。这种心理预期会导致投资者在均价线附近产生卖出的意愿，从而形成压力。

如图16-21所示，2024年4月9日，万科A（股票代码：000002）在开盘后股价迅速跌破均价线，后续便始终被均价线压制，数次接近均价线都未成功突破，在日内的走势中，这是非常常见的现象，尤其是对于机构参与较多的股票来说。个人投资者可以暂时持币或逢高减仓，而一旦价格上穿突破均价线，则是买入的好时机。

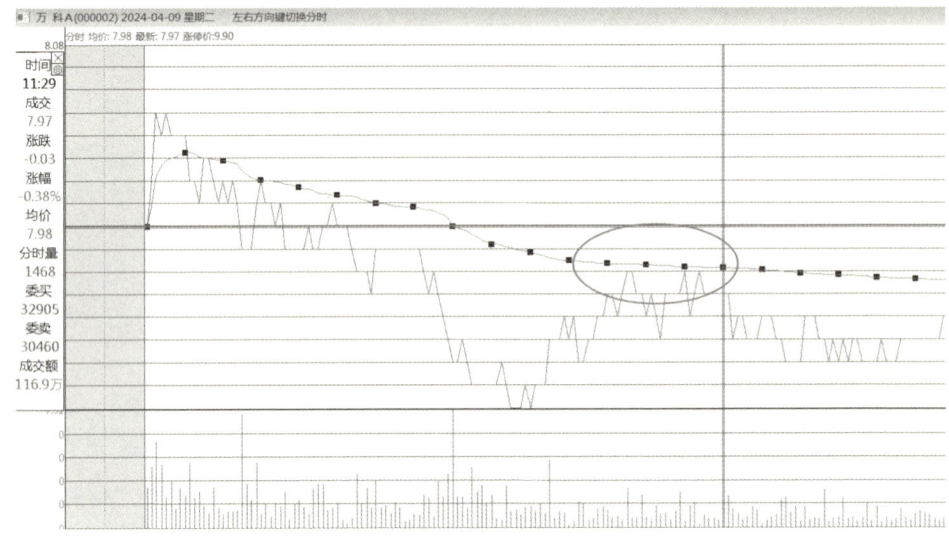

图16-21

16.3.6 支撑做多：分时线在均价线上方附近受到支撑

分时线在均价线附近上方多次受到支撑，这一走势通常暗示着市场中的多方力量较强，股价具有较为稳定的支撑基础。当分时线在均价线附近上方多次受到支撑时，说明股价在多次回调过程中均能在均价线附近找到买盘支撑，这反映了市场中的多方力量在维护股价稳定。

分时线在均价线附近上方多次受到支撑，对投资者来说具有一定的指导意义。首先，它表明股价在短期内具有较强的支撑基础，投资者可以在此位置附近寻找买入机会。其次，这种支撑现象也可能预示着股价在未来有可能继续上涨。当市场中的多方力量逐渐占据优势时，股价有望突破当前的盘整格局，开启新的上涨趋势。

如图16-22所示，2024年4月1日，南玻A（股票代码：000012）开盘后分时线一直在均价线上方运行，且数次在接近均价线后形成反弹，说明均价线对股价有着强烈的支撑作用，对于超短线投资者来说，可以考虑做T操作，即在股价回调至均价线时逢低买入，在高点卖出，赚取日内波动差价。

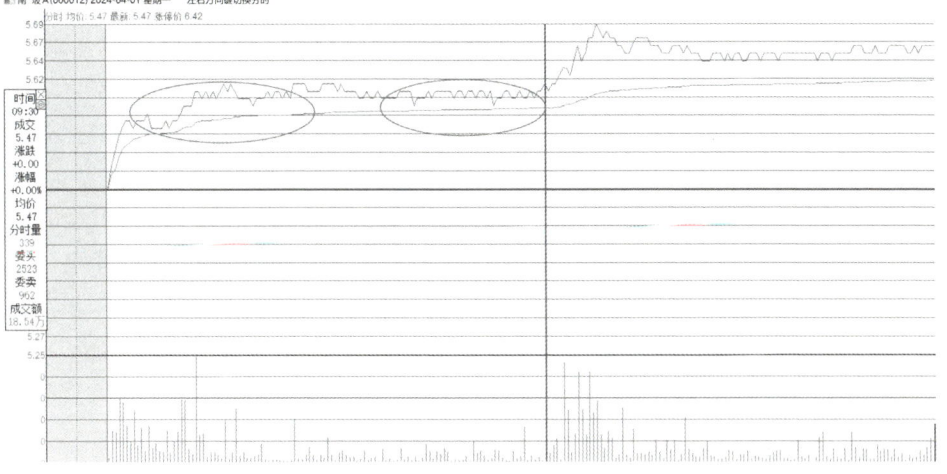

图16-22

📇 同花顺炒股小妙招：实用的仓位管理方法

仓位管理是投资者控制风险、保持理性投资的关键，更是实现长期稳健收益的基础。首先，我们需要明确仓位管理的原则。这包括保持合理的仓位规模，根据自身的风险承受能力和交易策略来决定每个交易品种的交易仓位大小。其次，严格执行止损和止盈策略，这是仓位管理的重要手段，能有效避免亏损的扩大和收益的浪费。最后，分散化投资也是重要的原则，将资金分散投资于不同的品种，可以避免单一品种风险的过度集中。

在实际操作中，我们还需要注意一些仓位管理的技巧。首先，建仓不宜一次性完成，可以分批小幅逐步进行。特别是在股价下跌趋势中，更应谨慎操作，避免一次性投入过多资金。其次，补仓时要选择合适的时机，如在支撑位或股价出现底背离的时候进行补仓，这样成功率较高。同时，避免融资借贷加杠杆炒股，以防止因杠杆效应而推高风险。最后，我们也不应只关注一个板块或一只股票，而应将资金分散投资于多个板块和多只股票，以降低单一投资的风险。

下面介绍几种实用的仓位管理方法，希望能帮助投资者在实战过程中有效降低投资风险，实现长期持久盈利。

一、漏斗型仓位管理法

适用对象：热衷于抄底的投资者。

操作方法：初始进场资金量比较小、仓位比较轻，如果行情继续向下发展，则后市逐步加仓，且加仓比例越来越大，进而摊薄成本。

优点：初始风险比较低，在不爆仓的情况下，漏斗越高，盈利越可观。

缺点：建立在后市走势和判断一致的前提下，如果方向判断错误，或者方向的走势不能越过总成本位，将陷入无法获利出局的局面。

二、矩形仓位管理法

适用对象：在行情启动的同时跟进的趋势型投资者。

操作方法：事先把准备入场的资金量进行等分，例如二分之一、三分之一仓位。初始进场的资金量占总资金的固定比例，如果行情向相反方向发展，就逐步加仓，降低成本，加仓时也遵循这个固定比例。

优点：每次只增加一定比例的仓位，持仓成本逐步抬高，使风险平均分摊，平均化管理。在持仓可以控制，后市方向和判断一致的情况下，这样做会获得丰厚的收益。

缺点：在初始阶段，平均成本抬高较快，容易很快陷入被动局面，价格不能越过盈亏平衡点，否则会处于被套局面。

三、金字塔形仓位管理法

适用对象：适合具有一定市场判断能力的投资者。

操作方法：初始进场的资金量比较大，后市如果行情向相反方向发展，则不再加仓，如果方向一致，则逐步加仓，加仓比例越来越小。仓位控制呈下方大、上方小的形态，像一座金字塔。

优点：按照报酬率进行仓位控制，胜率越高动用的仓位就越高。利用趋势的持续性来增加仓位，在趋势中会获得很高的收益，风险率较低。

缺点：在震荡市中，较难获得收益。初始仓位较重，对于第一次入场的投资者要求较高。

除了上述三种方法，我们还可以参考一些经典的方法。例如马丁格尔仓位管理法，这种方法的核心观点是行情不会永远保持一个方向。它要求投资者在一系列亏损的交易中，持续双倍于当前持仓量加仓，直到趋势反转。然而，这种方法增加了风险，因此在使用时需要谨慎，并做好风险控制。

还有一种方法是凯利公式仓位管理法，这是一种用于优化长期增长率的资金管理策略。通过计算合适的投资比例，可以在保证资金安全的同时，追求最大化的收益。凯利公式的核心思想是：在了解每个投资机会的收益率、成功概率和失败概率后，通过计算来确定最优的投资比例。这样可以使长期资金增长率最大化，同时降低破产的风险。

凯利公式的一般形式为：$f^*=(b \times p - q)/b$，其中 f^* 是最佳的投资比例，b 是赔率（期望的盈利与可能的亏损之比），p 是成功概率，q 是失败概率（即 $1-p$）。

总之，不同的仓位管理方法适用于不同的市场情况和投资策略，投资者需要根据自己的实际情况选择适合自己的方法，并在实践中不断调整和优化。同时，投资者还需要注意控制风险，设定合理的止损位和盈利目标，以确保投资的安全。

附录 A
同花顺付费产品：专业服务让你笑傲股市

  同花顺作为一款广受欢迎的金融投资软件，提供了多种付费产品以满足不同投资者的需求。同花顺付费产品包含了更高级的功能和服务，可以帮助投资者更深入地分析市场、优化投资策略，并在选股诊股、抄底逃顶、买进卖出、跟踪主力、短线操作、捕捉涨停龙头、学习炒股知识方面，提供强大的内容和信息支持。此外，同花顺还可以提供定制化投资策略、专属客服支持等增值服务，让投资变得更简单。

  接下来我们简要介绍一下同花顺的主力付费产品的功能，供有需要的投资者了解。

基础行情

《云端版Level-2》

  《云端版Level-2》是在同花顺在沪深交易所推出的Level-2产品基础上推出的一项高级服务，专为需要实时、深度市场数据和增强分析工具的投资者设计。其主要功能如下。

  1. 提供千档盘口，让投资者看清全档行情

  普通用户只能看到五档盘口信息，而《云端版Level-2》则提供了千档盘口，可以让投资者看清市场中的全档行情，同时，其毫秒级刷新速度，还能解决投资者挂单滞后的问题，如图A-1所示。

  2. 大单净量：监控主力资金进出情况

  有主力资金介入的股票才持续上涨，《云端版Level-2》提供的大单净量功能，能够监控主力资金的进出情况，帮助投资者找出主力资金介入的股票，如图A-2所示。

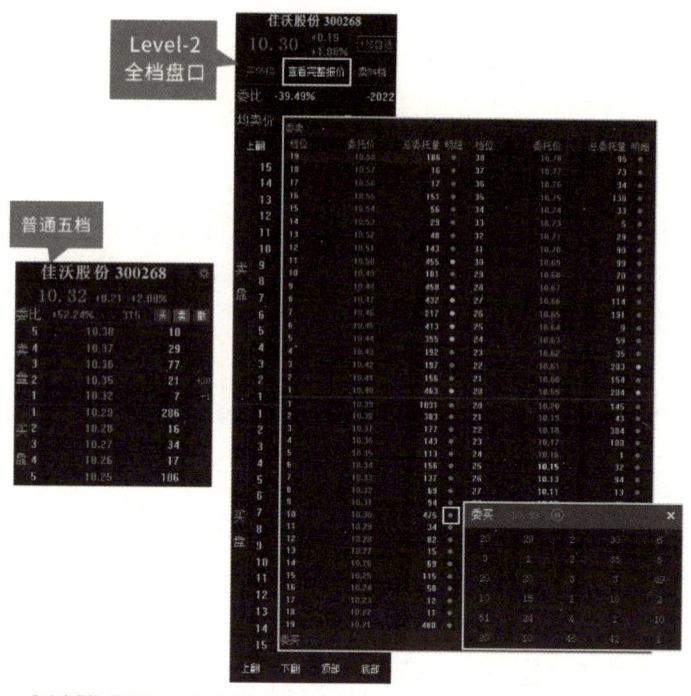

成功案例仅作展示，不作为投资依据

图A-1

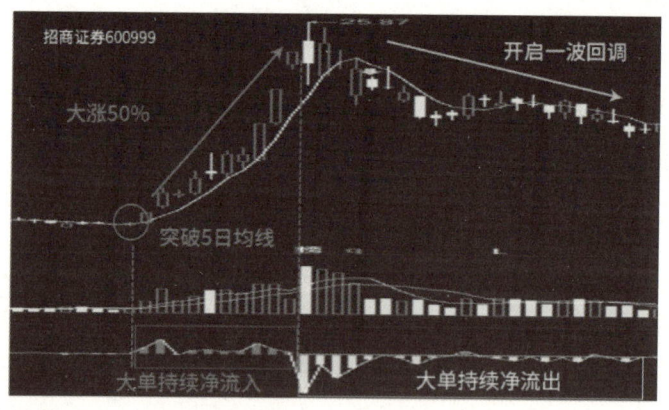

成功案例仅作展示，不作为投资依据

图A-2

3. 资金抄底：找出主力资金参与抄底的股票

很多投资者经常"抄底抄在半山腰"，而抄底能否成功，关键在于是否有主力资金参与抄底——有主力资金参与抄底，股价后市更容易走强。《云端版Level1-2》提供的资金抄底功能，可以结合主力动向、大单净量等多个数据指标，帮助投资者选出有主力资金参与的超跌股，如图A-3所示。

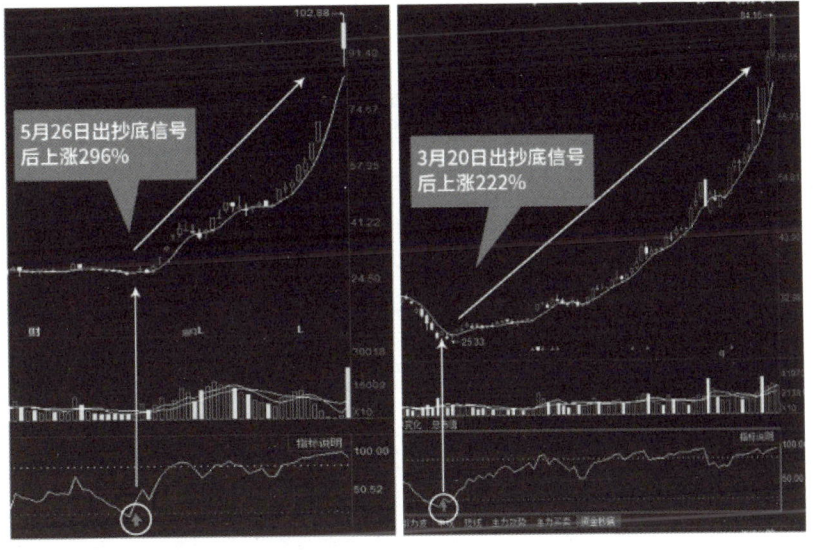

成功案例仅作展示，不作为投资依据

图A-3

4. 积突信号：找出盘中进场机会

《云端版Level-2》推出了积突信号功能，可以监控大单流入情况，提示投资者有买卖机会，如图A-4所示。

"积"信号：选取早盘大单资金稳健流入、积蓄上涨动能的个股，提示短线强势股非常宝贵的回调买入机会。

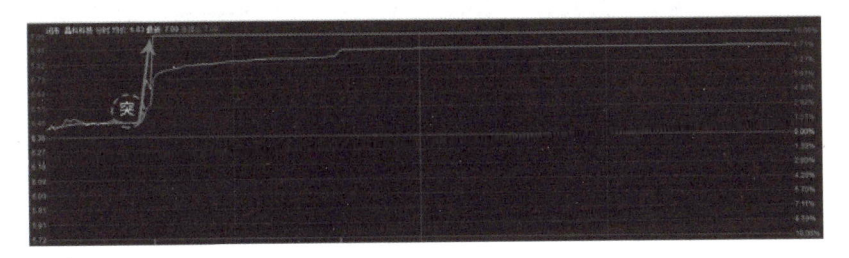

"突"信号：选取盘中震荡盘整时资金持续流入、量价齐升、破压力位的个股，提示短线强势股难得的追涨机会。

图A-4

此外，《云端版Level-2》还包含了DDE全景图、大单棱镜、特色指标选股等特色功能。

《AI分时逃顶》

同花顺推出的《AI分时顶底》是一套基于人工智能算法而生成的金融市场分析工具，特别适用于日内交易分析，旨在识别股价在某个交易日内的相对高点和相对低点，以辅助投资者做出买卖决策。其主要功能如下。

（1）实时发出高低点信号，帮助投资者高抛低吸，如图A-5～图A-7所示。

- **低信号：把握盘中低点机会**

"低"信号出现，表示股价或至日内低点，可择机介入。

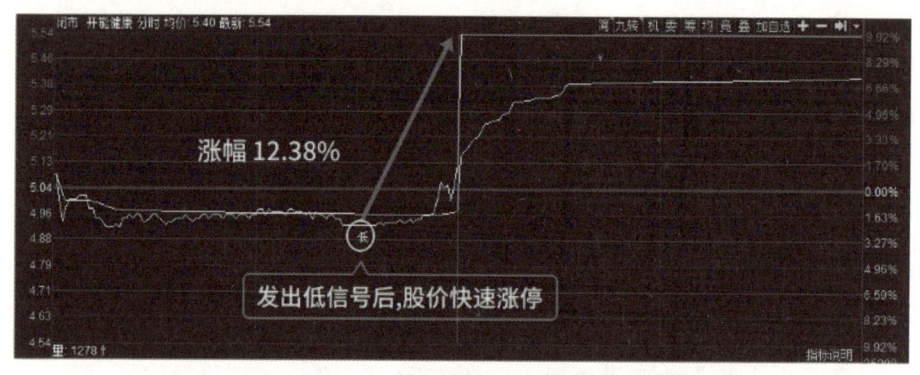

图A-5

- **高信号：把握高位离场时机**

"高"信号出现，表示股价或至日内高点，可选择性离场。

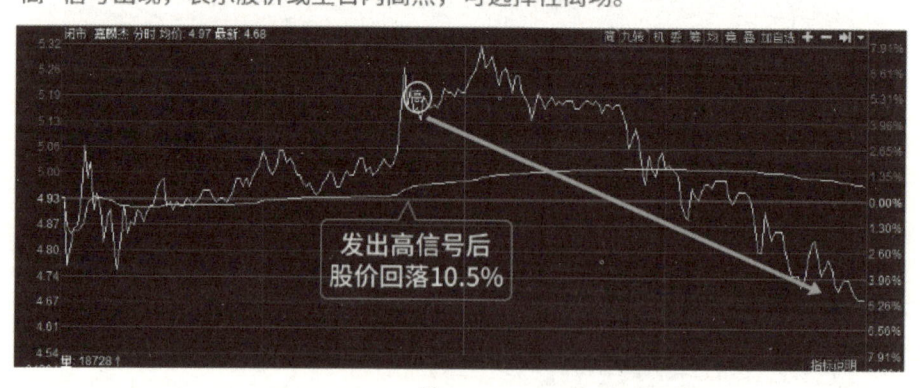

图A-6

- 震荡行情：高抛低吸做差价

股价出"高"信号时离场，出"低"信号时再次介入，高抛低吸之下，降低持股成本。

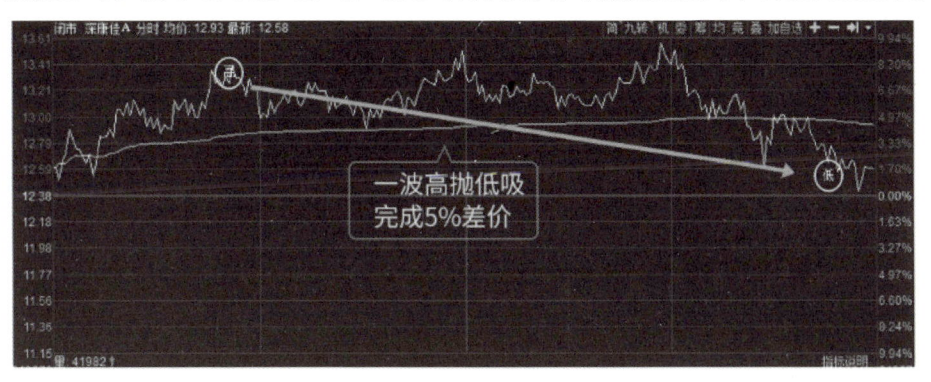

图A-7

（2）盘中筛选发出信号的个股，如图A-8所示。

- 信号监控：实时筛选高低信号机会

根据自身需求，盘中从3000多只个股中筛选发出信号的个股。

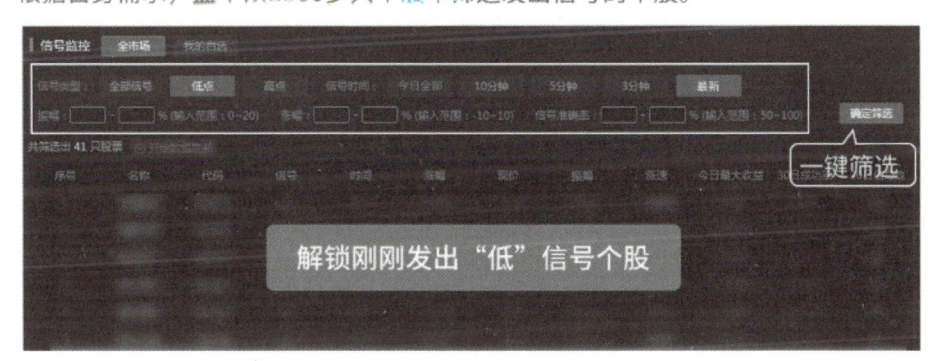

图A-8

《避险宝》

《避险宝》是同花顺推出的一款帮助投资者避开利空雷区的金融服务产品。其主要功能如下。

（1）每日开盘前针对风险股为投资者预警（见图A-9）、第一时间发出高风险提示（见图A-10），帮助投资者及时规避风险。

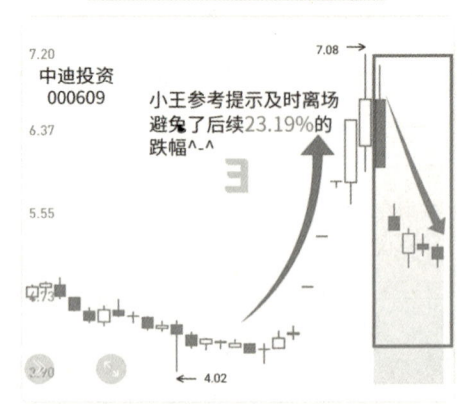

图A-9

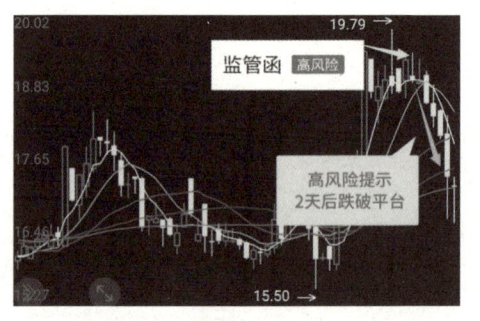

图A-10

（2）判定自选股的风险等级，避开利空雷区，如图A-11所示。

图A-11

选股诊股

《决策先锋主力版》

《决策先锋主力版》是同花顺推出的一款高端的股票分析软件，主要面向股票投资者，特别是那些寻求深入市场分析和智能化辅助决策工具的资深交易者。该软件集成了一系列强大的功能，旨在帮助投资者更精准地进行股票交易决策。

《决策先锋主力版》通过3步战法，帮助投资者建立操作规范，做到遵守交易纪律，为建立交易体系做好基础，并通过独特的战法，帮助投资者从趋势、活跃度、主力资金三个维度出发选股、诊股、判断买卖时机，如图A-12所示。

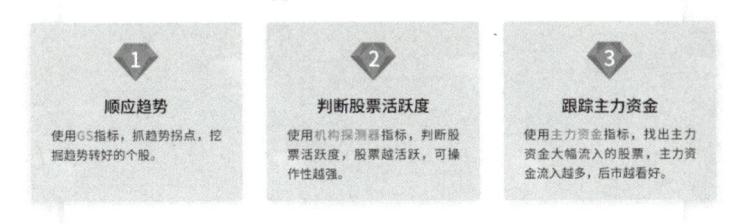

图A-12

其核心功能有四个，分别是：

（1）GS信号：利用该功能可抓住趋势拐点，挖掘趋势转好的个股。

G信号出现时，表明趋势有望启动，可考虑逢低建仓，S信号出现时，表明趋势可能结束，可考虑减仓避险，如图A-13所示。

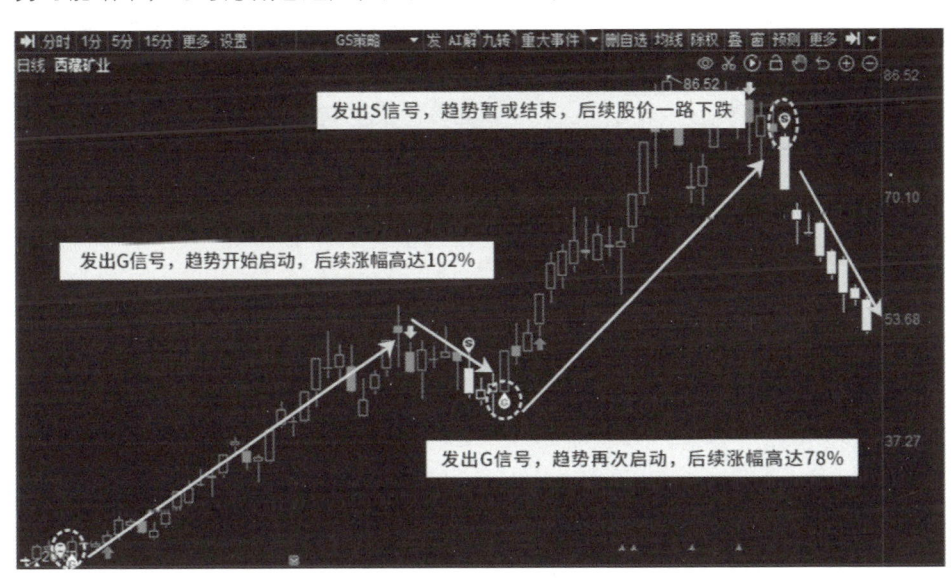

图A-13

（2）AI机构探测器：利用该功能可监控个股机构活跃度，判断股票活跃度，股票越活跃，可操作性越强。

站上强势线表明个股有少数机构参与，股票或将活跃，站上大牛线表明个股有多支机构参与，股票开始活跃，如图A-14所示。

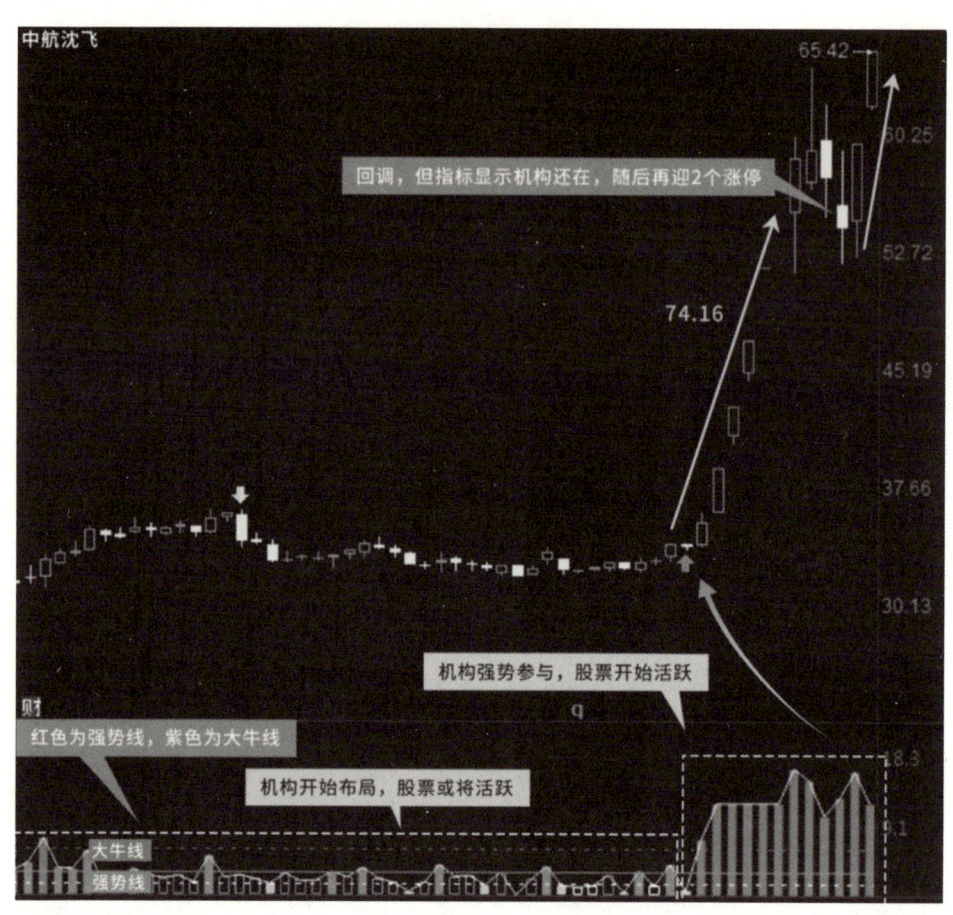

图A-14

（3）主力资金：利用该功能可找出主力资金大幅流入的股票，主力资金流入越多，后市越被看好，如图A-15所示。

（4）主力雷达：利用该功能可以监控主力启动情况，对主力引发上涨具有较好的预判效果。

在具体使用上，蓝线代表主力监控线，红线表示散户监控线。蓝线上穿红线时，表明场内资金做多力量增强，可适当关注；蓝线下穿红线时，表明场内资金做空力量增强，应注意规避风险。

如图A-16所示，当主力启动时，该指标会发出信号。发出"顶"信号时，需要注意市场风险；发出"底"信号时，表明股价调整幅度较大，有反弹需求；发出"升"信号时，表明股价调整幅度极大；当同时发出"底"和"升"信号时，表明个股短线见底概率很大。

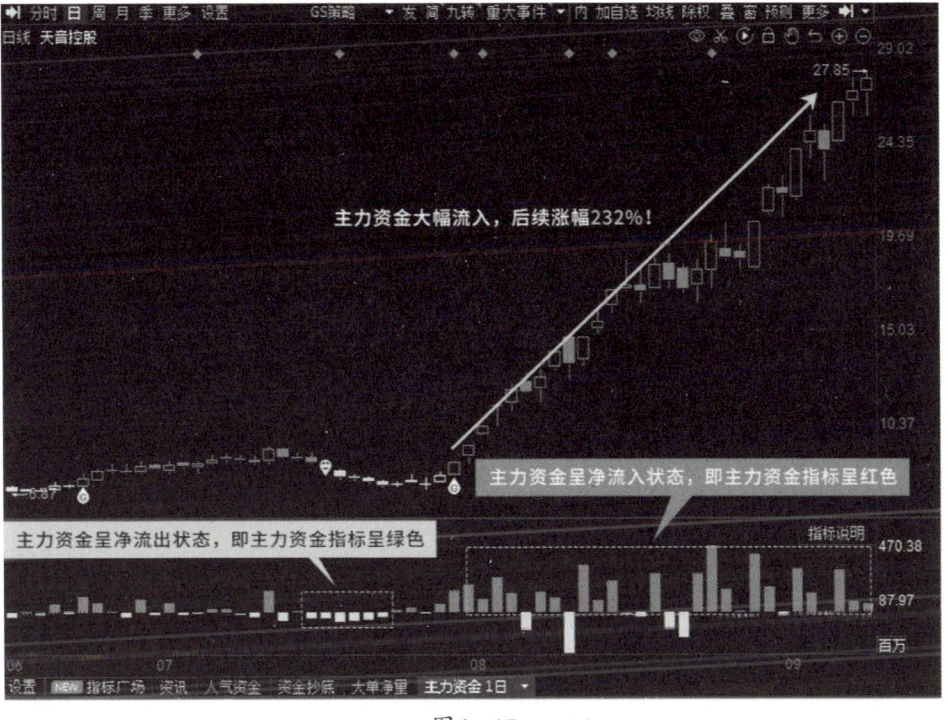

图A—15

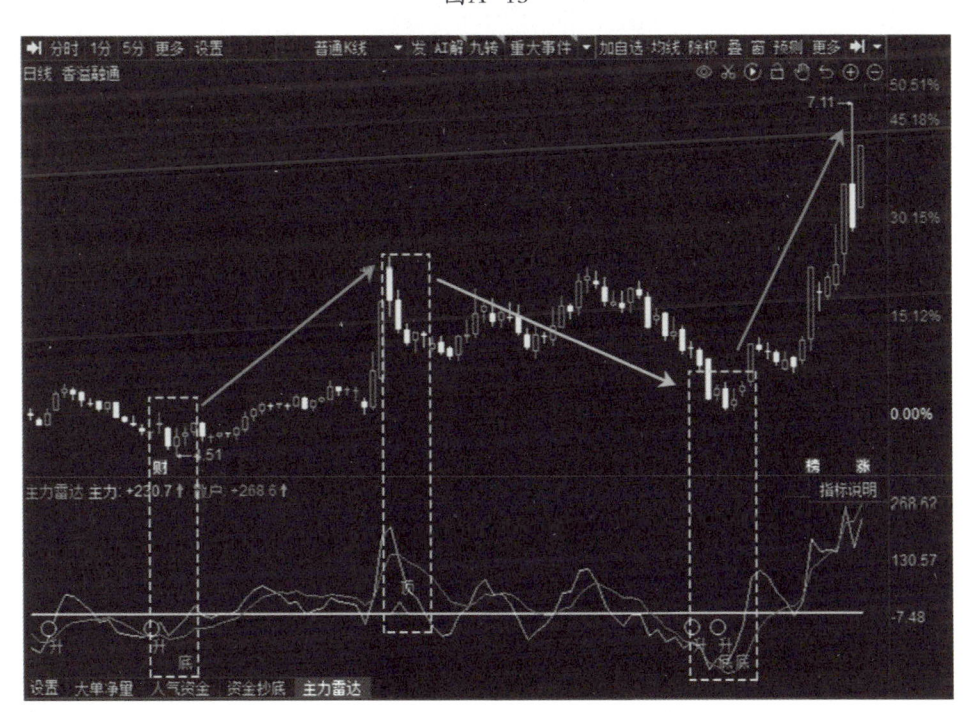

图A—16

《短线宝》

　　《短线宝》是同花顺软件中一款专为短线交易者设计的辅助工具，它集合了多种功能，旨在帮助投资者抓住短期市场机会，进行快速交易决策。其主要功能如下。

　　（1）实时推荐短线强势股，帮助投资者把握短线机会，如图A-17所示。

推荐日期	推荐股票	推荐3日内最高涨幅
2024-05-22	00***2	**
2024-05-21	光大同创	6.84%
2024-05-17	麒麟信安	11.18%

黑马集中营成功案例

图A-17

　　（2）策略选股池功能，可帮助投资者多策略协调选股，同时提供盘中实时监控，投资者可结合自身操盘习惯选择策略，如图A-18所示。

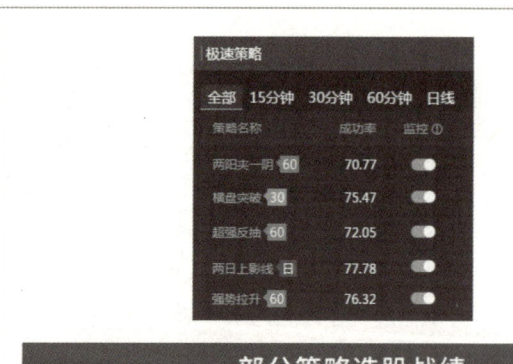

极速策略

全部　15分钟　30分钟　60分钟　日线

策略名称	成功率	监控
两阳夹一阴 60	70.77	
横盘突破 30	75.47	
超强反抽 60	72.05	
两日上影线 日	77.78	
强势拉升 60	76.32	

部分策略选股战绩

股票名称	股票代码	推荐时间	3日最高涨幅
振静股份	603477	2019.10.18	45.17%
洛阳玻璃	600876	2019.10.18	37.16%
东宝生物	300239	2019.10.18	34.75%

图A-18

《机构探测器》

　　《机构探测器》旨在通过大数据分析与人工智能算法，监测并分析活跃机构资金的动向。这一工具对于希望了解机构投资者行为，特别是关注是否有大型机构参与特定股票交易的个人投资者来说，具有一定的参考价值。其主要功能如下。

（1）诊断个股：监控个股机构活跃度，揭示个股机会，如图A-19所示。

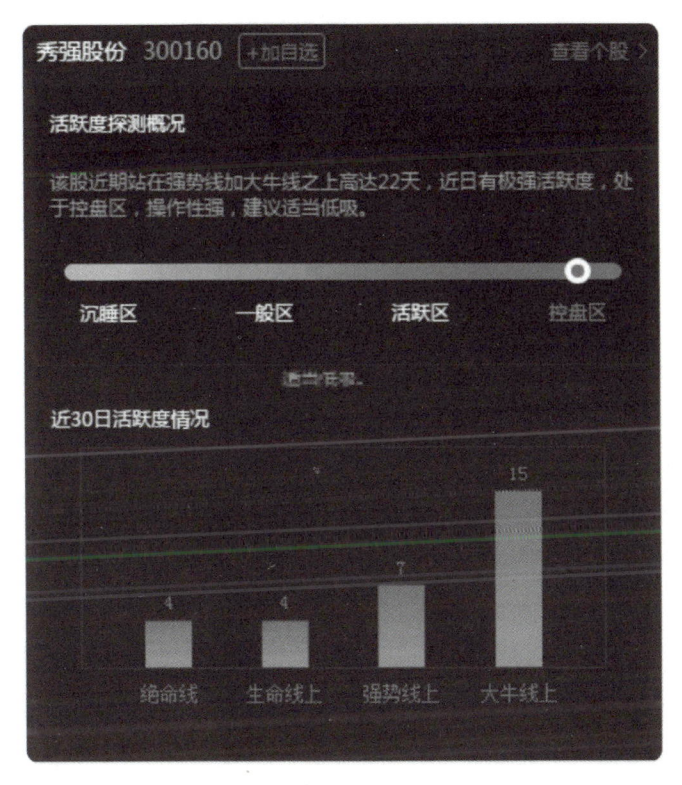

图A-19

（2）每日选股：为投资者筛选出"强势股超跌反弹"的股票池，每日10:30更新，帮助投资者捕捉强势股超跌反弹的时机，如图A-20所示。

图A-20

（3）识别洗盘：帮助投资者识别机构的洗盘动作，寻找到"黄金坑"的介入良机，如图A-21所示。

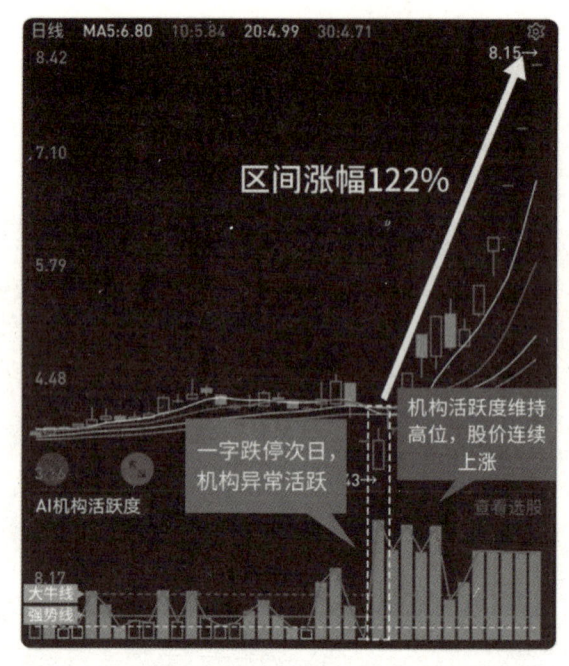

图A-21

《主力密码》

同花顺《主力密码》也是一款用于监控、跟踪主力进出动向的金融服务产品，可以帮助投资者识别主力意图、跟随主力动作。其主要功能如下。

（1）跟踪主力动向，智能发出进出场、加减仓提醒，如图A-22所示。

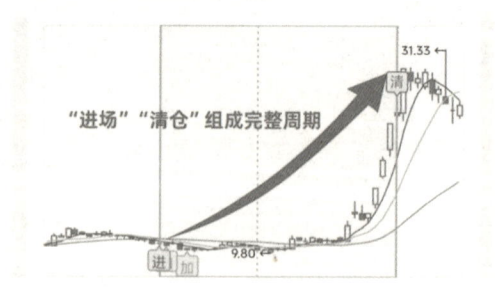

图A-22

（2）诊断个股三因子——主力净流入、主力盈利系数、量价背离，得出主力意图，如图A-23所示。

（3）每日提供主力进场、加仓、减仓及清仓名单，如图A-24所示。

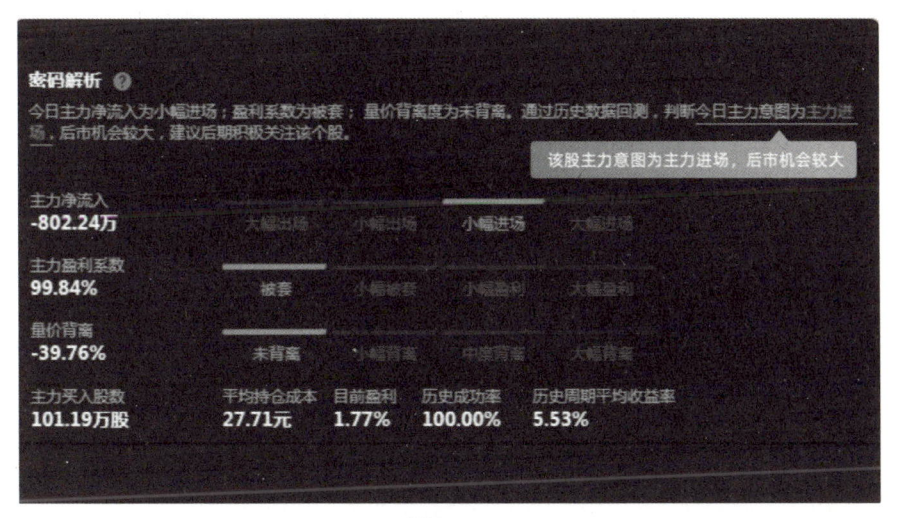

图A-23

图A-24

《金牛情报》

　　《金牛情报》是同花顺推出的基于公开资料加工整理的投资资讯软件。它运用现有的金融投资模型，为投资者提供股票市场相关的分析和信息，包括但不限于个股推荐、市场趋势分析，以及短期和中长期的投资策略。其主要功能如下。

　　（1）每月为投资者特供多只个股，附短期与长期操作建议，如图A-25所示。

图A-25

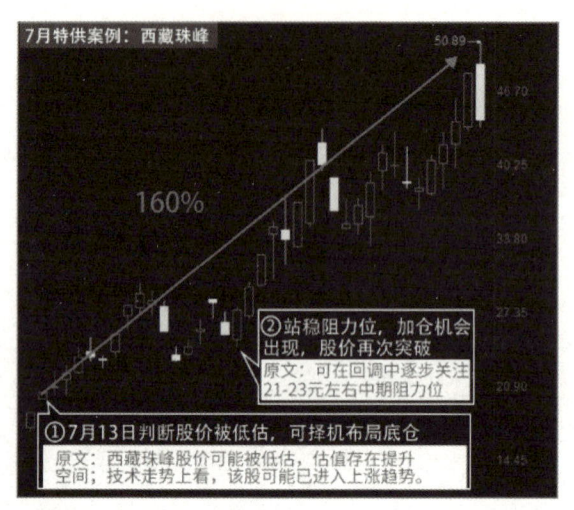

西藏珠峰入选逻辑： 新能源车核心板块"盐湖提锂"全面启动,公司收购世界知名锂盐湖资源公司,相关业务前景广阔。

每月特供基于该逻辑,结合估值判断股价被低估;通过技术面判断上涨趋势开启,推荐后最高涨幅达160%。

（2）题材挖掘：实时挖掘市场热点并推送给投资者,如图A-26所示。

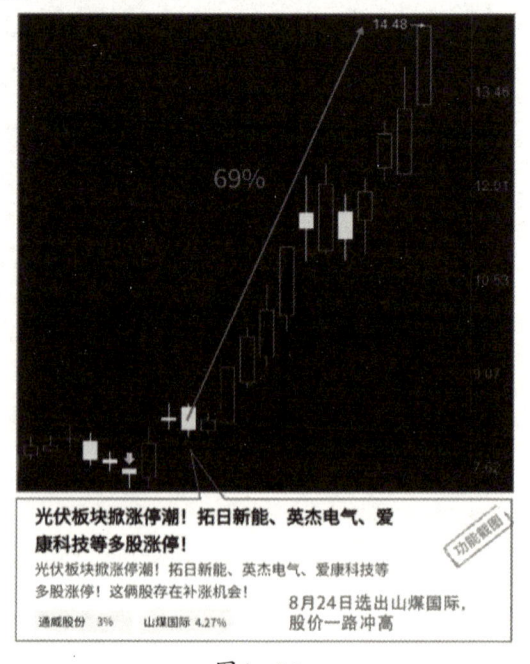

图A-26

（3）提供股市周报,帮助投资者复盘本周行情、备战下周,如图A-27所示。

复盘本周行情，预判下周板块机会，并给出龙头名单。

7. 下周可能爆发的板块及龙头股

展望下半年，有三大趋势，电动车+新能源+智能制造，目前只有智能制造还在底部。

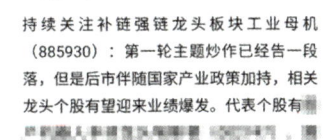

持续关注补链强链龙头板块工业母机（885930）：第一轮主题炒作已经告一段落，但是后市伴随国家产业政策加持，相关龙头个股有望迎来业绩爆发。代表个股有 ▇▇▇▇▇▇▇▇▇▇▇▇▇▇▇▇▇▇▇▇▇▇▇▇。

图A-27

《神奇电波选股》

《神奇电波选股》是同花顺推出的利用技术手段辅助投资者选股的工具，通过云计算和大数据分析，关注股价的异常波动、大单买入、资金净流入等关键数据，从而向投资者推送可能具有短线操作价值的股票。其主要功能如下。

（1）监控主力资金异动：红波买，绿波卖，如图A-28所示。

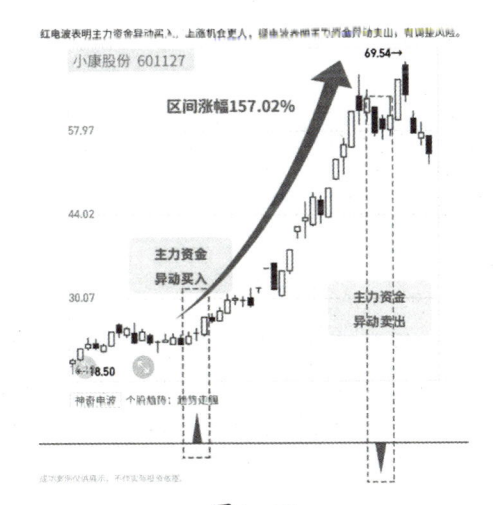

图A-28

（2）根据电波指标提供每日选股建议，如图A-29所示。

入选时间	股票名称	选股池	最大涨幅
2021.10.19	中青宝	横盘突破	91.07%
2021.10.19	丰元股份	波段低点	83.60%
2021.10.08	天泽信息	波段低点	82.71%
2021.10.18	伊戈尔	横盘突破	73.99%
2021.10.13	建龙威纳	横盘突破	64.64%

注：成功案例仅作参考，不构成实际投资依据

图A-29

（3）提示投资者个股的操作建议，如图A-30所示。

图A-30

《涨停助手》

《涨停助手》是同花顺推出的一款专门用于帮助投资者在股市中识别具有涨停潜力的股票，以便抓住短线交易机会的特色产品。其主要功能如下。

（1）量化展现强势股的明日涨停概率，辅助投资者决策，如图A-31所示。

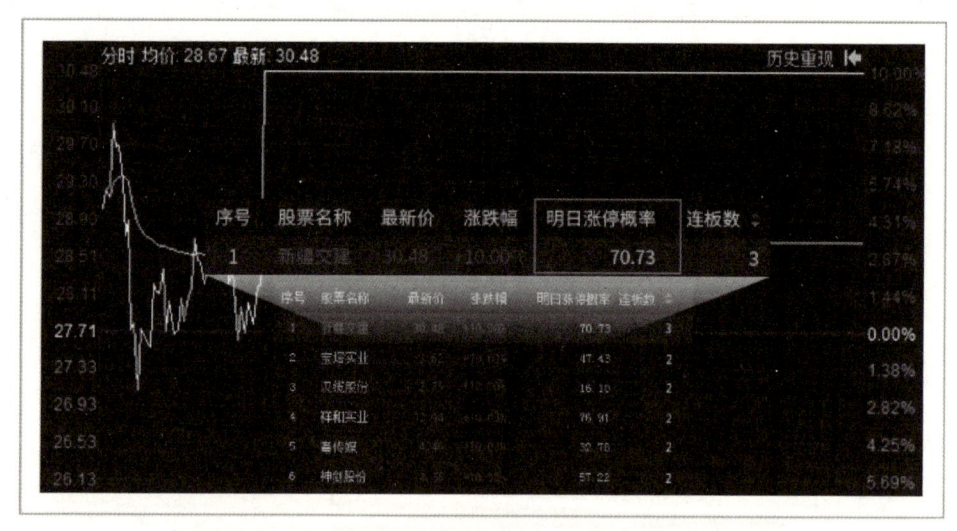

图A-31

（2）提供涨停基因分析，实时计算涨停潜力分。

| 自选股活跃个股

我的自选	涨停基因	最新价	涨幅
亚联发展 002316	61	5.86	+9.94%
兴民智通 002355	60	6.17	+9.98%
智能自控 002877	56	12.84	+6.03%
林州重机 002535	49	5.51	-5.00%
万润科技 002654	49	12.85	-1.68%

查看更多

图A-32

（3）对涨停股进行复盘，从而发掘板块概念龙头。

《荐股师》

《荐股师》是同花顺通过分析证券公司及分析师对股票的评级和操作记录，统计出股票的当前评级情况，帮助投资者在众多股票中做出选择的一款特殊服务产品，其主要功能如下。

（1）实时跟踪分析师的评级和操作记录，专注挖掘优质股投资机会，如图A-33所示。

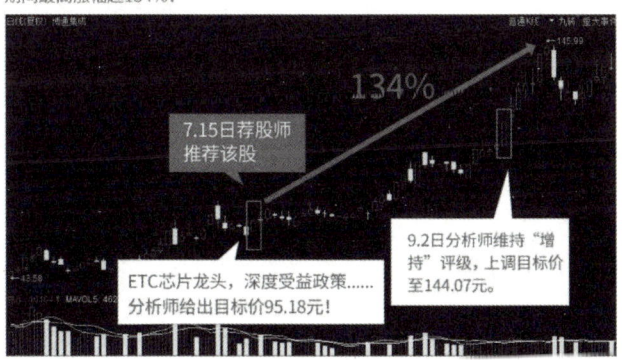

图A-33

（2）根据分析师给出的股票评级及目标价，挖掘潜力好股，如图A-34所示。

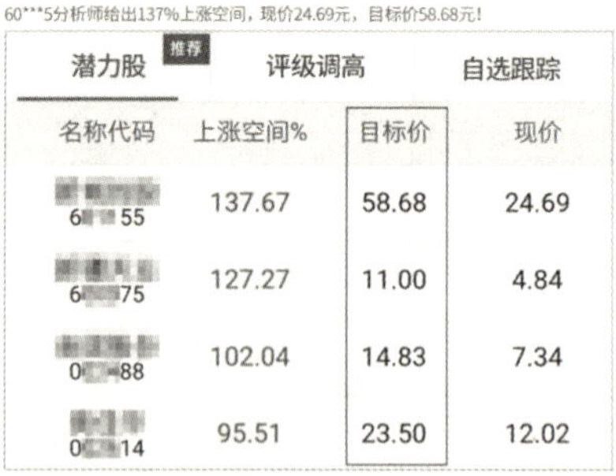

图A-34

（3）每周对分析师的收益进行排名，帮助投资者跟随高收益分析师抓好股。

此外，同花顺还推出了《形态掘金》《高级诊股》《壹号研报》《一招鲜学堂》等特色付费产品，投资者可以在同花顺PC版客户端或同花顺App的应用中心（应用商店）搜索试用。

高端产品

《金融大师至尊版》

《金融大师至尊版》是同花顺研发团队基于公司在投资领域的领先实力，运用人工智能与大数据技术，结合精心研创的先进的九维投资理念，专为高端投资者量身打造的新一代更智能、更系统、体验更好的高端投资决策与服务产品。

《金融大师至尊版》是一款提供综合性服务的高端产品，主打以热点逻辑为特色的数据功能体系，并配备专业、系统的投顾服务，以帮助投资者建立适合自己的交易体系。其主要功能是基于人工智能与大数据技术，结合深度学习，对市场活跃资金进行大数据演算，并构建出AI机构活跃度、AI机构动力和意愿、GS策略等三大功能系统，来揭示活跃资金机构的动向，以洞察强势个股的活跃资金主力操盘手法，使普通投资者也能做到先知先觉，与强者共舞。

投资者可以打开同花顺PC版客户端，点击"决策"菜单，进入同花顺付费产品页面，找到《金融大师至尊版》介绍页面（见图A-35），进行详细了解，此处不再赘述。

图A-35

《财富先锋至尊版》

《财富先锋至尊版》是同花顺公司推出的一款高端股票分析与交易软件，以量价技术分析为主，并配备专业、系统的投顾服务，帮助投资者建立以量能趋势为主的交易体系。其主要提供六大至尊服务，包括选势、选股、选时、服务、智能、交易等，如图A-36～图A-39所示。

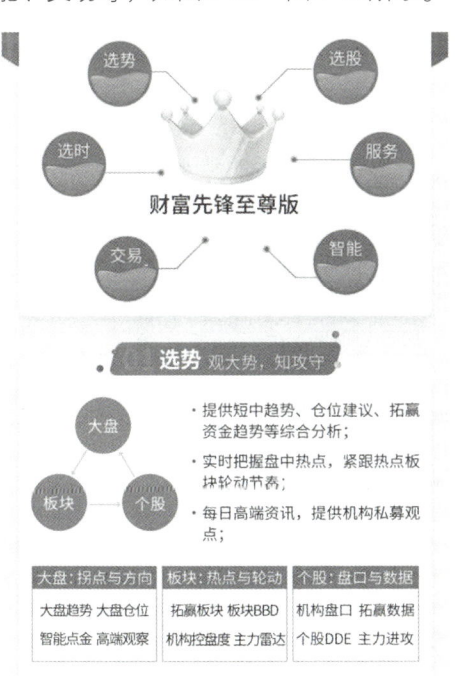

图A-36

图A-37

图A-38　　　　　　　　　　　　　　图A-39

《大研究内参版》

　　《大研究内参版》是同花顺推出的以基本面分析为主的股票分析与交易软件，配备专业、系统的投顾服务，旨在帮助投资者建立以价值分析为主的交易体系，其特色功能主要包括趋势热点系统、四大选股系统、三大内参研究和四大数据决策，如图A-40所示。

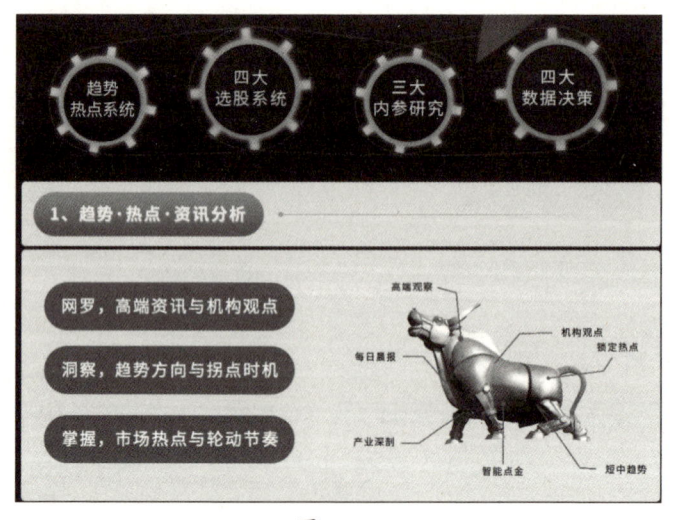

图A-40